성보의 명리학
일주론(日柱論)

성보의 명리학 일주론(日柱論)

초판 1쇄 인쇄 2017년 01월 02일
초판 1쇄 발행 2017년 01월 06일

글: 안종선
펴낸이: 유용열
기획: 김은희, 유지원
펴낸곳: 도서출판 비앤비북스

주소: 서울시 동대문구 용두동 234-35번지 대명빌딩 201호
전화: (02)922-7466
팩스: (02)924-4633
E-mail: skymedia62@hanmail.net
출판등록 제 6-711호

ISBN 979-11-312-6536-9   13150

copyright ⓒ 안종선 2017

이 책의 내용에 관한 모든 권한은 저자에게 있습니다.
잘못 만들어진 책은 구입처나 본사에서 교환해드립니다.

성보의 명리학

일주론(日柱論)

晟甫 안종선

들어가며

글을 읽는 것은 끝이 없는 작업이고 글을 쓴다는 것도 끝이 없는 작업이다. 그리고 그 읽고 쓰는 행위가 사람을 판단하고자 하는 일이며 사람의 일생을 파악하고자 한다면 그것은 이미 작업이 아니고 철학이다. 그리고 많은 사람의 두뇌는 현실적인 사실에 민감하지 철학적인 사고에는 민감하지 못한 것도 사실이다.

명리학(命理學), 사람들은 이를 사주학(四柱學)이라 말한다. 옳다. 사람의 일생에서 가장 중요한 것은 태어남일 것이다. 태어났기 때문에 이 세상에 존재하는 것이다. 이 세상에 태어난 날을 따져 간지(干支)로 적으니 사주다. 그러니 출생을 따져 인생을 파악하는 이 학문을 사주학이라고 했다는 말이 이해가 간다.

혹자는 철학이라고 말한다. 그래서 여기저기 철학관이라는 이름이 붙었다. 사람들은 말한다. 그곳에 철학이 있는가? 그들에게 철학의 정의가 무엇인가 물어보고 싶다. 철학은 인간에 대한 고뇌에서 시작된 것이 아닌가?

여러 가지 이름이 거론되지만 어떤 이름이라도 나는 괜찮다고 생각한다. 어떤 이름을 사용하든 사람의 생(生)에 대하여 분석하는 과정이고 긍정적인 결과를 도출하여 사람들의 실생활에 긍정적으로 이용하고 더 낳은 미래를 위해 사용한다고 믿기 때문이다.

사실 이 책은 남을 위한 것이 아닐 수 있다. 수많은 사람을 만나 간명(看命)을 하고 학생들을 가르치며 무언가 조금 더 깊게, 새롭게, 혹은 직설적으로 가르쳐야 한다고 생각했다. 생활역학이라는 이름을 붙이고 수많은 학자들이 제자들을 육성하고 있는 것을 본다. 그분들의 노고를 보고 그분들의 수업을 보면서 배우며, 나 또한 배우고 가르치면서도 늘 무언가 불완전하고 부족하다는 느낌을 가진다. 아직 내가 모르는 것이 너무 많기 때문일 것이다. 그래서 나는 내게 필요한 가지가지를 정리하여 책을 내 보기로 했다. 명리학이 오랜 세월 흘러오며 발전했듯이 우리나라의 명리학이 발전하리라는 기대를 가져본다.

이 글은 나를 위한 것이다. 스스로가 부족하고 필요하기 때문에 정리를 하는 과정에서 나온 것으로 학생들을 가르치기 위한 것이고 조금 더 심도 있게 간명을 하는 목적으로 정리한 것이다. 그러면서도 가르침이나 수업이라는 측면에서 도움이 되리라는 생각과 목적으로 정리한 것이다.

사주학이라고 한다. 네 개의 기둥을 바탕으로 분석한다고 한다. 여덟 개의 글자로 이루어져 팔자(八字)라고 한다. 이를 묶어 사주팔자라고 한다. 많이 들어본 말이다. 그러나 사주는 여덟 개의 글자로만 이루어진 학문이 아니다. 사주 속에는 눈에 보이지 않는 수많은 법칙들이 놓여 있다. 대표적인 것이 지장간(地藏干)일 것이다.

사주간명은 음양오행(陰陽五行)의 원리와 계절 분석, 지장간(地藏干)의 확실한 대비와 분석, 십이운성(十二運星), 신살의 선별적인 접근과 대입, 그 밖에도 글자의 형태나 나열, 위치, 용신(用神)과 왕상휴수사(旺相休囚死), 근묘화실(根苗花實)과 글자의 의미를 모두 분석해야만 올바른 간명이 이루어진다.

일부 학자들의 말처럼 신살의 적용이 무리라던가, 십이운성의 부정은 지나친 고집이 화를 부르는 격이니 사용은 하지 않더라도 비교·분석은 필요하다.

사주를 분석할 때 무엇을 우선적으로 살펴볼 것인가? 풍수지리의 예를 들어보자. 풍수지리를 분석할 때는 용혈사수향(龍穴砂水向)의 법칙에 따라 음택(陰宅)을 살핀다. 이 중 혈(穴)이 없다면 용(龍)과 사(砂), 수(水), 향(向)이 모두 의미가 없다. 혈이야말로 묘를 쓰는 자리이기 때문이다. 혈을 찾지 못하며 청룡(靑龍)과 백호(白虎)를 논한다는 것은 가치 없는 일종의 사기(邪氣)라 할 수 있다.

명리도 이와 같을 것이다. 자신을 의미하는 일주(日柱)를 먼저 분석해야 할 것이다. 일주를 분석하지 못한다는 것은 그 사람이 어떤 성향을 가지고 있으며 어떤 본성(本性)을 가지고 있는지 모르는 것이다.

어떤 사람인지 모르는 상황인데 상황을 예측할 수 있다는 것이 얼마나 허무맹랑한 이야기인가? 일주는 사람의 정신이나 몸과 같다. 바로 나인 것이다. 나를 모르고 주변의 상황만을 논하는 것은 없는 손자 생일 찾기나 다름없다. 나를 알아야 주변 상황에 대응하는 모습이 그려지는 것이 아닌가?

그래서 나를 찾기로 했다. 나를 찾아야 올바른 간명이 이루어질 것으로 생각했다. 나를 위한 책이자 나를 믿고 따르는 제자들과 학생들에게 죄를 짓지 않기 위해서라도 일주의 세밀한 분석은 반드시 필요했다.

일주론에 관한 글을 쓸 수밖에 없는 것은 당위성인데, 일주론에서 인성(人性)을 설명하는 것은 사주에서 가장 중요한 것이 일주이기 때문이다. 사주에서 가장 중요한 것이 일주이니 일주 자체를 설명해야 하는 것이고, 일주의 분석이 이루어져야 올바로 간명이 이루어지기 때문이다. 일주를 이해하지 못하고 단순히 운(運)을 논하는 것은 간명해야 하는 대상이 누구인지

모르고 운을 논하는 격이니 올바른 간명이 불가능하다. 일주를 분석하지 못하고 단순히 운(運)과 용신(用神)만을 분석한다는 것은 올바른 간명이 아니며 절대로 금물이라는 것이 이 사람의 생각이다.

이 책은 나를 위한 것이고 학습을 하는 나의 학생들을 위한 것이지만 명리학을 공부하는 많은 사람들과 직업적으로 간명을 하는 사람들에게도 필요충분조건을 제시하는 책이 될 수 있다면 목적을 다 한 것이라 생각해 본다.

또 한 권의 지침서를 정리하였는데 앞으로도 지침서 성격의 글을 쓰는데 멈춤이 없을 것이다. 작은 정리가 많은 사람들에게 용기와 학습의 도움이 되기를 바라는 마음이다. 이 글을 정리하는 데 도움을 준 많은 지인들과 적용의 실례를 제공하고 있는 학생들과 학습에 참여하는 많은 학인들에게 감사를 전한다.

서기 2016년, 겨울이 다가오는 계절의 길목

轟轟軒에서 晟甫 安鐘善

목차

들어가며 | 4

제1부 천간론(天干論) | 13

제1부. 천간론(天干論) | 15
1장. 갑목론(甲木論) | 23
2장. 을목론(乙木論) | 27
3장. 병화론(丙火論) | 33
4장. 정화론(丁火論) | 38
5장. 무토론(戊土論) | 43
6장. 기토론(己土論) | 48
7장. 경금론(庚金論) | 54
8장. 신금론(辛金論) | 59
9장. 임수론(壬水論) | 64
10장. 계수론(癸水論) | 69

제2부 지지론(地支論) | 75

제2부. 지지론(地支論) | 77
1장. 자수론(子水論) | 81
2장. 축토론(丑土論) | 84
3장. 인목론(寅木論) | 88
4장. 묘목론(卯木論) | 92
5장. 진토론(辰土論) | 96
6장. 사화론(巳火論) | 100

7장. 오화론(午火論) | 104
8장. 미토론(未土論) | 108
9장. 신금론(申金論) | 112
10장. 유금론(酉金論) | 115
11장. 술토론(戌土論) | 119
12장. 해수론(亥水論) | 123

제3부 십이운성(十二運星) | 127

제3부. 십이운성(十二運星) | 129

1장. 십이운성의 구성 | 130
2장. 십이운성의 판단 | 134
3장. 십이운성의 인종과 묘고 | 138

제4부 일주론(日柱論) | 143

제4부. 일주론(日柱論) | 145

1장. 갑자(甲子) | 148
2장. 을축(乙丑) | 158
3장. 병인(丙寅) | 168
4장. 정묘(丁卯) | 176
5장. 무진(戊辰) | 186
6장. 기사(己巳) | 198
7장. 경오(庚午) | 208
8장. 신미(辛未) | 217
9장. 임신(壬申) | 227
10장. 계유(癸酉) | 236
11장. 갑술(甲戌) | 245
12장. 을해(乙亥) | 254
13장. 병자(丙子) | 263

14장. 정축(丁丑) | 272
15장. 무인(戊寅) | 282
16장. 기묘(己卯) | 292
17장. 경진(庚辰) | 302
18장. 신사(辛巳) | 310
19장. 임오(壬午) | 319
20장. 계미(癸未) | 328
21장. 갑신(甲申) | 336
22장. 을유(乙酉) | 345
23장. 병술(丙戌) | 354
24장. 정해(丁亥) | 362
25장. 무자(戊子) | 371
26장. 기축(己丑) | 380
27장. 경인(庚寅) | 389
28장. 신묘(辛卯) | 397
29장. 임진(壬辰) | 406
30장. 계사(癸巳) | 415
31장. 갑오(甲午) | 425
32장. 을미(乙未) | 433
33장. 병신(丙申) | 441
34장. 정유(丁酉) | 450
35장. 무술(戊戌) | 458
36장. 기해(己亥) | 467
37장. 경자(庚子) | 477
38장. 신축(辛丑) | 485
39장. 임인(壬寅) | 494
40장. 계묘(癸卯) | 503
41장. 갑진(甲辰) | 511
42장. 을사(乙巳) | 519

43장. 병오(丙午) | 528
44장. 정미(丁未) | 537
45장. 무신(戊申) | 547
46장. 기유(己酉) | 556
47장. 경술(庚戌) | 565
48장. 신해(辛亥) | 574
49장. 임자(壬子) | 583
50장. 계축(癸丑) | 592
51장. 갑인(甲寅) | 602
52장. 을묘(乙卯) | 611
53장. 병진(丙辰) | 619
54장. 정사(丁巳) | 628
55장. 무오(戊午) | 637
56장. 기미(己未) | 647
57장. 경신(庚申) | 658
58장. 신유(辛酉) | 667
59장. 임술(壬戌) | 677
60장. 계해(癸亥) | 687

제1부. 천간론(天干論)

제1부. 천간론(天干論)

　사주를 구성하는 여덟 개의 글자를 원국(原局)이라 하고, 각기 하늘을 의미하는 글자가 4개, 땅을 의미하는 글자가 4개로 이루어진다. 년(年)을 의미하는 글자가 상·하의 2개 글자로 기둥을 이루니 이를 년주(年柱)라 하고, 월(月)도 마찬가지이니 2개 글자로 이루어진 기둥을 월주(月柱)라 부른다. 일(日)과 시(時)도 각각 2개의 글자로 하나의 기둥을 이루는데 각기 일주(日柱), 시주(時柱)라 하고 상부와 하부를 구성하는 글자가 있다. 이 중에서 상부에 놓이고 하늘을 의미하는 글자를 각기 천간(天干)이라 하는데 생각을 의미하는 것이고, 하부에 놓여 땅을 의미하는 글자는 지지(地支)라 하는데 행동력을 나타내게 된다.

　하늘을 의미하는 글자는 모두 10개이니 달리 십간(十干)이라 부르는 것이고 사주를 구성하는 원국에서 상부를 이루는 글자들이다. 사주란 4개의 기둥으로 이루어지는데 각기 년주, 월주, 일주, 시주이다. 각각의 기둥은 2개의 글자로 이루어져 있으며 상부는 천간(天干)이 자리하고 하부는 지지(地支)가 자리한다. 어떤 경우도 천간(天干)은 하부로 내려오는 경우는 없으며 지지(地支)도 상부로 올라갈 수 없다.

　흔히 음양(陰陽)이라는 말과 오행(五行)이라는 말을 사용한다. 십간의 체(體)는 하나같이 음양(陰陽)과 오행(五行)에 의해 이루어지고, 어떤 십간도 음양과 오행이 없이는 그 형상이나 움직임을 드러내지 못한다. 따라서 천간(天干)은 각기 소속된 음양이 있으며 각기 의미하는 오행이 배정된다. 이처럼 천간(天干)을 이루는 10개의 글자는 각각 음양과 오행의 의미를 나타내며, 변화를 나타내는 것으로 글자로서의 의미와 그 글자의 생김과 그 글자의 배치를 모두 따지는 것이니 의미를 지닌 부호(符號)로 생각함이 타당하다.

십간은 이와 같은 이유로 각각 독립된 체성(體性)을 형성하는데 모두 열 개로 분리되어 있다. 체는 그 형상이 드러내는 바이니 그 형용과 적용은 오행(五行)과의 상응(相應)관계로 이루어지는 것이다. 적용함에 있어 음양(陰陽)의 변화에 따라 수시로 달라지니 이는 십간(十干)의 용(用)이 된다.

예를 들어 보자. 천간(天干)의 10개 글자 중 가장 먼저 나오는 것이 갑(甲)이다. 갑은 목(木)을 의미하고 양(陽)을 의미한다. 따라서 갑(甲)은 단순히 갑이 아니라 갑목(甲木)이라는 본질적(本質的)인 모습이 있다. 을(乙)은 을의 본질이 있으니 같아 보이는 목(木)이라 하지만 질(質)이 다르다. 즉 모든 천간(天干)은 음양의 조화와 오행의 조화가 따른다. 같은 오행이라 할지라도 음양에 따라 조화와 변화가 달라지는 것이다. 모든 오행의 음양 조화와 주변의 조화, 즉 다른 오행의 배치에 따라 그 격이 달라진다.

예를 들어보면 갑목은 목질(木質)이며 양(陽)이다. 갑은 목질이라 봄을 알리는 인월(寅月)에 생(生)할 때와 가을이 저물어 가는 신월(申月)에 생(生)할 때가 전연 다르다. 신월의 생이란 가을의 차가운 바람이 불어오는 계절의 목성(木性)이니 씨앗을 맺는 것이지 목 자체가 성장하는 것은 아니다. 갑목이라 해도 주변에 어떤 오행이 나와 있느냐에 따라 역할과 그 힘이 달라진다. 화(火)의 오행이 배치되어 있는지에 따라 다르고 수(水)가 있는지에 따라 또한 변화하게 되는 것으로 이는 갑목 하나만 놓고 살필 수는 없는 것이다. 즉 주변의 오행 배치와 음양의 배치에 따라 그 용도와 쓰임, 변화가 달라진다.

이처럼 갑목(甲木)이라는 오행의 천간(天干) 하나만 보더라도 그 체(體)는 갑목이라는 천간(天干) 하나이지만 그 쓰임(用)은 주변의 오행배치와 음양배치에 따라 천변만변(千變萬變)의 변화를 일으키고 미래의 변화를 내장하고 있으니 어찌 한 마디로 갑목(甲木)을 단순하게 목(木)이며, 양(陽)이며, 천간(天干)이라 잘라서 말할 수 있겠는가?

열 개의 글자, 열 개의 상징, 하늘의 기운을 표현하는 부호가 열 개이므로 십간(十干)이다. 십간은 단순히 음양을 표현하고 오행을 표현하는 것으로 그치지 않고 글자의 의미와 글자의 문형(紋形)으로 나타내는 여러 가지 의미를 표현하니 이는 단순히 십간이 하늘의 기운만을 의미한다고 상징하기에는 부족한 것이다.

십간이 모두 이렇듯 획일성을 벗어나 각각의 특징을 두드러지게 하니 독특한 개성(個性)이라 할 수 있다. 천간(天干)은 단순히 천간(天干)으로서만 작용하는 것이 아니다. 천간(天干)은 체(體)로서 다른 오행을 지닌 천간(天干)에 대해 서로의 관계를 가진다. 변화와 용융(熔融), 화합(化合), 충살(衝殺), 합(合), 합화(合化)의 격동까지 포함된다.

천간(天干)의 작용은 천간(天干)끼리의 작용만으로 정리되고 종결되는 것이 아니다. 천간(天干)은 하늘의 기운이니 땅의 기운에 영향을 미친다. 땅의 기운은 지지(地支)로 완성되는데 영향이 구구하다. 즉 천간(天干)을 이해하고 분석함에 단순하지 않은 천간(天干)끼리의 비교, 변화를 분석하는 것으로 그치지 못하고 지지(地支)와의 상응관계(相應關界)까지 계산에 넣어야 한다.

마음이 급한 자는 우물에서 숭늉을 찾는 격이라. 천간(天干)을 이해하지도 못하며 지지(地支)의 변화를 이해하고 천간(天干)과 지지(地支)의 상응성을 논하고 이해하려고 덤비는 것이니 천간(天干)과 지지(地支)의 변화와 용융성(熔融性)은 서둘러서 얻을 수 있는 것이 아니다.

천간(天干)은 하늘의 기(氣)이며 상징성이니 지지(地支)에 작용하는 면에서 행동적이라고 볼 수는 없는 일이다. 천간(天干)은 행동적인 면이 강한 지지(地支)의 작용적 측면에 비하여 대단히 기화적(氣化的)인 요소로 볼 수 있는데, 달리 줄여 말하면 기적(氣的)의 작용으로 볼 수 있으며 행동적인 측면이나 육체적인 측면 보다는 정신적(精神的)인 면에 강하게 작용하게 된다.

천간(天干)과 지지(地支)의 작용이 다르다. 천간(天干)은 정신적이고 지지(地支)는 육체적이다. 천간(天干)은 현상적인 의의를 가진다. 그러므로 흐름에 따라 달라지는 여러 가지 상황에서 대부분의 성패(成敗)는 천간(天干)에서 좌우되는 측면이 있으니 기적으로 보이는 것이고 지지(地支)는 길흉(吉凶)부분에서 작용력이 크게 나타나게 되는 것이니 행동적이고 변화적인 것은 지지(地支)에서 크게 작용하는 것이다.

천간(天干)과 지지(地支)의 다른 특징 중 하나는 십간의 기운이 매우 현상적이라는 것이다. 변화를 유도하지만 자신이 변화하는 것은 아니다 라고 말할 수 있는 변화의 측면이 있다. 십간(十干)은 열 개의 천간(天干)이 특징이 있고 특색이 있어 각각이 갖고 있는 기운(氣運)이 지지(地支)와 달리 정제되고 상징적이고 순수한 것으로 기(氣)의 취산(聚散)을 말할 뿐이다. 지지(地支)는 방위적(方位的)이며 행동적이다. 그러나 천기를 다루는 천간(天干)은 기상(氣象)의 흐름을 이야기하니 변화의 측면은 물론이고 방위적 개념이 지극히 약하므로 극(剋)은 있으되 드러나는 상징적인 것과 달리 충(沖)은 성립되지 않는다.

천간(天干)을 논하며 음양을 논하지 않는다면 오행조차도 변화를 논하기 어렵다. 세상의 모든 만물은 음의 기운이거나 양의 기운이다. 음이 있으면 양이 존재하고 양이 없으면 음도 없는 것이다. 오행의 관계는 표면적으로 대립의 관계이고 상충의 관계처럼 여겨지지만 음과 양의 관계는 상존(尙存)의 관계이다.

양과 음은 비례의 관계이다. 음이 사라지면 양도 사라지고 양이 없다면 음도 존재할 이유가 없다. 존재의 가치처럼 그 질량도 가치의 존재를 가진다. 마치 서양 이론의 질량보존의 법칙과 다를 것이 없다. 모든 존재하는 만물(萬物)에 부여되는 음양(陰陽)의 질적(質的)인 비율은 항상 같아야 한다. 즉 강약은 있을 수 있지만 그 양이 변화하는 것은 아니다. 변화한다고 하는 것이 그 양을 줄이는 것은 아니다.

음양의 이치는 마치 저울이나 균형을 맞추는 작대기와 같다. 한쪽이 무거우면 한쪽이 가벼워지는 이치와 같다. 한쪽이 기운다고 다른 한쪽도 약해지거나 질(質)이 줄어든 것은 아니다. 이는 모두 변화의 용(用)일 뿐이다.

음양의 이치는 저울과 같고 바다의 조수(潮水)와 같다. 양(陽)이 성(盛)한 곳에 음(陰)이 쇠(衰)하고 음과 양은 때로 움직이는 생물과 같아 변화가 무궁하다. 음(陰)이 성(盛)한 곳에는 양(陽)이 쇠(衰)하는 것이 이치이다. 그와 달리 양이 성하면 음이 쇠한 것 또한 이치이다. 양(陽)이 성(盛)해진다고 해서 음(陰)이 줄어드는 것이 아니고 음이 성한다고 양의 질량이 부족해지거나 사라지는 것이 아니다. 양이 성하다고 해서 음이 질량적으로나 에너지적인 면에서 줄어들거나 파괴되는 것은 아니다. 어떤 현상이 양을 표방한다고 해서 극단적으로 음(陰)이 사라진다는 것은 아니다.

음양으로 표현되는 것은 음이 아니고 양이 아니다. 양으로 표현된다고 모두 양은 아니다. 그 양속에 음이 내포되어 있는 것이다. 음도 음으로 표현되는 것에도 양은 내포되어 있는 것이다. 양은 양이지만 양만은 아니다. 음은 음이지만 음만은 아니다. 양이 드러나거나 음이 드러나는 것은 음양(陰陽)의 표면적 운동(運動)만 보이는 것이다. 음이 드러난다고 양이 없는 것이 아니며 양이 드러난다고 음이 존재치 않는 것은 아니다. 음(陰)이 드러나면 양(陽)이 쇠한 듯 보이고 양(陽)이 드러나면 음(陰)이 쇠한 듯 보이는 이치이다. 음과 양 중에서 어느 하나가 드러난다고 해서 드러나지 않는 존재가 사라지는 것은 아니다. 음과 양 중에 어느 하나가 표면적으로 드러난다고 해서 음양(陰陽)의 어느 하나가 영원히 소실되고 사라지거나 손실되는 것은 아니라는 사실이다.

이와 같은 이치는 오행의 특성을 지닌 모든 천간(天干)에 적용된다. 목(木)은 목(木)으로서의 음양(陰陽)의 균형을 이루고 있으니 각각 양의 성정을 나타내는 갑목(甲木)과 음의 성정을 나타내는 을목(乙木)으로 나뉘고, 천간(天干)에서 오행상 화(火)는 음양으로 나누어진 화(火)로서 양의 성정을 지닌 병화(丙火)와 음의 성정을 지닌 정화(丁火)로 나뉘어져 음양(陰陽)의 균형을 갖추고 있는 것이다. 천간(天干)에서 오행상 토(土)는 음양으로 나누어진 토(土)로서 양의 성정을 지닌 무토(戊土)와 음의 성정을 지닌 기토(己土)로 나뉘어져 음양(陰陽)의 균형을 갖추고 있는 것이다. 천간(天干)에서 오행상 금(金)은 음양으로 나누어진 금(金)으로서 양의 성정을 지닌 경금(庚金)과 음의 성정을 지닌 신금(辛金)으로 나뉘어져 음양(陰陽)의 균형을 갖추고 있는 것이다. 천간(天干)에서 오행상 수(水)는 음양으로 나누어진 수(水)로서 양의 성정을 지닌 임수(壬水)와 음의 성정을 지닌 계수(癸水)로 나뉘어져 음양(陰陽)의 균형을 갖추고 있는 것이다.

사물을 판단할 때 그러하듯, 천간(天干)을 파악할 때도 내부의 본질적인 모습과 외부와 대응하는 모습을 모두 보아야 한다. 이를 체(體)와 용(用)이라고 했듯 이 두 가지를 이해하지 못하고 보이는 면만을 파악하고 강조한다면 본질은 이해하기 어려워진다. 세상의 모든 만물은 태어나 성장하고 쇠하기 마련이다. 음양에는 흥망과 성쇠가 있으니 음양(陰陽)의 성쇠(盛衰)로 구분하면 총체적으로 살펴 양의 성정을 지닌 갑(甲), 을(乙), 병(丙), 정(丁), 무(戊)는 양(陽)을 나타내는 성정으로 태어나고 자라는 것을 의미하니 성장(成長) 과정이고 음의 성정을 지닌 기(己), 경(庚), 신(辛), 임(壬), 계(癸)는 음(陰)의 성장 과정이라 할 수 있다. 그러나 오행의 적용 측면에서 음양을 적용하면 달리 오행의 개체(個體)로 접근하여 그 측면은 달라질 수도 있다.

성장 측면이 아니고 개개적인 오행(五行)의 개체로 구분하면 양적 기운이 충만한 갑(甲), 병(丙), 무(戊), 경(庚), 임(壬)은 양(陽)이 되고 음(陰)적 기운이 충만한 을(乙), 정(丁), 기(己), 신(辛), 계(癸)는 음(陰)이 된다.

조후(調候)라는 말은 경리에서만 사용하는 것은 아니지만 명리학에서 조후는 필수적으로 반드시 적용되어야 하는 것이니 한난(寒暖)으로 구분하면 차고, 덥고, 습하고, 건조함을 살피지 않을 수 없는데 병화(丙火)를 중심으로 갑(甲), 을(乙), 정(丁), 무(戊)는 난(暖)하다 하고, 계수(癸水)를 중심으로 기(己), 경(庚), 신(辛), 임(壬)은 한(寒)한 기운(氣運)을 조장하게 된다. 이는 계절적 의미를 포함한 것이기도 하다. 봄과 여름은 따스하고 가을과 겨울은 차갑다는 의미를 지닌다. 이 중에서 병화(丙火)와 계수(癸水)는 사람의 목숨을 의미하는 명(命)의 조후에 지대한 영향을 미치게 되는 것으로 조심스러운 관찰이 필요하다.

1장. 갑목론(甲木論)

甲木(陽/陽干:直)

갑목(甲木)은 성정이 목(木)이며 목질(木質)의 대표적인 상(象)이다. 천간(天干)을 의미하는 부호 중의 하나로써 사용되며 포괄적으로 양간(陽干)이며 협의적으로 양(陽)에 속한다. 생하여 펼치는 기운이 직선적이니 직(直)이라 한다. 사물이 자라는 의미를 가지고 있으며 펼치는 기운을 도와주어야 하니 본능이 병화(丙火)를 바란다.

갑(甲)은 봄철에 싹을 터트리고 뿌리가 달리며 솟아나는 모양이다. 흔히 씨앗에서 뿌리가 나오는 형상을 의미하기도 한다. 따라서 생장, 성장을 의미한다. 흔히 큰 숲을 이룬다는 의미를 지닌 대림목(大林木)으로 표현하는 물상으로 큰 나무, 곧은 나무, 열매가 맺히는 나무, 씨앗을 남기는 나무, 목재, 원목, 기둥, 궤들보, 숲을 이루는 나무, 하늘을 가리도록 자라는 나무를 의미한다.

1. 자의(字意)

갑목은 성장의 기운이다. 그 글자의 모양이 머리에 껍질을 쓰고 아래로는 뿌리가 나오는 도습을 형상화한 것이니, 초목(草木)의 최초 생장(生長)을 의미하며, 머리에 껍질을 이고 나오는 모습은 지난날의 씨앗이라는 존재에서 벗어나 초(艸)로서 자라남과 최초라는 의미가 형상화된 것이다.

갑목은 다양한 의미를 가지는데 글자만의 근본적인 의미로는 갑옷, 딱지, 가죽, 껍질, 첫째, 씨앗이라는 의미를 지니며 조금 더 확대하여 의역하면 이름 대용으로 사용하는 아무개, 장자(長子), 장손(長孫), 손톱, 천간(天干)의 첫째, 거북이를 본뜬 글자, 처음, 제일, 앞선 자, 거북이 모양, 거북이의 모습을 본뜬 글자, 딱딱하고 견고하다. 상형문자에서는 씨앗이 딱딱한 땅을 뚫고 올라오며 아직 씨앗의 껍질을 벗어버리지 못하고 뒤집어쓴 상태로 올라오는 모습이다. 싹이 난다. 싹이 나기 시작한다는 등등의 의미를 지니고 있다. 따라서 성명학(姓名學)에서도 갑(甲)은 장자와 장남의 이름에 사용하는 글자에 속한다.

통론으로 살피면 첫째 천간(天干) 갑, 갑옷 갑, 껍질 갑, 초목의 씨에 곧은 껍질이니 그것이 움이 터서 껍질로 이루어진 갑을 이고 땅 위로 올라오는 것을 형상화한 것이다. 또한, 갑은 생명을 보호하는 껍질이니 전쟁에서 몸을 보호하는 굳게 만들어진 옷을 의미하니 결국 갑옷이라는 의미를 가진 것이다. 또한, 사람의 머리를 상형한 것이니 우두머리, 지도자, 앞서서 나아가는 사람이라는 의역이 가능하다. [설문]에 이르기를 "東方之盟陽气萌動 從木戴爭甲之象 一日人頭宣爲甲 甲象人頭古狎切甲 古文甲始於十 見於千 成於木之象"이라 했다.

2. 천간(天干)과의 관계

1) 甲+甲 : 갑이 두 개인 경우 두 개의 나무가 아니고 수많은 나무가 숲을 이루게 되는 격이니 이를 버티고 나무를 지탱해 주어야 하니 토(土)가 강해야 한다.

2) 甲+乙 : 을(乙)을 무시하면서도 을에 대한 피해의식을 떨쳐 버리지 못한다.

3) 甲+丙 : 기가 상통하게 되니 목화통명(木火通命)이라 한다. 매우 좋다

4) 甲+丁 : 의기(義氣)는 큰데 유통이 잘 안 되니 답답하다.

5) 甲+戊 : 외로운 산중의 낙락장송이라 병화(丙火)가 없으면 인적이 없다. 찾아오는 이 없이 홀로 선 나무와 같으니 외롭다.

6) 甲+己 : 기개를 잃기 쉬우니 소탐대실이다. 구두쇠이다.

7) 甲+庚 : 절제를 하게 되니 그 기상이 뚜렷하다. 힘의 균형이 필요하다.

8) 甲+辛 : 면도칼로 나무 기둥을 치는 상황이니 목은 상처 입고 금은 다친다.

9) 甲+壬 : 병화를 보면 수화기제(水火旣濟)를 이루니 상통하달(上通下達)하게 되어 매사 일이 잘 풀린다.

10) 甲+癸 : 구름에 가려 태양을 보기 어려워 우울하고 속으로 상한다.

3. 갑목(甲木)의 통변(通辯)

1) 갑목은 큰 나무이니 기토(己土)나 진토(辰土)가 있어야 뿌리를 내린다.

2) 갑목이 나무이기에 뿌리를 내려야 굳건히 서는데 열기가 많고 마른 흙인 미토(未土)와 술토(戌土)에는 뿌리를 내리기가 힘들고 바로 서기도 힘들다.

3) 기토(己土)를 보면 갑에게는 재물(財物)이 되지만 구두쇠이다.

4) 무토(戊土)가 오면 높은 산에 홀로 선 고목(枯木)과 같으니 고산지목(高山之木)이라, 찾아오는 이 없으니 평생 고독하고 외로움을 탄다

5) 남자 갑목이 을목을 보면 되는 일이 없다, 을목은 꽃이고 음의 성분이니 여자의 기운이다. 여자에 정신이 팔려 되는 일이 없다. 여자 사주의 경우에도 갑목은 을목을 보면 되는 일이 없다.

6) 을목이 갑목을 보면 타고 오르려고 하니 갑목으로서는 을목이 목을 조르는 격이라 성패가 조석으로 변하고 신경쇠약(神經衰弱)이 있으며 모든 일이 용두사미(龍頭蛇尾)가 되어 끝을 보지 못하니 성공과는 거리가 있다.

7) 갑이 갑을 보면 숲이니 삼림(森林)을 이루는 격이다. 경쟁자가 생기고 경쟁에서 이기기 위해 많은 애를 써야 한다. 경쟁력을 살리니 살고자 하는 의지와 타인에 대한 경쟁력이 강하지만 학업에서는 도중하차의 경우가 생기고 부모의 대나 자신의 대에 파가(破家)가 일어나거나 조실부모(早失父母)한다. 가까이 있으면 작용력이 강하고 멀리 있으면 작용력이 약하다.

8) 갑이 갑을 연속으로 만나 갑의 삼련(三聯)이 되어 천간(天干)에 갑이 3개가 되면 엄청난 활동력이 생긴다. 특히 월일시에 연속으로 갑이 나오면 명예를 얻고 관직으로 진출하면 반드시 출세하여 두각을 나타낼 수 있다.

9) 경금을 보면 우박을 맞은 격이니 열매 맺기 어려워 결실이 없다.

10) 신금을 보면 서리를 맞은 격이니 결실을 기대하기 어렵다.

2장. 을목론(乙木論)

乙木(陽/陰干:曲)

개개의 간(干)을 살펴 음양을 논하면 갑목과 대비되어 음간(陰干)이지만 천간(天干)을 통할할 때는 양(陽)에 속한다. 펼치려는 기운이 있으나 약하고 의타적이며 음에 회절(回折)되어 곡선적이다. 따라서 곡(曲)이라 칭한다. 등나무나 칡, 혹은 다른 나무를 타고 오르는 나무처럼 굽은 모습이다. 다른 나무를 타고 오르는 식물은 용수철처럼 감고 오르며 지탱하는 속성이 있어 직선적으로 뻗는 경우가 없다. 따라서 지극히 곡선적이다. 음의 기운이 강하면 병화(丙火)를 씀이 좋고 양의 기운이 강하면 정화(丁火)를 씀이 좋다.

을(乙)의 형상은 마치 지렁이나 실이 흐드러진 듯, 혹은 뱀이 기어가듯 구불거리는 듯한 모습인데 이는 싹이 땅에서 나와 점점 자라는 모습을 형상화했기 때문이다. 땅속에서 막 자라 나오는 모든 식물은 그와 같은 형상을 지니고 있다. 을목은 하늘로 뻗는 나무와 달리 꽃의 성정이라 아름답고 부드러우며 완만하고 곡선적이다. 등나무처럼 휘어짐은 융통성이고 의타적이며 수렴적이다. 꽃, 잡초, 식물, 넝쿨, 수초, 화초, 들꽃, 화단의 꽃, 등나무, 칡, 종이, 의류, 바람, 잔디가 그 성정이다.

1. 자의(字意)

을의 글자 모습은 그 형상이 심하게 구불거리는 듯한데 초목(草木)이 오랜 동절기(冬節期)에서 잠을 깨어 굽어진 채로 흙을 뚫고 나오는 것을 의미하며 강한 생장(生長)의 뜻을 나타낸다. 마치 심하게 구불거리는 모습이 튀어 나갈 듯 보이는데 이는 보이는 상(象)의 모습대로 탄력 있는 생장의 모습이며 사물이 자라나 펼쳐지기 전의 모습이다. 굴곡을 나타내고 있으며 자라남을 보여준다.

을목은 글자에서 보이듯 새, 제비, 참새, 허리띠, 둘째 천간(天干)의 의미를 지닌다. 둘째, 구부러져 있다, 들러붙다, 의지하다. 구불거리다. 휘어지다, 부드럽다. [갑골문자]에서 보이는 자의(字意)는 허리에 두르는 가늘고도 긴 한 가닥의 띠를 의미하고 있다.

과거 바지나 하의가 흘러내리지 않게 허리를 질끈 동여매는 것은 지금과 같은 정형화된 요대(腰帶)나 각대(角帶)가 아니라 기다란 끈이었던 모양이다. 지금도 허리띠가 없으면 긴 천을 이용해 묶거나 여성들이 한복을 입을 때 나풀거리는 옷섶이나 치맛자락을 묶을 때 긴 천을 사용한다. 일설에 따르면 을이라는 글자는 싹이 올라온 것이 아니라 지표 아래 싹이 트며 웅크린 모습이란 설이 있고 초목이 싹을 트기 위해 다가오는 추위를 피하고자 웅크리고 있는 모습이라고도 한다.

새 을, 새싹 을, 둘째 천간(天干) 을, 아무 을, 굽힐 을, 생선창자 을, 양광이 들어 초목이 처음으로 움이 트고 새싹이 나오는데 마치 글자의 모양처럼 구부러져 나오는 것을 형상화해서 그린 상형문자(象形文字)인 것이다. 딱딱한 씨의 껍질을 쓴 갑(甲)자가 아래로 발을 뻗듯 뿌리가 나온다면 새 을(乙)자는 마치 구부러진 허리를 펴는 사람처럼 생동감 있는 모습으로 나온다. 글자 모양이 새의 모습이라 새을이라 부른다. 실제로 물에 떠 있는 오리나 기타의 조류를 보면 그 형상이 틀림없다. 제비를 형상화한 것이라는 설도 있고 발음할 때 사람의 혀 모양이 을(乙)자와 같은 모양으로 생긴다는 주장도 무시할 수 없다.

을(乙)자는 사람의 목을 상형했다고도 한다. 따라서 사람의 목은 약간의 곡선을 지닌다. 목뼈가 직선으로 이루어지면 오히려 거북이 목이라 해서 중추에 무리가 오는 것으로 파악한다. 갑남을녀(甲男乙女), 을종(乙種), 갑을(甲乙)이라는 말을 많이 사용하는데 모두 사람을 의미한다. [설문]에 이르기를 "象春艸木 冤曲而出陰气 象彊其出乙乙也 與丨同義乙象甲 象人頸 於筆切乙"이라 했다.

2. 천간(天干)과의 관계

1) 乙+甲 : 등라계갑(藤蘿繫甲)이라 한다. 갑목은 을목의 이용대상이 된다. 을목이 갑목을 타고 오른다는 것으로 을목은 갑목을 이용대상으로 삼는다. 정상에 오르기 전에는 갑목에 의지하지만 정상에 오르면 갑목을 천시한다.

2) 乙+乙 : 을이 병존하여 나란히 서면 경쟁이 심화된다. 경쟁 상대로 신약한 경우를 제외하고는 도움이 되지 않는다. 꽃밭이다. 새 떼의 형상이니 시끄럽고 말이 많으며 주변을 살피지 않는다. 천연덕스럽고 부끄러움을 모른다. 넝쿨이 가구 엉켰으니 백해무익이다.

3) 乙+丙 : 높은 곳을 향해 오르고자 하는 상향지기(上向之氣)를 도와주는 역할을 하게 되며 능력을 발휘하게 된다.

4) 乙+丁 : 온실의 화초, 활인지명(活人之命)이나 번거로움을 피할 수

없다. 남을 돕는 일에 적극적으로 나서야 한다. 침술원, 의사, 약사, 외과 의사가 제격이다. 자신이 활인하지 않으면 주위의 누군가는 활인해야 한다.

5) 乙+戊 : 고원의 나무로 자신을 드러내기 어렵다. 바람을 많이 타니 고난이 있다. 찾아오는 객이 없으니 외롭다. 동절에는 큰 산이 바람을 막으니 도움이 크다.

6) 乙+己 : 농토에 난 곡식이다. 농토의 곡식으로 병화(丙火)와 같이 있으면 뜻을 이룬다. 잡초가 되지 않도록 심성을 키워야 한다.

7) 乙+庚 : 마음은 끌리나 나서기에는 두려움이 앞선다. 자신의 의지를 펼치기 어렵다. 아차하면 쓰러지는 격이다.

8) 乙+辛 : 낫으로 풀을 벤 격이라 의기가 꺾이니 뜻을 이루기 어렵다.

9) 乙+壬 : 부목(浮木), 부목(腐木)되기 쉬우니 토기(土氣)의 도움이 없으면 의지할 곳이 없게 된다. 다른 천간(天干)에 수의 오행이 있으면 수다목부(水多木浮)라. 수기(水氣)는 지장간(地藏干)으로도 충분하다.

10) 乙+癸 : 생기를 얻는 것이나 병화(丙火)와 다투지 않아야 뜻을 이룰 수 있다. 계(癸)의 근처에서 병화(丙火)가 멀리 떨어져 있어야 뜻을 이룬다.

3. 을목(乙木)의 통변(通辯)

1) 을목(乙木)은 반드시 병화(丙火)가 있어야 꽃이 핀다.

2) 을목은 성장하는 데 물이 필요하지만 지나치게 많이 투간되면 뿌리가 썩는다. 물이 많으면 나무가 물에 둥둥 뜬 격으로 이룸도 없고 병도 많다.

3) 을목은 진(辰)과 축(丑)의 지장간(地藏干)에 자리한 계수(癸水)만으로도 물이 충분하다.

4) 갑목을 보면 등라계갑(藤蘿繫甲)이라 타고 오르기에 좋지만, 타고 오른 후에는 수치를 모르고 건방을 떨며 자기가 최고인 양 주제넘은 행세를 한다

5) 을목이 병화(丙火)가 없으면 꽃을 피울 수 없으니 후처(後妻)의 명이다. 꽃을 피우기 어려우니 열매가 쭉정이뿐이다.

6) 병화가 없으면 꽃을 피울 수 없어 인생이 고통스럽다.

7) 임계(壬癸)와 같은 수(水)의 오행이 투간되면 물이 넘쳐 뿌리가 썩으니 평생 일신상의 잔병이 많다.

8) 사오미월(巳午未月)에 태어난 을목이 정화(丁火)를 보면 지나친 열기로 인해 성정이 메마르다.

9) 사오미월(巳午未月) 을목이 정화(丁火)를 보면 단명(短命)한다

10) 을목 남자가 기토(己土)를 보면 몸 버리고 가산(家産)을 탕진(蕩盡)한다.

11) 을목 여자가 기토를 보면 들에 핀 꽃이 되어 가정을 버리고 통정(通情)한다.

12) 무토(戊土)를 보면 높은 산에 홀로 핀 꽃이라 외롭다

13) 무토를 보면 고산지화(高山之花)라, 높은 산에 홀로 핀 꽃이니 찾아오는 이 없고 바람을 맞으니 삶이 괴롭고 봐주는 사람이 없어 낙이 없다.

14) 경금(庚金)을 보면 꽃을 망치게 한다.

15) 신금(辛金)을 보면 예리한 낫으로 꽃을 베어낸 격이다.

16) 을이 연속으로 있어 을이 을을 보면 새들이 몰려든 격이니 시끄럽

고 주변이 어지럽다. 백해무익(百害無益)에 인덕(人德)이 없다.

17) 을이 을을 연속으로 만나 을의 삼련(三聯)이 되어 천간(天干)에 을이 3개가 되면 가무(歌舞)에 능하고 꽃이 만발하니 구경꾼 많겠다. 남들에게 정성을 쏟고 인의(仁義)로 대하면 명예를 얻고 관직으로 진출하면 두각을 나타낸다.

3장. 병화론(丙火論)

丙火(陽/陽干:上)

병화는 태양을 의미하는 글자이다. 따사로움이 빛이 함께 하고 있다. 태양 빛은 한곳에 모이기보다는 넓게 퍼지는 것이 속성이다. 퍼져야 너른 세상을 모두 비출 수 있다. 따라서 큰 빛은 퍼지는 속성이 있다. 넓게 퍼지는 곳에 뿌리는 보이지 않는다. 병화는 피어오르는 열이 아니라 빛이다.

빛은 팽창(膨脹)하려는 본성을 지니며 그 기운이 사방으로 발산하니 휘산(輝散)이라. 뿌리는 보이지 않고 속이 공허하다. 기(氣)는 가볍고 리(理)는 밝으니 그 위치가 위에 머무른다. 병화가 부각되고자 한다면 갑목으로 그 힘을 받쳐줌이 좋다.

1. 자의(字義)

병(丙)은 식물이 자라 땅 위에서 활개를 벌린 듯한 모습이다. 이는 뚜렷함인데 땅 위에 드러남이다. 존재감이 뚜렷이 드러나는 것으로 초목(草木)이 크게 자라나는 것을 나타낸다. 이는 [설문해자(說文解字)]의 이론으로 초목이 자라는 모습을 형상화하고 있는데, 초목이 크게 자라 하늘을 가려 바닥에는 그늘이 진 것과 같은 형상을 나타낸 것이다.

병이라는 글자는 사물이 우람하게 자랐다는 의미이다. 동구 밖에 크게 자란 느티나무를 상정하면 된다. 우람한 나무 그늘에는 쉬기 위해서, 혹은 이야기를 나누고 단결을 하기 위해 사람이 모여들기 마련이다. 따라서 병화는 사람을 모으는 속성이 있다.

남녘, 남쪽, 태양, 불, 빛, 반짝임, 밝게 빛이 남, 셋째 천간(天干), 병은 솥을 본뜬 글자로 갑골문자(甲骨文字)이다. 솥은 불안정하니 뒤집어지고 쏟아지기 쉽다.

옛날의 솥은 세 개의 다리를 부착하여 균형을 잡았는데 이를 정(鼎)이라 하고, 다리가 없으면 잘 뒤집어지고 안정감이 없기 때문이다. 따라서 솥이 엎어지거나 쓰러지지 않고 땅에서 안전하고 똑바로 자리 잡을 수 있도록 빳빳하며 평평한 땅에 있어야 한다.

상형문자(象形文字)에서는 제사를 지낼 때 희생물을 얻는 큰 제사상을 본 뜬 것으로 표현된다. 지금의 북방식 고인돌 모양과 같은 모습이다. 음(音)을 빌어 천간(天干)의 셋째 자로 사용한 것으로 인식된다.

셋째 천간(天干) 병, 남녘 병, 남쪽을 의미하고 환하게 밝은 불빛을 나타낸다. 을(乙)의 다음 천간(天干)으로, 을(乙)자에서 보이는 굽은 것이 펴진 것이며 바로 선다. 아울러 지중을 나타내는 冂에 뿌리를 박고 서니 뿌리 모양인 입(入)의 형태에 음으로 두 잎을 의미하는 인(人)자형의 문자가 좌우로 펴진 모양으로 자리하고 있다. 두 잎은 다시 평행이 되어 일(一)자 모양이 되었다.

식물은 태양을 지향하는 성정을 지니고 있다. 이를 향일성(向日性)이라 정의하는데 해는 남쪽에서 뜨므로 식물이 지향하는 방향이라는 의미에서 병은 남쪽이라는 의미를 지니게 되었다. 즉 병이라는 글자는 태양을 지향하고 자라는 식물의 모양이라 병의(竝義)로 남쪽이라는 의미를 가지게 된 것이다.

또 다른 상형의 이론에는 사람의 어깨를 상형했다고 한다. 양어깨가 일자로 평평하고 경(冂)자의 아랫부분은 장기(臟器)를 담은 그릇이다. 결국 경(冂)은 몸통을 의미하고 있다. [설문]에 이르기를 "位南方 萬物成炳然 陰气初起 陽氣將虧 從一入冂 一者陽也 丙承乙象人肩 徐鍇曰 陽功成入於 冂冂門也 天地陰陽之門也 丙永切丙."이라 함으로써 경(冂)자 안에 입(入)자가 있는 이유를 알겠다.

2. 천간(天干)과의 관계

1) 丙 + 甲 : 태양은 나무를 기르는 공덕이 있게 되니 열개를 결실하는 보람이 있다. 병(丙)은 성장하고 성취하고자 하면 반드시 갑목의 받침이 있어야 한다.

2) 丙 + 乙 : 갑목과 비교하여 보면 노력에 비하여 결과가 적다.

3) 丙 + 丙 : 지나치게 밝으면 오히려 만물에 피해를 준다. 적당함이 있어야 만물이 무리 없이 자란다. 뜨거운 태양이 둘이나 되니 들판에 불을 지를 것이다. 모든 것을 태우는 격이다. 경쟁자가 많으니 더욱 나설 것이며 자신을 드러내 보이기 위해 무리수를 둔다.

4) 丙 + 丁 : 구조가 좋으면 낮과 밤을 모두 지배하게 된다.

5) 丙 + 戊 : 빛이 큰 산에 막혀 회절되니 멀리 가지 못한다. 출세하여도 그리 오래가지 못한다. 출세를 한 후에는 불명예가 따른다.

6) 丙 + 己 : 첩신(貼身)이 되어 가까이 있으면 땅에서 피어난 물기가 안개가 되어 피어올라 구름이 되어 빛을 가리듯 장애가 생긴다. 두 개의 글자는 떨어져 있어야 하며 붙어 있으면 애로가 많다.

7) 丙 + 庚 : 예(禮)로써 의(義)를 대하니 매사가 칼로 벤 듯 분명하다.

8) 丙 + 辛 : 신(辛)은 가을빛과 같으니, 빛을 잃은 태양은 이미 저물어 자신의 역할을 하지 못한다.

9) 丙 + 壬 : 관계가 적절하면 서로가 도움을 받으니 수화기제(水火旣濟)를 이룬다. 수(水)의 오행이 지나치게 강하면 태양을 삼킨다.

10) 丙 + 癸 : 흐린 하늘의 태양이라 무력하다. 물에서 피어오른 안개가 태양을 가린다.

3. 병화(丙火)의 통변(通變)

1) 임수(壬水)를 보면 이름이 있으니 귀격(貴格)이다.

2) 계수(癸水)를 보면 복사되어 피어오른 안개가 태양을 가리는 격이니 귀하지 못하다

3) 갑목(甲木)을 보면 생육을 하여 결실을 이루니 부격(富格)이다.

4) 무토(戊土)를 보면 큰 산이 해를 가린 격이니 떠오르는 해를 볼 수 없다. 해가 뜨지 않으면 밤이나 같다. 해가 보이지 않으니 잠을 자고 쉬어야 하니 당연히 게으르고 역할을 알지 못한다.

5) 병화는 기토(己土)를 보면 생육을 할 수 있다. 옥토에 태양을 비추니 작물이 자라고 온갖 짐승이 뛰어다니는 격으로 지상 낙원이고 생육의 공간이다. 특히 기축시(己丑時)에 태어나면 재(財)의 창고(倉庫)이다.

6) 신금(辛金)을 보면 주색(酒色)에 빠진다. 본분을 망각하고 주색잡기에 빠지니 할 일을 하지 못한다. 흔히 병신합(丙辛合)은 주색에 빠진 사람이라 한다.

7) 경금(庚金)을 보면 활인(活人)의 운명이다.

8) 을목(乙木)을 보면 꽃만 키우는 격이니 바람을 핀다.

9) 이미 을목이 있는데 임수(壬水)가 또다시 오면 몸이 아프고 이룸이 없이 허송세월이다. 몸이 아픈데도 여색(女色)에 빠진다.

10) 병(丙)이 병(丙)을 보면 경쟁력이 증가하는데 태양이 둘이니 모든 것을 태워버린다. 시기와 질투심이 그것이다. 고민이 많고 경쟁자도 많으니 두각을 나타내려고 무리수를 두고 남을 시기한다. 여자는 지나치게 양(陽)이 강하니 산액(産額)이 있다. 차라리 활동적이고 움직이는 직업이 좋다.

11) 병(丙)이 병(丙)을 연속으로 만나 병(丙)의 삼련(三聯)이 되어 천간(天干)에 병이 3개가 되면 지나치게 나서는 경향이 있는데, 방송이나 연극같은 일에 종사하면 인기가 있고 활동적이다. 관직(官職)에 나서면 두각을 나타낼 수 있고 여자는 산액이 있다. 방송에서는 연기자보다는 진행자나 대담프로, 시사프로 진행자가 제격이다.

4장. 정화론(丁火論)

丁火(陽/陰干:炎)

정화(丁火)는 모닥불이다. 달빛이며 호롱불처럼 어둠을 밝히는 작은 불빛이지만 뜨거운 성정도 있다. 따라서 가슴이 뜨거운 사람이다. 어둠이라 해도 빛이 피어나면 사방이 환해지듯 발산의 기운이 사방으로 퍼져나간다. 천간(天干)의 4번째 글자인 정화(丁火)는 양(陽)의 성질을 지니고 있지만 음간(陰干)이다. 협의적으로 음간의 성정으로 기의 형상이 쉬 흩어지지 않으며 불꽃의 형상 같으니 이를 염(炎)이라 한다. 불길이 살아나기 위해서는 갑목과 을목의 은근한 도움이 좋다.

1. 자의(字義)

어둠을 밝히는 등불이다. 그다지 밝지 않다. 작은 불이다. 달이다. 별이다. 차가운 성정의 불길이다. 불길이므로 지나치게 가까이 두면 지나치게 뜨거워지거나 불에 타버린다. 초목이 무성하여 한창때의 기운이 응집한다는 뜻이 내포된다. 아름답고 따뜻한 마음씨를 지니고 있으며 잔정이 많고 차분하다. 뜨거움 속에 음기(陰氣)의 발산으로 차가움을 지닌다. 주변 환경에 영향을 강하게 받는 성정이다.

정화는 다양한 의미를 지니는데 넷째 천간(天干)의 의미를 가지고 있으며 왕성한, 일꾼, 장정(壯丁), 사내, 젊은이의 의미를 지닌다.

[갑골문자]에서는 못의 머리를 의미한 것인데, 못이라는 것은 박으면 움직이지 못하고 한곳에 머물러 있다는 의미도 있다. 따라서 이 글씨를 못 정이라고 부르는 경우도 있다. 정자의 끝 부분이 구부러진 것은 움직이거나 빠지지 않게 구부린 모양이기도 하다.

넷째 천간(天干) 정, 고무래 정, 장정 정, 일꾼 정, 당할 정, 못의 머리 정, 장정을 나타내는 단어로 많이 쓰인다. 예로부터 사람의 머리의 숫자를 세는 단위로 사용한다. 옛날 군대에서는 장정이라고 했다.

전자(篆字)로 살피면 초목이 싹을 틔워 성장해 온 네 번째 단계이니 가장 왕성하게 자란 것을 상형하였다. 따라서 다 자라고 힘이 센 남자를 장정이라 부르기도 한다. 사람의 일생에서 가장 건강한 때를 장정(壯丁)이라 부르는 것도 이와 같은 의미가 있기 때문이다.

정(丁)은 병(丙)의 다음 글자로 지중(地中)보다 지상(地上)이 더욱 왕성하게 성장한 것이다. 병(丙)은 몸체를 나타내는 경(冂)이란 글자가 땅속을 의미하는 것처럼 땅속이 더욱 강하나 정(丁)은 땅 위에서 이미 활짝 자란 것이다. 따라서 드디어 제때에 이른 것이다.

이로써 맞추다, 다다르다, 도착하다의 의미를 가진다. 사람의 심장을 정형한 것이므로 고무래 정으로 훈을 붙인 것은 오류라고 생각되어진다. 생긴 모습이 고무래와 같다는 의미는 이후에 생긴 것이니 나중에는 고무래 정이라는 말도 맞는 말이 될 수 있을 것이다.

장정(壯丁), 정녕(丁寧), 병정(丙丁), 병정(兵丁)과 같은 의미로 사용한다. [설문]에 이르기를 "夏時萬物皆丁寬 象形 丁承丙 象人心 當經切丁"라 기록되어 있다.

2. 천간(天干)과의 관계

1) 丁 + 甲 : 끈기가 있고 머리가 좋은 편이나 경금(庚金)이 없으면 지나치게 무성해진 나무를 가지 치지 못하고 잘라낼 수 없으니 화식(火熄)이 염려스럽다.

2) 丁 + 乙 : 표면적으로는 목생화(木生火)의 관계가 이루어지지만, 생목(生木)으로 목생화가 쉽지 않으니 어쩔 수 없는 피해로 나타난다.

3) 丁 + 丙 : 강한 자가 있으면 약한 자는 쓰러지거나 숨을 죽여야 하는 것이 이치이다. 강한 빛에 눌려 무력해진다. 병화의 강력한 빛에 위축되어 박력이 없으며 주변머리가 없다.

4) 丁 + 丁 : 불길이 더해주니 강해진다고도 볼 수 있으나 기운이 집중되지는 않는다. 경쟁 관계에서 자신을 드러내야 하므로 성정이 치열해진다.

5) 丁 + 戊 : 높은 산이 바람을 막아주는 격이니 열을 보호받을 수 있으나 빛을 가린다. 약하거나 강해지지 않는다.

6) 丁 + 己 : 빛은 회절되고 열은 흡수되니 능력을 보이지 못한다.

7) 丁 + 庚 : 갑목(甲木)을 끌어 쓰는 데 도움이 되며 서로에게 유익하다. 경금(庚金)이 갑목(甲木)을 베어 화목(火木)으로 쓸 수 있게 한다.

8) 丁 + 辛 : 다 된 밥에 코 빠뜨린다.

9) 丁 + 壬 : 서로 유정한 관계이나 정화(丁火)가 강해야 뜻을 이룰 수 있다. 만약 합(合)에 이르면 육체적인 결합이 강해진다

10) 丁 + 癸 : 정화가 다치기 쉬우니 첩신(捷身)되는 것을 꺼린다.

3. 정화(丁火)의 통변(通變)

1) 갑목(甲木)과 경금(庚金)이 동시에 투간되면 부귀한 사주이다.

2) 갑목은 없는데 경금만 투간되면 힘이 달려 일을 추진하기에 힘이 부치고 결과가 신통치 않으며 정력도 부족하다.

3) 갑목만 투간되면 목생화(木生火)하여 힘도 있고 생각도 있는데 일거리가 없으니 백수건달에 허송세월이다.

4) 불길은 태우는 것이 역할이니 젖은 나무는 싫어하고 마른 나무를 좋아한다.

5) 달이며 별이니 밤에 태어나는 것이 좋다.

6) 병화(丙火)와 나란히 하면 그 자태가 드러나지 않는다. 병화가 투간되면 빛을 밝히기 어려운 격이라 일을 열심히 해도 공을 빼앗기고 지나친 경쟁력으로 마음에 병이 든다.

7) 신금(辛金)을 보면 일이 어그러진다. 이미 만들어진 보석을 다시 불에 넣는 격이니 일이 다시 시작되어야 하고 이루어진 일을 깨는 격이다.

8) 임수(壬水)를 만나면 속을 끓이고 음탕하게 되어 색을 탐한다.

9) 계수(癸水)를 보면 모닥불에 서리 만난 격이니 노력은 있으나 성공은 보장하기 어렵다. 마음 편하지 않아 정신적 고통을 호소하고 시력도 나빠진다.

10) 정(丁)이 연이어 오면 두 개의 불길이 맹렬하게 타오르는 형상이다. 낮보다 밤이 좋으니 야간에 돌아다니고 인덕(人德)도 부족한데 지나친 경쟁력으로 무리수를 두니 마음이 아프고 고독하다.

11) 정(丁)이 연이어 와서 3개로 연이어지면 두각을 나타낼 수 있다. 정(丁)은 연예인이나 광대와 같고, 예술적 기질을 지니므로 많은 사람에

게 보는 대상인지라 모든 사람에게 정성으로 대하면 방송 등에서 두각을 나타내고 자신이 가는 계통에서 인기를 얻는다.

5장. 무토론(戊土論)

戊土(陽/陽干:穡)

크다. 무토(戊土)는 크고 험준하며 움직이지 않는 산이다. 에베레스트 산이며 백두산(白頭山)이다. 겉으로 보나 속으로 보나 위엄이 있으며 일희일비(一喜一悲)의 큰 변화가 보이지 않는다. 그 자태가 마치 천군만마(千軍萬馬)를 몰아오는 듯 위엄이 있다.

산은 장엄하다. 수렴지기(收斂之氣)로 본성은 기르고 다스리려 하나 양간(陽干)이므로 다스럼이 강해 경금(庚金)을 이용해 만물의 기운을 다스리려 하므로 색(穡)이라 표현한다. 그러나 드러나는 고대함이나 위엄과는 달리 홀로 우뚝 선 고봉(高峰)과 같으니 외로움을 느끼기 쉽다. 세상을 내려다보는 선인의 지혜를 지닌 산이니 모나지 않고 모든 것을 수용할 줄 아는 포용력이 있다. 황무지, 넓은 벌판, 담장, 울타리, 노을, 바람막이의 의미를 가진다.

1. 자의(字意)

무(戊)는 무성할 무(茂)자를 의미하며, 자라나 극히 무성해진 시기를 의미한다. 아울러 무(戊)라는 글자에는 창을 의미하는 과(戈)가 있다. 이는 무섭도록 강한 기질이다. 모든 것을 베어버리는 기질이니 무(戊)라고 하는 글자는 평온하고 안정감 있어 무게를 지키고 있지만, 화가 나면 베어버리는 창과 같은 성정을 지니고 있음을 보여준다.

무토(戊土)는 다섯째 천간(天干)이다. 양간(陽干)이며 양(陽)의 의미를 지닌다. 갑골문자를 살펴보면 무토는 땅을 의미하는 것이 아니다. 형(刑)의 집행에서 사람을 죽이는 사형(死刑)에는 여러 가지가 있는데 이 중 도끼로 사람의 목을 베어 죽이는 형벌도 있었다. 이때 사용하는 형벌집행용 도끼를 본뜬 글자가 바로 무(戊)이다. 도끼는 묶거나 매거나, 혹은 달아서 사용하는 것이 아니다. 반드시 도끼 머리에 구멍을 내고 나무자루를 끼워야 쓸 수 있다. 따라서 무토에는 목(木)의 기운이 가까이 있어야 한다.

다섯째 천간(天干) 무, 성할 무, 초목이 다 자라 무성하게 어우러진 모습이다. 한자에는 간혹 과(戈)변을 사용하는 글자가 많은데 이는 가로로 달린 날이 있는 창이니 찌르고 벨 수 있어 무섭고도 흉악한 기세이다, 무(戊)는 칼날이나 창날을 의미하는 삐침 별(丿)자에 창을 의미하는 과(戈)를 덧붙이고 있으니 거칠고 무자비한 기세가 드러난다. 이는 다시 모(矛)의 옛 글자로서 자루가 긴 창을 나타내는 것으로 원거리에서 적을 찔러 죽이는 병기의 이름이다. 또한 무(戊)자는 우거진다는 의미를 지니는 무(茂)의 근본 글자가 된다. 10개로 이루어진 천간(天干)의 글자 중앙인 5번째에 포진하여 중앙이라는 의미도 지닌다.

무(戊)자는 사람의 옆구리를 상형하였다. [설문]에 이르기를 "中宮也 象六甲五龍 相拘絞也 戊承丁 象人脅 莫候切戊"라 하였으니 정(丁) 다음의 글자로 나와 천간(天干)을 이룸을 분명히 하였다.

2. 천간(天干)과의 관계

1) 戊+甲 : 큰 산에 큰 나무가 섰으니 기상이 뚜렷하다. 그러나 때로는 외롭고 고독하며 병화(丙火)가 있어야 그 뜻을 이룬다.

2) 戊+乙 : 이상(理想)과 현실(現實)이 다르다 높은 산의 키 작은 풀이라. 큰 뜻을 펼치기 어려우나 불어오는 바람 속에서 자신을 낮추듯 자신(自身)을 지킬 수 있다.

3) 戊+丙 : 높은 산에 해가 뜬 이유는 큰 나무를 자라도록 돕기 위함이다. 목(木)이 없으면 끊임없이 노력하나 자라게 할 나무가 없으므로 뜻을 이루기 어렵다.

4) 戊+丁 : 야간에 높은 산 머리 위로 달이 뜬 격이니 달밤이라. 아무도 찾는 이 없으니 외롭고 고독하며 나름 고고(高高)하다.

5) 戊+戊 : 높은 산이 높은 산으로 둘러쌓이니 기세(氣勢)가 웅장(雄壯)하다. 자기가 둘러 쌓여 있으니 드러나지 않는다. 자기주장이 강(强)하고 고지식하여 큰 뜻을 펼치기 어렵다. 경쟁력을 보이지만 자신을 부각시키는데 힘이 든다.

6) 戊+己 : 산 밑에 전답(田畓)이라 구조가 좋으면 쓰임이 있게 된다. 그러나 구조가 나쁘면 음지가 된다. 산이 바람을 막아주지만 때로 그늘을 만들어 음지가 된다.

7) 戊+庚 : 자신의 능력(能力)을 발휘하기는 좋으나 지나치면 고립되기 쉽다.

8) 戊+辛 : 자갈밭과 같으니 곡식을 키우기 어렵다. 여자라면 남편의 덕을 얻기 어렵다.

9) 戊+壬 : 튼튼하면 쓰임을 만드니 공덕이 크다. 신강(身强)은 좋으나 신약(身弱)은 불길하다. 경(庚)이 있다면 쓰임이 많아진다.

10) 戊+癸 : 좋은 관계이나 독선적이기 쉽다. 더불어 합이 되어 육체적인 욕구가 있고 때로 지나치게 이성을 추구하게 된다.

3. 무토(戊土)의 통변(通辯)

1) 천간(天干)에 갑과 병이 뜨고 지지(地支)에 진토(辰土)가 자리 잡으면 부귀와 가깝다.

2) 계수(癸水)가 투간되면 안개가 피어오르듯 흩어져 병화(丙火)를 가려 좋지 않다.

3) 계수가 투간되면 합이 되어 무계합(戊癸合)이라. 음한 기운이 형성되고 육체적인 욕구가 생겨나 좋지 않다.

4) 갑목과 병화가 투간되면 귀명(貴命)인데 수(水)의 조화가 필요하지만, 수가 투간되면 안개가 피어오르듯 병화를 가리니 수의 기운이 지장된 진토(辰土)가 필요하다.

5) 지지(地支)의 진(辰)이 자리하였는데 또 지지(地支)에 술(戌)이 있어 충(沖)이 되면 매사 불안이다.

6) 을목(乙木)을 보면 꽃을 보는 듯하여 사치가 심해지고 허영심이 있으며, 을목은 여자나 다른 정인(情人)을 의미하니 외정(外情)을 즐긴다. 무토에 을목은 꽃이고 여자이니 다가오는 외정을 피하기 어렵다.

7) 갑목만 투간되면 고산지목(高山之木)이라 부의 축적이 가능하지만 사용할 줄 모르고, 구두쇠인지라 외롭고 고독을 피하기 어렵다.

8) 정화를 보면 산에 불이 난 격이다.

9) 무가 투간되어 무무병존(戊戊竝存)이 되면 첩첩산중(疊疊山中)으로 자신이 수많은 산 중의 하나인지라 자신을 부각시키려고 경쟁심을 발동

하니 고생이 많다.

10) 무무병존이 되어도 주변이 좋으면 광활한 대지(大地)가 되는데 넓은 지역을 돌아치는 역마(驛馬)의 기상이 되어 유학(遊學), 외교(外交), 무역(貿易), 이민(移民)의 기운이 있다. 때로 외국에 파병(派兵)을 가는 군인의 경우에도 이러한 경우가 있다.

11) 무토가 연속으로 투간되어 3개가 병렬이 돼면 이곳저곳 돌아다니는 격이니 해외역마(海外驛馬)이고 마음을 넓게 쓰면 무역과 외교 등에서 두각을 나타낸다. 마음을 옹졸하게 쓰고 경쟁심만 내비치면 무수한 산에 묻힌 격으로 자신을 찾을 길이 없다.

6장. 기토론(己土論)

己土(陽/陰干:稼)

 광활하게 펼쳐진 드넓은 대지, 논과 밭이 어우러진 평야, 온갖 짐승이 뛰어다니는 벌판, 만물이 성장하고 오곡이 자라는 토지, 습기가 있고 뿌리를 안정시켜 곡식을 자라게 하는 땅이다. 기토(己土)는 가능한 사람의 성정을 수용하는 아량과 가슴을 열어주는 기능이 있으며 사물을 자라게 하는 훌륭한 땅이다. 무토(戊土)와 같은 수렴지기(收斂之氣)이나 다스림보다 기르는 성정이 강해 가(稼)로 표현된다.

 기토(己土)는 타고나기를 기르는 육성의 힘이고 절제와 포용을 하는 수용의 힘이라 자신에게 뿌리박는 목(木)을 좋아한다. 목도 기토에 뿌리를 내려야 뿌리가 깊게 자리하고 바람이 불어도 뽑히지 않는 안정감을 가질 수 있다. 기토는 갑목(甲木)과 을목(乙木)을 가리지 않고 안정시켜주고 보듬어 안으며 좋아하는 성정이 있다. 화단, 논, 밭, 구름, 도로, 흙먼지의 물상이다.

1. 자의(字意)

 기토(己土)는 외부로 향해 발전하던 기운이 방향을 바꾸어 자신의 내부로 들어와 충실(充實)해지는 것을 말한다. 즉 이전까지는 발전하고 나아가는 기세였다면 기토부터는 안으로 충일해진다고 볼 수 있다. 따라서 구부러진 글자의 모양은 내부로 향하기 위한 변호를 의미하기도 한다. 또한, 꺾이고 구부러진 모양 그대로의 신체를 의미하기도 한다. 기토는 신체에서 꺾이고 구부러지는 부분의 고통과 병을 의미하기도 한다. 아울러 기토는 지나치게 많으면 모든 것을 덮어버리는 성향도 있다.

기(己)는 자기라는 의미가 강하기에 외부로부터 자신을 보호하고자 하는 경향이 강하다. 따라서 수렴적이다. 몸이라는 의미가 있으며 10천간(天干) 중 여섯째 천간(天干)이다. 이는 10간 중 중정(中正)에 있어 성정이 다른 어떤 오행과 비교해 평균적이라는 의미가 있기도 하고 중간에서 모든 것을 숨긴다는 의미도 있다.

옛날 갑골문자는 점을 칠 때 주로 사용했다. 이 신점(神占)에서 기(己)라는 글자는 사람들의 눈에 유난히도 확연하게 뜨이는 주술적인 부호였다. 즉 신점을 통해 알고자 했던 가장 큰 목적은 자신과 자신의 몸에 대한 아픔, 병과 같은 존재였던 것이다. 신점은 다양한 목적을 가지고 행해졌을 것이나 사람의 생로병사(生老病死)를 파악하는 것을 가장 큰 목적으로 보았다. 따라서 기토의 글자는 몸에 병이라는 의미도 일부 포함되어 있다.

기(己)라는 글자는 구블거리는 모양으로 이루어진 글자이다. 목(木)을 의미하는 을(乙)과 기(己)는 유난히 구불거린다. 을(乙)이 구불거리는 긴 끈을 의미하듯 기(己)도 긴 끈을 의미한다. 이 끈은 사람의 옷을 묶는 허리띠로 쓰기도 했으니 세우거나 길게 펼치면 길어진다는 의미도 있다. 따라서 기(己)는 기(起)의 의미를 내포하고 있다.

몸 기, 여섯째 천간(天干) 기, 자기 기, 나 기, 저 기, 사사 기, 마련할 기,

이 글자는 복잡하고도 미묘한 방위 감각을 나타내고 있다. 기(己)라는 상형에서 중앙의 일(一)은 자기의 몸을 나타내니 나 기요, 아래쪽 일(一)은 북쪽, 위쪽 일(一)은 남쪽이다. 한국은 위를 북이라 하고 아래를 남이라 하지만 중국은 오래전부터 반대의 개념으로 살핀다. 왼쪽 밑과 오른쪽 위를 곤(丨)으로 막았는데 왼쪽 곤(丨)은 동쪽을 의미하고 오른쪽 곤(丨)은 서쪽을 의미한다. 이로써 나를 중심으로 사방을 나타내고 있다. 기(己)는 양옆으로 구멍이 있어 바람을 받아들이는 구조이기도 하다.

기(己)는 구부러진 글자이다. 이를 달리 굴곡(屈曲)의 형태를 일러 곡각(曲角)이라 부르기도 한다. 만물이 숨거나 회피하기 위해 몸을 구부리는 형태의 형상이다. 숨거나 회피한다는 것은 충돌을 피한다는 의미도 있다. 그러나 펼쳐지면 줄었던 몸이 튕겨져 늘어나는 과정에서 탄력이 생기고 파괴적 힘이 생겨난다. 따라서 기(己)는 움츠리고 회피하지만 극에 달하면 튕겨지고 대들며 부딪치고 모든 것을 광활한 대지로 덮어버리는 성정이 나타난다. 자신을 중심에 두고 사방을 표시함으로써 천간(天干)에서 중앙을 의미하는 글자이기도 하다. 육체라는 의미도 있지만 그보다는 사상적인 면으로 나를 의미한다. 만사의 기본은 자신이니 발음은 '기'이다.

인체의 복부(腹部)를 형상하고 있다. 어쩌면 뱃속에 들어있는 장기(臟器)가 구불거리고 있다는 것을 형상화한 것일 수도 있다. [설문]에 이르기를 "中宮也 象萬物辟藏詘形也 己承戊 相人腹 居擬切己"라 하여 무(戊)자 다음이며 10간의 중심임을 나타내고 있다.

2. 천간(天干)과의 관계

1) 己+甲 : 병화를 보아야 결실을 얻으니 화(火)가 없으면 기르는 보람

이 없다. 병화가 없으면 노력은 많으나 결실이 어렵고 시간이 걸린다.

2) 己+乙 : 밭이 곡식이 자란 격이니 금(金)이 없어야 적은 것이라도 목적을 이룰 수 있다. 지나치게 많은 을이 투간 되면 그늘에 땅이 가려 습해지고 뿌리가 파고드니 몸이 아프다.

3) 己+丙 : 가색(稼穡)의 공(功)을 이룰 준비가 되어 있으니 관(官)을 기뻐한다. 갑이 겸전하면 성공이 눈앞이다.

4) 己+丁 : 인공의 힘이 가해지는 것이니 온실과 같다.

5) 己+戊 : 높은 산이 햇빛을 가린 모양으로 음지(陰地)의 땅으로 활용도가 떨어지게 된다. 무토가 조금 떨어져 있으면 더욱 도움이 된다.

6) 己+己 : 전답(田畓)이 넓으니 할 일은 많고 욕심 또한 크다. 몸이 분주하고 덕이 없으며 베풀 줄 모른다. 놀부가 흥브의 논을 빼앗으려는 격이다.

7) 己+庚 : 맨땅에 바위가 돌출된 격이니 목(木)을 기르기 어려운 땅이 되기 쉽다. 노력(努力)의 대가를 얻기 어렵다. 목이나 을이 있어도 변하지 않는다.

8) 己+辛 : 구조가 좋으면 밭을 일구는 도구가 된다. 불미하면 쓸모없는 자갈밭이 되고 만다.

9) 己+壬 : 큰물이 몰아치니 감당하기 어렵다. 지나치게 큰물이면 흙탕물이 되어버린다.

10) 己+癸 : 병화(丙火)가 있고 조화(造化)를 이루면 큰 뜻을 이룰 수 있다. 구조가 나쁘면 흙탕물이 되어 병이 있다.

3. 기토(己土)의 통변(通辯)

1) 천간(天干)에 갑과 병을 보아야 결실이 있다.

2) 천간(天干)에 갑과 병이 있으며 지지(地支)에 진(辰)이 있다면 부귀를 모두 가질 수 있다.

3) 기토는 어떤 경우의 지지충(地支沖)도 두려워하지 않는다. 진술충(辰戌충)도 두려워하지 않는다. 이는 굳어진 땅을 파는 것과 같다.

4) 기토는 어떠한 형충파해(刑沖破害)도 두려워하지 않는다. 이는 소토(燒土)하는 격이니 땅을 파헤쳐 지지(地支)의 기운을 일으키는 것이다. 쟁기로 땅을 파헤치는 것이나 같으니 생기가 피어 만물을 기를 준비가 된다.

5) 을목은 꽃이니 기토가 을목을 보면 사치와 허영심이 피어나며 외정(外情)을 즐긴다. 기토에 을목이 오는 것은 화단에 꽃을 키우는 것이나 같다. 기토의 건명(乾命)에 을목이 오면 외부로 돌며 외정에 빠진다.

6) 기토는 햇빛을 받아 식물을 자라게 하는 것이 임무이다. 갑을이 있어도 병화가 없으면 나무가 자랄 수 없으니 결실이라고는 기대를 할 수 없어 속 빈 강정에 불과하다.

7) 갑목이 있고 병화가 없이 정화만 투간하면 모닥불이 피어올라 갑목을 태우는 격이다.

8) 갑목이 천간(天干)에 투간되고 정화까지 투간되면 경금이 있어야 한다.

9) 무토가 투간되면 단단함과 부드러움이 조화를 이루어 대인관계가 원만하지만, 무토가 햇빛을 가리는 것처럼 음지와 같아 재물이 모이지 않는다.

10) 임수와 계수를 보면 흙탕물이 된 것과 같아 가정이 안정되지 못하고 재물이 없다. 흙탕물이니 질병이 생긴다. 그러나 무토로 극을 해주면 흙탕물이 되지 않는다

11) 기토가 연속으로 투간되면 흙이 먼지가 되어 날리는 격으로 천지가 온통 먼지가 된다. 선량하지만 덕이 없고 경쟁심이 높아진다. 먼지에 가려 온 세상이 흐려지니 건강이 나쁜데 척추(脊椎)와 하체(下體)가 병에 걸린다. 좁은 지역 역마(驛馬)이고 정신적인 작업이 좋다.

12) 기토가 연속으로 삼련해서 월일시에 연속 3개가 나오면 경쟁력이 있고 매우 넓은 평야와 같으니 많은 곡식이 자라는 것과 같다. 자신을 잃어버리지 않도록 조심해야 한다. 포용력과 언변이 뛰어나니 교육을 주관하는 교육계통으로 진출하면 두각을 나타낼 수 있다.

7장. 경금론(庚金論)

庚金(陰/陽干:革)

경금은 천간(天干)의 7번째 양간으로 성정은 음에 속한다. 토(土)에 수렴된 기운을 수(水)로 바꾸려 하니 혁(革)을 쓴다. 혁신(革新)하는 것이다. 경금은 강한 쇠붙이의 기운인데 막연한 쇠붙이가 아니고 거대한 규모를 지닌 금속성(金屬性)이다. 철광석(鐵鑛石)의 원석(原石)과 같은 기운이다. 금생수(金生水) 하는 기운인데 토(土)에 수렴된 기운을 수(水)의 기운으로 이끌려 하니 임수(壬水)가 도와주어야 하고 철광석은 강하고 예리하며 살기를 지니니 정화(丁火)로 제련하여 지나친 숙살지기(肅殺之氣)를 다듬어 주어야 한다.

가공되지 않은 무쇠의 성정을 지니고 있으며 경금은 계절적으로 가을이니 결실의 계절이며 마무리의 계절에 해당한다. 아직 거칠고 원석에 가까운 기운을 지녀 다듬어지지 않은 상태인지라 지나치게 강하고 살기(殺氣)가 넘치며 베고 자르며 파괴시키며 돌진하는 사나운 기운이다. 요란한 소리를 내는 쇠붙이와 같다. 철광석, 금광, 자동차, 중장비, 큰 바위, 우박의 성정이다.

1. 자의(字意)

경(庚)이란 단순히 쇠를 의미하는 것이 아니다. 경은 사람에게는 나이를 의미하는데 먹을 만큼 먹은 나이이다. 이제는 다 자랐다는 의미이기도 하다. 다 자랐다는 의미는 더 이상 자라지 않게 되었다는 의미도 있다.

갑목에서 시작한 천간(天干)이 일곱째인 경금에 도달한 것은 가을로 접어들어 다 자란 나무에 결실(結實)이 익어간다는 의미이다. 달리 말하면 경은 도(道)를 의미하는데 이는 깨달음이다. 나이를 먹으면 자연히 도를 아니 이는 깨달음을 얻는 것이다. 달리 경금은 바꾼다는 의미로 만물의 기운이 팽창(膨脹)에서 수축(收縮)으로 바뀌는 것으로 잘 여물어 단단해지는 때를 말한다.

경은 일곱째 천간(天干)이다. 표면적으로 양금이지만 속성은 음의 기운이다. 고친다, 갚는다, 단단하다는 의미를 가진다. 갑골문에서는 신전(神殿)에 매달아 놓은 종(鍾)을 의미한다. 이 종을 신전의 한 곳에 매달아 놓고 두들기거나 줄을 당겨 두드리는 것을 의미한다. 종은 시끄럽고 탁하며 울림이 있다. 쇠붙이어서 청명(淸明)한 소리를 내기에는 힘이 든다. 쇠붙이이기 때문에 단단하고 두들기는 용도이니 주변이 모두 시끄럽고 말이 난다.

일곱째 천간(天干) 경, 길 경, 나이 경, 별이름 경, 정(丁) 다음의 글자인 무(戊)는 무성하다는 의미를 지니고 기(己)의 변화를 거쳐 경(庚)에 이르니 이는 결실을 의미하는 것이다. 결실이라고는 하지만 수확(收穫)까지 의미하지는 않는다. 따라서 결실은 열매가 많이 달렸다는 의미를 지닌다.

경금의 의미에서 천간(天干)의 방향은 서쪽과 서녘을 의미하는 것이고 [설문]에 따르면 가을에 들어 만물이 단단하게 결실한 것이라는 의미이다. 결실은 열매와 씨를 상징한다는 것을 알 수 있다. 음은 '경'이니 경(硬)과 같은 발음이고 의미를 되새기면 단단하다는 의미를 가진다고도 볼 수 있다. 봄이 되어 갑을(甲乙)을 거치며 태어나고 발아하고 자라 여름이 되어 병정(丙丁)을 거치며 무성해지며 땅을 의미하는 무기는 바탕을 제공하고 가을에 접어드니 경(庚)에서 열매가 맺힌다.

경은 사람의 배꼽을 상형한 것이다. 어쩌면 사람이 잉태되는 모습에서 착안된 상형이다. 모태에서 자식에게 탯줄로 상형되고 나중에 태어나면 탯줄을 자르는 것에서 상형의 이유를 찾았을지도 모르는 일이다. [설문]에 이르기를 "位西方 象秋時萬物庚 庚有寬也 庚承己 象人臍 古行切庚"라 하여 기(己)의 다음 글자로 사방을 지칭하고 있음을 확연하게 하였다.

2. 천간(天干)과의 관계

1) 庚 + 甲 : 나무를 베어 기둥을 삼으니 자신이 할 일은 있으나 독단적이기 쉽다. 생목(生木)과 사목(死木)에 따라 그때그때 쓰임이 달라진다.

2) 庚 + 乙 : 강한 기가 풀숲에 감추어진 격이다. 드러나는 살기를 감추게 되니 위엄을 갖추게 된다. 내강외유(內剛外柔)의 모습으로 감성적 내면을 갖추게 된다.

3) 庚 + 丙 : 갑목에 정화가 투간되면 불길에 쌓여 재가 되고 마는데 병화가 뜨면 갑목을 생목으로 사용할 경우 정화보다 쓰임이 효과적이다. 따스한 햇볕은 싸늘한 가을과 동절(冬節)에 조후적 역할과 겁재(劫財)를 제거하는 작용을 한다.

4) 庚 + 丁 : 경금이 사용처를 결정하는 것이 된다. 쇠를 제련하는 격이다. 갑목이 사목(死木)일 경우 정화의 작용이 돋보인다.

5) 庚 + 戊 : 무토는 둑을 쌓는 물상이라 계수(癸水)를 묶는 역할이 있으나 경금이 궁핍하더라도 토가 강해지는 것을 원하지 않는다. 무토는 경금을 낳는다.

6) 庚 + 己 : 기토 하나의 작용으로 정화와 갑곡 모두의 작용이 변질되니 경금에는 치명적 작용으로 드러나기 쉽다. 토가 많으면 토다금매(土多金埋)가 된다. 병화를 쓰는 경우 피해가 적다.

7) 庚 + 庚 : 경쟁력이 살아난다. 자신을 드러내기 어렵다. 자신의 재(財)에 대한 투쟁, 경쟁을 나타내며 소란이 그치지 않는다. 자신을 드러내고자 소란을 피우는 성향이다. 신금(辛金)의 작용브다 오히려 겁재적 성향이 강하다.

8) 庚 + 辛 : 도움을 주지도 얻지도 못하지만 신금의 순발력도 실속을 얻기 어렵다.

9) 庚 + 壬 : 임수(壬水)는 경금이 좋아하는 것으로 녹이 슨 쇠를 물에 씻는 것과 같다. 즉 녹이 사라진다. 금의 기운이 움직이고 작용하는 공간이 된다. 정화와 가까이하지 않아야 한다.

10) 庚 + 癸 : 금생수(金生水)의 이치가 있다고는 하나 노력하지 않고 결과를 얻으려 한다. 상생이 부족하다.

3. 경금(庚金)의 통변(通辯)

1) 경금은 정화(丁火)가 있어 다듬어 주어야 그릇이 된다.
2) 임수를 보면 그릇을 물에 씻은 금백청수(金白淸水)와 같아 발복의 기운이 무궁하게 피어난다.
3) 계수를 보면 경금이 녹이 스는 격이니 부끄러운 일만 생긴다.

4) 습토(濕土)인 진축(辰丑)을 만나면 생장의 기운이 들지만, 조토(燥土)인 술미(戌未)를 만나면 바싹 말라 부서지고 만다.

 5) 무토를 보면 고독하고 외로운데 경금이 흙에 묻힌 격이다. 무토도 외로운데 경금도 외롭다. 높은 산에 바위 하나 놓인 격이다.

 6) 기토를 보면 땅속에 파묻혀 버려 드러나지 않으니 아무짝에도 쓸모가 없다.

 7) 병화가 있거나 정화가 있어야 차가운 몸을 덥히고 냉기를 몰아낼 수 있으니 대장(大腸)에 병이 없다.

 8) 정화는 스스로 경금을 녹일 수 없어 갑목을 필요로 한다.

 9) 정화가 경금을 녹이는데 젖은 나무인 을목을 사용하면 목적을 이루지 못하고 연기만 피어오르는 격이니 애로만 있다.

 10) 경금이 경금을 보아 경금이 두 개가 병립되면 넓은 지역의 역마성이 되니 활동적이고 움직이며 옮겨 다니는 직업이 좋다.

 11) 경금이 두 개로 병립을 이루면 양금상살(兩金相殺)이라 하니 칼날의 번뜩임이 두렵다. 두 개의 칼날이 싸우는 형상이니 크게 다치는 날이 있다.

 12) 경금이 세 개로 병립을 이루어 월일시에 경금이 삼련하면 금이 3개가 줄지어 서서 금의 기운이 강력해진다. 강직하고 자신이 두각을 나타내기 원하는 성정이라 군, 경, 검으로 진출하면 두각을 나타낼 수 있다.

8장. 신금론(辛金論)

辛金(陰/陰干:從)

　신금(辛金)은 10천간(天干)의 여덟 번째 천간(天干)으로 음간(陰干)이고 음의 성정을 지닌다. 신금은 예리함을 나타내고 뚫고 들어간다는 의미가 있으며 날카로움이 강하고 복수심이 있어 남을 해하는 기운도 있다. 유시무종(有始無終)이라 시작은 있지만 끝이 없으니 복수심이 그렇다. 새로운 개체로 존재하기 시작하니 그 기운인 음에 순응하여 종(從)한다는 의미가 내포되어있다. 금의 성질이고 수기(水氣)를 불러오는 힘이 있다. 날카롭고 예리함은 타의 추종을 불허하며 예술적인 기질과 눈썰미가 뛰어나다. 임수(壬水)를 좋아하나 설기(洩氣)가 지나치면 오히려 해롭다.

　신금은 모든 과일이 익였다. 결실이 되었다. 성숙되었다는 의미를 가진다. 성장은 이미 마치고 성숙의 기운도 끝나간다. 성장과 노력이 이루어진 결실이며 잘 익은 열매를 의미한다. 표면적으로 보석 같은 성품이 돋보이고 소중하게 대접받기를 원하는 성정이다. 지극히 자기본위적(自己本位的)이고 자기주관적(自己主觀的)이며 타인을 배려하는 힘이 지극히 약하다. 항시 자기 기준으로 파악하고 배려를 찾아보기 힘들다. 약한 자에게 강하고 강한 자에게 약한 성정이다. 보석, 바늘, 구슬, 자갈, 칼, 서리와 같은 성품을 지닌다.

1. 자의(字意)

신금(辛金)은 날카로운 검이다. 신금은 사람을 죽인다는 의미를 내포한 글자이다. 새롭다는 의미도 있고 맵다, 고통스럽다는 의미도 있다. 표면적으로는 새롭다는 뜻으로 결실이 된 열매가 익어 씨앗이 되니 다시 새로워진다는 의미이다.

신금의 의미는 맵다 라는 것으로 사람의 독하고도 매운 심성(心性)을 의미하기도 한다. 독하다, 새롭다, 10개의 천간(天干) 중 여덟 번째 천간(天干)의 의미를 가진다. 갑골문자에 따르면 옛날에는 포로라는 의미가 있었다. 희생(犧牲)을 의미한다. 죄인을 죽일 때 사용하는 형벌용의 칼을 의미하기도 한다. 따라서 사람을 죽인다는 의미가 있다.

매울 신, 독할 신, 괴로울 신, 고생 신, 슬플 신, 여덟째 천간(天干) 신, 가을을 나타낸다. 깊은 가을이다. 가을이 되어 만물이 성숙되어 맛이 맵다 하였으니 어쩌면 가을에 익은 고추를 말하는 것인지도 모른다. 가을에 접어들면 음의 기운이 강해지니 양의 기운은 괴롭다는 의미를 지닌다. 형벌을 집행하는 형벌용의 칼에서 형상된 글자이니 죄인의 의미가 된다. 천간(天干)의 여덟째 글자로서 지지(地支)를 차지하는 12자 중에 아홉째 글자인 신(申)과 통하니 음(音)은 역시 신이다.

사람의 넓적다리를 상형한 글자이다. 신랄(辛辣), 신고(辛苦), 신유(辛酉) 등의 경우로 사용되는데 보통의 경우 어렵다, 곤란하다, 고통을 느끼다. 위기에 빠지다와 같은 의미를 지닌다. [설문]에 이르기를 "秋時萬物成而孰金剛味辛 辛痛卽泣出 從一從 罪也 辛承庚 象人股 息鮮切辛"이라 하였으니 경(庚)을 이었음을 분명히 하고 가을의 만물이 영글고 완성된다는 의미를 분명히 하고 있다.

2. 천간(天干)과의 관계

1) 辛 + 甲 : 목의 기운이 있어 토의 기운으로부터 매금(埋金)을 막아주는 역할을 하게 되나 목(木)을 직접 다루는 것은 본신(本身)을 어렵게 만든다.

2) 辛 + 乙 : 오래가지 굿하며 사치하기 쉽다. 칼로 풀을 베는 성정이라 상대를 쉽게 생각하니 인덕(人德)을 얻기 어렵다.

3) 辛 + 丙 : 보석에 해가 반짝이는 격이니 귀(貴)를 얻을 수 있으며 자신의 능력을 드러내 뜻을 펼친다.

4) 辛 + 丁 : 이미 만들어진 보석에 다시 열을 가하니 그 모양이 으스러지고 변형을 일으킨다. 완성된 형(形)을 망가트린다. 쓸모없는 짓, 엉뚱한 짓을 하기 쉽다.

5) 辛 + 戊 : 토다금매(土多金埋)라고 했다. 토가 많으면 금의 성정이 묻혀 드러나지 않는 것이다. 매금(埋金)되기 쉬우니 표면적으로는 토생금(土生金)의 생과 극이 형성되지만 인성(印星)의 도움보다 피해가 염려된다, 토의 기세를 제압하거나 설기시켜야 하므로 갑목(甲木)의 소토(燒土)가 필요하다.

6) 辛 + 己 : 토가 지나치면 금이 흙속에 묻힌다. 토다금매의 현상이 일어난다. 본신의 모습이 가려지고 기토가 물에 풀어지는 격이라 임수(壬水)를 흐리게 하니 몸이 아프고 표현이 왜곡되기 쉽다.

7) 辛 + 庚 : 병화(丙火)가 와도 걱정이다. 병화의 작용이 있으면 경금은 빛을 내지 않고 신금만 빛을 발하는 격이니 경금과 비교하여 비교우위라 생각하여 교만하고 자기중심적이기 쉽다.

8) 辛 + 辛 : 두 개의 칼날이 경쟁하는 격이다. 칼싸움이라 할 수 있다.

경쟁(競爭), 투쟁(鬪爭)이 강하여 잘난 척한다. 재주는 좋으나 지나친 기싸움으로 기회를 놓치기 쉽다.

9) 辛 + 壬 : 물이 쇠붙이를 씻어 내니 먼지와 녹이 떨어져 나간 듯 깔끔하다. 자신의 재능을 갖추는 것이 된다. 병화의 도움이 있어야 진정으로 인정받는다.

10) 辛 + 癸 : 쇠붙이가 물을 만나 녹이 스는 경우이다. 겉치레만 심하고 실속이 없다. 임기응변은 뛰어나나 이름을 위한 일관성이 부족하다.

3. 신금(辛金)의 통변(通辯)

1) 신금이 을목을 보면 화초를 가지치기하는데 몰두하는 격이니 가정을 돌보지 않고 외정(外情)에 묻혀 산다. 을목은 화초이며 이성(異性)이니 가정보다 외정에 신경을 쓴다. 신금이 양옆으로 목을 세우면 두 집 살림이다.

2) 신금이 을목을 보면 꽃을 베어버리니 만인의 지탄을 받는다.

3) 신금이 을목을 보면 인(仁)을 저버린다.

4) 병화가 오면 합이 되어 빛이 나지 않는다. 빛이 사라지고 병(丙)이 신(辛)을 만나 물이 되어버리니 녹이 끼게 할 수도 있다. 병(病)이 오고 명성이 흩어진다.

5) 정화(丁火)도 꺼린다. 신금은 이미 제련된 보석이니 정화를 만나면 완성된 보석이 그 모양을 잃어버린다. 인기가 사라지고 병이 오고 이룬 것이 물거품이 된다.

6) 임수가 오면 보석을 닦는 격이다.

7) 무토가 오면 보석을 덮어버려 드러나지 않으니 매금(埋金)이라 한다.

8) 기토를 보면 땅에 떨어진 보석이 흙이 묻은 격이라 품위가 나지 않고 빛이 나지 않으니 창피를 당한다.

9) 신금이 다시 신금을 보면 신금 2개가 나란히 서니 병존이라. 재물이 생기고 재물을 다투기 위해 칼을 들고 싸우는 즉이다. 어려운 일이 생기고 비참한 일이 생기며 손실을 입는다.

10) 신금이 월일시에 차례로 나타나 신금이 3개가 되면 삼련이라. 날카로움이 극대화되고 경쟁이 심화되는데 군이나 사법계통, 검찰에 투신하면 두각을 나타낼 수 있다.

9장. 임수론(壬水論)

壬水(陰/陽干:下)

임(壬)은 깊은 바다이다. 바다라고 하면 크다, 넓다는 생각이 먼저 들 것이다. 깊다는 생각도 있고 심하게 출렁이지만 평소는 조용하다는 생각도 든다. 바다는 움직이지 않는다. 바다는 모든 것을 받아들인다. 바닷속은 들여다보기 어렵고 감추어진 것이 너무도 많아 예측이 불가하다. 따라서 숨긴다고 하는데 이를 장(藏)이라 한다. 감추어지는 장(藏)의 본성에 의해 모이는 기운이 강해지기 시작하니 양간(陽干)으로 취집되는 기운이 유동적으로 흐른다. 보이는 것보다 보이지 않는 것이 더욱 많다. 하(下)는 상(上)의 상대적 개념으로 그 기운이 아래에 모이려 한다.

임수는 정신적인 승화를 의미하는데 새로운 세계를 잉태하는 모습이다. 겉은 움직이지 않으나 속은 매우 역동적이며 많은 것이 존재한다. 유동성이 있어 흘러가려는 속성이 있고 유동적으로 대응한다. 물의 표면은 부드러우나 내면은 단단하니 외유내강이고 강물, 바닷물, 호수, 땀, 습기, 안개의 성정이다.

1. 자의(字意)

임수는 바다를 말한다. 대단히 크고 넓으며 가려져 있는 것이 많아 광대

무변의 드러남과 달리 많은 것이 보이지 않는다. 그러나 눈으로 보이지 않는 바닷속에는 많은 물고기들이 노닐듯 보이지 않는 것이 너무 많다. 바람이 불면 출렁이지만, 본신은 변한 것이 아니며 겉은 평온하지만 속은 바쁘게 움직이는 생물의 역동성이 있다.

임수는 나무의 씨앗이다. 임수는 자라게 하는 힘이다. 임수는 차가운 기운을 만나면 얼지만 따스한 기운을 만나면 풀린다. 임수는 잉태와 더불어 맡아 기른다는 뜻으로 올매가 익어 씨앗이 되어 땅속에 잉태(孕胎)되는 때를 말한다.

수(水)의 강함은 유연함을 동반한다. 겉으로 약하지만 내적으로 강하다. 물방울이 바위를 뚫는다. 시작에 비해 마무리가 다소 약한 부분이 있어 용두사미(龍頭蛇尾)의 경우가 많이 일어난다. 음기가 지나치면 살(殺)이 발동하는 것 같은 피해가 생기고 부족하면 작은 그릇에 담긴 물이 되어 성정이 편협(偏狹)되기 쉽다. 응집력, 침투력, 적응력, 어둠, 음모, 계획, 비밀, 정화 작용이 특징이다.

아홉째 천간(天干) 임, 북방 임, 간사할 임, 클 임, [설문]에는 '부인이 아이 밸 임'이라 하였다. 아마도 봄과 여름, 가을을 지나온 생물이 겨울에 들어가며 다음 세대를 위해 씨앗을 퍼트리거나 머금었기 때문에 이러한 표현을 하였을지도 모른다. 임(壬)자의 중앙은 십(十)자가 차지하고 있다. 이는 사방을 표시하는 글자이다. 이와 같이 사방을 표시하는 글자를 중앙에 놓고 남쪽은 별(丿)의 글자를 붙여 부정하여 남쪽, 태양이 아님을 표시하고 아래에 해당하는 북쪽으로는 일(一)로 표시한 것으로 풀 수 있다. 이는 중국인들의 방향 감각에 어울리는 표식이다. 아래를 남으로 보는 한국의 의식으로 보아서는 안 된다.

사람의 정강이를 상형하였다. [설문]에 이르기를 "位北方也 陰極陽生故 易曰 龍戰于野戰者接也"라 표기하니 북방을 표시하였음을 분명히 하고 음이 성하고 양이 고단함을 드러내고 있다.

2. 천간(天干)과의 관계

1) 壬 + 甲 : 나무에 물을 주는 관계이니 나무가 자라는 원동력이다. 좋아하고 필요로 하는 관계로 흐르게 하며 깨끗함을 유지하게 한다.

2) 壬 + 乙 : 화분에 물을 준 격이다. 꽃에 물을 주니 화려하고 외양적이며 즉흥적인 면이 강하다. 화(火)의 작용에 따라 희기가 달라진다. 병화가 좋다.

3) 壬 + 丙 : 물이 있고 해가 떴으니 자라야 할 물상이 필요할 뿐이다. 드러내 뜻을 펼칠 수 있으니 갑목이 도우면 상명(上命)을 의심할 수 없다. 임을 바탕으로 하여 화와 갑목이 펼쳐진다면 바랄 나위 없다.

4) 壬 + 丁 : 합을 이루어 유정한 관계이나 사사로운 것에 매달리니 큰 뜻을 펴기는 어렵다. 지나치게 깊으면 외정으로 바람 잘 날 없다. 이를 정임합(丁壬合)이라 한다.

5) 壬 + 戊 : 물을 막을 수 있느냐 없느냐의 문제가 된다. 임수가 왕(旺)하면 무토(戊土)의 역할이 돋보이나 임수의 흐름을 정지시키는 부분을 또한 관찰해야 한다.

6) 壬 + 己 : 흙탕물이 되지 않도록 해야 한다.

7) 壬 + 庚 : 금속에서 물이 생성된다. 전형적인 금생수(金生水)의 법칙이다. 끊임없는 흐름의 원천(源泉)이 되니 기세가 당당하다. 그러나 탁수(濁水)가 되기 쉽다.

8) 壬 + 辛 : 청수(淸水)로 시작되어 탁수(濁水)로 끝나기 쉽다.

9) 壬 + 壬 : 지나치게 기세가 강하면 넘치기 마련이다. 바다가 심하게 출렁이고 바람 불며 파도가 일렁이면 방파제를 타 넘는다. 기세는 당당하나 제수(制水)가 되지 않으면 스스로 파란을 몰고 다닌다.

10) 壬 + 癸 : 바닷물에 강물이 유입된 격이라. 수기(水氣)가 범람하니 언제 넘칠지 모른다. 넘치면 다시 담기 어려워라. 목화(木火)의 작용이 적극적이어야 한다.

3. 임수(壬水)의 통변(通變)

1) 무토를 보아야 제방을 쌓아 임수의 물이 넘치지 않게 하니 무토 없이는 모든 일에 차질이 생긴다.

2) 무토가 제방을 쌓고 물을 막아야 나무가 서 있을 터전이 마련된다.

3) 무토가 없으면 임수가 멈추지 않고 흘러가 버리니 갑목이 있어도 성장에 제약이 온다. 무토 없는 임수는 멈추지 않아 평생 유랑자다.

4) 무토가 있고 갑목이 투간되고 병화를 보면 정상적으로 자라나 꽃 피고 열매 맺으니 재물이 많은 운명이다.

5) 임수가 을목을 보면 꽃을 가르는 격이라 여자에게 정신이 팔려 평생을 그르친다. 외정에 빠져 사니 가정도 화목하지 못하다.

6) 정화를 보면 음란하여 여색을 밝힌다.

7) 기토를 보면 흙탕물로 변하니 불량배 인생이라.

8) 임수가 있는데 또 임수가 오면, 임수가 다시 임수를 보아 병립이라, 임이 두 개 나란히 서면 물이 제방을 넘쳐 마구 흩어지고 막을 수 없는 상황처럼 제멋대로 하고 좌충우돌에 인사불성이라. 제멋대로 하려는 기

질이다. 명예를 위해 물불을 가리지 않으며 재능이 있으니 연예나 방송으로 진출하면 좋다

9) 월일시에 임수가 투간되어 병렬을 이루니 임수가 세 개가 투간되면 예술성이 두드러지고 예능적 기질이 살아나니 정치, 예술, 방송계에서 성공한다.

10장. 계수론(癸水論)

癸水(陰/陰干:潤)

계수(癸水)는 대하(大河)와는 다른 물로 작은 양의 물이고 적게 흐르는 물이며 그 양이 이미 열수와는 비교조차 할 수 없다. 우로수(雨露水)라 하여 이슬이나 안개, 혹은 비와 같은 물이고 계곡을 흐르는 물이다. 개울이나 하천을 따라 흐르는 물이니 물소리가 들리고 주변 환경에 민감하게 작용한다.

계수는 임수와 달리 기가 강하게 취집되어 표면적으로 나타나니 본성은 감추어져 크게 드러나지 않는다. 강의 모습이 물 때문이 아니라 주변의 모습에 따라 채워진 것처럼 상황 따라 주변의 모습 따라 그 모습을 바꾸니 무쌍한 변화와 적응을 노여준다. 기(氣)적인 작용으로 어느 곳에 위치하던지 그 모습을 바꾸고 안개와 물, 혹은 얼음으로 변하듯 그 적응력이 뛰어나 조화를 이루니 이를 윤(潤)이라 한다. 리(理)는 드러나지 않고 기의 변화가 무궁하니 취용함에 있어 쉽게 판단할 수 없다.

계수를 상징적으로 보여주듯 나무에 매달린 씨앗의 속성은 계수와 같다. 새로운 씨앗이 잉태되어 성장하고 있으나 보이지 않는다. 한겨울의 씨앗은 꽁꽁 언 얼음이듯 성장이 멈춘 듯 보이고 모두 얼어붙은 듯 보이지만 내부적으로는 생장과 성장을 위한 준비를 하고 있다. 계수는 수축되어 있으며 결빙되어 있다. 강하게 응고된 모습이지만 곧 양기가 생성될 것이며 싹이 터 모습을 드러낼 때가 다가오고 있다. 정신적으로 타인을 돕는 성향이 강하다. 안개, 비, 수증기, 눈물, 김, 시냇물, 샘물의 성정이다.

1. 자의(字意)

계(癸)는 천간(天干)의 마지막 글자이기에 종결(終結)의 의미를 가진다. 계는 헤아린다는 뜻이다. 헤아리는 것은 판단하는 것이고, 계산하는 것이고, 느끼는 것이며 결정하는 것이다. 계는 감각이 뛰어나고 촉감이 좋다. 느낌이 빠르고 눈치가 있다. 감각적이고 예리한 판단력을 가진다.

계는 씨앗이고 웅크림이다. 땅속에 맡겨 길러지던 씨앗이 오랜 응고의 기간과 차가운 결빙의 시간을 모두 헤치고 다시 나오고자 하는 것을 의미한다. 그러나 아직 움직인 것은 아니다. 내부적으로는 태동의 기가 있지만 아직은 굳게 얼어 있다. 해동되어 날이 풀리면 갑(甲)으로 다시 순환(循環)되는 때를 헤아리는 것을 의미한다.

열째 천간(天干) 계, 북쪽 계, 헤아릴 계, [소전(小篆)]에 이르기를 겨울에 물이 사방에서 땅속으로 유입되는 것을 상형하였다 하니 계절적인 의미를 나타내고 있다. 겨울은 춥고 물은 스며들어 얼어버리는 것이다. 발(癶)자와 천(天)자가 합쳐진 모양을 하고 있다. 발(癶)자는 등지다, 외면하다. 돌아서다의 의미를 가지니 '하늘을 등지고 돌아서다.'가 정확한 해석이 될 것이다. 광명을 등지고 돌아서는 것이며, 밝음을 등에 지고 돌아서는 것이다. 태양을 등지고 돌아서는 것이며 남쪽을 등지고 돌아서는 것이니 북쪽이라는 것을 알겠다.

하늘을 의미하는 십간의 마지막 글자이고 음(音)은 계라 칭한다. 북쪽을 가리키는 십간 중에도 임(壬)은 양을 의미하고 계(癸)는 음을 이야기하니 음 중의 음이며 수(水) 중의 수인 빙(氷) 이라 할 것이다. 천간(天干)의 마지막 글자로 북쪽, 마지막, 물, 겨울, 춥다 등의 의미를 내포한다. 따라서 갑(甲), 을(乙), 병(丙), 정(丁), 무(戊)까지는 생성의 기운이라 하고 기(己), 경(庚), 신(辛), 임(壬), 계(癸)는 결실과 수렴의 의미를 가지는데 갑(甲), 을(乙), 병(丙), 정(丁), 무(戊)는 양의 기운이고 기(己), 경(庚), 신(辛), 임(壬), 계(癸)는 음의 기운이다. 갑(甲), 을(乙), 병(丙), 정(丁), 무(戊)까지는 생성이며 성장의 기운이고 기(己)는 중앙, 경(庚)은 결실, 신(辛)은 성장의 억제와 성숙, 임(壬)은 북쪽, 계(癸)는 암흑의 의미가 있다.

계(癸)라는 글자는 사람의 발을 형상화한 것이다. 갑(甲)부터 계(癸)에 이르기까지 머리에서 발까지 하향하며 형상하고 있다. 태양은 머리 위에 있고 땅 속은 발밑이라. 이는 태양에서 가까운 곳에서 멀어지는 것이고 어두운 곳으로 표시하고 있다. [설문]에 이르기를 "冬時水土平可揆度也 象水從四方流入地中之形 癸承壬 象人足 居誄切癸 籀文從癸從矢"라 하였으니 겨울철의 기운이라는 것을 알겠다.

2. 천간(天干)과의 관계

1) 癸 + 甲 : 물이 나무의 수관을 타고 오르니 자신을 들어내는 대상으로 유용하다. 나무를 타고 오른 물은 잎사귀에 이슬로 맺힌다. 병화(丙火)가 적당한 위치에 있어야 한다.

2) 癸 + 乙 : 물은 풀을 자라게 한다. 기르는 공덕이 있으니 유정한 관계를 이룬다. 병화가 있어야 꽃을 피우고 열매를 맺을 수 있으니 병화가 있어야만 재능을 인정받는다.

3) 癸 + 丙 : 계수의 대상인 목의 성장에 적극적인 도움이 되니 유익하다 할 수 있으나 본신에 직접적인 작용은 피해로 드러난다. 목(木)이 없으면 병화의 의미가 없다.

4) 癸 + 丁 : 정화는 계수에게 재물이지만 물을 끄는 격이다. 재(財)를 얻기보다 오히려 몸을 아프게 하고 궁핍해지기 쉽다. 하절(夏節)의 정화는 물이 끓어 증발시키니 계수에 치명적이기 쉽다.

5) 癸 + 戊 : 합(合)을 이룬다. 정(情)을 주나 돌아오는 것이 없다. 파격적인 결합이 되기 쉽다. 결합을 한다 해도 아픔이 남는다. 좋은 사랑의 결과는 아니다.

6) 癸 + 己 : 마른 땅에 물을 주는 격이다. 만물(萬物)을 기르기 좋은 조건이 되나 목화(木火)가 있어야 가치가 드러난다. 따라서 을목이나 갑목이 투간되고 병화가 있어야 한다.

7) 癸 + 庚 : 금이 물을 불렀다. 탁수(濁水)가 되기 쉽다. 지나치면 인성(印性)이 본신을 병들게 한다. 인성(印星)에 의한 피해를 조심해야 한다.

8) 癸 + 辛 : 신금은 계수(癸水)의 배경으로 힘이 되나 때로 지나치게 강하면 잠기기도 하고 지나치면 넘치기도 하니 변화를 종잡을 수 없다. 숫자가 문제가 된다.

9) 癸 + 壬 : 큰물에 범람을 당한 격이라 계수의 본성을 잃는다. 격정적인 면이 나타난다.

10) 癸 + 癸 : 비가 억수같이 오는 격이다. 장마에 태양을 보기 어렵다. 무토(戊土)가 있어야 제방을 쌓아 넘치는 것을 막을 수 있으니 반드시 무토가 있어야 한다.

3. 계수(癸水)의 튼변(通辯)

1) 무토를 보면 외롭다. 무토가 있는 계수는 바위산에서 흐르는 물이라 청정하기는 하지단 봐주는 이 없는 폭포처럼 만사가 고독하다.

2) 무토가 오면 무계합(戊癸合)을 이루니 자신의 일을 망각하고 이성에 정신이 팔린다. 육체적인 애정행각이 지나치면 두렵다.

3) 기토가 오면 흙탕물이 되는데 분주하기만 하고 덕이 없으니 속빈 강정이라 말할 수 있다.

4) 계수는 갑목과 병화가 중요하니 결실을 이루어 재물이 따르는 운명이다. 그러나 계수가 련이어 오면 목의 뿌리가 썩는데, 계수가 오지 않고 진토(辰土)가 오면 재물이 쌓이는 격이다.

5) 갑목이나 병화 중 하나만 있어도 결실은 있으니 중간은 한다.

6) 갑목이 오면 결실이 좋으나 대신 을목이 오면 재목으로는 쓰이지 못하지만 예술가(藝術家) 기질이 있고 연예인도 좋다. 단 진토(辰土)가 없다면 잘 자라지 못한다.

7) 갑목이나 을목이 있어도 병화가 없으면 빈 쭉정이가 많아 결실이 알차지 못하다.

8) 경금이나 신금이 오면 갑목이나 을목이 있어도 서리를 맞은 격이고 밑동이 잘린 격이라 되는 일이 없어 한숨만 나온다.

9) 계수가 연이어 와 병립되어 계수가 2개이면 경쟁심이 강하고 매사 장애가 일어난다. 그러나 예술적 감각은 뛰어나니 예술, 연예, 문화, 방송 계통으로 진출하면 두각을 나타내니 인기직종으로 진출하는 것이 좋다.

10) 계수가 연이어 월일시에 나와 3개가 나란히 서면 정치, 예술, 방송, 사람이 모이는 곳으로 진출하여 두각을 나타낼 수 있다.

제2부. 지지론(地支論)

제2부. 지지론(地支論)

 지지(地支)는 천간(天干)과 한 쌍을 이루어 간지(干支)를 형성한다. 천간(天干)이 10개로 이루어져 있다면 지지(地支)는 12개로 이루어져 있다. 이 10개의 천간(天干)과 12개의 지지(地支)가 만나 60갑자를 이루는 것이다. 천간(天干)이 생각과 사상적인 분담이라면 지지(地支)는 행동적인 분담이라고 할 수 있다.

 지지(地支)는 자축인묘진사오미신유술해(子丑寅卯辰巳午未申酉戌亥)의 열두 가지 지지(地支)에 의해서 이루어져 있다. 이는 일반적으로 인식하고 있는 12개의 띠와 같다. 아울러 12개의 동물을 대비하고 있다. 그러나 단순하게 띠만을 의미하는 것은 아니며 시간이나 절기, 달(月)까지도 이 지지(地支)에 맞추어져 있다.

 십간과 서로 짝 맞춘 것을 간지라 하며, 이 경우 상부의 글자는 천간(天干)이라 하며 아래에 자리한 것을 지지(地支)라 한다. 대체로 천간(天干)은 질적(質的)인 의미를 가지며 생각, 사상의 의미를 가진다. 지지(地支)는 천간(天干)의 기적(氣的)인 것과 대조적인 성질을 가지니 행동적인 것이며 결과적인 것이다.

 지지(地支)를 판단할 때는 다양한 요소를 대비하여 파악한다. 단순히 띠가 지니는 성질만을 대비하지는 않는다. 각각의 글자는 다양한 의미를 내포하니 방향, 띠, 색, 음양, 계절, 시간 등이 그것이다. 방위적으로는 동서남북 및 중앙을 관장하고 계절적으로는 춘하추동을 나타내며 각각의 지지(地支)는 음양오행에 배속이 되어 있다. 각각의 글자가 음양으로 나뉘고 오행을 지니며 가리키는 방향이 있고 4계절의 하나에 배속된다. 1월에서 12월에 이르는 매월의 호칭이며 간지와 지지(地支)는 각각 교차되어 양은 양끼리, 음은 음끼리 호흡을 맞추어 60쌍이나 되니 이를 60갑자라 칭한다.

천간(天干)과 지지(地支)가 모여 사주를 구성한다. 사주는 년주(年柱), 월주(月柱), 일주(日柱), 시주(時柱)라 불리는 4가지의 기둥을 이야기하며 이중 하부를 맡고 있는 4글자를 각기 년지(年支), 월지(月支), 일지(日支), 시지(時支)라 한다. 어떤 기둥에 있다 하여도 지지(地支)가 의미하는 것은 지(地), 질(質), 지(地), 음(陰), 암(暗), 처(妻), 모(母), 녀(女), 내(內), 중(重)등이 있다. 달리 추명학(追命學)이라고도 불리는 사주학(四柱學)은 생년(生年), 생월(生月), 생일(生日), 생시(生時)를 바탕으로 천간(天干)과 지지(地支)를 찾아 배치하는 4개의 간지에 의해서 성립이 되어 있으며 지지(地支)는 행동과 상황의 변화를 주도하는 것으로 대단히 중요한 의미를 가지고 있다.

만물은 천간(天干)의 기(氣)를 받고 지지(地支) 중에서 생(生)하여 생육(生育)의 과정을 되풀이하고 있는데 사주의 지지(地支) 중에서 생 한 장간(藏干)을 인원(人元)이라 하며, 자신의 운명의 추기(樞機)를 장악하고 있는 것으로 본다. 즉 지지(地支)는 단순하게 지지(地支) 자체로만 움직이거나 생하는 것이 아니라 지장간(地藏干)이라고 불리는 천간(天干)의 기운을 내포하고 있어 이 지장간(地藏干)의 작용에 따라 무쌍한 변화가 일어난다.

또 지지(地支)는 천간(天干)이 지니고 있는 역량의 향배에도 중요한 역할을 수행하고 있는데 그것은 천간(天干)의 기가 어디에 바탕을 두고 있는가를 따져야 하는 것이다. 근(根)이 있다거나 근이 없다고 하는 것은 모두 지지(地支)에 닺추어본 기세의 후(厚)하고 박(博)함을 말하는 것이다. 천간(天干)에 있는 기운이라 하여도 지지(地支)에 뿌리를 두지 않으면 이는 사상누각(砂上樓閣)과 같다. 지지(地支)에 뿌리를 두어야 천간(天干)의 힘은 증대되고 가볍지 않다. 천간(天干)은 가볍고 지지(地支)는 무겁고 천간(天干)은 배반하기 쉽고 지지(地支)는 배반하기 어렵다고도 본다.

천간(天干)은 하늘의 기(气)이며 상징성이니 지지(地支)에 작용하는 면에서 행동적이라고 볼 수는 없는 일이다. 천간(天干)은 행동적인 면이 강한 지지(地支)의 작용적 측면에 비하여 대단히 기화적(氣化的)인 요소로 볼 수 있는데, 달리 줄어 말하면 기적(氣的)의 작용으로 볼 수 있으며 행동적인 측면이나 육체적인 측면보다는 정신적(精神的)인 면에 강하게 작용하게 된다.

천간(天干)과 지지(地支)의 작용이 다르다. 천간(天干)은 정신적이고 지지(地支)는 육체적이다. 지지(地支)는 길흉(吉凶)부분에서 작용력이 크게 나타나게 되는 것이니 행동적이고 변화적인 것은 지지(地支)에서 크게 작용하는 것이다. 지지(地支)는 방위적(方位的)이며 행동적이다.

1장. 자수론(子水論)

1. 자의(字意)

자수(子水)는 아들이라는 의미, 12지지(地支) 중의 첫째 지지(地支), 자식, 남자, 쥐, 어리다와 같은 다양한 의미를 지니고 있다. 양(陽)을 표방하고 자(子)는 씨앗을 의미하는데 한겨울의 씨앗이니 봄을 의구한다. 사람들이 아들을 이야기할 때 자식(子息)이라는 말처럼 자(子)자를 붙이는 것은 대를 이을 사람, 씨의 대물림이라는 의미를 내포하고 있다.

자(子)는 시작의 의미와 처음의 뜻을 내포하고 있다. 자시(子時)는 천기가 동(動)하는 시간이다. 갑골문의 자(子)는 머리가 큰 어린기가 손을 뻗어 자신을 안아달라고 하는 모양을 형상화한 상형문자이다. 자(子)자는 사람이 두 팔을 벌린 모습이다. 갑골문의 아들 자(子)자의 윗부분은 머리를 형상화하고 있는데 어른과 비교해보면 지나치게 머리가 큰 모습이다. 실제로 아이를 어른과 비교해보면 어른은 6등신 이상 8등신에 이르지만 아이는 삼등신의 비율이 있을 정도로 머리가 크다. 아이는 신체에서 머리가 차지하는 비중이 크기 때문에 아이의 머리를 두드러지게 만든 특징이 있다. 아랫부분은 신체를 형상화한 것으로 두 팔을 펼치고 있는 아이의 몸을 나타낸다.

고전의 내용을 살펴보면 [설문]에서는 "11월에 양기(陽氣)가 움직여 만물을 자양한다."라 풀었고 [사기, 석명]에서는 "만물이 땅속에서 자란다는 뜻이다.", [한서]에서는 "자(子)에서 맹아(萌芽)가 자란다."로 풀었다. 한결같이 자(子)는 씨앗이며 양기를 받아들여 눈을 틔워 자란다는 의미를 지닌다. 씨앗에서 싹이 나서 자란다는 의미는 이 글자의 속성(屬性)이며 생명을 잉태하고 있음을 보여주는 것이다.

아들 자, 첫째 지지(地支) 자, 작위 자, 알 자, 열매 자, 씨 자, 경칭 자, 당신 자, 어르신 자, 임자 자, 자네 자, 벼슬 이름 자, 칠 자, 기를 자, 쥐 자, 어조사 자와 같은 다양한 의미에 사용하는 글자이며 어린아이의 모양을 가지고 만들어 낸 상형문자이다. 자네, 선생이란 의미도 있는데 아들이라는 의미가 가장 많이 쓰인다. 음력 11월을 나타내고 있는데 대체적으로 양력으로는 12월에 해당한다. 양기가 서서히 동하는 시기이고 차가운 기운이 뼛속으로 파고드는 깊은 겨울이다.

다양한 숙어로 사용하는데 자식(子息), 갑자(甲子), 자녀(子女), 자녀(恣女), 공자(公子), 공자(孔子), 맹자(孟子), 노자(老子)와 같은 존칭의 의미로 많이 사용된다. 종자(種子)와 같이 대를 이을 수 있는 씨의 존재로도 파악한다. 자(子)는 예로부터 종자의 의미가 있는데 [설문]에는 "一月陽氣動 萬物滋人 以爲倆形象 李陽冰曰 子在繈褓中 足倂也 卽里切子"라 하였으니 그 의미를 알겠다.

2. 성격

1) 인정이 있으며 마음씨가 곱다.
2) 성욕이 강하고 여성은 잉태를 잘한다.
3) 자식을 추스르는 모성애(母性愛)가 있고 부성애(父性愛)가 있다.

4) 사교적이며 눈치가 빠르다.

5) 조용한 성격에 스스로 고독을 즐긴다.

6) 매사에 차분하고 침착하다.

7) 자식을 많이 낳는다

8) 임신이 잘 되고 자식을 잘 낳는다.

9) 매사 일 처리에 냉철하고 인간적인 정이 적어 냉정하며 차가운 기질이 있다.

10) 맺고 끊는 성격이다.

11) 주변의 환경에 따라 변화가 심하고 가정의 기복이 있다.

12) 자수(子水)는 차갑고 수정처럼 맑은 물이니 깨끗함을 추구하고 청결함을 원한다.

13) 밤에 이동하는 쥐처럼 의심도 많고 비밀도 많다.

14) 작은 일에는 잘 놀라지만 큰일이 벌어지면 대범하게 행동한다. 쥐도 구석에 몰리면 고양이를 무는 법이니 한계에 다다르면 대범해진다.

15) 명예를 추구한다

16) 밖으로 드러내는 것을 좋아하니 양성적으로 보인다.

17) 성격은 까다로운 편이라 남들이 대하기에 불편하다

18) 인덕(人德)이 부족하니 자식이 많아도 기대기 어렵다.

19) 차가운 물이라 수생목(水生木)이 어렵고 수극화(水剋火)는 으뜸이다.

20) 자수가 두 개 나오면 자자병존(子子竝存)이라 하고 인기를 먹고 사는 직업에 투신해야 길하다. 남에게 잘 베풀고 인간적으로 대해야 인기를 얻을 수 있다.

2장. 축토론(丑土論)

1. 자의(字意)

꽁꽁 얽매인 상태를 의미하는 글자, 포박당하거나 꽁꽁 묶여있는 상태를 의미하며 음기가 가득했던 땅에 양기(陽氣)가 스며들어와 지기(地氣)가 열리는 때이다. 소를 의미하는 십이간지의 하나로 사용되는 글자이다. 소는 밭을 가는 데 반드시 필요한 동물이니 얼음이 풀리면 소를 이용해 밭을 간다. 10천간(天干)의 둘째 지지(地支), 수갑(手匣)을 의미하는 글자이다. 용모(容貌)가 추하다라는 의미가 있다. 못생기다, 밉다, 못되다, 나쁘다, 미워하다, 부끄러워하다, 견주다의 의미가 있다.

고전에서의 내용을 살펴보면 [설문]에서는 "얽어매다", "12월에 만물(萬物)이 움직이기 시작한다."라는 표현이 있으며 [사기]에서는 "丑이란 묶인다는 뜻이다. 양(陽)이 위에서 아직 내려오지 않아 만물이 막혀 나오지 못한다."라는 의미로 풀었다. 축이란 손을 묶었다는 의미를 가진 문자이다. 아직 씨앗에서 싹이 나지 못했다는 의미로 쓰였다. 그래서 축토는 고(庫)라 한다. 재물의 창고이고 씨앗의 창고이며 활동성의 창고이고 변화의 창고이다. [한서]에서는 "丑에서 싹이 막힌다."라고 기록했으며 [석명]은 "막힌다. 한기(寒氣)가 저절로 얽힌다."라고 했으니 아직 땅이 풀리지 않고 차가운 기운이 머물러 있으니 싹을 틔우기 어려운 계절임을 드러내고 있다.

소의 상징으로 부지런하고 쉬지 않는 습성을 나타내기도 하고 둘째 지지(地支)로서 버금이라는 의미로 내포하고 있다. 자(子)가 으뜸이면 축(丑)은 버금이다. 아직 계절적으로 차가운 기운이 풀리지 않았고 얼음도 풀리지 않았으니 이는 습토(濕土)의 기운이다. 극단적으로는 빙토(氷土), 혹은 냉토(冷土)의 기운이다. [갑골문자]에서는 손으로 웅크려 잡아 묶으려고 하는 모습을 본뜬 글자이다. 구속과 속박, 혹은 활동의 부자유스러움이 있다.

둘째 지지(地支) 축, 수갑 축, 손을 의미하는 彐(手, 才)글자에 곤(丨)을 더한 글자이다. 이는 손을 묶어 놓은 형상이다. 혹은 손의 중심으로 무언가 통과한 형태를 형상화한 것이다. 달리 보면 손이 무언가를 잡은 형상이기도 하다. 음력으로는 12월의 추운 날이다. 손을 묶어 놓은 듯 농사일을 하지 못한다는 의미가 깃들여져 있다. 사람의 몸이 움츠러드는 날이다. 또 동물에 배속하여 소라고 하니 소가 쉴 수 있는 계절이기도 하다. '웅크려들다'라는 의미의 축(縮)과 같은 의미가 있으며 소리도 같은 축이다.

축은 섣달이라고 하는 12월이다. [설문]에 기록되기를 "紐也 十二月萬物動 用事 象手之形 時加丑 亦擧手時也 徐鍇曰 勅力切丑"이라 하여 12월임을 명확하게 하였다.

2. 성격

1) 보수적이며 고집이 흔히 황소고집이라고 할 정도로 세다. 즉 고집불통이며 자신의 신념을 바꾸지 않지만, 머리는 좋은 편이 아니어서 판단은 문제가 있을 수 있다.

2) 속을 잘 드러내지 않는다.

3) 명예욕이 강해 오로지 하나만을 보고 매진하는 성격이다.

4) 부지런한 듯하지만 느릴 때는 한 없이 여유를 가진다.

5) 서두르는 경우가 거의 없으며 차분하고 느릿하게 대응한다. 물고 늘어지는 성격이라 포기하지 않으며 때로 어려움을 혼자 극복하려 하므로 지나치게 시일이 많이 걸리는 경우가 있다.

6) 근면, 성실은 물론이고 노력을 하여 세월이 흐르면 성공한다.

7) 내성적이라 기분이나 감정을 밖으로 잘 표출하지 않는다.

8) 겉으로는 느리고 차분하지만 소가 콧김 뿜어내듯 급한 면이 있다.

9) 적극성은 부족하여 타인이 압박하면 포기한다.

10) 협박에 약하고 지저분한 것을 싫어한다

11) 인내심은 매우 강해 참기도 잘한다.

12) 꽁꽁 언 땅이라 나무가 뿌리 내리기 어렵다. 따라서 언 몸이라 장기 계통의 병이 많으며 특히 위장(胃腸)에는 좋지 않은 영향으로 나타난다.

13) 얼어있는 땅이며 습토이기에 토생금(土生金)은 문제없으나 토극수(土剋水)는 어렵다.

14) 축토는 겉으로 보아 땅이나 사실은 꽁꽁 언 땅이고 서릿발 같은 땅이라 수(水)의 성분이 많아 물을 막거나 물을 제어하지 못한다.

15) 축토는 금(金)을 생성하는 창고이다. 그러나 금은 축토에서 움직이지 못한다.

16) 습토인 축토 속에 금이 저장되어 있다.

17) 매사를 끈질기게 처리하니 반드시 결말이 있다. 처음에는 드러나지 않으나 시간이 지나면 결과가 드러난다.

18) 자꾸 캐물으면 입을 다무는 속성이 있다.

19) 비밀이 많다.

20) 학습 능력이 뛰어나다. 머리로 하는 공부가 아니고 노력으로 하는 공부다.

21) 축이 연속으로 와서 축이 두 개가 되면 축축해진 진흙땅과 같아 일이 안 풀린다. 실업자(失業者)가 되기 쉽고 몸이 아프다.

22) 고집이 세고 지배받기 싫어하며 꼼꼼하고 차분하다.

3장. 인목론(寅木論)

1. 자의(字意)

 인목(寅木)은 봄이다. 날씨가 풀리는 계절이다. 얼음이 녹아 양기가 씨앗에서 싹을 틔우게 만든다. 추위가 서서히 물러나고 양기가 언 땅을 녹여 풀리니 이를 해토(解土)라 한다. 인(寅)이란 인(引)의 의미가 있으니 끌어당기며 움직여 나온다는 의미이다. 잠자고 있던 모든 씨앗이 기지개를 켜고 두 팔을 벌리니 만물이 생성되기 시작하는 때이다. 축토에 얽매여 있는 상태를 끌어당겨 나온다는 뜻이며 사람이 활동을 시작하는 때이다.

 고전에서 인목에 대해 기술하기를, [설문]에서는 "종지뼈를 의미한다."라는 말이 있고 달리 "정월(正月)에 양기가 움직여 땅속을 떠나 땅 위로 나오려 하지만 음이 아직 강하다. 머리에 도달하지 못하고 아래서 발목이 잡혀 있다."라고 하여 아직 양기가 피어나 마구 자라거나 마음대로 자라지 못하는 절기임을 나타내고 있다. 자라고자 하는 욕구는 충분하지만 풍성하게 자라기에는 시기가 이르다.

 이 시기에 파종(播種)하면 설해(雪害)를 입기 쉬우므로 아직은 기회를 보아야 한다. 이 시기에 곡식을 심었다가는 얼어 죽는 경우도 있다.

 [사기]에는 "만물이 지렁이처럼 꿈틀거리며 처음으로 생겨난다."고 했

으니 천간(天干)의 을목(乙木)과 같은 기운이다. 이제 서서히 얼은 땅을 밀고 올라올 것이다. [한서]에는 "인(寅)에서 이끌려 도달한다."라고 했으니 인(引)의 성분임을 알겠다. [석명]에는 "인(寅)은 당긴다. 생물을 끌어당긴다는 뜻이다."라고 했으니 땅속에서 싹을 당긴다는 의미로 보아도 타당하다. [회남자, 천문훈]에서는 "인(寅)에서 만물이 꿈틀거린다. 움직여 나오는 모양이다."라고 기술하였는바, 역시 생명력이 드러나는 대목이라 하지 않을 수 없다.

인목(寅木)은 띠의 종류에서 의미하듯 짐승을 의미하는 뜻의 범(호랑이)을 나타내고 12자로 이루어진 지지(地支)의 3번째 지지(地支)이다. 방향은 동북(東北)을 가리키고 간(艮)과 겹치는 방향이다. 또한 동관(同官)이라고 표현하는데 이는 옛날 중국의 관료(官僚)들 사이에서 같은 관청에서 근무하는 같은 계급의 관료들을 호칭하는 말이었다고 한다. [갑골문자]에서는 주술적 의미가 매우 강한 의미를 표방하는데 인(寅)이라는 글자도 그와 같은 의미를 가지고 갑골문자에 표기된다. 갑골문은 사냥을 할 때 화살을 잃어버리지 않도록 화살 끝에 줄을 매간 모양을 본뜬 글자라 하니 아마도 황제나 왕이 사냥을 나갈 때 방향을 결정하거나 결과를 예측하는 주술적 의미로 사용하는 글자가 아니었나 생각해 볼 수 있다.

'동방 인, 셋째 지지(地支) 인, 공경할 인'의 의미를 가지는 글자이다. 입춘(立春)을 입절로 삼아, 입춘이 지나면 본격적으로 봄이라 하여 만물이 생동하는 시기이다. 특히 입춘은 절기력(節氣曆)을 적용하여 새로운 해의 시작으로 본다. 즉 입춘이 지나는 시점이 새로운 해를 적용하는 기준이 되는 것이다. 그러나 양기가 동하기는 했으되 아직은 추운 계절이다.

양기가 피어오르기는 했어도 아직은 음기가 만만치 않다. 12간지를 동물에 배속하니 호랑이를 의미하고 옛글에 '사람은 인시(寅時)에 일어난다.' 하였으니 옛날에는 지금과는 달리 더욱 부지런하였던 모양이다.

아직은 춥지만 양기가 생동하니 싹을 틔우는 계절이라 [설문]에 이르기를 "髕也 正月陽氣動 去黃泉欲上出 陰尙彊 象宀不達髕 寅於下也 徐皆曰 髕斥之意 人陽气銳而出上闋宀 曰所以擯之也 戈眞切寅"이라 하였으니 정월의 기운임을 알겠다.

2. 성격

1) 처음 세상에 태어나는 아이처럼, 세상의 태양을 처음 만난 식물처럼 아직 때가 묻지 않았으니 비교적 솔직 담백하다.

2) 인자한 마음과 순수한 성품이다.

3) 활동적이고 적극적이다.

4) 재주가 있으며 슬기도 있고 배움에도 충실하다.

5) 진취적인 기상이 있으며 강력한 리더쉽을 지니고 있다. 이는 갑목(甲木)과 크게 다르지 않은 성향이다.

6) 포부가 크고 강한 추진력을 지니고 있으며 우두머리 기질이다.

7) 타인에게 지거나 굴복을 싫어한다.

8) 이기적 성향이 있고 의심도 있으며 조심성도 있다.

9) 자기주장이 강하고 주위를 둘러보고 살피는 조심성이 떨어지고 밀어붙이는 힘이 강하다 보니 적을 많이 만들어 고독할 수 있다.

10) 시기와 질투심이 있으며 변덕도 있다.

11) 눈치가 빠르고 총명하니 장·단점으로 작용한다.

12) 인신사해(寅申巳亥)는 역마(驛馬)라 칭하니 인(寅)은 역마의 성질

을 지니고 있으므로 늘 바쁘고 분주하다.

13) 인(寅)은 역마이니 여행을 좋아하고 직업도 움직이거나 해외로 가거나, 이동이 많은 직업이 좋다. 그 숫자에 따라 역마의 구역이 정해지지만, 인(寅)이 많으면 분주하다.

14) 항공계통에 취직하거나 종사하면 좋다

15) 외교관이나 상사 주재원으로도 좋다.

16) 진취적 기상을 지니고 있다.

17) 앞을 보고 달리는 성격이지만 주위를 둘러보지 못하는 단점도 있다. 이끄는 힘은 강하나 주위를 살피지 못해 원망을 듣고 지나치다는 원성도 듣는다.

18) 물기가 없으면 바싹 말라 조목(燥木)이 되어 화기(火氣)를 살리는데 장점을 보인다. 지나치게 마르거나 젖으면 사목(死木)이니 살아있지만, 역할이 없다.

19) 인(寅)이 연속으로 오면 인의 병존이라 하는데 남의 일에 간섭을 잘하고 참견을 하는데 때로 주제넘은 행동을 하여 문제가 되기도 한다.

20) 인(寅)이 많으면 명예를 중시하니 활발하게 활동을 하고 적극적으로 다가드는 직업이 좋다.

21) 인(寅)이 많이 출현하면 여자는 과부가 된다.

22) 인목(寅木)은 갑목과 80% 닮아 있다.

4장. 묘목론(卯木論)

1. 자의(字意)

묘(卯)는 작은 싹이다. 묘(卯)는 묘(苗)이다. 새싹이다. 씨앗이 오랜 추위와 얼어붙은 땅이 녹자 땅을 뚫고 나와 머리에 흙을 뒤집어쓴 모습이며 두 개로 이루어져 한 쌍이 되는 문이 열리는 모습의 형상이기도 하다.

고전에서는 다양한 해설을 풀어놓으니 [설문]에서는 "뒤집어쓰다. 2월에 만물이 흙을 뒤집어쓰고 나온다. 문을 여는 것과 같으므로 2월의 하늘을 천문(天門)이라 한다."로 풀었다. 묘(卯)란 각기 두 가지 상황이니 그 하나의 의미는 생물이 땅거죽을 열고 나온 것을 의미하고 있기도 하지만 또 다른 의미는 문을 열어젖힌다는 의미가 있기도 하다. [사기]에서는 "묘(卯)는 무성함이다. 만물이 무성하다는 뜻이다."[한서]에서는 "묘(卯)에서 갯버들이 뒤집어쓰고 나온다."고 하였는데 실제 냇가에 가 보면 다른 어느 싹보다 물가의 버드나무에서 버들강아지가 먼저 노란색을 뒤집어쓰고 피어나는 것을 볼 수 있다. [석명]에서 이르기를 "묘(卯)는 뒤집어쓴다는 뜻이다. 흙을 이고 나오는 것이다."라고 하였으니 싹이 흙을 밀어 올리며 지표면으로 드러나는 것을 알 수 있겠다.

근본적으로 묘(卯)는 토끼를 나타내는 글자이며 십이간지의 넷째 지지(地支), 출근 시간을 나타내기도 한다. 기한, 액일(厄日)이라는 의미도 있어 혼인을 치르는 날에는 사용하지 않는다는 주장도 있으나 [천기대요] 오합일(五合日)에 따르면 묘(卯)는 혼인날로 가장 좋은 날이다. 아마도 혼인날로 사용하지 않는다는 주장은 묘(卯)의 글자 모양이 하부가 둘로 갈라져 두 집 살림이라는 의미가 있고 여자의 경우 두 명의 남편을 모신다는 속설이 있기도 한데 이의 전이가 아닌가 생각한다.

묘의 또 다른 의미는 문의 양쪽을 밀어 본뜬 글자이며 강제로 쳐들어간다는 의미도 있다. 즉 문은 본시 두 개의 쪽으로 이루어진 것이 원칙이라는 의미이다. 따라서 문(門)이라는 글자도 양옆으로 두 개의 짝이 마주 보는 형식이다. 따라서 대립이라는 의미와 화합이라는 의미가 모두 상존한다. [갑골문자]에서 의미하는 바는 소와 돼지까지 의미하지간 포로를 잡아 두 쪽으로 갈라 죽인 모습을 본 뜬 글자라는 의미도 있다. 일설의 주장에 따르면 어떤 물건을 놓고 칼을 이용하여 반으로 갈라놓은 모습을 형상화한 것이라는 의견도 있다.

넷째 지지(地支) 묘, 토끼 묘, 애초 이 글자는 지게문을 의미하는 호(戶)자를 양옆으로 등을 지게 배치한 글자였다. 즉 문을 양옆으로 열어놓았다는 의미를 지닌 글자였다. 두 개의 문을 양옆으로 열어놓은 상형이 봄의 문을 연다는 의미로 변화되었고 2월을 의미하고 있다. 동물로는 토끼에 배속되었다. 묘월은 초목이 싹이 트니 묘(苗)의 음을 가져와 묘(卯)라 한다.

묘월에 해당하는 2월은 땅이 열려 싹이 터오르는 시기이다. [설문]에 이르기를 "冒也 二月萬物冒地而出 象開門之形故 二月爲天門 莫鮑切卯"라 기록하니 2월이면 하늘의 문이 열려 양생(養生)의 기운이 피어남을 알 수 있다.

2. 성격

1) 두뇌가 총명하고 학습 능력이 뛰어나다. 지나치면 교활해지는데 순한 마음을 지녀 그다지 드러나지 않는다.

2) 예술적 감각이 풍부하다.

3) 두 발로 선다는 것은 자립(自立)이 아니라 두 사람이라는 의미도 있으므로 아직은 자립심이 부족하다는 것을 나타내고 있다. 어린아이의 심정을 지니고 있다.

4) 겉으로는 실속을 차리는 듯 보이지만 실속이 없다. 흔히 헛똑똑이라는 말을 듣는다.

5) 온화한 성품이며 인정이 많다. 때로는 이 온정으로 인생이 고난에 빠진다. 특히 여자들의 경우 이 온정으로 남자의 욕심에 노예가 되는 경우가 있다.

6) 하고 싶은 것이 많으며 욕심도 많다.

7) 애교가 넘치고 사교적인 성격이 드러나며 말투까지 애교가 묻어난다.

8) 활발하고 미래지향적 사고를 지닌다.

9) 비현실적인 사고가 강하고 변덕이 심해 주변을 피곤하게 한다.

10) 신경이 예민하여 잠을 잘 자지 못할 수 있고 겁이 많은 편이라 시시때때로 잘 놀라기도 한다.

11) 봄의 나무가 그러하듯 살아있는 나무이고 습기를 머금은 나무이기에 나무이지만 목생화(木生火)가 어렵다. 습목(濕木)은 목생화(木生火)를 이루지 못하니 불에 타지 않고 연기만 나거나 많은 나무는 오히려 불을 끈다

12) 목극토(木剋土)는 잘하여 흙에 뿌리박기는 아주 잘한다.

13) 묘일생(卯日生)인데 사주원국(四柱原局)에 유(酉)나 술(戌)이 있거나 둘 중 하나만 있어도 의약계통에 투신하면 두각을 나타낸다. 사람의 생명을 다루는 일에 적합하다

14) 묘일주는 두 집 살림이라는 속설이 있다.

15) 묘(卯)가 연이어 나와 묘(卯)가 병존하여 두 개이면 재능이 있어 예술계통으로 진출하면 두각을 나타낸다. 생명을 다루는 직업도 좋다.

5장. 진토론(辰土論)

1. 자의(字意)

진(辰)은 변화한다는 의미이다. 진은 습기(濕氣)가 많은 땅이다. 진은 초목(草木)을 잘 자라게 하는 땅이다. 진(辰)은 진(震)의 뜻으로 우레와 천둥, 벼락의 의미를 고루고루 지니고 있으며 이에 따르는 변화와 변동이 세상에 펼쳐지는 것을 나타내며 습기를 머금은 땅이니 만물이 자라기 좋은 때이다.

고전 속에도 진(辰)에 대한 다양하고도 잡다한 내용들이 나와 그 진의를 깨닫고 짐작하게 해 준다. [설문]에 이르기를 "우레다. 3월은 양기가 움직여 번개를 치니 농사지을 때이다. 만물이 모두 생겨난다."로 해설하였다. 봄이 되면 천기가 불안해지고 찬 기운과 따스한 기운이 성층권(成層圈)에서 충돌하니 수시로 번개가 치고 우레가 몰려오며 간혹 천둥도 많아진다. 그 여파로 비가 오니 땅이 촉촉하게 적셔지기도 한다. 따라서 습기 머금은 땅에서 물기를 뽑아 올리고 태양이 밝게 비추어주니 식물이 자라기 좋은 계절이다. [사기]에 이르기를 "만물이 움직이는 것을 말한다."고 하였으니 변화와 변동을 말하고 식물은 자라고 사람도 부지런히 움직이는 것이다. [한서]에서는 "진(辰)에서 움직여 아름답게 펼쳐진다."고 하였으며 [석명]에서 이르기를 "진(辰)은 펼쳐지는 것이다. 만물이 다 펼쳐져 나오는 것을 의미한다."고 하였으므로 변화하는 모든 것이 다양하게 보이는 것을 말한다. 모든 것이 펼쳐진다는 것은 변화뿐 아니라 자라나는 초목의 번짐도 나타내는 포괄적 의미가 되겠다.

일반적으로 사전적(辭典的) 의미를 살펴보면 진은 별 이름을 의미하고 다섯째 지지(地支), 하루라는 의미를 가진다. 진(辰)은 신(蜃)의 원자이기도 한데 이 글자의 의미가 남다르다. 조개가 껍데기에서 발을 내밀고 있는 모습이라는 의미를 지닌 글자이며 이러한 모습을 본 딴 글자라는 의미를 가진다. 조개는 빠르지 않고 움직임이 느리니 서서히 변화하는 모습이라는 의미도 가지고 있다. [갑골문자]에서는 농작물을 갉아먹는 해충(害蟲)들을 묘사한 글자라고 한다

별 진, 다섯째 지지(地支) 진, 때 진, 북두칠성 진, 북극성 진, 날 신, 별이름 신, 입을 벌린 조개의 모양이라 한다. 다양한 글자의 조합이다. 잡아끈다는 의미를 지닌 예(曳)자에 상부를 의미하는 이(二)를 더하고 초목의 싹을 의미하는 을(乙)을 겸한 후에 될 화(化)자의 비수 비(匕)변을 조합한 글자가 된다. 이는 초목이 싹을 틔우고 커서 위로 자라난다는 의미를 지닌다. [설문]에는 음(音)을 '예'라고 했으니 지금은 '진'이나 '신'으로 읽는 것으로 보아 시대가 달라지며 발음도 달라진 것으로 보인다. 다른 주장에 따르면 진(辰)은 삼(三)에 막는다는 의미의 별(丿)고 새싹을 의미하는 을(乙), 그리고 될 화(化)자의 비수 비(匕)변을 조합한 글자가 된다. 이는 삼월에 양기가 닿아 싹이 움터 변화해 가는 것을 의미한다고 보아도 무방하겠다. 양기가 진동(震動)하니 음(音)은 진이다. 또한 양기가 신장하니 발음이 신이다. 음력 3월이고 양력으로는 4월인데 동물 배속은 용이다.

일진(日辰), 일진(日盡), 일월성신(日月星辰), 생신(生辰) 등으로 표기하

는데 별과 날, 생일 등으로 사용하는 문자이다. [서문]에 이르기를 "震也 三月陽氣動 雷電振民農時也. 物皆生 從乙匕 象芒達聲也. 辰房星天時也. 從 二 二古文上學 徐皆曰 匕音化 乙艸木萌初出曲卷也. 臣鉉等曰 三月陽气 成 艸木生上 徹於土故 從化 非聲 疑亦象物之出 植隣切辰"이니 양기가 발동하는 시기라는 것을 알겠다.

2. 성격

1) 진(辰)은 용을 표방한다. 용은 상상의 동물인 것처럼 이상이 높고 욕망이 강하다. 아울러 비현실적 사고를 하는 경우도 있다.
2) 센스가 빠르고 이해력이 높으며 판단도 빨라 귀신같다는 소리를 듣는다. 지나치지 않는 절제력이 요구된다.
3) 이해력이 높고 배움의 욕심이 있으며 박식하다.
4) 앞으로 나아가고자 하는 진취적인 기상이 강하다.
5) 총명한 머리를 지니고 있으며 다양한 재주가 있으며 예술적 기능도 있다.
6) 호기심이 많다.
7) 세상을 보는 눈이 달라 발명가의 기질이 풍부하다.
8) 출세의 기운이 강하고 주저하지 않으며 천복(天福)으로 출세가 가능하다.
9) 영웅의 기질이 강하다.
10) 호걸풍이며 대범하고 만사에 주저하지 않는 태산 같은 기질을 지니고 있지만 현실에 대한 감각이 떨어지고 무뚝뚝하여 잔정이 부족하다.
11) 고집이 세고 자존심이 강하다.

12) 밀고 나가는 뚝심이 강하여 성공과 실패가 다변하다.

13) 어려운 일을 해결하는 능력과 뚝심이 발군이다.

14) 침착하고 조용한 성품을 지니지만 때로 역린(逆鱗)이라는 말처럼 지나친 폭발력을 드러내는 약간의 포악성도 보인다.

15) 성격이 급해 손해를 보지만 오래가지 않아 곧 풀린다.

16) 호기심이 많은 반면 지나치게 이상적이고 비현실적인 감각을 지닌다.

17) 남자는 어디에서나 앞서는 우두머리의 역할을 한다.

18) 여자는 변덕이 심하고 돈과 이성에 약하다. 지나치게 사치스러운 풍조를 지녀 이성에 끌리고 돈에 약한데 남 탓을 한다.

19) 투기를 좋아하고 풍류를 즐기며 주색에 빠지는 성격이다.

20) 진토는 수기(水氣)의 창고이니 나무가 있다면 뿌리를 잘 내리니, 사물을 기르고 사람을 기르는 재주가 있다.

21) 진토는 갑목이 좋아한다.

22) 진토, 진월은 표면적으로 토의 성분을 드러내는 흙이지만 습토이고 봄의 토이므로 토의 기운이 아주 강하지 못하다. 습기의 기운이 강하여 나무들이 뿌리박기 좋고 싹을 틔우기도 좋다. 흙이라 해도 제방을 쌓을 수 없으니 물을 막기 어렵다.

23) 진이 연이어 나오면 병즌하여 진이 두 개가 되니 사람의 생명을 다루는 의업(醫業)이나 약업(藥業), 한의사(韓醫師) 등에 투신하면 이름을 얻고 보람을 느낄 것이다.

6장. 사화론(巳火論)

1. 자의(字意)

사화(巳火)를 나타내는 글자는 사(巳)이다. 그런데 이 사(巳)자는 '이미 그렇다' 라는 의미를 가진 이(已)자와 비슷하고 '이것이다' 라는 의미를 지닌 기(己)와 비슷하다. 세 개의 글자는 쓰기도 헛갈릴 수 있고 잘못하면 엉뚱하게 읽거나 이해할 수 있지만 사실 의미는 그다지 다르지 않다. 세 글자 모두 이미 그렇다는 의미를 가진다. 사(巳)는 표면적으로 화기(火氣)를 의미하는 글자이지만 시기적으로는 만물이 이 시기에 이르러 이미 자라나고 무성해진 것을 나타낸다.

사(巳)는 뱀, 여섯째 지지(地支), 삼짇날이라는 의미를 내포하고 있는 글자이다. 자식(子息), 태아(胎芽), 복(福), 행복(幸福)이라는 의미도 있다. 구부러진 모양이다. 구불거린다는 의미다. 꺾이거나 숙이거나, 혹은 펴지지 못한 것을 의미하는 모양이다. 무언가 구부러진 모양이며 펼쳐지기 전의 모습이기도 하다. [갑골문자]에서는 구부러진 뱀의 모양을 형상했다고 하는데 아마도 똬리를 튼 모습으로 보일 수 있는 글자이다. 특이한 것은 뱀을 의미하는 글자이지만 실제 문헌에서 뱀을 의미하는 경우는 사(蛇)를 주로 사용하는데, 사(巳)는 천간지지(天干地支)에서만 사용하는 경향이 있으므로 조금은 특이하다.

사(巳)는 뱀을 의미하지만 그것은 가늘고 긴 띠를 나타내는 용도일 뿐이다. 고전에서의 내용을 살펴보면 그 의미를 알 수 있는데 [설문]에는 "이미 지나간 것이다. 4월에 양기가 이미 나오고 음기가 감춰지므로 만물이 나타난다. 곧 모양이 드러난다는 뜻이다."라는 의미를 지닌다고 기록되어 있다. 세상에 모습을 드러내는 것이 아니라 펼쳐져 본 모습이 드러난다는 의미이니 융성해진다는 의미로 해석될 수 있다. [사기]에는 "양기가 이미 다함을 말한다."고 기록되어 있다. 양기가 다했다는 것은 이미 다 자랐다. 이미 무성해졌다. 곧 음기가 온다는 의미이니 한껏 무성해진 것을 알 수 있다. [한서]에서 "사(巳)에서 이미 무성해진다." [석명]에서는 "사는 이미 지났다는 뜻이다. 양기가 다 펴졌다."라 하였으니 생물이 무성하게 자란 시기임을 알겠다. [회남자, 천문훈]에서는 "사에서 생장이 이미 확고해진다."고 하였으니 모든 생물의 성장에 대한 감각이 확연해졌다.

이미 이루어졌다는 뜻의 기(己)와 비슷하고 의미도 비슷하다. 여섯째 지지(地支) 사, 뱀 사의 의미를 가진 글자이다. 본시 뱀을 의미하는 글자이다. 추운 날에 생물은 동면(冬眠)을 한다. 동면하는 뱀은 몸을 돌돌 말고 있다. 사자(巳字)는 그런 모습의 형상이 아닐까? 이 시기가 되면 뱀이 동면에서 깨어나 밖으로 나서니 이를 동칩(冬蟄)에서 깨어났다라고 한다. 동칩에서 깨어난 뱀이 다시 자라기 위해 허물을 벗는 시기가 바로 4월이다. 아무래도 중국은 뱀이 많았던 모양이다. 이 시기를 사월이라 칭하고 음(音)도 사(蛇)와 동일하게 달았다.

이 글자는 기(己)자와 흡사한데 하나같이 구불거리는 형상이다. 이를 곡각(曲角)이라 칭한다. 무언가 구부러졌다. 굴절되었다. 혹은 불안정하다의 의미를 지향한다. 사(巳)는 뱀을 의미하는데 평소에 문헌적으로 사용처가 많지 않다. 보통 뱀을 표현할 때는 사(蛇)자를 사용하기 때문이다. [설문]에 이르기를 "巳也 四月陽气巳出 陰气巳藏 萬物見成文章故 巳爲蛇 形象 詳里切巳"라고 하였으니 사(巳)는 사(蛇)임을 분명히 한다.

2. 성격

1) 두뇌가 명석하고 재주가 많다. 자기는 자신의 이익을 위해 머리를 쓰니 좋지만 타인에게는 해가 되는 경우가 많다.

2) 외모가 단정하고 깔끔하며 외양을 꾸며 드러내기 좋아한다.

3) 자신의 목적에 근면성실하고 활동적이다.

4) 고집이 세고 자존심이 강하다.

5) 강한 성격으로 자기본위적(自己本位的)으로 활동하고 지나친 이익을 추구하므로 타인으로부터 배척을 당할 수 있다.

6) 표면적으로 예의 바르며 사색적이다.

7) 학문을 닦으면 학문적으로 대성이 가능하다. 그러나 학문에 취미가 없을 시에는 무뢰한(無賴漢)이나 세상에 독기(毒氣)를 품고 살아갈 수 있다.

8) 외골수 기질이 있으며 화끈하다

9) 친절하지만 냉철하다.

10) 냉정하다.

11) 세밀하고 상황에 침착하게 대처하는 능력이 뛰어나다.

12) 논리적으로 보인다.

13) 사치와 허영심이 넘친다.

14) 의심이 많으며 자신에게 이익이 없거나 자존심에 상처를 입히면 화

를 참지 못하고 자기 위즈의 사고를 하여 타인과 화합하지 못하니 점차 고독하다.

15) 근심과 걱정이 많다.

16) 성적(性的)으로 강하게 느끼도록 한다.

17) 지적인 면을 갖추지 못하면 지극히 음란하다.

18) 사화는 역마성이니 옮겨 다니거나 해외를 주로 다니는 직업이 좋다. 인신사해(寅申巳亥)가 모두 이와 같으니 무역, 여행, 해외 무관, 상사에 근무하면 좋다.

19) 사화는 다른 오행을 만나면 쉽게 변한다. 변덕이 죽이 끓듯 하며 쉽사리 모양을 바꾸듯 목적을 따라 말을 바꾸고 행동을 바꾼다.

20) 사(巳)는 뱀을 의미한다. 뱀은 차가운 동물이지만 변온동물이다. 이처럼 사(巳)가 지배하면 쉽게 변하는데 성격이 죽이 끓듯 한다.

21) 사(巳)가 신(申)을 만나면 합(合)도 되고 형(刑)도 되는 것으로 먼저는 길하게 작용하지만, 시간이 흐르면 흐를수록 나빠지고 쿨리해진다.

22) 사화는 충이나 형을 만나면 시력이 이상이 생긴다.

23) 사가 연이어 와서 병존을 이루니 사(巳)의 글자가 둘이라. 사는 역마로 활동성이다. 둘이 되면 더욱 역마가 강해진다. 사는 아이가 웅크린 모습으로 뱃속에 있는 태아(胎芽)로도 보는데 둘이 되면 쌍둥이를 낳는다고 한다.

7장. 오화론(午火論)

1. 자의(字意)

거스른다는 의미를 가진 글자이다. 중앙을 나타내는 열십(十)자의 한끝에 사람인(人) 자를 표시하였는데 과거에는 사람인(人) 자가 아니라 화살표의 표식을 나타내는 개(个)의 머리 부분을 형성하는 글자로 보인다. 이 글자의 모습은 지금의 화살표 모양이라 최초에는 사람이라는 의미가 아니라 방향을 나타낸 것으로 유추가 가능하다. 이는 북쪽을 가리킨 것이 아니라 남쪽을 가리킨 것이니 양기가 충만하다, 남쪽이다, 양기가 가득 찼다는 의미가 된다. 양기가 가득 찼다, 남쪽이라는 의미는 화살표가 가리키는 방향 때문이다. 중국은 예로부터 상부를 남쪽이라 의미한다. 양기가 충만하니 이제 서서히 물러날 때가 되었다. 음기가 침범할 시기가 되었다. 음기가 양기를 거스르는 의미이다. 양이 극성에 이르러 음기가 시작되는 것을 말한다.

오(午)는 음화(陰火)로서 낮을 의미하고 정오를 의미한다. 남쪽을 가리킨다는 의미의 글자이다. 일곱째 지지(地支)를 나타내고 다섯이라는 의미도 있다. 거스르다. 어수선하다. [갑골문자]에 따르면 절굿공이를 본뜬 글자라고 한다.

고전에서도 다양하게 풀이를 하였는데 [설문]에서 이르기를 "거스른다는 뜻이다. 오월(午月)에 음기가 양을 거슬러 땅을 뚫고 나온다."라고 하였으니 온 천지에 양기가 가득한 틈으로 음기가 스멀거리듯 스며 나온다는 의미를 알겠다. [사기]에서 이르기를 "오(午)란 음양의 교체시기로 정오(正午)라 한다."라 기록하였으니 오는 정오이고 정오가 지나면 음의 기운으로 넘어간다는 의미가 되겠다. [한서]에서는 "오(午)에서 높아진다."라 하였거니와 [석명]에서는 "오(午)는 거스른다는 뜻이다. 음기가 아래에서 올라와 양기를 거스른다." 하였으니 음기의 태동이 분명하다.

한낮 오, 일곱째 지지(地支) 오, 교차할 오와 같은 의미를 지닌 글자이다. 오월은 양기가 가장 왕성한 시기이다. 이미 양기가 극에 달하고 음기가 태동하고 음기가 활동을 시작하려는 시기 이미 음양이 교차하는 시기라는 의미를 지닌다. 따라서 교차할 오라고도 읽는다. 사람을 의미하는 인(人)자에 방향을 의미하는 십(十)자를 결합하였다. 중심점에서 사방을 표시하는 방법을 사용하면 십(十)자가 되는데 예로부터 중국은 남쪽을 위로 표기했으므로 그곳에 화살표 형식의 사람인(人) 자를 남쪽으로 표기하여 지금의 오(午)자가 이루어졌다. 따라서 해가 떠오르는 방향이 남쪽이므로 낮이란 의미도 있지만 방향을 지칭하여 남쪽을 가리키기도 한다. 방향을 가리키는 나경(羅經)에서 보듯 남북을 가리키는 용어인 자오선(子午線), 오전(午前), 오후(午後), 오침(午寢)과 같은 의미로 쓰이는데 주로 낮 12시경을 가리키는 단어로 쓰이는 경우가 많다. [설문]에 이르기를 "牾也 五月陰气午逆 陽冒地而出 此子矢同意 疑古切午"라 하였으니 오월이 되면 음기가 태동하는 것을 알겠다.

2. 성격

1) 오화(午火)는 따뜻하다.

2) 오화(午火)는 포근하다.

3) 오화(午火)는 지극히 사교적이며 꽃이 만발하듯 화술이 뛰어나다.

4) 예의 바르며 태양이 빛을 밝히고 불길이 사람을 인도하듯 희생과 봉사정신이 강하다.

5) 화려하고 열정적이나 불이 식듯 빨리 식는 단점이 있다.

6) 사랑도 빠르고 식기도 빨리 식는다.

7) 독립심이 강하고 다혈질이다. 발끈하는 성질에 화를 참지 못하고 대들거나 화를 내고는 곧 후회한다.

8) 화가 나면 어디로 튈지 모른다.

9) 활발한 행동이 활동적이며 상황에 긍정적이다.

10) 대단히 이기적인 성향을 드러낼 때가 있다.

11) 이익이 되면 적극 참여하지만 손해가 날 듯하면 즉시 절교하는 성향이 있으며 앞뒤를 재는 성향이 있다.

12) 일복이 많다.

13) 비밀을 숨기지 못하고 퍼트리며 자기 자랑을 잘한다.

14) 참을성이 부족하여 용두사미(龍頭蛇尾)의 모습으로 나타나고 이를 유시무종(有始無終)이라 한다. 참을성 부족으로 불이익을 당하며 실패할 수지가 다분하다.

15) 성격이 이중적이다.

16) 변태적 성향이 강하다.

17) 예의가 없고 무례를 범하는 경우가 많다.

18) 변덕이 심하다.

19) 주색에 빠질 성향이 있다.

20) 오(午)가 다시 오서 병립하면 오(午)가 2가가 나란히 서는데, 이 경우는 뛰어난 사고의 소유자이다. 사고력이 뒷받침되고 기민함이 있으니 언론이나 방송으로 진출하면 좋다.

8장. 미토론(未土論)

1. 자의(字意)

미월(未月)은 여름과 가을의 중간 길목이다. 이를 간절기라 하고 환절기라 한다. 12지지(地支) 중에서 토의 지지(地支)는 하나같이 계절을 가르는 환절기에 삽입된다. 미월 이전은 여름이고 미월 이후는 가을이다. 따라서 미월에는 이미 가을의 기운이 들어오기 시작한다. 여름이 지나가며 만물이 이미 이루어져 열매가 맺히고 맛이 생기기 시작한다(味). 이처럼 미월은 이미 열매가 생성되는 시기이다. 시간으로는 이미 정오를 넘어 성장이 그치게 되는 것을 의미한다. 미월 이후는 만물의 성장이 이루어지는 것이 아니라 성숙(成熟)하게 된다.

미(未)는 아니다, 미래, 장차, 앞으로 다가오는, 내일이라는 의미가 강하다. 여덟째 지지(地支)이며 [갑골문자]에서는 나무가 매우 무성한 글자의 모양을 본뜬 것이다. 즉 나무 목(木) 위에 일(一)자를 더해 무한을 의미하였지만 위로 튀어나온 글자의 모양은 한껏 자랐다는 의미를 지니고 있다. 고전에서 이르기를 [설문]에서는 "맛, 6월에는 맛이 든다." 하였으니 이미 열매를 맺어 맛이 들고 있음을 알 수 있다. 과일은 이 시기에 열매를 맺지 않으면 가을까지 익지 못할 것이다. [사기]에 기록하기를 "만물이 모두 이루어져 맛이 있다." 하였으니 이미 맛이 들었다. [한서]에서는 "미(未)에서 가려져 어두워진다." 하였으니 정오를 넘어 해가 기우는 시간임을 알 겠다. 인생도 이제 기울 것이다. [석명]에서 이르기를 "미(未)는 어두움이다. 해가 한가운데에서 기울어져 어두워진다." 하였으니 정오를 넘은 것을 알겠고 인생도 기우는 것을 알겠으며 나이를 먹어 청년기를 넘어서 장년기(長年期)로 들어서는 길목임을 알겠다. 열매를 맺는 것처럼 사람도 후사(後嗣)를 준비해야 한다.

 아닐 미, 미래 미, 여덟째 지지(地支) 미, 나무가 무성한 것을 형성하였다. 나무가 무성한 시기는 유월(六月)이다. 중앙을 의미하는 열십(十)자 위로 나무의 가지가 무성한 것을 표현하고자 일(一)자가 더해지고 뿌리가 무성함을 나타내고자 여덟 팔자 모양의 형상이 더해지니 드디어 미(未)자가 되었다. 또한 달리 살펴보면 나무 목(木)자에 일(一)자를 더한 것이고 목(木)자에서 일(一)자를 더했음에도 계속 자라나는 모습이니 아직 성장이 끝나지 않았다. 아직 모든 것이 끝나지 않은 것이다. 그럼에도 나무의 끝은 꼬리에 해당하는 것이니 미(尾)자와 같은 훈으로 미라 부른다.

 다양하게 사용되二 미래(未來), 기미(己未), 미결(未決)과 같은 의미로 많이 쓰이는데 아직 아니다, 다가오지 않았다, 결정되지 않았다. 등등과 같은 의미로 많이 사용된다. [설문]에 따르면 "味也 六月滋味也 五行木老於未 象木重枝葉也 無沸切未"라 하였으니 나무가 늙은 것이 아니라 자라기를 다 하였다고 볼 것이며 나무에 잎이 중층한 것을 나타내고자 한 것이라 보인다.

2. 성격

1) 표면적으로 온순하고 정직하며 자비심이 보인다. 내면과는 다르게 보인다.

2) 지나치게 건조한 심성을 보이기도 한다. 이는 사막토의 성분이 드러나기 때문인데 겉으로는 정성을 다하고 친절하나 내심으로는 한계를 정한다.

3) 사교적이며 화술이 뛰어나지만 책임질 약속은 하지 않는다.

4) 나름의 중심을 지키려하고 중도를 가지만 나서지 않는 것이 책임을 회피하기 위한 것과 자신에게 다가올 피해를 피하려고 하는 심성도 있다.

5) 겉으로는 차분하고 침착해 보이지만 괄괄하고 급한 성격이라 한번 평정이 깨어지면 깊은 곳의 성정이 드러난다.

6) 타인을 배려하는 희생정신이 있다.

7) 고집불통으로 타협하지 않으며 자기본위적으로 사고한다.

8) 자존심이 강해 마음에 상처를 입으면 다시 보려 하지 않는다.

9) 타인의 간섭을 싫어한다.

10) 돌아다니는 것을 싫어하여 때로 외톨이 기질이 있다.

11) 고상한 척하지만 마음에는 어울리고 싶은 욕망이 강해 고독을 느낀다.

12) 소견이 지나치게 좁고 괴팍한 심성이 있어 자신의 의견에 맞지 않거나 자신의 목적에 반하면 삐치고 포기하거나 다른 사람을 피곤하게 한다.

13) 편협하다

14) 타인에게 좋고 싫음을 잘 나타내지 않으므로 타인은 마음이 좋거나 넓은 마음이라 생각하지만 반대로 편협하기 때문에 나타내기 싫어 마음

을 닫거나 빼친 것이다.

15) 말을 함부로 하여 구설수에 오른다.

16) 양보와 겸양의 미덕이 없다.

17) 미토는 목(木)의 고(庫)이니 목(木)은 미(未)에서 입묘(入墓)되어 고목(古木)이 된다.

18) 미토는 바싹 마른 조토(燥土)이므로 물을 막는 토극수(土克水)는 뛰어나지만 토생금(土生金)은 어렵다.

19) 미(未)는 미(味)이니 음식솜씨가 있다.

20) 미가 연이어 나와 병립을 이루어 미가 2개가 서면 타인에게 손해를 많이 보고 어렵고 힘든 일이 계속 반복적으로 일어난다.

21) 미가 연이어 나와 병립을 이루어 미가 2개가 서면 사람의 생명을 다루는 일이나 직업을 가지고, 혹은 그와 관련된 직업에 종사하면 활인되어 어려움이 줄어든다.

9장. 신금론(申金論)

1. 자의(字意)

신(申)은 신(伸)이다. 이는 펼쳐진다, 널리 펴지다의 의미를 지닌다. 펼쳐진다는 신(伸)의 의미는 음기가 강하게 피어나 펼쳐진다는 의미가 있다. 즉 이 뜻은 그동안 천지간을 지배하였던 양의 기운이 쇠퇴하거나 물러나거나 굴(屈)하고 음의 기운이 천지간에 펼쳐진다는 뜻이 된다. 즉 양이 음으로 교체되는 시기이다.

신(申)의 의미는 납, 아홉째 지지(地支), 펴다, 이야기하다, 보내다, 명확하다의 의미가 있으며 고전에서 평가하거나 설명한 내용을 살펴보면 [설문]에서 이르기를 "펼쳐진다는 뜻이다. 7월에 음기가 성하여 퍼진다."라 적고 있다. 천지간에 퍼져 있던 양기가 사라지고 음기가 피어올라 서서히 영역을 넓혀감을 의미하는데 이미 성하다고 했으므로 무성하게 퍼지는 단계에 접어들었음이다. [사기]에 이르기를 "신(申)이란 음의 힘이 작용하는 것을 말하며 음기가 작용하여 만물을 해친다." 양기가 강해지니 성장의 기운을 헤치고 있음을 알겠다. 이로써 만물의 성장은 멈추었음을 알겠다. [한서]에는 "신에서 퍼져 확고해진다." 하였으니 이미 음기가 자리를 잡았음을 알겠다. [석명]에 이르기를 "신은 몸(身)이다. 만물이 모두 이루어져 신체를 펼친다." 하였으니 이전에 자라온 모든 생물이나 만물이 성장을 멈추고 이제 몸을 단단히 함을 알겠다.

펼 신, 뻗칠 신, 납 신, 잔나비 신, 원숭이 신, 아홉째 지지(地支) 신의 의미를 가진다. 글자의 중앙을 차지한 글자는 밭전(田)이나 일(日)이 아니고 절구를 의미하는 글자인 구(臼)이다. 흔히 구(臼)는 음양을 표시하는 글자인데 곤(｜)이 뚫고 들어가 구획을 나누었으니 양의 계절에서 음의 계절로 바뀌는 것을 나타낸 것이다. 혹은 음과 양이 균등하게 대립하고 있는 상이기도 하다. 음은 나눈다는 의미를 지닌 곤( )의 옛 훈인 신이다. 칠월에 무수히 뻗어 나가려고 하는 것을 음기가 다가와 체(體, 滯)를 이루니 무성하게 뻗어 나가지 못하도록 묶은 것이다.

음양의 조화를 가르는 것이 중요하다. [설문]에 이르기를 "神也 七月陰气 成體自申束 從臼自寺也 吏臣鋪時聽事申旦政也 失人切申"라 이르렀으니 칠월에 해당하는 절기임을 알겠다.

2. 성격

1) 결실을 의미하듯 총명한 두뇌를 가지고 있다.
2) 신은 방향을 서(西)로 하는데 이는 방향의 특성상 소녀(小女)의 위치이다. 순수하고 천진난만하다. 때로 그 천진난만함이 주위 사람을 힘들게 한다.
3) 금의 성분이라 단단하며 쇠뿔고집이다.
4) 맺고 끊는 맛이 있으며 의리와 의협심이 있다.
5) 약속은 지키려고 노력한다.
6) 유머와 재치가 있으며 깊이 파고드는 사고력이 있다.
7) 합리적인 대안을 가지고 임하며 자제력이 있다.

8) 평소에는 묵직하지만 때로 산만하며 힘이 생기면 교만해지며 목적을 위해 경박스러워지기도 한다.

9) 지극히 현실적인 사고를 한다.

10) 이기적인 면도 강하다.

11) 변덕이 있어 고독하다.

12) 대립하거나 의견 충돌이 있으면 타인을 억누르려는 호승심이 있어 서로가 상처를 입는 충돌이 자주 있을 수 있고 고독을 자초한다.

13) 자기주장이 강하다.

14) 가정적이지 못하다.

15) 마음이 불안해지면 안정이 무너져 행동과 사고가 불안정하고 신경질적으로 변하며 원칙이 무너진다.

16) 풍류와 주색을 즐긴다.

17) 절약하고 아낄 줄 안다.

18) 지나친 아집으로 성공과 실패가 춤추듯 한다.

19) 신금은 불을 만나 제련되는 것을 좋아하니 불을 두려워하지 않는다.

20) 신은 역마에 속한다.

21) 해운계통에 종사하면 좋다.

22) 신(申)이 사(巳)를 보면 합(合)이 되기도 하고 형(刑)이 되기도 하는데, 우선은 좋으나 일이 진행되면 후반은 불리하다.

23) 신이 연이어 나와 병립을 이루어 신이 2개가 서면 역마가 연이은 격이니 활동적이고 움직임이 큰 직업이 좋다. 바다를 건너는 무역이나 여행업도 좋다.

10장. 유금론(酉金論)

1. 자의(字意)

한자(漢字)는 상형(象形)에서 시작한다. 어떤 물체를 형상화했는가가 중요하다. 형상화한 물체의 의미를 깨달으면 그 글자가 나타내고자 하는 의미의 이해가 되기 때문이다. 유(酉)는 술 단지를 형상화시킨 글이다. 술 단지를 형상화한 것은 8월에 기장이 익으면 이를 축하하고 곡신(穀神)에 제사를 지내기 위해 술을 담는 데서 기인한 것이다.

유금은 닭을 의미하는 글자로 사용되며, 열째 지지(地支), 술, 못, 물을 대다는 의미가 있지만 때로는 여자의 자궁이라는 속설도 존재한다. [갑골문자]에서는 아가리가 좁고 배는 불룩한 술 단지의 모습을 보고 형상화한 글자라고 한다. 지금의 일반 항아리 모습과는 다르지만 작은 규모로 만들어지거나 중국에서 만들어지는 술병이나 꽃병이 이런 모양을 가지고 있으며 호리병도 이러한 모습이다. 중국의 옛 술 단지가 어떤 모습이었는지 알 수 있다.

고전에서 풀이한 내용을 살피면 [설문]에는 "8월에 기장이 익으면 강신주를 담는다. 술 단지의 모습이다."라고 명쾌하게 기록되어 있다. 무엇을 담는 그릇의 모양이니 담을 것이 있다는 의미이다. 그런데 익은 곡식으로 술을 담았으니 추수의 계절인 것을 알겠다. [사기]에서 이르기를 "酉란 만물이 늙는 것이다."라고 하였으니 이미 성장을 멈추고 노년기에 접어든 것을 알겠다. [한서]에 이르기를 "유(酉)에서 머무른다." 하였으니 인생의 종착을 알겠다.

뜰 유, 익을 유, 술 유, 닭 유, 열 번째 지지(地支) 유, 별 유, 나아갈 유, 술두루미가 뜨다, 술을 담그는 그릇의 모양, 술병의 모양, 발효를 뜻하는 의미이다. 옛 중국의 황하와 장강 사이의 평원에서 농사는 매우 중요한 문화였다. 기장을 심어 익으면 그 노고를 치하하고 곡신에게 바치며 즐기고 축하하기 위해 술을 담는데 그때 술을 빚는 술 단지를 형상화한 글씨가 유(酉)이다. 따라서 술단지, 발효라는 의미가 있고 해당하는 절기는 음력 8월이다. 유(酉)는 주(酒)의 본(本)자이다. 십이지지(十二地支)를 따지거나 띠를 적용할 때는 닭의 동물명이 해당한다. 음은 술통을 나타내니 술통유(酉)로 통하니 그 발음을 유라 한다.

유는 속설로 여인의 자궁을 형상화한 것이라고도 한다. [설문]에 이르기를 "就也 八月黍成 可爲酎酒 上古文酉之形 與九切酉 古文酉從卯 卯爲春門 萬物已出 酉爲秋門 萬物已入 一閉門象也"라 하였으니 유(酉)의 달이 오면 모든 생물이 자람을 멈춘다는 것을 알겠다.

2. 성격

1) 총명하다.
2) 금의 성분은 대단히 이기적이다.
3) 자기중심적 사고가 강하고 직선적 표현을 한다.
4) 외유내강형이며 자신의 의견을 드러내지 않으려 하며 감정이 있다 하여도 쉽게 겉으로 표출하지 않는다. 대신 마음속에 적개심을 품는다.

5) 자신의 의견을 내세우면 지지 않으려 애쓰고 끝까지 주장을 굽히지 않는다.

6) 환경 변화에 민감하여 감기 등이 잘 걸린다.

7) 변덕이 매우 심하다.

8) 성격이 까다롭고 고집도 세다.

9) 예지력이 있으며 부지런하다.

10) 보석같이 빛이 나는 성격이고 과시욕이 강하다.

11) 타인과 융화하기 힘든 성격으로 불화가 심하고 늘 구설수가 따른다.

12) 집착력이 강하고 두려움이 없다.

13) 겉으로 친절하나 화가 나면 참지 못한다.

14) 예민하고 성정이 날카롭다.

15) 신경성 질환을 앓을 수 있다.

16) 지나치게 냉철하고 분석적이라 성격적으로 살기를 지닌다.

17) 유혹에 약하니 금전적 손해가 많다.

18) 색을 밝히고 색정이 강하다.

19) 유금은 이미 제련되어 옥이나 액세서리가 만들어진 상태의 성분이므로 다시 화(火)가 오면 만들어진 기물을 녹이는 격이라 화의 출현을 두려워한다.

20) 유금(酉金)은 칼을 다루는 직업이 좋다.

21) 사주에 묘유술(卯酉戌) 중 두 글자가 있으면 칼을 쓰는 직업인데 활인의 운명이니 의약계통이나 의사와 같이 사람의 생명을 다루는 직업이 좋다.

22) 유(酉)가 연이어 나와 병립을 이루어 유(酉)가 2개가 서면 재능이

있어 인기를 기반으로 하는 직업을 가지는 것이 좋고 사람의 생명을 다루는 직업을 가지는 것이 좋다.

11장. 술토론(戌土論)

1. 자의(字意)

　무성함을 의미하는 글자에 더 이상은 아니라는 의미의 글자를 첨가한 것이니 어떤 경우에도 무성할 수 없음을 보인다. 무(戊)자는 무성함을 의미하고 이 자에 일(一)자를 첨가해 무성하지 않다는 의미를 나타낸 것이 술(戌)자이다. 음기가 강하게 밀어내니 양기가 다하여 땅속에 숨어드는 형상이다. 이미 겉으로 드러날 양기마저 약해진 것이다. 양기가 있어도 움직이지 못하고 양기로서 역할을 하지 못하니 불 꺼진 아궁이 모습이며 화로에 묻어둔 불씨의 모습이다.

　술(戌)이란 본시 개를 의미하는 글자인데 옐한 번째 지지(地支)를 나타내며, 온기, 정성, 사물의 형용, 마름질하다의 의미를 내포한다. [갑골문자]에서는 전투에 사용하는 도끼를 본뜬 글자라고 한다. 그러나 오랜 세월 변화를 거쳐 그 모습이 달라져 본 모습은 볼 수 없을 정도이다.

　고전에서 논한 해설을 참고로 살펴보면 [설문]에서는 "멸망이다. 양기가 미약해지고 만물이 다 이루어지면 양기는 땅속으로 숨는다."라고 하였으니 천지간에 양기가 모두 사라지고 있음을 보여주는 글자이다. [사기]에 이르기를 "만물이 모두 사라진다." 하였으니 모든 초목이 사그라져 더 이상 활동을 하지 않는 시기임을 알겠다. [한서]에서는 "무(戊)에서 다 들어간다." 하였으니 생존하고 움직이거나 자라는 것이 없다는 것이다. 아마도 다 들어간다는 의미는 양기를 말함일 것이다. [석명]에 이르기를 "술(戌)은 가엾다. 수렴되어 돌아가는 것은 다 가엾다."라고 하여 묘에 들어가는 듯 묘사하였다.

 개 술, 열한 번째 지지(地支) 술, 개를 의미하는 지지(地支)의 글자이다. 이 글자는 무성하다는 의미를 지닌 무(戊)자에 더 이상은 아니다 라는 의미로 쓰일 수 있는 일(一)자를 가로지른 것으로 술(戌)의 글자가 정해진 듯하다. 한 일(一)은 오래도록 결실, 혹은 멈춤의 의미로도 사용되었다. 결실을 의미하는 이 달은 구월(九月)이다. 음이 강해지니 수기가 얼음의 성분으로 변해간다. 서리가 와서 무성하던 잎이 지고 음기가 가득한 계절이 구월이다. 다만 6개의 효(爻)에서 양이 하나 남아 버티고 있으나 이는 겨우 명맥일 뿐 자신의 양화를 표출하지 못하고 곧 스러질 것이다. 구월이 되면 양기는 극도로 약해지고 만물은 결실이 바쁘다. 십이지지(地支)에서 배속된 동물은 개다. 비슷한 글씨로 개를 나타내는 술(戌)이 있고 지킨다는 의미의 수(戍)가 있는데 이는 변방에서 국경을 지킨다는 의미이므로 착각은 곤란하다. 혹자는 술자나 수자나 모두 지키는 것에는 변함이 없다고 한다.

 음기가 극도로 강해지고 양기가 미약해지니 서리가 올 것이고 열매는 숙성되어 익었을 것이다. [설문]에 이르면 "滅也 九月陽气微 萬物畢成 陽下入之也 五行土生於戊 盛於戌 從戊含一 辛聿切戌"이라 기록하니 구월이 되면 양기가 극도로 미약해짐을 알겠다.

2. 성격

1) 정직하고 예의 바르며 매사에 겸손하고 착실하다. 정도를 지나치지 않으며 상관을 모실 줄 아는 성정을 보인다.

2) 학문적 기능을 타고나며 예능에도 조예가 있고 예술적 감각도 탁월하다.

3) 외유내강으로 희생정신을 지니고 있다.

4) 고집과 자존심이 강하다.

5) 어떤 경우도 내색하기를 싫어하여 어려움이 닥쳐도 표정을 드러내지 않으니 듬직하다는 소리를 듣는다.

6) 활동적이고 인내심이 있으며 의리가 있다.

7) 애정 표현은 솔직 담백하다.

8) 귀가 얇아 속임수에 잘 속아 넘어가기도 하지만 의심도 많아 스스로를 괴롭힌다.

9) 지나치게 냉철할 때가 있다.

10) 자기주장이 너무 강해 장애로 작용한다.

11) 사행심(射倖心)이 있어 투기로 작용하고 돈을 벌면 투기성향이 드러난다.

12) 포용력이 있어 배신하지 않는다.

13) 충직하다. 비서나 보디가드로 제격이다.

14) 복수심이 지나쳐 자신과 타인을 망치거나 해하는 경우가 많으며 잔인함도 지나쳐 자신과 주변 사람에게 피해를 준다.

15) 지나치게 강한 고집을 앞세워 일을 해결하려는 속성이 있고 인색함은 타의 추종을 불허함으로써 주변의 타인으로부터 배척당할 가능성이

많다.

16) 영감과 직관력이 있다.

17) 주변을 파악하거나 의식하지 않는 무례한 행동으로 구설이 따르는데 이는 자기 우선의 사고를 가지고 있기 때문이다.

18) 겁이 많으며 망설임으로 기회를 놓치고 늘 탄식한다.

19) 색정이 지나치다.

20) 술해(戌亥)는 신살론(神殺論)에 입각해 천문성(天文星)이니 종교계통(宗敎界通)이나 철학(哲學)에 관심이 많다. 명리학에도 관심이 많다.

21) 지나치게 마른 조토인지라 토극수(土克水)는 가능하지만 토생금(土生金)은 인색하다.

22) 갑목(甲木)은 깊이 뿌리를 박아야 하기 때문에 술토에서는 말라죽을 수밖에 없으나 뿌리가 얕은 을목은 술토에서도 잘 살아남는다.

23) 화기(火氣)는 술토(戌土)에 입묘(入墓)된다.

24) 사주에 어떤 글자가 있는가 하는 것이 중요하다. 사주에 묘유술(卯酉戌)중 두 글자가 함께 있으면 활인(活人)하여야 하므로 의학계통이나 의사, 약사, 한의사가 좋으며 가능한 사람을 살리는 계통에 종사하면 좋다.

25) 술(戌)이 연이어 나와 병립을 이루어 술(戌)이 2개가 서면 활동성이 증가하고 직선적 성격이 되는데 유학, 이민, 무역을 하거나 외교관이 좋다. 특히 해외 공관의 무관은 가장 어울리는 직업이 된다.

12장. 해수론(亥水論)

1. 자의(字意)

씨앗이라는 의미가 있다. 목이 수로 응결되던 이는 씨앗이라. 핵(核)의 의미가 있는데 이는 씨앗, 알갱이 혹은 모든 것의 중심이라는 의미 이외에도 가장 차가운 물이라는 의미도 있다. 핵(核)은 생명의 기틀이고 해(亥)는 뿌리에 보관되어 자수(子水)로 이어 주는 역할을 한다.

해(亥)는 돼지라는 근본적인 의미 이외에도 열두째 지지(地支), 간직하다, 단단하다는 의미가 있어 씨를 의미하는 글자임을 알 수 있다. [갑골문자]에서는 멧돼지의 모양을 본뜬 글자라고 한다.

고전에서의 내용을 살펴보면 [설문]에서 기록하기를 "풀뿌리이다. 10월에 미약한 양이 일어나 무성한 음에 접한다." 어떤 양도 강한 음기에 접할 수 없음이다. 양은 단단한 껍질 속에 숨어 땅속에서 때를 기다린다. [사기]에 이르기를 "해(亥)는 갖추는 것이다. 양기가 땅속에 간직되어 갖춘다고 한다."라고 기록하였으니 역시 씨앗이 땅속에 떨어져 긴긴 겨울을 대비하는 것으로 풀이할 수 있다. [한서]에서 기록하기를 "해(亥)에서 막힌다." 하였으니 미동조차 없는 것이다. [석명]은 "해(亥)는 고른다는 뜻이다. 사물을 걷어 들여 그것의 좋고 나쁨을 가린다."고 하였으니 농부의 심정까지 헤아려 종자의 좋고 나쁨을 가린 것을 의미하는 것인지 알 수 없다.

 도야지 해, 돼지 해, 돈 해, 열두 번째 지지(地支) 해, 돼지를 나타내는 글자다. [갑골문자]에서는 돼지를 의미하고 그린 글자이다. 돼지는 가장 강한 음의 성질을 지닌 음물(陰物)이다. 따라서 돼지고기는 찬 음식에 속한다. 돼지는 무엇이든 가리지 않고 잘 먹는 잡식성(雜食性)으로 식탐(食貪)이 강하고 몹시 뚱뚱한데 아랫배나 몸통이 굵어지는 것으로 자연히 기운이 하강하고 음성적(陰性的) 성질을 가진다. 먹는 것에 집중하고 움직임을 줄이면서 자기 몸에 물질적인 저축을 늘리는 것 자체가 음성적인 성향이다. 사람이 나이가 들어 배가 나오는 것은 음성적인 체질로 변해가는 것을 반증하는 것이다. 돼지의 성질은 온순하니 이도 또한 음성적인 본능을 가지고 있다.

 돼지는 물에 속하는 짐승이라 신수(腎水)를 채워주고 피부를 윤택하게 한다. 하지만 성질이 음성적이고 차가우니 양기가 약한 사람은 조심해야 한다. 더불어 체질이 찬 사람은 돼지고기가 체질적으로 더욱 차게 만든다. 급한 성격에 다혈질(多血質)이며 열이 많은 체질은 진액(津液)을 보충하고 몸의 열기를 서늘하게 식혀주는 돼지고기가 좋다. 돼지는 가장 강한 음의 성질을 지니고 수(水)의 성격을 지니니 음이 가장 성한 10월에 배속되고 음기가 양기를 해(害)하니 음도 해이다.

 가장 강한 음의 기운을 지닌 생물이다. [설문]에 이르기를 "荄也 十月 微陽起接盛陰 從二 二古文上字一人男一人女也 從乙 象裹子咳 咳之形 春秋傳曰 亥有二首肉身 古皆切亥 古文亥爲豕 與豕同 亥而生子 復從一起"라 기록하였으니 아주 약한 양기가 음기가 접했음을 알 수 있겠다.

2. 성격

1) 지혜가 있으며 총명한 두뇌의 소유자이다.

2) 유연성이 뛰어나고 순간적인 순발력이 뛰어나다.

3) 문일지십(聞一知十)이라. 한 가지를 들으면 열 가지를 알아듣고 유추하는 비상한 두뇌의 소유자이다.

4) 지나치게 강하면 부러지고 지나치게 똑똑하면 도를 넘는 법이라. 천재 중에도 가장 많고 정신박약아(精神薄弱兒)에서도 가장 많이 볼 수 있다.

5) 건망증도 심하다. 천재가 도를 넘으면 건망증도 심하다고 했던가? 천재와 바보는 종이 한 장 차이다.

6) 인정이 많고 너질며 포용력까지 갖추었다.

7) 사색적이고 집착력이 강하다.

8) 다양한 상황에서 흑심을 가지고 있어 이성에 대한 유혹도 많이 한다. 해(亥)는 역마(驛馬)다. 인신사해(寅申巳亥)가 모두 역마이듯 해도 역마인데 역마의 속성에는 도화(桃花)가 녹아 있다.

9) 음흉하다.

10) 변덕이 심한 경우가 많다.

11) 새로운 시작을 잘하지만 결과는 예측불가이다.

12) 속이 깊다. 따라서 행동을 알기 어렵고 변화가 많지만 알기 어렵다. 바다처럼 깊은 속이라 변화를 알기 어렵지만 생각은 많다.

13) 속마음을 알기 어렵다.

14) 타인을 돌봐 주고도 배척을 당한다.

15) 환경 변화에 따라 폭발적인 성향이 나타날 수 있다.

16) 타고난 식복(食福)은 죽을 때까지 이어지지만 경제관념은 매우 부족하여 다가오는 재물의 보관이나 활용은 효율적이지 못하다.

17) 사람을 사귀는데 능숙하지 못하다.

18) 강한 고집이 일을 망친다.

19) 사람의 살고 사는 문제, 생명 공학과 같은 학문에 관심을 가진다.

20) 흔히 생목지수(生木之水)라고 하는데 수생목(水生木)도 잘하고 수극화(水剋火)도 잘하니 물의 기능이 가장 뛰어나다.

21) 해(亥)는 역마라, 해운계통의 직업은 매우 좋다.

22) 술과 해는 천문성이니 종교계통이나 철학에 관심이 많다. 역학(易學)이나 천문학(天文學), 풍수지리(風水地理)와 같은 학문에도 관심이 많다.

23) 해(亥)가 연이어 나와 병립을 이루어 해(亥)가 2개가 서면 건달이라 하고 아무것도 하지 않고 돌아치고 놀며 먹으려고 한다.

24) 해(亥)가 연이어 나와 병립을 이루어 해(亥)가 2개가 서면 사람의 생명을 다루는 직업이나 활동 범위가 크고 바다를 건너는 무역, 해운업에 종사하면 건달을 면하고 좋은 직업으로 만족감을 느낄 수 있다.

25) 해(亥)가 연이어 나와 병립을 이루어 해(亥)가 2개가 서면 남자는 건달, 호걸, 한량이 많고 여자는 쌍둥이를 낳는 경우가 있다. 이는 해(亥)가 해(孩)의 속성을 지니기 때문이다.

제3부. 십이운성(十二運星)

제3부. 십이운성(十二運星)

사주를 간명함에 십이운성은 반드시 파악하고, 짚고 넘어가야 하는 이론이다. 때로 십이운성을 무시하거나 적용하지 않는 경우가 있는 것을 볼 수 있다. 그러나 십이운성은 용신(用神)과 격극(格局) 다음으로 많이 사용하는 부분이다.

십이운성은 10개의 천간이 각각 12개의 지지를 만났을 때 기(氣)를 얻거나 때로 잃어버리는 과정을 정의하고 대입하는 것으로 그 과정은 자연의 섭리에 따른다. 즉 12개의 과정을 인간의 삶에 비유하니 태어나고 성장하며, 죽음에 이르는 과정을 12가지로 분류하여 비교하여 대입하는 방식이다.

1장. 십이운성의 구성

1. 십이운성의 구성

십이운성은 사주 분석에서 매우 중요한 단계에 해당한다. 일주(日柱)를 나타내는 10개의 천간이 각각 12개의 지지를 만났을 때 기(氣)를 얻거나 때로 잃어버리는 과정을 정의하고 대입하는 것으로, 장생(長生), 목욕(沐浴), 관대(冠帶), 건록(乾綠), 제왕(帝旺), 쇠(衰), 병(病), 사(死), 묘(墓), 절(絶), 포(胞), 태(胎), 양(養)으로 이루어진다. 결국, 십간의 오행을 12지에 대비하여 왕약(旺弱)을 측정할 때 쓰이는 이름이다.

십이운성법이란 사주에 대입하여 년월일시의 왕(旺)과 약(弱)을 파악하는 것을 말하지만 일주에서는 각각의 십이운성을 육친에 대입하여 분석하기도 한다.

인간의 삶은 같은 듯하지만 다르다. 인간은 태어날 때 누구랄 것 없이 사주팔자를 타고나는데 그 누구의 사주도 같지 아니하다. 사주가 같으면 그 운이 다르거나 환경이 다르다. 세상은 불공평하다. 그 불공평함이 사주에 나타나고 흐름이 십이운성으로 나타난다. 즉 누구는 여하를 막론하고 태평하게 잘 살고, 어느 누구는 무수한 노력을 하여도 이루어지는 것이 없어 고생과 고통과 시름 속에서 살아간다. 이러한 생의 흐름을 십이운성법을 통해서 알아볼 수 있다.

사주를 분석함에 가장 먼저 살펴야 할 것이 사주의 신강(身强)과 신약(身弱)이다. 사주는 태어나는 순간 부여된 것이지만 각각 다른 사주를 타고난다. 사주가 신강하면 부와 명예와 수명까지도 같이 부여받는 것이 자연의 이치이다.

천간은 하늘이고 지지란 땅이므로 천간이 지지에 영향을 미친다. 천간은 순차적으로 십이지지를 만나면서 돌고 돌아 생왕묘절(生旺墓絶)의 상생상극(相生相剋)을 만들어 낸다.

세상의 이치는 음양으로 이루어지니 그 음양의 변화가 계절로 나타난다. 봄 여름 가을 겨울의 사계절도 음양의 이치 속에서 나타나고 동서남북의 방향을 살피는 이치도 음양과 상생상극의 이치에서 나타나니 이러한 과정에서 십이운성이 만들어진다. 이러한 이치가 인간이 태어나고 죽는 과정과 다르지 않으니 십이운성은 바로 인간의 희노애락(喜怒哀樂)과 생노병사(生老病死)를 표현한 것이나 다르지 않다.

이렇게 영향을 미치는 십이운성을 배정하여 살피니 해당되는 육친이 묘와 절, 쇠와 같은 운성의 위치에 해당하면 극히 좋지 않은 것으로 파악하고 사와 병에 위치하면 불리하다고 보는 것이다. 그러나 건록이나 관대에 있으면 매우 강하고 좋은 것으로 보는 것이다. 즉 인간의 생명 흐름과 같은 방법으로 비교하고 분석하는 것이다.

지지에 건록이나 관대, 제왕이 있으면 통근(通根)한 것으로 판단하여 튼튼한 사주라고 하는데 이는 일반적인 사주원국(四柱原局)의 분석에서 지지에 뿌리를 두고 투간(透干)된 것이나 같은 이치로 여긴다. 그러나 절, 태, 사, 묘, 병에 있으면 사주원국(四柱原局)에서 지지(地支)나 지장간(地藏干)에 그 뿌리가 없이 천간에 덩그러니 혼자 나타나듯 통근하지 못한 것으로 판단하여 부실하다고 한다. 따라서 십이운성은 다양한 범위와 방법으로 사용하지만 신강과 신약을 구분하고 통근의 상황을 살피며 육친의 복을 살피는데 일주에서는 육친의 복을 살피는데 긴요하게 사용한다.

2. 십이운성의 의미

십이운성	의미
장생 長生	깨끗한 심성으로 세상에 태어나서 처음 울음을 터트리는 시기. 세상과 처음으로 인연을 맺다.
목욕 沐浴	갓 출생한 아기를 깨끗이 씻는다. 성장해 가는 것. 욕살, 또는 패살(敗殺)이라고 한다.
관대 冠帶	성장 과정이 끝나고 청년기에 접어들 시기가 되며 허리에 띠를 두른다. 성인이 되어감.
건록 乾祿	부모를 떠나 자립하여 가정을 이루고 독립한다. 문패를 붙이고 녹봉을 받고 사회에 진출함.
제왕 帝旺	원기가 왕성한 40대(代) 장년기에 해당한다. 왕성한 활동으로 삶의 진정한 맛을 느끼는 시기.
쇠 衰	서서히 쇠퇴하는 시기로 시드는 시기, 왕성했던 기운이 점차 약해져 가는 시기이다.
병 病	왕성함과 건강함을 지나 늙어서 병이 든 것과 같이 모든 것이 시들해지고 원기가 사라지는 시기.
사 死	병이 깊어져 생명이 끝나는 시기이다.
묘 墓	무덤에 들어가서 묻히니 평안하게 된다.
절 絶	포(胞)라 하며, 영혼이 육체를 떠나 절(絶)하여 무(無)로 된다.
태 胎	잉태하는 것, 부모가 교접하여 유계(幽界)에서 현 세계로 되돌아와 혼이 모태에 자리한다.
양 養	모(母)의 태내에서 자라나니 새로운 생의 준비기다.

3. 12운성 왕약 분류표

왕(旺)	장생·관대·건록·제왕
중(中)	목욕·묘·태·양
약(弱)	쇠·병·사·절

4. 십이운성 도표

	甲	乙	丙	丁	戊	己	庚	辛	壬	癸
장생(長生)	亥	午	寅	酉	寅	酉	巳	子	申	卯
목욕(沐浴)	子	巳	卯	申	卯	申	午	亥	酉	寅
관대(冠帶)	丑	辰	辰	未	辰	未	未	戌	戌	丑
건록(建祿)	寅	卯	巳	午	巳	午	申	酉	亥	子
제왕(帝王)	卯	寅	午	巳	午	巳	酉	申	子	亥
쇠(衰)	辰	丑	未	辰	未	辰	戌	未	丑	戌
병(病)	巳	子	申	卯	申	卯	亥	午	寅	酉
사(死)	午	亥	酉	寅	酉	寅	子	巳	卯	申
묘(墓)	未	戌	戌	丑	戌	丑	丑	辰	辰	未
포(胞)절(絶)	申	酉	亥	子	亥	子	寅	卯	巳	午
태(胎)	酉	申	子	亥	子	亥	卯	寅	午	巳
양(養)	戌	未	丑	戌	丑	戌	辰	丑	未	辰

2장. 십이운성의 판단

1. 십이운성 뽑기

공망을 찾아내기 위해 사용하는 방법이 수지공망법이다. 손가락을 이용하여 십이운성을 찾아내는 방법도 다르지 않으니, 이를 수지십이운성법이라 불러도 좋을지 모르겠다.

손을 이용하여 십이운성을 세어나가는 방법은 수지공망법과 거의 같다. 항시 일간을 기준으로 하는데 양일간의 경우에는 양포태라 하고 음일간은 음포태라 하는데 방법은 크게 다르지 않다

1) 양일간

양일간은 일간에서부터 시계방향으로 절(포), 태, 양, 장생, 목욕, 관대, 건록, 제왕, 쇠, 병, 사, 묘의 순서로 세어나간다.

2) 음일간

음일간은 일간에서부터 시계 반대방향으로 절(포), 태, 양, 장생, 목욕, 관대, 건록, 제왕, 쇠, 병, 사, 묘의 순서로 세어나간다.

2. 일주해설

운성	일주 해설	길흉
장생	배우자복 있음, 가정이 화목하고 부부금실도 좋으며 부모에게 효도한다	길
목욕	부모가 일찍 죽거나 부모복 없으며 주색잡기에 능하고 두부인연도 약함	흉
관대	의지가 강하고 용모가 수려하다. 두뇌가 총명하고 가정이 편안하지만 직업 변동은 심하다	길
건록	의지가 굳고 매사 계획적이며 주관이 뚜렷하다. 양자가 될 가능성이 있고 여성은 배우자복 없다	남길 여흉
제왕	자존심은 강하나 여성은 배우자 복이 없다. 고향을 떠나 자수성가하며 양부모를 모실 가능성	남길 여흉
쇠	결혼 운과 부부의 운이 모두 약하며 가족의 운도 약하여 생사이별이거나 떨어져 살아야 함	흉
병	병에 잘 걸리는 체질이라 약하고 중병의 운이 있으며 부부인연 약하고 생사이별 가능성	흉
사	신경질적인 성격으로 부부의 다툼이 심하고 냉담하니 헛헛하고 중년 이후에 생사이별의 기운	흉
묘	초년부터 허약하여 병치레가 심하고 여성은 부부운이 약하다	흉
절포	어려서부터 이성 관계 복잡하니 가정에 소홀하여 부부 다툼이 심하고 별거에 이혼의 운이다	흉
태	신체가 허약한데 의지도 약하며 죽을 고비를 넘기며 부모를 모셔야 한다. 여자는 시부모 갈등	흉
양	의지력과 결단력이 있고 고향을 떠나 객지 생활을 하고 재주도 많으며 연애결혼을 한다	흉

3. 일주 성격

운성	성격
장생	온순하고 원만하며 교재에 능하다. 명랑하고 진취적이며 이웃과 화락하고 매사 신속한 일처리가 돋보인다. 예술적이며 기술방면에 재능이 있고 숙달이 빠르며 비서의 성격이다.
목욕	색정이 강하므로 바람기가 넘치고 사치에 경솔하기까지 하며 실패가 따른다. 변덕이 심해 직업과 주거의 변동이 심하고 고집이 있고 부부관계의 변화도 심하다.
관대	명예욕이 강하고 고집으로 지기 싫어하고 재주 있고 용기도 있는데 선견지명이라. 잘 어울리고 사고가 깊어 활동적이며 노력파이다. 표면적으로 원만하나 내면은 강하고 살림꾼이며 주거와 직업의 변동이 있다.
건록	바르고 원만하며 의리가 있고 건실하다. 상하친목 도모에 남의 칭찬을 받는다. 총명하고 인정 있으니 활동적이지만 독립심이 지나쳐 자기 과신이 있으며 단독행동에 고집을 내세우니 내향적이다.
제왕	자존심이 강하며 유아독존의 심성에 의타심이 없어 예속과 간섭을 싫어하고 굽힐 줄 모른다. 낭비벽 있고 승부를 좋아하고 다투지만 실력 있고 실천력도 있으며 제멋대로 행동하며 고집불통이다.
쇠	부지런하고 검소하지만 의심 많고 적극성 결여에 실천력 부족이다. 분수가 있고 과욕이 없으며 보수적이니 마음 편함이 제일이다. 외유내강이며 스스로 고생을 사서 하며 한번 틀어지면 영영 이별이다. 여자는 정숙하고 온순하지만 모자라다.
병	내심 화평하고 정숙, 의리 넘치며 동정심에 인간관계 원만하다. 성실하여 분수를 지킬 줄 알지만 심신은 허약하고 남을 질시하며 활발하지 못한 성격을 드러낸다. 매사 낙천적이라 모든 일이 용두사미이다.
사	근면·성실에 지혜로우며 유순하고 인정도 있고 낙천적

	이다. 교제도 잘하고 신용 있는데 성질은 급하면서도 결단력은 약하다. 같은 일을 되풀이하고 남의 걱정을 하며 신경과민이 드러난다. 학문과 기예에 재주가 돋보이는데 말은 적어 오해를 받고 여자는 성격이 원만하다.
묘	원만한 성격이라 검소하고 헛된 일에 매달리지 아니하지만, 금전적 욕구가 강하고 인색하지만, 저축은 잘한다. 내성적이라 본심이 드러나지 않고 의심 많고 성격은 꼼꼼하다. 탐구심을 지니고 사색을 취한다.
절포	온화하나 성급하고 침착성 부족에 경솔, 무계획적이며 경거망동으로 갑작스러운 변동을 불러오니 항시 불안하다. 실증에 변덕이 따르니 매사에 중도좌절이라. 분위기에 따라 행동하고 남의 말에 손해를 본다. 대화하면 자신의 주장만 내세우니 미움을 받고 신임은 멀다.
태	개성이 강하지만 유혹에 약하고 호기심과 연구심이 강하다. 의협심이 있고 동정심과 자비심도 있고 부탁을 받으면 무턱대고 승낙하여 지연하다 신용을 잃는 단점이 있다. 유머가 넘치고 인간미 풍부하나 조금 모자라는 행동을 하고 시종 여의치 못하고 태연하다.
양	온후하고 원만하며 교재에 능하고 독창성을 지니고 있으며 호색하지만, 자부심은 모자라다. 남을 이롭게 해주고 난 후에 자신의 이익을 추구하고 윗사람을 존경하며 아랫사람을 아껴 사랑한다. 장기적인 일에 능하지만 급한 일은 못 하고 저축하며 현상에 만족한다.

3장. 십이운성의 인종과 묘고

1. 인종이란?

인종(引從)이란 천간과 지지와의 관계를 12운성으로 알아볼 때에 사용되는 표현이다. 즉 천간과 지지의 십이운성을 대조하여 파악하는 방법을 말한다. 다시 말하면 강약을 이해하기 위한 형용사에 해당하는데 십이운에 따른다.

천간은 사주 내에 천간 및 지지의 장간을 불문하고 어느 경우에도 독립하여 있을 수 없고 반드시 지지와의 관계에 있는 것을 묻게 되는데, 십이운성을 구별하는 표에 의해서 각각의 관계를 맞추어 보는 것을 인종한다고 한다. 내몸을 의미하는 일간, 용신, 기신 등의 강약을 바로 알아낼 수 있는 장치이기도 하며 활용하기도 불변의 법칙을 적용한다.

1) 좌(坐)

달리 좌(座)라고도 한다. 생일천간에서 생일지지를 보아 십이운을 살피는 것이다. 지지의 판단이 중요하다. 생일 천간이 갑(甲)일 경우 인(寅)일 태어나 갑인(甲寅) 일일 경우, 건록에 앉았다고 하며 갑오(甲午)일이라면 사(死)에 앉았다고 표현한다.

또한 지장간도 따진다. 갑일생(甲日生)으로 신월(申月)에 태어났는데 초기(初期)에 태어났다면 지장간의 글자 중에서 살펴 천간에 무(戊)가 투간되었다면 무(戊)에서 따지는데 신(申)이 병(病)에 해당하는 것과 같은 것이다.

2) 거(居)

거(居)는 생일을 따지지 않는다. 대신 생년월일시와 대운, 세운에서 응용한다. 즉 간지 독자적으로 십이운을 살피는 것이다. 예를 들어 갑일생(甲日生)의 사주에 병신(丙申)이라는 주(柱)가 있으면 병(丙)은 식신(食神)이니, 병(丙)에서 신(申)을 보면 병(病)에 해당하는 것이다.

3) 인종(引從)

인종(引從)은 사람의 사주팔자를 간명하는 중에 통변(通變)에 해당한다. 천간을 기준으로 월지, 월지, 시지의 지지를 살펴 십이운을 판단한다. 혹은 사주 원국에 있는 각 천간의 대운지지를 보고 십이운을 파악하는 것도 인종에 속한다.

예를 들어보면 갑인일생(甲寅日生)으로 무신월생(戊申月生)이면, 갑(甲)에서 무(戊)를 살피면 편재(偏財)이고 신(申)은 병(病)이다. 그러나 무(戊)는 재성(財星)인데 아내의 별에 해당하므로 생일지지(生日地支)에서 처의 위치에 해당하는 인(寅)에 인종하니 십이운을 살핀다. 이에 따라 무(戊)에서 인(寅)은 장생(長生)을 만난다.

2 묘고(墓庫)

묘고(墓庫)는 묘지(墓地)나 창고(倉庫)와 같은 의미를 지니는데, 고(庫)

는 달리 고장(庫藏)이라고 부르기도 한다. 일반적인 사주 간명(看命)과 통변(通變)의 이론에서 지지(地支)에 해당하는 글자 중에 진술축미(辰戌丑未)에 각각 천간의 오행 기운이 감추어져 있다는 의미로 분석한다.

	비겁고	식상고	재성고	관성고	인성고
木	未	戌	戌	丑	辰
火	戌	戌	丑	辰	未
土	戌	丑	辰	未	戌
金	丑	辰	未	戌	戌
水	辰	未	戌	戌	丑

예를 들어보자. 여성으로 기축일주(己丑日柱)가 있다고 가정하자. 기토(己土) 일간을 기준으로 갑목(甲木)이 관성(官星)인데, 관성 갑목(甲木)은 미토(未土)가 묘(墓)에 해당한다. 사주 원국을 살펴 미토(未土)가 자리하고 있거나 대운이나 세운에 미토(未土)가 들어오면 남편의 자리가 무덤 위에 올라앉아 있거나 무덤을 가지고 있는 형태이므로 남편과 인연이 약하거나 남편에 대하여 항상 근심이 끊이지 않는다고 해석하는 것이다.

순서에 의해 갑일생(甲日生)이라 가정하고 살펴보자. 갑일간(甲日干)에서 목(木)은 비겁(比劫)이다. 사주원국에 미(未)가 있을 경우 목(木)의 비겁고이므로 형제 복이 없는 것이 된다. 여자의 사주라면 화(火)는 식상(食傷)에 해당하는데 사주원국에 화(火)의 고(庫)에 해당하는 술(戌)이 있다고 가정하면 자식 복이 없는 것이다. 토(土)는 재성(財星)으로 재물을 의미하는데 토(土)의 고(庫)에 해당하는 술(戌)이 있으면 아버지 복이 없는 것이다. 만약 남자의 사주라면 아내 복이 없는 것에 해당한다. 금(金)은 관성(官星)인데 금(金)의 고(庫)에 해당하는 축(丑)이 있으면 여자 사주에서 남편복을 기대할 수 없다. 수(水)는 인성(印星)에 해당하는데 수(水)의 고(庫)에 해당하는 진(辰)이 있으면 어머니 복이 없는 것이다.

제4부. 일주론(日柱論)

제4부. 일주론(日柱論)

 사주를 간명함어 일간(日干)은 바로 자신이다. 자평 경리에서 일간은 매우 중요하고 사주를 간명함에 우선적으로 살펴야 하는 자리이다. 당사주의 띠를 구분하는 방법과 일간을 구분하는 자평 명리는 그 근본이 다르다고 볼 수 있겠다.

 일간이 자신이라면 일지(日支)는 배우자이다. 아울러 일지는 일간인 자신이 생활하고 머물러야 하는 자리이다. 따라서 일지가 가장 가까운 것이며 가장 영향을 미치는 것이다. 따라서 일간과 일지가 합쳐진 일주(日柱)를 정확하게 분석해야 속성을 알 수 있다. 일지를 정확하게 분석해야 일간인 자신이 진정으로 추구하는 것과 변화를 인식하고 추구하는 속마음을 알 수 있다.

 일주에서 하부에 자리하는 일지의 속에는 지장간(地藏干)이 자리한다. 지장간(地藏干)이라는 것을 정의한다면 "지지(地支) 속에 자리한 천간(天干)"이라고 할 수 있을 것이다. 땅을 의미하는 글자인 지지(地支) 속에 하늘을 의미하는 각종 오행이 자리하고 있는 것이다. 지장간(地藏干) 속에는 단순하게 하나의 오행이 자리한 것이 아니라 2-3개가 들어 있는데 이는 복잡함과 다변을 보여주는 것이다. 즉 하나의 글자 속에 다양한 변화가 들어 있다는 것을 보여주는 것이며 미묘한 변화와 적용을 보여주는 것이라 할 것이다.

지장간(地藏干)의 양상은 단순하지 않다. 그 속에 자리한 2-3개의 지장간(地藏干)은 각각의 변화는 물론이고 양상을 나타내기도 하고 천간(天干)과 합하거나 대비하여 다양한 변화를 다시 생성해 낸다. 이와 같은 변화는 단순하지 않고 결코 평이하지 않다.

사실 오래도록 공부한 학인들도 지장간(地藏干)을 무시하거나 제대로 적용하기 힘들어 하는 것이 사실이다. 혹자는 지지(地支)를 어떤 사람의 띠를 나타내는 것으로 인식하거나 단순히 오행인 목화토금수만을 이야기 하기도 한다. 그나마 조금 앞서 간다면 합과 형충파해를 논할 것이고 신살을 붙여 논할 것이다.

조금 더 앞서 나가면 공망을 이야기하고 때로는 12운성의 변화를 적용할 것이다. 그러나 지지(地支)는 단순히 그러한 용법으로만 판단할 것이 아니다. 글자 고유의 속성을 파악하고 주변의 글자와의 변화와 융합도 살펴야 하며 상부의 글자와 생김의 특징도 살펴야 한다.

일주에서 가장 중요한 것은 지지(地支)의 지장간(地藏干)을 이해하는 것이다. 지지(地支)의 12운성 적용이나 신살 적용도 중요하지만 지장간(地藏干)의 다양한 의미와 그에 따르는 합과 형충파해를 이해하고 각각의 글자가 12운성에서 어찌 작용하는지 살필 수 있어야 할 것이다.

사주의 간명은 겉으로 드러나는 이념과 겉으로 드러나지 않는 이념을 모두 살펴야 가능하다. 음양오행의 정확한 이해와 분석, 적용과 변화를 이해하여야 하고 십이운성이나 신살, 글자의 모양이나 의미도 살펴야 한다. 이를 모두 부정하거나 무시하는 경우도 있으나 이는 깊이 연구하지 못했기 때문이며 적용하는 용법을 모르기 때문이라고 생각한다.

일주론은 일주론이다. 일주론은 사주에서 가장 중요한 것이다. 일주론은 바로 주인이 누구인지, 내가 누구인지 속성을 파악하는 지름길이다. 물론 일주만으로 단식 판단하는 것은 피할 일이지만 일주론을 이해하지 못한다면 역시 빈 껍질을 잡고 밤을 새는 것이나 다를 바 없다는 것이 필자의 생각이다.

1장. 갑자(甲子, 戌亥空亡)

1. 사주의 특성(壬10, 癸20)

장성 將星	문장이나 무인으로 이름을 날릴 수 있는 좋은 살이지만 자기중심적인 생각이 강하고 고집이 있다. 편관이나 양인살과 동주하면 권력을 장악하고 재성과 동임하면 국가재정을 장악한다.
진신 進神	갑자(甲子), 기묘(己卯), 갑오(甲午), 기유(己酉)일로 고집과 포기를 모르는 집념과 열정이 있어 어떠한 시련과 역경이 있어도 거뜬히 이겨내고 성공을 이룬다. 자신이 하고 싶은 것만 한다. 냉철하고 문장력이 있으며 관재수가 동하기도 한다.
인수 印綬	지적 수준이 높고 지혜와 총명함이 드러난다. 문서와 학구열을 의미하니 오래도록 식지 않는 학구열을 지니고 있음을 보여 준다.
효신살 梟神殺	어려서 부모와 생이별하거나 인연이 박하고 없거나, 모친과 아내가 불화한다. 효란 올빼미를 말하니 올빼미나 부엉이의 그림, 혹은 박제를 걸지 않는다. 인정이 많아서 남에게 주기를 좋아하나 속으로는 냉정하고 이해타산이 있으며 자신의 마음을 속인다.
욕지궁 浴地宮	사치와 주색잡기가 있으며 여자는 나체도화의 영향으로 부부궁이 부실하다.
평두살	독신의 운이다. 甲, 丙, 丁, 壬, 子, 辰의 글자 중

平頭殺	3개나 4개가 있고 대운에서 발동한다. 느낌이 빠르고 종교적 성향이다. 무속인이 될 팔자라 하여 혼담이 잘 깨진다.
취명관 取命關	어린아이가 사당, 절 등에 가면 떠도는 혼령에 질병을 얻을 수 있다고 小兒關殺符로 쓰이는데, 10세가 지나면 액이 소멸되니 의학이 발전하지 않았던 과거에 쓰이던 신살이다.
태극귀인 太極貴人	갑자(甲子), 갑오(甲午), 정묘(丁卯), 정유(丁酉), 무진(戊辰), 무술(戊戌), 기축(己丑), 기미(己未), 경인(庚寅), 신해(辛亥), 임신(壬申), 계사(癸巳)일이 태극귀인에 해당되며, 기쁨을 암시하고 생년(生年)과 일지(日支)에서 도와 격국(格局)이 청순하고 우수하면 입신양명한다.
나체도화 裸體桃花	갑자(甲子), 정묘(丁卯), 기묘(己卯), 경오(庚午), 계유(癸酉)에 해당하며 음란하고 나체를 좋아하여 노소를 가리지 않고 탐하니 색난이 인다.
목욕 沐浴	색정으로 고생할 수 있다.

■ 건명(乾命)(男命)

갑자일주(甲子日柱)는 60갑자의 첫째이다. 앞서 나아가고자 하는 성향이 강하며 근본 성품이 진취적이며 밝고 명랑하다. 성격이 난잡하지 않고 고상하며 드러나지 않는 가운데 원칙과 소신이 뚜렷하고 시비를 가리는 결단도 있어 안정과 명예를 중시하며 도덕성도 있으므로 합리성이 조화를 이룬다. 앞서나가고 돌아보지 못하는 속성이 있어 위기를 겪지만 명예와 안정을 중시하며 재물에 대한 욕심도 있지간 모험보다 안정 추구적인 성격이라 결국 고난과 위기를 극복한다.

앞서 달리는 근본 성향이라 사고(思考)의 틀이 좁고 급한 성격이 실패를 불러오고 멀리 보지 못하는 단점이 있지만 침착성이 있어 주변을 돌아본다.

리더십을 지니고 있으나 용기가 약하고 고집이 세어 우기는 성격은 약점이다. 당당하고 굽히기 싫어하며 타인의 참견도 싫어하여 지배당하지 않으려는 속성이며 체면과 명예를 중시하니 느긋한 척하지만 매우 까다롭고 타인과의 융화가 쉽지 않다. 겉과 속이 거의 같은 일주이지만 외골수적인 성품이 드러나기도 한다.

인수(印綬,정인)가 지지(地支)에 자리하니 지적 수준이 있고 지혜롭고 총명하여 나이가 들도록 공부하며 교육계에 투신하면 이름을 날릴 가능성이 높다. 효신살(梟神殺)의 영향이 있어 모친의 운이 좋지 않으며 걱정도 있는데 결국 이로 인해 처운도 나빠질 것이다. 효신살(梟神殺)이 있으면 집안에는 부엉이 그림을 걸지 말라 했다. 사치와 풍류(風流)를 좋아하고 장손이나 장남일 가능성이 높아 가풍(家風)을 물려받을 가능성이 있지만 직업이 일정하지 않다.

갑자일주(甲子日柱)의 지지(地支)는 인수이고, 갑(甲)이 자(子)를 만나면 12운성으로 욕지(浴地)이니 년살(年殺)로 도화살(桃花殺)이라 하며 색난(色亂)을 암시한다. 화려하고 아름다운 것을 추구하며 이성 문제가 복잡하다. 음란하고 성욕이 강해 주색을 즐기고 이성으로 학문 중단에 결혼한 후에는 부부가 헤어져 살기도 한다.

지지(地支)의 인수는 모친(母親)의 영향을 보여주는 데 학습에는 도움이 되지만 부부불화의 원인이 되고, 자(子)의 지장간(地藏干)에 자리한 임수(壬水)는 왕지(旺地)에 속한다.

건명(乾命)으로 보면 처는 재성(財性)에 해당하는 병화(丙火)인데 자수

(子水)에서 살피면 태지(胎地)가 되므로 재살(財殺)은 장성(將星)을 치게 된다.

갑(甲)은 지도자이고 자(子)는 맑은 물이지만 둘이 만나면 지나치게 차가워 나무를 키우지 못하니 하격(下格)에 속하는 사주이다. 따라서 건명(乾命)은 겉과 달리 건달이나 백수일 것이다.

사주원국(四柱原局)에 인목(寅木)이나 병화(丙火)가 있으면 격이 갖추어져 교육자로 이름을 날릴 수 있다. 육체적인 활동보다 정신적인 활동을 좋아하니 교육과 언론계에 투신하면 좋다

■ 곤명(坤命)

자존심 강하고 고집도 강한데 배우자와 화합도 힘들고 자신의 노력으로 살아가야 한다. 원국에 화(火)의 오행이 있어야 병(病)이 없고 잉태(孕胎)와 출산(出産)에 두리가 없다. 주변에 신(申), 자(子), 축(丑) 등이 가득 깔리면 지나치게 차가운 몸이라 출산과 잉태가 어렵고 자연유산(自然流産)이 두렵다. 평소 생리통에 산후통(産後痛)이 있고 수족냉증(手足冷症)과 자궁에도 병이 있다.

겉으로 대범하지간 연정(戀情)으로 인한 애환이 있다. 생리적인 측면에서는 임신과정에 부정적인 현상들이 나타나는데 낙태(落胎)와 유산(流産)이나 조산(早産)에 사산(死産)의 기운도 있고 자식과의 사이도 나쁘다. 이와 같은 작용은 효신살의 영향으로 곤명(坤命)은 자식이 귀하며 차가운 계절이나 달, 시간인 축월(丑月), 축시(丑時), 자시(子時)의 절후적(節侯的) 요인이 두렵다.

갑자(甲子), 정묘(丁卯), 기묘(己卯), 경오(庚午), 계유(癸酉) 중 하나라

도 생일(生日)에 있으면 나체도화(裸體桃花)로 남편이 바람을 피운다.

화류계(花柳界)의 길이 많은데 그나마 어렵사리 연예계나 운동계로 진출해도 사주원국(四柱原局)이 나쁘면 헛된 자존심만 세우고 재물(財物)을 잃고 이혼당하고 재가(再嫁)의 운으로 때로는 두 번, 세 번의 반복적인 결혼 운이다.

갑자일주(甲子日柱)의 곤명(坤命)에서 재(財)는 시부모이다. 이와 같은 국(局)이 형성되므로 친정과 시부모의 관계가 좋을 것이 없다

2. 세운의 변화

申子辰年 : 이사, 이동, 직업 변동

酉年　　: 신경쇠약, 정신 질환, 병원 출입

午年　　: 관재수, 구설수, 사고수, 부부 풍파, 이별수, 수술

卯年　　: 관재수, 구설수, 사고수, 형옥(刑獄)

丑年　　: 이성 만남, 좋은 일이 생김

戊午年, 庚午年 : 흉한 해이고 일반적으로 午年은 子午沖이 되므로 運路가 좋지 않다.

3. 물상(物象)

갑(甲)은 목(木)이고 자(子)는 수(水)이니 물이 뿌리를 받치고 있는 격으로 이를 수다목부(水多木浮)라 한다. 나무가 물에 둥둥 뜬 격이니 타고 나기를 유랑(流浪)의 상(象)이라 주거(住居)를 자주 옮기고 안주(安住)가 어렵다. 본인은 나무이고 배우자는 물이니 바다에 뜬 배와 같아 그나마 운이 풀리면 사해(四海)를 돌겠으나 부부의 인연도 바뀌고 해로(偕老)는

더욱 힘들다.

자(子)는 차가운 겨울이다. 갑자(甲子)는 겨울나무의 모습이니 냉병(冷病)이나 풍질(風疾)이 있고 간질환(肝疾患)에 신장(腎臟)이나 방광(膀胱)도 병이다. 생리불순에 임신을 해도 유산(流産)으로 출산이 어려우며 산후풍까지 온다.

자(子)는 또한 쥐를 나타낸다. 갑자(甲子)는 큰 집에 사는 쥐의 물상이라 객(客)을 불러 모은다. 큰 집에는 지도자가 필요하고 가르치는 사람이다. 큰 나무 아래 쥐와 같으니 전형적인 지도자상이다.

4. 특성

갑자(甲子)는 겨울철의 물이며 얼어있는 땅에 스민 물이라, 그 땅에 선 커다란 나무와 같다. 따라서 겨울철의 얼어있는 땅을 이겨내는 것과 같이 어려운 상황을 이겨낸다. 인내와 노력이 있고 사고가 긍정적이지만 세상살이에는 그다지 익숙하지 못하다. 리더격이나 불의와는 거리가 있는 도덕적인 성품이다.

5. 육친관계

■ 건명(乾命)

지지(地支)가 인수로 모친 간섭 심하고 마마보이 성향이다. 부모의 간섭으로 결혼이 늦어질 가능성이 높고 부부불화ოე 고부갈등(姑婦葛藤)이 있다. 부친과의 덕이 없는 경우가 많고 병고가 심하거나 부선망(父先亡), 혹은 떨어져 산다. 자식운도 박하고 사주원국(四柱原局)에 금(金)의 오행이 약하거나 없으면 자식건강이 문제다.

처의 덕도 있고 내조도 있으나 미모에 예쁜 여자만 찾으니 주색과 풍류라, 배우자와 갈등이 있으나 배우자에 의지하여 살고자 한다. 처보다 모친을 생각하니 갈등이 온다.

◼ 곤명(坤命)

곤명(坤命)은 친정어머니를 모시고 살거나 곁에 둔다. 시가보다 친정을 더 생각하니 부부간, 고부갈등 있다. 곤명(坤命)은 사주원국(四柱原局)에 수(水)의 오행이 강하면 자식의 건강이 의심되니 이래저래 수다(水多)는 건강과 마음의 병이다.

6. 학업

갑(甲)은 머리는 좋은 편이 아니지만 고민이나 노력이 있어 인내와 노력으로 시간이 흐른 후에 학업 발전과 큰 시험도 기대를 해볼 수 있다. 사주원국(四柱原局)에 토(土)와 화(火)의 오행이 없다면 학업의 길이 밝지 못하다.

◼ 건명(乾命)

어학(語學), 행정학(行政學), 토목(土木), 전자공학(電子工學), 한의학(韓醫學), 의예과(醫藝科), 정치학(政治學)이 성공을 위한 적절한 학문이다.

◼ 곤명(坤命)

어학, 인문과학(人文科學), 철학(哲學), 역사학(歷史學), 고고학(考古學),

천문지리학(天文地理學)이 성공을 위한 학문이다.

7. 결혼운

■ 건명(乾命)

어머니의 간섭이 장애이며 혹 건명(乾命)에 토(土)의 오행이 많으면 어려서부터 연애 감정이 있어 연애 경험이 있지만 어머니의 참견으로 결혼이 어렵고 결혼해도 간섭은 계속된다. 소띠, 벌띠, 용띠, 뱀띠, 양띠, 원숭이띠 여자가 좋은 궁합이다.

■ 곤명(坤命)

현량(賢良)한 남편을 만날 가능성이 높지만 사주원국(四柱原局)에 수(水)의 오행이 많으면 여러 남자로부터 구애를 받고 결혼해도 배우자의 건강이 문제다. 애정 풍파가 많고 배우자의 덕이 없어 이별, 사별, 별거의 운이다. 소띠, 범띠, 용띠, 양띠, 원숭이띠, 닭띠 남자가 좋은 배필 인연이다.

8. 직업

일반적으로 공직이 어울리나 사주원국(四柱原局)에 금(金)의 오행이 있거나 토생금(土生金)의 형태처럼 금(金)이 강하면 사업운으로 교육사업이나 육영사업(育英事業)이 어울린다. 사주원국(四柱原局)에 금(金)이 있어도 토(土)의 오행이 약하면 역마성(驛馬性)이라 항공(航空), 운수(運輸), 무역(貿易), 상사(商社), 여행(旅行)이 좋다. 부동산(不動産), 토목(土木), 건설(建設)이나 화학(化學), 인화성(引火性)과 관련 있는 사업도 좋은데 투기성 사업은 삼가는 것이 좋다.

지지(地支)의 인성(印性, 인수)과 장성(將星)의 조화 있으니 군경계통(軍警系統)이나 검찰(檢察), 교도관(矯導官)과 같이 칼을 쓰는 조직이 좋고 교육계, 언론계, 정계로의 진출도 좋다. 갑자일주(甲子日柱)의 여성은 간호사나 약사로의 진출이 많은데 예능교사나 교육계, 스포츠계에도 많다.

9. 성적 욕구

▣ 건명(乾命)

성적인 욕구가 강하여 지속력이 있으며 호색가(好色家)이며 난봉(難捧)의 기질로 상대를 만족시킨다. 욕지궁(浴地宮)의 기운이라 본인이 원하든 타인이 원하든 색난(色難)을 피하기 어렵고 여자를 다루는 수완과 기술이 있어 욕념을 밝히는데 거부감이 없다. 유시생(酉時生)이면 변태적 성향이 강하다. 원국에 수(水)가 많으면 발기불능이 있고 화(火)가 없으면 성욕이 생기지 않는다.

▣ 곤명(坤命)

욕지궁이라 본능적이며 야성적인 성교를 좋아하며 색욕이 지나치다. 강하고 적극적인데 전희가 길기를 원한다. 유시생(酉時生)이면 변태적 성향이 강하다. 원국에 수(水)가 많으면 분비물이 과다하여 오르가즘에 약하고 화(火)가 적당해야 빠르게 오르가즘에 도달하며 인성과다(印性過多)에 재성이 약하면 남편이 조루증이다.

10. 질병

갑(甲)은 간(肝)과 담(膽)을 나타내고 자(子)는 신장, 방광, 생식기의 이상을 나타낸다. 뼛속까지 파고드는 차가운 기운이 강해 중풍, 수족냉증, 간담의 질병을 조심해야 하며 여자는 자연유산과 사산, 산후풍 등을 유의해야 한다. 따라서 여자는 항시 몸을 따뜻하게 유지하여야 한다.

2장. 을축(乙丑, 戌亥空亡)

1. 사주의 특성(癸9, 辛3, 己18)

곡각살 曲角殺	곡각은 신체 어느 부위에 병이 있어서 불구가 되는 뜻이다. 곡각은 사주 중에 2~3개 있어야 작용하는데 등뼈가 고르지 않거나 불구의 형태를 가지며 신경계통이나 수족에 이상이 있다. 또한 자기가 양자가 되거나 양자를 맞이하게 되는 뜻이 있다.
복성귀인 福星貴人	갑인(甲寅), 을축(乙丑), 병자(丙子), 정유(丁酉), 무신(戊申), 기미(己未), 경오(庚午), 신사(辛巳), 임진(壬辰), 계묘(癸卯)가 해당되며 선천적으로 복이 있고 인덕(人德)이 있어 발전하여 행복을 얻는다.
탕화살 湯火殺	寅午丑일생에 해당한다. 화상, 화재, 음독, 가스중독, 부상과 염세비관이 따른다. 탕화살이고 일시가 午丑이면 본처와 해로가 어렵고 무자식의 운이다. 일시가 오축이고 재성이 태과하면 아내가 문제 있고 관성이 태과하면 남편에게 문제가 생긴다.
금신 金神	을축(乙丑), 기사(己巳), 계유(癸酉)일이며, 일시(日時)에 겹치면 사법관으로 출세하거나 무관으로 장성의 지위에 오른다.
여연살	을축(乙丑), 정축(丁丑), 병신(丙申), 기미(己未), 경인(庚寅), 신미(辛未), 임인(壬寅), 임신(壬申)일

女戀殺	주의 여자는 배우자 몰래 다른 애인을 숨겨 둘 여지가 있으므로 망신을 살 우려가 있다.
쇠 衰	왕성했던 전성기(全盛期)가 지나며 서서히 기울어 쇠퇴기(衰退期)에 접어드는 초로(初老)의 시기를 쇠(衰)라고 한다.

■ 건명(乾命)

 을축일주(乙丑日柱)는 굴곡이 진 글자인데 굴기(屈氣)라 하고 일어서려는 모습이며 칠전팔기(七顚八起)의 전형으로 집념이 강해 반드시 결과를 만들어 낸다. 공직이나 일반 조직보다 사업의 가능성이며 인내심을 바탕으로 성공 의지가 있다.

 을목(乙木)은 음간(陰干)이지만 편재(偏財)추구가 강하고 축토(丑土) 또한 겉으로 드러나지 않지만 재물추구 성향이고 축토는 자수(子水) 편재(偏財)와 합을 원하기 때문에 고집과 자존심 강해지고 자기중심적으로 변하며 타인의 간섭을 싫어하고 재물을 좋아하는 성격이 강해진다.

 을(乙)은 차가운 기운을 밀고 표면으로 일어서니 생동감(生動感) 있는 성격으로 활달하고 적극적이며 환경적응력이 뛰어나고 신비한 사상, 철학(哲學), 음(陰)의 학문에 해당하는 명리학(命理學), 풍수지리(風水地理), 점술학(占術學), 무속(巫俗), 타로카드와 같은 학문에 관심이 많다. 지장간(地藏干)의 기토(己土)가 계수(癸水)를 억제하니 음의 철학에 깊게 빠져들지는 않는다. 기토(己土)는 일천간(日天干)의 을목(乙木)에 편재(偏財)성이고 계수(癸水)는 편인(偏印)으로 편재인 기토(己土)가 편인 계수를 제어하는 것은 흙이 물을 막는 구조이기 때문이다.

 을(乙)과 축(丑)은 음(陰)의 속성이 강해 강자(强者)에 약하고 약자(弱

者)에게 강하지만 외골수 기질이라 원칙과 소신을 보이고 시비가 분명하다.

지장간(地藏干) 기토(己土)는 배우자나 타인 이해가 강하고 자기주장을 하지 않는 성향이다. 을목(乙木)은 등나무나 칡과 같은 속성으로 타고 오르는 성질이 있어 의타심(依他心)이 있으므로 사주원국(四柱原局)에 갑목(甲木)이 있어야만 올바로 설 수 있다.

지장간(地藏干)이 모두 음으로 이루어져 내성적이며 차분, 침착, 냉철이 장점이다. 초년(初年)은 좋지 않으나 시간이 흐르며 갑목을 타고 올라 태양을 보며 점차 안정된다.

을축(乙丑)은 굽은 글자로 곡각(曲角)이니 허리, 무릎에 무리가 따르고 골반이 틀어지거나 척추측만증(脊椎側彎症), 소아마비(小兒痲痺)등도 관련이 있다.

사주원국(四柱原局)에 수(水)의 오행이 약하면 암에 걸릴 확률이 있고 축(丑)은 고(庫)의 성분으로 위암(胃癌)의 기운이다. 해소하려면 활인(活人)과 봉사활동이 필요하다. 어떤 경우라 해도 자신과 배우자, 자식의 사고와 수술은 피하기 어렵다. 인덕(人德)이 없으니 활인을 해도 기대는 말아야 한다. 인덕이 없는 대표적인 일주이다. 을목(乙木)은 축토(丑土)에 뿌리내리기 어려운데, 이는 변화를 의미하기도 하지만 축토(丑土)가 자기자리라는 의미이니 변동의 폭은 적다. 상부상처(喪夫喪妻)의 의미가 강하니 남자는 아내를 잃고 여자는 남편을 잃을 가능성이 높다.

을축일주(乙丑日柱)에 오시(午時) 태생이면 인생을 비관하고, 부부 해로는 어려울 듯하다. 약물중독의 기운이 있고 칼을 품어 자신과 주위 사람에게 해를 끼치니 칼을 다루는 직업도 좋다. 상격(上格)이면 의사, 검경,

군인이고, 하격(下格)은 정육점(精肉店)에서 일하고 도축업(屠畜業)에 갈비와 삼겹살을 구워 파는 고깃집을 운영할 것이다.

부자(富者)의 일주로 고생을 한 후에 부자가 되고 반안지(攀鞍地)에 놓여 항시 몸이 아프고 마음의 고통이 따른다. 반안살은 높은 직위에 있는 장수가 군졸들을 이끌고 전쟁터로 나가게 된다는 살이니 시험에 합격하고 우두머리가 되지만 타인에게 괴롭힘을 당하고 비굴하게 되며 몸이 아프다. 호인이지만 박력은 부족하다.

■ 곤명(坤命)

남편 복 없는 대표적인 일주로 고통과 비관이 따른다. 험한 일로 인성(人性)과 성격 변화가 오고 파란만장한 인생이지만 운이 피어나면 부동산(不動産)에 투자하여 성공한다. 사주의 격이 좋으면 덕성을 지닌 남편을 만나고 날카로운 성분을 사용하는 사람으로 경찰, 의사, 군인이 남편의 직업일 가능성이 높다. 사주의 격이 좋으면 남편을 의지대로 움직이며 가슴을 펴고 살 것이다.

남편의 덕을 기다치 않는 것이 현명하고 혹 좋은 배우자로 행복하면 결국 흉함이 와서 남편과 사별(死別)한다. 상부상처(喪夫喪妻)의 의미가 강하니 배우자의 병을 살펴야 하지만 운명을 피하기는 쉽지 않다. 서둘면 이혼과 사별의 운이고 만혼(晩婚)이 그나마 흉한 기운을 사그러뜨리는데 혹 초혼(初婚)이라도 재혼(再婚)하는 남자를 만나면 덜 흉하다.

자좌관고(自坐官庫)라 하여 남편의 덕이 약하다 하고 남편이 의약계나 군경계, 종교계 등에 봉직하면 부부궁이 무탈하다. 지장간(地藏干)의 신금(辛金)은 을목(乙木)의 관(官)으로 양지(養地)에 임하니 남편을 부양

(扶養)한다는 의미가 있다. 직업으로는 의약업계 종사가 좋은데 검경이나 군인 같은 공직도 좋고 칼을 쓰는 직업이 좋으니 의사가 가장 좋고 때로 배우자가 의약업계에 종사할 가능성도 많다.

지장간(地藏干)의 기토(己土)는 화개(華蓋)로 고지(庫地)의 작용으로 만물을 추수하여 창고에 보관하는 기능으로 정신을 보관하는 작용을 동시에 하므로 학문과 예술 방면에 소질과 취미가 있으며 순수자력으로 모은 돈이니 구두쇠가 될 가능성이 농후하다. 계수(癸水)는 관대(官帶)이며 월살(月殺)이니 종교성(宗敎性)이며 음간이라 무속(巫俗)이나 주술(呪術), 혹은 명리학(命理學)과 같은 음의 학문에 관심이 많지만 돈을 추구하여 순수한 종교인이나 신앙인으로 가기에는 무리가 있다.

을축일주(乙丑日柱)의 부친 산소는 광중(壙中) 깊이 물이 차 있을 가능성이 매우 농후하다. 축토(丑土)는 물론이고 지장간(地藏干)의 기토(己土)가 습토(濕土)이며 재성(財性)으로 습토에 재가 입고(入庫)되면 부친이나 조상의 묘에 물이 든 것으로 풀고 이장을 해도 다시 물이 차는 경우가 많다.

2. 세운의 변화

巳酉丑年 : 이사, 이동, 직업 변동

午年 : 신경쇠약, 정신 질환, 병원 출입

戌年 : 관재수, 구설수, 사고수, 부부 풍파, 이별수, 수술

未年 : 관재수, 구설수, 사고수, 형옥(刑獄)

子年 : 이성 만남, 좋은 일이 생김

己未年, 辛未年 : 흉한 해이고 일반적으로 未年은 丑未冲이 되므로 일반

적으로 변화가 심하고 運路가 좋지 않다.

3. 물상(物象)

을(乙)은 풀이며 화초이고, 야생화며 잡초의 성분이고 축(丑)은 한겨울의 차가운 흙이고 습기 많은 흙이니 을축(乙丑)은 진흙에서 핀 꽃이다. 을(乙), 기(己), 축(丑), 사(巳)처럼 그 글자의 모양이나 형상이 부러지거나 구불거리고 꺾어 쓰는 글자를 곡각(曲角)이라 한다. 일주에 곡각이 들거나 지장간(地藏干)이 곡각이 들면 사고나 병으로 허리를 다치고 수족(手足)과 관절(關節)을 다치며 망가뜨리는 것을 의미한다. 을(乙)은 곡식의 어린싹이나 파종(播種) 후에 나는 채소(菜蔬)와 같은 작물(作物)의 싹이라는 의미로 맹아(萌芽)라고 부른다.

축(丑)은 소를 의미하는 글자이다. 축(丑)이라는 글자가 지칭하는 '소'라는 짐승은 농경사회(農耕社會)에서 재산이며 저산을 축적하는 기능을 가진 가축이니 축재(蓄財)하면 부자가 된다. 축저의 기능이며 고(庫)의 기능이며 땅을 뚫고 나오니 초지일관(初志一貫)의 기상이라.

4. 특성

을축(乙丑)의 근본적 성품은 명랑하고 침착하며 원만한 성품의 소유자이다. 재물에 대한 관심도 깊고 성공의 의지도 있어 적극적으로 밀어붙이는 힘이 있지만, 자신을 알리는 표현의 방식에서는 강하거나 적극적이지 못하고 은근하니 상대가 인식하지 못하는 경우가 있다. 타인을 향한 마음이나 재물, 혹은 학업과 사회 인식에 대한 욕망이나 욕구를 드러내지 못해 비탄과 울분이 있다.

5. 육친관계

■ 건명(乾命)

부모의 운이 매우 좋은데 거역하지 않으면 오래도록 함께 살 수 있고 배필 인연이 좋아 덕이 있고 경제력을 지닌 처를 얻는다. 자식운도 좋아 사주원국(四柱原局)에 금(金)의 오행이 강하면 크게 성공하는 자식이 있다.

■ 곤명(坤命)

관(官)의 고(庫)이므로 남편 덕이 없고 이별과 사별이 있을 수 있고 남편이 병약할 가능성 매우 높다. 대체적으로 자식운이 있지만 사주원국(四柱原局)에 수(水)의 오행이 거듭 있으면 자식을 낳기 힘들고 혹 태어나도 시력이 나쁘고 성장이 더딘 건강상의 문제가 있다. 따라서 인생이 파란만장하다.

6. 학업

■ 건명(乾命)

태만하여 성적이나 학교의 인연도 별로인데, 단 사주원국(四柱原局)에 화(火)의 오행이 있으면 명석하고 총명하여 인내와 노력이 부족해도 만학(晚學)으로써 학위를 한다. 경영, 경제, 세무와 관련된 학문에 관계있고 공학, 법학, 전문분야가 성공으로 이끄는 지름길이 될 것이다.

■ 곤명(坤命)

경영, 경제, 세무를 포함하는 상과계열이 으뜸이고 사회학문이나 전문기술 분야가 성공의 지름길이다.

7. 결혼운

■ 건명(乾命)

배우자를 아끼고 사랑하나 외정은 피하기 어렵고 배우자 고생시킨다. 일찍부터 이성을 알아도 연애는 빠르지 못한데 연애한다면 혼전 임신하게 될 것이며 결혼운도 시기가 적당하다. 축토(丑土)는 냉철한 처를 얻는다. 호인이나 박력이 없고 공처가의 기질이다. 어울리는 배필은 쥐띠, 소띠, 토끼띠, 뱀띠, 말띠, 원숭이띠 여자이다.

■ 곤명(坤命)

결혼 전에는 남자가 리드하지만 결혼 후에는 처가 득세하는데 사주 원국에 금(金)의 오행이 연속으로 있으면 배필과 갈등이 있다. 덕이 없으니 남편 사별이나 이별의 고통이 오고 좋은 배필은 쥐띠, 소띠, 토끼띠, 원숭이띠, 닭띠 남자이다.

8. 직업

지나치게 재물에 연연하는 성격으로 사업에 인연이 있으나 적극성이 부족하여 사업을 늦게 시작하거나 인연이 없다. 축토(丑土) 편재는 얼어있는 땅이라 투자를 할 때는 장기투자를 하여야 한다. 원국에 금(金)의 오행이 많으면 조직운 가능성이고 화(火)의 오행이 많으면 사업운이다. 조직운은 금융권이나 재정경제직이고 공직에 투신해도 재무계통의 가능성이 높다. 재무, 회계, 화학, 제조도 어울리고 재물의 욕구가 강하여 투기, 노름, 경마, 복권 등에 투자하거나 빚으로 주식에 투기하다 낭패를 본다.

지장간(地藏干)은 편인, 편관(偏官), 편재로 이루어져 모두 돈과 관련 있다. 금융계, 재정계, 교육계로 진출하면 성공의 가능성이 높고 식품업, 토산품점, 건축업과 같은 사업이 좋다. 특히 여성은 현실적이고 생활력이 강해 가정에서 살림만 하지 않는 성격이다.

9. 성적 욕구

■ 건명(乾命)

정력은 강하나 적극적인 면이 부족하다. 축토(丑土)는 금(金)의 고(庫)이다. 색을 밝히는 편이며 정력과 지속력에 문제가 없으나 건명(乾命)은 지나치게 음의 성향이라 수동적인 성격이고 여성이 리드하는 여성 상위를 좋아하고 여자의 리드를 기대한다. 적극적인 면이 부족하고 겨울에 태어났으며 목화(木火)가 부족하면 쾌감을 느끼지 못하여 성욕이 줄어드는데, 인성과 재성이 지나치면 천박하다.

■ 곤명(坤命)

곤명(坤命)은 상당히 강렬한 욕구를 가지는데 축토(丑土)는 얼어있는 땅이니 천천히 녹여주어야 하듯 전희가 길어야 만족하고 자발적으로 행동하고 적극적으로 만족을 찾지만 성감대가 발견되기 전까지는 무감각하다. 겨울에 태어나면 불감증이 있을 수 있는데 금수(金水)가 많아 얼어있는 현상이기 때문이며 목화(木火)가 많으면 축토(丑土)가 녹은 현상이니 최상의 오르가즘을 느낄 수 있다. 사주원국(四柱原局)에 토(土)가 많으면 흙이 두껍다는 의미를 지니게 되는 것으로 오르가즘에 오르려면 시간이 많이 걸린다는 의미이므로 오랜 시간 전희를 해 주어야 한다.

10. 질병

을(乙)은 목(木)으로 간, 두발, 음모, 손가락과 목덜미 등을 의미한다. 축(丑)은 토(土)를 나타내는 글자로 위장과 비장, 좌측다리를 나타내는데 일주가 병이다. 간, 담, 중풍, 수족냉증의 질병이 만연할 가능성이 크고 위가 약해 위염과 위궤양이 다발하고 심하면 위암으로 발전한다. 탕화살을 타고나니 불길에 의한 화상이나 동상을 조심해야 하고 화상의 상처가 남을 수 있다. 을축(乙丑)의 지지(地支)는 곡각살이라 수술수가 있으며 다리골절이나 신경통으로 고생할 가능성이 높다. 여성은 냉과 대하도 많고 항시 몸을 따뜻하게 해 주어야 한다.

3장. 병인(丙寅, 戌亥空亡)

1. 사주의 특성 (戊7, 丙7, 甲16)

효신살 梟神殺	어려서 부모와 생이별하거나 인연이 박하고 없거나, 모친과 아내가 불화한다. 효란 올빼미를 말하니 올빼미나 부엉이의 그림, 혹은 박제를 걸지 않는다. 인정이 많아서 남에게 주기를 좋아하나 속으로는 냉정하고 이해타산이 있으며 자신의 마음을 속인다.
학당귀인 學堂貴人	甲은 亥, 乙은 午, 丙戊는 寅, 丁己는 酉, 庚은 巳, 辛은 子, 壬은 申, 癸는 卯를 보면 학당귀인이다. 포태법상 장생궁에 해당하며 지성이 돋보이니 교육자로 진로를 정하면 좋다.
홍염살 紅艶殺	갑오(甲午), 병인(丙寅), 정미(丁未), 무진(戊辰), 경술(庚戌), 임신(壬申), 임자(壬子) 일주가 홍염으로 미모와 센스가 있으며 도화와 유사하여 인기가 있으며 외도 빠지기 쉬우니 곤명(坤命)은 기생(妓生), 건명(乾命)은 작첩(作妾)한다.
평두살 平頭殺	독신의 운이다. 甲, 丙, 丁, 壬, 子, 辰의 글자 중 3개나 4개가 있고 대운에서 발동한다. 느낌이 빠르고 종교적 성향이다. 무속인이 될 팔자라 하여 혼담이 잘 깨진다.
문곡귀인	사후문장(死後文章)으로 역사에 이름이 남을 학자가 된다.
탕화살	寅午丑일 생에 해당한다. 화상, 화재, 음독, 가스

	중독, 부상과 염세비관이 따른다. 탕화살이고 일시가 午丑이면 본처와 해로가 어렵고 무자식의 운이다. 일시가 오축이고 재성이 태과하면 아내가 문제 있고 관성이 태과하면 남편에게 문제가 생긴다.
장생	월시에 있으면 학당귀인(學堂貴人)이고 화합을 잘하며 후견인을 만나 보살핌을 받는다. 인상이 깨끗하고 예능에 소질이 있다.

■ 건명(乾命)

　병(丙)은 태양이고 인(寅)은 높이 자란 나무이다. 크게 자라 대들보가 되는 우람한 나무와 같으니 많은 사람의 아픔을 이해하고 보듬어 안아주는 성정이라 사람이 많이 모이고 칭송한다. 두뇌가 비상하며 리더의 자질이다. 독창적인 사고와 앞서 나가려 하는 욕구로 진취적인 기상을 지녀 리더의 기질이 있다.

　병인(丙寅)은 목화통명(木火通明)이며 지지(地支)가 인성(印性)이니 학구열 충만에 늦게까지 공부하여 학위와 명성을 얻는다. 다재다능(多才多能)하며 두뇌 명석하고 활동적이며 명예욕이 있으니 예의 바르고 불같은 성격을 드러내며, 자기주장이 강하고 매사 적극적이며 자기중심적이고 외골수 기질이 있는데 당당하고 굽히기 싫어하니, 교육(敎育), 문화(文化), 예능(藝能)에 소질이 있고 군인, 공무원, 교육직에 적격인데, 주관이 강하지만 타인의 호평을 받고 문화계(文化界)에 투신하면 명성을 얻을 것이다. 일지는 역마(驛馬)의 성질이니 유학(遊學)을 가거나 먼 거리를 이동하며 공부한다.

　편인을 지지(地支)에 깔고 있으면 효신살(梟神殺)의 영향으로 고부갈등

(姑婦葛藤)을 벗어나기 어려운데 부부의 정은 점차 불화로 변할 가능성 있으며 이별, 이혼의 가능성을 배제할 수 없다. 효신살의 영향이 있으니 올빼미나 부엉이의 그림이나 박제를 집안에 걸지 않는다.

겉으로는 남 주기를 좋아하지만 속으로는 냉정하고 이해타산을 가리고 자신의 마음을 속인다. 자신이 어떤 생각을 하는지 속마음을 모르고 주변 상황에 따라 변화하는 속성을 지니며 타인을 배려하는 마음도 있고 고집과 자존심은 강해지는데 편인 해수와 합을 원해 비겁으로 변하니 외골수에 자기중심적 사고가 강해지는데 타인의 간섭을 배제하고 유연성과 융통성은 떨어지고 부족하게 된다.

학당귀인(學堂貴人)의 영향으로 지혜와 인정이 있고, 인물이 출중하여 배우고 가르치는 기능이 탁월하므로 교육자로 나서면 성공이 기대된다. 명예욕(名譽慾)을 숨기지 못하고 홍염살(紅艶殺)이 작용하면 사회활동 중이라도 이성 문제가 발생하기도 한다. 능수능란한 수완을 지녔지만 홍분하면 침착성을 잃어 경솔해진다.

■ 곤명(坤命)

두뇌가 총명하지만 가정에는 충실하기 어려우니 직업을 가지는 것이 좋다. 다정다감하고 활동적이지만 고집이 지나치게 강해 판단이 흐려지고 타인에게 원성을 들으니 약점이고 이기적인 성향이 겉으로 드러난다. 홍염살이 있어 미모가 있으며 혹 미모가 따라가지 못해도 이성에게는 매력적으로 느껴진다. 따라서 항시 이성이 따르니 근심이 있다. 감정의 기복은 심하여 타인에게 해를 입히고 언행이 상반되어 믿음이 없다. 평두살이라 혼담이 잘 깨지는 특징이 있다. 고부간 갈등과 자식에 의한 근심도 있다.

2. 세운의 변화

寅午戌年 : 이사, 이동, 직업 변동
未年　　 : 신경쇠약, 정신 질환, 병원 출입
巳年　　 : 관재수, 구설수, 사고수, 부부 풍파, 이별수, 수술
申年　　 : 관재수, 구설수, 사고수, 형옥(刑獄)
亥年　　 : 이성 만남, 좋은 일이 생김
庚申年, 壬申年 : 흉한 해이고 일반적으로 申年은 寅申冲이 되므로 일반적으로 변화가 심하고 運路가 좋지 않다.

3. 물상(物象)

병(丙)은 태양(太陽)이며 인(寅)은 거대한 크기를 지니는 나무라, 병인(丙寅)은 큰 나무에 햇살이 비쳐드는 모습, 달리 보면 나무 위에 뜬 해와 같다. 남을 포용하는 기상을 지니고 지도자의 기상이다. 목화통명(木火通命)이라 학구열(學究熱)이 오래가는데, 나이가 들면 지성(知性)이 돋보이고 교육자의 길이 길하다.

병인(丙寅)은 성이 난 범의 모습이어서 포악하기까지 하지만 배가 부르면 어떤 동물이라도 절대 해를 끼치지 않을 정도로 자존심 강하다. 표면적으로 명예욕(名譽慾)이 드러나지만 속으로는 측은지심(惻隱之心)과 인정은 물론 동정심도 있다.

간혹 침착성을 잃거나 경솔한 언행을 하지만 사람을 포용하는 능력이 있고 평소 대범한 척 행동한다. 타인을 지배하며 좋은 인상으로 보이기

원하는 성질이다. 이를 억누르기 힘들 때 고혈압(高血壓)이나 울화병(鬱火病)이 나타난다.

4. 특성

자기주장이 강하고 자기중심적이며 일을 급하게 도모하고 추진하는 성격이지만 지도자적 성품이다. 고상함에 관심이 있고 전문분야에 소질과 소양이 있어 교육이나 사람을 기르는 직업과 진로를 선택하면 좋다. 수명은 길어 장수하며 건강하다.

사주원국(四柱原局)에 해(亥), 수(水)의 오행이 있으면 지도자의 운이 있고 토(土)와 금(金)의 글자가 있으면 전문직종의 사업운이다. 급한 성격에 자기중심적이지만 기억력과 추리력이 있어 추진력이 돋보인다. 타인을 믿지 못하니 자유업이나 일인 기업, 자기 사업, 한눈에 보이는 사업이 어울린다.

5. 육친관계

■ 건명(乾命)

지지(地支) 편인이라 모친의 영향이 크고 부친의 기운이 약하다. 지지(地支)가 편인이니 고부갈등(姑婦葛藤)과 부부불화(夫婦不和)가 드러난다. 자식운은 비교적 좋으니 아들과 딸이 고르고 사주원국(四柱原局)에서 년(年)과 월(月)에 화(火)의 오행이나 토(土)의 오행이 왕하면 아들을 먼저 낳을 가능성이 높다.

■ 곤명(坤命)

곤명(坤命)은 남성적인 성향이며 활동력이 왕성하며 딸이 많다.

6. 학업

■ 건명(乾命)

두뇌 총명으로 인내심에 눈치와 고집이 있어 어려서 실력발휘 가능하다. 정치, 외교, 행정학, 언론, 방송, 교육, 육영, 활인, 공학이 성공의 학문이다.

■ 곤명(坤命)

학운은 초년부터 만년까지 좋으니 박사학위가 무난하다. 외교학, 인문과학, 어학, 전문기술에 해당하는 학과가 성공을 위한 학문이다.

7. 결혼운

■ 건명(乾命)

자기의 생각이니 방식과 다르면 지위 고하, 정신이나 실력을 막론하고 사랑하지 않으며 결혼대상이 아니며, 결혼하여도 모친의 간섭이 있고 부부갈등으로 이어진다. 모친이 반대하면 결혼이 늦어지거나 비정상적인 결혼운이며 모친과 떨어져 살아야 그나마 결혼이 순조롭다. 소띠, 범띠, 말띠, 뱀띠, 닭띠, 개띠의 여자가 배우자 인연이다.

■ 곤명(坤命)

지나친 사회 활동으로 남자가 고통을 느끼는데 우환이나 갈등이 있고,

곡절 시비가 따른다. 쥐띠, 범띠, 뱀띠, 말띠, 닭띠 남자가 좋은 인연이나 만나는 남자마다 자기중심적인 사고로 고통을 준다.

8. 직업

사업보다 외교직, 전문직, 공직, 사직, 교육, 육영, 전문성을 지닌 자격사업에 어울리지만 지지(地支)는 편인은 전문직종을 의미하니 전문직종의 자유업을 선택하여 리더를 추구한다. 사주원국(四柱原局)에 화(火)의 오행이나 토(土)의 오행이 왕성하면 전문직종의 자유업이 좋다. 사주원국(四柱原局)에 해수(亥水)와 자수(子水)가 있다면 지도자격이다. 사주원국(四柱原局)에 수(水)의 오행이 없거나 극단적으로 부족하면 사업인연이라 금속기계, 의류, 포목, 장식, 통상업, 건축, 토목 관련의 여러 직종도 좋다.

일지가 편인이라 성공과 실패가 번갯불처럼 운의 격차가 심하다. 지장간(地藏干) 속의 식신(食神), 편인, 역마(驛馬)의 작용으로 임수(壬水)가 투간되면 외교계에 투신하라. 법정계, 교육계, 군경 등으로 진출하는 경우가 있으며 전차통신사업, 육영사업, 유흥업, 스포츠로 진출해도 성공확률이 높아진다.

9. 성적 욕구

■ 건명(乾命)

배우자 덕은 있으나 이성에 인기가 있고 색정이 강해 고민이다. 욕구와 정력이 강하나 서두르는 성질로 실수하고 원하는 대로 되지 않아 마음고생이 심하다. 일간에서 화(火)가 강하면 서두르는 경향과 조루 증세가 있다. 욕구가 강해 작첩의 기운이 있고 이성과 친하고 성교를 좋아하니 부인과는 이별의 운이 강하다.

■ 곤명(坤命)

근본적으로 성욕이 강하고 대담하다. 성격이 급하지만 성행위에서는 수동적인 태도로 일하고 담백한 행위로 임한다. 단, 남편이 약하거나 자신이 기가 세어지면 남편의 허락을 받아 외정(外情)을 즐기는데 변태적 욕구가 강하다.

목(木)이 혼잡이면 질의 조임이 좋다. 목(木)과 화(火)가 강하면 한 번의 성교에도 여러 번의 오르가즘에 오르고 사주 원국에 토(土)가 없으면 성감이 절정에 오를 때 교성도 크다. 목화(木火)가 강한데 원국에 수(水)가 없으면 질 속에 액체의 분비가 없어 통증이 있고, 인성이 닿고 재성이 약하다면 조루를 지닌 남편을 만날 운이다.

10. 질병

병인일주(丙寅日柱)의 병화(丙火)는 화기(火氣)이니 소장, 심장을 의미한다. 인(寅)은 간, 소장과 손가락을 의미한다. 병인일주(丙寅日柱)는 고혈압, 장 계통의 질병, 치질, 변비, 시력과 기관지 계통의 병을 조심해야 하며 신경통이 염려된다. 병인일주(丙寅日柱)는 간에 무리가 오니 피로해지는 것을 조심하고 탕화살(湯火殺)이 있으니 불길을 조심하며 화재, 산불, 전기로 인한 피해와 상처를 조심해야 하고 신경과민, 정신 이상의 조짐도 있다.

4장. 정묘(丁卯, 戌亥空亡)

1. 사주의 특성 (甲10 乙20)

효신살 梟神殺	일찍이 부모와 생이별하거나 인연이 박하거나 없거나, 모친과 아내가 불화한다. 효란 올빼미를 말하는 것으로 자라서 어미를 잡아먹는 습성을 가진 새로 흉하니 집안에는 올빼미나 부엉이의 그림, 혹은 박제를 두지 않는다. 인정이 많아서 남에게 주기를 좋아하나 속으로는 냉정하고 이해타산이 있으며 자신의 마음을 속인다.
태극귀인 太極貴人	갑자(甲子), 갑오(甲午), 정묘(丁卯), 정유(丁酉), 무진(戊辰), 무술(戊戌), 기축(己丑), 기미(己未), 경인(庚寅), 신해(辛亥), 임신(壬申), 계사(癸巳)일이 태극귀인에 해당되며, 기쁨을 암시하고 생년(生年)과 일지(日支)에서 보아 격국(格局)이 청순하고 우수하면 입신양명한다.
인수	지적 수준이 높고 지혜와 총명함이 드러난다. 문서와 학구열을 의미하니 오래도록 식지 않는 학구열을 지니고 있음을 보여 준다.
문곡귀인 文曲貴人	사후문장(死後文章)으로 역사에 이름이 남을 학자가 된다.
구추방해	임자(壬子), 임오(壬午), 무자(戊子), 무오(戊午), 기묘(己卯), 기유(己酉), 을묘(乙卯), 을유(乙酉), 신묘(辛卯), 신유(辛酉)일 생으로 잦은 연애로 가

	정 풍파가 암시되고 시주에 있으면 자녀가 같은 성향이다.
나체도화 裸體桃花	갑자(甲子), 정묘(丁卯), 기묘(己卯), 경오(庚午), 계유(癸酉)에 해당하며 음란하고 나체를 좋아하여 노소를 가리지 않고 탐하니 색난이 있다.
병(病)	12운성을 따져 병은 인생에서 활력이 떨어지며 병든 것을 뜻한다.

■ 건명(乾命)

　사교적이며 활달한 성격을 드러내고 현실적이며 긍정적인 사고에 진취적이고 환경적 능력이 돋보이는데 외적인 화려함보다 내실을 중시하는 성향이며 자기중심적 성향이 강하고 부드러운 것 같지만 독하며 말은 적지만 생각이 많아 온순해 보이지만 승부사 기질이 있고 내성적이라 외골수적 기질이 있으며 타인 이해와 배려는 부족하여 제한적 생활권을 가지고 과거지향적이므로 강한 것 같지만 약한데, 투기성 직업은 거부감을 느끼며 묘목(卯木)은 습목(濕木)이므로 목생화(木生火)가 어렵듯 융통성과 포용력은 부족하다.

　일지가 인수(印綬)로 병지(病地)에 해당하지만 문서(文書)와 학구열(學究熱)을 의미하니 진취적이고 유시무종(有始無終)의 학업 욕구를 지니고 있다고는 하지만 두뇌가 총명한 것과는 달리 공부를 잘하지 못하는 성정이다. 지지(地支) 인수이니 인정도 있고 눈치도 있지만 고부갈등에 부부갈등(夫婦葛藤)으로 전이된다.

　인내와 포부, 야망으로 수시로 일을 벌이고 추진하지만 지장간(地藏干)에 식상(食傷)이 없어 활동력과 추진력이 약하여 나아감에 주저하고 결과가 신통치 못하여 한탄이 많지만 식상(食傷)이 자리하면 행동력이 증가한다. 다만 지지(地支) 묘목(卯木)이 술토(戌土) 정재와 합을 원하니 식상으로의 변화가 와서 명예와 안정을 중시하면서도 타인을 이해하고 배려하는 마음이 생기고 활동을 통한 재물의 추구를 원한다.

지지(地支)가 문곡성(文曲星)으로 배울수록 실력이 늘고 먼 거리라도 마다하지 않고 배우며 스승과의 인연도 소중하게 여긴다. 다만 식상의 문제로 결과가 약하거나 배움을 올바로 사용하지 못하는 경우가 있으니 용두사미(龍頭蛇尾)를 조심하라. 학문에 대한 적극적 노력, 인내가 있지만 진로의 운은 약하다. 중도 포기는 생각지 않으니 학업을 중단한다면 가정 문제, 자식 문제 경우일 것이다. 특히 배우자의 입원이나 이별(離別)이 학문의 중단을 가져온다.

같은 목(木)이라 해도 묘(卯)는 조(燥)한 것을 좋아하고 인(寅)은 습(濕)을 기뻐하는데 습(濕)하면 불꽃이 없어 마음이 불안하기만 하다. 원국에 해(亥), 자(子), 축(丑), 신(申), 유(酉)의 지지(地支)가 오면 차갑고 습(濕)하기만 한데 특히 해자축(亥子丑)은 지나치다.

정화일간(丁火日干)의 십신(十神)을 따져보면 임수(壬水)는 관성(官性)인데 사지(死地)에 놓인다. 관성은 일, 직업, 나를 지배하는 자, 국가(國家), 추진력인데 활동력이 발휘되기 어렵다. 이해타산의 계산과 눈치가 있지만 겉으로 드러나지 않고 욕심도 많다. 지기 싫어하니 대인관계가 어렵고 고독하며 타인 신뢰도 어렵다. 인정을 베풀어도 구설이 있고 끈기 부족이니 직업의 변화가 심하다.

묘목(卯木)의 재성(財性)은 재살(財殺)로 인종되고 인수(印綬)는 왕지(旺地)에 좌한다. 일지에 인수가 자리를 잡아 학문을 사랑하고 효심이 깊은 성향이 드러나지만 자존심이 강하고 효심에 대한 대가로 고부갈등(姑

婦葛藤)이 있다. 금수(金水)에 묘목(卯木)은 고습도치라는 말이 있는데, 모친이 자식을 위하는 마음을 말하니 아들의 배우자와 대립하며 이를 묘파성(卯破性)이라 한다. 묘파성은 이리저리 오가는 것이라 정신없이 바쁘고 부초(浮草)같은 외로운 몸이라 이사(移徙)는 자주해도 마음 붙일 곳이 없고 중년 이후에는 재산을 날릴 가능성 높으므로 투자(投資)를 삼가고 종교(宗敎)에 귀의하면 좋다. 배우자궁에 묘파성이라면 어떤 경우도 행복은 날아간다고 볼 것이다.

자묘형(子卯刑)이나 자유파(子酉破)가 위험한데 자수(子水)가 오면 절지(絶地)에 속하고 일간에 정화(丁火)가 습하니 불리하다. 일지가 효신이라 부모 인연이 박복하고 모친과 아내가 불화하며 나와 남을 가른다. 이해타산(利害打算)이 분명하지만 욕망을 숨기고 겉으로 순수해 보이며 저돌적으로 기회를 엿본다. 선견지명(先見之明)이 있어 처음에는 앞서 가나 미움을 받을 수 있다.

자오묘유(子午卯酉)는 도화살(桃花殺)로 미모가 있고 풍류를 즐기는데 주색(酒色)과 풍파(風波)에 빠져 인생을 낭비하는 경우도 있다. 미모의 배우자 운이나 여자에게 인기가 많아 색난을 피하기 어렵다.

▣ 곤명(坤命)

시모(媤母)와 평화는 드무니 재성(財性)인 시어머니가 재살(災殺)이고 인수(印綬)인 친모는(親母)는 왕지(旺地)에 놓여 있음이다. 결혼 후에도 친모 모실 생각이 강하고 관(官)이 사지(死地)에 놓이니 사주가 불미(不美)하면 남편과 생사이별(生死離別)이거나 이혼(離婚)과 재가(再嫁)의 기운이다.

온순하고 똑똑하지만 질투와 자존심이 표출되며 배우자 궁은 부실하기만 하다. 배우자와 이별, 사별, 별거하고 배우자는 작첩의 운이고 본인은 외정에 정신이 팔린다. 이성으로 인한 근심과 자식과 모친 근심이 병존한다. 수동적이지만 풍류가 있고 색을 밝히니 여러 남자를 만나겠다.

유시(酉時) 출생은 자궁(子宮)이 지나치게 차가워 자식운이 나쁘고 자식을 잃을까 두렵다. 인수가 지지(地支)에 깔려 미인이 많고 풍류(風流)와 자존심이 강한데 상관(傷官)이 욕지(浴地)에 놓이기 때문이다.

자존심으로 시모(媤母)와 갈등이 있고 이혼(離婚), 재혼(再婚)의 가능성 높고 도화(桃花)의 작용이 패지(敗地)라 센스가 있다. 혈육 간에 생리사별(生離死別)이 있고 친모(親母)의 걱정이 평생이라. 일지에 인수이면 결혼 후에도 친정어머니와 사는 경우가 흔하다.

체격은 크지 않아도 항시 예쁘거나 미인 소리를 듣거나 복장에 센스가 있다거나, 사람의 시선을 끈다는 소리를 듣는다. 어떤 복장을 하더라도 잘 어울리니 예술적인 기질이 있다는 말을 들을 것이다.

2. 세운의 변화

亥卯未年 : 이사, 이동, 직업 변동

子年　　 : 관재구설, 사고수, 수술수

申年　　 : 신경쇠약, 정신질환

酉年　　 : 부부 풍파

戌年　　 : 이성 만남, 좋은 일이 생김

辛酉年, 癸酉年 : 흉한 해이고 일반적으로 酉年은 卯酉冲이 되므로 일반적으로 변화가 심하고 運路가 좋지 않다.

3. 물상(物象)

정(丁)은 불이다. 묘(卯)는 목(木)이다. 묘(卯)는 물상(物象)으로 토끼이다. 정묘(丁卯)는 달 속의 토끼이다. 정일간(丁日干)은 인정이 많고 두뇌가 총명해 명석하지만 자기만 바라봐 주기를 원하는 속성이다. 시선이 자신에게 모아지지 않으면 화가 나고 질투가 피어오른다. 안정감과 일관성(一貫性)이 부족하고 앞뒤를 가리지 않고 나선다.

행동과 생각의 변화가 심하며 앞뒤 가리지 않고 나서지만 끈기와 지구력(持久力)은 약하니 역경(逆境)에 다다르면 용두사미(龍頭蛇尾)가 되는데 지도자가 아니라 참모(參謀)가 제격이다.

색정이 강하고 뜨거운 몸의 열기가 넘치니 마음 정착이 어렵고 여러 이성과 교제를 해도 성숙과 합일(合一)이 이루어지기는 쉽지 않으니 연애의 끝은 홀로서기이다. 색정이 강하니 신장(腎臟)과 방광(膀胱)에 무리가 있고 비뇨기(泌尿器)와 생식기(生殖器)도 무리가 있어 비뇨기 계통과 생식기가 약해지며 간(肝)의 약화로 안질(眼疾)도 생겨난다. 정묘일주(丁卯日柱)는 심장(心腸)에 병이 오는 것인데 마음의 병이다.

달빛 아래의 토끼이니 인정과 눈치가 있고 신속한 성공을 하지만 일지가 효신과 지장간(地藏干)의 현침은 어머니로 인한 부부불화이며 중년 이후 부부의 인연이 바뀐다는 암시이다. 인정 있고 화끈하나 신경질적이고 질투가 심한 다변적(多辯的)인 성품이다.

4. 특성

평소 명랑하고 매사 활동적인 성격에 다재다능하여 사회적응력이 좋다. 다양한 재능이 있고 성취도 빨라 고상한 취미를 즐기고 사람을 도우려는 부드러운 성품을 지닌다. 적극성과 융통성이 있으니 적응력이 뛰어나 상황을 극복한다. 사주원국(四柱原局)에 목(木)의 오행이 강하면 외국어에 강점을 드러낸다.

5. 육친관계
◼ 건명(乾命)

기본적으로 부친 인연은 약하고 지지(地支) 편인이니 모친 인연은 강한데 사주원국(四柱原局)에 목화(木火)의 오행이 강하면 반드시 부친에 장애가 오고 모친이 살림을 꾸린다. 지지(地支) 편인이니 고부갈등에 부부관계 나쁘다. 아들딸이 고르며 아들과의 관계는 유정하다. 배우자궁이 부실하여 이별, 사별, 별거할 가능성이 높다. 귀한 자식 두고 작첩의 운이다.

◼ 곤명(坤命)

딸이 많고 딸과의 관계가 유정하나 사주 원국에 유금(酉金)이 있으면 자식이 없거나 자식운이 드물다.

6. 학업
◼ 건명(乾命)

집중력이 약해 성적이 저조하나 인내와 노력을 바탕으로 재능이 다양하니 나이를 먹을수록 성적이 좋아진다. 배움이 늦게 트여 나이를 먹을수록 학운이 상승하는데 고상함을 추구한다. 법학, 의학, 약학, 어학, 철학, 역사학, 윤리학이 성공으로 가는 학문이다.

■ 곤명(坤命)

세월이 흐르면서 여러 가지 학위취득이 가능하고 사주원국에 수(水)의 오행을 살펴 없거나 부족하면 해외 진출로 학위 취득을 생각해야 한다. 어학, 교육, 인문과학, 자연과학, 특수교육, 의학, 약학이 성공에 이르는 학문이다.

7. 결혼운

■ 건명(乾命)

지지(地支) 편인이니 융통성과 눈치 있어 연애감각은 뛰어나나 표현력은 적극적이지 못하다. 이성교제는 생각대로 이루어지지 못하고 결혼도 늦은데 어머니의 간섭으로 갈등이 일어난다. 이념과 집착, 자기중심적 사고는 물론 어머니의 간섭으로 배우자와 갈등한다. 토끼띠, 말띠, 양띠, 원숭이띠, 닭띠, 개띠가 인연 있는 여자의 운이다.

■ 곤명(坤命)

배필의 건강이 좋고 나쁨을 반복하기에 걱정이 생기며 배필 운은 그저 수수하고 쥐띠, 범띠, 토끼띠, 말띠, 양띠, 닭띠, 개띠 남자가 인연의 남자이다.

8. 직업

법률 관련 직종, 토목 관련, 각종 허가에 관련된 직종, 의료 관련 직종의 직장이 어울리나 지지(地支) 편인인 경우 자기사업이 많은데 변호사, 의사, 건축사, 연구직이나 교수직도 어울린다. 사업을 하면 전문성을 지닌 자유업, 자격사업에 어울리고 재물은 꾸준히 획득할 수 있다. 유흥업, 종교, 언론, 원예 등도 어울린다. 간혹 큰 재물 인연이 닿으면 급격히 상승하는 특징이 있다. 공직에 몸을 담는다면 교육, 행정, 의료, 문화예술 계통이 좋다. 특히 건명(乾命)은 교육과 철학, 종교계로 진출하면 대성의 운이다.

9. 성적 욕구

■ 건명(乾命)

대단히 호색하지만 성적 기능은 약해 자기 기분에 도취하고 상대를 배려하지 못하고 신약하면 더욱 고민이고 화(火)가 강하면 충분히 발할 수 있다지만 때로 변태적이거나 가학적이기도 하다(묘목(卯木)은 목생화(木生火)가 어려워 일간의 힘이 약하고 도화이다).

■ 곤명(坤命)

상대가 원하는 대로 대응하여 기쁘게 하는 성정인데 행위도 중요하지만 정신적인 감성에 더욱 빠르니 사랑의 감정을 앞세우지만 색정도 강하고 다양한 이성을 경험한다. 그러나 많은 남자를 경험할수록 과부의 기질이 강하다.

음목(陰木)이라 질의 조임이 좋고(묘목(卯木)은 땅속의 나무뿌리가 치밀하다는 의미이기에) 변태성욕이 있다. 목화(木火)가 강하면 한 번 성교에 여러 번의 오르가즘이 가능하고 인성이 많고 재성이 약하면 조루증 남편을 만난다. 목화(木火)가 많고 토(土)가 없으면 교성을 내지른다.

10. 질병

정(丁)은 심장과 소장을 의미하고 묘는 간과 좌측 갈비, 손가락을 의미한다. 정묘일주(丁卯日柱)는 심장과 시력이 약하며 저혈압(低血壓), 당뇨병(糖尿病)이 의심된다. 간의 질병을 살펴야 하고 음주는 금물이다. 정묘일주(丁卯日柱)에 자시생(子時生)은 지나치게 색을 밝히니 성병(性病)의 징후가 있다.

5장. 무진(戊辰, 戌亥空亡)

1. 사주의 특성 (乙9, 癸3, 戊18)

괴강살 魁罡殺	괴강(魁罡)은 파괴력이 으뜸이 되는 별로 경술(庚戌), 경진(庚辰), 임술(壬戌), 임진(壬辰), 무술(戊戌) 등을 가리키는데 총명하고 극빈, 부귀, 총명, 괴걸(怪傑) 같은 암시가 강하고 자기만의 독특한 고집이 있다. 여자는 과부가 되거나 남편 덕을 기대하기 어렵고 항상 불만스럽게 산다.
백호대살 白虎大殺	갑진(甲辰), 을미(乙未), 병술(丙戌), 정축(丁丑), 무진(戊辰), 임술(壬戌), 계축(癸丑)일주가 해당하며 해당 육친의 혈광지사(血光之死)와 한을 품은 죽음을 겪는 흉포한 살성이라 한다. 일주에 있으면 성정이 강하고 과격성이 있지만 기이한 발복이 있다.
홍염살 紅艷殺	갑오(甲午), 병인(丙寅), 정미(丁未), 무진(戊辰), 경술(庚戌), 임신(壬申), 임자(壬子) 일주가 홍염으로 미모와 센스가 있고 도화와 유사하여 인기가 있으며 외도에 빠지기 쉬우니 곤명(坤命)은 기생(妓生), 건명(乾命)은 작첩(作妾)한다.
일덕 日德	성격이 착하고 자비롭고 대운이 신왕(身旺)에 복록이 풍후(豊厚)하다. 갑인(甲寅), 병진(丙辰), 무진(戊辰) 경진(庚辰), 임술(壬戌)이 해당된다.
태극귀인	갑자(甲子), 갑오(甲午), 정묘(丁卯), 정유(丁酉),

太極貴人	무진(戊辰), 무술(戊戌), 기축(己丑), 기미(己未), 경인(庚寅), 신해(辛亥), 임신(壬申), 계사(癸巳) 일이 태극귀인에 해당되며, 기쁨을 암시하고 생년(生年)과 일지(日支)에서 보아 격국(格局)이 청순하고 우수하면 입신양명한다.
의처의부 疑妻疑夫	갑오(甲午), 병술(丙戌), 무진(戊辰), 경진(庚辰), 임술(壬戌) 일주의 남자와 을사(乙巳), 정해(丁亥), 기해(己亥), 신사(辛巳), 계해(癸亥)의 여자 일주가 해당한다. 의처의부증(疑妻疑夫症)이다.
간여지동 干與支同	간지(干支)가 같은 오행(五行)의 글자로 부부간 생사이별수가 있으며 흉살(凶殺)과 겹치면 사별(死別)도 있다.
천라지망 天羅地網	戌亥는 天羅, 辰巳는 地網인데, 감금, 구속, 시비, 송사 등의 구설이 따른다. 곤명(坤命)은 공방수나 파혼의 운이고 자녀궁에 흉사가 있다. 활인성이라 검경계나 법조계, 의약계, 역학계, 종교인 등과 연관이 깊다. 辰과 戌은 첨단산업이나 공업 계통으로 진출하며, 戌과 亥는 天文星으로 지혜총명하고, 天主敎의 신앙을 믿는 사례가 많다.
대 帶	관대(冠帶), 정신적으로는 아주 부족하나 육체적으로는 성숙하여 자기 의사대로 할 수 있는 독립의 준비 상태이다.

■ 건명(乾命)

　무진일주(戊辰日柱)의 무(戊)는 큰 산과 같고 진(辰)은 습기 머금은 흙인지라 간여지동(干與支同)이라 하고, 고집이 세어 흉살이 겹치면 부부의 생사이별(生死離別)이 보인다. 지장간(地藏干)에서 보듯 을목(乙木)은 관성(官性)이며 관대(官帶)에 좌하니 종교성(宗敎性)의 업상(業相)이라. 지장간(地藏干)의 을(乙)이 무토(戊土)의 정관이고 종교성이며 업상이라 하니 직업이 종교인이라 하는 것으로 목사, 신부, 승려, 수녀 등이 해당하는데 단순하게 신도인 경우는 종교성이다. 중후한 인품에 쉽게 움직이지 않고 과묵에 포용력을 지니고 속마음이 잘 드러나지 않으니 종교인에 어울리고 자기중심적 사고는 타인의 간섭을 거부하는 속성이다.

지장간(地藏干)에 재고(財庫)를 깔았으니 재물에 대한 집착과 실리성을 추구하니 종교성으로 재물을 추구한다. 명예추구와 안정 중시에 성실 정직하고 반듯한 고집이 있으나 자존심이 드러나고 재고(財庫)는 모친의 인연을 의미하니 부친 인연보다 모친 인연이 길겠다. 지장간(地藏干) 계수(癸水)는 일간 무토(戊土)와 무계합(戊癸合)으로 암합(暗合)하고 간여지동(干與支同)이니 부부화합 힘들고 손재(損財), 배신(背信) 등의 흉조라. 총명하고 지혜가 있으나 고지식하여 실패가 많고 고독감을 심히 느낀다.

무진(戊辰)은 형제 관계 좋으나 백호대살로 육친 중 누군가 혈광지사(血光之死)위 액과 한을 품고 죽는다는 이치를 따진다 하니 두렵다. 백호대살(白虎大殺)이 일주에 있으면 성정이 강하고 과격하나 기이한 발복이 있다고 전하고 사람 사이에 타협이 힘들고 문제를 일으키기도 하는데 결국 불행해진다 한다. 인정도 많으나 화가 나면 물불, 앞뒤를 가리지 못하는 것이 단점으로 작용하고 비밀이 많다.

무진일주(戊辰日柱)의 중궁(中宮)은 양간(陽干)의 비견(比肩)이 재(財)를 의미하는 계수(癸水)를 탈취하는 형상이라 하는데 진토(辰土) 속의 지장간(地藏干)에 무토(戊土)가 있어 비견임을 참고하면 인식된다. 비견이 재를 탈취한다는 것은 부부궁의 불리함을 보여준다. 즉 건명(乾命)의 사주에서 재(財)는 배우자이기 때문이다.

무(戊)는 산이고 높은 언덕이며 사람이 살지 않는 태초의 고고한 자연이라. 진(辰)은 나무와 화초 곡식이 자라는 논밭과 같으니 무진일주(戊辰日柱)의 물형(物形)은 태산 아래 넓은 벌판과 같은 물상이다. 이러한 물상은 산이 높아 빛을 가려 논과 밭을 습토(濕土)로 만드니 근심과 비밀, 원망의 기운이 서리는 것이라 결국 노기(怒氣)로 표출된다. 그러하니 아무리 어려움이 있고 압박이 있다 해도 참아야 하고 오랜 고통의 시간을 지내며 다져져야 안전하고 단단한 건축물을 올리는 결과와 같은 격이다.

중후한 인품이라 쉽게 희비를 드러내지 않고 총명과 지혜를 지녀 성공의 가능성이 높고 과묵과 포용력을 보이지만 내면으로 고집과 자존심이 강하고 타인의 간섭을 극도로 싫어한다. 내면으로는 명예와 안정을 중시하고 반듯한 성품이나 고집과 자존심이 대단하다.

무진일주(戊辰日柱)의 지지(地支)인 진토(辰土)의 지장간(地藏干)에는 재(財)가 있다. 계수(癸水)가 바로 재인데 일천간(日天干)의 무토(戊土)와 암합(暗合)한다. 암합된 재는 형충파해(刑沖破害)와 원진(怨嗔)으로 인해 드러나 활동하는데 그 시기가 중요하다. 지지(地支)의 지장간(地藏干)에 다양한 천간(天干)이 잠자고 있다 해도 원진이나 형충파해(刑沖破害)와 같은 변동으로 일어나고 움직인다는 것은 언제나 발동하지 않는다는 말과 같다. 재복이 있다 하여도 지출 또한 많다.

부귀의 명이고 꿈과 이상이 원대하여 결실이 있으며 부모형제의 덕은 있으나 처궁(妻宮)은 관대(官帶) 양지(養地)의 물상으로 몸이 아프고 고통을 당하니 요양(療養)이 필요한 경우가 많고, 남녀 공히 고지(庫地)의 흉조는 가슴을 파고드니 신앙(信仰)으로 극복할 수밖에 없다. 지지(地支) 진토(辰土)는 유금(酉金)과 합을 원하니 식상의 성분이라. 때와 장소에 따라 타인 이해하고 배려하는 마음이 생기는데 이를 통해 재물을 추구한다. 따라서 종교적인 활동이 재물의 취득 방법이 된다.

무진일생(戊辰日生)은 지능(知能)이 뛰어나며 세상을 바라보는 이상이 원대하니, 처음에는 드러나지 않는다 하여도 시간이 흐르면 노력과 학문의 결실의 운이 있다.

무토(戊土)는 거대한 산이고 단단한 바위가 박힌 산이니 정신력이 강하고 의지가 있어 여러 번 쓰러져도 종래 일어서 성공하는 건재가 드러난다. 무토일주(戊土日柱)는 근본적으로 인내심이 있으며 주체성이 강한 성실함을 바탕으로 하는 마음도 착한 사람이다. 그러나 때로 속과 겉이 다른 사람도 있는 법이다. 무토일주(戊土日柱)가 그렇다. 드러나는 성품은 외형적으로 호방(豪放)해 보이나 내심으로는 우울함과 소탈함이 드러나며 고독(孤獨)을 씹기도 한다. 종종 노하기도 하고 초조함과 대상을 알 수 없는 세상에 대한 원망의 마음을 가진다.

거친 산에서 바위가 굴러떨어지면 많은 사람이 다치듯 자연의 이치가 무토일주(戊土日柱)에 적용되는데 자신의 의지대로 이루어지지 않으면 성정이 걷잡을 수 없이 난폭해지기도 하는데 스스로의 시련과 고통을 겪어야 안정감을 찾아 편안해지는 심리가 있다.

지지(地支) 속 지장간(地藏干) 계수(癸水)는 백호(白虎)이며 재(財)로 횡재(橫財)를 의미하는데 계수(癸水)는 본시 무토(戊土)에 정재인데 지장간(地藏干)에 입고되니 횡재라. 이를 재고(財庫)라고 하는데 부자의 암시이며 형충파해의 시기에 움직이니 흉중길(凶中吉)이라 탈재(奪財)라 부르기도 하고 소토(疎土)되어 음기가 피어오르는 것이나 같다.

대부분 가사(家事)가 빈곤하고 천직(賤職)의 종사자가 많은데 주위를 돌아볼 겨를이 없고 재물이 모여 쌓이지 않으니 평생 분주한데 자격증(資格證)으로 안정된 삶을 구해야 한다.

체격은 비교적 통통하고 피부는 황색이 많으며 건강한 사람이며 매사 지나침으로 풍파가 많아 호방한 기질을 드러내기 힘들고 흉중(胸中)에 근심과 비밀이 많아 사람을 피곤하게 하고 묵묵한 산과 같은데 처궁(妻宮)은 불안하여 아내가 병이 있거나 혹 사별(死別)이 있다.

■ 곤명(坤命)

높고 깊은 산과 같은 성정이라 바위가 드러나 나무가 많이 자라지 못하는 것처럼 고독하고 타인에 대한 원망이 있으며 성정이 패도적(佩刀的)이라 애교가 없고 드러난 바위처럼 중성적(中性的)인 기질이 드러나며 지나친 고집으로 배우자와 자식의 복도 박한데 모두 자신이 만들어낸 화(禍)이다. 남편이 무능하면 탈이 없을 것이고 재관백호(財官白虎)라 한다.

지지(地支) 진토(辰土)의 지장간(地藏干) 을목(乙木)은 관성이니 남편을 의미한다. 백호(白虎)의 관성(官性)은 남편의 무능과 경제력 없음을 말하니 스스로 사회활동으로 가계(家計)를 꾸리며 남편의 경제력에 기대면 남편이 떠나거나 사별 가능성이 높다. 남편의 복이 있다면 결국 사별의 가능성을 두려워해야 할 것이기에 종교에 의지함도 도움이 된다.

무진일주(戊辰日柱)는 지장간(地藏干) 재성이 일간과 암합하는데, 암합된 재는 기본적인 재물이 있음을 의미하니 재물을 꾸러 다니는 일은 없다. 진토(辰土)의 경우는 재성으로 쓸 경우 진(辰), 사(巳), 오(午), 미(未)의 운이 아니라면 눈여겨 물성 변화를 읽어내야 한다.

무진(戊辰)은 백호대살로 육친 중 누군가 혈광지사(血光之死)의 액과 한을 품고 죽는다는 이치를 따진다 하니 두렵다. 백호대살은 흉포(凶暴)한 살성(殺星)이라 보는데 남편을 잡아먹고 두 번 시집간다는 속설이 있다.

2. 세운의 변화

申子辰年 : 이사, 이동, 직업 변동

亥年　　 : 신경쇠약, 정신 질환, 병원 출입

戌年　　 : 관재수, 구설수, 사고수, 부부 풍파, 이별수, 수술

丑年　　 : 관재수, 구설수, 사고수, 형옥(刑獄)

酉年　　 : 이성 만남, 좋은 일이 생김

壬戌年, 甲戌年 : 흉한 해이고 일반적으로 辰年은 辰戌沖이 되므로 일반적으로 변화가 심하고 運路가 좋지 않다.

3. 물상

무(戊)는 높고 깊은 산으로 새와 짐승이 있지만 사람이 찾지 않으니 외롭다. 진(辰)은 벌판이며 농토(農土)의 흙이니 습기(濕氣)가 있어 나무와 풀이 잘 자란다. 따라서 무진(戊辰)은 거대한 산과 흙의 조화를 살펴야 한다. 즉 태산 속의 진흙과 같다. 달리 보면 태산 아래 펼쳐진 진흙이라 태산이 솟아 태양을 가리니 그늘이 져 습하고 가려지니 마음의 병(病)이 오고 스스로 만든 비밀이 많으며 햇빛을 보기 어려운 것처럼 밝음이 떨어져 꽁하는 성품으로 늘 초조하고 불안하다.

무(戊)는 높은 산으로 나무들이 잘 자라지 못하고 자란다 해도 눕거나 어쩌다 한 그루 서 있는 격이니 굵은 나무를 볼 수 없고 굽은 나무뿐이라

새도 보기 힘들고 헐벗어 흙이라고는 보기 힘드나 땅이라 해도 식물이 마음껏 자랄 수 없는 것처럼 풍화작용(風化作用)이 일어난 후에야 흙이 만들어져 식물이 자라는 것처럼 때를 기다려야 하니 고통과 시련을 겪어야 본연의 모습과 위세가 나타난다.

태산이라 할 만하니 위엄이 있고 뚝심이 있어 우직하고 고집과 신용(信用)도 있지만 백호(白虎)를 피하긴 어려워 육친(六親)의 혈광지사(血光之事)가 두렵다.

4. 특성

무토(戊土)가 천간(天干)이라 만물을 포용하고 생산하는 봄에 토의 기운이니 생산과 명예 재물을 의미하며 활동력과 고상함을 보여준다. 재물에 대한 실리를 추구하나 경쟁과 대립에서도 예의를 갖춘다. 명예심과 재물에 대한 욕구와 집착, 경쟁심도 조화를 이루니 세속적인 성공이 따르는 일주이다. 즉 일간이 양간이고 지장간(地藏干)의 정재가 음간이니 재산을 추구하는 마음이 강하다.

5. 육친관계

■ 건명(乾命)

부친보다 모친 운이 길지만 백호살로 부모의 인연이 고르지 못하고 부친의 횡사(橫死)가 의심된다. 모친 운이 길어 부부의 화락을 방해하지만 인연은 길다. 아들과 딸을 골고루 둘 것이다. 배우자궁은 부실한데 때로 이별과 사별의 운이며 배우자의 병약은 확연하다.

◼ 곤명(坤命)

애교가 없고 고집과 자존심이 극강하니 부부운은 좋지 못하고 때로 사별과 생사이별의 운도 있으며 백호대살이 작용하면 남편을 잡아먹고 재가 한다고 하니 애닮다. 사주에 금(金)의 오행이 있으면 훌륭한 자식을 기대한다. 배우자가 있어도 본인이 사회생활로 가정을 책임져야 하고 늘 배우자로 고통받고 우울과 고독이 겹친다.

6. 학업

◼ 건명(乾命)

지지(地支) 비견이라 경쟁심으로 공부하는데 사주원국(四柱原局)에 화(火)가 없으면 인내와 노력 부족이라. 학문의 길이 아득하지만 목화(木火)의 오행이 적당하면 좋은 학교 인연이다. 돈과 관련된 학문에만 관심이 있고 장기간의 공부는 힘들다. 행정학, 경영학, 경제학, 예술, 스포츠, 공학이 좋은 전공이 된다.

◼ 곤명(坤命)

곤명(坤命)은 행정, 경영학, 경제학, 가정관리학, 어학이 좋은 전공 학문이 된다.

7. 결혼운

◼ 건명(乾命)

이성에 관심이 있어도 지지(地支) 비견이라 배필이 늦다. 어려서 연애해도 겉으로 드러나지 않으며 결혼이 늦어지는 이유로 부모와 갈등이 있다.

자식은 곧 들어서지만 지지(地支) 비견은 배우자의 운을 방해하여 화목은 힘드나 부부의 인연은 긴 편이다. 쥐띠, 소띠, 용띠, 뱀띠, 양띠, 원숭이띠, 개띠가 좋은 배필이다.

■ 곤명(坤命)

배우자 궁이 부실하여 이별, 사별, 별거의 운도 있으며 배우자 병약은 불 보듯 하고 배우자의 작첩이 보인다. 쥐띠, 소띠, 범띠, 토끼띠, 용띠, 양띠, 개띠 남자가 인연이다. 배우자로 인해 우울하고 고독이 보이는데 그나마 사주 원국에 관이 잘 짜이면 부귀를 누린다 하나 일반적으로는 자신이 나서서 활동해야 배우자가 온전하고 가사에 매진하면 이별수라.

8. 직업

직장 인연이 강하나 사주원국(四柱原局)에 임(壬)과 해(亥)의 글자가 있으면 사업의 인연도 있다. 조직에 투신하면 공직, 일반 사회 조직, 토목, 건축, 금융 등이 인연이고 사업을 한다면 해운, 수산, 건축, 식품 대리점, 납품 사업이 좋다. 무진일주(戊辰日柱)의 지지(地支)는 관백호(官白虎)라 군경이나 무관직, 공무원, 군인, 외과의사도 좋다. 사주가 탁하면 칼을 사용하는 직업인 도축업이나 푸줏간도 해당한다. 그 밖에 사업으로 토건, 광산, 농축산, 임업, 종교계통도 무관한 직업군에 속한다.

지지(地支) 진토(辰土)는 유금(酉金)과 합을 이루는 속성이 있다. 비견이 합을 하여 식상이 되므로 타인을 이해하고 배려하는 마음으로 변화하며 활동을 통해 재물을 추구하고자 한다.

9. 성적 욕구

■ 건명(乾命)

근본적으로 강한 정력을 지니고 있으며 색도 밝힌다. 재물이 없을 때는 오래도록 한 상대만 상대하지만 재물이 쌓이면 여색을 탐해 재물을 소비한다. 성교는 단조롭고 변화를 추구하지 않으며 이기적 행위를 요구한다. 무토(戊土)는 열기를 보관한다는 의미이고 천천히 방출할 줄 아는 것으로 이는 지속력을 의미하니 자신만만이다. 의처증이 있는데 사주원국(四柱原局)에 비견이 많으면 지나친 색정으로 번뇌가 따른다.

■ 곤명(坤命)

근본적으로 성적 호기심과 욕구가 강하다. 표면적으로는 중성적인 기질이 드러나지만 내면으로는 활화산 같은 욕구가 있어 자신이 사랑하는 파트너는 목숨을 건다. 남편과의 불화는 결국 외정의 단초가 되며 일반적으로 토(土)가 두꺼우니 수(水)의 기운이 고갈되어 성교시 분비물이 적을 것이다. 따라서 오르가즘을 느끼기에 시간이 걸려 전희와 애무가 길어야 만족하며 사주 원국에 금(金)이 투간되면 오르가즘에 오르는 시간이 짧아진다. 토(土)와 수(水)의 조화가 이루어지면 질의 조임이 좋아질 것이고 지지(地支)의 합이 많으면 질의 조임이 좋으며 분비물도 많다.

10. 질병

무(戊)는 토(土)의 성분으로 위와 비장에 영향을 미치고 진(辰)도 토(土)의 성분으로 비장과 위장뿐 아니라 가슴, 피부, 좌측 어깨에 영향을 미친다. 따라서 무진일주(戊辰日柱)는 일주에서 나타나는 병을 중심으로 혈압, 습진, 풍질, 신경계의 질환을 조심해야 하며 때때로 수술수가 있다.

6장. 기사(己巳, 戌亥空亡)

1. 사주의 특성 (戌7, 庚7, 丙16)

효신살 梟神殺	일찍이 부모와 생이별하거나 인연이 박하거나 없거나, 모친과 아내가 불화한다. 효란 올빼미를 말하는 것으로 자라서 어미를 잡아먹는 습성을 가진 새로 흉하니 집안에는 올빼미나 부엉이의 그림, 혹은 박제를 두지 않는다. 인정이 많아서 남에게 주기를 좋아하나 속으로는 냉정하고 이해타산이 있으며 자신의 마음을 속인다.
천일관 千日關	생후 천일째 되는 날에는 밖에 나가지 말라하여 출생 3년 이내에 경풍(驚風), 토(吐)의 액이 있다 하며 小兒關殺符로 많이 쓰이는데, 의학이 발전하지 않았던 과거 시절에 주로 쓰였다.
곡각살 曲角殺	곡각은 신체 어느 부위에 병이 있어서 불구가 되는 뜻이다. 곡각은 사주 중에 2~3개 있어야 작용하는데 등뼈가 고르지 않거나 불구의 형태를 가지며 신경계통이나 수족에 이상이 있다. 또한 자기가 양자가 되거나 양자를 맞이하게 되는 뜻이 있다.
계비관 鷄飛關	甲己는 巳酉丑, 乙丙丁戊는 子, 庚辛壬癸는 寅午戌을 보면 계비살이니 가축을 살생하는 것을 보면 질병에 노출될 위험이 있다고 하여 小兒關殺符로 많이 쓰였지만 10세가 지나면 액이 소멸된

낙정관 落井關	다. 甲己일에 巳, 乙庚일에 子, 丁壬일에 戌, 戊癸일 생이 卯를 보는 것으로 수재(水災)나 물에 빠져 죽는다. 직업에도 영향있다.
신병살 身病殺	을사(乙巳), 을미(乙未), 기사(己巳)가 일시(日時)에 있으면 병이 끊이지 않고, 늘 몸이 아프다는 암시가 강하다.
금신 金神	을축(乙丑), 기사(己巳), 계유(癸酉)일이며, 일시(日時)에 겹치면 사법관으로 출세하거나 무관으로 장성의 지위에 오른다.
음인 陰刃	정사(丁巳), 기사(己巳), 계해(癸亥) 일주로 독선적이며 칼을 맞는다는 암시가 있어 남의 비방(誹謗)을 받고 재물에 실패수가 따른다.
천라지망 天羅地網	戌亥는 天羅, 辰巳는 地網인데, 감금, 구속, 시비, 송사 등의 구설이 따른다. 곤명(坤命)은 공방수나 파혼의 운이고 자녀궁에 흉사가 있다. 활인성이라 검경계나 법조계, 의약계, 역학계, 종교인 등과 연관이 깊다. 辰과 戌은 첨단산업이나 공업 계통으로 진출하며, 戌과 亥는 天文星으로 지혜총명하고, 天主敎의 신앙을 믿는 사례가 많다.
왕 旺	세가 왕성한 것을 뜻한다. 사주원국에서 일주를 지탱하는 조건이나 용신이 왕성한 것이다.

■ 건명(乾命)

기(己)는 적당한 습기를 머금은 너른 벌판이니 곡식(穀食)과 초목(草木)이 자라는 논과 밭이며 말과 양이 뛰노는 벌판이고 나무들이 자라는 밀림(密林)이다. 사(巳)는 불이고 뱀이며 뜨거운 여름이니 기사일주(己巳日柱)는 초원에서 한가롭게 노니는 여름의 황토석 뱀이고 초원을 달리는 여름의 말처럼 활기차다.

따뜻한 양광(陽光)이 만물을 자라게 하는 시기로 곡식이 왕성하게 자라는 때이니 곡식이 가득하고 모든 기가 왕성하니 극대화된 활동을 하게 되어 몸을 많이 다친다. 일하는 것도 거칠고 다치는 것도 거칠어 무엇을 하든 늘 다치기가 그치지 않으니 신병살(身病殺)이라.

지혜 총명하고 신용과 신의가 있으며 예의 바르고 겸손하다. 인정이 있고 보수적이며 준법정신이 드러나는 온후한 성품이라 자기주장을 드러내지 않으며, 안정과 체면을 중시하고 겉으로 약해 보여도 강직한 면이 있으며 활동적이다. 표면적으로 예의가 있고 행동이 조신하며 계산적이지만 자기주장이 강하고 독선적인 면이 드러난다.

예의를 내세우지만 매사 불평이 있고 직관력을 중시하며, 불같은 성격으로 매사 적극적이고 긍정적이지만 개척의지 부족과 현실에 안주하려는 성향도 강하다. 재물에 대한 욕구도 강해서 신앙심을 바탕으로 타인을 이해하고 배려하며 활동력을 바탕으로 재물을 추구한다.

지장간(地藏干)의 경(庚)은 금(金)의 성분으로 제련되지 않은 철광석(鐵鑛石)으로 인간의 손이 닿지 않은 태초의 금속성(金屬性)과 같아 원초적이고 본능에 충실하다. 철의 재질이라 해도 누구도 손을 대지 않았거나 제련되었다 해도 무겁고 둔중한 쇠이다. 쇠를 부어 만든 큰 종(鍾)과 같으니 목소리가 크고 맑으며 듣기 좋지만 지나치면 시끄럽고 말이 많고 자신의 주장이 지나치다. 내면의 감정이 풍부하여 내뱉기 좋아하고 노래도 잘하는 성정이 숨어 있어 언젠가는 드러난다.

지지(地支)의 음인(陰刃)은 독선적(獨善的)인 성향이라 친구가 없고 고독(孤獨)을 느끼지만 사고의 틀을 깨거나 독선적인 마음을 바꾸기 힘들다. 지장간(地藏干) 병화(丙火)는 태양(太陽)이라 외음내양(外陰內陽)의 구조라 천우신조(天佑神助)로 돕는 조상이 있어 위기에서 탈출하는 신기로운 일들을 보여준다.

바삐 움직이는 것을 좋아하여 머뭇거리지 않고 극단적으로 교통이 편한 곳을 좋아하고 이동하거나 어디를 가도 뒤처지지 않는 것처럼 항시 분주(奔走)하여 공사다망(公私多忙)하며 수시로 변화에 적응한다. 빠르게 움직이며 강한 척하지만 사실은 음인으로 강한 체력은 아니다. 자신이 리더의 역할을 하고 싶어 하는 성향으로 여러 사람이 어울려 하는 일을 싫어하거나 어려워하고 직원(職員)으로 일하는 것을 싫어하니 독립적인 일이 어울리고 고집이 너무 강하여 오너로서도 부적격이다.

기사일주(己巳日柱)는 내적으로 고독하고 독선적인 성향이라 타인을 무시하는 경향도 있어 늘 불화의 소지가 있는데다가 마무리 약하고 실속도 약하나 초지일관(初志一貫)과 백절불굴(百折不屈)의 기상으로 일한다.

때때로 부조화를 만들어 내는데 지장간(地藏干)의 상관(傷官)과 겁재(劫財)는 사업이나 행동의 예측이 불가능하고 재물(財物)의 집착이 커서 불의와도 타협한다. 따라서 재물에 대한 욕심으로 일생 동안 형(刑)을 살고 잉여(剩餘)의 몸이 될 가능성이 있어 평생에 한 번은 수옥(囚獄)에 갇힐 수 있다. 나이 50이 넘으면 그 기운이 약해지나 그 기운이 완벽히 사라지는 것은 아니다

지지(地支)는 인수(印綬)이며 음인(陰刃)이라 부부의 운은 기대하기 힘든데 모친이 사사건건 간섭을 하니 부모와 타인에게 의지하려는 속성이 있고 결혼의 운에도 모친의 간섭이요, 결혼 후에도 간섭이니 고부갈등에 부부불화가 이어지고 효심 깊으나 모친으로 인한 근심 있다. 건명(乾命)이 지지(地支) 인성이면 마마보이의 성격이라. 엉큼한 속성도 있어 법을 어겨 잉여의 몸이 되건 집을 떠나게 되거나 속박(束縛)을 당해 처의 인연

이 바뀔 가능성도 높다.

■ 곤명(坤命)

지혜 총명하고 재주 많아 건명(乾命)과 비교하면 비교적 충실한 삶이지만 이기적(利己的)이고 타산적(打算的)인 경향을 숨기지 못하고 인정을 베풀지만 이기적 성향도 드러나 변덕이 심하니 상대에 대한 기분 변화가 예측하기 어렵다. 혼담(婚談)은 백리 밖에서 전해질 것인데 극단적으로 여행지(旅行地)에서 사랑하는 사람을 만날 가능성이 높다.

부부궁에 형액(刑厄수)의 기운이 비치니 남편 덕은 없어 조혼(助婚)하면 남편이 무력해지는데 이별, 별거의 운이며 남편이 백수(白手)나 건달이기도 하고 범법자(犯法者)나 죄인이 되기도 하는데, 때로 아내에 매달려 살려고도 한다. 가능한 만혼(晩婚)이 좋으며 횡액(橫厄수)을 지우려면 교육이나 의약계에 종사하는 남편이 최상이다. 칼을 쓰거나 무기를 다루고, 때로 권력을 지닌 남편이야말로 최고의 궁합(宮合)이다. 검찰이나 경찰, 셰프, 정육점(精肉店)을 운영하거나 식당의 운영자, 횟집 주방장(廚房長)도 좋다. 이처럼 칼을 쓰는 남자를 배우자로 얻는 것도 하나의 방법이다. 그럼에도 병이 끊이지 않는 경우가 많은데 이는 활인이 되지 않은 까닭이다.

인정이 넘치지만 변덕도 심하고 시댁보다 모친을 챙기니 부부갈등에 고부갈등이 증폭된다. 다행히도 배우자의 사랑은 보이는데 인성을 지지(地支)에 깔아 혼인 후에 친모(親母)를 봉양하는 경우가 아주 많다. 곤명(坤命)은 늘 몸이 아프고 사소하지만 다치는 경우가 다반사다.

2. 세운의 변화

巳酉丑年 : 이사, 이동, 직업 변동
戌年　　 : 신경쇠약, 정신 질환, 병원 출입
亥年　　 : 관재수, 구설수, 사고수, 부부 풍파, 이별수, 수술
寅申年　 : 관재수, 구설수, 사고수, 형옥(刑獄)
申年　　 : 이성 만남, 좋은 일이 생김
乙亥年, 癸亥年 : 흉한 해이고 일반적으로 亥年은 巳亥冲이 되므로 일반적으로 변화가 심하고 運路가 좋지 않다

3. 물상

기(己)는 곡식과 풀이 자라는 너른 벌판이고 사(巳)는 뱀이며 활활 타오르듯 열기가 뿜어지는 여름이다. 기사(己巳)는 꿈틀거리는 곡각의 글자이고 여름에 풀밭으로 기어가다 고개를 세운 누런 뱀이다.

뱀띠의 성정은 차가운 냉혈동물(冷血動物)이 아니라 불의 성격이라, 애정이 깊고 이루는 집념이 사(巳)의 성정이다. 뱀은 우리 전설에도 나오는 동물이고 봄에 나와 한여름을 지나 가을에 땅 속에 들어가 겨울잠을 자는 생태적 특성(生態的特性)으로 죽음과 삶의 영혼(靈魂)의 상징으로 표현된다. 뱀의 생물학적 순환은 신적(神的)인 개념으로, 순환(順換), 재생(再生), 윤회(輪廻)와 같은 개념을 나타내게 되고 신앙(信仰)의 대상으로 등장하고 있다.

뱀띠는 침착한 성격적인 특징이 있고 풍부한 감정과 집념이 깊고 필요한 것을 손에 넣는 치밀함과 밀어붙이는 힘도 있다. 뱀의 애정은 새끼를 꼰 것처럼 과격하다. 뱀띠는 비교적 용모단정(容貌端正)하고 섹스어필하

다.

 기사일주(己巳日柱)의 운수(運數)는 시간이 지날수록 결과가 나타나는 진보형(進步形)이며 만년운수(晚年運數)에 크게 성공한다. 활동력과 주장이 있고 겉으로는 입을 다무니 음(陰)하나 속은 양의 성분이라 음인(陰刃)이니 불굴의 의지가 결과를 이루나 종종 독선으로 흐른다.

4. 특성

 기토(己土)는 교육(敎育)과 양육(養育)의 별이다. 인내와 노력이 있어 결국 성공하고 나름 고상하고 가르치는 모임에서 우두머리 성향이고 자기중심적 사고가 흠이나 베푸는 것으로 해소한다. 사주원국(四柱原局)에 신(申)과 유(酉)의 글자가 있으면 침체의 기간이 길어 고통이 심하지만 활동적으로 노력을 하고 자기중심적이지만 봉사를 함으로써 성향이 희석된다.

5. 육친관계
▣ 건명(乾命)

 부친 인연은 짧으니 부모덕이 없다. 처덕은 있으나 배우자로 인한 근심은 반드시 생기리라. 처보다 모친을 먼저 생각하고 지지(地支) 편인이라 모친의 간섭이 심하고 결혼을 하면 고부갈등이며 부부불화가 있는데 배우자 인연을 모친이 간섭하니 갈등관계가 조성된다. 모친을 모시고 살면 결혼이 늦어지기도 한다. 사주 원국에 수(水)와 목(木)의 오행이 고르면 아들·딸이 고르다.

▣ 곤명(坤命)

딸이 많고 아들이 적다. 결혼이 늦어져 속을 타게 하는 딸이 있는데, 이혼하고 다시 돌아와 속을 상하게 하는 딸이 있을 가능성이 매우 높다.

6. 학업

▣ 건명(乾命)

사주 원국에 유(酉)자가 있으면 두뇌총명하지만 없으면 좋은 성적을 기대하기 힘들다. 단 인내와 노력이 있어 세월이 흐르며 성적이 오르고 발전이 있다. 사주원국(四柱原局)에 화(火)의 오행이 거듭 있으며 유학을 보내는 것이 좋은 결과를 가져온다. 사주원국(四柱原局)에 오행이 고루 분포하면 학위가 다양하게 될 것이다. 전공은 어학, 행정학, 공학, 스포츠, 예술계열이 좋다.

▣ 곤명(坤命)

지혜가 있고 총명하지만 계산적이고 이기적으로 행동하여 그룹으로 공부하기는 힘이 든다. 어학, 가정관리학, 교육, 예술이 전공으로 좋다.

7. 결혼운

▣ 건명(乾命)

지지(地支) 인성으로 모친간섭이 심해 연애 운이 나쁘고 배우자 결정에도 모친이 개입하니 갈등이 있고 결혼해도 고부갈등이 있고 부부불화로 이어진다. 효도하고자 하여 모친을 모시고 살면 결국 간섭으로 부부갈등이 심하다. 쥐띠, 소띠, 뱀띠, 말띠, 원숭이띠, 말띠, 돼지띠 여자가 좋은 배필감이다.

■ 곤명(坤命)

친정 출입이 빈번하니 시모가 좋아하지 않을 것이고 처가살이를 하는 남편을 들일 가능성이 높다. 배우자궁은 좋으나 남편 덕은 없어 이별, 별거의 가능성 높다. 쥐띠, 소띠, 범띠, 토끼띠, 말띠, 원숭이띠, 닭띠, 돼지띠 남자가 좋은 인연이다.

8. 직업

직장길이 좋은데 공직, 교직, 일반회사, 무역 분야가 좋고 사주원국(四柱原局)에 신유해(辛酉亥)자가 있으면 자격사업이 좋다. 의약업, 학원, 설계사무소, 통상업, 변호사, 회계사 등이 어울리고 재물은 세월이 흘러야 쌓이니 차분하게 사업을 이끌어야 한다.

기사일주(己巳日柱)는 교육계, 언론계, 종교계 등으로 진출하는 경우가 많은데 해외출입도 무시할 수 없다. 해외 파견이나 출입이 잦으면 이사도 잦다. 물질적인 것을 추구하지만 정신적인 사업으로 진출하여 성공하는 경우가 많다.

9. 성적 욕구

■ 건명(乾命)

호색이 지나쳐 대상이 없으면 잠을 자지 못하는데 상대를 자기가 유도하고 적극적인 애무와 사랑의 표현을 요구한다. 정력이 지나치게 강하고 색을 즐기는데 이는 일간이 강하고 흙이 메말라 물이 필요한 증세와 같다. 성적인 행위를 즐겨 함께 즐거워야 만족하는데 지나치게 무리하거나 사주 원국에 화(火)의 오행이 지나치면 조루 증세가 생기거나 성불능자가 있기도 하다. 아울러 이성에게 성적으로 강한 인상을 주고 지식을 갖추지 못하면 변태적인 성행위를 추구하고 사주원국(四柱原局)에 금(金)의 오행이 있으면 폭발적으로 분출하는 속성이다.

■ 곤명(坤命)

성욕이 강하고 정열적이지만 상대와 성적 행위에 대해 호불호가 명확하고 사랑해도 한 번 거부하면 절대 응하지 않음으로써 상대방의 애를 태우고 부부의 관계를 위험으로 내몰기도 한다. 사주 원국에 화(火)가 강하면 성교에서 여러 번의 오르가즘을 느끼며 금수(金水)가 적당하다면 화(火)의 기운으로 질식할 듯한 오르가즘에 몸을 떤다. 수(水)가 적으면 분비물이 적어 성교 시 고통이 있다. 다만 사주원국(四柱原局)에 인성이 많고 재성이 약하면 조루증 남편을 만난다.

10. 질병

기사일주(己巳日柱)의 기(己)는 토(土)이다. 토(土)는 위장과 비장을 표현한다. 사(巳)는 화기이며 심장과 소장을 의미하고 얼굴, 인후, 치아, 항문을 의미하기도 한다. 기사일주(己巳日柱)는 심장병과 위장병을 얻기 쉽고 혈압의 상승이 몸을 망치기도 한다. 당뇨와 중풍 등의 성인병에 노출되기 쉬우며 지지(地支)의 사(巳)는 역마살과 곡각살을 모두 나타내니 수술수와 교통사고를 조심해야 한다.

7장. 경오(庚午, 戌亥空亡)

1. 사주의 특성 (戊7, 丙7, 甲16)

복성귀인 福星貴人	갑인(甲寅), 을축(乙丑), 병자(丙子), 정유(丁酉), 무신(戊申), 기미(己未), 경오(庚午), 신사(辛巳), 임진(壬辰), 계묘(癸卯)가 해당되며 선천적으로 복이 있고 인덕(人德)이 있어 발전하여 행복을 얻는다.
장성 將星	문장이나 무인으로 이름을 날릴 수 있는 좋은 살이지만 자기중심적인 생각이 강하고 고집이 있다. 편관이나 양인살과 동주하면 권력을 장악하고 재성과 동임하면 국가재정을 장악한다.
칠살도화 七殺桃花	편관 도화, 日干과 年干을 剋하면 패가망신, 도화병(病)으로 죽을 수 있다. 사주에 칠살과 같이 있으면 색난(色難)이 있고 여성은 성폭행의 운에 화류계의 운도 있다.
탕화살 湯火殺	寅午丑일생에 해당한다. 화상, 화재, 음독, 가스중독, 부상과 염세비관이 따른다. 탕화살이고 일시가 午丑이면 본처와 해로가 어렵고 무자식의 운이다. 일시가 오축이고 재성이 태과하면 아내가 문제 있고 관성이 태과하면 남편에게 문제가 생긴다.
계비관 鷄飛關	甲己는 巳酉丑, 乙丙丁戊는 子, 庚辛壬癸는 寅午戌을 보면 계비살이니 가축을 살생하는 것을 보

	면 질병에 노출될 위험이 있다고 하여 小兒關殺符로 많이 쓰였지만 10세가 지나면 액이 소멸된다.
욕浴	12운성의 한가지로 마치 도화살과 성질이 비슷한 기운이다.

■ 건명(乾命)

경오일주(庚午日柱)의 지지(地支)인 오(午)는 정관(正官)이다. 정관은 지배자이며 지배하는 기관, 조직, 회사, 국가(國家)를 의미하고 상황이나 격국(格局)에 따라서는 남편이나 올바른 판단, 단정하고 정도(正道)를 지키며 의리를 나타내는 속성이다. 규칙 준수에 시비가 정확하고 신용과 명예욕이 있으며 명랑하고 보수적인 성향이다. 온순 담백하지만 냉정하고 맺고 끊음이 정확하여 환심을 얻고, 재주가 있어 자수성가 할 수 있다.

주관은 강하지만 인내와 지구력 부족에 이상이 크고 꿈이고 용감하지만 경박성이 있으며 강자에게 강하고 약자에게 약하다. 정관이 욕궁(浴宮)에 좌하였으니 사교적(社交的)이며 주색(酒色)을 즐기니 색난이 염려된다. 타인의 지배에 익숙하고 큰 재물은 약하며 허영과 낭비벽이 있다.

지지(地支) 정관이니 공직(公職)에서 성공 가능성이 높으며 일반조직의 적응력이 있으니 취업 시 1순위는 공직을 바라보는 것도 좋다. 지지(地支) 정관이니 표면적으로 공평무사(公平無私)에 칭송(稱誦)이 있고 공정성(公正性)있는 일처리 감각이라 조직생활이 유리하지만 주변 사람들이 알아주지 않으니 섭섭하고 속상하다. 의타심이 있고 마음에 드는 대상에게 모든 것을 털어놓고 반대의 경우는 지나치게 비판적이다.

표면적으로 의협심을 드러내고 순수하며 시비를 가리는 모습을 보인다.

안정과 명예를 중시하고 유연성과 융통성은 부족한 모습을 보이지만 내면으로는 원칙과 소신에 따라 행동하고 언변이 있으며 시비가 분명하고 결단성을 보인다.

지지(地支) 정관이라 공무원(公務員)으로 진출하면 성공 가능성이 높고 겉으로 보아도 건전한 사고방식이 드러나지만 속은 알 수 없다. 남들 앞에서 권위를 내세우고 지배욕을 드러내며 권위적으로 행동한다. 존경받고 우러름을 받기 원하지만 여의치 않으면 가정에서 고압적(高壓的)이고 권위적으로 행동하며 집은 등한시 여기고 아내나 자녀에게 대접받기를 원하니 결국 세월이 흐르면 처의 권력이 강해져 고통을 받는다.

자신의 인생이 가정과 아내, 혹은 가족을 위한 것이라 소리치고 외정(外情)을 즐기다 들키면 아내에게 타박을 하고 원인전가(原因轉嫁)를 하는 파렴치한 면을 보인다. 네가 사랑할 수 없는 여건을 만들어 나가서 바람을 피웠다는 식의 주장이다.

일지에 정관을 가진 남자의 처는 낭비(浪費)가 심하고 사치(奢侈)의 경향이 있는데 이는 정관을 가진 본인이 풍류(風流)를 좋아하기 때문이며 가정에 등한하기 때문이다. 이중 성격으로 자신감과 불안감을 느끼며 밖에서는 인정받지만 가정은 등한시한다.

말이 고개를 돌려 서쪽을 바라보는 물형이니 늘 딴생각을 하고 개방적(開放的)이고 외향적(外向的)이라 성정이 가정적(家庭的)이지 못해 밖으로 돌아치고 가정에 안주하지 못하며 지지(地支)가 욕궁(浴宮)에 있고 오(午)는 화기(火氣)로 번져나가는 빛의 속성이라 남에게 보여주기를 좋아하고 자랑을 해야 속이 풀리니 사치(奢侈)와 허영(虛榮)이라. 단 지지(地支)가 미토(未土) 식신과 합을 하려는 성분이라 비겁으로 화하니 자존심과 고집이 세어지지만 활동력이 증가하고 자영업을 하든 직장에 나서든 만족이 이루어진다.

경거망동(輕擧妄動)에 허언(虛言)이 신용(信用)을 잃고 지지(地支)의 칠살도화(七殺桃花)는 외정(外情)으로 자식을 두고 딴살림에 결국 파가(破家)에 이를 수 있다. 학문이 중단될 가능성이 높고 여자 문제로 고난이 있고 큰 수술의 운이 있으며 사업보다 조직에 유리함을 보여주는 명식(命式)이다.

지장간(地藏干) 병화(丙火)는 왕지(旺地)를 얻어 칠살과 도화가 함께 움직이니 칠살도화(七殺桃花)로 일상의 탈출은 욕정(欲情)의 분출(分出)로 이루어지니 외견(外見)은 건실(健實)하고 공명정대(公明正大)해 보이지만 내면은 알 수 없고 스트레스가 쌓이거나 고립에 몰리면 이성과의 욕구 배출을 통해 해결하고자 하는 경향이 있다.

가정(家庭)에 등한하니 처와 대립하고 경처가(驚妻家)에 이르고 처궁(妻宮)은 욕지(浴地)에 해당하니 덕이 없다. 사치나 허영을 누리고 대운(大運)이나 세운(世運)에 인목(寅木)이 와서 지지(地支)인 오화와 합하면 타인의 재물을 관리하다 선을 넘는다.

◼ 곤명(坤命)

용모가 수려한 배우자를 만나고 부덕(夫德)도 있으며 매우 좋은 인생향로(人生向路)를 알 수 있다. 대단히 시각적(視覺的)이라 보이는 것을 믿고 추구하니 용모가 수려한 남자를 반려자(伴侶者)로 고르고 밖으로 나서기 좋아하며 남자와 같이 활동하는 것을 선호하여 직업을 가지거나 사회 활동에 전념하는데 일신의 치장과 행동에 있어 화려함을 추구하는 것이 일상이라 가난하면 한탄이 된다. 호화로움과 자존심을 추구하니 고급스러운 갤러리, 뷰티 샾, 아뜰리에, 호화스러운 바, 고급 호텔을 선호한다.

간혹 남편이 모르는 자식을 두기도 한다. 부부의 궁을 깨고 각자 나름의 길을 갈 생각이 아니라면 신중한 판단이 요구된다. 화려하게 꾸미는 것을 좋아하고 개방적이며 외향적인 성품이나 남편의 덕을 입는 것이 확실하다. 그러나 욕패궁(浴敗宮)의 관살혼잡(官殺混雜)은 피할 길이 없으니 다른 이성과의 깊은 관계를 나타내는데 연하의 이성이 올 가능성 높다. 특히 자년(子年)이 오면 욕사(浴巳)의 충(沖)으로 배필에게 우환(憂患)이 오거나 명예(名譽)의 손상(損傷)이 오기 쉽다.

지지(地支)를 차지한 오(午)가 칠살(七殺)에 해당하니 이는 결국 남자문제라. 목욕(沐浴)의 관살혼잡(官殺混雜)은 연하남(年下男)과의 인연을 암시하는데 선을 넘으면 돌아오지 못할 일이 생길 수 있다.

2. 세운의 변화

寅午戌年 : 이사, 이동, 직업 변동
丑年　　 : 신경쇠약, 정신 질환, 병원 출입
子年　　 : 관재수, 구설수, 사고수, 부부 풍파, 이별수, 수술
卯年　　 : 관재수, 구설수, 사고수, 형옥(刑獄)
未年　　 : 이성 만남, 좋은 일이 생김
甲子年, 丙子年 : 흉한 해이고 일반적으로 子年은 子午冲이 되므로 일반적으로 변화가 심하고 運路가 좋지 않다

3. 물상

경(庚)은 금의 성분이고 오(午)는 말이니 백마(白馬)라고 하며 순수함이며 고귀하다. 백마의 상(象)으로 활동적이고 여행을 좋아하는 역마의 성분이며 천마(天馬)라도 되려는 듯 이상은 원대하나 이루기 어려우니 속상하고 개방적이고 외향적인 성품이라 밖에서는 인정을 받지만 가정은 등한시한다. 겉은 화려하지만 속은 비었으니 외화내빈(外華內貧)의 성향이라 빛 좋은 개살구라 허세와 허영심이 있어 배우자 관계는 좋지 않다.

4. 특성

평생 재물 활동을 하고 어디나 참여한다. 지지(地支) 정관은 명예, 조직, 직장, 자존심을 나타내니 어디서나 지도자 격이지만 괴롭기도 하고 고상함을 추구하고 종교와 철학처럼 형이상학적인 학문에 관심이 있어 직업으로 삼는 경우도 많고 원만한 처세술이 보인다. 잘생긴 편으로 사람들 모여 지출이 크고 사주원국(四柱原局)에 인(寅)의 글자 있으면 자금을 관리하는 능력 있고 진술축미(辰戌丑未)의 글자가 있으면 자신이 익힌 학문과 기술이 관련된 곳에서 이루어진다.

5. 육친관계

■ 건명(乾命)

병으로 신음하다 병사하는 부친이 있으니 인연이 약하고 배필 인연은 원만하다. 기본적으로 아들을 많이 낳는데 사주 원국에 수화(水火)의 오행이 고르면 아들과 딸이 고르다. 아들 중에 성공하는 자식 있으니 자식복 있다 할 것이며 배우자가 사치한다.

■ 곤명(坤命)(일반)

배우자를 잘 만날 가능성이 높지만 배우자가 작첩의 기운을 지니고 있으며 자식에 대한 근심이 늘 따라다닌다. 자식이 적고 인연도 고르지 않으니 이혼하는 딸이 있고 만혼(晩婚)의 딸도 있다.

6. 학업

■ 건명(乾命)

학업 중단이 염려되는바, 인내와 노력이 있고 사주원국(四柱原局)에 수화(水火)의 오행이 고르면 두뇌 좋고 좋은 학교 인연이나 수화(水火)의 오행이 고르지 못하면 2~3류 학교 운이다. 시간이 흘러야 학문성취가 있어 다종의 학위 취득도 가능하다. 행정학, 경영학, 경제학, 공학이 전공 학문으로 적합하다.

■ 곤명(坤命)

학업의 중단이 의심되고 행정학, 어학, 사회학, 교육학, 육영, 경영학, 경제학, 공학 등이 성공으로 이르는 학문이다.

7. 결혼운

■ 건명(乾命)

정당한 배우자 인연이니 연애와 결혼이 적절하나 사주 원국에 수(水)의 오행이 부족하면 처의 인연이 매끄럽지 못하여 갈등이 있고 사주원국(四柱原局)에 인(寅)과 미(未)의 글자 있으면 자식 낳고 결혼하는 경우가 있다. 배우자 복은 있으나 처가 병약하다. 소띠, 범띠, 토끼띠, 말띠, 양띠,

원숭이띠, 개띠, 돼지띠의 여자가 배필로 좋다.

■ 곤명(坤命)

현량한 남편을 얻으니 배우자 복이 있고 소띠, 범띠, 토끼띠, 말띠, 양띠, 원숭이띠, 개띠 남자가 평생의 좋은 인연이 된다. 단 사주의 구성에서 남편이 일지에 자리하니 연하의 남자를 만날 가능성도 있으며 배우자를 존경하지 않는 성향이다.

8. 직업

조직의 인연이 많고 사업운은 적다. 사주 원국에 해(亥)와 자(子)의 글자가 있으면 전문 기술로 조직 직장길 운인데 공직, 회사, 상과계열, 재무 분야 등이 좋고 경찰, 군인과도 인연이 있다. 자영업보다 관직이 좋은데 명예도 있다.

투기보다 정직하게 돈을 버니 간혹 자존심으로 사업을 벌여도 결과는 별로다. 애써 사업한다면 금속, 전자, 전기, 화공, 소방 설비 등이 적합하고 사주원국(四柱原局)에 인(寅)이 있으면 큰 조직과 연계한 납품사업, 대리점 사업, 용역사업이 많다.

9. 성적 욕구

■ 건명(乾命)

정력은 약하지단 색을 밝히고 기교가 있어 어떤 상대도 즐겁게 하는 능력이 있다. 특히 욕지(浴地)에 임하면 지위 고하와 나이를 불문하지 않으니 색난(色難)을 피하기 어렵고 유시생(酉時生)이면 변태 성향이다. 풍류와 주색으로 패가망신할 수 있다. 사주 원국에 화(火)의 기운이 강하면 정력에 문제가 생기고 수(水)가 적당하면 지속력이 있다고 보인다. 사주원국(四柱原局)에 양인이 있으면 음란하기도 하다.

▣ 곤명(坤命)

전희가 필요 없이 뜨겁게 달아오르는 몸이고 본능적이고 야성적인 성행위를 즐겨하지만 여름 출생은 몸이 건조하여 생리불순에 폐경이 빠르다. 유시생(酉時生)이면 남녀불문으로 변태적인 성향을 지닌다. 남편이 바람기 있고 색을 밝히며 사주원국(四柱原局)에 관성이 조열하여 마르면 조루증 남편이고 근본적으로 양인은 음란하다. 사주원국(四柱原局)에 금수(金水)가 충분하면 분비물 충분하고 오르가즘에 만족한다.

10. 질병

경오(庚午)일주의 경(庚)은 대장과 배꼽을 의미하지만 부수적으로 폐와도 영향이 있다. 오(午)는 태양을 의미하며 정신, 심장, 소장, 눈을 의미한다. 경오일주(庚午日柱)는 폐질환이 가장 염려된다. 그 밖에 대장염, 피부병, 변비 등이 나타나고 여성은 생리통에 시달리는 경우가 많다. 때로 화상으로 흉터가 생기기도 하고 세상사를 비관하는 염세주의로 흐르기도 한다.

8장. 신미(辛未, 戌亥空亡)

1. 사주의 특성 (丁9, 乙3, 己18)

효신살 梟神殺	일찍이 부모와 생이별하거나 인연이 박하거나 없거나, 모친과 아내가 불화한다. 효란 자라서 어미를 잡아먹는 습성을 가진 올빼미를 말하는 것으로 흉하니 집안에는 올빼미나 부엉이의 그림 혹은 박제를 두지 않는다. 인정이 많아서 남에게 주기를 좋아하나 속으로는 냉정하고 이해타산이 있으며 자신의 마음을 속인다.
계비관 鷄飛關	甲己는 巳酉丑, 乙丙丁戊는 子, 庚辛壬癸는 寅午戌을 보면 계비관이니 가축을 살생하는 것을 보면 질병에 노출될 위험이 있다고 하여 小兒關殺 等로 많이 쓰였지만 10세가 지나면 액이 소멸된다.
재고귀인 財庫貴人	갑진(甲辰), 병술(丙戌), 정축(丁丑), 무술(戊戌), 기축(己丑), 신미(辛未), 임술(壬戌)일주는 지지(地支)가 재성(財星)의 창고이니 부자가 된다.
남연살 男戀殺	갑인(甲寅), 갑신(甲申), 정축(丁丑), 기축(己丑), 무신(戊申), 신미(辛未), 임인(壬寅), 계미(癸未) 일주의 남자는 배우자 몰래 애인을 숨겨 망신을 당할 우려가 있다.
여연살 女戀殺	을축(乙丑), 정축(丁丑), 병신(丙申), 기미(己未), 경인(庚寅), 신미(辛未), 임인(壬寅), 임신(壬申)

	일주의 여자는 배우자 몰래 애인을 숨겨 망신을 당할 우려가 있다.
현침살 懸針殺	甲, 申, 未, 午, 辛의 글자를 말하며 몸을 잘 다치고 총이나 칼에 찔려 죽고 교통사고도 당한다. 時에 현침이 겹치면 그 작용력이 강하고 의약업계, 군인, 양복점 등으로 성공한다.
쇠 衰	왕성했던 전성기(全盛期)가 지나며 서서히 기울어 쇠퇴기(衰退期)로 접어드는 초로(初老)의 시기를 쇠(衰)라고 한다.

■ 건명(乾命)

신(辛)은 금(金)의 오행으로 백색, 서쪽, 어린 소녀, 다듬어진 쇠붙이이니 여인의 액세서리이고 몸을 치장하는 보석이며, 미(未)는 사막의 말라버린 땅이고 바닷가 모래사장이며 양(羊)이다. 신미(辛未)는 백양이다. 양은 협동 생활을 하고 싸우는 경우는 많지 않으니 표면적으로 순박하고 겸손하나 싸울 때는 죽을 때까지 물러서지 않고 미토(未土)가 조토(燥土)이듯 사람을 양육하는 능력이 떨어지고 깊은 인간미(人間美)가 적다.

신(辛)은 서쪽의 의미이고 미(未)는 양이니 저녁의 양으로 해 질 무렵, 태양이 기운다는 의미가 있어 표면적으로는 다정하고 안정되어 보이지만 내면은 차가운 얼음이라. 계절적으로도 미(未)는 뜨거운 땅이고 마른 땅이라 겉으로는 청결하고 따스해 보이지만 내심으로는 정이 마르고 목적에 맞지 않으면 돌아서는 메마른 심성을 지녔다. 즉 깔끔하고 강한 정신력의 소유자로 칼 같은 성정이 있으며 감정을 숨기나 불같은 성정이 드러날 수 있고 외골수에 자기중심적이며 명예를 중시하고 소신이 있어 시비를 분명히 한다.

주거(住居)와 직업(職業), 환경(環境)의 적응도 다변하고 불안정하니 모이고 흩어지는 성분이다. 천역(天驛)이라 하고 관록(官祿)을 얻지 못하면 고향을 떠나며 강산편답(江山遍踏)하고 곤욕과 수액(數厄)을 겪는데 몸보다 마음이 분주하여 운명적으로 돌아다니는 팔자이다. 돌아다니는 사업이 좋고 여행도 좋다.

신(辛)은 숙살지기(肅殺之氣)의 기운이니 냉정함으로 고집이 대단하다. 미(未)는 양(羊)이며 자존심이 세고 자신의 모든 것에 자만(自慢)이 있고 거만하고 독선적인데 사색(思索)의 학술적인 성향이 있다. 고향을 떠나면 귀향은 없으리라. 직업은 자유업, 기술직, 무역이나 외교관도 좋다.

표면적으로 재물에는 그다지 큰 욕심이 없고 사색을 즐기지만 자포자기(自暴自棄)가 강하고 청빈(淸貧)을 즐기고 논리적인 것을 좋아하며 대화의 맥을 끊거나 대립의 성향도 적지 않은데 지지(地支)의 미(未)는 천간(天干) 신(辛)의 재고(財庫)라 욕심이 넘치고 재가 처(妻)인지라 처를 고생시키는 성질이다.

지지(地支) 미토(未土)는 오화(午火) 편인과 합을 하는 성질이니 인성으로 변화가 오므로 인정과 체면을 중시하며 불안정한 일에는 거부감을 보이고 자기중심적 성향을 가지고 타인과 화합하지 못하는 면이 있고 인정도 그 깊이가 깊지 못하다. 피부가 희고 미인형이며 직관력도 있으며 섬세하고 세심하지만 감정 기복이 심하고 속마음을 숨기며 변덕스럽고 잔인하다. 이기적 성향이 강하고 맺고 끊음은 메마른 성정 때문이고 한 번 틀어지면 적이 되고 자수성가 운이다.

재고는 탐재괴인(貪財壞印)의 성격이니 신앙에 뜻을 두어도 길지 못하고, 탐재괴인이란 신약(身弱)한 일간(日干)이 재(財)를 탐하다가 인성(印性)이 피해를 보는 것이니 재극인(財剋印)의 구조라 여자나 재물을 추구하면, 도덕과 양심을 버리게 된다. 인성은 모친이라는 의미도 있지만 학문성, 정신력, 도덕, 법적 정당성, 인내심, 절제력, 결재권, 기타 유무형의 권리 등을 상징하는데 재물을 탐해 이러한 것을 잃는다는 것이니 결국 지나친 재물의 추구는 재앙을 불러들인다.

미(未)는 음력 6월의 바싹 마른 땅이라 조토로서 생금(生金)이 어려워 학문의 중도하차(中道下車)가 보이고, 자의상(字意象) 천간(天干)과 지지(地支)가 모두 현침(懸針)이라 수술수와 언어에 문제가 있고 글씨나 서예(書藝)에 소질 있고 재복(財福)도 있는 편이다. 문곡귀인(文曲貴人)이니 글자가 바르고 아름다우며 예체능계(藝體能系)에 소질이 있다. 지장간(地藏干)에 재관동림(財官同臨)이니 혼전 자식을 얻으며 처는 잔병이 많다.

재관인(財官印)이 반안(攀鞍)에 들었으니 말안장에 앉아서 출전하는 장수가 된다는 살이고 승진, 성공, 상승의 의미이다. 과거 반안살은 고독성으로 풀었으나 현대는 화폐, 돈, 재물로 재해석하니 형편이 좋아졌다는 의미로 볼 수 있다.

지혜와 눈치가 있어 능수능란(能手能爛)하고 재복이 있으며 인정과 욕심도 많으니 탐재괴인(貪財壞印)으로 신앙이나 학업에 뜻을 두어도 짧기만 하다. 지지(地支) 미토(未土)가 현침이고 재(財)가 양지(養地)에 놓여도 질병을 피하기 어렵고 지지(地支) 편인이라 고부갈등에 결국 부부불화이나 몸이 아프면 조금은 덜하다. 신미일주(辛未日柱)는 인격적(人格的)으로 성숙하기 어렵거나 영원히 덜 성숙한 상태로 일생을 살아간다.

■ 곤명(坤命)

활동이 많아 정부(情夫)를 만날 가능성이 높으나 가정불화까지는 아니며 지혜, 눈치로 일처리를 능수능란(能手能爛)하게 하는 수완가(手腕家)이고 인정이 있지만 욕심을 숨기지 못한다. 지장간(地藏干)에 관재인(官財印)이 모두 있어 인수와 재고가 합이 되면 친가(親家)의 유산 상속이 있고 음식 솜씨가 있다. 남편이 죽으면 재가하니 상부재가(喪夫再嫁)이거니와 남편이 죽지 않으면 바람에 빠져 있다.

큰 재물이 아니라면 재물의 인연이 적고 관고(官庫)이니 이성에 인기가 있으므로 남성에 대한 기대치가 높아 자신이 처한 상황을 파악하지 못하고, 고집은 있고 자존심이 강해 시선은 높은데 세상사 생각대로 이루어지지 않고 몸을 아끼지 못하니 재관동림(財官東臨)으로 혼전득자(婚前得子)의 가능성이 있는 전형적인 자좌관고(自坐官庫)의 유형이다. 자좌관고란 앉은 자리에 남자가 창고로 갇혀 있는 형국을 의미하는데 달리 부성입묘(夫星入墓)라고 하며, 남편의 덕이 약하다는 것인데 남편이 의약계나 군경계, 종교계에 종사하면 탈이 없다. 진토(辰土)의 묘운(墓運)에 상부재가(喪夫再嫁)의 운이 있고 활동력이 높으므로 인연을 따라 외도의 우려가 있다.

2. 세운의 변화

亥卯未年 : 이사, 이동, 직업 변동
寅年　　 : 신경쇠약, 정신 질환, 병원 출입
丑年　　 : 관재수, 구설수, 사고수, 부부 풍파, 이별수, 수술
戌年　　 : 관재수, 구설수, 사고수, 형옥(刑獄)
午年　　 : 이성 만남, 좋은 일이 생김
乙丑年, 丁丑年 : 흉한 해이고 일반적으로 丑年은 丑未冲이 되므로 일반

적으로 변화가 심하고 運路가 좋지 않다.

3. 물상

  신(辛)은 음금(陰金)이고 서쪽, 가을, 날카로운 칼, 장신구, 보석의 의미이며 미(未)는 양이며 마른 땅으로 사막, 먼지 날리는 흙으로 풀이 자라지 못하고 식물이나 동물이 깃들기도 어려운 땅이다. 신미(辛未)는 서쪽의 해 질 무렵의 양(羊)이고 가을의 양이며 서쪽의 땅이다. 일락서산(一樂西山)으로 일신(一身)에 적적함이 깃들고 사람이 흩어지며 육친 간에도 소원해지고 어울려 살기 어렵다.

  생각이 많고 서정적으로 순박, 겸손, 남의 말을 믿지만 돌아서면 생각이 달라져 신의(信義)가 약하고 틀어지면 끝까지 풀리지 않는다. 그러나 좋은 사람이라는 인식을 받고 있기 쉬우며 위기에 처하면 의무적이고 방어적이며 자기주관적(自己主觀的)이다. 현침이라 뾰족한 물건을 잘 사용하니 침(針)이나 주사, 혹은 가늘고 긴 물건을 사용하는 직업이나 예리한 물건을 사용하는 직업, 뾰족한 물체를 사용하는 직업에 적합하다. 아울러 뾰족함은 정밀함과도 통하니 기계류의 정밀한 작업이나 서예(書藝)에 소질을 보이기도 한다. 직업적으로도 의사나 약학(藥學), 혹은 한의사(韓醫師)에 어울리는 글자이다.

4. 특성

  만사를 재능에 의지하고 결실의 계절인데 미토(未土)는 조토이기에 수(水)의 오행이 없다면 결실이 어렵다. 고상함을 추구하고 신앙적 인연이 깊지만 밀어붙이거나 융통성이 없어 결실이 어렵고 사주원국(四柱原局)

에 수(水)의 오행이 있으면 의식주 걱정이 없이 살 수 있지만 수(水)의 오행이 없거나 화(火)의 오행이 지나치면 평생 의식주에 매여 산다.

지지(地支) 편인은 고부 갈등에 부부불화이고 재주와 재능을 의미하여 큰 재물을 꿈꾸나 화합이 멀고 융통성이 없어 인간관계는 힘들고 근본 성품은 인내심이 있고 흉량하나 말과 수술수가 두렵다.

5. 육친관계
■ 건명(乾命)

부친운은 좋지 않아 현달하지 못한 부친일 것이며 지지(地支) 편인으로 고부갈등이 보이고 남모르는 연정에 고통이 있는데 배우자궁이 부실해서 본인이 작첩할 기운이며 배우자와는 사별, 별거 운이 있고 배우자 병약에 고생시킬 것이다. 모친 동거로 결혼운이 늦어지거나 기회가 줄어든다. 아들을 많이 낳으며 딸의 운은 적은데 사주원국(四柱原局)에 수의 오행이 적으면 아들도 드물게 올 수 있다.

■ 곤명(坤命)

배우자궁이 부실하여 본인이 외정을 즐길 가능성이 높고, 이별, 사별, 별거의 기운이 있다. 기가 지나치게 강한 남편으로 갈등이 따르며 남모르는 연정이 있다. 아들이 드물고 난산을 겪을 가능성이 많다.

6. 학업
■ 건명(乾命)

두뇌는 평균 정도이나 인내와 노력이 있으니 세월이 흐른 후에 발전이 보이고 그럭저럭 좋은 학교의 인연도 있다. 그러나 사주 원국에 수화(水火)의 오행이 없으면 성취가 어렵고 나이가 들어서야 겨우 원하는 학문의 성취를 볼 수 있다. 법학, 종교학, 철학, 공학, 경영학, 경제학, 이학, 약학 등을 전공하면 좋다.

■ 곤명(坤命)

법학, 어학, 교육, 육영, 인문과학, 사회과학, 전문기술, 의학, 간호학 등이 어울리는 학문이다.

7. 결혼운
■ 건명(乾命)

이성에게 인기가 있고 일찍부터 인연을 찾지만 모친 간섭으로 성사가 어렵고 배우자 결정에도 모친 간섭으로 갈등이 있는데 결혼 후에도 고부 갈등이 있으며 이로 인해 처의 기가 강해져 고통을 받고 숨은 여자로 인해 갈등이 있다. 쥐띠, 소띠, 범띠, 토끼띠, 말띠, 양띠, 돼지띠 여자가 가장 이상적인 배필이다.

■ 곤명(坤命)

곤명(坤命)도 기가 센 남편이거나 숨겨둔 연정으로 갈등이 있다. 소띠, 토끼띠, 용띠, 뱀띠, 말띠, 양띠, 닭띠, 돼지띠 남자가 이상적인 배필이다.

8. 직업

기술과 관련한 분야가 만족감이 높고 사주원국(四柱原局)에 수의 오행이 없고 화(火)의 오행이 많으면 평생 기술과 관련된 조직에서 종사할 것이다. 특수직이나 공직도 좋다. 사주원국(四柱原局)에 수목(水木)의 오행이 많으면 사업으로 재물의 성취가 있다. 사업의 융통성은 발휘되나 기대에 그치고 마는 경우가 있기에 사업의 출발은 용기가 필요하다.

조직이나 직장에 투신한다면 공학, 전문기술, 무관, 경찰, 검찰, 토목과 건축, 금융과 건축에 관련된 조직이 좋고 사업의 길로 나선다면 전문기술을 바탕으로 하는 사업, 건자재, 섬유, 가구, 통상업, 교육, 육영사업, 물장사, 요식업이 재물을 벌어들일 수 있는 사업의 형태가 된다. 교육계, 예능계, 의약, 사법계, 수사기관이나 재정 계통에 많이 포진하고 있다. 편인과 화개는 역술이나 건축 토건과 같은 기술직에도 적성이 어울린다.

9. 성적 욕구

■ 건명(乾命)

근본적으로 색을 밝히지만 정력은 약하다고는 하나 병이 없으면 사춘기부터 갱년기가 지날 때까지도 성생활을 멈추지 않는데 세월이 흐를수록 활발해지고 욕구도 강해진다. 경이 천간(天干)에 자리하면 남녀가 모두 욕구 해소에 주저하지 않고 입술이나 얼굴색이 피부색에 비교해 검푸른 색에 가까우면 호색가이다. 입술이 자주색이거나 눈 밑이 분홍색을 띠면 도화라 색정이 강하고 눈썹이 강할수록 더욱 색적이다.

■ 곤명(坤命)

색정이 넘치나 건강이 문제이고 이성이 맛있다고 생각하는 모습을 지니고 있으며 먹음직스럽다고 생각하여 다가온다. 이는 미토(未土)의 성분이다. 한 번 관계하면 상대가 맛을 느껴 헤어지기 어렵고 색정도 발동한다.

여름에 태어나고 금수(金水)가 약하면 생리통 생리불순, 산후통이 있는데 근본적으로 분비물이 적어 성교 시 고통이 있고 체온은 높은데 수분이 증발하는 격이라 폐경도 일찍 온다.

10. 질병

신미일주(辛未日柱)의 기본 병력에서 신(辛)은 금(金)의 오행으로 폐와 대장, 다리를 지칭하고 미는 토의 성분으로 위장과 비장을 이야기한다. 명치와 척추도 의미한다. 신미일주(辛未日柱)는 폐질환에 신경 써야 하며 기관지, 위장병 계통도 조심스럽다. 지지(地支)가 너무 조열한 경우에는 치질과 귀의 병으로 전이 되어 고통을 준다.

9장. 임신(壬申, 戌亥空亡)

1. 사주의 특성(戊7, 壬7, 庚16)

효신살 梟神殺	일찍이 부모와 생이별하거나 인연이 박하거나 없거나, 모친과 아내가 불화한다. 효란 올빼미를 말하는 것으로 자라서 어미를 잡아먹는 습성을 가진 새로 흉하니 집안에는 올빼미나 부엉이의 그림, 혹은 박제를 두지 않는다. 인정이 많아서 남에게 주기를 좋아하나 속으로는 냉정하고 이해타산이 있으며 자신의 마음을 속인다.
십악대패 十惡大敗	十惡大敗日이란 유시무종(有始無終)하고 낭비가 심하고 불운을 만나면 가산을 탕진하여 대패한다는 암시가 있다. 庚戌年의 甲辰日, 辛亥年의 乙巳日, 丙申年의 壬寅日, 癸巳年의 丁亥日, 戊寅年의 甲申日. 甲辰年의 戊戌日, 乙亥年의 己丑日, 丙寅年의 壬申日, 甲戌年의 庚辰日, 乙亥年의 辛巳日 등이 해당된다
관귀학관 官貴學官	木일생은 巳, 火일생은 申, 土일생은 亥, 金일생은 寅, 水일생은 人이 관귀학관이다. 명식에 있으면 관직과 직장생활에서 남보다 승진과 출세가 빠르게 나타난다.
학당귀인 學堂貴人	甲은 亥, 乙은 午, 丙戊은 寅, 丁己는 酉, 庚은 巳, 辛은 子, 壬은 申, 癸는 포태법상 장생궁에 해당하며 지성이 돋보이니 교육자로 진로를 정하

문곡귀인 文曲貴人	면 좋다. 사후문장(死後文章)으로 역사에 이름이 남을 학자가 된다.
태극귀인 太極貴人	갑자(甲子), 갑오(甲午), 정묘(丁卯), 정유(丁酉), 무진(戊辰), 무술(戊戌), 기축(己丑), 기미(己未), 경인(庚寅), 신해(辛亥), 임신(壬申), 계사(癸巳) 일이 태극귀인에 해당되며, 기쁨을 암시하고 생년(生年)과 일지(日支)에서 보아 격국(格局)이 청순하고 우수하면 입신양명한다.
홍염살 紅艶殺	갑오(甲午), 병인(丙寅), 정미(丁未), 무진(戊辰), 경술(庚戌), 임신(壬申), 임자(壬子) 일주가 홍염으로 미모와 센스가 있으며 도화와 유사하여 인기가 있으며 외도 빠지기 쉬우니 곤명(坤命)은 기생(妓生), 건명(乾命)은 작첩(作妾)한다.
여연살 女戀殺	을축(乙丑), 정축(丁丑), 병신(丙申), 기미(己未), 경인(庚寅), 신미(辛未), 임인(壬寅), 임신(壬申) 일주의 여자는 배우자 몰래 애인을 숨겨 망신을 당할 우려가 있다.
생 生	장생(長生)이라고도 한다. 월시에 있으면 학당귀인(學堂貴人)이고 화합을 잘하며 후견인을 만나 보살핌을 받는다. 인상이 깨끗하고 예능에 소질이 있다.

■ 건명(乾命)

임(壬)은 대양, 바다, 큰 강, 큰 저수지처럼 큰물이며 유연성, 융통성, 포용력이 있고 머물지 않으며 생각이 많다. 머리 회전이 빠르고 계산적이며 유머도 있다. 겨울철, 검은색을 의미하고 활발하여 어떤 환경에도 잘 적응하고 인정이 있으며, 영리하여 재능을 실현시키는 힘이 있고 직관력이 있으나 외골수적이다.

지지(地支) 신(申)은 경금(庚金)과 유사한 속성으로 단단, 우람, 거침, 시끄러움이고 장생(長生)에 임하여 흉살(凶殺)고 악신(惡神)을 제(除)하는 속성이며 학당귀인(學堂貴人)이니 학문이 좋으며 지장간(地藏干) 무임경(戊壬庚)의 구조가 비견(比肩)과 편인(偏印)의 왕성한 결합으로 지향성(指向性)을 지니니 연구심(硏究心)과 탐구심(探究心) 부족이라 새로운 경지나 최고의 경지는 어렵다.

지혜가 총명하고 재주가 많으며, 기억력, 예술적 재능이 있고 영감이 발달해 직관력이 있다. 적극적이며 활동성이 있지만 자기중심적이며 타인의 간섭을 싫어하고 결단성과 명예를 소중하게 여기며 움직임이 둔하고 조용하나 화가 나면 성정이 달라진다. 평소 말이 적고 다정, 온화하며 환경적응력이 좋고, 마음 착하고 인정이 있지만 내심은 차갑고 신경질적이다. 내적으로는 냉정하고 잔인하며 주장이 강하다.

마음속을 알기 어렵지만 물이 솟아오르는 바위의 형상이니 급하고 격동(激動)이 심하다. 의심이 많고 변덕도 심하며 용기 있고 박력 있어 보이나 진실성이 없어 보이기도 하고 너그럽지 않을 때는 부정적인 모습도 드러나고 욕심 넘치고 이해 타산적이나 지지(地支)의 신금(申金)은 사화(巳火) 편관과 합을 하려는 속성이라 식상으로 변화하기 때문에 명예를 중요하게 여기며 소신과 원칙으로 타인을 배려한다.

영감이 발달하여 직관력 있으며 착하고 인정 있지만 신경질적이고 냉정, 잔인한 면이 있으며 언어에 남다르고 남을 설득하는 힘도 있어 종교계나 교육계, 의학계로 진출하면 좋겠다. 지지(地支)의 지살(地煞)은 해외(海外)나 객지(客地) 인연이고 역마살과 달리 자의적(自義的)인 이동이므로 이사, 변동, 이주, 변업(變業), 유학, 유랑, 여행, 해외여행, 해외이민 및 타향살이, 객지살이, 직장변동, 가정변동, 차량변동, 차량사업이 해당된다. 능력 이상의 일을 추진하여 실패하는 운이 따르니 한계를 잘 살펴야 한다.

배우자를 생과부로 만들며 돌아치고 역마의 기운도 작용하며 박학다식(博學多識)하지만 자신만 옳다고 하며 속을 알 수 없다. 용기와 박력 있으나 의심이 있고 재복도 없으며 부자(父子)가 같이 살기 어렵고 현침(懸針)으로 중년 이후에 수술가능성 많다. 중년 이후 타향(他鄕)의 인연이니 작은 성공에 만족하여 귀향을 하지 말고 고독한 인생을 즐겨라. 배움에 익숙하고 잘 사용하여 임기응변에 능하고 유머, 재치도 있지만 변덕이 심하고 진실성은 떨어진다. 모사가 지나쳐 실패수가 많고 온화하지 못하고 너그럽지 못하지만 교육 계통으로 나서면 좋다.

사주 원국에 인(寅)이 있고 운(運)에 사화(巳火)가 오면 절지(絶地)가 되고 인사신(寅巳申) 삼형(三刑)이요, 원국에 사(巳)가 있고 운(運)에 인목(寅木)이 오면 역시 인사신(寅巳申) 삼형(三刑)이다. 혹 다른 것이 없어도 원국에 사(巳)가 있으면 사신형(巳申刑)이고, 원국에는 없으나 운에 사(巳)가 와도 사신형(巳申刑)이다. 이렇게 사신형(巳申刑)이 오면 파재(破財)가 오거나 형제(兄弟)에 형액(刑厄)이나 횡액(橫厄)이 올 수 있다.

■ 곤명(坤命)

일지 편인이 생왕록(生旺祿)을 얻어 고부갈등에 이어 남편과의 갈등도 피어난다. 총명하고 재치가 있어서 사회활동에 능하나 지지(地支) 효신(梟神)은 자녀의 덕이 없음을 보여주고 시모(媤母)를 봉양하기 어려움을 보이니 외화내빈(外華內貧)이라. 겉으로는 귀부인으로 보이지만 빛 좋은 개살구로 내면의 곤고(困苦)함이 미친다.

지장간(地藏干)에 두토(戊土)가 있어 칠살(七殺)의 기운이 있는데, 일주에 칠살이 드니 여연(女戀)이라 해서 보통 기가 센 남편을 맞이하여 상처를 입고 갈등이 피어올라 애인을 두니 마음이 편하지 않다.

똑똑하고 활동력 있으나 자기주장이 강해 배우자 무시하니 신금(申金)은 고독의 상징으로 어떤 천간(天干)이라 해도 신금(申金)을 지지(地支)로 깔면 고독한 성분이고 외로운 성분이다. 일지에 지지(地支)를 신금(申金)으로 깔면 외도를 하고 외연(外緣)으로 사랑을 하고, 아무리 고상한 남자를 만나도 내면의 수심이 따른다. 이름하여 외화내곤(外華內困)이다.

2. 세운의 변화

申子辰年 : 이사, 이동, 직업 변동
卯年　　 : 신경쇠약, 정신 질환, 병원 출입
寅年　　 : 관재수, 구설수, 사고수, 부부 풍파, 이별수, 수술
巳年　　 : 관재수, 구설수, 사고수, 형옥(刑獄)
巳年　　 : 이성 만남

丙寅年, 戊寅年 : 흉한 해이고 일반적으로 寅年은 寅申沖이 되므로 일반적으로 변화가 심하고 運路가 좋지 않다

3. 물상

임(壬)은 바다이고 큰 강이며 신(申)은 바위이고 거대한 암괴(岩塊) 덩어리와 같으니 임신(壬申)은 파도가 바위에 부딪치는 물상이고, 바위에서

물이 샘솟는 모습이고 큰 물이 바위를 덮어버린 것과 같다. 파도가 치는 듯하니 언변(言辯)이 보이고 교육, 의약, 종교계에 투신하면 목소리와 그 신금(申金)의 성분으로 두각을 나타낼 수 있다. 말을 하는 직업이 어울리니 설교(說敎), 강의(講義), 방송(放送)과 같은 직업이 제격이라. 환경적응력이 있고 성격이 활발하며 포용력이 드러나지만 내면은 생각이 많고 떠도는 기질이며 안정감이 떨어져 냉담하며 내면의 아픔이 있다.

4. 특성

임(壬)은 재물 활동에는 약하고 학문, 종교, 기술의 기운이 강한데 지지(地支)의 신(申)은 기술을 나타내는 글자로 재주와 기술이 탁월하나 재복은 적고 차라리 도덕, 종교에 관심을 가지면 좋은데 수명은 길고 자기중심적이니 타인에게 고통을 준다. 사주원국(四柱原局)에 오(午)의 글자가 있으면 전문기술을 바탕으로 평생 직장길을 찾고 사주원국(四柱原局)에 사(巳)의 글자가 있으면 지나친 재물의 허황됨으로 애로가 있다.

재주와 재능이 비상하나 자기중심적 사고가 강해 고독하고 총명함은 지도자 격이나 정치나 경제, 사회적인 지도자의 운은 아니고 종교나 학계, 전문분야의 지도자 운이다. 다만 아집으로 자기 고집을 세우면 인정받지 못해 고독하다

5. 육친관계

■ 건명(乾命)

효심은 깊으나 모친으로 인한 근심이 있는데 부친 인연이 짧고 모친 인연이 길다. 지지(地支) 편인이라 모친의 간섭으로 갈등이 있고 배우자와

불화가 생기며 부모·형제와 생사이별의 운도 있으니 근본적으로 고독하다. 사주원국(四柱原局)에 토(土)의 오행이 있으면 아들·딸이 고르다.

■ 곤명(坤命)

겉은 화려해도 속은 근심이 많은데 시부모보다 친정 생각에 남편이나 시모와 갈등이 생긴다. 사주원국(四柱原局)에 목화(木火)의 오행이 있으면 아들·딸이 고르고 부족하면 딸이 많은데 늦은 결혼과 이혼으로 가슴을 치며 자식으로 인한 근심이 끊이지 않는다.

6. 학업

■ 건명(乾命)

일반적으로 학운은 좋은데 겨울철 출생에 사주원국(四柱原局)에 화(火)가 부족하면 머리가 둔하여 학운이 나쁘고 성적이 저조하다. 학운은 좋아도 직업에는 도움이 되지 못할 경우가 많다. 공학, 철학, 사학, 종교학, 교육, 예술, 전문기술에 관한 학문이 어울린다.

■ 곤명(坤命)

직업을 가지고 사회 활동을 해야 하며 인문학, 어학, 교육, 종교학, 예술, 전문기술 등이 성공을 위한 학문이 된다.

7. 결혼운

■ 건명(乾命)

지지(地支) 편인은 고부갈등의 기운이고 연애 의지는 모친의 간섭으로 힘들고 배우자 결정에도 모친 간섭으로 갈등구조 있지만 결정은 본인 몫이다. 결혼하면 고부갈등이 일어나고 부부의 갈등으로 발전한다. 외골수적 판단으로 결혼하여 후회하고 자기중심적 사고로 처를 배제하여 고통을 주며 때로 여자에 의지해서 살거나 이별, 사별 별거의 가능성 높다.

■ 곤명(坤命)

남자를 믿고 결혼했다가 후회하며 배우자궁이 부실하니 이별, 사별, 이혼의 운이 있고, 시댁보다 친정 생각이 많으니 부부 갈등에 고부 갈등이다. 곤명(坤命)은 남편의 간섭이 싫어 남편을 멀리하며 밖에서 남자를 찾고 남편의 무관심으로 생과부가 되는 경우가 많다.

8. 직업

지지(地支) 편인은 재주와 기술을 의미하고 재복을 약화시켜 성취는 적고 의식주의 고통이 있으니 기술과 재능을 바탕으로 직장 인연이 좋고, 교육, 육영 분야에 진출하면 명성을 얻을 수 있으니 평생의 직업으로 삼는 것이 좋다. 사주원국(四柱原局)에 목화(木火)가 없으면 종교계의 진출이 성공의 운이고 직장은 의약, 예술, 교육, 육영, 기술행정, 공직, 출판, 언론분야 등이 좋고 자기사업이라면 전문기술 사업, 교육, 육영사업, 종교사업, 임대사업, 출판사업, 소개업 등이 좋다. 학자, 외교관, 의학계, 교육계가 어울리는 직업군이며 사업으로 나서면 관광업, 무역업, 수산업, 운수업, 양조업이 해당하는데 종교계로 입신하면 큰 그림을 그릴 수 있다.

9. 성적 욕구

▣ 건명(乾命)

색을 밝히고 정력도 강한데 일간이 강하면 물기 마르지 않고 홍염살도 작용한다. 방랑벽으로 팔도에 여자를 두는데 호색하기보다는 고독하고 외로움 때문이다. 마음이 초조하면 심인성 조루 증상이 나타나고 변태적 욕구가 있고 수기가 지나치면 조루증이 생긴다. 목화(木火)의 기운이 강하면 발기불능이 있고 성욕이 떨어지거나 쾌감을 잃을 수 있다.

▣ 곤명(坤命)

온순하고 소극적인 성격이지만 성에 있어서는 성욕이 강하고 적극적이며 변태적 성향도 있다. 하체가 차가워 냉질(冷疾)을 앓기 쉬우며 불감증도 적지 않다. 금수(金水)의 오행이 과다하면 분비물이 많으니 항시 촉촉하지만 목화(木火)의 오행이 과다하면 만족감이 떨어지고 사주원국(四柱原局)에 재성이 약하고 인성이 강하면 조루증이 있는 남편운이다.

10. 질병

임신일주(壬申日柱)의 병은 임신(壬申)에서 찾는다. 임(壬)은 수(水)를 표방하니 신장, 방광, 생식기, 경락과 삼초를 표방한다. 신(申)은 금(金)의 성분으로 폐와 대장을 표방하고 경락에도 영향을 미친다. 따라서 임신일주(壬申日柱)는 신장, 방광, 심장병, 당뇨, 성병을 조심해야 한다. 지나친 과음은 자제하는 것이 좋으며 현침이니 중년 이후의 수술수라. 약이 잘 듣지 않는 체질이라 긴 병 앓다가 죽을 가능성이 높다.

10장. 계유(癸酉, 戌亥空亡)

1. 사주의 특성 (庚10, 辛20)

효신살 梟神殺	일찍이 부모와 생이별하거나 인연이 박하거나 없거나, 모친과 아내가 불화한다. 효란 올빼미를 말하는 것으로 자라서 어미를 잡아먹는 습성을 가진 새로 흉하니 집안에는 올빼미나 부엉이의 그림, 혹은 박제를 두지 않는다. 인정이 많아서 남에게 주기를 좋아하나 속으로는 냉정하고 이해타산이 있으며 자신의 마음을 속인다.
뇌공타뇌관 雷公打腦關	벼락, 전기 등으로 인한 사고의 위험을 내포한다.
문곡귀인 文曲貴人	사후문장(死後文章)으로 역사에 이름이 남을 학자가 된다.
나체도화 裸體桃花	갑자(甲子), 정묘(丁卯), 기묘(己卯), 경오(庚午), 계유(癸酉)에 해당하며 음란하고 나체를 좋아하여 노소를 가리지 않고 탐하니 색난이 인다.
금신 金神	을축(乙丑), 기사(己巳), 계유(癸酉)일이며, 일시(日時)에 겹치면 사법관으로 출세하거나 무관으로 장성의 지위에 오른다.
병 病	12운성을 따져 병은 인생에서 활력이 떨어지며 병든 것을 뜻한다.

■ 건명(乾命)

계유일주(癸酉日柱)는 수기(水氣)가 강하고 곤명(坤命)에 잘 어울리는데 맑은 물의 모습이고 계곡을 흐르는 물과 같아 맑고 깨끗하니 미모가 있고 영리하며 암기력도 뛰어나 손윗사람 인정받고 영감이 발달해서 직관력이 있다지만 자존심이 강해 지나친 결백으로 고립을 자초한다. 감수성이 예민하고 의심이 많으며, 품행이 방정하고 언행도 깔끔하지만 고루하고 냉정하게 보인다.

계(癸)는 우로수(雨露水)라 하니 비와 이슬 같고 가냘프지만 끝까지 흘러가는데 끈기와 집념이 있고 변덕도 있어서 약한 모습, 비굴한 모습도 있다. 장애를 이겨내는 나름의 근기(根氣)가 있고 이루고자 하는 야망도 있다. 외국어와 예능 방면에 소질이 있고 소학대성(小學大成)의 성품에 지지(地支) 유(酉)는 천인(天刃)이니 타인에게 잘 베풀지만 효심이 있고 학문이 깊어도 가족에게 인색하고 참견한다.

계(癸)는 물이고 유(酉)는 닭이라 물과 닭인데, 하늘은 물이고 지지(地支)는 닭이니 물에 젖은 닭이라 신장(腎臟)에 병이 들면 치유가 어렵다. 나체도화(裸體桃花)이니 색정으로 인한 고통을 피하기 어렵다. 년월주(年月柱)에 도화가 있으면 바람기보다는 집안에서도 사랑받고 남편에게 사랑받는 도화인 장내도화(牆內桃花)라 그다지 염려하지 않아도 좋으나 일시주(日時柱)에 자리하면 장외도화(牆外桃花)로 타인에게 정을 주고 음란하다는 뜻이다. 계일주(癸日柱)는 사람들과 어울리는 것을 즐기지 않지만 타인이나 배우자에게도 속마음을 숨긴다. 주위 사람을 이용하고 변덕이 심하며 지나친 욕심과 지지(地支) 편인의 고집으로 악의 유혹이 가깝다. 어디서나 중요한 인물로 보이나 어깨가 무겁다.

처가(妻家)의 덕이 있어 처의 덕으로 성공할 수 있으나 때때로 화류계나 흠이 있는 연상의 여인을 상대로 연이 이어지니 여자가 몸을 팔아 남자를 출세시켰다는 이야기의 주인공이 바로 그것이고 부드러운 미인보다는 남성적 성향의 억센 배우자를 만나야 해로가 가능하다. 국가기관이나 큰 단체에서 기획을 주관하는 역할을 하는 경우도 있고 때로 한량이나 건달의 운으로 될 대로 되라는 식의 행위를 할 경우가 많다.

지지(地支) 편인이라 모친의 영향으로 고부갈등에 이어 부부궁에 문제가 생기니 모친을 멀리해야 결혼도 빨라지고 갈등이 준다. 야망이 있어도 재관(財官)이 사지(死地)로 인종되니 관록이 어렵고 먹을 것은 적고 번잡하니 전문분야를 택해 공부하여 전공으로 삼아 나서야 한다. 유인성(酉印性)이라 수술수가 있는데 묘운(卯運)에 충(沖)하면 현침(懸針)의 영향으로 수술운이다.

이성운도 없는데 연애도 수월치 못하며 배우자는 다정하나 병약하고 생사이별의 운이 문제라. 처덕을 바탕으로 야망을 꿈꾸며 근기 있어 대성하면 하는데 기미시(己未時), 무오시(戊午時), 갑오시(甲午時)에 태어나야 상격(上格)으로 관운(官運)이 좋다. 사주원국(四柱原局)의 격이 나쁘면 백수인생이다. 유(酉)는 진토(辰土) 정인과 합하여 비겁으로 변하니 안정과 체면 중시에 고집을 내세우고 융통성이라고는 볼 수 없으니 타인의 간섭을 싫어한다.

■ 곤명(坤命)

똑똑하고 두뇌 명석한데 지나치게 깔끔을 떨고 까다로운 성격이 표출된다. 마음이 착하지만 모질지 못하고 변화에 민감하며 감각적으로 느낌이 빠른데 외골수 기질이라 타협이 어렵고 속마음이 거의 나타나지 않는다. 안정과 체면을 중시하면서도 애교가 있고 처세도 잘하지만 차분에 침착,

그리고 냉정하다.

남편에 대한 순종은 없는데 일주에 인접한 글자의 영향이 강하고 적은 것으로 크게 이루어지는 운명으로 친정이 부자라면 결혼 후 고생이다. 고즈넉한 계곡(溪谷)을 이상적으로 생각하고 사랑하는 사람 있어도 이루어지기 어려워 괴로움이 많은데 검봉금(劍鋒金)이라 자궁(子宮)의 질환에 남아 자식이 귀하다.

남편에게 순종하는 기질과 거리가 멀어 다툼이 적지 않다. 난산(難産)의 우려가 있으며 육친의 덕을 기대하지 않는 것이 좋다.

2. 세운의 변화

巳酉丑年 : 이사, 이동, 직업 변동
子年　　 : 신경쇠약, 정신 질환, 병원 출입
卯年　　 : 관재수, 구설수, 사고수, 부부 풍파, 이별수, 수술
亥年　　 : 관재수, 구설수, 사고수, 형옥(刑獄)
辰年　　 : 이성 만남, 좋은 일이 생김
丁卯年, 己卯年 : 흉한 해이고 일반적으로 卯年은 卯酉冲이 되므로 일반적으로 변화가 심하고 運路가 좋지 않다

3. 물상

계(癸)는 비요, 유(酉)는 닭이니 계유(癸酉)는 물에 젖은 닭이며 신장(腎臟)과 관련 있는 병이다. 신장과 방광(膀胱)이 병이든 격으로 치료가 힘드니 신장, 방광, 요도(尿道), 생식기(生殖器), 자궁(子宮), 전립션(前立腺)을 조심해야 한다.

계(癸)는 물이고 유(酉)는 술이다. 유(酉)자는 주(酒)의 본 자이고 항아리니 제사를 지내기 위해 담은 술그릇이다. 기장이 익으면 따서 술을 담으니 제사를 위한 것으로 계유(癸酉)는 술을 담은 항아리다. 곤명(坤命)의 일주에 지지(地支)가 유(酉)자이면 제사를 지내는 속성이며 여자의 성기로 목이 길고 주둥이가 그다지 넓지 않은 꽃병 모양이지만 뒤집어 보면 여자의 성기 모양이다.

술을 담은 항아리의 모습이며 여자의 성기와 같으니 곤명(坤命)의 성적 욕구가 강하고 명기(名器)이니 색정(色情)으로 고생할 것임을 암시한다. 여자의 성기에 담긴 정열이며 좁은 통로의 모습이 계곡(溪谷)을 의미하니 이상향을 꿈꾸는 성질이고 금신(金神)을 내포하니 끝까지 밀고 나가는 저력이나 수술수는 피하기 어렵고 부인병(婦人病)을 조심해야 한다.

4. 특성

조용한 가운데 만물을 거두니 안정적인 분야에서 평생을 보내고, 타고난 재능이 있어도 고독은 막지 못하며 노력에 비해 결실이 적다. 교육, 연구, 전문직, 기획과 같은 조용하고 비활동적인 조직이 어울리고 교육과 종교에서 두각을 나타내며 이와 같은 인연으로 직장생활을 하면 평생 삶이 순탄하다.

총명은 타고났으며 수완도 천재적이나 우울하고 고독하다. 지나친 도덕성을 지니나 타인에게 강요하면 고통이 되고 스스로 어려운 상황으로 자신을 몰아가기도 하니 종교나 교육에 인연하면 순탄하게 존경받을 수 있는 성품이다.

5. 육친관계

■ 건명(乾命)

부친 인연 약하고 모친 인연 강한 운으로 지지(地支)가 편인이니 모친의 간섭이 심해 갈등이라. 고부갈등은 당연하고 부부궁에 무리가 온다. 처의 병이 많거나 몸이 약하여 근심이고 항상 덕을 쌓아야 액을 면한다. 사주원국(四柱原局)에 화토(火土)의 오행이 고르면 아들·딸이 고르고 처덕이 있는 편이며 명문가 여성의 운이 있다. 미인을 배필로 맞으면 해로가 어렵고 배우자와 이별, 사별, 별거, 작첩이 있으며 배우자에 의지해 살 수도 있다. 처보다 모친을 먼저 생각하니 갈등이 있다.

■ 곤명(坤命)

남편의 심한 간섭으로 고통이고 배필의 병도 근심이다. 자식이 드물거나 아들이 드물다. 시댁보다 모친 생각이 강하니 부부갈등에 고부갈등이며 배우자 무시하여 순종이란 찾기 어렵고 부부궁 부실로 이별, 사별, 별거의 운이 있다.

6. 학업

■ 건명(乾命)

두뇌가 총명하며 인내와 노력도 갖추어 어려서부터 좋은 성적에 학교 인연도 좋지만 사주원국(四柱原局)에 토(土)의 오행이 부족하면 학교 인연이 좋지 않다. 사주원국(四柱原局)에 화토(火土)의 오행 부족에 금수(金水)의 오행이 왕하여 사주가 냉하면 학문의 발휘가 힘들다. 다양한 학위에 세월이 흐를수록 학문의 발전이 이루어진다. 역사, 철학, 교육, 육영,

어학, 공학, 종교학, 전문기술이 성공을 위한 전공학문이다.

■ 곤명(坤命)

똑똑하고 두뇌 명석하며 지나치게 깔끔하고 까다로운 성격인데 인문과학, 교육, 육영, 어학, 종교학, 전문기술이 전공학문으로 좋다.

7. 결혼운

■ 건명(乾命)

처덕이 있으니 명문가의 여자를 얻을 수 있지만 반대로 흠이 있는 여자를 만날 확률도 높으며 미인과 만나면 해로가 어렵다. 배우자궁이 불미하니 이별, 사별, 별거의 운이 있고 작첩을 하고 배우자에게 경제력을 의지할 수도 있다. 모친을 먼저 생각하여 부부 갈등은 매우 심하다.

이성에 대한 관심과 달리 표현력 부족으로 어린 시절의 연애는 어렵고 중매결혼의 운이 강한데 처의 병이나 다른 이유로 근심이고 쥐띠, 소띠, 범띠, 뱀띠, 말띠, 닭띠, 개띠 여자가 좋은 배필이다.

■ 곤명(坤命)

배우자를 무시하는 경향이 있고 순종과는 거리가 멀며 배우자궁 부실로 이별, 별거, 사별의 운이 있는데 시댁보다 친정 생각이 깊으니 불화가 있다. 쥐띠, 소띠, 용띠, 뱀띠, 양띠, 닭띠, 개띠 남자가 좋은 배필 인연이 된다. 애교가 있고 인물이 받침 되니 사랑을 받기 원하고 주변에 이성이 모이니 색난의 근원이다. 자식을 얻지 못하거나 자식이 있어도 속을 썩이니 근심이다.

8. 직업

전문기술 분야나 교육, 육영의 조직에 인연이 있지만 사주원국(四柱原局)에 정화(丁火)의 글자가 오면 사업인연도 있다. 교육, 육영, 전문직, 연구직, 경찰직, 유흥업, 종교계, 출판, 언론계통, 기획계통 직장운이 있고 사업인연은 전문자격이 필요하거나 기술을 바탕으로 하면 좋은데 종교, 교육, 약학, 자격사업, 전문기술사업, 유흥업, 오락사업, 임대사업이 좋다, 큰 재물을 꿈꾸는 속성이 있지만 노력과 재능과 비교하여 결실은 적어 속이 상하고 괴로움을 느끼니 조직에 몸을 담는 것이 좋다.

법정계, 교육계, 기획파트에서 뛰어난 실력을 과시하기 쉽지만 결실은 어렵고 조직 스타일이나 사업을 하면 문화사업, IT, 의약, 의류 계통이라면 무난하고 디자이너, 이·미용사, 재단사, 양조업은 두 번째 택할 직업군이다.

9. 성적 욕구

■ 건명(乾命)

일간이 강하고 도화인지라 색정이 강하고 색을 밝히는 성정에 시력과 심장은 그다지 좋지 않고 스태미나가 딸린다고 느낄 것이나 지속력이 있으니 무리는 없다. 이성을 좋아하는 속성이 강하나 사랑의 행위는 자신의 기분대로이니 환영받기는 어렵다. 병궁(病宮)이라 동성연애자들도 간혹 나타난다. 목화(木火)가 약하면 발기가 약하고 쾌감도 떨어지며 수(水)가 많고 토(土)가 없으면 조루증이 생기는데 이는 정자의 범람이다.

■ 곤명(坤命)

 수동적인 성향이긴 하다지만 색이 강하여 표면적으로 색을 밝히니 남자의 욕구를 자극하는데, 상대에 따라 변화가 심하고 예측하기 어려운 성적 욕구를 지녔다. 애교가 있고 인물이 수려한 편이니 여러 이성에게 귀여움을 받고 색난을 겪을 가능성이 농후하다.

 사주원국(四柱原局)에 금수(金水)의 오행이 많으면 분비물이 많아 성교가 원활하고 이성에게 즐거움을 주는데 목화(木火)의 오행이 없으면 오르가즘이 만족스럽지 못해 불만이 생기고, 재성이 약하고 인성이 많으면 조루증 남편의 운이다.

10. 질병

 계유(癸酉)는 신장에 영향이 있고 방광과 생식기, 발에도 영향이 있다. 유(酉)는 근본적으로 폐와 대장에 영향이 있는데 소장, 정랑, 난소, 코, 인후에도 영향을 미친다. 계유일주(癸酉日柱)는 우선적으로 신장과 심장을 조심해야 한다. 그 외로 방광, 생식기를 살피고 중풍이나 당뇨, 비뇨기 계통의 질환이 드러나고 나이가 들면 시력이 급격히 떨어지고 치아가 부실해지며 잘 놀란다.

11장. 갑술(甲戌, 申酉空亡)

1. 사주의 특성 (辛9, 丁3, 戊18)

괴강살 魁罡殺	괴강(魁罡)은 파괴력이 으뜸이 되는 별로 경술(庚戌), 경진(庚辰), 임술(壬戌), 임진(壬辰), 무술(戊戌) 등을 가리키는데 총명하고 극빈, 부귀, 총명, 괴걸(怪傑) 같은 암시가 강하고 자기만의 독특한 고집이 있다. 여자는 과부가 되거나 남편 덕을 기대하기 어렵고 항상 불만스럽게 산다.
철쇄개금 鐵鎖開金	활인(活人)이나 의약계에 인연이 많다. 타인을 위해 적덕(積德)을 많이 하지 않으면 본인이나 배우자의 신체에 액을 당할 우려가 있다.
천문성 天文星	하늘의 글을 뜻하는 천문을 읽는 지혜를 타고났다는 뜻이므로 재주나 문장이 뛰어나다. 지지(地支)에 卯戌亥未가 지지(地支)에 있는 것을 말하는데 戌亥가 가장 강하게 나타난다. 종교, 신앙, 철학, 예지하는 능력이 있다하여 역술이나 무속계통에 관련이 있다.
천라지망 天羅地網	戌亥는 天羅, 辰巳는 地網인데, 감금, 구속, 시비, 송사 등의 구설이 따른다. 곤명(坤命)은 공방수나 파혼의 운이고 자녀궁에 흉사가 있다. 활인성이라 검경계나 법조계, 의약계, 역학계, 종교인 등과 연관이 깊다. 辰과 戌은 첨단산업이나 공업 계통으로 진출하며, 戌과 亥는 天文星으로 지혜총명하고, 天主敎의 신앙을 믿는 사례가 많다.

현침살 懸針殺	甲, 申, 未, 午, 辛의 글자를 말하며 몸을 잘 다치고 총이나 칼에 찔려 죽거나 교통사고를 당한다. 時에 현침이 겹치면 그 작용력이 강하고 의약업계, 군인, 양복점 등으로 성공한다
관식동림 官食同臨	첫 아이를 난산(難産)하거나 양육하는데 어려움을 겪고 타자양육(他子養育)에 혼전임신(婚前姙娠)이다.
양 養	모(母)에서 생육을 받고 탄생에 이르기까지의 과정이며 온순, 사교, 원만을 뜻한다.

◼ 건명(乾命)

보편적인 실업(實業)을 나타내는 일주로 손재주가 있고 예체능계 소질이며 지지(地支)의 술(戌)은 일간 갑(甲)의 재성(財性)이고 지장간(地藏干) 정화(丁火)는 갑(甲)의 상관(傷官)이고 화개(華蓋)이므로 종교성(宗敎性)을 나타내고 신금(辛金)은 갑의 정관(正官)으로 파극(破剋)을 나타내니 관액(官厄)을 예고한다. 머리 회전이 빠르고 선견지명이 있어 이익을 위해서라면 불의(不意)와도 타협하는 성정으로 타인 원망에 언중유골(言中有骨)이어서 타인에게 상처를 주니 활인(活人)으로 액을 면해야 하므로 의약계(醫藥界)로 진출해야 좋은데 예로부터 갑술일주는 천의(天醫)라 했다.

온순하고 착하지만 고집이 있고 성급하여 당당함에 지시받기보다 지시하기 원하고 굽히기 싫어하는 성정이 드러난다. 적극적이고 인내력이 있으나 보수적이고 타인의 구속과 지배도 거부하는데 솔직담백함이 있고 욕심은 숨기기 어렵다. 재물에 대한 집착은 강하지만 차분함이 돋보이는데 인정이 있고 베풂이 있어 손해를 보는 경향도 있다. 교제력과 처세술이 있어 우두머리 기질이지만 법과 질서를 무시하며 욕심이 많아 재물을 추구하다 보니 타인을 이해하고 배려하는 마음이 드러나지 못할 수 있다.

갑(甲)은 나무이고 술(戌)은 마른 땅이니 갑술(甲戌)은 헐벗은 산에 말라비틀어지는 나무의 상이라. 스스로 왕이라 칭하니 독불장군(獨不將軍)이지만 나름 지도자라 한다. 매사에 성실하고 일을 미루지 않는 성격이지만 갑목(甲木)이 술토(戌土)를 깔아 일지가 재성(財性)이라 사업가의 명식인데, 이는 재고(財庫)를 깔고 지장간(地藏干)의 상관(傷官)인 정화(丁火)가 지지(地支)의 술토(戌土)를 생하는 구조이기 때문이다. 따라서 이재능력(理財能力) 있고 일확천금(一攫千金)의 운도 있지만 고독하고 독단적이라 일처리에 문제가 있어 스스로 피해를 만드니 마음을 가다듬어야 한다.

지지(地支)의 작용으로 형(刑)이 들면 처(妻)가 병에 드는데 종교성에 의지하거나 개종(改宗)이 필요하기도 하며 배포가 커서 사업을 일으켜 무한의 재물 성취도 경험하지만 실패를 하면 야반도주(夜半逃走)한다. 술토(戌土)는 묘목(卯木) 정관과 합을 화는 성정으로 인성으로 변화하니 주변의식에 민감하고 안정과 명예의 사회성을 지니고 원칙과 법을 지키려 한다. 그러나 일반적으로 법을 무시하는 속성이 있다.

자식이 일을 저질러 골머리가 아프고 처의 질병으로 신경 쓰이고 장모 봉양의 운이다. 혹 태우자 사주에 일지가 인성이라면 반드시 장모를 모신다.

지장간(地藏干) 정화(丁火)는 갑목의 상관(傷官)으로 양지(養地)이고 천살(天殺)이니 종교성이고 지장간(地藏干) 신금(申金)은 관성이며 양지(養地)이자 관대(官帶)이니 상관견관(傷官見官)이라 하는데 영향을 받아 공직을 버리고 창업으로 가는 경우도 있다.

부모덕이 약해 학업이 중단되고 자수성가의 운인데 의욕이 강함에도 용두사미를 면하기 어렵다. 이재가 밝은 덕에 큰 재물 욕심이 도박, 투기로 나타나며 고집으로 가정불화 불러오고 일이 막히며 관재구설이 많다. 심리 불안정에 타인 의지의 욕구가 있으며 자신의 능력을 과시하려는 속성이 허풍으로 드러나는데 타인을 위해 덕을 쌓아야 한다.

의약계에 투신하면 술토(戌土)의 양지(養地)로 물상에 어울리니 일관성 있게 일할 것이고 이재능력(理財能力)이 강해 지나치게 추구하면 관액(官厄)이 들고 사주에 형이 들면 야반도주에 파산을 하지 않으면 처에게 병이 있다. 자식 문제로 고민하고 을축시(乙丑時)에 태어나면 관고(官庫)를 놓아 생이별하고 일시(日時)에 술토(戌土)와 축토(丑土)가 자리 잡으면 양지의 관대와 형이 성립되니 사회복지(社會福祉)의 진로이다.

■ 곤명(坤命)

지장간(地藏干)에 여자가 남자를 깔고 앉았으니 자좌관고(自坐官庫)라. 남자를 우습게 여기니 여장부(女丈夫)의 기질이 드러나고 남편은 기대이하다. 남편 문제로 늘 골머리가 썩는데 을축시(乙丑時)에 태어나면 다시 관고(官庫)라 남편과 생이별의 운이 있다. 남편의 덕을 기대하지 않는 것이 편하고 평소 남편에게 잘하지만 미친 듯 변덕을 부리니 이외의 경우에도 과장이나 독설(毒舌)도 있다.

과장하는 언변의 말을 할 때 동작이 크다. 매사 적극적이며 수단과 방법을 동원해 타인의 호감을 받지만 계를 하거나 돈놀이하면 야반도주 상이다.

지장간(地藏干)의 상관(傷官)이 재관(財官)을 보니 아우생아(兒又生兒)

의 형태인지라 허약한 아이를 둘 가능성이 있다. 원래 아우생아란 아이가 또 아이를 낳는다는 말이다. 여자 입장에서 육친적으로 나의 자식은 식상이 되는데 그 식상이 또 아이를 낳는다 함은 식신생재 한다는 뜻이다. 옛말에 "아우생아는 상관이 재를 생하는 것인데, 그 재가 상하지 않으면 집안의 명성이 떨쳐 일어난다."라 하였다.

사주에 형이 들면 관식등림(官食同臨)이라 혼전임신(婚前姙娠)으로 유산(流産)이나 낙태(落胎)의 산액(産厄)이 두렵고 피부 트러블이 있으며 위장병도 무시할 수 없다. 지장간(地藏干)의 식상이 양지에 놓이니 타자양육(他者養育)인데 차라리 육영사업(育英事業)이 좋고 팔자가 드센 일주이니 자신이 벌어 남편을 먹여 살리게 될 것이다.

2. 세운의 변화

寅午戌年 : 이사, 이동, 직업 변동
巳年　　 : 신경쇠약, 정신 질환, 병원 출입
丑未年　 : 관재수, 구설수, 사고수, 부부 풍파, 이별수, 수술
辰年　　 : 관재수, 구설수, 사고수, 형옥(刑獄)
卯年　　 : 이성 만남, 좋은 일이 생김
戊辰年, 庚辰年 : 흉한 해이고 일반적으로 辰年은 辰戌冲이 되므로 일반적으로 변화가 심하고 運路가 좋지 않다

3. 물상

갑(甲)은 쭉쭉 뻗어 가는 대림목(大林木)이고 술(戌)은 물기 없는 헐벗은 산이고 풀이 잘 자라지 못하는 산이니 갑술(甲戌)은 헐벗고 외로운 산

의 고목(枯木)이어서 높은 산에 홀로 우뚝 서 있는 모습으로 타고난 지도자 상이다.

갑(甲)은 나무이고 술(戌)은 흙이니 집이고 창고이기도 하다. 갑(甲)은 잘 리면 목재이니 갑술(甲戌)은 창고에 목재를 가득 쌓는 모습이라 이재(理財)를 말하고 사업을 일으키는 모습이라.

갑(甲)은 나무이고 술(戌)은 가을이다. 술(戌)은 양력 10월경이니 나뭇잎이 떨어진 헐벗은 계절인데 단풍이 떨어진 계절, 나무에 물기가 없는 계절이라 고통이며, 마른 땅에 선 나무이니 독선적이라 고통이 따르니 신앙이 필요하고 의약계(醫藥系)나 활인업(活人業)에 인연이 있다.

여성은 건토(乾土) 혹은 조토(燥土)에 뿌리박은 나무의 모습으로 생산이 불안하니 유산(流産)과 낙태(落胎), 불임(不姙) 등의 산액(産厄)이 보이는데 자궁을 보(保)하는 한약(韓藥)도 도움이 될 듯하다.

4. 특성

결실이 있어 성공적인 품성과 행동을 지닌다. 평생 재물에 인연이 있어 종내는 재물로 낟가리를 쌓을 것이고 사업성이 있으니 초년에 재물복이 약하다 서러워 마라. 어디서나 지도자 길을 갈 때는 애를 먹기도 하고 가을 기운이라 적멸의 기운이 겹쳐 육친의 갑작스러운 죽음이 아픔이다. 체질적으로 어려움을 이기는 힘이 있고 융통성도 있다. 범띠, 말띠, 개띠는 일신의 고독이 아프다.

5. 육친관계
■ 건명(乾命)

부친의 인연이 좋으나 강한 성정으로 성장과 결혼 시기에 갈등이 있다. 모친 인연은 짧은데 갈등이 있고 사주원국(四柱原局)에 토(土)가 거듭 있으면 두 아버지의 운이다. 어린 시절부터 연애하나 일등 신부는 아니다. 늘 관재구설이 있고 자식 근심이 하루도 마를 날이 없다.

■ 곤명(坤命)

여장부이나 배우자 덕은 없어도 연애와 결혼이 순조롭고 남편을 돕는 운이나 근심은 지울 수 없다. 지장간(地藏干)의 정관이 극을 당하니 남편을 쉽게 보는 경향이 있으며 자식운은 대체적으로 순탄하다. 상관은 庫이니 유산 낙태의 산액에 혼전 임신의 운이 겹치고 타자 양육도 무시할 수 없다. 본인이 일해서 남편 먹여 살리니 남편을 갈아뭉갠다.

6. 학업

■ 건명(乾命)

두뇌 의존 공부에 인내와 노력이 부족하니 시험 운이 없고 게을러 좋은 학교 인연이 없으나 간혹 재수, 삼수 끝에 좋은 학교에 이르는 경우는 있다. 남자는 재물에 관한 공부로써 상과, 공학, 전문기술을 전공으로 삼으면 성공할 수 있다.

■ 곤명(坤命)

상과, 예능, 전문기술을 전공하는 것이 성공으로 이르는 학문이다.

7. 결혼운

■ 건명(乾命)

건명(乾命)의 배우자 인연은 원만하고 이성에도 일찍 눈을 떠서 연애가 빠르지만 부모와 갈등이 있고 두 번 이상 결혼하거나 만나는 여자마다 악처의 운이다. 배우자궁은 부실한데 이별, 사별, 이혼, 별거의 운이고 배우자가 병약하다. 건명(乾命)에게 좋은 배필은 소띠, 범띠, 뱀띠, 말띠, 양띠, 개띠 여자이다.

■ 곤명(坤命)

배우자 운이 순조롭고 결혼 이후에도 무난하나 사주원국(四柱原局)에 금(金)의 오행이 없으면 결혼이 늦어지고 결혼 전에 임신을 하는 확률도 많다. 곤명(坤命)에게 어울리는 배필은 쥐띠, 소띠, 범띠, 양띠, 닭띠, 돼지띠 남자가 된다.

8. 직업

사업적인 성향이 강하여 조직 생활을 하다가도 문득 사업의 길을 택할 수 있다. 곤명(坤命)은 본인이 사업가 성향이며 남편이 사업가인 경우가 많다. 도덕성과 거리가 먼 사업을 하는 경우가 많아 관재 구설이 많고 시비도 있다. 사주원국(四柱原局)에 금(金)의 오행이 많으면 직장의 운인데 금융이 좋고 사업을 하면 토건업, 전기전자 관련사업, 화학분야 등인데 규모가 있어 성패가 크다. 이재가 밝아 재정 계통이 어울린다. 천문, 천예도 좋고 활인 계통인 의약계, 종교인, 역술인, 법조계 등의 진로가 유용하다.

9. 성적 욕구

■ 건명(乾命)

평균 이상의 성적 욕구를 가지는데 담백한 스타일이어서 애정은 좋고 성적 행위도 평균으로 자연스러운 화합을 즐기는 성품이나 처의 질병이나 건강은 좋지 않다. 술토(戌土)는 비교적 색정이 강한 편이고 사주원국(四柱原局)에 인성과 재성이 강하고 많으면 음탕한 성격에 천박하기까지 하다. 금수(金水)의 오행이 약하면 지속력에 문제가 드러난다.

■ 곤명(坤命)(일반)

근본적으로 성욕이 강한데 이는 목화(木火)의 오행이 충분하다는 것으로 땔감을 짐작할 수 있다. 대단히 격렬할 때와 담백할 때가 교차하고 여성상위를 지향하는 특징을 지닌다. 겨울 태생이면 더욱 색을 밝히고 토(土)의 오행이 지나치게 강하면 불감증이다.

10. 질병

갑(甲)은 목(木)의 성분이며 쓸개, 간, 머리, 수염, 머리카락, 음모를 나타내고 술(戌)은 토(土)의 성분으로 위장과 비장을 이야기하고 명문(命門), 복숭아뼈, 폐를 나타낸다. 갑술일주(甲戌日柱)의 병은 간, 담, 시력, 두통이 있으며 위장도 편하지 않다. 철쇄개금은 활인해야 액을 면하니 힘써야 한다. 갑술(甲戌)을 물상으로 살피면 목이 탄 현상이니 인후병도 올 수 있으므로 유심히 살펴야 한다.

12장. 을해(乙亥, 申酉空亡)

1. 사주의 특성 (戊7, 甲7, 壬16)

효신살 梟神殺	일찍이 부모와 생이별하거나 인연이 박하거나 없거나, 모친과 아내가 불화한다. 효란 올빼미를 말하는 것으로 자라서 어미를 잡아먹는 습성을 가진 새로 흉하니 집안에는 올빼미나 부엉이의 그림, 혹은 박제를 두지 않는다. 인정이 많아서 남에게 주기를 좋아하나 속으로는 냉정하고 이해타산이 있으며 자신의 마음을 속인다.
곡각살 曲角殺	곡각은 신체 어느 부위에 병이 있어서 불구가 되는 뜻이다. 곡각은 사주 중에 2~3개 있어야 작용하는데 등뼈가 고르지 않거나 불구의 형태를 가지며 신경계통이나 수족에 이상이 있다. 또한 자기가 양자가 되거나 양자를 맞이하게 되는 뜻이 있다.
천문성 天文星	하늘의 글을 뜻하는 천문을 읽는 지혜를 타고났다는 뜻이므로 재주나 문장이 뛰어나다. 지지(地支)에 卯戌亥未가 지지(地支)에 있는 것을 말하는데 戌亥가 가장 강하게 나타난다. 종교, 신앙, 철학, 예지하는 능력이 있다하여 역술이나 무속계통에 관련이 있다.
천라지망 天羅地網	戌亥는 天羅, 辰巳는 地網인데, 감금, 구속, 시비, 송사 등의 구설이 따른다. 곤명(坤命)은 공방수나 파혼의 운이고 자녀궁에 흉사가 있다. 활인성이라

	검경계나 법조계, 의약계, 역학계, 종교인 등과 연관이 깊다. 辰과 戌은 첨단산업이나 공업 계통으로 진출하며, 戌과 亥는 天文星으로 지혜총명하고, 天主敎의 신앙을 믿는 사례가 많다.
역마 驛馬	객지, 타향, 외국 등과 인연이 있고 돌아다닌다는 뜻이니 이동살(移動煞)이라 한다. 원행(遠行), 출행(出行), 이사(移舍), 이동(移), 해외여행, 해외이민, 물자의 이동운반, 무역업, 운수사업, 차량사업, 수송사업, 관광여행과도 관계가 있다.
사 死	인간으로서 정신기능의 상실과 생체활동이 완전히 정지한 상태이며 허약, 의지박약, 염려, 졸속을 뜻한다

■ 건명(乾命)

일지(日支)가 천문(天門)이라 하는데 사주팔자 원국에 해(亥), 묘(卯), 미(未), 유(酉), 인(寅), 술(戌) 중에서 두 개 이상 지니는 경우와 일지 또는 월지가 술해(戌亥)로 하나만 있어도 천문성의 영향력이라 하는데 지혜총명에 영리하고 기억력이 있으며 학문의 능력을 의미한다. 외유내강(外柔內剛)에 조용하고 내성적이지만 드러나기는 활달하고 적극적이며 환경적응력이 뛰어나니 풍류(風流)를 더하지만 외적 화려함보다 내실을 기하니 합리적이다. 일지가 천문성에 역마(驛馬)가 겹쳤으니 객지 생활과 해외에 인연이 있어 정직하고 인품도 있지만 고독하고 분주하다.

지지(地支)가 인수(印綬)이고 사지(死地)에 건록(乾祿)을 얻으니 학문을 즐기고 독창성과 창작력이 돋보인다. 지적(知的)이고 문장력을 겸비하여 예술을 좋아하고 창작력도 있으나 노력이 부족하여 생각이 깊어도 실천력과 결단성이 부족하고 끈기와 배짱의 부족으로 마무리가 약하다. 그러나 신경이 발달하고 직관력을 겸비하여 생각하는 바가 남다르며, 예민하고 신묘한 생각으로 허를 찌르니 타인을 놀라게 한다. 바다를 건너야 성공한다는 이야기를 들을 정도로 해외에 인연이 있어 학습, 진출, 파견, 취업의 기회는 좋은 기회이며 외국과 관련된 직업의 운이 있다.

지지(地支)는 식신인 인목과 합을 원하는 성정이라 식상으로의 변화가 있어 타인 이해와 배려 있고 외골수에 선량한 면이 있다.

해(亥)는 바닷물이니 둥둥 떠다니고 흐르는 망망대해의 물상으로 움직이지 않는 듯 내실을 기하고 안정적인 명예가 중하여 움직이고 흐르지 않는 듯 보여도 흐르는 물상이다. 일지에 해(亥)를 깔면 이민(移民)의 운이라 하는데 을해일주(乙亥日柱)는 표면적으로 물 위에 뜬 뗏목이라. 하지만 풀로 이루어진 뗏목이니 안정적이지 않고 파도에 휩쓸리는 모습으로 어디에도 정착을 하지 못하고 헤매는 형국으로 언쟁에서 생각과 말, 정신이 흔들려 확실한 주관이 어렵고 세상 물정에 어두워 기회분실이고 공동생활도 힘들다. 주거와 직업 변동이 심하고 효심은 깊으나 모친 근심이 이만저만이 아니고 지장간(地藏干) 무토(戊土)가 사절지(死絶地)에 놓이고 갑목(甲木) 겁재(劫災)가 장생(長生)에 놓여 행동력과 투기(投機)는 있으나 재복(財福)은 약하다.

지장간(地藏干)에 자리한 갑목(甲木)은 겁재(劫災)이고 임수(壬水)는 정인(正印)이니 지적(知的)이고 고상하며 학문과 예술을 즐긴다. 또한 자기주장이 강하고 독선적이라 독창성과 창작력을 겸하니 예술계에 두각을 나타내거나 대성의 가능성이 있고 사고력과 예리한 관찰력이 있어 번득이는 지혜가 있다. 그러나 노력에 비해 결과 약하고 평화주의자이며 타인의 입장을 잘 이해하지만 정작 외유내강에 경쟁심이 있으니 속을 알 수 없다.

　어려서 학습능력이 보이지 않으나 느긋하고 여유로우며 자기 본위에 학문과 명예를 중시하니 늦은 나이에 천문성의 발휘가 있을 것이다. 평화주의자이기에 현실성 부족에 물질의 집착이 약하고 유행에 둔감하며 행동을 조심한다. 반면에 계산적이고 예술성을 중시하면서도 봉사정신이 있고 합리적이기도 하다.

　남녀를 불문하고 얼굴은 통통하고 하체는 튼튼한데 늘씬한 신체 구조를 지닌 사람이 많고 똑똑한 여성과 혼인할 수 있고 처가 나서서 사회활동을 하니 부인의 덕이며, 부부궁은 나쁘지 않지만 똑똑한 여자를 맞으면 고부갈등은 피하기 어렵고 부드러운 인상, 다정다감한 느낌이 드러나고 때때로 이복형제도 있지만 우애는 좋다.

■ 곤명(坤命)

　다정다감에 활동성 있지만 능력은 약하고 활기가 넘치지만 비밀도 있고 남편 모르는 근심도 많은데 간혹 건방을 떨고 공부를 하면 남성을 내리보니 결혼이 쉽지 않으므로 나이 차이가 나는 남편이 좋고 모친 봉양도 무리가 없다.

　지지(地支)가 정인이니 천라(天羅)가 겹치고 산액(産厄)이 염려되는데 예로부터 친정에서 초산(初産)하지 말라 했으니 첫 자녀를 잃을 가능성(死産)이 높기 때문이다. 순하고 정이 있지만 관성(官性) 경금(庚金)이 해수(亥水)에 인종하여 사지역마에 놓이니 공방수에 자녀문제는 근심이다. 백두낭군(白頭郎君)이라 해서 이미 머리가 센 남편과 인연이 있다고 했고 아들을 두기가 힘이 들고 떨어져 살 운이라 했다.

신사시(辛巳時) 출생은 관(官)이 사지(死地)라 일시(日時)가 충(冲)하여 사해충(巳亥冲)이면 남편이 없거나 남편에 대한 근심이라 하고, 사해충(巳亥冲)은 욕사(辱死)의 충이라 하는데 시신(屍身)을 씻겨 수의(囚衣)로 염을 한 물상이라, 생시사화(生時巳火)에는 번듯한 자식이 있을 것이라 했는데 일시(日時)의 욕사충은 아들을 두지 못하거나 첫 자식을 잃은 후 낳은 자식은 출세한다는 의미다.

2. 세운의 변화

亥卯未年 : 이사, 이동, 직업 변동
辰年　　 : 신경쇠약, 정신 질환, 병원 출입
巳年　　 : 관재수, 구설수, 사고수, 부부 풍파, 이별수, 수술
申年　　 : 관재수, 구설수, 사고수, 형옥(刑獄)
寅年　　 : 이성 만남, 좋은 일이 생김
己巳年, 辛巳年 : 흉한 해이고 巳年은 巳亥冲이 되므로 일반적으로 변화가 심하고 運路가 좋지 않다

3. 물상

을(乙)은 풀이고 해(亥)는 바다이니 을해(乙亥)는 물 위에 흘러다니는 풀이나 나뭇잎이니 배는 아니고 살아있는 나무와 격이 다르고 역마성이라 외국을 떠돌거나 여행을 하고 외국으로 유학, 다른 나라에 취직도 가능하지만 성공이라 단정 짓기는 어렵다. 을(乙)은 조각, 잎을 의미하니 완벽한 구조의 정착이 힘들고 앞날 예측도 힘들다. 주관이 확실하지 못해 바람 따라 흔들리고 물길 따라 판단이 흐려진다. 뿌리가 낮아 뚜렷한 주

관이 어렵고 떠돌이 신세이고 장돌뱅이의 모습이다. 화초가 흙을 보지 못해 뿌리를 내리지 못하니 뿌리가 썩는 것이라 수다목부(水多木浮)라 하지만 완벽한 수다목부(水多木浮)도 아니며 분주해도 떠돌이다.

물에서 자란 채소처럼 담백하나 안정감이 없고 공방수가 있으며 사주원국(四柱原局)에 술(戌)과 해(亥)가 있으면 천문이라 철학(哲學)과 신이한 학문에 소질이 있고 신묘(神妙)한 생각이 많다.

4. 특성

침착성이 있어 매사 끈기로 적응하여 명랑한 성격이나 크게 주목받지 못한다. 정신적인 지도자격이라 종교, 교육, 육영, 심리에서 두각을 보인다. 추운 계절 태생은 건강이 좋지 않은데 주의를 요하고 침착하고 인내심은 종교적 수행에 적응이 가능하며 불합리한 상황이나 불안한 상황에서도 잘 견딘다.

5. 육친관계

■ 건명(乾命)

일지 인성이라 고부갈등에 부부갈등이고 사주원국(四柱原局)에 수의 오행이 거듭되면 갈등에 풍파까지 있는데 모친의 간섭으로 결혼이 늦어지고 결혼 후에도 갈등이다. 자식 운이 고른 것이 복이다.

■ 곤명(坤命)

똑똑하고 활동성 강한터 배우자 화합은 힘들고 자신이 활동해야 하며 어머니의 간섭이 유정한 남편으로 이끌고 자식 인연이 늦거나 근심과 고통이 따르는 경우가 많다. 배우자궁은 부실이라 이별, 별거의 운이 있고 배우자가 작첩한다. 사주원국(四柱原局)에 수(水)의 오행이 많으면 딸이 많고 아들이 드물고 시력에 문제가 있는 자식들이 오니 고통스럽고, 사주원국(四柱原局)에 화(火)의 오행이 없으면 불구 자식으로 한스럽기까지 하다. 친정 생각이 깊어 고부갈등 일어나고 모친을 모시고 살 수 있다.

6. 학업
■ 건명(乾命)

세월이 흘러야 공부가 결실을 이루는데, 사주원국(四柱原局)에 화(火)의 오행이 없으면 실력 발휘는 영영 힘들고 만학의 가능성 있다. 행정학, 인문과학, 어학, 철학, 종교학, 한의학이 좋다.

■ 곤명(坤命)

어학, 예능, 인문과학, 천문학, 지리학이 성공을 위한 학문이 된다.

7. 결혼운
■ 건명(乾命)

애정이나 연애 운이 더디고 연상의 여인이나 비정상적인 연애 운이지만 배우자는 똑똑할 것이며 처덕이 있고 내조가 있지만 지지(地支)의 인수는 어머니의 간섭이니 부모 동거는 결혼 어렵고 결혼 후에도 고부갈등을 보여준다. 건명(乾命)은 토끼띠, 용띠, 말띠, 양띠 개띠 여자가 좋은 배필이다.

■ 곤명(坤命)

곤명(坤命)은 소띠, 토끼띠, 양띠, 원숭이띠, 닭띠, 개띠, 돼지띠 남자가 배필감이다.

8. 직업

육체적인 활동보다 정신적인 활동형이니 지도자 운이며 사법계, 언론, 교육, 육영, 종교지도자, 활인업, 금속관련 기술 분야, 운수, 무역 분야가 이상적인 직종이며 큰 명예는 없으며 전문분야가 좋다. 직업의 변동이 많은데 자기사업은 전문기술, 육영, 종교지도자가 제격이다. 사주 국에 화(火)의 오행이 있으면 재물복이 있고 토(土)의 오행이 있으면 부자 운이다. 부동산 상속 등이 이루어지면 알짜부자가 된다. 끈기가 있어 세월이 흘러야 성공이 드러나고 상속이나 재물 증여의 운도 있다. 의약계나 교육계에서 성공한 경우가 많고 요식업이나 물장사 계통에서도 성공한다. 외국과 관련된 일도 좋다.

9. 성적 욕구

■ 건명(乾命)

일간이 강하고 수의 오행도 충분하니 지속력이 강해 여자에게 사랑받지만 사주원국(四柱原局)에 수의 오행이 지나치면 발기가 어려울 수 있다. 중년 이후 성인병을 피하면 오래도록 사랑할 것이다.

■ 곤명(坤命)

성감이 예민하니 성교에 민감하게 반응하고 성욕도 강하다. 수(水)의 오행이 많으니 분비물이 충분하고 사주원국(四柱原局)에 목화(木火)가 강하면 오르가즘에 오르고 인성이 많고 재성이 약하면 조루증 남편이라. 공방이 오면 괴로운데 음기가 발동하면 문제가 된다.

10. 질병

을(乙)은 목(木)의 성분이니 간과 담이 문제이고 두발, 음모, 손가락, 목덜미가 병이고 해(亥)는 수(水)의 오행인데 신장과 방광을 나타내는 글자이고 고환, 항문, 생식기를 의미한다. 따라서 을해일주(乙亥日柱)는 간담, 편도선, 당뇨, 신장, 신경 계통의 병을 조심해야 하고 남자는 활동성이 약하고 사소한 지병, 건강 침 등의 문제가 따르는데, 여성은 냉증이 들어 생리불순을 겪는 경우가 종종 발생한다. 풍질에 노출될 수 있으므로 몸을 보온하는데 힘써야 한다.

13장. 병자(丙子, 申酉空亡)

1. 사주의 특성 (壬10, 癸20)

뇌공타뇌관 雷公打腦關	병자(丙子), 무술(戊戌), 경인(庚寅)일로 벼락, 전기 등으로 인한 사고의 위험이 있고 화재, 가스, 교통사고 등이 염려된다.
계비관 鷄飛關	甲己는 巳酉丑, 乙丙丁戊는 子, 庚辛壬癸는 寅午戌을 보면 계비살이니 가축을 살생하는 것을 보면 질병에 노출될 위험이 있다고 하여 小兒關殺符로 많이 쓰였지만 10세가 지나면 액기 소멸된다.
복성귀인 福星貴人	갑인(甲寅), 을축(乙丑), 병자(丙子), 정유(丁酉), 무신(戊申), 기미(己未), 경오(庚午), 신사(辛巳), 임진(壬辰), 계묘(癸卯)가 해당되며 선천적으로 복이 있고 인덕(人德)이 있어 발전하여 행복을 얻는다.
천록귀인 天祿貴人	병자(丙子), 정해(丁亥), 신사(辛巳) 일이 天福에 해당되며, 인격이 온후하고 정직하여 많은 사람의 도움과 신뢰를 받으며 일생 행복하다는 길성(吉星)이다.
비인살 飛刃殺	싫증을 잘 내어 지속성이 없고, 변덕이 심하다. 유시무종에 성공과 실패가 춤을 춘다. 병자(丙子), 정축(丁丑), 무자(戊子), 기축(己丑), 임오(壬午), 계미(癸未) 일주가 이에 해당한다.
취명관	어린아이가 사당, 절 등에 가면 떠도는 혼령에 질

取命關	병을 얻을 수 있다고 小兒關殺符로 쓰이는데, 10세가 지나면 액이 소멸되니 의학이 발전하지 않았던 과거에 쓰이던 신살이다.
음양차착 陰陽差錯	음란하고 색을 좋아해 배우자와 불화하고 사별하며 상부극처(傷夫剋妻)하고 재취를 하여도 해로가 어렵다. 상(喪)중에 취첩(娶妾)하며 혼인하여도 실패수(被折)가 따른다. 병오(丙午), 병자(丙子), 임진(壬辰), 임술(壬戌), 무신(戊申), 무인(戊寅)은 양착살에 해당되고, 신묘(辛卯), 신유(辛酉), 정미(丁未), 정축(丁丑), 계사(癸巳), 계해(癸亥)는 음차살이다. 일주에 해당되면 외가가 몰락할 수 있고 시(時)에 있으면 처가가 망한다.
음양 陰陽	용모가 아름다워 이성으로부터 유혹이 많고 본인 스스로 음란하고 색정(色情)이 강하다. 고서에 남자가 병자(丙子) 일주면 평생 많은 미녀와 상대하고 여자는 많은 남자를 품에 안고 도망간다 하였다. 또 남자가 무오(戊午) 일주면 많은 여자를 거느리고 함께 사랑하며 같은 집에 산다 하였고, 여자가 무오(戊午) 일주면 미남을 남편으로 얻고 뭇 남자들과 음사(淫事)를 즐긴다고 하였다.
교신성 交神星	병자(丙子), 병오(丙午), 신묘(辛卯), 신유(辛酉)일생은 생각이 깊으나 자아심이 강해 다른 사람과 함께할 수 없다.
태 胎	태는 시작이니 자신을 돌보며 세를 축적하려고 하는 상태이다. 발전, 근면, 노력을 뜻한다.

■ 건명(乾命)

일지가 관살혼잡의 구성을 보이고 자오묘유(子午卯酉)의 글자로 배치되면 목적을 이루고자 수단과 방법을 가리지 않으니 성격도 죽 끓듯 하여 시작은 크나 결실은 보이지 않는다. 자의(字意)를 보면 태양이 호수에 떴으니 인자한 천성, 맑고 고결, 단정, 예의가 있고 건전한 공직자 체질로 쥐가 태양을 향하고 쥐구멍에 볕이 드는 격으로 행복은 있다.

얼굴이 비교적 둥글고 이마가 넓은 편이며 자존심 내세우고 미남 미녀 많으며 예의 바르나 성격이 불같고 매사 적극적 사고와 긍정적이나 자기주장 내세우고 원칙과 법도를 지키는데 안정과 명예 중시형이며 변화를 싫어하고 추진력 부족에 어울림이 약하고 성격이 급하고 말이 앞서며 시작을 잘하면서도 뒤는 약하고 직장에서 인기 있고 명예를 얻고 타인 대면에 사심 없고 소견이 좁아 까탈을 부린다. 마음이 굳지 못하고 안정되지 못하니 주변에 따라 흔들리고 일관성을 보기 힘들거니와 원칙과 소신은 있어 안정과 명예 중시에 민감하고 예민하다.

지지(地支) 자수(子水)로 모태에 처궁이 있는 격으로 결혼이 늦거나 문제가 있다. 예의 있고 명랑하나 외양내음이니 명랑함과 달리 수심이 가득하고 처궁이 불리하여 악처 운이거나 해로가 어렵다. 근본은 밝고 고결한 성품이나 관살혼잡으로 태지에 이르니 성격변화가 심하고 목적을 이루고자 수단과 방법을 가리지 않으니 좋은 결실은 어렵다. 지장간(地藏干)의 임수(壬水)와 계수(癸水)가 혼재하는데 계수(癸水)는 태지와 록지에 다다르고 임수(壬水)는 타지와 왕지에 임하니 관이 망신에서 장성으로 변해 관운이 있고 식신과 재성은 태사지에 임하니 재운은 기대치에 미치지 못한다.

사상건전에 단정하며 바른말 하지만 뒤끝은 없고 아는 체를 하며 자신이 원하는 대로 하고 원칙과 법도를 지키면서도 구설이 있는데 획일적이고 정리를 잘하며 자제력이 있지만 고집은 세고 의처증이 있다. 체질은 약해 피로가 빠르고 직업과 주거변동이 심하다. 자영업보다 직장이 좋으며 소심하니 실패하면 좌절이요, 독창성과 창의력이 있지만 신세지는 것을 싫어하고 쓰일 곳이 많아 재물을 모으기 쉽지 않다.

자수(子水)는 축토(丑土) 편관과 합을 하는 성분으로 관성의 마음으로 변화하니 명예를 중시하는데 변화를 싫어해 직장 생활에 만족하는 편이다. 처궁 불리에 부선망이며 음양이며 음양차착이라 용모 수려하여 이성의 유혹이 많은데 재는 재살과 육해에 놓여 재혼을 해도 무난한 결혼생활은 힘든데 겉으로 예의 바르고 명랑하지만 내심 수심이 그득하다.

■ 곤명(坤命)

화려함을 추구하니 장식품, 화려한 보석과 장식을 선호하고 사치품에 과감하고 큰 보석에 투자하며 자존심이 높지만 체념도 빠른데 신묘시(辛卯時) 출생은 곤랑도화(천간(天干)은 합하고 지지(地支)는 형이 되는 경우)다. 묘시(卯時) 출생은 인수가 도화에 놓여 형이 들고 신금(申金) 재가 절지에 놓이니 패가 망신살이다. 남편은 공직이나 권력계통 종사자일 가능성이 있으며 이상과 자존심이 높지만 상황에 대한 체념도 빠르다.

음양차착(陰陽差錯)이라 용모 수려하여 이성의 유혹이 많은데 늙은 남편과 살거나 소실이 운명이라 무난한 결혼생활은 기대하기가 어렵다. 연하남과 인연이 닿으면 행복하고 말년에는 비교적 좋은 운이다. 지장간(地藏干)의 임수(壬水)와 계수(癸水)가 혼재하는데 계수는 태지와 록지에 다다르고 임수(壬水)는 태지와 왕지에 임하니 관이 망신에서 장성으로 변해 관운이 있다고 하는데 여자는 부덕이 있다는 것을 의미하지만 자식 문제가 고민이다.

2. 세운의 변화

申子辰年 : 이사, 이등, 직업 변동
酉年　　 : 신경쇠약, 정신 질환, 병원 출입
午年　　 : 관재수, 구설수, 사고수, 부부 풍파. 이별수, 수술
卯年　　 : 관재수, 구설수, 사고수, 형옥(刑獄)
丑年　　 : 이성 만남, 좋은 일이 생김

壬午年, 庚午年 : 흉한 해이고 午年은 子午冲이 되므로 일반적으로 변화가 심하고 運路가 좋지 않다

3. 물상

햇빛이 호수를 비추는 모습, 태양이 호수를 비추는 격이니 인자함에 맑고 고결, 단정, 건전하니 공직자 체질이다. 겉으로 밝고 명랑하나 속으로 수심이 그득하고 마음을 다스릴 줄 아니 성격은 급하고 날카로워도 뒤끝은 없다. 모태에서 아이가 자라는 물상이니 계획과 준비는 뛰어나지만 성취는 어렵다.

4. 특성

만인을 거느리며 베푸는 성향이며 재물보다 명예중시에 잉태하는 힘이 있고 만인을 보듬으니 고상한 학문에 취미가 있어 종교, 철학, 행정에 뜻을 두며 절제력과 자존심으로 명예를 소중하게 생각하니 재물길이 늦으나 자존심으로 밀어붙이니 처세 원만하고 이룸이 있다. 자존심으로 손실이 오고 자신을 혹사시키고 희생시키니 주위 사람들이 고통을 당한다.

5. 육친관계

▣ 건명(乾命)

지지(地支) 자수(子水)는 정관이니 어른 공경에 부모, 어른과의 관계 원만하고 사주원국(四柱原局)에 금(金)의 오행이 없고 수가 거듭하면 부친 인연이 약하고 아들을 많이 낳을 것이다. 배우자궁은 부실하니 결혼 늦고 처가 가정적이지 않은데 이별, 사별, 별거의 운이다.

▣ 곤명(坤命)

일지에 배우자가 있으니 배우자 존경이 어렵고 남편궁이 부실하여 이별, 사별, 별거의 운이며 미남 남편을 만나고 출세의 운 있으나 이성 문제 생기니 불만이 생기고 남편이 의심한다. 여자는 비교적 고른 남편의 운에 아들·딸도 고르다.

6. 학업

▣ 건명(乾命)

정관은 정부의 지배력이기도 하지만 정직과 명예를 의미하므로 공부도 명예와 집착 때문이며 시간이 흘러야 실력이 드러난다. 그러나 명예를 견줄 경쟁자 없으면 실력을 드러내지 못하니 임의적으로 경쟁자를 설정해야 좋은 결과를 가져온다. 사주원국(四柱原局)에 목(木)의 오행이 많으면 많은 다양한 학위를 이룰 것이고 목(木)의 오행이 없으면 자존심이 있어도 좋은 학교 인연과는 거리가 멀다. 월(月)이나 시(時)에 목(木)의 오행이 있으면 고시에 매달려 합격 가능성 높지만 학문이나 학위보다 직업이 더욱 앞서는 성향이다. 행정학, 법학, 경영학, 경제학, 공학이 성공으로 이르는 학문의 길이다.

■ 곤명(坤命)

행정학, 어학, 가정관리학, 전문기술 등이 이룸으로 나아가는 학문이다.

7. 결혼운

■ 건명(乾命)

일지 정관은 인기의 별이니 어려서부터 따르는 이성이 있음에도 자존심으로 결혼은 늦어지는데 사주원국(四柱原局)에서 년(年)과 월주(月柱)에 병신(丙申) 또는 신(申)자가 있으면 총각득자라. 쥐띠, 소띠, 용띠, 뱀띠, 원숭이띠, 닭띠, 돼지띠 여자가 좋은 배필이 된다.

■ 곤명(坤命)

미남을 만나 결혼 가능성 높으나 의처증이 있고 몸에 질병 있는 남편, 나이 차이 많은 남편이나 어린 남편의 운이고 사주원국(四柱原局) 년월주에 병진(丙辰)이나 진자(辰字)가 있으면 어려서 연애 있고 처녀임신 가능성이나 현량한 배우자 운으로 쥐띠, 범띠, 용띠, 뱀띠, 닭띠, 돼지띠 남자가 좋은 배필이 된다.

8. 직업

자영업보다 관직의 운으로 지지(地支) 정관은 자존심이고 명예의 별이니 공직자, 관리직, 사직에서 뜻을 이룰 수 있으며 조직 직장길이 더 좋다. 검찰이나 경찰이 제일의 조직이고, 금융권, 회계과, 해운 수산 등의 물과 관련된 직장도 좋지만 출세는 늦다.

사업을 한다면 전문기술사업, 용역사업, 납품과 대리점 사업이 성공으로 가는 길이고 그 속 내용으로는 섬유, 의류, 포목, 가구, 기계, 금속을 취급하면 좋다. 단, 남의 밥그릇을 책임지는 모양이라 당장의 성공은 힘들고 오랜 시간이 흐른 후에야 성공의 기회를 잡을 것이다.

공직생활이 가장 좋다. 사업을 하면 세금 문제로 신경 쓸 일이 많으며 사주 원국에 재상이 있다면 오히려 세관, 세무서, 재경부와 같은 유사 업종으로 진출하면 좋고 전자, 전기, IT, 컴퓨터 계통에도 많이 종사한다. 군인이나 경찰계통에도 많이 분포한다.

9. 성적 욕구
■ 건명(乾命)

성에 강하지는 않으나 이성을 좋아하고 성적 능력보다 테크닉으로 승부한다. 애초부터 체력이 약하니 피로에 약하고 신장이 약해 조루가 있을 수 있다. 수(水)가 많고 토(土)의 오행이 많으면 조루증세가 있고 발기도 약하다. 사주원국(四柱原局)에 목수(木水)가 약하면 성욕이 약하고 목화(木火)가 강해야 성욕이 일고 강하다.

■ 곤명(坤命)

성적 욕구 있지만 전희가 길어야 몸이 달구어지는데 토(土)의 성분이 강하면 오르가즘은 아주 멀리 있으며 겨울 태생도 불감증에 오르가즘에 오르기 힘들다. 그러나 목(木)이 안정되면 오르가즘이 빠르고 성적으로 관심이 높고 행위의 요구도 많지만 까다로워 싫증이 빠르고 권태기를 느끼며 관성이 차가우면 조루증 남편 운명이라.

10. 질병

　병자일주(丙子日柱)의 병은 병에서 읽을 수 있다. 병(丙)은 화(火)의 기운이며 소장과 어깨를 나타내지만 폐에 영향을 미친다. 자(子)는 수(水)의 성분으로 방광에 영향을 미치니 근본적으로 신장에 영향을 받는다. 음부와 요도, 전립선, 자궁등과 관련 있으며 신장을 나타내는 귀에도 영향을 미친다. 사주원국(四柱原局)의 천간(天干)에 임계(壬癸)의 양 수가 모두 있으면 갑작스러운 사고수가 있거나 심장병으로 위기를 맞을 수 있다. 고혈압, 심장, 시력에 미치는 질병이 가장 가깝고 신장이 약하여 조루, 방광염, 자궁질환이나 전립선염 등에 노출될 가능성을 배제할 수 없다.

14장. 정축(丁丑, 申酉空亡)

1. 사주의 특성 (癸9, 辛3, 己18)

곡각살 曲角殺	곡각은 신체 어느 부위에 병이 있어서 불구가 되는 뜻이다. 곡각은 사주 중에 2~3개 있어야 작용하는데 등뼈가 고르지 않거나 불구의 형태를 가지며 신경계통이나 수족에 이상이 있다. 또한 자기가 양자가 되거나 양자를 맞이하게 되는 뜻이 있다.
남연살 男戀殺	갑인(甲寅), 갑신(甲申), 정축(丁丑), 기축(己丑), 무신(戊申), 신미(辛未), 임인(壬寅), 계미(癸未) 일주의 남자는 배우자 몰래 애인을 숨겨 망신을 당할 우려가 있다.
여연살 女戀殺	을축(乙丑), 정축(丁丑), 병신(丙申), 기미(己未), 경인(庚寅), 신미(辛未), 임인(壬寅), 임신(壬申) 일주의 여자는 배우자 몰래 애인을 숨겨 망신을 당할 우려가 있다.
백호대살 白虎大殺	갑진(甲辰), 을미(乙未), 병술(丙戌), 정축(丁丑), 무진(戊辰), 임술(壬戌), 계축(癸丑)일주가 해당하며 해당 육친의 혈광지사(血光之死)와 한을 품은 죽음을 겪는 흉포한 살성이라 한다. 일주에 있으면 성정이 강하고 과격성이 있지만 기이한 발복이 있다.
비인살 飛刃殺	싫증을 잘 내어 지속성이 없고, 변덕이 심하다. 유시무종에 성공과 실패가 춤을 춘다. 병자(丙

	子), 정축(丁丑), 무자(戊子), 기축(己丑), 임오(壬午), 계미(癸未) 일주가 이에 해당한다.
음차살 陰差殺	배우자와 불화하고 사별하며 상부극처하게 되는 것이니 재취하여도 해로가 어렵다. 음란하며 색란이 따르고 심한 자는 상중에 취첩하며 혼인하여도 곧 실패수가 따른다.
음양차착 陰陽差錯	음란하고 색을 좋아해 배우자와 불화하고 사별하며 상부극처(傷夫剋妻)하고 재취를 하여도 해로가 어렵다. 상(喪)중에 취첩(娶妾)하며 혼인하여도 실패수(被折)가 따른다. 병오(丙午), 병자(丙子), 임진(壬辰), 임술(壬戌), 무신(戊申), 무인(戊寅)은 양착살에 해당되고, 신묘(辛卯), 신유(辛酉), 정미(丁未), 정축(丁丑), 계사(癸巳), 계해(癸亥)는 음차살이다. 일주에 해당되면 외가가 몰락할 수 있고 시(時)에 있으면 처가가 망한다.
재고귀인 財庫貴人	갑진(甲辰), 병술(丙戌), 정축(丁丑), 무술(戊戌), 기축(己丑), 신미(辛未), 임술(壬戌)일주는 지지(地支)가 재성(財星)의 창고이니 부자가 된다.
탕화살 湯火殺	寅午丑일생에 해당한다. 화상, 화재, 음독, 가스중독, 부상과 염세비관이 따른다. 탕화살이고 일시가 午丑이면 본처와 해로가 어렵고 무자식의 운이다. 일시가 오축이고 재성이 태과하면 아내가 문제 있고 관성이 태과하면 남편에게 문제가 생긴다.
퇴신 退神	정축(丁丑), 정미(丁未), 임진(壬辰), 임술(壬戌)일이 퇴신으로 가치관이 일반인과는 다소 다르며, 타인들에게 두드러져 보이려는 성격을 지닌다. 속단하여 실행한 일로 뒤늦게 후회하기도 한다.
묘 墓	검소하고 실리를 추구한다. 경제분야에 관심이 많다

■ 건명(乾命)

예의 바르고 활달함이 드러나고 사교적 성격에 희생, 봉사정신으로 무장하고 타인을 배려하고 논리적이고 차분하지만 지장간(地藏干)에는 음(陰)의 기운만 있어 소심하고 까다로우며 원칙과 소신이 있어 활동해서 재물을 추구하고 남이 보아주지 않으면 화를 내고 삐지는 성질도 지니고 있다. 활인이 필요하니 신앙심 있고 고독을 즐기는데 공상의 성정 있고 남들보다 돋보이려 하니 일처리에 문제 생겨 후회도 있다.

정(丁)은 달이며 별이고 반딧불, 모닥불, 화톳불, 촛불, 등잔불로 사람이 피운 불길이니 사람들이 바라봐 주기를 원한다. 축(丑)은 물기 있는 흙, 한겨울의 흙이다.

정축(丁丑)은 불을 담는 그릇으로 화로(火爐)라 쇠를 녹여 기물(器物)을 만드는 예술적인 기능이 있으며 사랑받고 존경받기를 원하니 이성적이고 타인을 아끼며 배려하고 인간미가 넘치고 품위 지니고 온화한 군자의 성격으로 드러나 자신을 태우는 성분이라 원칙과 소신을 바탕으로 시비를 분명히 하고 따지기를 좋아하니 매사 고달프다. 이와 같은 성정으로 질투심 과다에 기억력이 좋으며 표면적으로 도덕적이고 주어진 일은 수행이 탁월하다.

정일간(丁日干)은 누구에게나 사랑받고 싶어 하는 속성이고 정축(丁丑)은 화롯불이니 사람의 사랑과 관심에 목을 매니 이를 퇴신(退神)이라 한다.

인기를 독점하고 싶은 욕구에 질투심과 자존심이 강해 자신에게 신경 써 주지 않으면 짜증 나고 자신이 드러나 보이지 않으면 화로 인해 불면에 시달리며 원망이 있다. 결백성이 있어 한 번 거부한 상대에게는 다가

가지 않고 자신이 불러온 고독감으로 혼자 짜증 내고 사람들을 원망하고 분노에 저주하기도 한다.

정(丁)은 한낮이요, 축(丑)은 밭을 가는 소라 하여 재고귀인(財庫貴人)이라 하고 욕심으로 많은 재물을 희롱하지만 한낮의 소처럼 평생 일복이 많고 놀고먹기는 그르다. 겉은 평온하지만 내면은 갈등과 번뇌 가득하고 탕화(湯火)로 비관하는 경향이 있다. 탤런트 기질과 예술성이 있어 드러내기 원하고 미적 감각과 운세가 좋고, 축(丑)은 재물의 창고와 같으니 노년으로 갈수록 복록이 상승하여 말년이 되면 좋아진다. 재성(財性)인 신금(申金)이 양지(養地)에 놓이고 화개(華蓋)에도 속하니, 돈 욕심도 많고 조상이나 부모로부터 물려받을 유산(流産)도 있지만 허약하고 겉으로 평온해도 번뇌가 무궁이다.

정일주(丁日柱)는 정면승부에 약하나 재물을 모으는 방법에서도 측면 돌파 내지는 고리대금(高利貸金)이나 일수(日收)처럼 뒷돈으로 치부하려 하고 잘 쓰기도 한다. 지지(地支)의 지장간(地藏干) 신금(辛金)은 미적 감각을 이야기하는 화개(華蓋)인데 신금(辛金)은 천간(天干)이나 지장간(地藏干)이나 성분이 같고 미적 감, 예리함, 냉정, 사물을 보는 능력이 남다름을 말해주는데 의상, 음식 솜씨, 보석, 가구를 보는 능력, 음식을 고르는 능력, 물건의 도안 능력도 뒤지지 않는다.

지지(地支) 축토(丑土)는 자수(子水)와 합을 하는 성분으로 식상으로의 변화가 일어나나 관성의 틀이라 식상의 마음도 가지고 있는데 역시 관성의 지배를 받으니 원칙과 소신이 뚜렷하다. 예의 바르고 총명과 지혜 겸비에 고집과 자존심 곧전이고 성급한 면도 있어 억압하면 폭발하여 비산하고, 언변이 좋고 자기주장이 강하니 잘못해도 수긍하지 않으려 하지만 외유내강에 생활력이 강하니 욕심 많고 일복도 많다.

지장간(地藏干)에 식재(食財)와 재관(財官)이 임하니 장모봉양에 총각 득자라. 매사 일처리가 명확하고 사리가 분명해도 성숙한 지성(知性)으로 보이지 않고 정축생(丁丑生)이 을사시(乙巳時) 출생이면 장성을 얻어 재국(財局)을 이루니 묘왕합작(墓旺合作)으로 중년 이후에 큰 부자가 되는데 일지에 축(丑)은 말년에 대업(大業)을 이루거나 부자가 되는 경우가 많다. 활동력이 완성하고 많은 재물을 축적하여도 지지(地支)에 이르는 묘지(墓地)에 내면적인 고독이 있고 고통이 따르는데 외삼촌, 처남과 같은 친척들로 인해 재물고통을 받는다.

■ 곤명(坤命)

정일간(丁日干)은 뜨겁다가 혼자 타버리는 성질이라 드러내어 똑똑한 척하는데 평소 인정과 사리를 따지나 화가 나면 시비를 가리지 못하고 난폭해지고 자신을 예뻐해 주면 빠져들기 쉽고 신앙심도 깊은 편으로 자신을 사랑하면 유부남(有婦男)도 주저하지 않는다.

정일간(丁日干)은 육영사업(育英事業)이 명예롭고 심신도 안정이 되고 타인의 자식을 양육하는 운이니 한숨이 있고 남편은 의사, 종교인, 역학자 등과 같은 활인 계통 종사자가 많지만 남편이 활인과 관계없는 직종이라면 스스로 활인의 길을 가거나 종교성을 드러낼 것이다. 음식솜씨에 생활력 강하니 남편 먹여 살릴 것이고 비만형이다. 배우자가 재정계통이나 군경, 검찰과 같은 직종에 종사할 운이 있으나 때로 천직 종사자도 보인다.

관(官)에 해당하는 계수(癸水)가 축토(丑土)의 관대(官帶)에 놓여 관고

(官庫)이니 관파백호(官破白虎)로 남편을 두려워하지 않고 사화(巳火)에서 절지(絶地)라 생리사별이며 발복은 멈추지 않으나 인수는 욕지(浴地)에 놓여 학업의 욕구 넘치니 결국 부부이별이나 사별(死別)이 있어도 구애됨이 없이 경제활동에 재물을 불리고 나이가 들어도 배우고자 한다.

2. 세운의 변화

巳酉丑年 : 이사, 이동, 직업 변동
午年   : 신경쇠약, 정신 질환, 병원 출입
戌年   : 관재수, 구설수, 사고수, 부부 풍파, 이별수, 수술
未年   : 관재수, 구설수, 사고수, 형옥(刑獄)
子年   : 이성 만남, 좋은 일이 생김
辛未年, 癸未年 : 흉한 해이고 未年은 丑未沖이 되므로 일반적으로 변화가 심하고 運路가 좋지 않다

3. 물상

정(丁)은 불이며 열기이고 모닥불이다. 정(丁)은 작은 규모의 불로 촛불, 전등, 호롱불이며 정오 무렵의 낮이다. 축(丑)은 소이고 어두운 밤이며 얼음으로 뒤덮인 땅이나 씨앗을 품고 있다. 정축(丁丑)은 한낮의 소인데 평생 일복이 많으니 놀고먹기는 그른 일이고 늘 일이 많고 신경 써야 하니 천직(天職)이다.

흙으로 구운 그릇이니 창조와 형성의 성격이고 예술적인 재능이며, 밤에는 등잔이니 불을 밝히는 존재로 사랑받고 싶은 욕구가 강해 타인의 눈길을 의식하고 질책이나 간섭에 민감하게 작용하고 타인의 눈을 의식하

며 살아가니 지친다. 직감(直感)에 충실하고 인기 독점욕이 강해 실의와 질투심을 부리고 형제자매 사이에서도 어머니를 혼자 차지하려고 앙탈이다.

정축일주(丁丑日柱)는 땅으로 빛을 흡수하는 물상이니 재물운이다. 재물을 원 없이 희롱하지만 지지(地支) 백호(白虎)라 화가 나면 시비를 가리지 못하며, 지지(地支) 식신(食神)은 활동성과 재물에 대한 융통성도 의미하므로 재물 욕구가 강하고 두뇌 활동도 왕성하다.

4. 특성

외면은 밝고 명랑하나 내면은 고독하다. 활동성과 재물 욕구가 강하고 두뇌 활동도 왕성하나 고독성은 피하지 못한다. 재능 다양에 능력 겸비하였으나 활동력에 비교해 성과가 약하고 성공의 눈앞에서 소외되는 경우가 왕왕 있다. 명랑과 우울이 교차하니 타인과 불화하고 대인관계가 불리하다. 침착하고 적응력이 뛰어나지만 만족감은 떨어지는 삶이다.

5. 육친관계

■ 건명(乾命)

부친이 유정해도 부친 운세 고르지 않아 부모 운으로 장애 있고 부모 건강도 문제가 있다. 처덕이 있어 배우자 인연이 순조로우나 처가 아프거나 갈등이 존재하며 이별, 별거, 사별의 운이 있다. 딸이 많고 아들이 드물며 자식으로 인한 근심이 크다.

■ 곤명(坤命)

 배우자를 무시하는 경향이 강하니 자식을 낳고 나면 부부 풍파가 많아 부부갈등이 생기고 이별, 사별, 별거의 운이 따르며 아들과의 인연이나 기운이 강하다. 배우자는 병약하거나 작첩의 기운이 있고 남편복처럼 자식복도 기대하지 말 것이다.

6. 학업

■ 건명(乾命)

 어려서부터 다양한 분야에서 두각을 보이지만 두뇌에 의존하는 공부이니 긴 공부와 큰 시험에는 약하다. 성공의 학문으로는 공학, 경영학, 경제학, 전문기술, 예능이 해당한다.

■ 곤명(坤命)

 예능, 어학, 경영학, 경제학, 의학, 약학, 간호학이 해당한다.

7. 결혼운

■ 건명(乾命)

 건명(乾命)은 연애감각이 있으나 연애의 운이 잘 이루어지지 않고 연애로 부모와 갈등이 있고 성혼 전에 연애로 자식이 올 가능성이 있다. 소띠, 용띠, 뱀띠, 말띠, 양띠, 원숭이띠, 닭띠, 돼지띠 여자가 버릴 인연이다.

■ 곤명(坤命)

 곤명(坤命)은 연애가 와도 갈등으로 깨지고 만다. 곤명(坤命)에는 이유

없이 결혼이 늦는 경우도 있다. 남녀 모두 고독성 때문에 갈등, 애로가 피어난다. 쥐띠, 소띠, 범띠, 토끼띠, 말띠, 닭띠, 돼지띠 남자가 좋은 인연이 된다.

8. 직업

왕성한 활동력과 융통성이 있고 사주원국(四柱原局)에 수목(水木)의 오행이 뚜렷하면 조직운이고 화금(火金)의 오행이 있으면 사업 인연이다. 지지(地支) 식신으로 자격사업 형태가 재물길로 정직한 재물운이다. 조직운으로는 검찰, 경찰, 특수기관, 공직, 전문기술 분야, 경영학, 경제학 분야, 재무와 금융분야, 의학, 간호학 관련 분야, 교육과 육영분야가 좋고 사업의 길은 전문기술 분야, 학원, 요식사업, 부동산, 건축, 인테리어, 금속기계, 생산 제조 등이 좋지만 크게 성공은 어렵다.

건명(乾命)에 해당하는 영웅백호(英雄白虎)는 과격, 혁명적인 기질을 지니고 있으며 정보, 수사 계통에 종사하는 것을 의미한다. 재고이므로 은행업이나 금고 등에 종사하는 사람이 적지 않고 백호는 특수한 기술성으로 보는데 보석세공업, 화공계 등의 특수기술직에 종사하는 사람도 성공의 지름길이다.

9. 성적 욕구

■ 건명(乾命)

축토(丑土)는 금(金)의 고(庫)이고 음착살이 작용하니 성욕이 강하여 지속력과 기술이 좋아 여성의 욕구를 만족시키며 이성의 세계를 이성보다 더 잘 안다. 일간이 강하면 발기와 지속력에 문제가 없는데 발정과 사정의 쾌감도 강하다.

■ 곤명(坤命)

성욕이 강하고 적극적이지만 축토(丑土)는 얼어있다는 의미이므로 전희를 통해 천천히 녹여 주어야 만족이 있고 근본적으로 성교에 적극적으로 기쁨을 누리고 요구횟수도 많으며 기술도 좋은 명기이다. 해자축월(亥子丑月)에 태어나면 음기가 강해 음란해도 자궁이 냉하니 오르가즘은 느끼기 어려울 뿐 아니라 불감증이라. 사주원국(四柱原局)에 목화(木火)가 강해야 오르가즘에 오르고 식신이 태왕이거나 형(刑)이 되면 유방에 문제 있고 성에 관심도 사라진다.

10. 질병

정(丁)은 화(火)의 성분으로 근본적으로 심장과 소장에 병이 있으며 축(丑)은 토(土)의 성분으로 위장과 비장, 좌측다리를 병으로 본다. 따라서 정축일주(丁丑日柱)는 심장, 중풍, 대장 등의 질병을 조심해야 하며 여자는 생리통과 빈혈이 있고 백호와 탕화의 영향으로 사고와 수술수가 있으며 지나친 신경쇠약으로 간혹 음독이 의심스럽다. 경기(驚氣)를 조심하라.

15장. 무인(戊寅, 申酉空亡)

1. 사주의 특성 (戊7, 丙7, 甲16)

학당귀인 學堂貴人	진로를 정하면 특히 길하다. 甲은 亥, 乙은 午, 丙戊는 寅, 丁己는 酉, 庚은 巳, 辛은 子, 壬은 申, 癸는 卯를 보면 학당귀인이다. 포태법상 장생 궁에 해당하며 지성이 돋보이니 교육자로 진로를 정하면 좋다.
문곡귀인 文曲貴人	사후문장(死後文章)으로 역사에 이름이 남을 학자가 된다.
음양차착 陰陽差錯	음란하고 색을 좋아해 배우자와 불화하고 사별하며 상부극처(傷夫剋妻)하고 재취를 하여도 해로가 어렵다. 상(喪)중에 취첩(娶妾)하며 혼인하여도 실패수(失折)가 따른다. 병오(丙午), 병자(丙子), 임진(壬辰), 임술(壬戌), 무신(戊申), 무인(戊寅)은 양착살에 해당되고, 신묘(辛卯), 신유(辛酉), 정미(丁未), 정축(丁丑), 계사(癸巳), 계해(癸亥)는 음차살이다. 일주에 해당되면 외가가 몰락할 수 있고 시(時)에 있으면 처가가 망한다.
복신 伏神	무인(戊寅), 계사(癸巳), 무신(戊申), 계해(癸亥)일이 복신으로 이는 매사가 지연, 정체된다는 암시가 있다.
칠살 七殺	갑신(甲申), 무인(戊寅), 임진(壬辰), 임술(壬戌), 계축(癸丑), 계미(癸未)일은 충돌, 언쟁, 관재, 구설, 수술, 고립 등의 상황이 많고 교통사고나 부

철사관 鐵蛇關	부친 다툼이나 냉전, 이별의 기운이 강하다. 갑진(甲辰), 병신(丙申), 정미(丁未), 무인(戊寅), 경술(庚戌), 계축(癸丑) 일로 이는 돌림병이나 희귀병에 걸려 단명의 암시가 있다고 전해지므로 방역이나 예방에 철저해야 한다.
탕화살 湯火殺	寅午丑일 생에 해당한다. 화상, 화재, 음독, 가스 중독, 부상과 염세비관이 따른다. 탕화살이고 일시가 午丑이면 본처와 해로가 어렵고 무자식의 운이다. 일시가 오축이고 재성이 태과하면 아내가 문제 있고 관성이 태과하면 남편에게 문제가 생긴다.
생 生	장생(長生)이라고도 한다. 월시에 있으면 학당귀인(學堂貴人)이고 화합을 잘하며 후견인을 만나 보살핌을 받는다. 인상이 깨끗하고 예능에 소질이 있다.

■ 건명(乾命)

무(戊)는 높은 산이요 바위산, 인(寅)은 호랑이 나무이다. 신용과 신의가 있고 중후한 인품이며 두뇌 총명에 의욕적이나 표정이 없고 무뚝뚝하다. 무인일주(戊寅日柱)는 나무가 무성한 산에서 내려온 호랑이로 활동적이고 결단력을 바탕으로 힘을 과신하고자 하나 마음 약하고 지구력이 약해 큰일을 하기에 약하고, 겉으로 용감해도 속으로 소심하여 피치 못할 화를 부르는데 활동적이라 욕심이 많고 개척정신이 강하나 쟁론(爭論)이 심해지면 자신의 중의(中意)를 잃고 나무속으로 회피하여 도망가려 한다.

원칙과 소신이 뚜렷하지만 여유가 없고 폭력적이기도 하고 융통성과 유연성이 부족하니 불리해지면 은폐(隱閉)하고자 하며 내면의 약점을 감추려는 행위가 되고 가족들도 속이고 약점을 위장하려 하는데 외국출입(外

國出入)이 잦고 운을 타고 관록(官祿)을 접하면 두령이 된다.

부모덕은 기대하기 어렵고 타향에서 성공할 가능성이 높은데 결단력이 도움이 되고, 겉으로는 상냥하나 자존심과 자만심과 투쟁심이 강하며 고집이 있고 주관이 확실하지만 의지력과 자제력이 있어 명예를 추구한다. 자기중심적이고 타인의 간섭을 싫어하니 냉정하고 차가운 사람이며 표면적으로 용맹스러운 상이며 활동적이나 소심하고 겁이 많아 큰일이 닥치면 도망하는데 인목(寅木)의 지장간(地藏干) 식신 경금(庚金)이 인목(寅木)에서 절지(絶地)에 놓이는 탓이다. 겁살(劫煞)과 지살(地殺)이 함께 하면 개척정신이 있지만 두려움으로 멈추고자 하는 힘도 강하니 나무속에 숨은 호랑이로 무용지물이라.

지지(地支)는 해수 편인과 합을 하여 비겁으로 변하는 성정인데 이는 외골수적인 성격이며 자기중심적이고 고집과 자존심을 내세우며 타인의 간섭을 배제하고 모든 것을 자신의 생각대로 하고자 하는 독선적인 표출이 있다. 지나친 이기심이 드러나 타인에게 잘 해주고도 배신당하며 인간미 부족에 권위적 표상이다. 일을 많이 하고 스트레스도 많은데 마음 갈등에 불안정이 깔리는데 보수적으로 보이고 공부해도 빛을 보긴 어렵고 늘 조급하다. 활동을 내세우니 가정에 충실치 못하고 사업보다 공직이나 직장생활이 좋다. 일을 해도 대접받기는 어렵고 복종은 능숙하나 타인 통제능력은 떨어진다.

지지(地支)는 역마의 성분으로 호랑이가 밤새 이동하는 것처럼 떠돌이 성분이라, 고독을 자초하고 괴팍한 성격이며 재물을 가지면 건강에 문제 생기는 것처럼 신상변화가 심하고 외국 출입이 많은데 인목(寅木)은 충이면 지진(地震)이 일어난다고 하여 매우 흉한데 세운(世運)이나 대운(大

運)에 신(申)이 오면 인신충(寅申沖)으로 비관적이다. 일지에 탕화(湯火)를 놓으면 비관하는 성질이라 음독(飮毒), 수족이상(手足異狀), 교통사고, 가스로 인한 화재가 두렵고 어린 나이에 부탄가스 흡입도 하는 것은 지장간(地藏干) 병화(丙火) 때문인데 정화(丁火)처럼 최악은 아니다.

직업적 진출도 좋은데 일원(一元)은 물론이고 인수(印綬)가 장생(長生)을 얻으니 학업은 나쁘지 않고 문장이 수려하고 학자나 교육자가 제격이며 귀인의 조력이 있고 인덕도 있다. 지지(地支) 비견(比肩)은 생국(生局)에 놓이니 활동적이며 힘을 과시하려 하고 지장간(地藏干) 갑목(甲木)은 칠살로 왕성한 세력을 만드니 출중한 자식을 둘 가능성이 있다.

살인상생(殺印上生)이 생궁(生宮)에 놓여 관록이 있고 두령의 야심이라 좋은 일, 나쁜 일도 잦거나 신상의 변화가 있어 신금(申金)의 운에 인목(寅木)을 충하면 역마성이 발동하고 외국 출입이면 재성(財性) 임수(壬水)가 병지(病地)에 놓이니 먹을 것이 많다. 노년에도 역마라 정착이 어렵고 원국에 인신충(寅申沖)이 있고 대운이나 세운에서 신금(申金)이 오면 왕자충쇠쇠자발(旺者沖衰衰者拔)이라. 장생을 잃어 건강을 잃는다.

폼생폼사로 남의 눈을 의식해 삶에 장애가 되고 지출을 늘리고 정착이 힘들며 장생은 수명에 도움을 주나 재물에는 불리하니 늙으면 빈손인데 폼생폼사인지라 거들먹거림은 사그러지지 않고 때로 큰 재물을 이루어도 허망하게 된다.

■ 곤명(坤命)

사회활동이 두드러지는데 학당귀인(學堂貴人)의 영향으로 공직과 교육계의 분포가 많고 자신이 명예롭지 않으면 남편이 명예를 얻어 남편이 장생(長生)과 건록(乾祿)을 얻어 공직, 교육자, 큰 사업으로 성공하는 사업가들이 많다. 곤명(坤命)에서 관살혼잡은 좋지 않은데 무인일주(戊寅日柱)도 사주원국(四柱原局)에 재살(財殺)이 많거나 관살혼잡(官殺混雜)이 되면 이성의 배신과 구타로 정신과 육체의 고통이 있고 이성에 대한 욕구가 강해 잦은 만남과 이별수가 있다.

일원(一元)이 약하고 칠살(七殺)이 태강하면 인부신음(因夫呻吟)이라 했으니 어떤 경우에도 칠살을 일지에 깔면 곤명(坤命)은 남편 복으로 행복한 경우는 거의 없는 듯하다.

지지(地支)에 칠살이라 최악의 배우자 운으로 남편의 성격이 까다롭고 의견충돌이 많으니 공방수라. 원치 않는 결혼, 엉겁결에 하는 결혼, 반 강제적인 결혼, 등 떠밀려 하는 결혼의 운이 있고 동정결혼(動靜結婚)이나 강제결혼(强制結婚)의 운이라. 신약사주(身弱四柱)는 남편으로 인해 신음한다.

2. 세운의 변화

寅午戌年 : 이사, 이동, 직업 변동
未年　　 : 신경쇠약, 정신 질환, 병원 출입
巳年　　 : 관재수, 구설수, 사고수, 부부 풍파, 이별수, 수술
申年　　 : 관재수, 구설수, 사고수, 형옥(刑獄)
亥年　　 : 이성 만남, 좋은 일이 생김
壬申年, 甲申年 : 흉한 해이고 申年은 寅申沖이 되므로 일반적으로 변화가 심하고 運路가 좋지 않다

3. 물상

무인일주(戊寅日柱)는 산에서 뛰쳐나오는 호랑이의 모습이니 용맹성과 힘을 과시하는 성정이 표출될 것이며 신상에 변화가 심하고 공방수라. 강하기를 원하나 내심은 강하지 못하지만 욕심이 많으니 개척심이 강하고 관록도 있어 지도자로 부상하는 사람이 적지 않다. 자신이 지닌 지식이나 능력을 드러내지 못하는 경우가 많고 지장간(地藏干)을 포함하여 음의 기운이 전혀 없으니 메마르고 뿌리가 약해 자라기도 어렵고 꽃을 피우기도 어려우니 한 번 꺾이면 순식간에 허물어지는데 배우자의 불화, 여난을 피하기 어렵고 곤명(坤命)은 강제 혼인의 운도 있다.

4. 특성

인(寅)은 봄의 나무이니 태산이 봄을 만난 격으로 지도자 격이다. 권력과 지도력을 바탕으로 재물을 생산하지만 근본적으로 재물복은 약하고 사주원국(四柱原局)에 수화의 오행이 적절하면 장수를 누리고 부귀가 있다. 곤명(坤命)은 일지 편관이라 배필이 명예를 추구한다.

5. 육친관계

■ 건명(乾命)

모친 인연이 강하나 본인의 자존심 때문에 쿠모와 갈등 있다. 사주원국(四柱原局)에 화(火)의 오행이 강하면 부친 인연이 짧고 일지 편관은 배필로 인한 갈등을 나타낸다. 공처가의 운이고 아들을 많이 볼 운으로 큰 자식을 볼 수 있을 것이며 칠살을 깐 건명(乾命)은 관의 작용으로 아들을 많이 낳고 출중한 자식 있으니 보람이 있으며 본인이나 배우자 몸에 문제 생길 수 있으니 타인을 배려해야 액을 면한다.

■ 곤명(坤命)

자존심 강하고 고집도 있는데 일지에 편관을 까니 남편을 깔보는 성향이고 남자기질이 있다. 배우자는 항시 분주하고 출장 많은데 독수공방이 많아 배우자로 인한 고통이 보인다. 배우자궁이 부실하여 이별, 사별, 별거운이며 사주원국(四柱原局)에 화(火)의 오행이 많으면 자식이 드물거나 자식으로 고통당한다. 모친을 모시고 사는 것이 좋다.

6. 학업
■ 건명(乾命)

인내와 노력, 자존심으로 세월이 흘러야 실력 발휘가 드러나니 만학으로 학위를 이루어야 하는 운이다. 남자는 법학, 행정학, 경영학, 경제학, 공학이 성공을 위한 학문이 된다.

■ 곤명(坤命)

인문학, 사회과학, 법학, 가정관리학, 어학, 교육학, 육영에 관련된 학문이 성공을 위한 학문이 된다.

7. 결혼운
■ 건명(乾命)

일지 편관은 자존심이니 미남미녀를 찾고 일찍 연애를 해도 자존심 때문이고 일지 편관은 자식이니 연애하며 자식 본다. 사주원국(四柱原局)에 해(亥)자가 있으면 가능성은 더욱 농후하다. 자식이 나면 처로 인해 고통을 당하는데 배우자궁이 부실하여 이별, 사별, 별거의 운에 처가 병약할 가능성이 높다. 쥐띠, 소띠, 범띠, 뱀띠, 말띠, 양띠, 개띠, 돼지띠 여자가 배우자 운이다.

■ 곤명(坤命)

일찍부터 이성에 눈뜨니 부모와 갈등이 있다. 남자를 동정해서 결혼하였거나 산다면 강제결혼에 매 맞고 산다. 곤명(坤命)은 남편이 간섭하여 고통인데 소띠, 범띠, 토끼띠, 뱀띠, 말띠, 양띠, 개띠, 돼지띠 남자가 좋은 배필이 될 수 있다.

8. 직업

지지(地支) 편관은 강력한 명예를 의미하니 조직인연이고 투기적인 성향이 있으며 이권 가입이나 용역사업도 인연이 있을 것으로 성향을 무시하기 어렵다. 사주원국(四柱原局)에 화(火)의 오행이 있고 정재뿐이면 평생 조직에 몸담는 것이 좋고 안기부, 검찰, 경찰, 전문직과 같은 공직이 좋으며 공학 관련 조직이나 교수직에도 인연이 닿는다. 사주원국(四柱原局)에 신유(申酉)와 해자(亥子)의 글자가 있으면 사업 인연인데 큰 조직의 대리점 사업, 납품사업, 용역사업 등에 인연이 있고, 그와 달리 순수하게 사업을 하면 토목, 건축, 해운, 수산, 전문기술, 납품사업이 좋다. 사업의 운에서 외형에 집착하는 성격이므로 내실이 약해져 빛 좋은 개살구가 될 수 있으므로 내실을 잘 다져야 한다.

사실 관록이 있으므로 사업보다는 직장이 우선적으로 고려의 대상이다.

사업을 한다면 무역, 건축업, 부동산 등에서 대성의 가능성을 볼 수 있으며 공무원, 법관, 정계, 의사, 교육가, 특수기술직 등에서 많이 보이는 일주의 유형이다.

9. 성적 욕구
■ 건명(乾命)

근본적으로 성욕은 강하나 정력이 약한데 서두르는 경향이다. 신장이 약하므로 중년 이후는 쉽게 피로를 느끼니 천천히 노력해야 한다. 양착살이나 지지(地支)로부터 목극토(木剋土)라! 사오미(巳午未)월에 태어나면 정력 강하고 물이 필요해 색을 밝히는데 때로 변태성이다.

■ 곤명(坤命)

근본적으로 수동적이라 인목(寅木)은 아직 추워 천천히 녹여주듯 전희가 길어야 만족하고 목이 혼잡 되면 질의 조임은 강하여 배우자가 좋아할 것이다. 곤명(坤命)은 중성적인 기질에 고집이 있으나 애정은 강하여 한 번 무너지면 걷잡을 수 없이 허물어지는 특징이 있는데 대담한 어프로치를 해 볼 필요가 있다. 목화(木火)가 조화를 이루면 성관계에서 오르가즘을 느낄 수 있을 것이며 원국에 토(土)가 많으면 수(水)의 기운이 고갈되어 분비물이 적어 고통이 따르고 생리통, 생리불순이 생길 수 있다.

10. 질병

무인일주(戊寅日柱)는 무(戊)와 인(寅)이 병이다. 무(戊)는 토(土)의 성분으로 위와 갈비를 나타내는 데, 폭넓게 적용하면 비장도 해당된다. 인

(寅)은 목(木)의 성분으로 쓸개, 손, 머리카락을 의미하는데 간담을 포함해 생각해야 한다. 따라서 무인일주(戊寅日柱)는 위산과다가 심하고 비위, 신장 계통의 질환이 요주의 사항이며 간암, 중풍, 신경통, 수족의 부상 등도 유의를 해야 한다.

16장. 기묘(己卯, 申酉空亡)

1. 사주의 특성(甲10, 乙20)

곡각살 曲角殺	곡각은 신체 어느 부위에 병이 있어서 불구가 되는 뜻이다. 곡각은 사주 중에 2~3개 있어야 작용하는데 등뼈가 고르지 않거나 불구의 형태를 가지며 신경계통이나 수족에 이상이 있다. 또한 자기가 양자가 되거나 양자를 맞이하게 되는 뜻이 있다.
취명관 取命關	어린아이가 사당, 절 등에 가면 떠도는 혼령에 질병을 얻을 수 있다고 小兒關殺符로 쓰이는데, 10세가 지나면 액이 소멸되니 의학이 발전하지 않았던 과거에 쓰이던 신살이다.
구추방해	임자(壬子), 임오(壬午), 무자(戊子), 무오(戊午), 기묘(己卯), 기유(己酉), 을묘(乙卯), 을유(乙酉), 신묘(辛卯), 신유(辛酉)일 생으로 잦은 연애로 가정 풍파가 암시되고 시주에 있으면 자녀가 같은 성향이다.
나체도화	갑자(甲子), 정묘(丁卯), 기묘(己卯), 경오(庚午), 계유(癸酉)에 해당하며 음란하고 나체를 좋아하여 노소를 가리지 않고 탐하니 색난이 인다.
문곡귀인	사후문장(死後文章)으로 역사에 이름이 남을 학자가 된다.
방해살 妨害殺	팔전(八專)은 갑인, 을묘, 기미, 정미, 경신, 신묘, 무술, 계축으로 음욕살이라 하고 건명(乾命)의 일

	지에 있으면 부인이 부정하고, 시지에 있으면 자녀가 부정하다. 곤명(坤命)의 일지에 있으면 혈육도 가리지 않고 음욕을 채운다. 구추(九醜)는 을유, 을묘, 기유, 기묘, 무자, 신묘, 임오, 임자, 무오일살인데 방해살이라 한다. 건명(乾命)에 있으면 수명이 단명이며 곤명(坤命)에 있으면 산액으로 고생하고 자궁병에 시달린다.
단장관 斷腸關	갑오(甲午), 을미(乙未), 병진(丙辰), 정사(丁巳), 기묘(己卯), 경인(庚寅), 계축(癸丑) 일로 대장(大腸)이나 소장(小腸)계의 질환으로 고생할 암시가 있다는 조합이다.
진신 進神	갑자(甲子), 기묘(己卯), 갑오(甲午), 기유(己酉)일로 고집과 포기를 모르는 집념과 열정이 있어 어떠한 시련과 역경이 있어도 거뜬히 이겨내고 성공을 이룬다. 자신이 하고 싶은 것만 한다. 냉철하고 문장력이 있으며 관재수가 동하기도 한다.
병 病	12운성을 따져 병은 인생에서 활력이 떨어지며 병든 것을 뜻한다.

■ 건명(乾命)

땅에 심어진 나무의 물상이다. 기(己)는 곡물이 자라고 동물이 뛰노는 벌판이며 나무가 자라는 흙이다. 묘(卯)는 나무이고 토끼이다. 기묘일주(己卯日柱)는 귀를 세우고 주변을 정탐하는 토끼와 같아 예민하고 내성적이고 소극적이라 타인과 잘 어울리지 못하지만 지혜가 있으며 남에게 지배당하는 것을 싫어하고 마음을 잘 열지 못한다. 타인을 멸시하고 고집에 자존심이 드러나니 자기가 하고 싶은 일만 한다. 신용, 신의 중시하니 인정이 있고 자신의 주장을 하기보다는 중심을 지키려고 하며 내성적이나 원칙과 소신 있고 시비를 분명히 한다.

관살(官殺)이 병지(病地)에 임하고 녹왕(祿旺)에 놓여 명석하고 문장에 소질 있으나 까다롭고 괴팍하며 안하무인(眼下無人)이고 독보적인 성향, 고압적, 안하무인은 감추어지고 목소리가 조근조근 하여 자상하고 꼼꼼하게 보인다. 성격적으로 활달하고 현실적이고 꼼꼼함이 장점인데 학문을 가까이하고 모친을 모시는 것이 좋다.

보수적이고 현실적이지 못하나 사고력 민첩에 영감이 있으니 환경적응력이 좋지만 의심에 변덕 심하니 대인관계 원만하지 못해 행동이 조심스럽고 독선적 경향이 있으나 생활력도 강하고 세밀함이 특기가 되고 세밀한 기술직에 적합한 성격이다.

기묘일주의 묘(卯)는 기토(己土)의 편관인데 지장간(地藏干)의 갑(甲)과 을(乙)도 모두 관살로 이루어지니 자존심과 명예욕, 의협심(義俠心)으로 표출되는 관계로 분쟁과 풍파가 많고 타인에게 의지하며 인내가 부족하다. 마음이 약해 타인의 부탁을 거절하지 못하고 자신의 몫을 챙기지 못하며 내적으로 원칙과 법도를 지키려는 성향으로 화려함보다 내실을 중시한다.

일간이 지지(地支)로부터 극을 받고 있으며 정편관 혼잡으로 마음이 편치 않은데 곤명(坤命)은 아득하고 건명(乾命)이라면 정관(正官)의 장성(將星)으로 권력계통에서 대성 가능성이 보이고 하격(下格)이면 깡패다. 새로운 일에 적응이 약하고 생활영역도 좁으며 고독한데 종교와 신비함에 관심 보이고 노력해도 덕이 없고 사업보다 직장 생활이 좋은데 일복 많아도 대접은 별로다.

글자의 모양에서 곡각(曲角)이요 현침(懸針)이다. 몸이 아프고 고통스러운데 타인을 배려해야 고통이 덜하고 타인을 위해 적덕(積德)을 쌓아야 액을 면한다. 수양을 하면 권력계통에 진출하거나 의술과 역술에 인연을 맺어 사람에게 은혜를 베풀어야 자신의 고통이 덜하다 하고 곡각과 묘파(卯破) 현침이 겹치고 병지(病地)에 놓으니 자신과 가족이 질병의 운이다. 처궁은 병사지(病死地)이니 병약하다.

기묘일주(己卯日柱)는 격의 높고 낮음이 확연한데 일주(日柱) 주변의 천간(天干)과 지지(地支)의 변화에 따라 격이 정해져 상격은 권력을 쥐며 중격은 활인으로 의사업이요, 하격은 깡패와 건달이니 부부갈등으로 가정풍파는 심해 처를 구타한다.

지지(地支) 묘목(卯木)은 겁재인 술토(戌土)와 합을 원하는데 인성으로 변화하니 조심스럽고 계산적이며 자기주장 강하나 안정과 체면 중시에 투기성 짙은 직업은 거부한다. 정재와 합을 원한다는 것은 다른 여자와 합을 원한다는 것이니 배우자궁이 변화를 가져올 수 있으며 타인에게는 약해 속으로 삭이나 가정에서는 큰소리치며 일간의 기토(己土) 역시 지장간(地藏干)의 갑목(甲木)과 명암 합하니 운에 따라 외도하고 변화의 조짐이다.

토끼가 많은 암컷과 성교를 하듯 이성 관계가 복잡하고 화려함을 즐기고 여성을 이용하니 군인, 경찰처럼 권력 기관으로 진출하지 않으면 건달이고 처궁은 불미하여 병약, 사별의 운에 사주원국(四柱原局)에 재성이 왕하면 공처가 운이거나 악처 운이다. 재성 임수(壬水)가 사지에 인종하고 처가 병사지에 놓여 자식의 관성은 활기가 있고 묘파가 되어 병지에 놓이니 자식은 일찍 독립할 것이다.

문곡성과 칠살이 겹쳐 두뇌는 명석해 안하무인이고 부부갈등으로 본인 가출 내지는 처가 아프고 다친다. 옛글에 밭에서 노는 토끼라 수명을 예측하기 어렵다 했고 갑작스러운 화를 당할 것이라 적었다. 사주원국(四柱原局)에 화의 오행이 부족하고 수목의 오행이 많으면 비위가 허약하여 성장이 더디다. 정신적으로 육체적으로 약해 수술운이 늘 따라다닌다.

■ 곤명(坤命)

일견 약해 보이지만 끈질기고 괴팍스럽다. 기토가 일지에 착근하지 못해도 지장간(地藏干)의 부성 갑목(甲木)과 합하니 먼저 쓰러지지 않는데 남편궁에 역마를 두어 가출이 잦고 흉폭한 남편 운이다. 미년(未年)과 같은 운이 오면 남편이 배신하고 집을 나갈 수 있는데 묘미(卯未)의 합은 병대(病帶)의 물상이기 때문이다. 배우자와 이별수가 있고 정부를 두지만 의사, 예능계, 간호사, 교육자의 길은 무난히 행복을 누리나 가출을 하거나 흉폭한 남편을 만나는 운은 피해가기 어렵다.

남편이 배신하니 말년에 이혼이 많고 젊은 남자와 인연이 있다. 옛 글에 기묘일주(己卯日柱)는 여덟 살 차이 나는 배우자에 세 번 결혼한다 했는데 묘파성의 여력이라. 관살혼잡이 록왕의 힘을 얻고 역마에 놓여 남편과 이별의 운이 있고 정부를 두기 쉬우며 가정을 이탈하기도 쉬운데 자손운도 박덕하니 경금(庚金)이 묘목(卯木)에서 태지에 놓이기 때문이다. 인수는 욕지에 놓이는데 중년이 지나가면 유금(酉金)이 이를 충하니 모친이 세상을 떠날 확률이 있다.

2. 세운의 변화

亥卯未年 : 이사, 이동, 직업 변동
申年　　 : 신경쇠약, 정신 질환, 병원 출입

酉年　　: 관재수, 구설수, 사고수, 부부 풍파, 이별수, 수술
子年　　: 관재수, 구설수, 사고수, 형옥(刑獄)
戌年　　: 이성 만남, 좋은 일이 생김
乙酉年, 癸酉年 : 酉年은 흉한 해인데 卯酉冲이 되므로 일반적으로 변화가 심하고 運路가 좋지 않다

3. 물상

들판의 토끼라 민첩, 분망하며 예속을 거부하고 행동이 독선적으로 유랑의 기운도 있다. 편각과 현침이 일주를 이루니 적덕이 액을 면하는 지름길이고 권력 계통, 의약, 활인분야에 종사해야 액을 면하고, 격이 낮으면 안하무인에 주먹이 가깝다. 병약한 아내, 음처의 운이고 곤명(坤命)은 이혼, 재가의 가능성이 있고 젊은 이성과 외도하며 위의 병이 있다.

4. 특성

기묘일주(己卯日柱)의 지지(地支)는 편관이라 지도자적 위치를 추구하고 사람을 길러낸다. 편관은 재물로 부터 생하니 재물을 소모시키며 의협심과 명예를 추구하여 실리를 놓치는데 명예를 위해 재물을 사용하니 재물운 약하고 영업력과 지도력, 조직력으로 돈을 벌어야 한다. 사주원국(四柱原局)에 화(火)의 오행이 부족하면 건강이 약화되고 사고가 많은데 타인의 입장을 생각하므로 자신의 입장이 곤란해진다.

5. 육친관계
◼ 건명(乾命)

부모 인연 비교적 고르나 모친의 인연이 강하고 부친의 수명이 짧거나 병약하고 지지(地支) 편관이니 자존심이 강해 밀어붙이고 주관을 관철시킨다. 처덕도 없고 배우자궁 부실이라 잔소리 심한 악처 운으로 이별, 사별, 별거 운에 아내가 병약하고 독수공방이 보이고 자식운은 아들이 많은데 평생이 근심이다.

■ 곤명(坤命)

이성문제로 늘 근심이고 자식 동거가 원만하지 않다. 혼인 후에는 남편의 간섭으로 고통을 받으니 이별, 사별 별거의 운에 폭력 남편의 운이다. 동정해서 결혼하거나 강제결혼하면 배우자를 존경하기 어려운데 이는 일지에 관이 깔리기 때문이다. 모친을 모시고 사는 것이 좋은데 부모덕은 물론 자식덕도 없다.

6. 학업

■ 건명(乾命)

자존심으로 공부하나 두뇌나 재능은 떨어지고 오로지 경쟁심으로 공부하니 경쟁자가 있으면 성적이 오르고 경쟁이 없으면 성적이 저조하다. 인내와 노력, 두뇌가 총명하지 못하니 세월이 흐르면 성적이 저조하고 쉬운 방법으로 좋은 학교 인연을 추구하니 재수, 삼수로 학교 인연을 맺으려 하고 직업을 구하면 학위를 따려는 공부 따위는 집어던진다. 성공하기 위한 학문으로는 법학, 공학, 경영학, 스포츠 등이다.

■ 곤명(坤命)

성공을 위한 학문은 법학, 행정학, 가정관리학 인문과학이 좋은 학문으로서 길라잡이가 된다.

7. 결혼운

■ 건명(乾命)

이성에 대한 관심, 자존심이 있어 품생품사도 친구를 두고 명예욕으로 잘 나아가지만 곧 순조롭지 못한데 외모만을 추구하니 부모와 갈등이다. 성혼 전 연애과정에서 자식이 오는 경우가 많으며 쥐띠, 범띠, 토끼띠, 말띠, 원숭이띠, 개띠, 돼지띠 여자가 인연이다.

■ 곤명(坤命)

사주원국(四柱原局)에 화(火)의 오행이 부족하면 강제결혼의 운으로 쥐띠, 범띠, 토끼띠, 말띠, 원숭이띠, 돼지띠 남자가 좋은 배필이 되는데 자식이 난 후에 남편의 간섭이 심해 고통이 온다.

8. 직업

근본적으로 조직 직장길이 좋은 인연이다. 매사 자존심을 앞세우고 지기 싫어하니 소모지출이 많은데 차라리 공직이나 정치로 나서면 이름을 얻을 것이고 사업길은 빛 좋은 개살구라. 권력을 가지지 못하면 천직이라. 어쩔 수 없이 사업한다면 학문과 기술을 바탕으로 하고 재물보다 명예 우선이다.

사주원국(四柱原局)에 계(癸)와 자(子)의 글자가 있으면 큰 재물을 꿈꾸니 사업을 하는 운이 갔은데 지지(地支) 편관은 큰 사업을 의미하니 대리점업이나 납품업도 많다. 어떤 사업을 하더라도 실리보다는 자존심을 세우고 명예와 규모에 집착하므로 규모를 키우는 데 힘을 쏟으며 내실을 챙기지 못해 부실하다. 큰 사업을 하니 큰돈은 벌지만 규모와 지출도 크게 움직인다.

조직 직장길로 나서면 검찰, 경찰, 무관, 전문직, 공직, 토목회사 등이 성공으로 이르는 직업군이고 사업으로 매진하면 토목, 건축 관련 납품 사업, 영업 관련 사업, 대리점 사업, 하청사업이 좋은데 현실적으로 기묘일주가 주로 활동하는 직업군은 의사, 약사, 교육자, 법관, 무관 등으로 진출하는 경우가 많고 체신과 산림청에도 근무자가 많다. 간혹 프리랜서도 적지 않지만 가급적이면 사업은 하지 않는 것이 좋다.

9. 성적 욕구

■ 건명(乾命)

호색하여 이성 관계가 복잡하고 화려함을 좋아하니 평생 색난이 있고 자기본위적인 행위만으로 만족한다. 음란하고 색을 탐하고 변태성욕의 기운이 있으며 근본적으로 정력이 약하지만 사오미월(巳午未月)에 태어나면 정력이 강하고 사주원국(四柱原局)에 목화(木火)가 조화를 이루면 충분한 쾌감이 있다. 묘목(卯木) 도화이나 지지(地支)로부터 목극토(木剋土)로 극을 당하고 있다. 그 자식도 습목(濕木)이니 일찍 이성에 눈뜬다.

■ 곤명(坤命)

상대에 맞추는 유연성이 있지만 근본적으로 색정은 강하고 행위보다는 정신적인 사랑을 우선하여 수동적으로 드러난다. 그러나 간혹 그 정신적인 면에 치중하여 여러 상대와 교류하는 경우가 있다. 행위 시 묘목(卯木)은 음목(陰木)이라 나무의 뿌리가 치밀하듯 질의 조임이 강하여 이성의 대상이 좋아하는 몸이다. 사주원국(四柱原局)에 수(水)와 토(土)가 섞이어 혼탁하면 음란하고 관성과 습이 있거나 암합, 암장되면 의처증 남편 만날 운이다.

10. 질병

기묘일주(己卯日柱)는 기(己)와 묘(卯)에 병이 기인한다. 기(己)는 토(土)의 성분으로 근본적으로 비장과 위장에 작용하지만 배에도 작용한다. 묘(卯)는 목(木)의 성분으로 근본적으로 간과 담에 영향을 미치며 좌측 갈비와 손가락도 연관이 있다. 기묘일주(己卯日柱)는 비위가 약하니 수시로 복통 증상이 있는데 간이 허약해 위장에 병이 드는 형상이다. 입에서 음식은 당기나 소화 능력이 형편없으므로 소식함이 건강을 지키는 비결이며 인내심과 지구력이 약하여 고치기 어렵다.

17장. 경진(庚辰, 申酉空亡)

1. 사주의 특성 (乙9, 癸3, 戊18)

십악대패 十惡大敗	十惡大敗日이란 유시무종(有始無終)하고 낭비가 심하고 불운을 만나면 가산을 탕진하여 대패한다는 암시가 있다. 庚戌年의 甲辰日, 辛亥年의 乙巳日, 丙申年의 壬寅日, 癸巳年의 丁亥日, 戊寅年의 甲申日, 甲辰年의 戊戌日, 乙未年의 己丑日, 丙寅年의 壬申日, 甲戌年의 庚辰日, 乙亥年의 辛巳日 등이 해당된다.
괴강살 魁罡殺	괴강(魁罡)은 파괴력이 으뜸이 되는 별로 경술(庚戌), 경진(庚辰), 임술(壬戌), 임진(壬辰), 무술(戊戌) 등을 가리키는데 총명하고 극빈, 부귀, 총명, 괴걸(怪傑) 같은 암시가 강하고 자기만의 독특한 고집이 있다. 여자는 과부가 되거나 남편 덕을 기대하기 어렵고 항상 불만스럽게 산다.
효신살 梟神殺	어려서 부모와 생이별하거나 인연이 박하고 없거나, 모친과 아내가 불화한다. 효란 올빼미를 말하니 올빼미나 부엉이의 그림, 혹은 박제를 걸지 않는다. 인정이 많아서 남에게 주기를 좋아하나 속으로는 냉정하고 이해타산이 있으며 자신의 마음을 속인다.
유하살 流霞殺	경진(庚辰)과 신묘(辛卯) 일주로 남자는 타향객사(客死)하고 여자는 산후 사망의 위험이 있다. 평

일덕 日德	생의 재산이 안개처럼 흩어지고 중풍(中風)이 유전되기도 한다. 연예인의 운이다 성격에 착하고 자비롭고 대운이 신왕(身旺)에 복록이 풍후(豊厚)하다. 갑인(甲寅), 병진(丙辰), 무진(戊辰) 경진(庚辰), 임술(壬戌)이 해당된다.
의처의부 疑妻疑夫	갑오(甲午), 병술(丙戌), 무진(戊辰), 경진(庚辰), 임술(壬戌) 일주의 남자와 을사(乙巳), 정해(丁亥), 기해(己亥), 신사(辛巳), 계해(癸亥)의 여자 일주가 해당한다. 의처의부증(疑妻疑夫症)이다.
천라지망 天羅地網	戌亥는 天羅, 辰巳는 地網인데, 감금, 구속, 시비, 송사 등의 구설이 따른다. 곤명(坤命)은 공방수나 파혼의 운이고 자녀궁에 흉사가 있다. 활인성이라 검경계나 법조계, 의약계, 역학계, 종교인 등과 연관이 깊다. 辰과 戌은 첨단산업이나 공업 계통으로 진출하며, 戌과 亥는 天文星으로 지혜총명하고, 天主敎의 신앙을 믿는 사례가 많다.
양 養	모(母)에서 생육을 받고 탄생에 이르기까지의 과정이며 온순, 사교, 원만을 뜻한다.

◨ 건명(乾命)

경진일주(庚辰日柱)는 의리와 의협심이 있고 정의감과 시비를 가리나 무뚝뚝하고 융통성 부족에 순발력 부족이라지만 신의가 있고 앞서며 매사 끈기 있고 고집도 있다. 비계산적이며 무모한 행동에 외골수적 기질이 있으며 변덕과 자기 중심적 사고가 있지만 신의가 있다. 사물처리가 빠르고 포부 원대하여 반드시 끝장내는 성정이니 매사 자신감, 통솔력, 신앙심이 있어 덕을 베풀며 살아야 한다.

괴강살로 강한 성정과 신상의 급격한 변화를 의미하고 운을 타면 권력, 사업이 발전하나 운이 나쁘면 내리막이 멈추기 어려운데 근본 성품은 의리가 있고, 자기 본위로 고집을 피워 고통이 있다. 활동력과 호기심이 있고 타인 배려에 명예와 인정을 중시하나 눈치, 재주 비상하고 이기적 성향으로 이해타산에 빠른데 권력이 없으면 관재구설이고 사주원국(四柱原局)이 식상국이면 의처증이다.

두령격으로 천간(天干)의 경금(庚金)은 숙살지기라 겉으로는 냉엄, 속은 온화하여 한 번 사귀면 변함없는데 을목(乙木)에게 정을 주고 무계합(戊癸合)을 이루어 화(火)의 성정을 지니기 때문이다. 자수성가의 운이며 처덕은 두터우나 재성과 암합하니 이성 관계는 어지럽다.

관성인 병화(丙火)가 진토(辰土)에서 관대에 놓이므로 권력을 가지지 못하면 관재구설이라. 지지(地支) 진토(辰土)는 유금(酉金)과 합을 원해 비겁으로 변화하니 고집과 자존심으로 표출되고 자기중심적 사고 위에 유연성과 융통성이 부족하다. 상관 유금(酉金)과 변화하니 식상의 성분이라 타인 배려에 육체적 호기심, 활동력, 대중성이 강해져서 재물추구가 강해진다.

경진일생(庚辰日生)은 상관 양지에 재인은 관대이니 천살과 월살의 복잡 구조라 종교성이고 상관 양지라 유아독존이니 통솔력에 우두머리 기질이고 베풀어야 한다. 경진(庚辰)은 괴강이고 유하살이라 총명하고 문장력 있으니 팔방미인 소리를 듣는다. 경술시(庚戌時)에 태어나면 관성입묘와 식신입고로 육친의 덕이 없고 정해시(丁亥時)에 출생하면 정관이 재살이라 라망이니 납치, 변고, 유괴의 변고가 따른다. 영감이 발달해 직관력이 있고 신앙심이 있으며 뼈대도 굵다.

■ 곤명(坤命)

여장부라 총명하고 활동성이 있으며 남성과 뒤지지 않는 사회생활을 하고 남편이 권력계통이나 의사, 기술자로 종사할 가능성이 있고 본인이 군경계에 종사하기도 한다. 남편이나 자식덕이 없으며 생사이별과 불효의 운이다. 모친의 간섭으로 연애도 쉽지 않아 고부갈등으로 이어진다. 재복이 있어 부자의 반열에 들고 한 번 꺾이면 재기불능인데 용의 기운을 타는 여성은 똑똑한 남성과 살기 어렵다.

모친이 별세하면 남편의 불운이 따르는 특이한 운인데 자식은 잘되고 재운이 살아나는데 해수(亥水)에서 식신은 건록이고 재성은 장생을 얻기 때문이다. 경술시(庚戌時)에 태어나면 관성입토와 식신입고로 육친의 덕이 없고 생과부의 운이라. 정해시(丁亥時)에 출생해도 정관이 재살에 놓여 라망이니 납치, 변고, 유괴의 변고가 따른다.

2. 세운의 변화

申子辰年 : 이사, 이동, 직업 변동
亥年　　 : 신경쇠약, 정신 질환, 병원 출입
戌年　　 : 관재수, 구설수, 사고수, 부부 풍파, 이별수, 수술
丑年　　 : 관재수, 구설수, 사고수, 형옥(刑獄)
酉年　　 : 이성 간남, 좋은 일이 생김
甲戌年, 丙戌年 : 戌年은 辰戌沖이 되므로 일반적으로 변화가 심하고 運路가 좋지 않다.

3. 물상

경진(庚辰)은 괴강이니 총명하고 강하며 여자는 미색을 지니고 발복하

는 기운이나 음양이 멸절하는 곳으로 한 번 실패하면 재기불능이고 부부의 화합은 기대하기 어렵다. 눈치와 재치로 일처리 빠르고 업무능력 있어 인정받지만 좌절하는 성향이고 운이 내리막길을 타면 걷잡을 수 없고 육친의 별거와 이별이 따른다.

4. 특성

재물길이 순조롭지 못하고 감금, 납치, 유괴와 같은 변고가 있고 갑자기 건강이 나빠지는데 리더십이 있어 지도하고 거느리는 직업이 좋고 사업은 대성이 어렵다. 사주원국(四柱原局)이 중화되어 오행이 고루 분포하면 검찰이나 무관운이고 사주가 편고하면 평생이 고달프다. 의리가 있지만 자기 고집으로 자기중심적이라 타인에게 배척당하기 쉽다.

5. 육친관계

■ 건명(乾命)

모친의 인연이 길고 부친의 인연 짧은데 부모덕은 없어 자수성가 운이고 효심은 깊으나 모친으로 인한 근심 걱정이 많고 사주원국(四柱原局)에 목(木)의 오행이 있으면 부친의 재혼이 있고 계모 슬하에서 자라기도 한다. 지지(地支)는 편인으로 모친의 간섭도 의미하지만 자기중심적인 사고를 의미하기도 한다. 처덕이 있어 배우자와의 갈등이 많고 배필로 인한 고통은 그리 크지 않지만 본인이 완강하고 여자관계 복잡이라 이별, 별거 운이고 자식복 있으나 근심의 근원이다.

■ 곤명(坤命)

 곤명(坤命)은 영리하고 미모 있으나 자존심이 강해 배우자를 꺾으려 하고 남편덕이 부족하고 자식의 덕도 부족하니 남편덕 없는 년은 자식복도 없다는 속설에 부합되며 평생 마음의 고독을 품고 살아야 하는 경우가 많다. 여자는 개성이 강하고 독선적이라 배우자를 무시하니 생과부의 운이 따르고 난산을 경험할 가능성이 높고 자식의 덕도 부족하다.

6. 학업

■ 건명(乾命)

 지지(地支) 편인은 눈치의 별이라 두뇌도 있고 인내와 노력도 있어 일찍부터 실력 발휘가 이루어지는 상황이 유지되고 공부 인연도 길다. 사주원국(四柱原局)에 진(辰)과 술(戌)이 많으면 인내를 발휘하고 노력이 있어도 발휘가 저조할 것이다. 사주원국(四柱原局)에 축(丑)과 미(未)가 거듭하면 늦더라도 학위를 이룬다. 성공을 위한 전공은 남자의 경우 법학, 공학, 전문기술, 사관학교, 경찰, 체육대 등이 좋다.

■ 곤명(坤命)

 법학, 문학, 어학, 공학, 경영학, 경제학, 전문기술, 사관학교, 체육대학 등이 어울리는 학군에 해당한다.

7. 결혼운

■ 건명(乾命)

 일지 편인은 모친의 참견과 갈등이니 연애에 모친 간섭으로 순조롭지 못하고 부모가 정해주는 배필과 인연하거나 의견 차이로 갈등을 겪는다. 결혼을 하여도 고부갈등이라 처와도 갈등이 일어난다. 좋은 배필은 쥐띠, 소띠, 범띠, 토끼띠, 용띠, 양띠, 원숭이띠, 닭띠, 개띠, 돼지띠 여자이다.

■ 곤명(坤命)

괴강성의 작용으로 생과부의 길을 가거나 과부가 되기 쉬운데 쥐띠, 소띠, 범띠, 뱀띠, 말띠, 양띠, 원숭이띠, 닭띠, 개띠 남자가 행복을 위한 좋은 배필이 된다.

8. 직업

전문직과 특수직에서 직업을 찾는 것이 좋은데 전문기술로 평생 직업을 삼는 것이 가장 평탄한 삶을 사는 방법이다. 사업보다는 조직의 운이 더 많은데 재물을 얻다가도 수시로 고통을 당하기도 하므로 투기사업은 피하는 것이 좋다. 성공을 위한 좋은 조직 직장길은 교육, 경찰, 검찰, 군인, 연구직, 전문기술분야가 해당되고 사업의 운이라면 교육사업, 전문기술 사업, 식품, 통상 등이 어울리는 사업의 종목이다.

경진일주(庚辰日柱)의 직업으로는 군인, 경찰과 같은 권력 조직이 우선이고 의약계통에 포진하여 실력을 드러내는 경우도 많다. 기술계통이나 요식업 종사자도 적지 않은데 여성은 물과 깊은 인연이 있는 일주이므로 미용업이나 요식업에서 심심치 않게 보인다. 경금일주(庚辰日柱)는 토(土)와 금(金)의 기운이 강해 몸과 마음이 다소 불안감을 느끼게 되는데 정화(丁火)의 제련이 필요하다.

9. 성적 욕구

■ 건명(乾命)

일간이 강하고 진토(辰土)는 수(水)의 고(庫)라 정력이 강하고 지속력 있는 타입이지만 성행위는 담백한 타입으로 상대와 함께 자연스러운 화합을 이루지만 변태성 욕구가 생길 수 있고 음탕하고 천박해지며 의처증이다.

■ 곤명(坤命)

욕구가 대단히 강렬하거나 지나치게 담백할 때가 교차하니 이해하기 힘들거나 주체가 잘 안 되는 경우가 있어 파도가 밀려오듯 어찌할 수 없을 정도로 격렬할 때도 있지만 사오미월(巳午未月)에 태어나면 분비물이 적어 성교시 통증이 있고 생리통이나 생리불순이 오고 변태적 욕구도 있다. 인성이 너무 많으면 조루증 남편의 운이고 평소 이성의 유혹에 약한데 합은 오므리고 조이는 역할이니 합이 많으면 질의 조임이 좋다.

10. 질병

일주가 병이라. 경(庚)은 금(金)의 성분으로 대장과 배꼽에 병이 있는데 폐의 병도 살펴야 하고 진(辰)은 토(土)의 성분으로 근본적으로는 비장과 위장에 영향이 있고 가슴, 피부, 좌측 어깨로 병이 온다. 경진일주(庚辰日柱)는 풍습을 조심해야 하고 폐나 대장에 병이 오면 불치의 병이 될 가능성이 아주 많으므로 애써 조심해야 한다.

18장. 신사(辛巳, 申酉空亡)

1. 사주의 특성 (戊7, 庚7, 丙16)

곡각살 曲角殺	곡각은 신체 어느 부위에 병이 있어서 불구가 되는 뜻이다. 곡각은 사주 중에 2~3개 있어야 작용하는데 등뼈가 고르지 않거나 불구의 형태를 가지며 신경계통이나 수족에 이상이 있다. 또한 자기가 양자가 되거나 양자를 맞이하게 되는 뜻이 있다.
복성귀인 福星貴人	갑인(甲寅), 을축(乙丑), 병자(丙子), 정유(丁酉), 무신(戊申), 기미(己未), 경오(庚午), 신사(辛巳), 임진(壬辰), 계묘(癸卯)가 해당되며 선천적으로 복이 있고 인덕(人德)이 있어 발전하여 행복을 얻는다.
십악대패 十惡大敗	十惡大敗日이란 유시무종(有始無終)하고 낭비가 심하고 불운을 만나면 가산을 탕진하여 대패한다는 암시가 있다. 庚戌年의 甲辰日, 辛亥年의 乙巳日, 丙申年의 壬寅日, 癸巳年의 丁亥日, 戊寅年의 甲申日, 甲辰年의 戊戌日, 乙未年의 己丑日, 丙寅年의 壬申日, 甲戌年의 庚辰日, 乙亥年의 辛巳日 등이 해당된다
천라지망 天羅地網	戌亥는 天羅, 辰巳는 地網인데, 감금, 구속, 시비, 송사 등의 구설이 따른다. 곤명(坤命)은 공방수나 파혼의 운이고 자녀궁에 흉사가 있다. 활인성이라 검경계나 법조계, 의약계, 역학계, 종교인 등과

	연관이 깊다. 辰과 戌은 첨단산업이나 공업 계통으로 진출하며, 戌과 亥는 天文星으로 지혜총명하고, 天主敎의 신앙을 믿는 사례가 많다.
천록귀인 天祿貴人	병자(丙子), 정해(丁亥), 신사(辛巳) 일이 天福에 해당되며, 인격이 온후하고 정직하여 많은 사람의 도움과 신뢰를 받으며 일생 행복하다는 길성(吉星)이다.
의처의부 疑妻疑夫	갑오(甲午), 병술(丙戌), 무진(戊辰), 경진(庚辰), 임술(壬戌) 일주의 남자와 을사(乙巳), 정해(丁亥), 기해(己亥), 신사(辛巳), 계해(癸亥)의 여자 일주가 해당한다. 의처의부증(疑妻疑夫症)이다.
사 死	인간으로서 정신기능의 상실과 생체활동이 완전 정지한 상태이며 허약, 의지박약, 염려, 종속을 뜻한다

■ 건명(乾命)

신사일주(辛巳日柱)는 표면적으로 지혜총명하고 맺고 끊음이 확실하여 서두르니 판단력도 빠르다. 완벽한 신사 타입으로 몸은 한가한 듯 보여도 마음은 분주하여 활동적이고 서두르며 깔끔하고 정확하다. 강한 정신력을 지녔고 안정과 명예를 추구하며, 행동이 조심스럽고 계산적이며, 자기 주장에 독선적이며 근심도 많고 생각도 많다.

일지 지장간(地藏干)에 정신기(精神氣) 삼자를 모두 갖추어 법도를 지키고자 노력하고 안정과 명예를 중시하니 변화를 싫어하며 사회생활도 원만하니 지장간(地藏干)의 정관 병화(丙火)가 건록을 얻었음이다. 겁재가 장생이고 인수가 건록을 얻으니 자존심이 강하고 예술성도 풍부하며 교양과 예의 있지만 식상인 임수(壬水)가 절지에 인종하니 저돌성은 부족하고 정당한 노력으로 세월이 흘러 성공이 온다.

강한 기와 냉정함은 경신(庚辛) 금기(金氣)의 철추쇄옥의 모습으로 가까운 이들로부터 거부되고 천성은 담력이 있고 일원이 암합하여 다정다감하다. 미남미녀의 상에 인물이 준수한 신사 타입이나 금이 불에 녹은 물상이니 고집이 있으나 내심 여리고 재물보다 명예추구에 타인 조언은 무시하며 담력 있으나 이성의 유혹에 약하고 이목을 집중시키고 리더가 되고 싶어 하는데 이사가 잦고 해외와 인연이 있으며 사주원국(四柱原局)이나 운에 기진축(己辰丑)의 습토(濕土)를 만나야 천복(天福)이 드러나고 예절과 인품이 준수해진다.

사주팔자에 수(水)의 오행이 부족하면 융통성이 부족하고 건강이 나빠지며 배우자와의 불화가 있다. 늘 시비가 많고 논쟁이 있으며 걱정이 많고 노력에 비해 결과는 시원치 않으며, 음흉하여 비밀을 감추고 타인의 뒤를 캐는 속성이다. 의심 많고 간교한 지혜가 있으며 굽힐 줄 알고 표면적인 것보다 더 음흉하고 내면은 드러나는 것과 반대의 경우가 많다.

신약사주에 조토(燥土)의 생을 받으면 말이 많고 까다로우며 신경질에 경박해지고 일지 지장간(地藏干)에 관인상생의 구조이니 현모양처에 내조가 훌륭한 배우자를 만나나 다른 여성을 찾는 것은 재가 욕지로 인종되고 관을 암합하기 때문으로 처의 가출로 고민한다. 신사일주(辛巳日柱)는 남녀 공히 현명하고 정숙한 배우자를 얻는데 그래도 의처의부의 현상이 나타나는데 이는 일지의 재관과 암합하는 구조에서 일어난다.

일지 사화(巳火)는 겁재 신금(申金)과 합을 원하는데 식상으로 마음이 변하니 호기심 만발에 타인을 이해하고 배려하기 원하나 명예를 중시하여 실천하기 어렵고, 또 합을 하면 관성의 마음으로 변하니 주변 의식에 재물을 추구하는 성향이다. 사화(巳火)가 신금(申金) 편재와 합을 원한다는 것은 다른 여자와 합을 원한다는 의미이기도 하다.

■ 곤명(坤命)

여성은 남편의 사랑이 자신이 잘난 때문으로 오해하는데 남편의 덕이 있기 때문이고 사랑을 받으면서도 집착하고 배우자를 의심하여 가출이나 사치로 고민하며 속정은 드물고 본인은 사회활동을 한다. 항상 이성이 따르고 외유는 외도의 길이다. 자식보다 사랑을 더 중요하게 생각하므로 외유가 잦고 중년 이후 조용한 속에 외도를 즐긴다.

병신시(丙申時)에 태어나면 중년 이후의 외도를 피하기 어렵다. 병신(丙申)은 정관의 역마이니 외도와 여행을 즐기고 자식들은 장생을 얻으니 훌륭하게 성장할 가능성이 높은데 신금(申金)은 왕지에 놓이니 우월한 노년기를 예측한다.

신월생(申月生)에 신시(申時) 출생이라면 화수격(化水格)으로 사주원국(四柱原局)에 금수(金水)만 보여야 가격이다. 흰 뱀의 속성이라 자신을 감추고 타인의 비밀을 알고자 하며 사상이 건전하고 예리하지만 권력계통에 종사하지 않으면 관재를 조심해야 하고 여성은 명암부집(明暗夫集)이라 애를 낳고 살다가도 정을 통해 야반도주한다.

금이 불에 녹아 물이 되는 형상이라 화가 나거나 감동받으면 눈물을 흘리고 도화로 인해 재정의 축재가 쉽지 않다. 사주원국(四柱原局)에 습토(濕土)가 있으면 지도자가 될 수 있고 부덕이 매우 크다. 사치를 좋아하고 단정하며 품위를 찾지만 음흉하고 비밀이 많으며 이성의 유혹에 빠져 외정을 즐긴다.

2. 세운의 변화

巳酉丑年 : 이사, 이동, 직업 변동

戌年　　 : 신경쇠약, 정신 질환, 병원 출입

亥年　　 : 관재수, 구설수, 사고수, 부부 풍파, 이별수, 수술

寅年　　 : 관재수, 구설수, 사고수, 형옥(刑獄)

申年　　 : 이성 만남, 관재, 구설

乙亥年, 丁亥年 : 亥年은 巳亥冲이 되므로 일반적으로 변화가 심하고 運路가 좋지 않다.

3. 물상

금(金)이 불길에 놓여 물이 되는 현상이니 겉으로 강하나 여리고 기가 흩어지면 폐결핵이나 호흡기, 허리, 치아가 부실해져 통증이 유발된다. 수화(水火)가 상조하니 천록이라 사람의 도움으로 행복하다. 신사(辛巳)는 백사라 하여 영물이라 사물을 보는 눈이 냉철하고 높은 이상을 지니나 엉큼하고 드러나는 것과 달리 내면은 비신사적이고 칼로 머리를 찍힌 뱀이라 관재가 있다.

4. 특성

매사 처세가 적절하여 직장에서 성공할 수 있다. 자존심은 강하나 저돌성은 부족하고 실리를 챙기는 힘도 약해 남의 입장을 생각해 주니 사주원국(四柱原局)에 토(土)가 있으면 지도자 격이고 지지(地支) 정관은 정당한 명예, 직업, 자존심을 의미하는데 드러나는 것과 내면은 다르며 실리는 약하고 경제적인 측면도 약하다. 사회생활은 원만하나 복수심, 예술성

도 있고 뒤끝이 있으며 냉정함도 있다.

5. 육친관계
◼ 건명(乾命)

모친 인연 강하고 부친 인연이 짧거나 덕이 부족하다. 자기 본위라지만 부모나 어른들과 갈등은 없고 반듯한 배우자 운이다. 배우자 덕은 있으나 변덕이 있어 가출에 작첩하고 이성의 유혹에 약하다. 사주원국(四柱原局)에 수(水)와 화(火)의 오행이 고르면 아들·딸이 고르지만 딸의 인연이 더 강하고 지지(地支) 정관은 딸을 의미하니 늦은 나이에 시집을 가는 딸이 있거나 시집갔다 집으로 돌아오는 딸이 있다.

◼ 곤명(坤命)

일지에 남편이 깔리니 존경은 어렵고 연애결혼은 가능하나 겉으로 배우자 덕이 있어 보이나 속정 없고 배우자가 작첩하니 속이 상하고 남편의 의처증으로 이별 운이다. 이성의 유혹에 빠져 외정을 즐기고 자식보다 사랑이 우선이다. 사주원국(四柱原局)에 수(水)가 있으면 아들·딸이 고르고 수(水)가 없으면 딸의 인연이 더욱 강하다.

6. 학업
◼ 건명(乾命)

명예심과 자존심, 인내와 노력이 있어 세월이 흐르면서 성적이 오르고 학교 인연도 있다. 사주원국(四柱原局)에 수(水)의 오행이 부족하고 화(火)의 오행이 많으면 인내와 노력이 있어도 실력이 드러나지 않고 대체로 세월이 흐르며 공부가 순조로워지고 학문 발전도 이루어진다. 성공을 위한 전공으로는 남자는 법학, 행정학, 경영학, 경제학, 의학, 약학, 공학 등이다

■ 곤명(坤命)
여자는 법학, 행정학, 가정관리학, 어학, 교육 등이 어울리는 학문이다.

7. 결혼운
■ 건명(乾命)
일찍 연애를 해도 좋은 인연이 오고 부모와 갈등 없이 결혼이 이루어진다. 결혼의 시기와 관계없이 배우자 운이 좋은데 남자의 사주원국(四柱原局)에 수(水)의 오행이 부족하면 배필과 수시로 갈등이 오니 만족하지 못하지만 자존심으로 그냥 산다. 좋은 배필 인연으로는 쥐띠, 소띠, 범띠, 용띠, 뱀띠, 말띠, 닭띠, 돼지띠 여자가 인연이다.

■ 곤명(坤命)
여자의 경우 사주원국(四柱原局)에 병과 정이 거듭하여 있으면 자식을 낳고 살다가도 애인을 얻어 파경에 이르는 경우가 많다. 남편이 잘 대해주면 자신이 잘나서 그런 것으로 착각하는데 사실은 다르다. 인연이 있는 띠로는 소띠, 범띠, 용띠, 뱀띠, 말띠, 닭띠 남자가 좋은 인연이 된다.

8. 직업
어떤 길을 가더라도 정당한 재물의 성취가 있으며 투기는 약하여 세월

이 흐르며 성공이 오는데 사업보다는 조직 직장운이 많으며 검, 경찰, 일반 행정, 항공, 금융, 전문기술분야의 공직이 성공 가능성이 높다. 사주원국(四柱原局)에 을(乙)과 묘(卯)의 편재가 있으면 사업 인연도 있는데 납품사업이나 대리점 사업이 성공 가능성 높다. 운수, 전문기술도 사업운이다.

이미 진출한 성공자들을 살펴보면 의사, 법조인, 군경과 같은 공직생활에 적합하고 용광로에서 다듬어진 기물이라 기술계통이 진출의 터전이다. 사진학, 영화, 방송촬영, 운전, 비행기, 전자, IT, 컴퓨터, 유리, 안경점, 세공, 용접, 치과기공계통, 보석세공과 같이 다듬고 예술적인 기질이 필요한 직종이 해당한다.

9. 성적 욕구

■ 건명(乾命)

일지가 지지(地支)로부터 화극금(火克金)을 당하니 정력은 약하지만 지속력이 강하여 여성에게 사랑을 받으며 나이가 들어도 지칠 줄 모르는 정열의 소유자이다. 그러나 수(水)의 오행이 지나치면 정력에 문제 생기고 수(水)가 적당해야 지속력이 유지되는데 성적으로는 강한 느낌을 준다. 지성이 없으면 음란하여 변태성욕자가 된다

■ 곤명(坤命)

곤명(坤命)은 자기만 만족하면 그만이니 일찍 달아오르는데 상대의 배려 따위는 생각지도 않는다. 화(火)가 강하면 일찍 달아올라 한 번의 성교에 여러 번의 오르가즘에 이르지만 여름에 태어나면 건조하여 생리불순

에 폐경이 일찍 온다. 금수(金水)가 적당하면 늘 오르가즘을 느끼고 중년이 되면 서로 즐기는 성향이 된다. 관성이 조열하면 조루증 남편이고 의부증도 있는데 목화(木火)가 많고 토(土)가 없으면 교성을 지른다.

10. 질병

신사일주(辛巳日柱)는 신(辛)의 글자에서 폐와 다리의 병을 찾지만 근본적으로 금(金)의 성분으로 대장도 연관이 있다. 사(巳)는 화(火)의 성분인데 근본적으로 심장과 대장에 병이 있고 얼굴, 인후, 이빨, 항문의 병도 따른다. 신사일주(辛巳日柱)는 그 밖에 치질, 폐, 기관지, 맹장, 빈혈 등의 문제가 있고 노년에는 해소로 고생할 가능성을 배제할 수 없다.

19장. 임오(壬午, 申酉空亡)

1. 사주의 특성 (丙10 己11, 丁10)

비인살 飛刃殺	싫증을 잘 내어 지속성이 없고, 변덕이 심하다. 유시무종에 성공과 실패가 춤을 춘다. 병자(丙子), 정축(丁丑), 무자(戊子), 기축(己丑), 임오(壬午), 계미(癸未) 일주가 이에 해당한다.
취명관 取命關	어린아이가 사당, 절 등에 가면 떠도는 혼령에 질병을 얻을 수 있다고 小兒關殺符로 쓰이는데, 10세가 지나면 액이 소멸되니 의학이 발전하지 않았던 과거에 쓰이던 신살이다.
계비관 鷄飛關	甲己는 巳酉丑, 乙丙丁戊는 子, 庚辛壬癸는 寅午戌을 보면 계비살이니 가축을 살생하는 것을 보면 질병에 노출될 위험이 있다고 하여 小兒關殺符로 많이 쓰였지만 10세가 지나면 액이 소멸된다.
복성귀인 福星貴人	갑인(甲寅), 을축(乙丑), 병자(丙子), 정유(丁酉), 무신(戊申), 기미(己未), 경오(庚午), 신사(辛巳), 임진(壬辰), 계묘(癸卯)가 해당되며 선천적으로 복이 있고 인덕(人德)이 있어 발전하여 행복을 얻는다.
록마동향 祿馬同鄕	정관과 재성이 일지에 암장되어 있는 것을 말하는데, 대체로 인명의 지복을 상징한다.
구추방해 九醜妨害	임자(壬子), 임오(壬午), 무자(戊子), 무오(戊午), 기묘(己卯), 기유(己酉), 을묘(乙卯), 을유(乙酉),

	신묘(辛卯), 신유(辛酉)일 생으로 잦은 연애로 가정풍파가 암시되고 시주에 있으면 자녀가 같은 성향이다.
십악대패 十惡大敗	十惡大敗日이란 유시무종(有始無終)하고 낭비가 심하고 불운을 만나면 가산을 탕진하여 대패한다는 암시가 있다. 庚戌年의 甲辰日, 辛亥年의 乙巳日, 丙申年의 壬寅日, 癸巳年의 丁亥日, 戊寅年의 甲申日, 甲辰年의 戊戌日, 乙未年의 己丑日, 丙寅年의 壬申日, 甲戌年의 庚辰日, 乙亥年의 辛巳日 등이 해당된다.
곡각살 曲脚殺	곡각은 신체 어느 부위에 병이 있어서 불구가 되는 뜻이다. 곡각은 사주 중에 2~3개 있어야 작용하는데 등뼈가 고르지 않거나 불구의 형태를 가지며 신경계통이나 수족에 이상이 있다. 또한 자기가 양자가 되거나 양자를 맞이하게 되는 뜻이 있다.
탕화살 湯火殺	寅午丑일생에 해당한다. 화상, 화재, 음독, 가스중독, 부상과 염세비관이 따른다. 탕화살이고 일시가 午丑이면 본처와 해로가 어렵고 무자식의 운이다. 일시가 오축이고 재성이 태과하면 아내가 문제 있고 관성이 태과하면 남편에게 문제가 생긴다.
태 胎	태는 시작이니 자신을 돌보며 세를 축적하려고 하는 상태이다. 발전, 근면, 노력을 뜻한다.

■ 건명(乾命)

임(壬)은 호수이고 오(午)는 달빛이라, 임오일주(壬午日柱)는 호수 속에서 빛나는 달이니 지혜가 뛰어나고 환경적응력이 좋다. 재치가 있어 인기가 있고 비위도 좋으며 다정다감한 심성과 사교성이 드러나지만 온순한 반면 시기 질투가 있고 권위주의적이고 보수적이어서 비밀스럽고 능청스럽다. 록마동향으로 일생을 통틀어 복록이 넘치고 행운이 따르는 일주로 고집이 있지만 만용을 삼가는데 치밀하고 꼼꼼하며 미래지향적이고 낙천적이기도 하고 이기적이다.

시야가 좁기는 하지만 원칙적이고 객관적, 합리적이고 언변이 좋아 속을 알기 어려운데 능청하기도 해서 유연성, 융통성 포용력을 보이고 한 곳에 머물기보다 행각이 많아 명예와 안정 중시에 성실하고 반듯하다. 그러나 재성이 암합을 하고 병정의 재가 혼잡 되는 양상이라 임오일생(壬午日生)은 태지에 놓여 이익에 치우치고 행동이 민첩하며 견실하여 현실적인 이익에 민감하다.

정관 기토(己土)는 병화(丙火)와 정화(丁火)로부터 화생토(火生土)의 관계이며 강해지는데 오화(午火)가 정재인지라 편재성향이 강하게 드러나지 않는다. 자신의 생각에 집착하여 타인을 배려하지 않지만 표면적으로 항시 원칙과 법도를 중시하고 안정과 명예를 추구하며 주변을 파악하고 의식하며 변화를 싫어하고 일을 만드는 대중성이나 변화에 따른 추진력은 많이 부족하다.

사고는 얕고 사람은 쉽게 사귀고 쉽게 헤어지는데 재물과 여자를 추구하여 재물을 잘 관리하고 색정 문제 풍파 일어나지만 정관이 있어 드러남이 약하다. 오화(午火)는 정관 미토(未土)와 합을 하는 성정이라 재성으로 변화하니 오화(午火)의 성정이 안정과 명예 중심적으로 변하고 재물 추구의 성정으로 변한다.

일지의 재와 암합하니 지혜가 있고 총명하며 속이 깊으며 자존심이 강해 예의 바르고 다정다감하고 환경적응력이 뛰어나지만 밝음과 어둠이 교차하여 변덕이 있고 비밀도 있다. 정관 기토(己土)가 건록을 얻으니 록마동향으로 부부 인연이 좋지만 근본이 호색하여 풍파는 피하기 어렵고 타주(他柱)에 재성이 있으면 첩을 거느린다. 하격이면 주색과 마약류에 빠지는데 사주원국(四柱原局)에 유금(酉金)이 있으면 재살과 도화가 파하기 때문이고 신금(申金)을 보아도 일탈이 일어난다. 건명(乾命)은 총각에 이미 자식을 얻을 가능성이 높다.

시작도 잘하고 기획도 잘하는데 집중 속에서 싫증을 내고 지속성은 떨어져 변덕으로 나타나고 노력하지 않아도 먹고 사는 복에 의타심도 있다.

■ 곤명(坤命)

미모와 활동성을 지녀 사회 활동에 심취하며 세일즈 같은 현장업에 나서는데 사주원국(四柱原局)에 인목(寅木)의 역마가 있어 오화(午火)와 합작하면 사교적이기 때문이다. 일지 재생관의 형태라 애교 있고 남편에게 사랑을 느끼면서 깔아뭉개는 기질이라지만 미모의 얼굴을 지녀 이성에 인기 있고 외모가 수려하고 풍류 넘치는 배우자를 만나는 운이다.

재물과 남편의 덕이 두터운데 사주원국(四柱原局)이 하격이면 파출부, 목욕탕, 화류계(花柳界)로 진출하고 글자의 의미에서 물이 부족하여 갈증이 일어나는 모습이니 밤이나 물과 인연이 있는 업종에 종사하는 경우가 많다.

임오(壬午)는 흑마이다. 지장간(地藏干) 병정화(丙丁火)의 재성 혼잡으로 두 명의 시어머니 운이고 심신이 분주하지만 편안과 안정을 희구하고 해로가 기약된다. 남편을 쉽게 여기고 건방을 떨며 연하의 정부(情夫)와 밀회를 즐기는데 재생관(財生官)의 유형이라 피하기 어렵고 고통이 암시된다. 정관은 록이고 식신은 사지에 인종되니 자식의 운이 좋지 않고 경자시(庚子時)에 출생하면 자오충(子午沖)이 일어날 때 모친이 별세 운이며 장년 이후에 재둘로 근심이 있다.

2. 세운의 변화

寅午戌年 : 이사, 이동, 직업 변동
丑年　　 : 신경쇠약, 정신 질환, 병원 출입
子年　　 : 관재수, 구설수, 사고수, 부부 풍파, 이별수, 수술
酉年　　 : 관재수 구설수, 사고수, 형옥(刑獄)
未年　　 : 이성 만남, 좋은 일이 생김
丙子年, 戊子年 : 子年은 子午沖이 되므로 일관적으로 변화가 심하고 運路가 좋지 않다

3. 물상

호수에 잠긴 달빛의 물상이니 다정다감에 헛운이 따르고 어둠과 밝음이 혼재되어 비밀이 많고 능청스러우며 호색하고 풍파를 겪어도 부부운은 좋아 이별하는 경우는 드물다. 만약 주색으로 패가망신에 이르면 마약류에 손을 대는데 심신이 분주해도 안락함을 희구하고 물과 연관이 있는 직종에 종사하는 사람이 적지 않다.

4. 특성

평생 재물의 인연이 있고 다복하니 정당한 재물 취득에 상속의 운도 있어 간혹 재물의 이익을 위해 도덕성과 학문, 양심을 버리기도 한다. 성품

은 순하고 매사 정신적으로 수용할 줄 알지만 사주원국(四柱原局)에 자의 글자가 있으면 때로 재물 근심이 따르기도 한다. 비교적 재물이나 배필의 덕은 순조로워 기본적으로 성실하고 변덕도 있으나 다정한 마음씨에 사교성을 겸비하고 비밀을 즐기고 사회생활에 잘 어울린다.

5. 육친관계
◼ 건명(乾命)

부모덕에 배우자 덕도 있는데 재는 록왕지에 놓이고 인수는 욕패지로 인종되니 부친의 인연이 깊고 인수는 욕지로 인종되니 걸출한 지성은 아니고 부모와 큰 갈등은 없다. 배필 인연은 배우자 덕이 있고 현량한 배우자를 얻어 부부인연은 좋은데 호색하여 풍파가 있어도 이별은 드물어 일원이 일지의 재와 암합하면 배우자와 헤어지기 어렵다. 사주원국(四柱原局)에 토(土)의 오행이 있어 아들과 딸이 고르다.

◼ 곤명(坤命)

애교 있고 배우자에게 잘하며 배우자 덕에 재복도 있다. 사주원국(四柱原局)에 금(金)과 목(木)의 오행이 있으면 아들·딸이 고르다.

6. 학업
◼ 건명(乾命)

정당한 이익을 얻으려는 지지(地支) 정재라 학문에 있어서도 정당성을 추구하므로 좋은 성적은 아니고 평균 정도의 성적이다. 두뇌는 총명하나 인내와 노력은 저조하여 처음에 실력 발휘가 있어도 세월이 흐르며 점차

하락한다. 자존심 유지를 위한 노력은 있으므로 학교의 선택 운에서 2류는 유지한다. 직업을 얻기 위한 공부인연이고 직업을 얻으면 공부와는 거리가 멀다. 경영학, 경제학, 행정학, 의학, 약학, 공학, 전문기술이 어울리는 학문의 길이다.

■ 곤명(坤命)

경영학, 경제학, 가정관리학, 행정학, 어학, 교육, 유아교육, 초등교육, 간호학이 성공을 위한 학문의 길이다.

7. 결혼운

■ 건명(乾命)

지지(地支) 정재는 배우자에게 최상의 운이다. 정당한 배우자를 의미하므로 결혼 적령기의 이상적인 혼인이 이루어지는데 중매와 연애 모두 상관없다. 항시 이성으로부터 인기가 있고 애정을 받으니 어린 시절에는 자신의 사랑이 아니라 타인의 관심으로 사랑이 이루어진다. 남녀를 불문하고 모두 현량한 배우자를 만날 수 있는 인연이 있고 자식이 들어선 다음 결혼하는 운이다. 범띠, 토끼띠, 뱀띠, 말띠, 양띠, 개띠, 돼지띠 여자가 좋은 배필 운이다.

■ 곤명(坤命)

소띠, 범띠, 토끼띠, 뱀띠, 말띠, 양띠, 개띠, 돼지띠 남자가 가장 이상적인 배우자의 운이다.

8. 직업

사업의 운보다는 조직 직장길의 운이 좋은데, 조직에 몸을 담으면 평생 활동의 가능성이 높으며 다만 직책이나 직급의 상승이 있을 때마다 갈등을 겪을 수 있다. 투기성 재물보다는 안정적인 재물의 추구가 이념이므로 안정적인 직장이나 안정적인 사업을 추구하며 평생 기본적인 재복을 지키는 사람이다. 조직이나 직장길은 금융, 행정, 경찰, 화학, 건설 등이 좋다.

만약 자기사업의 인연이 닿는다면 가업의 상속이나 안정적인 사업의 형태를 추구하는데 사주 원국에 목의 오행이 적절하면 사업 인연도 나쁘다고 할 수는 없다. 제조업, 생산, 요식업, 임대업, 전문기술, 학원사업 등이 해당하는 사업군인데 사주원국(四柱原局)에 토의 글자가 있으면 큰 조직과 연계한 납품사업, 대리점사업도 어울리는 좋은 사업이다.

비밀이 있는 직업인 수사계통, 정보원 등에 부합되는 성질을 드러내 보이며 재정 계통의 관료로 출세한 사람 중에 임오일주(壬午日柱)가 많다. 현침의 성분은 종교나 활인계통의 종사자를 암시하기도 한다. 유흥업이나 요식업, 목욕탕과 같이 물에 인연을 두는 직업을 가진 사람도 많다.

9. 성적 욕구

■ 건명(乾命)

건명(乾命)은 크게 드러나지 않지만 정재와 도화가 합하니 호색이며 기교가 매우 우수하다. 강하지 않지만, 그런대로 유지하고 권태감을 느낄 수 있다. 금수(金水)가 강하면 성욕이 왕성하고 로맨틱한 분위기를 좋아하는 이성에게 매력적이고 강렬하게 어필하지는 못하지만 노년까지 지속력을 보인다. 일시에 재성이 있고 또한 주변에 재성이 강하면 조루증세가 나타난다.

■ 곤명(坤命)

색정이 있고 이성이 관심도 많은데 성적 욕구로 색을 밝히는 경우가 많으며 오화(午火)는 근본적으로 바람기 있고 분위기를 즐기며 화(火)가 많으면 먼저 유혹하고 성적행위에도 관심이 많은데 드물게 약물을 음독하는 경우도 있다. 화(火)가 너무 많으면 자궁 속이 너무 뜨거워 임신이 잘 안되고 양인이 많으면 음란하고 수화(水火)의 역량이 어울리면 실신하는 듯한 오르가즘에 돈을 떤다.

10. 질병

임오일주(壬午日柱)의 임(壬)은 물(水)을 의미하며 방광, 경락, 삼초를 나타내지만 신장에도 영향을 미친다. 오(午)는 화기(火氣)를 의미하여 정신, 심장, 눈을 나타내고 근본적으로 소장에도 영향을 미친다. 임오일주(壬午日柱)는 신장과 방광, 생식기, 요도, 전립선 등이 가장 문제가 발생할 소지가 높다. 유아기에는 야뇨를 보이고 여성은 요실금, 치질 등으로 고생한다.

20장. 계미(癸未, 申酉空亡)

1. 사주의 특성 (丁9, 乙3, 己18)

비인살 飛刃殺	싫증을 잘 내어 지속성이 없고, 변덕이 심하다. 유시무종에 성공과 실패가 춤을 춘다. 병자(丙子), 정축(丁丑), 무자(戊子), 기축(己丑), 임오(壬午), 계미(癸未) 일주가 이에 해당한다.
남연살 男戀殺	갑인(甲寅), 갑신(甲申), 정축(丁丑), 기축(己丑), 무신(戊申), 신미(辛未), 임인(壬寅), 계미(癸未) 일주의 남자는 배우자 몰래 애인을 숨겨 망신을 당할 우려가 있다.
칠살 七殺	갑신(甲申), 무인(戊寅), 임진(壬辰), 임술(壬戌), 계축(癸丑), 계미(癸未)일은 충돌, 언쟁, 관재, 구설, 수술, 고립 등의 상황이 많고 교통사고나 부부간 다툼이나 냉전, 이별의 기운이 강하다.
묘 墓	검소하고 실리를 추구한다. 경제분야에 관심이 많다

■ 건명(乾命)

지장간(地藏干)에 식재관(食財官)이 모두 있으니 지혜와 총명이 있고 기억력 좋은데 조용하고 내성적이며 민첩하고 평생 식록이 있고 천역(天驛)이라 몸은 한가해도 마음은 바쁘며 언변 좋고 매사 자신의 의지대로 하려고 한다. 지장간(地藏干)에 식재(食財)가 있어 일하면 성취가 따르지만 칠살의 제어로 망설이고 밀어붙이기에 힘이 부치나 일단 시작하면 일이 풀리고 성공가도를 달린다. 매사를 자신의 의지대로 하고 식신이 재를 도우니 어려움을 넘기면 성취가 비범하다. 시련이 있지만 제살의 기운도 있어 잘 견디는 특특한 성격이고 끈기와 고집, 변덕으로 일이 어그러지고 자녀에 대한 정은 깊지만 처에게 무정하고 유부녀와 통정한다.

착하고 조용하며 침착에 내성적인 성격이면서도 사교적이고 환경변화에 민감하며 주변을 의식한다. 명예 중시에 원칙과 소신이 뚜렷하여 시비를 분명히 하고 결단성에 의리가 있으며 타인을 배려한다. 새로운 일에 호기심이 있고 몰두하는 성미를 지니고 일에 몰두해도 명예를 추구한다.

지장간(地藏干)이 모두 음간이라 침착함이 마땅하나 자극에 반응해 포악해지며 성격이 괄괄하고 일간이 지지(地支)에 극을 받으니 마음이 편치 않고 늘 불안정하다. 늘 앓는 고통이 있는데 지장간(地藏干)의 기토(己土) 관대가 계수일간(癸水日干)을 억제하니 허약하고 배우자의 간섭으로 나타나며 식신의 제살기운이 있어 결국은 성공의 운인데 재물을 잘 모아도 저축은 힘들고 없어도 있는체한다.

사주원국(四柱原局)에 금수의 오행이 잘 갖추어지면 지도자로 성공하고 목화의 오행이 왕하면 건강을 잃는다. 겉은 차분해도 성격이 급해 서두르고 반발심이 있으며 전문성에 대한 능력이 있고 과르하며 학문의 성공이 기대된다. 그러나 생각이 짧아 일을 잘 저지르고 실속 없어 마무리가 약하고 위기 대처 능력이 있으나 부모 형제 덕이 없다.

식신 제살이니 재주와 야망으로 사람을 이용하거나 권모술수를 부리며 몸은 한가해도 마음은 늘 분주하다. 언변이 능하고 모든 것을 자신의 의도대로 이끌려고 허 고독하면서도 마음이 굳지 못해 타인에게 이용당하기도 하며 대인 관계를 잘하면서도 성패가 많아 불안정하여 스트레스가 많지만 사교적이니 사회적 출세를 제일의 가치로 여기며 수단과 방법을 가리지 않고 타협이 없어 성공에서 궁지에 몰리니 계수가 말라버린 격이다.

상격 사주라면 고관대작에 이르지만 하격은 범법자이고 화개는 이런 결과를 가져온다. 묘지에 인수와 재살이 모두 관대를 놓으니 가라앉음이다. 미토(未土)는 오화(午火) 편인과 합을 하여 인성으로 변화하니 느긋하고 여유롭게 행동하며 체면 중시에 투기성에는 거부감을 보이고 사색을 즐기며 신앙심을 보인다.

부부간의 갈등이 보이고 처궁은 약해 해로가 어렵고 여자가 항상 따르니 지장간(地藏干)의 정화(丁火)때문이다. 정화(丁火)의 재신은 관대와 화개의 구조로 본처 해로가 어렵고 일지에 편재를 두면 남연이라 배우자 몰래 애인을 숨긴다. 환경적응력이 뛰어나고 처세도 좋으나 독점력이 강해 고독하고 경거망동에 속단하는 성질이니 학업중단이다. 출세를 제일로 여기므로 수단과 방법을 가리지 않고 잔인하며 고관대작, 범법자, 사기꾼이 많다.

■ 곤명(坤命)

총명에 인정도 있지만 다정이 병인데 물과 인연 있는 직업 운이고 남편과 자식의 복은 기대치 마라. 미토(未土)는 식상 목(木)의 고지로 자식의 덕은 어렵고 관(官)이 버거우니 공방이 편하다. 몸에 병이 오면 종교나 철학에 관심을 가지니 식신 을목(乙木)이 천살과 화개를 겸하여 신앙과 철학에 관심이 많으며 첩이나 후처의 운이니 평생 분주하여 안락한 생은 기대하기 어렵고 묵고(木庫)이니 화초나 약초재배, 농사는 어울리지 않는다.

무오시(戊午時)에 출생하면 사주원국(四柱原局)의 재관이 지나치게 왕하여 쓸쓸한 팔자인데 계수(癸水) 일원이 묘지에서 절지로 나가기 때문이다. 매를 맞으며 살 수 있고 배우자 덕도 없는데 자식으로 인한 근심도 있다. 평생 분주하고 바쁘며 이성에게 재물을 원한다.

2. 세운의 변화

亥卯未年 : 이사, 이동, 직업 변동
丑年 : 관재수, 구설수, 사고수, 부부 풍파, 이별수, 수술
寅年 : 신경쇠약, 정신질환
午年 : 이성 만남, 좋은 일이 생김

丁丑年, 己丑年 : 흉한 해이고 丑年은 丑未沖이 되므로 일반적으로 변화가 심하고 運路가 좋지 않다.

3. 물상

계미(癸未)는 마른 땅에 비가 내린 물상이고 식록이 있으며 일은 잘 풀리고 성과가 있으나 망설이고 주춤거리고 추진력이 없어 변덕과 고집으로 중단의 운이다. 자상(字象)으로 보아 비를 맞는 양인데 다정이 병이니 배우자와 마음이 맞지 않으면 공방이 낫고 육친과 소원해지고 곤명(坤命)은 첩이나 후처의 운이다. 전답에 물이 내려 있는 형상이기도 하니 건축과 연관된 직종에 관련 있다.

4. 특성

지도자 상인데 약한 수기(水氣)가 말라버리니 건강에 문제가 있고 베풀기만 하는 고단한 인생이며 지지(地支) 편관은 명예 추구에 행동을 억제하니 배우자로 고통이 있고 체질적으로 건강이 나빠지며 학문은 끝을 보기 어려운데 재물을 위해 도덕성과 학문을 버린다. 한 곳에 정착도 어려워 방황한다.

사주원국(四柱原局)에 금수(金水)의 오행이 잘 갖추어져 있으면 지도자로 성공이 오고 목화(木火)의 오행이 왕성하면 병이나 어려움이 있다. 자존심과 명예를 위해 억제하고 원만한 처세가 이루어지지만 궁지에 몰리면 극단적인 처세에 이른다. 근본은 맑고 자존심이 있어 희생정신을 발휘한다.

5. 육친관계

■ 건명(乾命)

부모 인연 무난하지만 부모덕, 처덕 없고 부부불화 있다. 사주원국(四柱原局)에 금수(金水)의 오행이 고르지 못하면 부모 인연 역시 고르지 못하다. 기가 강하고 잔소리 심한 배우자 운이고 색난도 겪는다. 배우자궁이 부실하여 이별, 사별, 별거의 운이고 작첩한다. 사주원국(四柱原局)에 금수가 고르면 아들이 많고 금수가 부족하면 딸이 많다.

■ 곤명(坤命)(일반)

간섭 심한 남자와 인연이 있으며 지지(地支)에 관을 깔아 배우자 존경이 어렵고, 그로 인해 갈등과 고통이 심하다. 배우자궁의 부실로 이별, 사별, 별거의 운에 배우자는 나이 차이가 있어야 좋고 연하의 남편과도 인연이 있으며 첩이나 후처(後妻)의 운명이다. 자식은 사주원국(四柱原局)에 금수(금수)가 고르면 아들이 많고 금수(金水)가 부족하면 딸이 많다. 배우자 덕이 없고 자식 근심이 있다.

6. 학업
■ 건명(乾命)

매사 자존심으로 공부하니 두뇌에 의존한다. 명예를 위해 시험에 노력하지만 인내와 노력이 부족하니 큰 시험이나 긴 공부에 좋은 결과 기대가 어렵다. 지지(地支) 편관은 큰 조직을 의미하니 조직에 취직이 쉽고 직장 얻기 쉬운 공부에 인연이 있고 직업을 얻으면 바로 학습이 태만해진다. 법학, 행정학, 사회과학, 교육, 육영, 경영학, 경제학, 공학, 전문분야가 좋은 학문의 길이다.

■ 곤명(坤命)

법학, 사회과학, 교육, 육영, 경영학, 경제학, 공학, 의약, 간호학, 전문기술이 성공을 위한 학문이 된다.

7. 결혼운
■ 건명(乾命)

명예심이 있어 일찍부터 남모르는 연애하며 배우자도 자존심으로 결정하니 겉보기에 좋아 보이지만 부모와 갈등이 있다. 연애로 자식 들어서고 성혼하는 경우가 많고 배우자의 기가 강하니 갈등이 심하며 숨은 애인으로 망신당한다. 쥐띠, 소띠, 범띠, 토끼띠, 용띠, 뱀띠, 말띠, 양띠, 돼지띠 여자가 좋은 인연이다.

■ 곤명(坤命)

남자의 일방적인 구애에 시달리며 배우자의 기가 강해 고통받고 쥐띠, 토끼띠, 용띠, 뱀띠, 말띠, 양띠, 개띠 남자가 좋은 배필감이다.

8. 직업

큰 재물을 꿈꾸고 사업에 인연하지만, 무식한 저돌성이 부족하여 큰 규모의 사업을 이끌기에는 힘이 부친다. 조직 직장길은 금융권, 전문직, 공직, 교육, 육영, 연구직, 준공직, 전문기술 분야가 많다. 사업에 욕구가 강하나 사주원국(四柱原局)에 금(金)과 수(水)의 오행이 원만하여야 큰 사업을 이룰 수 있다. 사업의 길은 교육, 육영사업, 금융업, 영업, 전문기술에 해당하는 토목, 건축, 식품, 의류사업, 소개업이 있다.

화개묘궁(華蓋墓宮)은 연예인에게서 많이 나타난다. 종교인이나 예술, 대중의 인기직종에 좋다. 법조계와 재정 계통에 투신하면 고위직에 오를 수 있고 토산품, 부동산, 식품업, 화공업에 어울리는 직종이다. 건축과 관련된 직종도 좋다.

9. 성적 욕구

■ 건명(乾命)

화(火)의 기운이 강하고 지지(地支)로부터 토극수(土克水)이니 정력은 약하나 기교를 이용하여 지속력을 확보하고 기술이 좋으니 상대를 만족시키지만 변태성 욕구이다. 젊어서 밝히는 기질이 있으니 늙어서 불능을 걱정해야 하고 관성 토(土)가 태왕하면 신장, 낭광, 전립선 등 생식기에 문제 생기고 발기부전이 있다.

■ 곤명(坤命)

 일찍 달아오르는 욕구에 적극적으로 즐기고 변화무쌍한 성희를 즐겨 남성을 기쁘게 할 수 있는 형이라 자기도 적극적으로 응하고 기쁨을 위해 상대에게 배려하고 노력한다. 관성이 조열하면 조루증 남편 운이나 미토(未土)가 지지(地支)이니 이성은 상대가 맛있다고 생각하고 먹음직스럽게 생각해 접근하고 한 번 관계하면 헤어지거나 이별하기 어렵다.

10. 질병

 계미일주(癸未日柱)는 일주에서 찾아보면 계(癸)는 수(水)의 성분이고 신장과 발에 영향을 미치는데 방광과 생식기도 영향이 있다. 미(未)는 토(土)의 성분이니 위장과 명치, 척추를 의미하는데 비장에도 영향이 있다. 계미일주(癸未日柱)는 신장, 방광, 당뇨, 자궁의 질병이 무섭고 명치가 자주 아프니 무리하지 말아야 한다. 소화기 계통의 질환이나 수술수도 있다.

21장. 갑신(甲申, 午未空亡)

1. 사주의 특성 (戊7, 壬7, 庚14)

홍염살 紅艶殺	갑오(甲午), 병인(丙寅), 정미(丁未), 무진(戊辰), 경술(庚戌), 임신(壬申), 임자(壬子) 일주가 홍염으로 미모와 센스가 있으며 도화와 유사하여 인기가 있으며 외도 빠지기 쉬우니 곤명(坤命)은 기생(妓生), 건명(乾命)은 작첩(作妾)한다.
취명관 取命關	어린아이가 사당, 절 등에 가면 떠도는 혼령에 질병을 얻을 수 있다고 小兒關殺符로 쓰이는데, 10세가 지나면 액이 소멸되니 의학이 발전하지 않았던 과거에 쓰이던 신살이다.
평두살 平頭殺	독신의 운이다. 甲, 丙, 丁, 壬, 子, 辰의 글자 중 3개나 4개가 있고 대운에서 발동한다. 느낌이 빠르고 종교적 성향이다. 무속인이 될 팔자라 하여 혼담이 잘 깨진다.
현침살 懸針殺	甲, 申, 未, 午, 辛의 글자를 말하며 몸을 잘 다치고 총이나 칼에 찔려 죽고 교통사고도 당한다. 時에 현침이 겹치면 그 작용력이 강하고 의약업계, 군인, 양복점 등으로 성공 한다.
남연살 男戀殺	갑인(甲寅), 갑신(甲申), 정축(丁丑), 기축(己丑), 무신(戊申), 신미(辛未), 임인(壬寅), 계미(癸未) 일주의 남자는 배우자 몰래 애인을 숨겨 망신을 당할 우려가 있다.
칠살	갑신(甲申), 무인(戊寅), 임진(壬辰), 임술(壬戌),

七殺	계축(癸丑), 계미(癸未)일은 충돌, 언쟁, 관재, 구설, 수술, 고립 등의 상황이 많고 교통사고나 부부간 다툼이나 냉전, 이별의 기운이 강하다.
절 絶	모든 것이 정지된 상태이다. 일도 중도에서 포기하며 추진력이 없다. 호색, 불안정하다

■ 건명(乾命)

　당당하고 굽히기 싫어하며 타인의 구속도 싫은데 총명한 두뇌와 재주를 지녀 원칙과 소신은 뚜렷하고 결단성과 인내심이 있으나 유연성과 융통성이 없어 나무에서 떨어지는 원숭이 상이다.

　어질고 착하나 독선적이니 다재다능하여 모사를 즐기고 재주는 탁월하나 사람으로 성공하고 늘 불안하고 환경의 변화를 꾀하니 사람으로 실패한다. 다만 사주원국(四柱原局)에 목(木)이 많으면 성공하고 수(水)가 많으면 썩은 나무가 되어 평생 바쁘고 실속이 없는데 바위 위에 홀로 선 나무의 형상이니 고독하고 권위를 추구하는 데 성공하고자 하면 참아야 한다. 외모가 늘씬하고 자신감이 있지만 교만하여 실패하고 타인을 지배하려는 성격이 강하고 지배적이므로 자신에게 주어진 일은 최선을 다한다.

　지지(地支) 신(申)의 지장간(地藏干) 임수(壬水) 편인은 지나친 혹사, 자기희생을 제어하고 절지(絶地)에서 도우는 자를 만나니 임기응변과 전화위복의 운이 있다.

　집중력이 강하고 조심성에 순발력도 있으며 패기와 지도력을 갖추어 타인으로부터 신뢰와 존경이 있으나 윗사람에게 반항하고 재주 과신에 타인 무시하니 대인관계 변화 많고 배신과 실패 무궁인데 일지 역마이니 타향살이, 이사, 부부의 공망이라.

의지가 약해 타인에게 이용당할 가능성이 크고 인정과 의리가 있어 좋을 때도 있으나 자존심에 상처 입거나 손상을 입으면 자제력과 인내심이 없어 반격하고 실패수가 따르며 금목상쟁(金木相爭)으로 천간(天干)과 지지(地支)가 극을 하니 시시각각 두통, 근육통, 골통이 따라 좌불안석에 자손과도 불화하고 자손의 가출이 보인다.

색정으로 풍파가 있는데 고집을 피우기까지 하니 악처를 만나 고심이 많고 차중연애에 혼담은 백리 밖이라. 여행을 즐기는데 말을 적게 할 것이며 갑신일주(甲申日柱)는 나무가 뿌리를 내리지 못하니 타향살이, 이사, 출장이 잦으나 실속은 없고 재주가 많지만 지속성이 없어 용두사미 격이고 부부의 심한 다툼과 배신으로 신음, 고독하다.

지장간(地藏干)에 무토(戊土)와 임수(壬水), 경금(庚金)이 있어 재인살(財印殺)이 절지라. 재성은 절지와 병으로 겁살과 역마의 조합이니 타향살이에 이사를 해야 운의 전환이 있고 차중연애에 백리혼담인데 칠살이 놓이니 악처고심이며 절궁과 병지에 놓이니 처가 아프거나 생사이별에 소식 단절이고 일지 지장간(地藏干)에 편재를 놓았으니 애인을 두고 자식 문제로 골치가 아프다.

욕심 많고 재물에 집착이 강하고 분주하며 바쁘나 시비가 분명하고 명예지향적이다. 경금(庚金) 편관의 작용으로 까탈스러운 성격에 마음의 여유가 없다. 갑목(甲木)은 무토(戊土) 편재를 보고 있지만 편관 경금(庚金)으로 갈등이 일고 일간은 지지(地支)로 극을 받으니 마음이 편치 않고 생활이 불안정하다. 지지(地支) 신금(申金)은 사화(巳火) 편관과 합을 하는 성향이니 식상의 변화로 오는데 타인을 이해하고 배려하는 과정에서 재물을 추구하고자 하나 지지(地支) 관성은 원칙과 법도를 지키고자 한다.

■ 곤명(坤命)

신체가 허약한 경우 있으며 금(金)과 목(木)이 싸우는 형이며 부성(夫星)이 절지에 건록을 놓았다. 칠살이니 강제 결혼에 남편으로 인한 신음이 따른다. 바위 위에 서 있는 나무의 형상으로 자존심 강하고 굽히지 않으나 나무의 뿌리를 내릴 곳이 없어 변동이 심하고 고독이 따르는데 강제결혼이나 동정결혼하며 지지(地支)의 살(殺)이 더욱 왕(旺)하면 배신이 있으며 구타까지 있어 불행하다.

학대를 당해도 순응하지 않으려는 현침(懸針)의 기세가 있고 칠살(七殺)을 깔면 늙은 남편과의 강제결혼을 의미하며, 관(官)을 깔면 생활력이 있어 사회생활을 한다.

자존심이 강하고 고집이 세며 욕심이 많은데 두통, 근육통, 골통이 따르며 늘 불안하고 공망수가 있으나 참는 것 이상의 방법은 없다. 사신형(巳申形)의 역마 사운에 사람으로 인해 가진 것을 모두 털고 이동하는 상황에 놓일 수 있다.

2. 세운의 변화

申子辰年 : 이사, 이동, 직업 변동
卯年　　 : 신경쇠약, 정신 질환, 병원 출입
巳年　　 : 관재수, 구설수, 사고수, 부두 풍파, 이별수, 수술
寅年　　 : 관자수, 구설수, 사고수, 형옥(刑獄)
巳年　　 : 이성 만남
庚寅年, 戊寅年 : 寅年은 寅申冲이 되므로 일반적으로 변화가 심하고 運路가 좋지 않다.

3. 물상

나무를 타는 원숭이 상이니 재능 있고 모사도 즐겨 조화가 무궁하고 사람으로 성공을 보기도 하고 인재패의 실패도 경험하는데, 나무를 쇠로 깎아내는 형상이라 인격을 다듬는 형상이니 성공의 비결은 인내에 있다. 바위에 뿌리내리는 나무처럼 바로 서기 힘겹고 부부가 다투고 금목(金木)이 상쟁하니 두통과 간, 척추에 질환이 있고 건명(乾命)은 악처로 고생하고 곤명(坤命)은 남편의 학대로 고생이다.

4. 특성

지도자가 되고자 하고, 거느리는 삶을 원하고, 정석의 방법을 택하니 명분은 있으나 내실이 약해 실속은 약하다. 근본적으로 고상하고 자기관리를 하니 사회활동을 하여 통반장은 할 수 있다. 처의 인연은 약하고 곤명(坤命)은 기가 센 남편으로 고생하니 밖으로는 명랑하고 내면으로 우울한데 명랑하고 침착성으로 원만해 보이나 사주원국(四柱原局)이 편고하면 자존심과 남들이 이해하지 못하는 성품이 나타나고 여자는 자존심으로 고생을 더한다.

5. 육친관계

■ 건명(乾命)

부친 인연 짧거나 덕이 약하고 모친 인연 길지만 간섭이 심하다. 배우자궁이 부실하여 악처 운에 작첩의 운이며 평생 해로 어려우니 이별, 사별이 보인다. 사주원국(四柱原局)에 금(金)의 오행이 거듭해서 있으면 남모르는 자식을 두고 고민하고 자식과도 불화가 있다.

▣ 곤명(坤命)

자존심과 고집이 세며 지지(地支)로부터 금극목(金克木)을 당하고 관을 지지(地支)에 깔았으니 배우자를 존경하지 않는다. 배우자궁이 부실하니 이별, 사별, 별거의 운이며 금(金)의 오행이 거듭 있으면 관(官)이라 남편에 해당하니 남모르는 연애를 하거나 두 번 시집가는 경우가 생긴다. 남자를 동정해서 결혼하거나 강제 결혼하면 매를 맞고 살 수도 있다.

6. 학업

▣ 건명(乾命), 곤명(坤命) 공통

신(申)은 가을, 결실의 기운으로 절제심과 인내심, 침착성으로 공부하며 사주원국(四柱原局)에 화(火)의 오행이 있다면 학문적 융통성이 더욱 발전한다. 학교 운은 2류급이며 사립학교 인연도 많다. 법학, 행정학, 외교학, 정치학, 어학, 사회과학 전공이 성공의 지름길이다.

7. 결혼운

▣ 건명(乾命)

모친의 간섭과 오형에 집착하는 성격이라 성혼이 늦어진다. 사주원국(四柱原局)에 진(辰)과 자(子)의 글자가 있고 일지와 합하면 혼인 전에 자식을 얻고 무진시(戊辰時)에 태어나면 처를 힘들게 한다. 소띠, 용띠, 뱀띠, 말띠, 양띠 여자가 길한데 만에 하나 원숭이띠 여자를 배필로 맞으면 고통과 망신이 여간 아니다.

■ 곤명(坤命)

자신의 이상과 다른 남자를 만나 마음고생이며 처녀 시절에 여러 남자오나 주위 상황으로 어쩔 수 없이 결혼하는데 고통이 따르고 나이 많은 배우자가 좋은데 쥐띠, 소띠, 양띠, 원숭이띠, 닭띠, 돼지띠 남자가 배필감이다. 만족스럽지 못한 배필을 만나거나, 배필의 기운이 강하여 꼭 쥐여 사는 경우가 많다.

8. 직업

자영업보다 직장이 운이 좋은데 평생 조직이나 직장에 어려움이 없다. 사회성의 논리에 합당하므로 처세술 또한 절제되어 나타나고 조직에 몸을 담으면 자신의 존재감을 세우고 실력자가 되기 위해 노력한다. 사주원국(四柱原局)에 수(水)의 오행이 많으면 평생 조직 인연이고 수(水)의 오행이 없다면 도중하차다. 지지(地支)가 역마이니 무역, 관광, 해운, 특수직, 외무직, 기자직, 경찰조직에서 평생 인연할 가능성이고 성공 운이 있는데 혹 자기 사업을 하자고 하면 학문과 기술을 바탕으로 하는 직업이 좋다.

재물의 소모가 많아 큰 재물의 인연은 약하고 권력계나 의약계는 성공 가능성이고 해외기관이나 사업에 장점이 있고 운수업이나 쇠붙이 관련 사업이 승부의 요처가 된다.

공부를 하여 교육자로 진출하는 것이 가장 좋으며 외교관이나 군경, 종교계, 의상디자이너, 재봉사로 출세하거나 종사하는 사람이 많다.

곤명(坤命)은 결혼 전에 왕성하지만 사주원국(四柱原局)에 수(水)의 오행이 없으면 진급과 상관없이 연구직, 전문직, 영업, 홍보, 교육, 단순직이 어울리고 살림에 적응하며 사회활동을 하지 않아도 배필의 덕으로 살아갈 수 있다.

9. 성적 욕구

▣ 건명(乾命)

색을 좋아하지만 정력이 약하고 여유를 가지는 게 좋고 분위기에 좌우된다. 강약의 양면성을 지니는데 심인성으로 화(火)의 열기가 약하면 발기가 여의치 않고, 일간이 약하고 수(水)의 도움 없으면 탈기부전이다. 중년이 지나면 간담이 허약해져 심장에 영향을 끼치니 성교를 서두르지 말아야 한다. 때로 변태적인데 겨울에 태어나면 성욕이 왕성하다.

▣ 곤명(坤命)(일반)

갑신일주의 여성은 성에 부끄러운 듯 표현하지만 이성의 흥분을 유도하는 몸짓이 되고 성감은 예민하여 한 번 희열을 느끼면 대단히 강해지고 즐기는 타입으로 변한다. 목화(木火)의 기운이 조화를 이루면 원활한 성관계와 오르가즘을 느끼고 사주원국(四柱原局)에 합이 많을수록 질의 조임이 좋다. 합은 상대와 합해지는 것이고 놓아주지 않으니 한 번의 성교에서 여러 번의 오르가즘을 느낄 수 있다.

10. 질병

갑(甲)은 쓸개, 다리, 수염, 머리카락을 의미하지만 근본적으로 간담을 의미하고 신은 폐, 대장, 경락을 의미한다. 갑신일주(甲申日柱)는 간, 담, 신경계, 두통, 두발 등의 질병을 조심하고 사지(四肢)에 이상이 있거나 관절로 고생한다. 금목(金木)이 상쟁하니 두통과 간, 척추에 질환이 있다.

22장. 을유(乙酉, 午未空亡)

1. 사주의 특성 (庚10, 辛20)

곡각살 曲角殺	곡각은 신체 어느 부위에 병이 있어서 불구가 되는 뜻이다. 곡각은 사주 중에 2~3개 있어야 작용하는데 등뼈가 고르지 않거나 불구의 형태를 가지며 신경계통이나 수족에 이상이 있다. 또한 자기가 양자가 되거나 양자를 맞이하게 되는 뜻이 있다.
방해살 妨害殺	팔전(八專)은 갑인, 을묘, 기미, 정미, 경신, 신묘, 무술, 계축으로 음욕살이라 하고 건명(乾命)의 일주에 있으면 부인이 부정하고, 시주에 있으면 자녀가 부정하다. 곤명(坤命)의 일주에 있으면 혈육도 가리지 않고 음욕을 채운다. 구추(九醜)는 을유, 을묘, 기유, 기묘, 무자, 신묘, 임오, 임자, 무오일생인데 방해살이라 한다. 건명(乾命)에 있으면 수명이 단명이며 곤명(坤命)에 있으면 산액으로 고생하고 자궁병에 시달린다.
구추방해 九醜妨害	임자(壬子), 임오(壬午), 무자(戊子), 무오(戊午), 기묘(己卯), 기유(己酉), 을묘(乙卯), 을유(乙酉), 신묘(辛卯), 신유(辛酉)일 생으로 잦은 연애로 가정풍파가 암시되고 시주에 있으면 자녀가 같은 성향이다.
장성	문장이나 무인으로 이름을 날릴 수 있는 좋은 살

將星	이지만 자기중심적인 생각이 강하고 고집이 있다. 편관이나 양인살과 동주하면 권력을 장악하고 재성과 동임하면 국가재정을 장악한다.
절 絶	모든 것이 정지된 상태이다. 일도 중도에서 포기하며 추진력이 없다. 호색, 불안정하다.

■ 건명(乾命)

활달하고 적극적이며 환경적응력이 있고, 원칙과 소신이 뚜렷하며 어질고 착하여 인정이 있으나 자존심 강하고 독하며 냉혹함도 보이는데, 물형으로 보아 바위 위에 자라는 화초격이라.

개성과 고집에 예술성을 지니고 미모와 재주도 있지만 조급하고, 결단성과 인내심이 있지만 늘 마음이 불안하고 편치 않으며 좌불안석이라. 재주, 재치, 인정이 많은데 일지가 칼을 찬 형상이라 명예와 인정을 중시하고 성실, 정직 반듯한 성품을 지닌다. 원칙과 소신을 내세우고 결단성과 의리가 있어 표면적으로는 다정해도 내심 권위적이며 날카로운 성정으로 끈질기며 냉혹하다.

을목(乙木)은 자비, 유금(酉金)은 냉혹함과 모사의 성분으로 남을 떠보고 싸움을 붙이면서도 타인과 다투기 싫어하고 의리 있으며 결심하면 매진하는데 미모가 있고 칭찬도 받는다. 자영업보다 직장이 좋은데 일을 방해하는 사람이 있으니 인내가 필요하고 마음이 항시 불안하니 생활안정이 힘들며, 항시 긴장하고 엄살도 심한데 기력 부족으로 타인의 속임수에 넘어가니 흔들림을 경험할 것이며, 다투기 싫어하니 의리 표출이고 타인의 일을 도와주어 손해를 볼 것이다. 신경과민이 두드러지고 남을 의심하며 타인에게 의탁해 살 수도 있는 성정인데 확고한 신념 부족으로 지조가 없다.

장성과 지지(地支)의 칠살은 관직에 어울리고 무관이면 금상첨화인데 칠살 도화이니 호색의 경향이 있고 정직과 소박의 성질에 검소하여 절약 정신이 있지만 가산을 모두 써 버린다는 암시라. 일간이 지지(地支)로부터 금극목(金克木)의 형상이고 정관과 편관이 혼잡이라 항상 마음이 편치 않다. 지지(地支) 유금(酉金)은 진토(辰土) 정인과 합을 하는 성분이니 비겁으로 변화해 안정과 체면 중시에 고집과 자존심을 내세움이니 자기 중심적 사고와 타인간섭을 싫어하며 유연성과 융통성 부족이라.

철쇄개금(鐵鎖開金)이라 사주원국(四柱原局)에 묘유술(卯酉戌)의 글자가 더 있으면 본인이나 자식이 활인 계통으로 진출한다. 몸에 상처가 있으면 오히려 길하고 처덕이 좋지만 뜻하지 않은 여난이 있고 악처로 변모하기도 한다. 관살이 절지에 놓이니 록왕을 얻어 건록의 칠살 신금과는 절연되고 제왕의 정관인 경금(庚金)과는 합생되니 성장기에 놓인 자식 문제로 근심이다.

■ 곤명(坤命)

곡물을 찍어 먹는 상으로 약은 짓에 상대를 경계하며 긷는 도끼에 발등 찍힌다. 남편과는 무정하지만 군경이나 의사, 법관처럼 권력계통에 종사하면 좋은 인연이나 무정하다. 하나의 관을 취하니 관록이나 자식이 없거나 부부간의 이별도 있고 군경이나 의약업으로 진출하면 좋은데 몸에 병이 들거나 독신의 운이고 가정을 책임져야 하거나 폭력에 노출되기도 한다. 자손궁은 미약해 아들이 없거나 명예 지향적이다. 식재가 사지에 놓여 힘을 쓰지 못하고 재운은 부족하고 지지(地支) 유는 칼, 바늘, 금전을 의미하는 것이니 한복점이나 양장점, 요식업 계통과 인연이 있다.

부창부수라 남편의 일에 헌신하지만 간혹 생각지 않던 일을 저질러 막막한 지경에 이른다. 을목(乙木)은 타인에게 베풂이고 지지(地支) 유금(酉金)은 냉정하게 재단하니 양면성이 두드러지고 두통과 편두통이 있고 간과 비장이 약하며 치아도 부실하다.

부부간의 잦은 다툼이 있고 자식도 무력한데 축년(丑年)이 오면 유축합(酉丑合)이라 재의 반안과 합이 되지만 재는 화개에 좌하니 나가서 재물을 벌어들이기보다 보통은 앉아 적적하게 쉬는 형국이라. 사운(巳運)에 겁살과 연살이 합해지면 비록 외화내곤하지만 재기를 불러오니 운기의 전환이 이루어진다.

2. 세운의 변화

巳酉丑年 : 이사, 이동, 직업 변동
子年　　 : 신경쇠약, 정신 질환, 병원 출입
卯年　　 : 관재수, 구설수, 사고수, 부부 풍파, 이별수, 수술
戌年　　 : 관재수, 구설수, 사고수, 형옥(刑獄)
辰年　　 : 이성 만남, 좋은 일이 생김
辛卯年, 丁卯年 : 卯年은 卯酉沖이 되므로 일반적으로 변화가 심하고 運路가 좋지 않다

3. 물상

바위에 자라는 화초 격이니 가냘프지만 속으로는 강건, 날카로워 바위를 뚫는 끈질김, 냉혹한 성질이며 부드러운 외견으로 미모를 지니지만 내

면은 권위적인 사고, 의리, 결심이 있다. 편두통이 있고 간, 비장, 치아도 약하고 큰 수술자국이 액땜이다.

가위로 꽃을 자르는 모습이니 좌불안석이고 곡물과 닭의 자의(字意)는 종교계의 활인업을 의미하고 곤명(坤命)은 약은 행동을 하고 상대를 경계하면서도 믿는 도끼에 발등 찍힌다.

4. 특성

명랑하고 타인의 의견 수렴에 결실이 보이고 절제력을 지녀 지도자의 성품이며 내면적으로 냉정함이 존재하나 표면적으로 부드럽고 인내심을 보인다. 사주원국(四柱原局)에 수(水)의 오행이 있으면 특수직, 교도직, 교육직, 공직 인연으로 성공 가능성이 높고 사주 원국(四柱原局)에 토(土)의 오행이 있으면 금융권, 재경직, 공직에서 실력을 발휘한다. 항시 모범된 행동을 하며 자존심과 의향이 높아 지도자를 추구하는데 사주원국(四柱原局)에 금(金)의 오행이 거듭 있으면 기가 약해져 봉사하는 운이고 자존심에 상처를 입으면 원수가 된다.

5. 육친관계

■ 건명(乾命)

부모관계 원만하며 절제 있는 행동에 매사 자신이 알아서 하는 사람으로 부모와 갈등 없이 일을 처리한다. 배필 인연도 적절한데 자기를 절제하니 부부관계 유정한 편이나 배우자 궁이 부실하여 색난을 겪을 수 있다. 자식을 많이 놓는 형이고 사주원국(四柱原局)에 유(酉)나 묘(卯)가 있으면 반대로 무자식 상팔자가 될 수 있다. 지조관념이 약하고 금목(金木)

이 싸우는 형상이라 부부갈등이 많은데 본인이나 배우자 신체에 문제가 생길 수 있고 타인을 배려해야 액을 면한다.

■ 곤명(坤命)

남편이 일지에 자리하니 금극목(金克木)을 당하는 형상이라 배우자를 존경하기 어렵고 정도 없다. 배우자와 해로 가능성이 높으나 타주에 금(金)이 강하면 이별, 사별이 있고, 재주 많고 미인이나 배우자 궁은 부실하니 매 맞고 살 수도 있으며 아들과 딸을 고르게 본다. 배우자가 공무원, 사법계에 진출하면 최상이요, 군인, 의사, 한의사, 약사이면 중격이고 쉐프, 도살장 근무, 횟집, 고깃집 운영은 하격이다.

6. 학업

■ 건명(乾命)

조숙하고 자존심, 인내, 노력이 있어 처음과 달리 시간이 지나며 점차 발휘가 되는데 1-2류 운이고 사주 원국에서 월주(月柱)나 시주(時柱)에 수(水)의 오행이 있으면 고시와 같은 시험에도 수월하게 합격하고 석박사 학위를 다양하게 취득할 수 있다. 법학, 행정학, 의학, 약학, 경영학, 경제학 등이 성공을 위한 학문이다.

■ 곤명(坤命)

법학, 행정학, 가정관리학, 체육학, 경찰학과 심리학 등이 된다.

7. 결혼운

■ 건명(乾命)

지나친 절제로 결혼이 늦어지는데 이성에 관심 있어도 표현이 어렵고 부모의 권유나 상대방의 적극성으로 결혼이 이루어지고 부모의 권유로 중매하며 소띠, 용띠, 뱀띠, 말띠, 개띠 여자가 좋은 배필 인연인데 사주원국(四柱原局)에 유은 글자가 거듭하면 악처를 만나는 경우가 많다.

■ 곤명(坤命)

쥐띠, 소띠, 용띠, 원숭이띠, 닭띠 남자가 좋은데 사주원국(四柱原局)에 경(庚)자가 있으면 혼외에 남자가 있는 경우로 두 번 결혼하는 경우가 많다.

8. 직업

천직은 공직자로 사주원국(四柱原局)에 수(水)의 오행이 있으면 검·경찰, 교도관, 교육직, 재경부, 재무직 등이 어울리며 사주원국(四柱原局)에 화토(火土)의 오행이 있으면 사업 인연인데 자영업은 학문과 기술을 바탕으로 하는 것이 좋고 재물보다는 명예를 추구하며, 주로 큰 조직과 연계한 납품사업, 대리점업, 하청, 용역사업의 형태가 어울리며 금속, 기계, 토목, 건자재, 전기와 전자분야 사업이 어울린다. 외형에 집착하면 내실이 약해지니 규모를 적절하게 키워나가는 것이 지혜가 된다. 법관, 검경, 의사, 군인, 군의관 계통이 가장 어울리는 직종이나 기술, 토건, 이발사, 닭장사 등에도 인연 있다.]

을유일주(乙酉日柱)의 여성은 간호사, 요리사, 미용사, 포목점, 재단사에서도 종종 드러난다. 타인의 일을 돕는데 일가견이 있는데 가급적 사업은 금물이다.

9. 성적 욕구
▣ 건명(乾命)

 지지(地支)로부터 금극목(金克木) 당하는 형상이니 정력은 약하지만 색은 좋아한다. 호색의 경향이 강하지만 음경은 약해 칼날에 놓은 듯하고 분위기에 따라 강약이 조절되는 양면성을 지니지만 화의 열기가 없으면 발기가 약하고 변태성 욕구도 있는데 심인성 불구나 심인성 불감증도 무시할 수 없다. 겨울에 태어나면 성욕이 더욱 강하다.

▣ 곤명(坤命)

 유금(酉金)은 근본적으로 색정이 강하니 성욕이 강하지만 수동적으로 받아들이며 상대가 이끄는 대로 따르는데 한 번 희열을 느끼면 대단히 강해지고 즐기며 욕구도 늘어난다. 목화(木火)의 기운이 조화를 이루면 원활한 성관계를 즐기고 오르가즘도 충분하다. 을목(乙木)은 대부분 음모가 많으나 을목(乙木)이 약하고 유금(酉金)이 강하면 음모가 적고 관성 유금(酉金)이 냉하면 조루증 남편 인연이다.

 을목(乙木)은 근본적으로 질의 조임이 좋은 편인데 사주원국(四柱原局)에 합이 많으면 질의 조임이 강해지고 충(沖)이 많으면 조임이 약해지고 옥문이 벌어져 수분을 지속적으로 방출하니 질내가 건조해져 분비물이 적어지고 성교 시 통증도 있게 된다.

10. 질병

을유(乙酉)는 그 일주에 병이 있으니 을(乙)은 목(木)의 성분으로 간담을 기본 병으로 하고 두발, 음모, 손가락, 목덜미의 병을 보여주며, 유(酉)는 금(金)의 성분으로 폐와 대장을 그 기본적인 병으로 하고 정낭, 난소, 코, 인후가 병이다.

  을유일주(乙酉日柱)는 갑신일주(甲申日柱)와 유사하여 금목상전(金木相戰)으로 두통, 간, 간경화 등으로 고생하는 경우가 있고 담석증으로 수술하는 경우도 적지 않다. 여성은 자궁, 신경통, 관절염을 주의하여야 하며 심하면 무릎 관절의 수술도 예상된다.

23장. 병술(丙戌, 午未空亡)

1. 사주의 특성 (辛9, 丁3, 戊18)

평두살 平頭殺	독신의 운이다. 甲,丙,丁,壬,子,辰의 글자 중 3개나 4개가 있고 대운에서 발동한다. 느낌이 빠르고 종교적 성향이다. 무속인이 될 팔자라 하여 혼담이 잘 깨진다.
백호대살 白虎大殺	갑진(甲辰), 을미(乙未), 병술(丙戌), 정축(丁丑), 무진(戊辰), 임술(壬戌), 계축(癸丑)일주가 해당하며 해당 육친의 혈광지사(血光之死)와 한을 품은 죽음을 겪는 흉포한 살성이라 한다. 일주에 있으면 성정이 강하고 과격성이 있지만 기이한 발복이 있다.
재고귀인 財庫貴人	갑진(甲辰), 병술(丙戌), 정축(丁丑), 무술(戊戌), 기축(己丑), 신미(辛未), 임술(壬戌)일주는 지지(地支)가 재성(財星)의 창고이니 부자가 된다.
천라지망 天羅地網	戌亥는 天羅, 辰巳는 地網인데, 감금, 구속, 시비, 송사 등의 구설이 따른다. 곤명(坤命)은 공방수나 파혼의 운이고 자녀궁에 흉사가 있다. 활인성이라 검경계나 법조계, 의약계, 역학계, 종교인 등과 연관이 깊다. 辰과 戌은 첨단산업이나 공업 계통으로 진출하며, 戌과 亥는 天文星으로 지혜가 총명하고, 天主敎의 신앙을 믿는 사례가 많다.
천문성 天門星	하늘의 글을 뜻하는 천문을 읽는 지혜를 타고났다는 뜻이므로 재주나 문장이 뛰어나다. 지지(地

	支)에 卯戌亥未가 지지(地支)에 있는 것을 말하는데 戌亥가 가장 강하게 나타난다. 종교, 신앙, 철학, 예지하는 능력이 있다하여 역술이나 무속계통에 관련이 있다.
의처의부 疑妻疑夫	갑오(甲午), 병술(丙戌), 무진(戊辰), 경진(庚辰), 임술(壬戌) 일주의 남자와 을사(乙巳), 정해(丁亥), 기해(己亥), 신사(辛巳), 계해(癸亥)의 여자 일주가 해당한다. 의처의부증(疑妻疑夫症)이다.
묘 墓	검소하고 실리를 추구한다. 경제분야에 관심이 많다.

■ 건명(乾命)

집 지키는 개의 물상으로 예의 바르고 타인 이해에 배려하는 마음이 있으며 차분하고 침착하나 술토(戌土)의 속성대로 감추는 속성이라 속을 알 수 없다. 두뇌 총명에 명석하고 겁 없어 용감하며 인정과 선견지명을 가지며 언변, 의협심이 있어 활발, 명랑, 책임감 있고 희로애락의 감정 표출이 확연하다. 다혈질에 적극적이며 정열적으로 임하는데 감정 기복은 심해 변덕스럽고 독종소리 들으며 불같은 성격을 자제하지 못하면 고통과 시련이 따른다.

일간이 병화(丙火)이고 지지(地支) 술토(戌土)는 조토(燥土)이니 관성인 수(水)의 오행이 필요하다. 명예와 안정 중시에 박력 넘치고 타인 이해, 배려 있으나 속전속결에 흠이 따르고 계산적이라 겉으로 표시 내지 않아도 재물추구형이다. 매사 여유 가지고 일을 추진하여야 성공운이며 치밀하고 꼼꼼하여 관리능력에 책임감도 있지만 독선적인 기질에 타인의 빈정을 사고 지지(地支)에 수기가 없어 편고(偏枯)하니 독단적인 기질이다. 풍류에 호걸풍의 면모로 외양 화려에 속 빈 강정이라.

인정과 도량이 넘쳐 배려와 베풀기를 좋아하고 결과 지향적이며 합리적이고 현실적이라 처세가 원만하다. 무골호인이나 조급하고 애인을 아끼나 만족이 어려워 결혼에 실패수다. 재성을 깔고 관대를 띠니 재운이 있으나 재신은 암합으로 인정이 있고 원만한 처세하나 조급한 기질이 튀어나오고 지지(地支) 백호라 본인, 배우자 횡액이 있고, 일락서산의 물상이라 낙상이 의심스럽다. 지장간(地藏干)의 음기로 고독을 추구하는데 일지에 화고(火庫)를 놓은 탓이라. 겉은 화려하여 호걸풍이나 일신은 쓸쓸하고 감정 기복을 억제하기 어렵고 변덕이 드러난다.

표면적으로 명랑, 사교적이고 낙천적이며 화술도 있고 신앙정신에 봉사정신도 있고 겸손한 면도 드러나지만 음흉하여 타인을 멀리하고 고독하며 일지 술토(戌土)는 정인 묘목(卯木)과 합을 원해 비겁의 마음이 되는데, 자기주장이 강하고 독선적이며 투기성 강한 직업은 거부감이 든다. 묘술합화(卯戌合火)는 화극금(火克金)이니 처와 재물에 문제가 생긴다.

재관이 관대에 좌하고 묘지에 속하며 월살과 화개가 겸간(兼干)하니 환자의 물상이라. 배우자 신상에 횡액이 두렵고 정화 겁재가 양지에 입고되어 집념이 강하고 일을 서두르지만 식상이 입고라 장애가 있고 부양하는 형제 하나를 잃는다는 암시다. 애처가이지만 처는 만족하지 않으니 어쩔거나.

관이 관대로 인종되니 육친의 덕이 고르지만 내면의 외로움이 있고 애인이 있어도 만족스럽지 않으니 양일간에 일지 재가 암합하면 타간이나 타지의 지장간(地藏干)과 쟁합하여 처첩이 떠나기도 한다. 재복이 생기면 탈재가 동시 일어나 의처증에 결혼이 실패하는 이유가 된다.

■ 곤명(坤命)

고집이 강하나 정이 있고 남의 남자를 좋아하는 속성에 사주의 격이 떨어지면 이성 문제 발생하고 정조관념이 약해 몸을 쓴다. 남편 덕도 약하고 자식 고민 있어 막힘이 많으니 기도가 도움이 되고 남의 자식을 키우는 운이나 이복형제가 있으면 사라진다. 집념이 강해 속전속결을 원하고 재복은 있지만 탈재가 빈번하니 모으기 힘들고 음기백호라 겉과 속이 다르고 자식 운에 불구 있으니 가슴이 아프다.

한 고집 하는데 남의 남자를 좋아하는 속성이며 내 남자가 딴 여자에게 정을 주는 일이 일어나니 일지 지장간(地藏干)의 정화(丁火)가 타간 임수(壬水)와 암합하는 시기이다. 식신은 입고로 자식 근심이라 옛글에 자식 하나 불구 면하기 어렵다 했다.

2. 세운의 변화

寅午戌年 : 이사, 이동, 직업 변동
未年　　 : 신경쇠약, 정신 질환, 병원 출입
丑年　　 : 관재수, 구설수, 사고수, 부부 풍파, 이별수, 수술
辰年　　 : 관재수, 구설수, 사고수, 형옥(刑獄)
卯年　　 : 이성 만남, 좋은 일이 생김
庚辰年, 壬辰年 : 辰年은 辰戌沖이 되므로 일반적으로 변화가 심하고 運路가 좋지 않다

3. 물상

일락서산으로 서쪽으로 기우는 해와 같고 백호의 물상이니 배우자 신상

에 횡액 있으며 곤명(坤命)은 자식에게 장애 있다. 책임감에, 희노애락의 표출이 선명하며 인생의 기복 있는데 극단적인 기질로 독종 소리 듣는다. 밖에서는 무골호인이나 지장간(地藏干)에 수(水)의 오행이 없어 외화내빈이다.

4. 특성

밝고 명랑, 수확의 계절이라 성공하고 재물과 명예에 성공 암시가 있으며 두뇌 총명에 학예재능 있지만 일신은 외롭고 고독하다. 긍정적이고 명랑하나 주변 여건이 미성숙하니 쓸쓸하고 선천적인 성격과 후천적인 성격이 다르게 변하며 종교적인 수행이 요구되는데 학문이나 예술에 취미를 붙여 풀어내기도 한다.

5. 육친관계
■ 건명(乾命)

대체적으로 부모 인연 좋은데 감정기복 심하고 변덕스럽고 독선적이니 내면의 외로움을 떨쳐버리기에는 힘이 든다. 부친 인연 무난하고 모친 인연도 무난하나 본인이나 배우자 신체에 이상이 있을 수 있으며 덕을 쌓아야 액을 면하고 백호살에 묘궁이니 본인이나 배우자가 흉한 일을 겪는다. 부부궁이 부실하여 이별, 사별, 별거할 수 있으며 자식 덕도 약하다. 사주원국(四柱原局)의 배치에 따라 달라질 가능성이 많고 행동은 소극적이라 결혼이 늦어진다.

■ 곤명(坤命)

 지지(地支) 식신이라 관을 극하여 배우자에 불만이 많고 백호살이니 자식 운이 적절하지만 흉한 일이 생길 조짐이며 정이 많은데 정조관념은 약해 외정을 즐길 수 있다.

6. 학업

■ 건명(乾命)

 다재다능에 학문적 융통성이라 어려서부터 학문의 발전과 능력 발휘가 남다르다. 사주원국(四柱原局)에 목(木)의 오행이 부족하고 토(土)의 오행이 많으면 재능이 많고 총명해도 학마성이 되어 학습을 방해한다. 사주원국(四柱原局)에 재주를 나타내는 별이 있어 어려서부터 중년까지 다재다능하나 학교의 운이나 학문의 길에 결정적 방해가 있어 만학으로 이루어지는데 성공을 위한 학문의 길은 교육, 육영, 경영학, 경제학, 공학, 전문기술, 의학, 약학이 좋다.

■ 곤명(坤命)

 교육, 육영, 어학, 경영학, 경제학, 전문분야, 자연과학이 성공을 위한 학문이 된다.

7. 결혼운

■ 건명(乾命)

 어려서 연애해도 오래가지 못하고 연애를 해도 외로움은 사라지지 않으며 결혼은 늦어진다. 배우자 덕은 무난한데 사주원국(四柱原局)에 금(金)

의 오행이 없다면 처밖에 모르고 좋은 배필 인연으로는 용띠, 쥐띠, 소띠, 범띠, 토끼띠, 뱀띠, 말띠, 양띠, 닭띠. 개띠 여자가 좋은 인연이다.

■ 곤명(坤命)

아들을 낳으면 부부관계는 소원해지는데 쥐띠, 범띠, 토끼띠, 뱀띠, 말띠, 원숭이띠, 닭띠, 개띠, 돼지띠 남자가 좋은 배필의 인연이다.

8. 직업

재주가 다양하니 직업의 운도 다양하여 주로 전문기술 분야로 사업 인연하게 되는데 지지(地支)의 묘(墓) 중에 정재가 있어 알부자 운이다. 사업운이나 직장길도 인연이 좋아 교육, 육영, 의학, 약학, 신문방송, 언론, 출판, 공학, 전문기술관련 직장운이 있고 사업으로는 교육, 육영, 활인, 신문, 방송, 언론, 출판, 공학, 전문분야이다. 직장 운으로 교육, 의약, 법조계가 가장 좋고 기공, 육영사업도 좋다. 종교나 철학, 운명학이나 명리학, 점술학도 좋고 곤명(坤命)은 교육, 의학, 약학, 간호, 미용, 의류계통에 종사하는 이들이 많다.

9. 성적 욕구

■ 건명(乾命)

성욕도 있으며 지속력이 강하고 기술이 좋아 상대를 만족시키는데 변화가 약하니 상대가 권태감을 느낀다. 목화가 강하면 발기가 잘 되지만 식상이 지나치면 조루증세 나타나고 의처증은 피하기 어렵다.

■ 곤명(坤命)

남성을 기쁘게 할 수 있는 형으로 자기 스스로 적극적이며 기쁨도 누린다. 적극적으로 성교하나 거칠고, 수(水)의 오행이 적당하면 오르가즘에 심취한다. 사오미월(巳午未月)의 화기(火期)에 태어나면 분비물 부족으로 성교 시 고통이 있고 생리통, 생리불순을 피하기 어려운데 식신 태왕에 형(刑)까지 겹치면 유방암에 근심이고 성이 재미없다.

10. 질병

병술일주(丙戌日柱)의 병(病)은 병(丙)이 표방하는 의미가 화(火)의 성분이기에 심장 소장에 관련이 있으며 어깨까지 영향이 있고 술(戌)은 토(土)의 성분으로 비장과 위장이 근본이고 명문, 복숭아뼈, 자궁, 폐에 관련이 있다. 병술일주(丙戌日柱)는 심장, 소장, 혈액병, 혈압, 중풍이 의심스럽고 술을 많이 마시는 것은 좋지 않다. 중년이 지나며 당뇨가 오고 시력도 약해지며 간혹 폐결핵도 조심해야 한다. 여성은 자궁질환, 자연유산의 나쁜 기운이 있다.

24장. 정해(丁亥, 午未空亡)

1. 사주의 특성 (戊7, 甲7, 壬16)

십악대패 十惡大敗	十惡大敗日이란 유시무종(有始無終)하고 낭비가 심하고 불운을 만나면 가산을 탕진하여 대패한다는 암시가 있다. 庚戌年의 甲辰日, 辛亥年의 乙巳日, 丙申年의 壬寅日, 癸巳年의 丁亥日, 戊寅年의 甲申日, 甲辰年의 戊戌日, 乙未年의 己丑日, 丙寅年의 壬申日, 甲戌年의 庚辰日, 乙亥年의 辛巳日 등이 해당된다.
천을귀인 天乙貴人	일귀(日貴)에 정유(丁酉)일, 정해(丁亥)일, 계사(癸巳)일, 계묘(癸卯)일이 있다. 사람됨이 순수하고 자태가 아름다우며 착하고 덕이 있으며 오만하지 않는다. 복록이 두텁고 배우자의 덕이 있다.
양귀	천을귀인의 분별에서 동지후에서 하지전에 태어난 경우에 해당한다.
천록귀인 天祿貴人	병자(丙子), 정해(丁亥), 신사(辛巳) 일이 天福에 해당되며, 인격이 온후하고 정직하여 많은 사람의 도움과 신뢰를 받으며 일생 행복하다는 길성(吉星)이다.
천라지망 天羅地網	戌亥는 天羅, 辰巳는 地網인데, 감금, 구속, 시비, 송사 등의 구설이 따른다. 곤명(坤命)은 공방수나 파혼의 운이고 자녀궁에 흉사가 있다. 활인성이라 검경계나 법조계, 의약계, 역학계, 종교인 등과 연관이 깊다. 辰과 戌은 첨단산업이나 공업 계통

	으로 진출하며, 戌과 亥는 天文星으로 지혜총명하고, 天主教의 신앙을 믿는 사례가 많다.
천문성 天門星	하늘의 글을 뜻하는 천문을 읽는 지혜를 타고났다는 뜻이므로 재주나 문장이 뛰어나다. 지지(地支)에 卯戌亥未가 지지(地支)에 있는 것을 말하는데 戌亥가 가장 강하게 나타난다. 종교, 신앙, 철학, 예지하는 능력이 있다하여 역술이나 무속계통에 관련이 있다.
의처의부 疑妻疑夫	갑오(甲午), 병술(丙戌), 무진(戊辰), 경진(庚辰), 임술(壬戌) 일주의 남자와 을사(乙巳), 정해(丁亥), 기해(己亥), 신사(辛巳), 계해(癸亥)의 여자 일주가 해당한다. 의처의부증(疑妻疑夫症)이다.
태 胎	태는 시작이니 자신을 돌보며 세를 축적하려고 하는 상태이다. 발전, 근면, 노력을 뜻한다.

■ 건명(乾命)

사교적인 성정을 깔고 있어 인정 많고 명랑, 예의 있으며 원칙적이고 합리적이라 명석한 두뇌로 예감이 빠르고 두뇌총명에 꿈도 잘 맞는데 천문을 의미하는 해수(亥水)의 지장간(地藏干) 인수 갑목(甲木)과 상관 무토(戊土)의 작용이지만 상관은 절지로 인수에 비하여 유력하지 못하고 맑고 건전한 외양과는 달리 자신감 부족이다.

미래지향적이지 못하고 낙천적인 사고, 보수적이며 안정을 추구하는데 객지 생활에 타향살이의 운이라 늘 분주한데 정(丁)의 입장에서 재성에 해당하는 경금(庚金)이 해(亥)에서 병지로 인종되어 움직일수록 먹을 것이 많다. 긍정적이며 안정과 명예를 중시하며 준법정신이 있어 원칙과 법도를 지키고 유연성, 융통성, 포용성이 있다.

배우자는 자신보다 학식이 높은 좋은 인연이나 서로 이성의 비밀을 간직하고 곤명(坤命)의 남편이 되는 임수(壬水) 관이 타관과 암합(暗合)하는 경우 있기 때문이며 정(丁)의 입장에서 살펴 해수(亥水)에서 신금(申金) 재성이 욕패에 놓이니 아내의 도화(桃花) 발동이며 지혜와 달리 지속성 부족으로 변덕, 싫증을 느끼는데 드러나는 처세가 너무 좋아 오해를 받는다.

선견지명이 있지만 지장간(地藏干)의 상관인 무(戊)가 움직여 의외의 행동이나 언행이 보이고 고집으로 좌절이 오나 귀인의 성분이니 전화위복과 천우신조라. 신앙으로 해결하고 언변이 뛰어나며 타인으로부터 인기를 차지하나 변덕이 있고 지구력이 약하여 의심 많고 화가 나면 물불을 가리지 않는 행동으로 후회하지만 인격은 온후, 정직, 착하며 어진 처와 귀한 아들을 두어 가정이 편안하고 태평하니 아름다운 일주이다.

원칙과 소신이 있고 타인의 인기가 있으며 안정과 명예 추구에 활동력과 호기심을 겸비하였는데 소심하고 겁이 많아 스스로 해나가는 추진력이 부족하니 공무원이 좋고 뜻이 맞지 않아도 불평하지 않는 성격이라 근심이 많고 비밀도 많지만 속이 드러나지 않으면서도 타인에 대한 배려와 합리적인 성격은 장점으로 작용한다. 의외의 행동을 하고 화를 내면 물불을 가리지 못하나 때와 장소에 따라 체면 중시에 봉사정신이 있으니 투기성 직업은 거부감 드러내고 지지(地支) 해수(亥水)는 인목(寅木) 식신과 합해져 식상으로 변하는 마음이라 배려와 활동에 의한 재물 추구가 드러난다.

욕심이 많지만 망망대해를 헤치는 섬이나 등대지기처럼 고독하여 주거 및 직장의 이동이 심한 편이라 자영업이나 직장 어느 곳에서나 만족하는 성품을 지녔다. 단 의심이 많고 이중 성격이라 자신감 부족에 불안정하고 말을 조심해야 하는데 주색을 밝히는 것은 약점이어서 바람이 나면 막을 길이 없다.

■ 곤명(坤命)

미인형으로 자상한 성품에 재주도 있어 꼼꼼하고 선하지만 질투심이 있어도 속일 줄 모르며 자신은 잘 속고 남편도 잘 믿지만 배우자를 존경하지 않으며 외도를 시작하면 명암부집(明暗夫集)에 사통도주(私通逃走)의 운이다. 인기 있으나 도가 지나치면 소실(小室)의 운이고 외정을 즐기니 이성 교제에 근심이 있다. 다행히 관성이 깨끗하면 귀부인으로 평생 안락하지만 애정 문제로 근심이 있으며 자식 고민도 있다.

외견은 맑고 명랑하지만 내면은 비밀이 많고 자신감 부족이다. 임수(壬水) 정관이 록을 얻어 질원과 암합하니 제어가 되기 때문이다. 해수(亥水) 재살은 묘목(卯木) 역마와 합하니 고향을 떠나거나 생활이 분주함이고 충실하지만 내면으로 거부감이 많고 어둠을 밝히는 달이니 사람의 성격이나 성질을 잘 파악하고 말이 좋은데 썩 세련된 것은 아니다.

차중연애를 즐기고 국제결혼의 운이 있으며 표면적으로 애교가 있어 여러 곳에서 총애를 받고 때로 이성의 접근이 쉽게 이루어진다. 바람나면 태풍과 같아 막을 길이 없고 온순해 보이나 질투심 강하여 화가 나면 상관의 기가 발동하여 물불을 가리지 않는 포악성을 보이기도 하지만 스스로 절제하는 힘이 있다.

2. 세운의 변화

亥卯未年 : 이사, 이동, 직업 변동

辰年 : 신경쇠약, 정신 질환, 병원 출입

巳年 : 관재수, 구설수, 사고수, 부부 풍파, 이별수, 수술

未年 : 관재수, 구설수, 사고수, 형옥(刑獄)

寅年 : 이성 만남, 좋은 일이 생김

辛巳年, 癸巳年 : 巳年은 巳亥冲이 되므로 일반적으로 변화가 심하고 運路가 좋지 않다

3. 물상

 밝은 달에 호수가 빛나는 격이고 바다 위에 달이 뜬 격으로 사람의 마음을 읽어내는 지혜가 있고 차가운 이성이 있어 법조계에서 성공한다. 달빛과 지지(地支)의 귀인이니 총명하고 이해력 있다. 순수하고 용모단정에 오만하지 않으니 복록이 있고 배우자의 덕도 있다.

 여성은 자태가 곱지만, 간혹 애정 문제로 근심이 서리고 의부증(疑夫症)이 생기기도 하는데 자신이 외도를 하면 파도처럼 막을 길이 없다.

4. 특성

 유순한 성격, 생산적인 사고로 변화가 따르니 변덕으로 보이고 달빛이 물에 빛나듯 인기와 명예가 따르니 지도자적 위치라. 기획과 계획 능력이 있지만 지속성과 저돌성 부족으로 매사 더디며, 곤명(坤命)은 남편의 덕이 있지만 사주원국(四柱原局)에 수(水)의 오행이 거듭하면 남자로 인한 괴로움에 여러 번 재가 기운이며 활발함, 자제력이 조화를 이루지만 다혈질적이고 표현에 능숙해 대인관계가 원만하다. 간혹 변덕이 발동하면 타인에게 고통을 주고 술을 좋아하면 실수한다.

5. 육친관계
■ 건명(乾命)

지지(地支) 정관이니 만인에게 정당한 혜택을 받고 부모덕도 원만한데 부모덕이 부족해도 배우자 복이 있고 재물 문제나 부모 문제가 있어도 원만하게 해결된다. 양친의 기운이 균등하니 큰 갈등 없고 남녀를 구별하지 않고 배우자 운도 원만하고 자식의 수도 적당하다. 단 임수(壬水)는 처인 정화(丁火)와 합하는 성분이니 공처가 기질이며 바람이 나면 태풍이라.

■ 곤명(坤命)

남편을 일지에 깔았으니 존경은 그른 일이고 도가 지나치면 소실이요, 연애결혼에 훌륭한 배우자 운이며 본인이 의부증이 있거나 배우자가 의처증 증세가 보이는데 온순하나 질투심 있고 자식 근심 피하기 어렵다.

6. 학업
■ 건명(乾命)

지지(地支) 정관이니 인내와 노력이 있고 세월이 흐르면 성공이 오는데 학마가 와도 나중에 좋은 학교로 편입하거나 대학이 나쁘면 대학원으로 진학하여 자존심을 세울 것이다. 어울리는 학문으로는 법학, 행정학, 외교학, 무역학, 공학이다.

■ 곤명(坤命)

성공을 위한 학문으로 어학, 외교학, 행정학, 가정관리학, 식품영양학, 인문학, 자연과학, 교육이 성공을 위한 학문의 길이 된다.

7. 결혼운

■ 건명(乾命)

배우자의 덕이 있으니 결혼운은 크게 걱정이 없고 적당한 시기에 이성에 눈뜨고 적응하여 배우자를 선택한다. 일반적으로 부모 갈등 없이 배우자 선택이 이루어지고 결혼생활도 무난한데 남녀를 가리지 않고 사주원국(四柱原局)에 금(金)과 수(水)의 오행이 많으면 이성과 자식이 빨리 오고 결혼이 빠른 것은 좋은데 어린 시절에 풍류에 빠질 수도 있다. 어떤 여성과도 잘 어울린다.

■ 곤명(坤命)

배우자의 덕이 있으니 결혼운은 크게 걱정이 없고 적당한 시기에 이성에 눈뜨고 적응하여 배우자를 선택한다. 어떤 남성과도 잘 어울린다.

8. 직업

자영업 보다는 공직이나 직장의 운이 강해 안정된 직장을 택할 것이고 정관이 천을귀인이라 관운도 있으니 큰 규모의 직장 인연이다. 곤명(坤命)은 사회생활을 하지 않아도 배필의 덕이 무난한데 활동을 한다면 직장 형태가 좋다. 재물을 벌어들이는 형태에서도 정직한 재물을 벌어들이는 운이다.

사주원국(四柱原局)에 토(土)나 금(金)의 오행이 많으면 자기사업 인연인데 무역, 운수, 납품, 토목, 건축, 용역사업 운이고 타인의 신뢰와 정직으로 승부하는데 세월이 걸리나 운에 관계없이 재물 번창이 이루어진다. 외교, 행정, 법조계, 해외 상사도 좋고 간혹 정보나 수사계통에 종사하는 사람들이 있으며 수산업, 해운업, 식품, 관광·레저 등의 분야가 어울리는 직업군이다.

9. 성적 욕구

■ 건명(乾命)

남성은 성적인 사고도 하고 행위를 매우 좋아하고 즐기지만 일간이 지지(地支)로부터 극을 당하는 구조라 정력은 약한 편이다. 스태미나는 강하지 못하나 색정이 있어 혹사하는 성생활은 좋지 않다. 수(水)가 많고 토(土)가 없으면 조루증서 나타나고 발기도 어려운케 목화(木火)가 약하면 성욕조차 생기지 않는다. 그러나 목화(木火)가 강하면 성욕도 좋고 지속력도 좋다.

■ 곤명(坤命)

요염한 자태를 뽐내며 성감대가 발달해서 즐기는데도 간혹 불감증이 나타나는데 남자의 사랑이 필요하다. 성감이 예민할 뿐 아니라 지지(地支) 해수(亥水)라 분비물이 풍족하다. 금수(金水)가 많은데 토(土)가 없으면 물을 막지 못해 분비물이 너무 많고 냉하니 오르가즘이 어렵고 목(木)이 적당해야 오르가즘이 격상이다. 관성이 냉하면 조루증 남편의 운이다. 마음의 문을 열면 관심이 높아지고 언제 불감증이냐는 듯 갖은 기교를 부리고 요구도 많아진다.

10. 질병

정해일주(丁亥日柱)의 정(丁)은 화기(火氣)를 의미하니 심장을 표방하고 대장에도 영향을 미친다. 해(亥)는 수기(水氣)로 신장 방광을 의미하며 머리, 고환, 항문, 생식기에 영향을 미친다. 정해일주(丁亥日柱)는 시력 약화를 조심해야 하고 요로와 방광에 병이 오고 당뇨, 뇌내출혈, 각기병, 동상 등을 주의해야 한다.

25장. 무자(戊子, 午未空亡)

1. 사주의 특성 (壬1), 癸2)

비인살 飛刃殺	싫증을 잘 내어 지속성이 없고, 변덕이 심하다. 유시무종에 성공과 실패가 춤을 춘다. 병자(丙子), 정축(丁丑), 무자(戊子), 기축(己丑), 임오(壬午), 계미(癸未) 일주가 이에 해당한다.
계비관 鷄飛關	甲己는 巳酉丑, 乙丙丁戊는 子, 庚辛壬癸는 寅午戌을 보면 계비살이니 가축을 살생하는 것을 보면 질병에 노출될 위험이 있다고 하여 小兒關殺符로 많이 쓰였지만 10세가 지나면 액이 소멸된다.
방해살 妨害殺	팔전(八專)은 갑인, 을묘, 기미, 정미, 경신, 신묘, 무술, 지축으로 음욕살이라 하고 건명(乾命)의 일주에 있으면 부인이 부정하고, 시주에 있으면 자녀가 부정하다. 곤명(坤命)의 일주에 있으면 혈육도 가리지 않고 음욕을 채운다. 구추(九醜)는 을유, 을묘, 기유, 기묘, 무자, 신묘, 임오, 임자, 무오일생인데 방해살이라 한다. 건명(乾命)에 있으면 수명이 단명이며 곤명(坤命)에 있으면 산액으로 고생하고 자궁병에 시달린다.
구추방해 九醜妨害	임자(壬子), 임오(壬午), 무자(戊子), 무오(戊午), 기묘(己卯), 기유(己酉), 을묘(乙卯), 을유(乙酉), 신묘(辛卯), 신유(辛酉)일 생으로 잦은 연애로 가

	정풍파가 암시되고 시주에 있으면 자녀가 같은 성향이다.
육수 六秀	戊子, 己丑, 戊午, 己未, 丙午, 丁未의 일주(日柱) 생이라면 재치가 빠르고 총명하다. 독단적인 기질, 동업 등은 피하는 게 좋다.
태 胎	태는 시작이니 자신을 돌보며 세를 축적하려고 하는 상태이다. 발전, 근면, 노력을 뜻한다.

■ 건명(乾命)

중후한 성품으로 가볍게 움직이지 않으며 천지합덕이니 총명하나 충(沖)이 두렵고 가정은 안정적이며, 물상처럼 산과 바다가 만난 격으로 출생지와 인연이 있으며, 산속의 다람쥐 상이니 심성이 착하고 재물을 모으고 총명하지만 신용과 신의 중시가 지나치고 자존심이 강해 손해를 본다.

과묵하고 포용력, 리더십을 겸비하고 명예, 안정 중시에 성실, 정직하니 반듯하나 까탈스러운 성품이 있으며 무계암합(戊癸暗合)으로 화기(火氣)가 인수로 작용하고 록지에 좌한 재신과의 합으로 재운을 부르니 재물복이 있고 외유내강에 외화내빈이니 겉 다르고 속 다르다. 특히 외양내음이니 강한 척하지만 속이 무르다.

지지(地支) 자수(子水)는 차가워 따뜻한 오(午)를 원하니 어머니를 그리워하지만 인수는 단지 허신으로 자수(子水)에 인종하면 태지가 겹쳐 모선망일 가능성 높고 고독감에 시달리고 일지 지장간(地藏干)과 일원이 암합하니 심성이 착하고 다정하다.

늘 육친의 정이 그립고 인정이 표현되지 않으며 거부(巨富)는 아니나 재물은 부럽지 않으며 탈재가 있다. 무뚝뚝해 보이나 깔끔, 예민하여 과묵하고 깨끗한데 주변에 민감하고 재물과 이성에 대한 집착력 강하며 현실적이고 실리를 추구한다. 명운에 재를 의미하지만 자수(子水)를 깨는 오화(午火)가 두렵다.

보수적인 성향이지만 차분하고 꼼꼼하나 비인의 과격함이 있고 고집 있으나 박력 없어 대업의 힘이 달리고 귀가 얇다. 겁재 양인이 절지에 인종되니 대업 성취는 힘이 드는데 재살이 갇힌 혼잡된 재성이 록왕지에 좌하고 정재를 압합 하니 미인이 따르며 여자 다루는 솜씨 또한 뛰어나고 자손궁은 패지(敗地)에 이르러 덕이 없으니 자식인 갑목(甲木)이 자수(子水)에서 욕패하기 때문이다.

행동 조심에 독선적인 경향이 드러나고 유연성, 융통성 부족하며 지지(地支) 자수(子水)는 편관 축토(丑土)와 합하는 성분으로 관성으로의 변화가 예견되니 명예와 안정 중시에 소신이 뚜렷하고 시비를 가리는 성품이 드러난다.

부인은 현처를 얻을 가능성이 높지만 생리적으로 다른 여자를 두거나 재취를 두거나 때로 독신으로 흐르고 자식의 육친성이 욕사지에 놓이니 무자일생(戊子日生)은 자식 인연이 박하다. 속도 알기 어려운데 박력도 없으며 알뜰하지만 크게 베푸는 성향이 있고 타인에게 잘 속기도 하고 집중력이 있으면서도 싫증이 많다.

■ 곤명(坤命)

도화를 깔고 있어 끼가 넘치는데 무자식 상팔자가 답이다. 팔방미인에 현모양처 격이나 자식 인연 박하고 근심이 넘치며 일신상에 변동도 많고 남편의 덕이 약하니 무능하거나 한량으로 '남편 복 없는 년 자식 복도 없다.'는 말에 어울리는데 식신 경금(庚金)이 사지에 놓이기 때문이다.

타자양육의 운이며 자손을 보면 터울이 있으며 신앙을 추구해도 오래가지 못하고 재복은 있는 편이다. 자수(子水)는 드러나지 않는 내면의 수심이라 눈물이 마르지 않으나 주머니가 비는 날이 없고 쌀 꾸러 가지 않는다. 자수(子水)는 야반재(夜半財)를 의미하는데 야식을 즐기는 습성을 보여준다.

양토인 무토(戊土)가 물을 당기는 성질이라 어떤 남자들도 다가가기를 원하니 좋아하고 인기가 있다. 더구나 무계합(戊癸合)을 하니 기본적인 재물을 가지고 살며 배우자를 위해 헌신하지만 덕이라고는 눈곱만치도 없다. 근심도 많으며 변동이 많으니 눈물 흘리는 일이 다반사라.

2. 세운의 변화

申子辰年 : 이사, 이동, 직업 변동
酉年　　: 신경쇠약, 정신 질환, 병원 출입
午年　　: 관재수, 구설수, 사고수, 부부 풍파, 이별수, 수술
卯年　　: 관재수, 구설수, 사고수, 형옥(刑獄)
丑年　　: 이성 만남, 좋은 일이 생김

壬午年, 甲午年 : 午年은 子午冲이 되므로 일반적으로 변화가 심하고 運路가 좋지 않다.

3. 물상

흙과 물이 합작된 물상이라. 보수적이며 천지합덕 하여 총명, 재복에 가정이 편안하다. 산과 바다가 만난 격으로 출생지와 인연이 있고 산속의 다람쥐 상으로 심성이 착하고 재물을 모으지만 큰 것을 바라면 손해를 보

기도 한다. 자수(子水)를 깔아 축축하고 차가우니 따스한 기운이 필요하여 모정을 희구하는 현상으로 완고하나 박력은 약해 거부의 운은 아니고 미인이 따르고 수완이 좋으니 여난의 기운도 있다. 곤명(坤命)은 팔방미인에 현모양처 감이나 자식 인연은 덕이 없어 타자 양육하고 눈물이 많다.

4. 특성

무자일주(戊子日柱)의 지지(地支)는 정재이니 정당한 재물 추구에 재물 번창의 의미이고 배필의 운도 있다. 어린 시절에 태만하나 치밀하고 건명(乾命)은 처덕과 재물 복이 상존하나 곤명(坤命)은 재물 인연만 강하다.

노련하고 밀어붙이며 안정적 재물을 추구하고 조직인연, 사업인연도 좋은데 전문기술의 운이다. 정직, 우직함을 같이 가지고 있으므로 시간이 흐르며 진가가 드러난다.

5. 육친관계

■ 건명(乾命)

부친 인연이 모친 인연보다 좋을 것이며 사주원국(四柱原局)에 수(水)의 오행이 많으면 모친 인연이 극단적으로 짧거나 병이 있어 고생을 할 것이다. 정재는 유려하고 정상적인 아내의 운이니 처와의 인연이 있고 덕이 있어 현량한 아내를 얻고 여자의 말을 잘 들으니 애처가이다.

무토(戊土)는 양토(陽土)이기에 물이 많아야 녹지가 되니 무한정 필요한데 돈과 여자를 밝히는 성정으로 나타나고 여자에 인기가 있어 이성문제로 가정 풍파 일어나며 자손의 덕은 없다. 인정이 있어도 겉으로 드러나지 않는다.

■ 곤명(坤命)

무계합(戊癸合)이 이루어져 최소한 기본적인 재물을 가지고 사는 운명이고 많은 남자들이 좋아하는데 나이 많은 배우자의 운이 있고 배우자를 위해 헌신해도 남편의 덕은 기대하기 힘들고 자식 복도 볼 것이 없다. 재물의 인연이 좋을 것인데 재물 활동을 의미하기도 한다. 사주원국(四柱原局)에 목화(木火)의 오행이 적절하면 자식 인연도 무난한데 그 반대이면 자식 인연이 드물 수 있다.

6. 학업

■ 건명(乾命)

노력이 있어도 학문의 성취가 드러나지 않으니 서둘러도 달라질 것이 없는데 재물이 될 수 있는 학문에는 열성이 있겠지만 순수 학문은 게으르고 인연이 약하다. 어린 시절의 학문은 저조하지만 세월이 흐르며 재물과 인연 있는 학문에는 성공이 올 것이다. 건명(乾命)은 경영학, 경제학, 공학, 전문기술, 의학, 약학이 성공을 위한 학문이 된다.

■ 곤명(坤命)

여자는 경영학, 경제학, 가정관리, 전문기술, 간호학이 성공을 위한 학문이 된다.

7. 결혼운

■ 건명(乾命)

어려서부터 이성에 눈을 뜨고 관심을 보일 것이며 돈과 여자를 밝히고 인기도 있으므로 결혼도 적절한 시기에 할 것이다. 배우자 결정에는 모친과 갈등이 있지만 비교적 현량한 배우자의 운이다. 쥐띠, 소띠, 용띠, 뱀띠, 양띠, 원숭이띠, 돼지띠 여자가 좋은 배필의 운인데 사주원국(四柱原局)에 신유해자(申酉亥子)의 글자가 있으면 처의 기가 강해 고통이 온다.

■ 곤명(坤命)

여자는 지지(地支)의 정재가 고정 재산을 의미하니 월급 생활, 혹은 직장을 이루고 나서야 결혼의 의미가 있어 결혼이 늦어지는 경우가 왕왕 있다. 나이 많은 배우자운이기도 한데 쥐띠, 소띠, 범띠, 토끼띠, 용띠, 뱀띠, 양띠, 원숭이띠, 남자가 좋은 배필감이다. 여자의 사주원국(四柱原局)에 목(木)이 약하면 배필의 인연이 약하고 평생직장 인연한다.

8. 직업

무자일주(戊子日柱)는 기본적인 재복이 있어 평생 재물 인연 있고 큰 부자가 아니라도 작은 재물은 이루지만 투기에 나서면 실패하고 사업보다는 직장 운으로 금융, 공직, 전문기술 분야에 어울리는데 사주원국(四柱原局)에 화의 오행이 있으면 자격사업 인연으로 해운, 수산, 식품, 요식, 유흥, 숙박업에 인연이 있다.

재물활동도 정당한 것을 추구하는데 금융기관, 무역, 경리, 보험 계통이 어울리는 직업군이고 토건, 농수산물, 의사, 특수기술, 종교인, 역술인 등에서도 간혹 보인다.

9. 성적 욕구

■ 건명(乾命)

지지(地支) 도화에 정재이니 색정도 강하고 색을 밝히는 성향이라. 정력도 있고 여자 다루는 솜씨가 군계일학이라 연령 차이가 많은 이성과 인연을 맺는 경우가 많고 부드럽게 다루며 강렬하지는 못하지만 노년에도 쉬지 않고 관계를 할 가능성이 많다. 권태감이 빨리 온다는 것이 약점이고 일시 주변에 재성이 많으면 조루증세 있으며 일시가 도화 배치되면 지나친 방사로 성욕감퇴나 조루 증세 빨리 오고 토(土)가 지나치게 강하면 생식적으로 문제 생긴다.

■ 곤명(坤命)

지지(地支) 자수(子水)는 차갑다는 의미이니 자궁이 냉하며 전희가 길어야 성감을 느끼는 것은 얼음을 서서히 녹여주어야 하는 것과 같다. 겨울 태생은 자궁이 차가워 불감증이 있고 오르가즘도 느끼기 어려우며 생리통과 생리불순도 있다. 겉으로 담백하지만 속으로는 잘 익은 홍시처럼 농염한 경우가 많은데 목화(木火)가 안정되어 있으면 오르가즘에 감격하고 권태를 느끼기도 하지만 양인(兩刃)이 많으면 음란하다.

10. 질병

무자일주(戊子日柱)의 무(戊)는 토(土)의 기운인데 위와 비장을 나타낸다. 갈비에도 영향을 미친다. 자(子)는 수기(水氣)이므로 신장 방광에 나타내고 음부, 요도, 전립선, 귀에도 영향을 미친다. 무자일주(戊子日柱)는 비위와 요통에 병이 오는 경우가 많으며 신장, 방광, 위장 등의 질환이 두렵고 비뇨기 계통이 약하고 여자는 요통이나 자궁질환을 겪는 경우가 많다.

26장. 기축(己丑, 午未空亡)

1. 사주의 특성 (癸9, 辛3, 己18)

계비관 鷄飛關	甲己는 巳酉丑, 乙丙丁戊는 子, 庚辛壬癸는 寅午戌을 보면 계비살이니 가축을 살생하는 것을 보면 질병에 노출될 위험이 있다고 하여 小兒關殺符로 많이 쓰였지만 10세가 지나면 액이 소멸된다.
곡각살 曲角殺	곡각은 신체 어느 부위에 병이 있어서 불구가 되는 뜻이다. 곡각은 사주 중에 2~3개 있어야 작용하는데 등뼈가 고르지 않거나 불구의 형태를 가지며 신경계통이나 수족에 이상이 있다. 또한 자기가 양자가 되거나 양자를 맞이하게 되는 뜻이 있다.
십악대패 十惡大敗	十惡大敗日이란 유시무종(有始無終)하고 낭비가 심하고 불운을 만나면 가산을 탕진하여 대패한다는 암시가 있다. 庚戌年의 甲辰日, 辛亥年의 乙巳日, 丙申年의 壬寅日, 癸巳年의 丁亥日, 戊寅年의 甲申日, 甲辰年의 戊戌日, 乙未年의 己丑日, 丙寅年의 壬申日, 甲戌年의 庚辰日, 乙亥年의 辛巳日 등이 해당된다
재고귀인 財庫貴人	갑진(甲辰), 병술(丙戌), 정축(丁丑), 무술(戊戌), 기축(己丑), 신미(辛未), 임술(壬戌)일주는 지지(地支)가 재성(財星)의 창고이니 부자가 된다.

태극귀인 太極貴人	갑자(甲子), 갑오(甲午), 정묘(丁卯), 정유(丁酉), 무진(戊辰), 무술(戊戌), 기축(己丑), 기미(己未), 경인(庚寅), 신해(辛亥), 임신(壬申), 계사(癸巳) 일이 태극귀인에 해당되며, 기쁨을 암시하고 생년(生年)과 일지(日支)에서 보아 격국(格局)이 청순하고 우수하면 입신양명한다.
간여지동 干與支同	간지(干支)가 같은 오행(五行)의 글자로 부부간 생사이별수가 있으며 흉살(凶殺)과 겹치면 사별(死別)도 있다.
탕화살 湯火殺	뜨거운 물이나 불에 데는 살이다. 총상, 폭발, 화재 등으로 화상을 입기도 한다. 일지(日支) 寅에 寅, 巳, 申이 있고, 午에 辰, 午, 丑이 있고, 丑에, 午, 戌, 未가 있으면 **탕화살**이다.
육수 六秀	병오(丙午), 정미(丁未), 무자(戊子), 기축(己丑), 무오(戊午), 기미(己未) 일주는 육수성에 해당한다. 육수의 성격은 급하고 재치가 있는 반면, 자기의 이익을 먼저 생각하는 습성이 있으므로 독단적인 기질이 있으며 동업 등은 피하는 게 좋다고 알려진다.
남연살 男戀殺	갑인(甲寅), 갑신(甲申), 정축(丁丑), 기축(己丑), 무신(戊申), 신미(辛未), 임인(壬寅), 계미(癸未) 일주의 남자는 배우자 몰래 여인을 숨겨 망신을 당할 우려가 있다.
비인살 飛刃殺	싫증을 잘 내어 지속성이 없고, 변덕이 심하다. 유시무종에 성공과 실패가 춤을 춘다. 병자(丙子), 정축(丁丑), 무자(戊子), 기축(己丑), 임오(壬午), 계미(癸未) 일주가 이에 해당한다.
묘 墓	검소하고 실리를 추구한다. 경제분야에 관심이 많다

■ 건명(乾命)

밭을 가는 소의 형상이니 근면, 성실, 강직, 우둔하여 독행하고 초지일관으로 중년이 넘어 성공의 확률이 높다. 간여지동(干與支同)으로 고집이 강하고 축토(丑土)가 차가운 얼음이라 냉정하고 치밀하며 빈틈이 없다. 지장간(地藏干)의 신금(辛金)으로 욱하는 성질에 거친 언행도 있지만 주장을 내세우지 않으며 중심을 지키고 고집과 자존심이 드러나고 유연성과 융통성은 부족한데 타인 간섭을 배제하려 하고 내성적이나 신용과 신의 중시에 책임감 있고 인내심도 있다. 탕화살로 화상, 수술자국, 부상으로 몸에 흉터가 남고 동토인지라 병화를 보게 되면 학식이 대단하고 학자스타일로 인품이 고상하다.

외골수적이고 음적인 성향이라 차분하고 침착하며, 차가운 성정이라 속을 알 수 없고 사람을 쉽게 믿지 못해 의심하며, 재물을 추구하는 마음도 있는데 한 가지만을 추구하는 성향이 드러난다. 타인을 배려하고 이해하는 마음도 있으나 쉽게 친교를 맺으려 하지 않고 고지식하며 인정이 있고 용맹해도 뒤는 무르다. 처복은 약하여 혼전 경험이 있는 여자를 처로 맞이하며 의처증이 있고 근면하고 지장간(地藏干)의 식신생재로 평생 궁핍함은 없다. 음토(陰土)는 모성을 지니고 있으며 전답의 물상으로 교사체질이다. 종교, 철학, 신앙과 인연이 있고 돈을 잘 써도 일견 인색하며 지장간(地藏干)은 비견과 식신, 재를 갖추어 근면·성실하고, 비견이 고지에 임하니 일찍 세상을 떠난 형제가 있다. 비견과 식신이 강해 강직하고 독보한다.

기토(己土)는 갑목(甲木)과 합하니 인품이 고지식하고도 인정이 많고 포용력도 있으나 고집과 자존심 세우고 성급한 면도 있으며 일간 기토(己

土)가 다정다감하나 안목은 좁고 잘 삐진다. 인수가 양지어 인종되니 종교나 신앙이 깊다. 곡각으로 몸이 항상 아프고 수족이상이나 신경계의 질환이 있다.

부부궁은 건전하지만 나중에는 근심이 어리는데 관대와 화개가 겹치기 때문이다. 간여지동이니 다툼이 있어 떨어져 사는 것이 편한데 건명(乾命)의 처는 계수(癸水)인데 무토(戊土)와 암합하견 외도하거나 혼전 경험이 있는 여자이다.

지지(地支) 축토(丑土)는 자수와 합을 원하는 성정이라 재성의 마음으로 변화하니 욕심이 많고 재물을 추구하는 마음이 강하게 표현된다. 항상 근심이 있고 재복 있으며 저축도 잘 하나 큰 재물의 운은 보이지 않는다. 미래지향적이고 정신적 세계에 감각적이며, 음기가 강해 쉽게 믿지 못하고 누구와도 친해지지 않는다. 돈도 잘 쓰고 놀기도 잘하나 인색한 면도 있다. 곡각살로 몸이 아프고 탕화살의 작용으로 화상을 입거나 음독의 기운도 있다.

■ 곤명(坤命)

비인(飛刃)으로 자존심과 고집이 세며 자기 성질대로 산다. 내심 비밀이 있고 남편 덕이 없으니 공방수가 따르고 나이 차가 있거나 떨어져 살아야 해로한다. 자칫하면 탈부(奪夫)하고 지장간(地藏干)의 비견인 기토(己土)에 연유하여 의부증을 지닌다. 식신이 고지에 임하니 자식 하나와 이별수 있으며 유학을 보내면 해소한다. 음토(陰土)는 모성을 지니고 있으니 체질적으로 교사가 좋다. 겉으로 남자를 싫어하는 듯하나 실제로는 매우 좋아하고 성교 중에 우는 특징이 있다.

2. 세운의 변화

巳酉丑年 : 이사, 이동, 직업 변동

午年　　 : 신경쇠약, 정신 질환, 병원 출입

未年　　 : 관재수, 구설수, 사고수, 부부 풍파, 이별수, 수술

戌年　　 : 관재수, 구설수, 사고수, 형옥(刑獄)

子年　　 : 이성 만남, 좋은 일이 생김

乙未年, 癸未年 : 未年은 丑未冲이 되므로 일반적으로 변화가 심하고 運路가 좋지 않다.

3. 물상

논밭을 가는 소의 모습이니 근면하여 밥을 굶지는 않는다. 심지가 굳어 홀로 독행하는 성질이 있으며 음기가 강해 인정이 후하다. 음토(陰土)이기에 고지식하고 뒤는 무른데 겉으로는 용맹하고 모성을 지녀 종교, 신앙에 관심이 있고 전형적인 교사 체질이다. 곡각살이 있어 수족에 이상이 나타나기 쉽고 신경계 질환이 의심되며 간여지동으로 공방수가 있다.

4. 특성

생산을 하는 토질이나 얼어붙어 자신의 뜻을 순조롭게 관철시키고 진행시키기 어려우며 인내와 노력에 비하여 얻는 것이 적다. 처와 재물의 인연, 배우자의 인연을 방해하니 배필 인연도 순조롭지 못하다. 일에 대해서는 고집스럽게 밀어붙이지만 결과가 자신에게 불리하고 고독하다. 근본이 고집스럽지는 않으나 행동은 고집으로 표출되니 자기불만이 있고 자학이나 음독, 자살기도도 있다. 단 전문분야로 진출하면 평생의 업적을

남긴다.

5. 육친관계
■ 건명(乾命)

부친 인연 짧거나 불화하고 모친 인연 아울러 순조롭지 못하다. 부친 인연이 길면 갈등도 길다. 배우자 인연은 무난하지만 배우자 궁은 약해 악처 운이고 혼전 경험 있는 여자 운이며 의처증에 배우자 부정이 보이니 안정은 갈등이 지난 후이다. 이별, 사별, 별거의 운이 보이고 의처증도 있다.

■ 곤명(坤命)

자존심 세우고 태우자 무시하는 기질이라 남편 덕이 없으며 배우자와 이별, 사별, 별거에 배우자 병약이라. 재취, 소실이거나 배우자가 작첩의 운이며 의부증에 식신의 고(庫)이니 자식과 생사이별의 운이다. 모성애가 강해 재물과 자식에 집착을 보이니 배필과의 갈등이 심해진다. 남자는 자식운이 적절하지만 여자는 자식을 많이 둘 것이며 아들이 많다.

6. 학업
■ 건명(乾命)

두뇌가 있어 일찍 학문에 현달해 보이지만 인내나 노력하지 않아 점차 고학년이 될수록 저조하여 큰 시험에 약하다. 남자는 경영, 경제, 공학, 의학, 약학, 스포츠, 교육 등이 성공을 위한 전공으로 좋다.

■ 곤명(坤命)

여자는 어학, 교육, 경영, 경제, 공학, 약학, 간호학, 상업예술과 전문분야가 성공을 위한 학문이 된다. 여자는 상업예술에 타고난 재능이 있다.

7. 결혼운
■ 건명(乾命)

기축(己丑)일주의 지지(地支)에 자리한 지장간(地藏干) 중의 식신은 이성의 관심을 나타내며 여자에게는 자기표현이라 일찍부터 이성에 관심이 있지만 그 과정은 순조롭지 못하다. 모친의 말을 잘 듣지 않으니 갈등이 있고 배우자궁이 약해 악처 운이거나 혼전 경험 있는 배우자운이고 쥐띠, 소띠, 용띠, 말띠, 양띠, 원숭이띠, 돼지띠 여자가 좋다.

■ 곤명(坤命)

여자는 남모르는 연정으로 성혼에 이르기 전에 자식을 잉태하는 고통이 있다. 지지(地支)의 지장간(地藏干) 비견은 배우자를 방해하니 남자는 의처증, 여자는 자식과 재물 집착으로 고통이 있다. 비밀이 많고 남편 덕이 없으니 독수공방의 운이다. 좋은 배필의 인연으로는 쥐띠, 소띠, 범띠, 토끼띠, 용띠, 말띠, 양띠, 원숭이띠, 개띠 남자가 좋다.

8. 직업

전문기술과 투기성이 강하여 전문기술 사업에 인연이 있다. 사주 원국에 계(癸)와 자(子)의 글자가 있으면 더욱 그렇고 사주원국(四柱原局)에 목(木)과 화(火)의 오행이 소통되어 있으면 전문 기술직의 직장 인연이다.

투기성이라 음흉한 방법이라도 큰 재물을 꿈꾼다. 성패가 오가며 조직으로 진출한다면 교육, 의학, 약학, 연구직, 기술직이 어울리고 사업은 교육사업, 의약학, 금속기계 관련사업, 토목사업 등이 좋다. 건축, 토건업, 농업, 농장, 임업이 좋은 직장이 될 것이고 인수가 투간되면 종교와 예능 계통이 길하다. 대개 자유업이 많으며 의약계와 교육계 진출자도 많다. 무속이나 역술, 철학, 종교인도 많다.

9. 성적 욕구

■ 건명(乾命)

정력이 강하니 지속력이 강하고 상대의 욕구를 충족시키지만 단조롭고 이기적이다. 간혹 분위기를 전환시켜야 상대가 권태를 느끼지 않을 것이다. 토(土)가 많으면 열기를 가두어 두고 천천히 방출하는 것이니 지속력이 있고 목화(木火)가 없으면 쾌감이 없는데 열기가 없으면 성욕도 생기지 않고 발기도 약한데 사주 원국에 비견이 많으면 색정으로 인한 번뇌가 파도 같다.

■ 곤명(坤命)

숨은 욕망이 강한데 지지(地支) 축토(丑土)는 얼어있는 땅이라 녹여주듯 전희가 길어야 하고 목화(木火)가 없으면 오르가즘에 만족감이 떨어지고 희열을 느끼면 교성을 터트리고 상대를 기쁘게 하며 요구횟수가 잦다. 겨울생은 불감증이 보이고 토(土)와 수(水)가 혼탁하면 갯벌의 현상처럼 질의 조임이 뛰어난데 음란, 음탕은 피하기 어렵다.

10. 질병

 기축일주(己丑日柱)는 간여지동으로 기(己)와 축(丑)이 모두 비장과 위장을 나타내고 기(己)는 배와 비장을, 축(丑)은 위와 비장, 좌측다리로 나타낸다. 기축일주(己丑日柱)는 위장, 심장, 혈액질환, 디스크 등을 주의해야 하고 여성은 자궁이 약하다. 냉증, 풍습에 장질, 비위, 요통으로 고생을 하는데 몸을 따뜻하게 해주면 덜하다.

27장. 경인(庚寅, 午未空亡)

1. 사주의 특성 (戊7, 丙7, 甲16)

관귀학관 官貴學官	지혜가 밝고 학문이 뛰어나 교육자로 성공하거나 공무원이 되면 승진이 매우 빨라 입신출세(立身出世)한다는 길성으로 고위직에 오른다는 암시가 있다.
뇌공타뇌관 雷公打腦關	병자(丙子), 무술(戊戌), 경인(庚寅)일로 벼락, 전기 등으로 인한 사고의 위험이 있고 화재, 가스, 교통사고 등이 염려된다.
단장관 斷腸官	갑오(甲午), 을미(乙未), 병진(丙辰), 정사(丁巳), 기묘(己卯), 경인(庚寅), 계축(癸丑) 일로 대장(大腸)이나 소장(小腸) 계의 질환으로 고생할 암시가 있다는 조합이다.
천일관 千日關	생후 천일째 되는 날에는 밖에 나가지 말라하여 출생 3년 이내에 경풍(驚風), 토(吐)의 액이 있다 하여 小兒關殺符로 많이 쓰이는데, 의학이 발전하지 않았던 과거 시절에 주로 쓰였다.
탕화살 湯火殺	寅午丑일 생에 해당한다. 화상, 화재, 음독, 가스 중독, 부상과 염세비관이 따른다. 탕화살이고 일시가 午丑이면 본처와 해로가 어렵고 무자식의 운이다. 일시가 오축이고 재성이 태과하면 아내가 문제 있고 관성이 태과하면 남편에게 문제가 생긴다.
여연살	을축(乙丑), 정축(丁丑), 병신(丙申), 기미(己未),

女戀殺	경인(庚寅), 신미(辛未), 임인(壬寅), 임신(壬申) 일주의 여자는 배우자 몰래 애인을 숨겨 망신을 당할 우려가 있다.
태극귀인 太極貴人	태극이란 시작과 끝을 암시하니 끝내는 성과를 거두는 기쁨을 암시한다. 격국이 우수하면 입신양명을 의미한다.
절 絶	모든 것이 정지된 상태이다. 일도 중도에서 포기하며 추진력이 없다. 호색, 불안정하다.

■ 건명(乾命)

무뚝뚝에 순수하고 소신 있어 의리지 상이고 백호의 상으로 시비를 분명히 하고 변화, 집착, 개척정신, 이기적 성향, 투쟁력, 투기를 의미하며 처세가 좋고 지혜 있는데 영리하고 활발하여 재치 있으며 경쟁에서 지는 것을 죽기보다 싫어한다. 관(官)이 잘 구비되면 권력계나 외교계 진출이고 무역과 해외업무, 다국적기업과도 인연이 있다. 재신이 건록을 얻고 절지에 놓이니 재물을 얻지만 사업보다는 공직이 좋고 재물과 이성에 대해 집착력이 강한데 재복을 볼 줄 아는 배우자 연분이 있다.

낙천적이고 긍정적이나 감정을 내세우고 성급한 것은 냉정한 겉과 달리 따스한 마음이며, 배우자를 고생시키고 인연도 바뀌니 파란이고, 위세가 지나쳐 변화의 결과로 실패를 가져오며, 궁지에서는 주변의 도움으로 위기를 모면하는 귀인의 도움이 있으나 배신의 결과를 맛보기도 한다. 늘 분주하나 원칙과 소신 세우고 시비 분명하여 결단성이 있는데 지지(地支) 인목은 해수(亥水)와 합을 원해 목으로 변하니 재성의 성분이라. 타인배려 있으며 재물추구의 성향 강하고 안정과 체면을 중시하지만 자존심 강하고 융통성과 유연성이 떨어진다.

지장간(地藏干)은 ２기 칠살과 편인, 편재로 이루어져 칠살과 편인의 조합은 출세욕을 의미하고 이기심의 발로로 독선을 드러내기에 진실성을 가지고 유대를 맺기 어려우며 신용이 없다. 이기심과 독선으로 진실성이 떨어지며 호방하나 신용이 없다. 즉시 판단하는 성격과 편견이 있고 거짓말을 잘하고 내색하지 않으니 계책에 능하다.

 해외출입이 있으며 타향에서 생활하는 경우도 많으며 이사가 빈번하여 자리를 잡지 못하는 이유는 지살 탓이다. 허영심에 인심 있고 풍류 즐기며 타인을 믿다 속거나 포부가 크나 용두사미이고 스스로 판단하는 일을 좋아하며, 지지(地支) 인목(寅木)은 편재인데 독재(木財)는 외식을 즐기는 성향이며 영리하여 처세가 좋고 수리에 밝기는 하지만 일처리에 편견이 있고 살인이 공히 장생을 얻어 재물을 추구하면서도 출세욕이 심해 명예를 중시하니 정치, 외교적 성향이다.

 타인의 의견을 무시하고 억지로 일을 성사시키며 이기심과 독선도 있어 조바심과 불안감을 가지고 있다. 또한 신용이 없고 배신의 성격이 강해 스스로 사서 고생하는 경우가 많은데 큰일을 도모하기 때문이며 집안의 권력이 처에게 있으니 경제적 무능력 때문이고 부인 이외에 첩을 두거나 재취하는 경우도 있다.

■ 곤명(坤命)

 이기적인 성향이 강하고 부부궁은 원만치 못하니 상격 사주인 경우는 권력을 지닌 남편을 맞이하지만 대부분 생과부격이며 무능한 남편을 먹여 살린다. 물상으로는 칼 맞은 범의 상으로 금이 목을 치는 뇌공타뇌관(雷公打腦關)으로 교통사고나 가스, 화재로 인한 사고나 액을 조심하고 화재보험과 상해보험, 보장이 강화된 교통사고 보험은 필수다. 지장간(地藏干) 병화는 편관으로 절지를 만나 장생을 얻으니 남편은 유력하지만 함께 살기는 어렵다.

곤명(坤命)은 남편 몰래 연애해 보고 활동적인데 집안의 권력을 쥐고 흔든다. 곤명(坤命)은 남편을 무시하고 등한시하니 자신이 살림을 꾸리기 때문이고 위세가 지나쳐 실패를 가져오기도 하지만 궁지에 몰리면 주변의 도움으로 위기를 모면하는 귀인의 도움이 있으나 결국 본심과 달리 배신의 결과를 맛보기도 한다.

2. 세운의 변화

寅午戌年 : 이사, 이동, 직업 변동
未年　　 : 신경쇠약, 정신 질환, 병원 출입
巳年　　 : 관재수, 구설수, 사고수, 부부 풍파, 이별수, 수술
申年　　 : 관재수, 구설수, 사고수, 형옥(刑獄)
亥年　　 : 이성 만남, 좋은 일이 생김
甲申年, 丙申年 : 申年은 寅申沖이 되므로 일반적으로 변화가 심하고 運路가 좋지 않다.

3. 물상

경인은 백호의 물상이다. 활발하고 강직하여 지는 것을 싫어하고 독보적인 성질로 이기심과 독선이라 다른 사람과 유대관계가 어렵다. 새벽의 별이니 날이 밝으면 곧 빛을 잃고 위세가 지나치면 실패, 변화가 잦으며 인생에 파란을 몰고 온다. 영리한 사람으로 수리에 밝고 해외 출입, 타향,

떠돌며 한 곳에 머물기가 어렵다. 뇌공타뇌관으로 아차하면 칼 맞은 범의 모습이라 교통사고, 벼락, 전기, 가스, 화재, 기타 여러 가지의 액을 조심해야 한다.

4. 특성

경은 가을이요 인은 봄이라, 결실과 생산의 기운이 함께 있으니 재물복과 성공운이 있다. 지지(地支) 인(寅)은 편재로 특기성 재물이라 평생 큰 재물을 꿈꾸며 직장운보다는 자기사업 운이며 평생 바쁜데 사주원국(四柱原局)에 화의 오행에 있으면 직장길 인연이고 사주원국(四柱原局)에 수의 오행이 있으면 사업길 인연이다. 의리와 어짊이 조화된 성품으로 재물과 관련 있는 모든 일에 적극성을 지니고 있으나 재물이나 명예에 도움이 되지 않는 일은 적극성이 없다. 항상 바빠야 직성이 풀리고 원만하다는 평이니 의리와 인정을 적절하게 사용한다.

5. 육친관계

■ 건명(乾命)

모친 인연보다 부친 인연이 깊고 사주원국(四柱原局)에 화의 오행이 많거나 목의 오행이 많으면 도리어 부친 인연이 짧아 부모의 인연이 고르다고 할 수 없다. 지지(地支)의 편재는 큰 재물을 의미하니 사업성 있는 배필을 만나는 운에 자신도 재물활동이 왕성할 것을 보여준다. 아들 인연이 있고 사주원국(四柱原局)에 수의 오행이 많으면 딸의 인연이다.

배우자와 자식 덕이 있으나 풍류와 주색을 즐기니 배우자 불화에 처에게 의지해 살 수 있으며 작첩의 운도 있다. 가정, 사업에 변동, 풍파가 많다.

■ 곤명(坤命)

배우자를 도와 집안을 일으키려 하지만 배우자를 무시하는 경향이라 이별, 별거의 운이 있고 배우자가 병약하거나 무능할 수 있다. 외정을 즐기고 본인이 벌어 배우자를 먹여 살릴 운이다. 자식 수가 많지 않지만 딸과 아들이 고르다.

6. 학업

■ 건명(乾命)

두뇌공부를 하며 인내와 노력 부족이라 어려서 학문이 드러나고 세월이 흐르며 실력이 저조해지니 시험운과 학교운은 기대치 못한다. 성공을 위한 학문의 길은 경영, 무역학과, 회계학과, 경제학과, 어학, 공학, 전문기술 부문이 좋다.

■ 곤명(坤命)

경영, 무역학과, 회계학과, 경제학과, 사회학과, 어학, 전문기술이 성공을 위한 학문의 길이다. 재물을 벌 수 있는 직장이나 사업을 구하면 공부의 운은 다한 셈이다.

7. 결혼운

■ 건명(乾命)

지지(地支) 편재는 세속적 융통성을 의미하니 일찍부터 이성에 관심이 있는데 건명(乾命)에 지지(地支) 편재는 강한 여자이니 어린 나이에 연애를 하고 학문의 방해는 예견되었다. 곤명(坤命)은 잘난 남편으로 재물은 있으나 마음의 고통이 따르지만 남녀 공히 배필 운은 적당하여 부모와 갈등을 일으키지는 않는다. 행복을 이루기 위한 좋은 배필의 인연은 건명(乾命)의 경우 소띠, 범띠, 토끼띠, 말띠, 양띠, 개띠, 돼지띠 여자이다. 결혼을 하고 나서 기가 강한 처로 간혹 불화하는 경우가 있다.

■ 곤명(坤命)
소띠, 범띠, 뱀띠, 말띠, 양띠, 개띠 남자가 어울리는 배필 운이나 자신의 재물 활동으로 인해 만나는 남자 때문에 고통이 따른다.

8. 직업
 지지(地支) 편재는 재물의 관심으로 항시 큰 재물을 얻을 수 있는 방법에 골몰하며 큰 재물을 쥐어보기도 하지만 고통도 따른다. 조직 직장길은 금융업, 무역업, 항공, 운수, 토목건축, 화학분야인데 직장길을 가다가도 자기 사업을 추구하며 무역, 운수, 토목, 건축, 식품, 유흥업, 의류, 가구, 통상업이 많은데 항시 큰 꿈을 꾼다. 지지(地支) 편재로 사업 성공의 운이 있고 처의 기가 강해 고통이며 곤명(坤命)은 큰 재물을 도모하다가 망신이라 주의를 요한다. 경인일주는 재정, 법조, 외교, 항공, 무역업 등에서 성공하는 사람이 많으며 전자, 화공, IT, 섬유, 식품 계통도 관련이 있다. 관광, 금융, 출판, 인쇄, 철물, 철재상 등으로도 성공하며 재복이 있으니 큰돈을 만져보기도 한다.

9. 성적 욕구

■ 건명(乾命)

성욕이 강하나 분위기에 따라 다른데 본인 위주 행위에 만족하고 조급성이 많아 성적 욕구는 강하나 일간이 지나치게 약하면 발기가 어렵고 때로 조루증이 나타나기도 한다. 국제연애는 즐거운 이야기이고 간혹 혼혈아를 낳기도 한다. 수목이 적당해야 강한 쾌감을 느끼고 지속력도 유지된다.

■ 곤명(坤命)

인목은 아직 차가운 계절의 나무라 천천히 녹이듯 전희가 길어야 성감을 느끼고 성욕이 증가한다. 목이 혼잡 되면 질의 조임이 강해져 남성의 흥분을 이끌어내는 소질이 있다. 합이 많아도 질의 조임이 강해지고 목화(木火) 고 토가 없으면 교성을 터트리고 오르가즘에도 만족한다. 식성도 좋고 스태미나도 강하니 성을 즐기는데 합이 많아도 교성이 크다. 여름태생은 체온 높고 수분 증발하여 몸이 건조해지고 생리불순에 시달리다 조기폐경이다.

10. 질병

경인일주(庚寅日柱)의 성분으로 폐와 대장을 의미하는데 배꼽에도 영향을 미친다. 인(寅)은 목(木)의 성분으로 근본적으로는 간담을 의미하지만 손과 머리카락에도 영향을 미친다. 단장관이니 대장이나 맹장 수술이 있고 치질이나 해소가 있어 고생이 있으며 디스크, 치과질환, 화상에도 유의하고 주의해야 한다.

28장. 신묘(辛卯, 午未空亡)

1. 사주의 특성 (甲10, 乙20)

계비관 鷄飛關	甲己는 巳酉丑, 乙丙丁戊는 亥, 庚辛壬癸는 寅午戌을 보면 계비살이니 가축을 살생하는 것을 보면 질병에 노출될 위험이 있다고 하여 小兒關殺符로 많이 쓰였지만 10세가 지나면 액이 소멸된다.
효신살 梟神殺	어려서 부모와 생이별하거나 인연이 박하고 없거나, 모친과 아내가 불화한다. 효란 올빼미를 말하니 올빼미나 부엉이의 그림, 혹은 박제를 걸지 않는다. 인정이 많아서 남에게 주기를 좋아하나 속으로는 냉정하고 이해타산이 있으며 자신의 마음을 속인다.
관귀학관 官貴學官	지혜가 밝고 학문이 뛰어나 교육자로 성공하거나 공무원이 되면 승진이 매우 빨라 입신출세(立身出世)한다는 길성으로 고위직에 오른다는 암시가 있다.
교신성 交神星	병자(丙子), 병오(丙午), 신묘(辛卯), 신유(辛酉)일 생은 생각이 깊으나 자아심이 강해 다른 사람과 함께할 수 없다.
현침살 懸針殺	甲, 申, 未, 午, 辛의 글자를 말하며 몸을 잘 다치고 총이나 칼에 찔려 죽고 교통사고도 당한다. 時에 현침이 겹치면 그 작용력이 강하고 의약업계, 군인, 약복점 등으로 성공한다

음욕살 陰慾殺	무술(戊戌), 신묘(辛卯), 정미(丁未), 을묘(乙卯), 기미(己未), 계축(癸丑), 경신(庚申) 일주는 음흉하고 색정적인 기질이 있다. 여성은 유흥가 진출이고 남성은 재혼하는 사례가 많다.
음양차착 陰陽差	
유하살	경진(庚辰)과 신묘(辛卯) 일주로 남자는 타향객사(客死)하고 여자는 산후 사망의 위험이 있다. 평생의 재산이 안개처럼 흩어지고 중풍(中風)이 유전되기도 한다. 연예인의 운이다.
천일관 千日關	생후 천일째 되는 날에는 밖에 나가지 말라하며 출생 3년 이내에 경풍(驚風), 토(吐)의 액이 있다 하여 小兒關殺符로 많이 쓰이는데, 의학이 발전하지 않았던 과거 시절에 주로 쓰였다.
철쇄개금 鐵鎖開金	활인(活人)이나 의약계에 인연이 많다. 타인을 위해 적덕(積德)을 많이 쌓지 않으면 본인이나 배우자의 신체에 액을 당할 우려가 있다.
구추방해 九醜妨害	임자(壬子), 임오(壬午), 무자(戊子), 무오(戊午), 기묘(己卯), 기유(己酉), 을묘(乙卯), 을유(乙酉), 신묘(辛卯), 신유(辛酉)일 생으로 잦은 연애로 가정 풍파가 암시되고 시주에 있으면 자녀가 같은 성향이다.
천파성 天破星	호기심과 일의 욕심이 많다. 우직한 외모와 달리 재치 있고 주위와 잘 어울리고 사교적인 온순한 사람이다.
절 絶	모든 것이 정지된 상태이다. 일도 중도에서 포기하며 추진력이 없다. 호색, 불안정하다.

■ 건명(乾命)

표면적으로 의리, 의협심이 강한데 자존심과 고집이 더해진다. 깔끔하고 섬세하며 까다로우면서도 내성적이고 성급하지만 강한 정신력을 지녀 외유내강의 칼 같은 성격이 드러나고, 경우 있는 성격, 담백, 욕심이 많아 재물의 집착이 강하니 재물을 많이 만져보는 운명으로 관을 욕심내면 천파(天破)의 형이라.

학문은 끝을 보기 어렵고 부모 불화는 불을 보듯 하는데 천지합덕 일주라 삶에 큰 애로는 없지만 천지불합의 풍파 있고 흰 토끼의 물상으로 침착성이 부족하여 차질이 생기고 의심으로 소심한 기질이다 하체마비가 의심되고 활인해야 자신과 배우자의 고난을 면한다. 천간지지(天干地支)가 현침이라 재주가 있고 큰 재물 운이나 겁살과 유하살이 겹쳐 일시에 재산을 탕진한다. 유하살은 세상의 흐름에 맡긴다는 의미이니 탕진, 타락의 의미가 있다.

신일주(辛日柱)는 미적 감각과 예술적 소양이라. 이기적 성향이 있고 평소의 불만을 한 번에 쏟아내며 신경이 예민하여 매사 의심하고 명예와 체면 중시에 원칙을 따른다. 성격은 칼 같아 맺고 끊음이 확연하고 자신보다 약하면 깔아뭉개고 강하면 수그리며 표면적으로는 정의로우나 자신에게 필요치 않으면 무시하거나 접근하지 않고 해를 끼치면 다시 보려 하지 않는다. 욕심에 편견이 지나치고 융통성 부족에 날카로운 성격, 봉사정신 부족에 양보심 부족, 타인의 간섭 무시, 재물추구의 성격이다. 이러한 성격은 신금(辛金)의 공통적 성격이다.

재물에 대한 욕심이 끝이 없지만 재물 복이 있고 소유물에 대한 집착이 강하며 인정이 있는 척하나 베풂에 인색하고 풍류와 주색을 즐기니 풍파가 있고 진정으로 자신이 무엇을 추구하는지 모른다. 지장간(地藏干)은 정편재가 혼합이니 일관성이 떨어지지만 내실을 중시하며 현실적이다. 일지 묘목(卯木)은 술토(戌土)와 합을 해 화로 변하니 관성의 성질을 지녀 명예와 안정을 중시하며 원칙과 소신을 피력한다.

묘목(卯木)은 술토(戌土)와 합을 하여 변화하는데 술토(戌土)는 본시 인성이나 정재와 합해 식상으로 변하니 일을 통해 재물을 추구하려는 마음이 강해져 가정적이지 못하고 부동산과 같은 재물에 신경을 쓰게 되는데, 묘목(卯木)은 모든 토(土)를 좋아한다.

자신이 한 일에 책임지지 않으며 상황에 따라 말이 변하고 신의는 있어 보이나 배신하고 자신에게 유리하게 말을 돌리며 재물을 얻으면 명예를 얻고 싶어 하지만 따르지 않고 부모·형제와 불화하고 덕이 없으며 학업은 중단이다.

신묘(辛卯)의 지지(地支)는 편재로 일지의 편재 혼잡과 절궁이라 배우자보다 애인을 더 생각해 처궁이 부실해져 악처를 만들고 결국 세 명의 부인을 맞으리라. 신묘(辛卯)는 가장 강한 현침의 일주인데 심신에 고통이 따르고 유혹에 약하다. 기술적 소양이 있어 의사나 기술자 운이다. 현침은 활인적덕하지 않으면 신상에 화액이 닥치는 것인데 심하면 하체 불구에 이른다. 일주에 현침은 손재주를 의미하기도 하는데 신경이 예민하고 불안한 기질이라, 손재주가 좋고 일지 편재는 처에게 의지함이며 처를 고생시킨다.

■ 곤명(坤命)

남편의 덕을 기대하기 힘들어 남편은 주색에 빠지거나 무력함이 보이며 본인은 IT, 컴퓨터, 기술직 종사자가 많고 봉사정신이 있으며 공짜를 싫어하는데 행복한 가정 운은 보이지 않는다. 남편이 첩을 얻어 나가니 공방살이고 남편은 놀고먹으려 하고 시가 형제들은 재앙이 만발하여 어찌

하나, 일지 묘(卯)는 부부이별의 별이라.

록왕을 얻은 재신은 건전한 터라 결국 악처를 만드는 양상이며 부부이별이라, 절궁무관(絕宮無官)이라 했으니 절궁에 관이 들지 않으니 외방 자손의 운이고 혹 자식이 있어도 덕이 없는데 관성이 묘목(卯木)에서 욕패에 들기 때문이다. 아초 남편의 덕은 기대조차 힘드니 무능하거나 주색에 놀아난다. 이재도 있고 돈을 벌지만, 남편에게 봉사하는 명이거니와 본인은 한 푼도 쓰지 못한다.

어떤 경우, 어떤 돈이든 좋아하는 습성이고 과시욕이 강하여 어디서나 드러내고 인정받기를 열하는데 안정하는 것이 좋고 큰 재물을 추구하여 풍파 따르며 배우자가 무능하거나 작첩하여 독수공방의 운이다.

2. 세운의 변화

亥卯未年 : 이사, 이동, 직업 변동
申年　　 : 신경쇠약, 정신 질환, 병원 출입
酉年　　 : 관재수, 구설수, 사고수, 부부 풍파, 이별수, 수술
子年　　 : 관재수, 구설수, 사고수, 형옥(刑獄)
戌年　　 : 이성 만남 좋은 일이 생김
丁酉年, 乙酉年 : 酉年은 卯酉冲이 되므로 일반적으로 변화가 심하고 運路가 좋지 않다.

3. 물상

신묘(辛卯)는 흰토끼의 상으로 의혹이 많고 조심성이 심하며 자신을 볶고 불편하게 살며 성격이 담백, 재물을 모으지만 욕심에 침착성이 흔들리

고 낫에 베인 풀의 상이라 일에 중단, 차질,학업도 중단된다. 인생의 풍파, 현침의 특징은 활인하고 적덕해야 액을 피하며 현침은 기술적 소양이니 의사나 전문기술에 투신하면 성공한다.

곤명(坤命)은 대표적 불우한 사주로 남편이 작첩하니 마음이 아프고 공방살이 끼며 마음고생이 심하다.

4. 특성

봄의 풀로 꽃 피고 결실하는 힘의 원천이라. 세속적인 성공과 재물 번성이고 지지(地支) 편재는 사업과 재물의 운이어서 조직생활을 하다가도 사업을 꿈꾼다. 근본 성품은 부드러워 좋은 사람 소리 듣지만 엉뚱한 고집 있고 간섭받기 싫어하고 밀어붙이는 힘은 약해 유시무종이라. 사주원국(四柱原局)에 병(丙)과 사(巳)의 글자가 있으면 조직에서 평탄하게 살아가지만, 사주원국(四柱原局)에 목의 오행이 거듭하면 건명(乾命)은 여자로 고통받고 곤명(坤命)은 인생이 고달프다.

항상 재물을 꿈꾸어도 용두사미의 결과이며 천성이 낙천적이고 배타적이라 좋은 사람이라는 평판 있지만 큰 출세는 힘들고 건명(乾命)도 여성적인 성향이고 마음에서 떠나면 돌아보지 않는 잔인함이 있고 건명(乾命)은 여자에게 의지해 살아가는 성향이다.

5. 육친관계

■ 건명(乾命)

부친 인연이 깊고 모친 인연은 짧다. 부친과는 불화하고 처를 억압하려 하고 배우자가 일을 해서 재물을 추구하니 배우자 고생시키고 배우자가 일을 하면 재물을 모으나 배우자가 가정적이지 못해 갈등을 피하기 어렵다. 큰 재물을 추구하여 풍파가 따르고 배우자와 이별, 사별, 별거하거나 병약할 수 있다.

기가 센 배우자로 고생하고 사주원국(四柱原局)에 수화(水火)의 오행이 고르면 아들·딸이 고르고 외가의 삼촌이나 처남이 고독해 근심이 따르고 사업을 함께하는 등의 일을 할 때는 각별히 주의가 필요하다.

■ 곤명(坤命)

시어머니의 기가 강하여 갈등이 오고 아들·딸이 고르며 항시 신금(辛金)이 병화(丙火)와 합을 원하니 부부가 불화하고 변화가 일어난다. 배우자가 무능하거나 작첩하여 독수공방의 운이다.

6. 학업

■ 건명(乾命)

지지(地支) 편재는 학마라 학문을 방해하고 융통성이 강해 두뇌에 의지하는 공부를 하고 인내와 노력이 부족하니 긴 공부와 큰 시험에는 약하다. 대체적으로 재물이 되는 공부를 하는데 직업이 생기면 공부는 운이 없다. 성공으로 가는 전공은 경영학, 경제학, 공학, 이·미용, 장식, 인테리어, 식품영양학이다.

■ 곤명(坤命)

경영학, 경제학, 이·미용, 장식, 인테리어, 식품영양학이 성공의 학문이 된다.

7. 결혼운

▣ 건명(乾命)

어린 나이에 연애 경험이 있고 기 센 여자 여럿 만나며, 배우자 결정에 부모와 갈등이 있다. 혼인 이전에 자식이 생기는 경우가 많고 지지(地支) 도화의 성분으로 색정근심이 올 수 있으며 외로운 세월을 보낼 수 있다. 좋은 배필 인연으로는 쥐띠, 범띠, 토끼띠, 용띠, 양띠, 개띠, 돼지띠 여자이다.

▣ 곤명(坤命)

어린 나이에 연애 경험이 있고, 곤명(坤命)은 모친의 간섭이 심한 남자운이니 궁합이 고르지 못하다. 혼인해도 시어머니 기가 세어 마음고생이 심하고 도화의 성분으로 색정근심이 올 수 있으며 외로운 세월을 보낼 수 있다. 범띠, 토끼띠, 용띠, 뱀띠, 말띠, 양띠, 개띠, 돼지띠 남자가 좋은 인연이 된다.

8. 직업

신묘일주(辛卯日柱)는 사업성이 강한 일주로 사업에 인연이 있고 사업욕구가 강하나 사업을 하기에는 부족한 운이다. 그래도 조직 직장길에 나서면 금융, 운수, 유흥, 의학, 약학, 토목 건설업이 좋지만 사업을 할 가능성이 많다. 사주원국(四柱原局)에 토(土)의 오행이 있으면 자격사업이 가능하고 건명(乾命)은 처와 동업하면 재물 번창을 기약할 수 있다. 사업길에 운수, 유흥, 요식업, 토목건설, 식품, 통상이 좋은 사업길이다. 투기 성향이 강하고 뚝심은 부족하여 순항하다가도 꺾이면 일어나지 못하는 성향이 있어서 좋은 결과가 나타나지 않을 때가 많다.

9. 성적 욕구

■ 건명(乾命)

성욕이 강해 호색하고 색정적인 기질이 강한데 도화, 음욕살, 음착살을 가지니 색을 밝혀 음란하고 기교도 뛰어나다. 때로 가학적이고 변태적인 성향이 강하게 나타나기도 하는데 일과 시에 도화를 보면 지나친 성관계로 성욕감퇴가 온다.

■ 곤명(坤命)

근본적으로 색정이 넘치고 음란한데 음목(陰木)이어서 질의 조임은 강해 이성이 따르고 합이 많으면 질의 조임은 더욱 강해진다. 스태미나가 강하지 못하고 담백하지만 음욕이 발동하면 강해지고 한 번 기쁨을 느끼면 대단히 즐기는 타입으로 변모한다. 신금(辛金)이 강하고 묘목(卯木)이 약하면 음모(陰毛)가 적다.

10. 질병

신묘일주(辛卯日柱)는 현침인데 신(辛)은 금(金)의 성분으로 폐와 대장을 의미하지만 다리에 영향을 미치고, 묘(卯)는 목(木)의 성분으로 간담을 의미하지만 좌측 갈비, 손가락에 영향을 미친다. 신묘일주(辛卯日柱)는 기관지, 폐병에 주의해야 하고 식욕대로 섭생하면 간경화, 간암 등으로 고생할 가능성이 많고 신경계통, 척추질환, 방광, 하체 불구, 수족의 상처가 생기고 조심을 해야 한다.

29장. 임진(壬辰, 午未空亡)

1. 사주의 특성 (乙9, 癸3, 戊18)

괴강살 魁罡殺	괴강(魁罡)은 파괴력이 으뜸이 되는 별로 경술(庚戌), 경진(庚辰), 임술(壬戌), 임진(壬辰), 무술(戊戌) 등을 가리키는데 총명하고 극빈, 부귀, 총명, 괴걸(怪傑) 같은 암시가 강하고 자기만의 독특한 고집이 있다. 여자는 과부가 되거나 남편 덕을 기대하기 어렵고 항상 불만스럽게 산다.
복성귀인 福星貴人	갑인(甲寅), 을축(乙丑), 병자(丙子), 정유(丁酉), 무신(戊申), 기미(己未), 경오(庚午), 신사(辛巳), 임진(壬辰), 계묘(癸卯)가 해당되며 선천적으로 복이 있고 인덕(人德)이 있어 발전하여 행복을 얻는다.
천라지망 天羅地網	戌亥는 天羅, 辰巳는 地網인데, 감금, 구속, 시비, 송사 등의 구설이 따른다. 곤명(坤命)은 공방수나 파혼의 운이고 자녀궁에 흉사가 있다. 활인성이라 검경계나 법조계, 의약계, 역학계, 종교인 등과 연관이 깊다. 辰과 戌은 첨단산업이나 공업 계통으로 진출하며, 戌과 亥는 天文星으로 지혜총명하고, 天主敎의 신앙을 믿는 사례가 많다.
양착	출생일이 壬辰, 丙午, 壬戌, 丙子, 戊寅, 甲寅, 戊申日生이며 결혼 파탄, 배우자 상중 재혼 등의 흉사가 있다. 년주를 주동하여 일주가 공망이 되면 작용력이 상실한다.

음양차착	음란하고 색을 좋아해 배우자와 불화하고 사별하며 상부극처(傷夫剋妻)하고 재취를 하여도 해로가 어렵다. 상(喪)중에 취첩(娶妾)하며 혼인하여도 실패수(被折)가 따른다. 병오(丙午), 병자(丙子), 임진(壬辰), 임술(壬戌), 무신(戊申), 무인(戊寅)은 양착살에 해당되고, 신묘(辛卯), 신유(辛酉), 정미(丁未), 정축(丁丑), 계사(癸巳), 계해(癸亥)는 음차살이다. 일주에 해당되면 외가가 몰락할 수 있고 시(時)에 있으면 처가가 망한다.
퇴신 退神	정축(丁丑), 정미(丁未), 임진(壬辰), 임술(壬戌)일이 퇴신으로 가치관이 일반인과는 다소 다르며, 타인들에게 두드러져 보이려는 성격을 지닌다. 속단하여 실행한 일로 뒤늦게 후회하기도 한다.
칠살 七殺	갑신(甲申), 무인(戊寅), 임진(壬辰), 임술(壬戌), 계축(癸丑), 계미(癸未)일은 충돌, 언쟁, 관재, 구설, 수술, 고립 등의 상황이 많고 교통사고나 부부간 다툼이나 냉전, 이별의 기운이 강하다.
묘 墓	검소하고 실리를 추구한다. 경제분야에 관심이 많다

■ 건명(乾命)

통통하고 둥근 체격을 지녔는데 두뇌 총명에 지혜 겸비하고 기억력, 유연성, 융통성, 포용력을 갖추고 생각이 많으며 계산적이고 원칙과 소신을 바탕으로 인내심이 있다. 물상으로 물을 만난 용이니 만사형통의 기상이나 하늘을 오르기엔 역부족이다. 임전무퇴의 기상으로 고집을 세우니 타인에게 지려 하지 않고 타인에게 굴복하지 않고 자립정신에 박력이 있으나 속전속결에 지구력이 약하다.

지장간(地藏干) 을목(乙木)은 상관이며 무토(戊土)는 편관인데 극제(克

制)하므로 임기응변 능하고 다재다능하나 일관성이 떨어지고 심리도 복잡하다. 임진일생(壬辰日生)은 괴강(魁罡)인데 상관은 대지이자 화개이니 예측 불가의 성격이며 재주가 넘치는데 스스로 함정을 파고 도량 넓고 포부 있어 명예심 있고 권위적이며 인내심도 강하다.

타인 지배의욕 강하고 소유욕 강하며 지나치게 영특하여 자기의 꾀에 넘어가고 내면에 상관 기질이 강해 갈등 구조 이루어지고 일간은 지지(地支)로부터 극을 받는 형상이니 마음이 편치 않다. 육체적 호기심에 활동력이 있고 대중성 있으며 타인 이해와 배려심 있으나 야심으로 반항적으로 행동하며 승부욕을 보이지만 결국 남 좋은 일을 하고 실속 없는데 일을 만들어서 승부할 수도 있다.

일지의 칠살이 묘지에 놓여 처궁은 부실하지만 병화(丙火) 재신이 관대로 인종하니 처덕이 전혀 없지는 않다. 상관 칠살이 관대에 좌하여 재능이 있고 사람을 이끌고 형식을 중히 여기며 양인가살, 상관가살이 모두 화개에 드니 재주 넘치고 스스로 함정을 판다. 재물도 쉽게 모으고 쉽게 나가며 박학다식에 어려운 일에 지혜로 대처하며 기회가 되면 따지는 성격인데 자기 마음에 들지 않으면 냉정하다.

야심이 넘쳐 눈빛이 강하며 반항적 기질, 승부욕이 있고 거친 말로 사람에게 상처를 주는데 양인과 상관이 겸하기 때문이고 평생 남 좋은 일을 하고 실속 없으며 지위 불안정에 처덕이 있지만 처궁은 부실하여 해로가 쉽지 않다.

지지(地支) 진토(辰土)는 유금(酉金) 상관과 합을 하는 성정이니 인성으로 변해 안정과 체면 중시에 여유가 생기고 느긋하게 변한다. 유금(酉金)은 합을 해서 상관이 식상으로 변하니 타인 이해와 배려의 마음이 생기고 활동으로 재물을 추구하는 성격이 나타난다. 사법계통에 근무하지 않으면 감금, 납치, 구속의 운이다.

괴강살에 퇴신 작용 있어 주장이 강하고 박력 있으나 속전속결의 속성인지라 지구력 약하며 조급성에 인색하고 급하고 느림이 자기 마음대로이고 허영심과 낭비벽도 있는데 매사 자기 우선이고 자랑질에 고집 센 여자와의 인연으로 속박당하고 처궁이 불안하니 이별수라.

■ 곤명(坤命)

고집이 세고 자존심 강하니 과부지상으로 무토(戊土) 칠살이 관대에 좌하지만 양지의 계수(癸水)가 암합하여 영락없이 공방수인데 부부 애정이 없어 마음에 그늘 드리워지고 외화내빈으로 괴롭다. 월살과 화개의 복합적 구조이니 봉사활동의 인연이 있고 일복이 넘쳐도 가슴 속의 그늘은 그대로인데 물에 잠기는 현상 때문이다.

과부지상이라 하니 무계암합(戊癸暗合)은 공방수이며 재신 화기를 불러 횡재수가 있고 때로 복덕이 실감 난다. 부부애정은 없어 자식을 마구잡이로 기르며 남편의 덕을 기대하기 어렵고 가족을 책임져야 하니 일복은 타고났으며 마음어는 늘 그늘이 머문다.

2. 세운의 변화

申子辰年 : 이사, 이동, 직업 변동
亥年　　 : 신경쇠약, 정신 질환, 병원 출입
戌年　　 : 관재수, 구설수, 사고수, 부부 풍파, 이별수, 수술
卯年　　 : 관재수, 구설수, 사고수, 형옥(刑獄)

酉年　　: 이성 만남, 좋은 일이 생김

丙戌年, 戊戌年 : 戌年은 辰戌冲이 되므로 일반적으로 변화가 심하고 運路가 좋지 않다

3. 물상

임진(壬辰)은 물에 잠긴 땅의 형상, 물에 사는 용으로 수룡(水龍)인데 변화가 무쌍하여 재주가 있고 속전속결의 속성이 있어 쾌거를 이루나 수룡은 물을 벗어나 승천하지 못하니 오래도록 흥성하기 어렵고 지나치게 자신을 믿어 일을 크게 벌이면 후회한다. 인내심과 자신감이 강해 리더십도 있고 괴강이라 독선, 화합이 어려워 외화내빈이라. 처의 덕은 보지만 처궁은 부실하여 해로는 어렵고 곤명(坤命)은 과부지상이라. 임진(壬辰)은 캄캄한 밤의 용이니 사주원국(四柱原局)에 병화(丙火)를 보아야 태양을 보는 격이다.

4. 특성

명예 중시에 지도자 운이며 사주원국(四柱原局)에 임(壬)의 글자가 거듭하면 부자 운이고 진(辰)의 글자가 거듭하면 지도자 운이다. 스스로 자신을 굽히고 자기표현은 드러내지 않지만 일 처리는 잘한다. 사주원국(四柱原局)에 진술(辰戌) 상충이면 격이 떨어져 평생 큰일 못하고 이름을 더럽히니 지지(地支)의 편관은 명예와 자존심을 의미하여 매사 타인의 모범이 되려고 노력한다. 내제된 강한 기운의 여력으로 흉폭한 일에 인연하기 쉬우므로 조심해야 한다.

5. 육친관계

■ 건명(乾命)

부모 인연은 비교적 고르고 지지(地支) 편관이라 매사 자존심과 명예심을 내세우니 부모와 지나친 갈등은 없지만 배우자 덕은 있되 간섭이 심한 배우자 운에 배우자가 부정이라. 배우자 불만으로 가정에 무관심하고 배우자 궁의 부실로 이별, 별거, 사별, 작첩의 기운이 보이고 대체적으로 아들이 많으나 사주원국(四柱原局)에 목(木)과 화(火)의 오행이 적절하면 아들·딸이 고르게 출생하지만 자식으로 고민 있다.

■ 곤명(坤命)

남편이 일지에 자리하니 배우자에게 지기 싫어하고 존경하기 어려우며 배우자가 권력기관에 종사하지 않으면 무책임하여 믿고 살기 어렵고 팔자 억세 일복이 많다. 배우자궁 부실로 이별, 사별, 별거의 운이 있고 배우자가 작첩하고 감금, 구금의 운이다. 아들·딸이 그러지만 자식 을목이 진토 속에 묻혀 있어서 자식 구실은 애당초 그른 일이다.

6. 학업

■ 건명(乾命)

자존심을 세우기 위해 경쟁심을 발휘하니 일찍부터 학업성적이 드러나고 시험도 좋은 결과를 가져온다. 그러나 사주원국(四柱原局)에 금(金)의 오행이 없으면 인내와 노력이 부족하여 장기간의 공부나 큰 시험에는 약점이다. 사주원국(四柱原局)에 금(金)의 오행이 있으면 노력이 따르고 자존심을 살리는 공부도 하므로 좋은 학교와 인연이 있고 다양한 학위 취득도 가능하다. 성공을 위한 남자의 학문 선택은 법학, 행정학, 공학, 철학, 역사학, 사관학교, 경찰대학, 체육대학이다.

■ 곤명(坤命)

법학, 정치외교학, 철학, 사학, 교육, 육영, 사관학교, 체육대학 등이 성공으로 나아가는 학문 전공이 된다.

7. 결혼운
■ 건명(乾命)

명예와 자존심으로 인해 어린 시절의 연애가 있어도 정을 주거나 연애 완성은 어렵다. 자신이 배우자를 선택하니 부모와 갈등이 있으나 타협점을 찾는다. 결혼 이후 배우자의 기가 강해 갈등이 오니 자신이나 배우자의 부정이 올 수 있다. 좋은 배필 인연은 범띠, 토끼띠, 용띠, 뱀띠, 말띠, 원숭이띠, 돼지띠 여자이다.

■ 곤명(坤命)

좋은 배우자는 소띠, 토끼띠, 용띠, 뱀띠, 말띠, 원숭이띠, 개띠, 돼지띠 남자가 좋은 배필감이 된다.

8. 직업

지지(地支) 편관이라 명예와 자존심이 강하므로 직장길 인연이다. 지지(地支) 편관은 직장의 명예를 중시하는 성분으로 재물을 소모시키는 역할을 하니 사업 인연은 신통치 못하다. 격이 좋으면 큰 벼슬 운인데 직장으로 나아가면 검찰, 경찰, 언론방송, 특수기관, 공학관련 조직, 토목, 건축회사, 교육, 육영이 좋다. 사주원국(四柱原局)에 병이나 사가 있으면 사업인연으로 큰 조직과 연관된 납품사업, 대리점 사업이 많은데 토목, 건축 관련 납품, 화학, 인화성 물질 대리점, 섬유가공 식품가공 등이 많다.

임진일주(壬辰日柱)는 군경, 검찰, 수사계통에 어울리는 사주이며 교육이나 정계로 진출해 성공한 사람들에도 이 사주가 많이 나타난다. 종교인, 무역업, 관광, 숙박업 등에도 많은 사람이 진출하고 있다.

9. 성적 욕구

■ 건명(乾命)

정력은 강하지 않은 편이나 지속력이 강하고 음착살로 색을 밝혀 기술 또한 뛰어나니 상대를 만족시킨다. 변태적 성향이 있고 지장간(地藏干) 계수(癸水)는 겁재로 상대방을 가리지 않고 성행위를 하는 특성이 있다. 관이 태왕이면 생식기에 문제 생긴다.

■ 곤명(坤命)

성감이 예민하고 요염한 자태를 보이며 변화무쌍에 적극적이라 남성을 기쁘게 할 줄 아는데 이성의 유혹에 약하고 자신의 만족을 위해 적극적으로 움직인다. 외정을 즐겨 연애를 하더라도 들키지 않으려고 앙큼하게 연애하며 은근히 즐기기도 하는데 내색을 하지 않아 주변에서는 모른다. 관성이 조열하면 조루증 남편 운이고 수토(水土)가 혼탁하면 음란하나 질의 조임이 좋고 습이 있으면 질의 조임은 더욱 강해진다.

10. 질병

임진일주(壬辰日柱)는 천간(天干)의 임(壬)이 수기(水氣)이므로 신장 방광에 그 의미가 있고 경락과 삼초에 영향을 미친다. 진(辰)은 토(土)의 성분으로 비·위장에 의미가 있고 가슴, 피부, 좌측 어깨에 영향을 미친다. 임진일주(壬辰日柱)는 중년 이후 병이 드러나는 경향이 강한데 신장, 방광, 위장, 간담의 질환이 의심되고 특히 중풍이나 비뇨기 계통의 병이 오면 고생이 심하다.

30장. 계사(癸巳, 午未空亡)

1. 사주의 특성 (戊7, 庚7, 丙16)

천을귀인 天乙貴人	일귀(日貴)에 정유(丁酉)일, 정해(丁亥)일, 계사(癸巳)일, 계묘(癸卯)일이 있다. 사람됨이 순수하고 자태가 아름다우며 착하고 덕이 있으며 오만하지 않는다. 복록이 두텁고 배우자의 덕이 있다.
록마동향 祿馬同鄕	정관과 재성이 일지에 암장돼 있는 것을 말하는데, 대체로 인명의 지복을 상징한다.
태극귀인 太極貴人	갑자(甲子), 갑오(甲午), 정묘(丁卯), 정유(丁酉), 무진(戊辰), 무술(戊戌), 기축(己丑), 기미(己未), 경인(庚寅), 신해(辛亥), 임신(壬申), 계사(癸巳)일이 태극귀인에 해당되며, 기쁨을 암시하고 생년(生年)과 일지(日支)에서 보아 격국(格局)이 청순하고 우수하면 입신양명한다.
천라지망 天羅地網	戌亥는 天羅, 辰巳는 地網인데, 감금, 구속, 시비, 송사 등의 구설이 따른다. 곤명(坤命)은 공방수나 파혼의 운이고 자녀궁에 흉사가 있다. 활인성이라 검경계나 법조계, 의약계, 역학계, 종교인 등과 연관이 깊다. 辰과 戌은 첨단산업이나 공업 계통으로 진출하며, 戌과 亥는 天文星으로 지혜총명하고, 天主敎의 신앙을 믿는 사례가 많다.
복신 伏神	무인(戊寅), 계사(癸巳), 무신(戊申), 계해(癸亥)일이 복신으로 이는 매사가 지연, 정체된다는 암시가 있다.
음차살	달리 음착살이라 한다 출생일이 癸巳, 辛卯, 丁

陰差殺	未, 辛酉, 癸亥, 丁丑日生, 이 사주는 결혼 파탄이 있고, 배우자 상중 재혼등의 흉사가 있다. 사주내 년주를 주동하여 일주가 공망이 되면 작용력이 상실한다. 신살의 하나이다. 극부극처(剋夫剋妻)의 뜻이다. 이 신살이 1개 있으면 1회, 2개 있으면 2회 부부의 인연이 변한다는 것인데, 사주 중에 3개 있으면 부부의 인연에 3회 이상 이변이 있다고 본다.
곡각살 曲角殺	곡각은 신체 어느 부위에 병이 있어서 불구가 되는 뜻이다. 곡각은 사주 중에 2~3개 있어야 작용하는데 등뼈가 고르지 않거나 불구의 형태를 가지며 신경계통이나 수족에 이상이 있다. 또한 자기가 양자가 되거나 양자를 맞이하게 되는 뜻이 있다.
음양차착	음란하고 색을 좋아해 배우자와 불화하고 사별하며 상부극처(傷夫剋妻)하고 재취를 하여도 해로가 어렵다. 상(喪)중에 취첩(娶妾)하며 혼인하여도 실패수(被折)가 따른다. 병오(丙午), 병자(丙子), 임진(壬辰), 임술(壬戌), 무신(戊申), 무인(戊寅)은 양착살에 해당되고, 신묘(辛卯), 신유(辛酉), 정미(丁未), 정축(丁丑), 계사(癸巳), 계해(癸亥)는 음차살이다. 일주에 해당되면 외가가 몰락할 수 있고 시(時)에 있으면 처가가 망한다.
양귀	천을귀인 부류이다. 양귀(陽貴)는 동지 후부터 하지 전에 태어난 경우에 해당한다
태 胎	태는 시작이니 자신을 돌보며 세를 축적하려고 하는 상태이다. 발전, 근면, 노력을 뜻한다.

■ 건명(乾命)

일이 많고 바쁘게 사는 운명이라 재물 운과 배우자 운은 순조로우며 일이 많으니 직장 인연이라. 학업은 도중하차이지만 마음이 착하고 모질지 못하며 하나밖에 모르는 성격이니 환경변화에는 민감하다. 한번 결정하면 수정하기 어려우며 온화한 성품에 주변을 의식하여 부드러운 처세에 원칙과 법도를 지키니 순탄한 인생이지만 때로 자신의 재능을 믿어 타인을 내려 보고 멸시하는 습성이 드러나면서도 안정과 명예를 중시하며 인정과 처세가 좋은데 절약하고 알뜰하며 실리적이고 보수적이니 엉뚱한 재물 꿈꾸지 않는 알부자라.

느긋하고 여유가 있어 세속적 즐거움과 재물, 부부의 덕이 모두 좋아 덕망 있는데 안정과 체면 중시에 변화를 싫어한다. 건강은 조심해야 하며 추진력이나 대중성은 부족하고 사주원국(四柱原局)에 화(火)의 오행이 많으면 신장, 방광, 신경성 질환, 머리부위의 질병에 조심해야 하는데 수기(水氣)의 증발 때문이다.

사주원국(四柱原局)에 수(水)가 많아 화기(火氣)가 약하면 재물길이 나빠지니 돈거래 조심이고 재물의 집착이 너무 강해 돈이 되면 최선이나 돈이 보이지 않으면 무시한다. 음차살 작용으로 외삼촌의 몰락을 보거나 개인의 고독함도 보이지만 환경적응력이 있고 귀인이 있어 어디를 가나 환대받는다.

해년(亥年)을 만나면 재물 고통에 배우자로 인한 고통이 오니 현명함이 요구된다. 지지(地支) 사화(巳火)는 지장간(地藏干) 편재 경금(庚金)을 보고 있으며 신금(申金) 편재와 합을 하는 성향이라 재물을 추구하는 성향이 강하고 이성에 대한 호기심도 많아 원하면 가지려고 온갖 방법을 사용하는데 원칙과 법도 지키려 하고 풍류와 호색으로 풍파 있지만 가정을 지키려는 마음이 강하니 소심해 보이나 외유내강형이다.

일지가 지살이라 어린 나이에 고향을 떠나게 될 것임을 보여주고 권력지향형이다. 지혜와 이해심 있고 꼼꼼에 치밀, 정확하여 내부관리에 철저하고 보수적이다. 겉으로는 부드럽고 인자하나 조급하고 인색하고 성격이 변화무쌍이라 재복 있어도 화재로 산실되기 쉬우며 총명하고 지혜 있으나 지장간(地藏干) 금(金)의 기운이 강하여 믿는 도끼에 발등 찍히는 격이라. 복신의 작용으로 일이 지연되면 조급증이 심해진다.

평생 먹을 것이 있고 인덕도 있으나 식상의 부재로 일의 막힘이 많고 정체, 지연의 의미이지만 태극귀인이니 끝은 성취한다. 귀인을 놓아 천성이 순하고 총명하나 관을 탐하니 문제 있고 남을 죽이고서라도 출세하려는 성향이다.

처덕은 두터우니 재색을 겸비한 양가의 규수와 연분을 맺을 것이다. 본인과 배우자의 신체에 액이 피어오르는데 평소에 덕을 쌓아야 액을 막을 수 있다.

■ 곤명(坤命)

왕성한 사회활동을 하고 관을 탐하니 이성으로 인한 고민이 떠나지 않는데 명암부집 되거나 지지(地支)에 사해(巳亥) 등을 보면 이성교제로 그치지 않고 삼각관계로 발전하여 번민이 오고 차중연애나 국제결혼의 운이고, 경찰이나 군인, 권력을 지닌 남자와의 인연이 있다. 천을귀인, 천월덕의 도움으로 위기에서 천우신조의 도움이 있다

지장간(地藏干)에 무토(戊土) 정관이라 사회생활로 돈을 벌면 외정이 생기고 남편을 위해 헌신하고 일편단심이라 하나 정에 약하니 외정으로 인한 이성 문제로 근심이 생길 수 있다.

2. 세운의 변화

巳酉丑年 : 이사, 이동, 직업 변동

戌年　　: 신경쇠약, 정신 질환, 병원 출입

寅年　　: 관재수, 구설수, 사고수, 부부 풍파, 이별수, 수술

亥年　　: 관재수, 구설수, 사고수, 형옥(刑獄)

申年　　: 이성 만남, 좋은 일이 생김

己亥年, 丁亥年 : 亥年은 巳亥沖이 되므로 일반적으로 변호가 심하고 運路가 좋지 않다

3. 물상

계사(癸巳)는 한겨울의 태양이고 강에 비추어진 태양이며 밤하늘의 빛으로 빛이 나거나 반사되는 물상이니 잘못을 깨달으면 고치는 성격이고 한겨울의 태양이니 유혹의 손짓이 많고 바쁜 곳에 재물이 있으나 권위와 명예에 대한 탐심이 지나치며 권력을 지향하니 리더십이 필요하다.

천간지지(天干地支)가 음과 양의 조화를 이루어 이해심이 깊지만 수화(水火)가 혼재되어 변덕이 죽 끓듯 하고 귀인을 놓아 순수한 마음이 있고 록마동향이라 순수, 총명하고 처의 덕이 두터운데 복이 따라올 자가 드물다. 여성은 수화겸전이라 사회활동을 하는데 탐곤이라 그곳에 남자가 자리하고 반드시 이성 문제로 번민을 겪을 것이다.

4. 특성

계사일주(癸巳日柱)는 두 가지 기운의 조화라 단물을 길러내는 쓸모가 많은 기운이니 바쁘고 허덕이지만 일견 행복한 상이고 재물 운, 배우자

운은 순조로우며 바쁘다. 장자가 많고 여자는 장자 인연하고 장자의 역할을 하는 경우도 무시 못 한다. 큰살림을 책임지는 사람으로 여러 사람의 살림을 맡아보니 주변의 살림, 부모의 살림, 혹은 마을의 살림을 맡고 부모를 모신다. 장자의 일을 해야 하는 사람이니 대체로 온화, 부드러운 처세이고 인정받으며 순탄하게 살아가는 일주이다.

투기하지 않으니 재물 인연도 있고 투기나 사기와는 거리가 있어 알부자이다. 때로 인색하나 재물 사용에 신중하니 배짱이 없어 보일 수 있지만 재물 사용에 현명하니 죽을 때까지 재산을 남긴다.

5. 육친관계
◼ 건명(乾命)

부모의 학업지원도 고르고 병환이나 수명도 일정 수준이 넘는데 사주원국(四柱原局)에 금(金)의 오행이 없으면 모친의 고향이 섬이나 물가, 항구일 가능성이 많으나 모두 그런 것은 아니다. 만에 하나 모친의 고향이 내륙이라면 단명일 수 있고 일지 사(巳)는 일간 계(癸)의 정재이니 배필 운이 순조롭고 어떤 방식의 결혼과정도 좋은데, 처덕 있음에도 작첩하고 의처증이 있으며 배우자를 고생시키고 상속운도 있다. 양가의 규수와 연분이고 자식의 운도 순조로우며 자식은 남녀가 골고루 온다.

◼ 곤명(坤命)

지장간(地藏干)에 무토(戊土) 정관을 깔아 재복이 있어 돈을 벌면 외정이라지만 일편단심 남편을 위해 헌신하는 것이 일반이고 배우자의 의처증으로 고생하며 나이 많은 배우자 운이다. 배우자궁은 부실이니 이별,

사별, 별거할 수 있고 사주원국(四柱原局)에 목(木)을 나타내는 오행이 왕성하게 자리하고 있으면 아들이 일찍 올 수 있지만 대체적으로 딸이 많다. 딸만 줄줄이 낳다가 아들을 얻는 경우가 다반사다.

6. 학업
■ 건명(乾命)

두뇌가 총명하나 어린 시절 학마가 오니 총명해도 게으름을 피우거나 이유 없이 공부를 하기 싫어하니 두각은 어렵고 나이가 들도록 공부의 기회는 있으니 만학으로 성취의 기쁨을 맛보고 학의를 완성할 수 있다. 학문의 길은 상과계열이 좋다. 경영학과, 세무학과, 교육학과, 육영관련 학과가 좋은데 사범대 유아교육학과까지 다양하다. 전문기술을 배울 수 있는 학과도 미래를 위해 도움이 된다.

■ 곤명(坤命)

상과계열의 학과로 진출이 좋은데 교육, 육영, 전문기술에 관련된 학과가 다음인데 지구력이 필요하며 사주원국(四柱原局)에 화(火)를 의미하는 오행이 많으면 총명하고 기억력이 좋아 잠시 빛을 보더라도 학마를 만나고 신유(申酉)의 글자가 사주원국(四柱原局)에 포진하면 오랜 시간이 걸려도 결국은 성취하여 학문길의 성공이 있다.

7. 결혼운
■ 건명(乾命)

결혼 운이 순조로운데 결혼시기도 적절하지만 해(亥)년은 배우자로 인한 고통이 있고 재물로 인한 고통이 있으며 뱀띠, 쥐띠, 소띠, 토끼띠, 원숭이띠가 좋은 배필이다. 배우자 운은 무난하다고 본다.

■ 곤명(坤命)

사주원국(四柱原局)에 무기(戊己)가 있으면 남자들이 주변을 서성거리니 남편이나 주위 사람들로부터 오해를 받고 삶에 영향을 미치니 단호한 의사결정이 필요하다. 쥐띠, 소띠, 토끼띠, 용띠, 뱀띠, 말띠, 원숭이띠, 닭띠 남자가 좋다.

8. 직업

어떤 직업이나 어떤 생활이나 어떤 일에도 잘 적응하니 조직, 직장생활, 사업도 좋은데 조직에 투신하면 금융권, 교육이나 육영기관, 재무와 회계 분야가 일 순위고 화학분야, 항공과 운수, 해운업도 좋다. 사업의 길은 통상업과 대리점 형태의 사업이 가장 좋은데 납품업이 좋고 교육, 육영, 요식사업 등이 좋다. 정당한 재물의 습득을 바라니 투기성 사업이나 악의적인 사업, 혹은 뒷문으로 하는 사업과는 거리가 멀고 탄력을 받으면 매진하고 도전하여 부를 축적하여 부자 소리를 듣는다.

9. 성적 욕구

■ 건명(乾命)

음착살이라 색을 탐하는 성정이고 비교적 성적 유희를 즐기는 편이다. 성생활을 위한 최상의 조건을 가지는 몸도 아니고 정력이 강한 편이 아니지만 음란하여 성적으로 강한 인상을 주고 금수가 강하면 성욕이 왕성하다. 자신이 가지지 못한 약점을 커버하는 기교는 능한 편이다. 배워 얻어지는 것이 아니라 자연적으로 얻어지는 것이며 경험을 잊는 몸이 아니다. 로맨틱한 분위기를 연출하여 자신을 매혹적으로 보이도록 하는 기교가 있으며 노년기에도 체력을 유지하여 지속적이고 기교적인 성교를 한다. 일반적으로 인성과 자성이 너무 많으면 음탕하고 천박하다.

■ 곤명(坤命)

성적 욕구가 강하고 변화무쌍에 요염하고 성교에도 적극적이다. 성적으로 강해 보이는데 어려서부터 성에 대한 욕구가 높고 관심도 높다, 어려서 성교를 경험하거나 일찍 결혼하는 경우가 많으며 즉흥적인 섹스도 즐긴다. 계사일주(癸巳日柱)의 여성은 성감도 뛰어나 스스로 즐기는 편이며 수화(水火)의 오행이 조절하면 질식에 가까운 오르가즘을 느끼고 지적인 면이 없으면 음란하고 변태적으로 변한다. 상대에게서 만족을 얻기 위해 자극적인 기교를 요구하기도 하지만 근본적으로 성교에 강한 체질은 아니라서 지루한 성교는 지치고 만다.

10. 질병

계사일주(癸巳日柱)에서 병(病)은 천간(天干)과 지지(地支)에서 먼저 발견한다. 계(癸)는 신장과 방광의 병을 의미하고 사(巳)는 얼굴, 인후, 이빨과 항문을 의미한다. 따라서 계사일주(癸巳日柱)는 신장, 방광, 폐, 기관지가 가장 먼저 생각해야 하는 병이다. 뒤이어 뇌출혈, 당뇨, 비뇨기, 야뇨증과 같은 병들이 올 가능성이 매우 높고, 계사일주(癸巳日柱)가 나타내듯 천간(天干)은 물이고 지지(地支)는 불이다. 이를 수화교전이라 하는데 물과 불이 충돌하는 것은 신경성을 의미한다. 신경과민이나 정신적인 질환이 근원이 되어 육체적인 장애로 접어들 수 있다.

31장. 갑오(甲午, 辰巳空亡)

1. 사주의 특성 (丙⁻0, 己11, 丁10)

진신 進神	갑자(甲子), 기묘(己卯), 갑오(甲午), 기유(己酉)일로 고집과 포기를 모르는 집념과 열정이 있어 어떠한 시련과 역경이 있어도 거뜬히 이겨내고 성공을 이룬다. 자신이 하고 싶은 것만 한다. 냉철하며 문장력이 있으며 관재수가 동하기도 한다.
상관사궁 傷官死宮	갑오(甲午)와 경자(庚子) 일주의 여자는 심하면 상부(喪夫)하고 독수공방(獨守空房)하게 되며 외견은 고고(孤高)하고 도도하다.
홍염살 紅艶殺	갑오(甲午), 병인(丙寅), 정미(丁未), 무진(戊辰), 경술(庚戌), 임신(壬申), 임자(壬子) 일주가 홍염으로 미모와 센스가 있으며 도화와 유사하여 인기가 있으며 외도에 빠지기 쉬우니 곤명(坤命)은 기생(妓生), 건명(乾命)은 작첩(作妾)한다.
현침살 懸針殺	甲, 申, 未, 午, 辛의 글자를 말하며 몸을 잘 다치고 총이나 칼에 찔려 죽고 교통사고도 당한다. 時에 현침이 겹치면 그 작용력이 강하고 의약업계, 군인, 양복점 등으로 성공한다.
천일관 千日關	생후 천일째 되는 날에는 밖에 나가지 말라하여 출생 3년 이내에 경풍(驚風), 토(吐)의 액이 있다 하여 小兒關殺符로 많이 쓰이는데, 의학이 발전하지 않았던 과거 시절에 주로 쓰였다.
단장관	갑오(甲午), 을미(乙未), 병진(丙辰), 정사(丁巳),

斷腸關	기묘(己卯), 경인(庚寅), 계축(癸丑) 일로 대장(大腸)이나 소장(小腸)계의 질환으로 고생할 암시가 있다는 조합이다.
뇌공타뇌관 雷公打腦關	병자(丙子), 무술(戊戌), 경인(庚寅)일로 벼락, 전기 등으로 인한 사고의 위험이 있고 화재, 가스, 교통사고 등이 염려된다.
태극귀인 太極貴人	갑자(甲子), 갑오(甲午), 정묘(丁卯), 정유(丁酉), 무진(戊辰), 무술(戊戌), 기축(己丑), 기미(己未), 경인(庚寅), 신해(辛亥), 임신(壬申), 계사(癸巳) 일이 태극귀인에 해당되며, 기쁨을 암시하고 생년(生年)과 일지(日支)에서 보아 격국(格局)이 청순하고 우수하면 입신양명한다.
탕화살 湯火殺	寅午丑일 생에 해당한다. 화상, 화재, 음독, 가스중독, 부상과 염세비관이 따른다. 탕화살이고 일시가 午丑이면 본처와 해로가 어렵고 무자식의 운이다. 일시가 오축이고 재성이 태과하면 아내가 문제 있고 관성이 태과하면 남편에게 문제가 생긴다.
의처의부 疑妻疑夫	갑오(甲午), 병술(丙戌), 무진(戊辰), 경진(庚辰), 임술(壬戌) 일주의 남자와 을사(乙巳), 정해(丁亥), 기해(己亥), 신사(辛巳), 계해(癸亥)의 여자 일주가 해당한다. 의처의부증(疑妻疑夫症)이다.
병 病	12운성을 따져 병은 인생에서 활력이 떨어지며 병든 것을 뜻한다.

■ 건명(乾命)

당당하고 굽히기 싫어하는 남자다움이 있으며 왕성한 활동력으로 재물이나 화려함을 추구한다. 어질고 착하고 자존심이 강하나 변덕과 질투가 심하고 승부근성이 있어 결과를 더 중요하게 여겨 일을 만들고 승부하며 타인이해와 배려 있으나 내부적으로 공허하고 대가가 적다. 여자관계가 복잡하고 내면의 불안함은 피하기 어려운데 상관의 작용으로 자신의 재능을 과시하며 발산하는 기질이라 비밀을 지키지 못하고 타인 의견을 듣지 않으며 상관사궁(傷官死宮)으로 언변과 재치가 있어 잘난 체를 하고 스스로 공치사를 한다. 관성 육종으로 제어 기능이 없어 자신의 재능을 과시하려 하는 것이 흠이다.

안정 중시에 계산적으로 행동하며 인정이 많아 병인데 남에게 잘 베풀지만 타인을 무시하고 마음에 드는 사람에게 잘하고 강한 자에게 복종하고 비밀이 지켜지지 않는다. 사고방식이 단순하고 용기가 있어서 담력은 약해도 영리하고 수단이 있으며 총명성을 지니고 정리정돈도 잘하나 게으른 점도 있다. 시작은 잘하나 지구력과 마무리가 약하니 용두사미이고 아랫사람 챙기고 때로 오만하고 불손하여 자기 본위로 행동하여 강한 추진력을 보이기도 한다.

지장간(地藏干) 기토(己土)는 정재인데 갑(甲)과 암합하니 재물의 집착을 나타내며 다정다감하여 어느 환경에서나 적응이 빠르다. 다정이 병이라 내 것 주고 좋은 소리 듣지 못하는데 처세에 문제가 드러나고 법과 질서를 무시하니 관재구설 따르고 욱하는 성질로 세상을 비관하며 인색하고 영리하지만 수단과 재치가 있고 언변과 재치 뛰어나니 용기로 보이지만 담력은 적다.

식상사궁에 록왕지로 왕성한 활동력을 과시하는 것이 근본 성격이지만 일지 오화(午火)는 미토(未土)와 합을 원하는데 변화하면 식상의 마음이니 큰 재물 추구보다는 명예와 안정 희구에 무기나 모험을 회피한다. 활동력이 강하면 용두사미에 시종성패의 운이 피어난다.

부모·형제와 원만하지 않고 인수 태종으로 모친 인연 짧은데 사주원국

(四柱原局)에 목(木)이 많으면 모친을 그리워한다. 비견사종이니 형제는 무력하고 두뇌 총명으로 어려서 여러 방면에 소질 드러내나 노력이 없으니 큰 시험과 오랜 공부에 약하고 경제적으로 큰 어려움은 적다. 이성 문제에는 괴로움에 빠지고 팔자에 토(土)의 글자가 거듭 있으면 두 번 장가 갈 운이고 뱀띠, 닭띠, 소띠는 처자로 인한 풍파가 거세며 인내심이 부족하고 폭발적인 성향으로 내 것을 주고도 좋은 소리 듣기 어렵다.

갑오일주(甲午日柱)의 지지(地支) 오(午)는 역마를 나타내는데 분주하고 돌아다니는 성분이며 인정 많고 다정하지만 내 것 주고 원망 들으며, 탕화로 자신을 비관하기도 하며 용두사미가 드러난다. 상관과 홍염이니 미모와 센스가 있어 멋을 알고 풍류와 식도락을 즐기는데 일찍 이성에 눈을 뜨는데 결혼은 늦을수록 좋은 인연이다. 암합이 일어나고 정재가 사궁 록지에 이르니 이성 운이 좋아 도처에 여자를 두니 부부 해로 어렵고 여자의 권력에 속수무책이다.

■ 곤명(坤命)

상관 홍염으로 미모와 센스를 지니고 있지만 관성 육종이니 만족할 만한 상대를 만나지 못해 배우자 근심이 있으며 부득이하게 남자의 운에 변동 심하고 남편 근심 떠나지 않으며 남자를 이기려 드니 남편 덕을 기대하기 어렵다. 배필 인연은 늦은 편으로 좋은 인연의 운은 극히 드물고 어른들과 뜻이 맞지 않아 고생하며 자기주장대로 살지만 자손궁의 비애가 드러난다.

남다른 기예의 소질이 있고 활동적인 성격으로 경제적인 어려움은 적지만 이성 관계는 복잡하고 어려움을 몰고 온다. 사주원국(四柱原局)에 화

(火)의 글자가 거듭하던 여러 자식 거두어 길러 보며 배우자 우환은 불 보듯 하고 결혼 이후 친가 몰락하고 시가 부흥의 운이라.

분목(焚木)의 물상이니 폭발적인 성향에 상관사궁이니 외견이 도도하고 남편을 추방한다고 하는 의미이니 상부(喪夫)하거나 독수공방의 운이다. 남편으로 인한 근심이 있고 사주원국(四柱原局)에 관성이 없으면 남편의 덕은 물 건너갔고, 남자를 이기는 기질이 농후하고 자기주장만 하며 산다. 현침에 식상사궁 자손궁의 비애가 있어 귀한 자식을 잃는다는 운이다.

2. 세운의 변화

寅午戌年 : 이사, 이동, 직업 변동
丑年　　 : 신경쇠약, 정신 질환, 병원 출입
子年　　 : 관재수, 구설수, 사고수, 부부 풍파, 이별수, 수술
卯年　　 : 관재수, 구설수, 사고수, 형옥(刑獄)
未年　　 : 이성 만남 좋은 일이 생김
戊子年, 庚子年 : 子年은 子午沖이 되므로 일반적으로 변화가 심하고 運路가 좋지 않다

3. 물상

분목(焚木)이라 나무가 타 죽거나 불이 타는 모습으로 인내심 부족에 폭발적인 성향이고 학문에 대한 갈증, 비관의 성분이나 미모와 센스가 있고 이성에 인기 있어 외정이 문제라. 육친에 비애가 있고 다정이 병이며, 곤명(坤命)은 공방수가 있겠다.

4. 특성

남녀 공히 화려함 추구에 안으로 공허하니 외화내빈이라. 남자는 예술적이나 노력해도 이룸은 적으며 남자는 여자관계가 복잡하고 여자는 만족하지 못해 다른 남자를 찾는다. 자기표현이 능숙해도 얻기는 어렵고 부실한 기운이 모여드니 항상 불안하기만 하다.

5. 육친관계

■ 건명(乾命)

여자를 잘 다루니 인연이 많지만 어른을 거스르니 부모형제와 원만하기 어렵다. 모친 그리워 하지만 인연이 짧을 가능성이 많고 사주원국(四柱原局)에 목(木)의 오행이 많으면 모친 모시기 어렵다. 미인을 만나나 도처에 미인이라 이성 관계 복잡하고 배우자와 이별, 사별, 별거의 운이 있는데 작첩에 색난이라. 자식 문제 고달프고 근심이 있다.

■ 곤명(坤命)

여자는 배필 인연이 늦거나 좋은 인연이 없을 경우 많고 어른들과 뜻이 맞지 않아 근심이 많다. 배우자보다 자식 사랑이 앞서고 배우자가 작첩하니 수심이 생긴다. 완벽한 배우자를 원하여 불화가 있고 이별, 사별, 별거, 독수공방의 운에 배려를 모른다.

6. 학업(공통)

두뇌 총명하고 다재다능이라 어려서 실력발휘가 능하지만 사주원국(四柱原局)에 수(水)의 오행이 부족하면 노력하지 않고 머리만 믿으니 시험에 약하다. 예능, 교육, 공학, 경영, 경제, 상업예술 등이 어울리는 학과이며 사주원국(四柱原局)에 화(火)의 오행이 많거나 강하면 예술 스포츠, 오락이나 잡기에도 능하다.

7. 결혼운

■ 건명(乾命)

남자는 일찍 이성에 눈뜨고 어려서부터 연애하지만 어떤 경우에도 배우자로 인해 고통이 있다. 청춘에 연애 과정이 있어야 좋고, 결혼은 늦게 하는 것이 좋으며, 소띠, 범띠, 용띠, 말띠, 양띠 여자가 좋은 배필이다.

■ 곤명(坤命)

여자는 배우자 선택이 만만치 않다. 사주원국(四柱原局)에 금(金)의 오행이 약하면 좋은 배우자 인연은 매우 희박하고 수(水)의 오행이 약하면 배필 운이 없다. 소띠, 범띠, 용띠, 양띠, 닭띠가 태우자로 좋으나 자식이 생기면서 홀로되는 경우가 많다.

8. 직업

활동적인 일주로 자기 사업운의 운에 전문자격사업의 인연이 있다. 여성은 전문기술이나 예술직, 교육도 좋은 직업군으로 혹 결혼한다고 해도 중년에 다시 장사를 하거나 사업을 할 가능성이 높다. 군경, 교육, 예술계통, 의약계, 의사, 섬유, 전기에 관련된 직업군이 좋고 건축이나 중개업도 인연이 있다. 사주원국(四柱原局)에 금(金)의 오행이 강하면 한의사로 성공할 수 있다.

9. 성적 욕구

■ 건명(乾命)

 도화와 홍염을 동시에 가지니 호색음탕에 지칠 줄 모르는 정력의 소유자이며 지속력이 뛰어나다. 겨울에 태어나고 수기가 적당하면 지속력에 쾌감도 있다. 목생화(木生火)로 화기(火氣)가 강해 조루증세 의심되고 변태적 성향이 있으며 젊어서의 혹사는 나이 먹어 불능 가능성 있다. 식상이 과다하면 조루다.

■ 곤명(坤命)

 지지(地支) 오화(午火)는 분위기를 좋아하고 화기(火氣)가 강해 한 번의 성교에서 여러 번의 오르가즘을 느끼지만 상대를 배려할 줄 모르고 자신만 만족하면 그만이니 사랑받기 힘들다. 금수(金水)가 적으면 분비물이 적어 성교 시 통증이 있고 목화(木火)가 많고 토(土)가 없으면 성교 시 교성이 크다.

10. 질병

 갑목(甲木)은 쓸개, 머리, 수염, 머리카락을 의미하고 오화(午火)는 정신, 심장, 눈을 의미한다. 갑오일주(甲午日柱)는 간장, 비위 계통의 근본적 문제가 있고 지나친 음주가 흠이다. 신경쇠약, 심장병, 두통, 고혈압, 해소, 천식이 병이다. 현침과 탕화가 겹치니 화상으로 인한 흉터가 생기고 화재에 의한 횡액을 조심해야 한다.

32장. 을미(乙未, 辰巳空亡)

1. 사주의 특성 (丁9, 乙3, 己18)

백호대살 白虎大殺	갑진(甲辰), 을미(乙未), 병술(丙戌), 정축(丁丑), 무진(戊辰), 임술(壬戌), 계축(癸丑)일주가 해당하며 해당 육친의 혈광지사(血光之死)와 한을 품은 죽음을 겪는 흉포한 살성이라 한다. 일주에 있으면 성질이 강하고 과격성이 있지만 기이한 발복이 있다.
단장관 斷腸關	갑오(甲午), 을미(乙未), 병진(丙辰), 정사(丁巳), 기묘(己卯), 경인(庚寅), 계축(癸丑) 일로 대장(大腸)이나 소장(小腸) 계의 질환으로 고생할 암시가 있다는 조합이다.
곡각살 曲角殺	곡각은 신체 어느 부위에 병이 있어서 불구가 되는 뜻이다. 곡각은 사주 중에 2~3개 있어야 작용하는데 등뼈가 고르지 않거나 불구의 형태를 가지며 신경계통이나 수족에 이상이 있다. 또한 자기가 양자가 되거나 양자를 맞이하게 되는 뜻이 있다.
신병살 身病殺	을사(乙巳), 을미(乙未), 기사(己巳)가 일시(日時)에 있으면 병이 끊이지 않고, 늘 몸이 아프다는 암시가 강하다.
양 養	모(母)에서 생육을 받고 탄생에 이르기까지의 과정이며 온순, 사교, 원만을 뜻한다.

제4부. 일주론(日柱論) 433

■ 건명(乾命)

물상으로 보면 매우 다양해서 천간(天干)이 지지(地支)를 극하고 갈대밭의 갈대, 사막의 풀, 바닷가의 갈대이니 척박한 땅에서 살아남기 위해 활달하고 적극적이며 환경적응력이 뛰어나다. 재물에 집착력이 강하고 진취적이나 바람에 흔들려 일관성이 없고 결과가 따르지 않는다. 사막에서 자란 풀이니 재물에 대한 집착력 강하고 진취적이나 자존심도 강하여 타인의 참견을 거부하고 일생동안 고생에 불우하나 지지(地支) 양(養)은 발전의 상이며 이재능력이 있어 자수성가라. 천간(天干)과 지지(地支)의 두 개 을목(乙木)은 경금(庚金)의 허관을 합래하니 명예로운 직책이나 직위를 예고한다.

기토(己土)는 음간(陰干)이라 내성적으로 보이나 감정적이고 외향적으로 행동하는데 어질고 착하며 예의를 보이는데 재물을 추구해도 잘 드러나지 않는 것이 장점이고 지장간(地藏干)도 모두 음간이라 유연성에 고집 있고 음이 강하나 목화(木火)는 근본적으로 양(陽)의 성질이라 양(陽)으로 나타난다.

조직이나 직장 안주보다 자유를 추구하고 타인의 지시를 싫어하는 성향이 드러난다. 지지(地支) 미토(未土)는 오화(午火) 편인과 합을 하여 인성으로 변하니 이해와 배려를 포기하고 외골수적으로 변해 시야가 좁고 게으르다.

미(未)는 뜨거운 열토(熱土)라. 성격이 급하고 생각이 짧아 급히 일을 처리하기도 하며 자신의 생각이 무조건 옳다 생각해 다른 사람의 조언은 무시하는 경향도 있다. 두뇌명석에 학문과 예능에 재능이 있고 매사 신앙심에 의지하고 심사숙고하는 성정에 조토(燥土)라 머리가 희어지고 목이 타는 인후병이 있다.

　인정이 있으며, 두뇌 명석이라 부드러움 속에 빈틈없고 어민한데 문일지십(聞一知十)에 학둔이나 예술에 소질 있고 지구력 있으며 성격 까다롭고 신경질에 음식이나 의복에 심술을 부린다. 근면·성실하지만 지구력이 약하고 인수양종이라 늦은 학업성취를 의미하니 교육, 육영, 활인, 원예, 축산 등과 연계성이 있다.

　천간(天干)과 지장간(地藏干)의 을목(乙木)이 있어 두 개가 분록(分錄) 상황이라 풍류와 주색을 즐기며 색난에 빠지고 처궁이 불미하니 고생시키거나 처의 건강 문제가 생기고 처의 병액이라. 늘 분주하고 처도 경제적 활동에 바쁘지만 해로가 어렵고 첫 부인과는 사별의 운이라. 지지(地支)는 현침이라 처를 고생시키고 처가 질병을 앓거나 한다. 아들도 귀한 자식을 두기는 힘이 들고 일생에 덕이 없으나 사주원국(四柱原局)에 금(金)의 오행이 있으면 귀자를 둔다. 지장간(地藏干) 비견은 자신과 형제의 입양을 의미하니 집을 떠나는 것을 의미하기도 한다.

　매사 환경적응이 뛰어나나 상황에 따라 흔들리는 경향이 강하며 어떤 상황에 이르러도 침착하게 헤쳐나가는 힘과 끈기가 장점이다. 몸을 혹사하면 병이 오고 재물 많아도 관리에 문제 있어 풍파 오고 잔병치레가 흔하며 부모덕도 없는데 갑작스러운 부모의 죽음이나 배필의 우환은 피할 수 없으며 형제 중에 우환이나 곡절도 있다.

■ 곤명(坤命)

　허관(虛官)으로 고독을 피할 수 없어 과부 운이라 늦은 결혼으로 이끌면 원만한 가정생활을 한다. 고독하고 몸에 병이 많으니 괴롭고 이재는 밝아 일확천금을 노려 투기를 하고 부동산, 화장품, 일수, 도박과 인연이 깊다. 꿈을 잘 꾸고 영감이 특별하며 남편궁이 부실하여 자녀에 대한 애착으로 극복하지만 시모(媤母)와는 화합하지 못한다.

어려서부터 잔병이 많아 고통스럽고 일찍이 부모를 떠나 살아야 하니 자수성가의 운이며 투기성이 있어 재운은 좋고 새로운 환경에도 잘 적응하는데 투자 시에는 장기보다 단기투자가 좋다. 상당한 상속이 있을 수 있고 부친궁에 횡액이 예견되는데 일찍 떨어져 살아가거나 오래도록 부친 뒷바라지를 하게 된다. 고독이 지나쳐 병이라 위장병, 자궁병은 지병이다. 비록 남편 관계는 적막하지만 식신양궁의 대지라 자식과의 유대는 좋다.

2. 세운의 변화

亥卯未年 : 이사, 이동, 직업 변동
寅年　　 : 신경쇠약, 정신 질환, 병원 출입
丑年　　 : 관재수, 구설수, 사고수, 부부 풍파, 이별수, 수술
戌年　　 : 관재수, 구설수, 사고수, 형옥(刑獄)
午年　　 : 이성 만남, 좋은 일이 생김
辛丑年, 己丑年 : 丑年은 丑未冲이 되므로 일반적으로 변화가 심하고 運路가 좋지 않다.

3. 물상

강가의 갈대밭, 해변가의 갈대밭, 사막의 선인장의 물형으로 일관성의 부족, 생각과 결과가 다르고 상황에 따라 행동이 달라지며 삶에 우환과

고생이 따르니 신병이라, 병에 시달리거나 몸이 아프다. 지지(地支)에 재성이라 이재에 밝아 자수성가의 운이나 물상으로는 대지 위에 초목이니 을목(乙木)은 바싹 마른 땅에 자라나는 풀이라 흰 머리가 성기거나 인후병을 앓고 일주 백호의 작용으로 부부궁에 우환이 있다.

4. 특성

재물의 생산과 결실을 의미하는 글자니 재물에 관심이 깊고 성공하며 세속적 융통성도 원만하며 부드러운데 소극적이다. 만물을 가르치며 성장시키는 기질이 강한데 사주원국(四柱原局)에 사오미(巳午未) 글자가 있으면 화국(火局)이 되어 건강을 유의하고 일가친척에 갑자기 죽음을 맞이하는 사람이 있고 자신의 고독도 배가 된다. 가르치고 기르는 성분으로 교육, 육영, 활인, 원예, 축산 등에 소질과 소양이 있으며 간혹 강함을 숨기고자 병이 된다.

5. 육친관계

■ 건명(乾命)

부친이나 모친 중에 갑작스러운 죽음이 있으며 부친의 인연이 길다. 사주원국(四柱原局)에 화(火)의 오행이 많으면 부모와 불화를 하고 배우자운은 무난하고 배우자 덕도 무난하나 배우자궁은 부실하여 처를 고생시키고 처의 질병이 보이며 이별, 사별의 운도 있다. 근본적으로 귀한 자식이 드문데 시주(時柱)에 금(金)의 오행이 있으면 귀한 자식이 오고 월주(月柱)에 화(火)의 오행이 있으면 딸이 먼저 온다.

■ 곤명(坤命)

내조를 잘해도 배우자 궁은 부실하여 이별, 사별의 운이 있고 딸과 아들이 고른데 사주원국(四柱原局)에 월주(月柱)와 시주(時柱)에 축(丑)과 술(戌)의 글자가 있으면 난산이 오거나 제왕절개로 자식을 낳는다.

6. 학업(남여공통)

두뇌는 총명할 가능성 높으나 게으름이 따르니 인내심 없이는 좋은 성적을 기대하기는 어렵다. 사주원국(四柱原局)에 화(火)의 오행이 없으면 예능 분야에 인연하고 투신해도 현달이 어렵고 월지(月支)에 수(水)의 오행이 있으면 공부길이 그럭저럭 흘러간다. 시주(時柱)에 수(水)의 오행이 있다면 만학(晩學)의 운이다. 교육, 원예, 축산, 예술, 육영, 활인이 어울리는 학문이다.

7. 결혼운

■ 건명(乾命)

극과 극으로 남자는 이성에 일찍 눈뜨고 곤명(坤命)은 늦어지는데 남녀를 불문하고 어떤 배필을 만나도 자신이 변화하여 적응이 가능하므로 결혼은 원만하다. 표현은 소극적이고 자신을 드러내지 못해 어린 시절 짝사랑은 반드시 지나며 남자의 경우 사주원국(四柱原局)에 토(土)의 오행이 거듭 있으면 초혼에 실패를 할 수도 있다. 이는 악처(惡妻)를 만나기 때문인데, 남자의 좋은 배필은 토끼띠, 말띠, 양띠, 원숭이띠, 돼지띠 여자가 된다.

■ 곤명(坤命)

여자의 운에 좋은 바 필은 소띠, 토끼띠, 양띠, 원숭이띠, 돼지띠 남자가 된다.

8. 직업

어떤 일에도 잘 적응하니 어떤 직업을 선택해도 원만하게 적응을 할 수 있다. 조직 직장길은 금융권, 교육, 육영, 활인, 전문기술 분야가 되며 사주원국(四柱原局)에 수와 목의 오행이 있으면 사업에 인연이 강하다. 을미일주(乙未日柱)에 어울리는 사업은 부동산, 농업, 농수산물, 통상, 토건업이다. 사업 인연을 맺어도 적극성이 부족한 기질을 지니고 있으므로 급속한 성장을 기대하기는 어렵다.

을미일주(乙未日柱)는 외과의사, 학자, 카피라이터, 비활동적인 직업, 교육, 승려, 당구장, 부동산, 서점 등에 인연이 있고 재정 계통이나 체신공무원 등에서 많이 나타나는 일주인데 한 직장에 오래도록 적응하지 못하는 특징이 나타난다. 을미일주(乙未日柱)의 지지(地支) 미(未)는 조토(燥土)인데, 조토(燥土)는 큰 재복을 의미하지 않는 속성이 있다.

9. 성적 욕구

■ 건명(乾命)

색을 밝히면서도 애정이 매우 담백하다는 특징을 지니는데 성행위는 강하고 서두르는 경향이 있으며 평균적인 횟수로 만족한다. 겉으로는 음의 성정이고 내면은 양의 성정이라 까다롭고 거친 성행위를 하고 금수(金水)가 강하면 지속력 있고 만족스럽게 쾌감을 느끼지만 인성과 재성이 지나치면 음탕하고 천하다. 자연스러운 화합을 원하고 젊어서 성욕을 잃고 쇠퇴하거나 성행위 시 까다로운 성품의 소유자가 많다.

■ 곤명(坤命)

곤명(坤命)은 욕구가 대단히 강렬할 때와 담백할 때가 교차하니 상대가 적응이 까다롭기도 하고 지나치게 격렬한 순간도 있어 본인 스스로도 대처하지 못할 정도로 곤란할 때가 있다. 미(未)라는 글자는 맛을 의미하니 상대가 볼 때 맛있을 것이라 판단하고 한 번 이성을 만나면 헤어짐이 쉽지 않다. 일반적으로 어떤 상대를 만나도 성욕에 불만이 있는 편이기는 하지만 목화(木火)의 기운이 많으면 몸이 빨리 뜨거워지고 분비물 부족이니 성교시 고통을 느끼고 생리통과 생리불순이 있으며 목화(木火)가 강하면 교성이 크고 다양하게 나타난다.

10. 질병

을미일주(乙未日柱)의 을(乙)은 목(木)의 성분으로 근본적으로 간담을 상징하고 두발, 음모, 손가락, 목덜미에 영향을 주며 미(未)는 토(土)의 성분이니 비위장 성분인데 명치와 척추에 영향을 준다. 을미일주(乙未日柱)는 간담, 식도, 비후계통, 축농증, 신경성 위장염이 많이 와 고통을 주고 간혹 간질 증세를 보이기도 한다.

33장. 병신(丙申, 辰巳空亡)

1. 사주의 특성 (戊7, 壬7, 庚14)

철사관 鐵蛇關	갑진(甲辰), 병신(丙申), 정미(丁未), 무인(戊寅), 경술(庚戌), 계축(癸丑) 일로 이는 돌림병이나 희귀병에 걸려 단명의 암시가 있다고 전해지므로 방역이나 예방에 철저해야 한다.
암록 暗綠	암록(暗綠)은 정록(正祿)을 합하는 글자를 말함인데, 암록은 재물에 궁함이 없고 보이지 않는 귀인의 조력으로 평생 안락하다는 것이다. 일주로는 병신(丙申), 정미(丁未), 무신(戊申), 기미(己未), 임인(壬寅), 계축(癸丑) 등이 있다.
문창귀인 文昌貴人	총명하여 공부를 잘하고 학문을 통해 직위를 가질 수 있으며 모든 흉살(凶煞)을 만나도 길신(吉神)으로 변하고, 추리력, 발표력, 예지력이 뛰어나고 곤명(坤命)이면 소녀 시절에 문학에 심취한다.
낙정관 落井關	甲己일어 巳, 乙庚일에 子, 丁壬일에 戌, 戊癸일 생이 卯를 보는 것으로 수재(水災)나 물에 빠져 죽는다. 직업에도 영향이 있다.
천일관 千日關	생후 천일째 되는 날에는 밖에 나가지 말라하여 출생 3년 이내에 경풍(驚風), 토(吐)의 액이 있다하여 小兒關殺符로 많이 쓰이는데, 의학이 발전하지 않았던 과거 시절에 주로 쓰였다.
취명관 取命關	어린아이가 사당, 절 등에 가면 떠도는 혼령에 질병을 얻을 수 있다고 小兒關殺符로 쓰이는데, 10

	세가 지나면 액이 소멸되니 의학이 발전하지 않았던 과거에 쓰이던 신살이다.
관귀학관 官貴學官	지혜가 밝고 학문이 뛰어나 교육자로 성공하거나 공무원이 되면 승진이 매우 빨라 입신출세(立身出世)한다는 길성으로 고위직에 오른다는 암시가 있다.
십악대패 十惡大敗	十惡大敗日이란 유시무종(有始無終)하고 낭비가 심하고 불운을 만나면 가산을 탕진하여 대패한다는 암시가 있다. 庚戌年의 甲辰日, 辛亥年의 乙巳日, 丙申年의 壬寅日, 癸巳年의 丁亥日, 戊寅年의 甲申日, 甲辰年의 戊戌日, 乙未年의 己丑日, 丙寅年의 壬申日, 甲戌年의 庚辰日, 乙亥年의 辛巳日 등이 해당된다
여연살 女戀殺	을축(乙丑), 정축(丁丑), 병신(丙申), 기미(己未), 경인(庚寅), 신미(辛未), 임인(壬寅), 임신(壬申) 일주의 여자는 배우자 몰래 애인을 숨겨 망신을 당할 우려가 있다.
병 病	12운성을 따져 병은 인생에서 활력이 떨어지며 병든 것을 뜻한다.

■ 건명(乾命)

겉으로는 명랑, 예의 바르고 불같은 성격이니 자기주장이 강하고 매사 적극적이며 욕심 많고 재물추구가 드러나나 내면은 우울하다. 이마가 넓고 얼굴은 둥글며 밝고 명랑한 편인데 일지는 지살로 타향살이가 보이고 문창이니 지혜와 지성을 갖추고 재물을 보는 능력이며 활동성도 강하니 무역, 외교, 관광으로 진출하라.

편재 생지는 이재에 밝으니 욕심과 재물에 대한 집착으로 표출되며 마음이 어질고 착하지만 우울증 증세를 보이기도 하고 허영과 낭비벽도 드러나는데 일간 병화는 강한 활동력으로 재물을 추구해야 하지만 일을 하지 않고 재물만 추구하는 형상이 되었으며 병궁기니 역시 무역, 외교, 관광에 적합하다.

병신일주(丙申日柱)의 글자 모양은 불이 쇠를 녹여 예술적인 기질이라 호화롭고 화려하며 지혜와 기억력도 있어 공명심에 출세욕도 남다르다. 다재다능에 모방의 재능이 있는데 재주가 많은 것이 오히려 해가 되고 가정을 망각하는데 관귀학관이니 어려워도 내색하지 않아 대인관계 좋고 출세가 빠르지만 남 즐기 좋아하고 솔선수범에 자신의 지위에 관계없이 앞장서면서도 성격이 급하고 난폭한 면이 있어 노력에 비하면 결실은 약하다.

편재 생지는 부친과의 인연과 덕이 두터움을 토여주는데 건수절종으로 모친과의 인연은 약하고 중년 이후에는 학습의 운이 지나치게 약하다. 일지는 역마인데 식신이 또한 역마이니 유년에 고향을 떠나고 지지(地支) 신(申)은 원숭이를 의미하는데 다재다능에 모방이 뛰어나다. 정신적인 면보다 물질적인 면을 추구하고 재물관리 능력 있으며 풍류와 주색을 즐기고 바른말을 잘하니 구설이라.

병(丙)이 천간(天干)이라 호화롭고 화려한 것을 추구하고 미식가인데 천고(天孤)라 배우자를 두고 다른 상대를 동경하고 재능은 많아도 집중력이 떨어져 불안하고 낙정관이라 물가 조심에 도험이 좋고 사주원국(四柱原局)의 지지(地支)에 인신사해(寅申巳亥)로 역마를 의미하는 글자가 있으면 객사(客死)의 운명이며 불안하고 화재의 염려도 있다.

지지(地支) 신금(申金)은 비견인 사화(巳火)와 합(合)을 원하고 관성으로 변화하니 타인을 배려하고 원칙과 소신이 뚜렷해지며 시비를 가리는 결단성이 강해진다. 부인역인 신금(申金)은 자기 역할에 충실하지만 남편인 병화(丙火)에 문제 생기면 사화(巳火)와 합을 해서 떠난다는 의미가 있다.

영웅의 풍모라 출세욕이 강하나 사교적이고 활기차며 처덕이 두텁고 권력도 강하다. 일간 병화(丙火)는 편관 임수(壬水)의 방해로 큰 재물 인연이 약하고 임수(壬水)의 방해로 신금(申金)이 화극금(火克金)하기 어려우니 처, 가정, 직업, 재물이 불안정하다. 일지에 재살이 동림하면 총각득자라 했고 병화일원(丙火一元)에 칠살 생지가 지장간(地藏干)에 깔리니 자식은 귀하고 가문의 영광이라.

병화일주(丙申日柱) 칠살 생지는 빠른 출세, 승진이며 일지는 편재이니 명랑하고 귀한 배필 운이나 천고성으로 처를 두고 첩을 보니 본처는 공방이고 명랑해 보여도 우울증이 있으며 심하면 정신질환이다.

■ 곤명(坤命)

곤명(坤命)은 천하를 주유하며 일을 하여 이성과 애정 관계를 형성할 것으로 내조가 탁월하고 남편에게 헌신한다. 그러나 시가에서 살거나 시어머니나 시누이에게 부대끼니 시댁의 일로 마음을 다치고 편재 병궁(病宮)에 현침이니 자칫 건강이 망가지고 수술수가 보이며 잔병치레는 물론이거니와 불구가 될 수 있으니 조심하지 않을 수 없다. 사업수완이 좋고 재능도 있다.

2. 세운의 변화

申子辰年 : 이사, 이동, 직업 변동

卯年　　: 신경쇠약, 정신 질환, 병원 출입
巳年　　: 관재수, 구설수, 사고수, 부부 풍파, 이별수, 수술
寅年　　: 관재수, 구설수, 사고수, 형옥(刑獄)
巳年　　: 이성 만남, 좋은 일이 생김
庚寅年, 壬寅年 : 寅는 寅申冲이 되므로 일반적으로 변화가 심하고 運路가 좋지 않다

3. 물상

신(申)은 서쪽이고 저녁이니 병신(丙申)은 저무는 해라. 변하기를 잘 하고 호화롭고 화려하며 미식가이다. 자만심으로 뽐내고 신경질적인데 사색을 하고 예의와 의리도 있고 동정심도 많다. 병신(丙申)은 불이 쇠를 녹이는 형상으로 인간에게 필요한 물건을 만드는 재능이나 오히려 집중력이 떨어지고 안주하지 못하는 불안전한 상황이라. 밝은 날의 원숭이니 모방능력 있고 총각에 자식을 보고 외방에 자식을 두지만 곤명(坤命)은 내조한다.

4. 특성

세속적인 활동과 성공이라 두뇌총명, 융통성으로 다재다능한 능력을 발휘한다. 세속적이고 명예와 재물에 집착하며 큰일을 이루는데 무난하나 사주원국(四柱原局)에 사(巳)와 오(午)의 글자가 있으면 큰 재물운이라 하고 사주원국(四柱原局)에 금(金)의 오행이 거듭 있으면 실패로 돌아갈 가능성이다.

원만한 성품으로 융통성이 있으나 사주원국(四柱原局)에 금(金)의 오행

이 지나치면 무책임에 허풍이 세고 타고난 총명함으로 어려운 상황 예측이 이루어지면 포기하는 지혜를 발휘한다.

5. 육친관계
■ 건명(乾命)

모선망(母先亡)이니 모친이 병약함으로써 인연이 약하고 부친 인연은 깊고 사주원국(四柱原局)에 금(金)의 오행이 자리하면 어려서부터 부모와 갈등이 있으며 처의 기운이 강하고 처덕이 있지만 작첩의 운이 있어 부인은 독수공방이 있다. 자식의 운도 좋은 편이라 가문을 빛낸다.

■ 곤명(坤命)

배우자 운이 있고 내조를 잘하며 배우자에게 헌신하지만 배우자 몰래 정부를 두고 시모와 불화가 있으며 잔병치레가 심하고 건강이 좋지 않다.

6. 학업
■ 건명(乾命)

일지에 문창이니 두뇌가 총명하고 공학계열, 경영학, 경제학 분야와 전문기술 분야에 인연하면 실력 발휘하고 사주원국(四柱原局)의 년월(年月)에 토(土)와 금(金)의 오행이 있으면 도중에 학업이 끊길 수도 있다. 어린 시절부터 성적 좋아도 학마가 와서 큰 시험에 약하고 나이가 들어도 학문적 성과는 어렵지만 성공을 위해 경영학, 경제학, 공학, 전문기술 분야가 좋다.

◨ 곤명(坤命)

예능, 경영학, 경제학, 어학, 전문기술 등이 활동을 위한 학문으로 좋다.

7. 결혼운

◨ 건명(乾命)

어린 나이부터 연애 가능성에 좋은 배필의 운이나 모친 반대로 여자와 학문 사이에 갈등이 심하다. 사주원국(四柱原局)에 금(金)의 오행이 여럿 있으면 여러 번 장가갈 운이고 토(土)의 오행이 강하면 성격이 강한 배우자 운이다.

◨ 곤명(坤命)

대체로 남편복이 좋다.

8. 직업

지지(地支) 재성이니 세속적 융통성이라, 직장길, 사업 등 여러 분야 모두 인연이라. 사주원국(四柱原局)에 수(水)와 목(木)의 오행이 직장길, 토(土)의 오행이 많으면 사업 인연이라. 일지 편재는 투기 성향을 의미하니 투기에 능하고 여러 곳에 투자를 하며 처를 통한 사업도 꿈꾸기에 처가 경제력이 있고 곤명(坤命)은 자신이 재물을 벌어들여야 하는 경우가 많고 투기성 사업 체질이다. 조직에 투신하면 금융, 전문기술, 운수, 여행, 무역 분야가 좋고 자기 사업은 금속, 기계, 운수, 무역, 관광, 전문기술 분야가 좋다.

지지(地支)가 역마이니 해외와 관련 있고 지지(地支) 재성이니 재정계통, 무관, 외국 상사 등에 적합하다. 기계, 무역, 운수, 교육, 의약계, 문인, 교수직에도 많은 사람이 성공하고 일주의 특성상 IT, 컴퓨터 사업에도 많은데 해외 무역이나 오퍼도 있으며 하격은 소규모 무역이나 보따리상이다.

9. 성적 욕구
■ 건명(乾命)

색정이 강하여 여색을 심히 밝히는데 적극적이고 사주원국(四柱原局)에 신(辛)의 글자가 있으면 더욱 심하고 성욕에 불만이 생기면 외정에 빠져 색정에 빠지기 쉽다. 목화(木火)가 적당하면 지속력에 문제없으며 만족하고 열기가 있어야 발기 능력 생기고 인성과 재성이 많으면 천하고 음란하며 성행위는 배려보다 자기 기분대로 처리하므로 대상자를 실망키지만 종족 보존에는 뛰어나다.

■ 곤명(坤命)

상대에 맞추니 파트너에 따라 그 유형이 바뀌지만 근본적으로 색정이 강하고 적극적이어서 성욕에 불만 생기면 외정으로 푼다. 목화(木火)가 적당하면 최상의 오르가즘을 느끼고 금생수(金生水)가 이루어지면 갱년기가 늦고 옥문이 촉촉하여 자궁이 건강하고 행위보다 정신적인 애정에 더욱 관심이 많으며 이상적인 상대를 갈구한다.

10. 질병

병신일주(丙申日柱)는 천간(天干)의 병(丙)이 화기(火氣)를 의미하므로 심장과 소장의 병을 나타내고 어깨에 영향을 미친다. 신(申)은 금(金)의 성분으로 폐와 대장을 의미하는데 경락에까지 영향을 미친다. 병신일주(丙申日柱)는 폐, 대장, 소장, 관절에 시달리고 손장도 약하다. 불면증이 찾아오고 시력도 급격히 나빠진다.

34장. 정유(丁酉, 辰巳空亡)

1. 사주의 특성 (庚10, 辛20)

천을귀인 天乙貴人	일귀(日貴)에 정유(丁酉)일, 정해(丁亥)일, 계사(癸巳)일, 계묘(癸卯)일이 있다. 사람됨이 순수하고 자태가 아름다우며 착하고 덕이 있어 오만하지 않다. 복록이 두텁고 배우자의 덕이 있다.
음귀	천을귀인 중 음귀는 하지 후에서 동지 전에 태어난 것이다. 양귀는 현생 실제인의 도움이며 음귀는 선천음덕이다.
문창귀인 文昌貴人	총명하여 공부를 잘하고 학문을 통해 직위를 가질 수 있으며 모든 흉살(凶煞)을 만나도 길신(吉神)으로 변하고, 추리력, 발표력, 예지력이 뛰어나고 곤명(坤命)이면 소녀 시절에 문학에 심취한다.
복성귀인 福星貴人	갑인(甲寅), 을축(乙丑), 병자(丙子), 정유(丁酉), 무신(戊申), 기미(己未), 경오(庚午), 신사(辛巳), 임진(壬辰), 계묘(癸卯)가 해당되며 선천적으로 복이 있고 인덕(人德)이 있어 발전하여 행복을 얻는다.
학당귀인 學堂貴人	甲은 亥, 乙은 午, 丙戊은 寅, 丁己는 酉, 庚은 巳, 辛은 子, 壬은 申, 癸는 卯를 보면 학당귀인이다. 포태법상 장생궁에 해당하며 지성이 돋보이니 교육자로 진로를 정하면 좋다.
태극귀인	갑자(甲子), 갑오(甲午), 정묘(丁卯), 정유(丁酉),

太極貴人	무진(戊辰), 무술(戊戌), 기축(己丑), 기미(己未), 경인(庚寅), 신해(辛亥), 임신(壬申), 계사(癸巳) 일이 태극귀인에 해당되며, 기쁨을 암시하고 생년(生年)과 일지(日支)에서 보아 격국(格局)이 청순하고 우수하면 입신양명한다.
생 生	장생(長生)이라고도 한다. 월시에 있으면 학당귀인(學堂貴人)이고 화합을 잘하며 후견인을 만나 보살핌을 받는다. 인상이 깨끗하고 예능에 소질이 있다.

■ 건명(乾命)

재성생궁이라 일원이 장생으로 용모 단정, 날씬하고 순진, 명랑, 천진스럽고 자존심이 강해도 사교적이며 활달하고 현실적이다. 간사함이 없고 아름다운 용모에 귀인형이며 학문에 열중하니 주변의 사랑과 후원이 있다. 재신이 록왕지를 얻어 부친의 기운이 강하고 인수태종으로 모친은 상대적으로 무력하다지만 전반적으로 부모덕이 있고 병화(丙火)가 유금(酉金)에서 사종하니 형제덕은 바라지 말라.

앞길을 밝히는 등불의 상이니 일간 정화는 밤에 태어나야 길한데 정화일주(丁火日柱) 중 정유일주(丁酉日柱)가 가장 좋은 일주에 속한다. 자신이 덕을 먼저 베푸는 상이나 재물에 대한 집착도 강하고 욕심도 많으며 중년이 지나며 명성과 횡재운이 따른다.

정유(丁酉)는 문창이니 총명한 지혜를 바탕으로 하고 문장에도 일가견이 있으며 예술적이고 미적 감각도 있는데 봉사정신도 있으니 타인의 호감이 있다. 겉으로 드러나는 정(丁)은 부드러우나 내면을 그리는 유(酉)는 숙살지기이므로 일도양단의 속성이 있다.

분주한 속성이고 명예와 안정을 중시하고 계산적 행동이 있다. 차분함을 드러내고 사심 없으며 정직, 담백하지만 결단력이 부족한데 성격 급하고 합리적 사고에 원칙적이니 차가운 사람의 느낌이고, 유금(酉金)은 진토(辰土) 정인과 합을 하는 성정이라 비겁으로 변화하니 타인 배려나 이해보다 자신의 안정과 체면 중시하니 자존심을 내세우고 타인의 간섭을 싫어하며 유연성과 융통성은 부족하다. 아울러 유금(酉金)은 이미 녹여진 금속의 성분이라 주변 환경에 민감하고 재물을 다루는 능력이 탁월하며 순발력 있지만 타인 의견이나 조언 무시에 자기 생각대로 일을 하니 조직이나 직장 생활은 어렵다.

건명(乾命)은 처덕이 있어 좋은 아내를 맞이하지만 재성 혼잡으로 첩을 두는 형상이고 중년에 이르러 명리를 얻으며 몸에 상처나 수술 흔적을 남겨야 하며 활인으로 액을 면한다.

정유일주(丁酉日柱)는 철쇄개금이라고 하는데 학당은 학문을 즐기고 적덕을 쌓는 것이며 호인으로 부모덕이 있는 것과는 달리 형제덕은 없고 양처를 둔다.

재능이 많으나 이성에 인기가 있어 풍류로 허송세월을 보낼 수 있고 허영과 자부심으로 낭비가 일어나고 현실적인 것을 추구하여 공상이나 상상에는 취미가 없고 타인의 덕을 입기보다 먼저 베푸는 것이 행복을 찾는 길이다.

■ 곤명(坤命)

곤명(坤命)은 관성 욕종으로 남편의 풍류를 면하기 어려운데 도화장생으로 귀한 인연과의 배필을 보니 부덕이 있다 할 것이며 남편을 보살피는 현명한 여자로서 손색이 없고 다른 일주에 비해서는 좋은 일주에 속하지만 편재, 도화를 보고 있으니 재물을 탐하고 이성으로 인한 고민은 늘 떠나지 않는다.

재신의 형세가 아름다우니 곤명(坤命)은 결혼하여 시가를 부흥시키고 현모양처로 내조를 잘한다. 배우자가 주색에 빠지는 것이 근심이고 재물을 얻고자 하는 욕구가 강해서 가정 안주는 어렵다. 해시(亥時) 출생이면 야귀(夜貴)라. 명월지상으로 미모를 갖추고 길함이 넘치니 재좌호명(財座好命)이라. 일생동안 재물의 궁핍이 없으며 과다한 지출이 있으나 주위의 도움으로 위기를 벗어난다.

2. 세운의 변화

巳酉丑年 : 이사, 이동, 직업 변동
子年　　 : 신경쇠약, 정신 질환, 병원 출입
卯年　　 : 관재수, 구설수, 사고수, 부부 풍파, 이별수, 소송
酉年　　 : 관재수, 구설수, 사고수, 형옥(刑獄)
辰年　　 : 이성 만남, 좋은 일이 생김
辛卯年, 癸卯年 : 卯年은 卯酉冲이 되므로 일반적으로 변화가 심하고 運路가 좋지 않다

3. 물상

명월의 물상으로 일귀(日貴)라 하여 마음이 순진, 천진하니 만인의 호감을 사고, 달밤에 닭의 물상으로 예리하고 민첩하여 좋은 사주원국(四柱原局)이 될 수 있어 호명(好命)이라 하고 어려움이 닥쳐도 주위의 도움에

금전의 부족함은 없다.

해시(亥時)에 태어나면 명월과 같은 사람으로 야귀(夜貴)라 하는데 미모가 뛰어나고 길하다. 정화(丁火)는 부드러우나 일지 유금(酉金)은 숙살의 기운이라 일도양단의 속성이고 좋은 배우자 암시이니 부부의 인연은 길하다.

4. 특성

평생 재물 인연이 순탄해 인생 다복이라. 시작은 어려워도 결과는 창대하여 어떤 경우라도 재물길에 번영 있고 세속적으로도 발전이 많으며 두뇌가 빠르고 수명도 좋다. 재능과 수완이 남달라 두뇌 발달이 좋아 어린 나이에도 학문의 발전을 보이고 지도자적 성향이라 처세도 뛰어난데 자신의 재주를 믿고 상대를 불신하는 단점이 있어 이를 경계하여야 한다.

5. 육친관계

▣ 건명(乾命)

기력이 약해 모친을 봉양하는 것이 좋으나 모친이 허약하여 근심이고 부친은 지나치게 강하여 갈등이 있으며 미인의 현모양처를 만나지만 작첩하고 처를 고생시킨다. 재물과 배필 복이 무난하여 삶의 활력이 되고 큰 재물과 인연이 있는 배우자를 만난다. 처덕이 있음에도 배우자를 억압하려 하면 불화가 따른다. 부모덕은 있으나 형제의 운은 없다.

▣ 곤명(坤命)

남편이 큰 재물에 인연하는 사업가이거나 지위가 있는 사람과 인연을 맺으며 자식운도 있다.

6. 학업

■ 건명(乾命)

어린 시절부터 다재다능에 학업 발전이라 인내와 노력이 부족해도 주변 친구들보다 성적이 뛰어나나 사주원국(四柱原局)에 금의 오행이 많으면 성적이 떨어지고 주변 학생들에게 밀리게 된다. 중간에 태만해도 세월이 흐르면 학문 결실이 이루어지니 다양한 학위 취득이라. 경영학, 경제학, 공학, 의학, 약학, 전문자격증 취득이 가능한 분야가 성공을 위한 학문이다.

■ 곤명(坤命)

경영학, 경제학, 예능, 어학, 의학, 약학과 같은 학문이 성공을 위한 학문이 된다.

7. 결혼운

■ 건명(乾命)

여성에게 인기가 있어 어려서 이성에 눈뜨고 애정운도 강하니 연애하여 풍류를 즐기고 소년기를 넘기는데 재물 인연이 강한 배필이라 처의 기가 강하고 사주원국(四柱原局)에 금(金)의 오행이 거듭 있으면 처의 기가 너무 강하여 고통이 있거나 배필 인연이 여러 번 바뀌는 경우도 있다. 소띠, 용띠, 뱀띠, 말띠, 원숭이띠, 닭띠, 돼지띠 여자가 좋은 배필이 될 것이다.

■ 곤명(坤命)

곤명(坤命)은 이성 관계가 빨리 오니 부모와 갈등이 인다. 시집이 부자이거나 사업하는 남편일 가능성이 많고 내조를 잘하는 현모양처감인데 시부모 동거가 많다. 쥐띠, 소띠, 용띠, 뱀띠, 말띠, 원숭이띠, 닭띠, 돼지띠 남자가 좋은 배필감이다.

8. 직업

조직 직장길보다는 자기사업에 인연이라. 사주원국(四柱原局)에 수(水)와 목(木)이 조화를 이루면 직장길이나 사업의 길이 모두 좋은데 조직 직장길에는 금융권, 재무, 회계, 식품, 해양, 수산, 의약 분야가 좋다. 항상 큰 재물을 꿈꾸는 속성이 있어 사업길에 인연하고 싶어 하고 투기적인 사업에도 유혹을 당하는데 사업은 금속, 기계, 식품, 농산물, 의약업이 좋다. 사주원국(四柱原局)에 금(金)의 오행이 많으면 처와 동업하기도 하고 가업을 이어 동업하는 경우도 많다.

정유일주(丁酉日柱)는 철쇄개금으로 치과의사나 성형의사도 좋고 소식을 전하는 기자, 신문의 보도국과 같은 직종, 교육계통에도 적성이 부합된다. 이외에도 이발사, 미용사, 일수놀이, 저축은행, 당구장, 쌀가게, 완구점과도 인연이 깊고 곤명(坤命)의 경우 파격이 되어 몸을 파는 창기(娼妓)도 많다.

9. 성적 욕구

■ 건명(乾命)

지지(地支) 유금(酉金)은 근본적으로 색정이 강하고 편재와 도화가 합해지니 호색이라. 기본적으로 성욕이나 성적 기능도 강하지만 서둘기 일쑤이고 인성과 재성이 많으면 음탕에 천박인데 목화가 강하면 지속력 좋고 쾌감도 좋다. 열기가 생겨야 성욕도 생기고 발기도 잘 일어나는데 자연스럽게 유도하지 못하는 경우가 있으므로 편안한 마음으로 즐기면 상대를 만족시킬 수 있다.

■ 곤명(坤命)

색정은 강하나 온순하여 상대가 이끄는 대로 따르지만 감도가 뛰어나고 상대가 기분을 드러내면 좋아한다. 목화(木火)가 적당하면 최상의 오르가즘을 느끼며 금생수(金生水)가 이루어지면 갱년기가 늦고 옥문이 촉촉하니 자궁이 건강하다.

10. 질병

기력 부족이니 항상 건강을 유의해야 하는데 정(丁)은 화(火)의 성분으로 심장과 소장에 기인하고 유(酉)는 금(金)의 성분이니 폐와 대장에 기인하는데 소장, 정랑, 는소, 코, 인후병에도 영향을 미친다. 정유일주(丁酉日柱)는 심장과 간장이 극도로 허약하고 안경을 쓰는 경우가 많다. 금기(金氣)가 하혈을 일으키고 토혈, 치질 등의 피를 보는 작용을 한다. 계수(癸水)가 극에 달하면 간질을 피해갈 수 없다.

35장. 무술(戊戌, 辰巳空亡)

1. 사주의 특성 (辛9, 丁3, 戊18)

십악대패 十惡大敗	十惡大敗日이란 유시무종(有始無終)하고 낭비가 심하고 불운을 만나면 가산을 탕진하여 대패한다는 암시가 있다. 庚戌年의 甲辰日, 辛亥年의 乙巳日, 丙申年의 壬寅日, 癸巳年의 丁亥日, 戊寅年의 甲申日, 甲辰年의 戊戌日, 乙未年의 己丑日, 丙寅年의 壬申日, 甲戌年의 庚辰日, 乙亥年의 辛巳日 등이 해당된다
괴강살 魁罡殺	괴강(魁罡)은 파괴력이 으뜸이 되는 별로 경술(庚戌), 경진(庚辰), 임술(壬戌), 임진(壬辰), 무술(戊戌) 등을 가리키는데 총명하고 극빈, 부귀, 총명, 괴걸(怪傑) 같은 암시가 강하고 자기만의 독특한 고집이 있다. 여자는 과부가 되거나 남편 덕을 기대하기 어렵고 항상 불만스럽게 산다.
뇌공타뇌관 雷公打腦關	병자(丙子), 무술(戊戌), 경인(庚寅)일로 벼락, 전기 등으로 인한 사고의 위험이 있고 화재, 가스, 교통사고 등이 염려된다.
과살 戈殺	무술(戊戌)이 일시(日時)에 있는 경우를 말하며 몸에 큰 흉터를 지니게 됨을 암시한다. 중상(重傷), 중병(重病)으로 인한 수술을 하게 된다는 의미가 강하다.
익살	몸에 중상을 입고 흉터가 남는다. 과살과 유사하고 戊戌 일시 출생자이다.

음욕살 陰慾殺	무술(戊戌), 신묘(辛卯), 정미(丁未), 을묘(乙卯), 기미(己未), 계축(癸丑), 경신(庚申) 일주는 음흉하고 색정적인 기질이 있다. 여성은 유흥가 진출이고 남성은 재혼하는 사례가 많다.
태극귀인 太極貴人	갑자(甲子), 갑오(甲午), 정묘(丁卯), 정유(丁酉), 무진(戊辰), 무술(戊戌), 기축(己丑), 기미(己未), 경인(庚寅), 신해(辛亥), 임신(壬申), 계사(癸巳) 일이 태극귀인에 해당되며, 기쁨을 암시하고 생년(生年)과 일지(日支)에서 보면 격국(格局)이 청순하고 우수하면 입신양명한다.
재고귀인 財庫貴人	갑진(甲辰), 병술(丙戌), 정축(丁丑), 무술(戊戌), 기축(己丑), 신미(辛未), 임술(壬戌)일주는 지지(地支)가 재성(財星)의 창고이니 부자가 된다.
간여지동 干與支同	간지(干支)가 같은 오행(五行)의 글자로 부부간 생사이별수가 있으며 흉살(凶殺)과 겹치면 사별(死別)도 있다.
천문성 天門星	하늘의 글을 뜻하는 천문을 읽는 지혜를 타고났다는 뜻이므로 재주나 문장이 뛰어나다. 지지(地支)에 卯戌亥未가 지지(地支)에 있는 것을 말하는데 戌亥가 가장 강하게 나타난다. 종교, 신앙, 철학, 예지하는 능력이 있다 하여 역술이나 무속계통에 관련이 있다.
천라지망 天羅地網	戌亥는 天羅, 辰巳는 地網인데, 감금, 구속, 시비, 송사 등의 구설이 따른다. 곤명(坤命)은 공방수나 파혼의 운이고 자녀궁에 흉사가 있다. 활인성이라 검경계나 법조계, 의약계, 역학계, 종교인 등과 연관이 깊다. 辰과 戌은 첨단산업이나 공업 계통으로 진출하며, 戌과 亥는 天文星으로 지혜총명하고, 天主敎의 신앙을 믿는 사례가 많다.
묘 墓	검소하고 실리를 추구한다. 경제분야에 관심이 많다.

제4부. 일주론(日柱論) 459

■ 건명(乾命)

신용과 신의를 중시하는 중후한 인품을 지녔고, 체격은 둥글고 통통하며 적황색 피부가 두드러지고 비견 입묘에 괴강에 과살이라. 수집에 일가견이 있다. 지지(地支)의 지장간(地藏干) 정화(丁火)의 인수 화개에 양지로 총명성이 있고 일희일비하지 않으며 과묵하고 포용력이 있어 속마음을 드러내지 않는다. 타인의 마음을 잘 읽으며 간섭도 하는데 상관 신금(辛金)이 대지라 종교성이다. 신의, 신망, 근면성도 있고 학예도 뛰어난 팔방미인이지만 완고한 성품에 타인의 일에 발 벗고 나서니 색정 문제도 생기고 가정은 소홀하다.

가정보다 종교가 좋은데 태산의 물상이라 고집과 자존심이 강하고 독선적이고 자기중심적이며 타인의 간섭을 싫어하며 생각의 차원이 높고 속세를 떠나고자 한다. 책임 의식이 강하고 시비가 분명하며 반음설기(反吟洩氣)의 상이라 타인에게 간섭하고 참견이 심하다.

재물에 대한 집착도 강한데 돈 버는 재주가 있지만 쓰기도 잘하고 착하고 어질지만 한 번 화를 내면 무섭게 타오르며 증오심이 강하고 때로 오만불손하기도 하지만 분명한 책임을 지며 시비를 가리고 동업하면 반드시 사람 잃고 돈 잃는다.

교육이나 의학계통으로 진출하면 일생이 무난하고 사업은 불리하다. 직장생활을 한다면 예술이나 예능 방면도 생각해볼 필요가 있다. 매사 장애가 많으니 재물은 지나치게 집착하지 않아야 심신이 괴롭지 않다.

글자의 상에서 창(槍)을 의미하는 과(戈)의 글자가 겹치니 수술수에 형제를 잃기도 하지만 사람을 살리면 액을 면하니 물상대체라고 하며 개에 물리는 상이라 활인을 해야 액을 면한다. 양토(陽土)의 비화(比和)로 자만과 독선이 심하고 천한 사람들과 잘 어울리는 특성이 있는데 처를 다투는 양상이라 배우자의 인연이 부정적인 형태로 나타난다.

두뇌총명에 지혜 있고 은근과 끈기 있으니 시작하면 끝을 보는 성격에 삶에서 안정과 체면을 중시하여 몸도 바쁘고 할 일도 많아 타인 일에 나서니 타인 이해와 배려가 보이나 가정에 소홀하고 유연성과 융통성은 부족한데 지지(地支) 술토(戌土)는 정관 갑목(甲木)을 만나 합을 원하니 인성의 변화로 나타나는데 안정과 체면 중시에 원칙과 명예를 소중하게 여기며 장남, 장녀, 장손, 맏며느리이거나 그 역활을 하기 쉽다.

신금(辛金) 상관은 일종의 노기를 의미하니 순하다가도 화가 나면 물불을 가리지 않으며 천문기라 영감이 뛰어나고 괴강의 일주에 상관의 지지(地支)는 노기이며 재소 대종은 처에게 매정하기도 하지만 고생까지 시키고 초혼에 실패하거나 배우자 잔병이 있고 화개를 겸간(兼干)하면 처의 병치레를 의미한다. 간여지동으로 조토(燥土)는 초혼실패의 운이고 병치레를 의미한다.

■ 곤명(坤命)

총명하지만 고집으로 망하니 자기 수양이 필요하고 남편 근심은 인생을 좀먹는다. 가정보다 종교가 좋고 타자부양(他子扶養)의 운은 지장간(地藏干)의 신금(辛金)에 기인한다. 인수묘궁의 양지는 친모를 봉양하지만 모친의 덕은 없으며 어머니를 향한 원망이 표출되며 친모를 봉양하면서도 가슴에 못을 박는 것은 인수(印綬)가 고(庫)에 닿은 탓이며 친정의 형제가 떠나지 않고 머무르는 것은 비겁을 동반한 탓이다.

상관 화개는 낙태의 위험성이니 낙태 수술의 운이 있으며 지나치면 자궁병에 무자식 팔자라. 관성양종이라 화개와 겹쳐 남편이 무력하여 가족을 부양해야 할 처지에 놓이기 쉽고 남편을 극하는 유형이라 배우자의 인연이 부정적인 형태로 나타난다.

부잣집으로 시집가도 남편의 재산이 물거품처럼 흩어질 것이고 지나친 고집은 부부이별의 신호이며 고부갈등이라. 배우자 덕도 없으니 근심이고 본인이 직접 직업을 가지고 먹고 살 것이며 낙태하면 후회할 일이라. 재관이 강하면 뿌리를 내린다.

2. 세운의 변화

寅午戌年 : 이사, 이동, 직업 변동
巳年　　 : 신경쇠약, 정신 질환, 병원 출입
丑未年　 : 관재수, 구설수, 사고수, 부부 풍파, 이별수, 수술
辰年　　 : 관재수, 구설수, 사고수, 형옥(刑獄)
卯年　　 : 이성 만남, 좋은 일이 생김
壬辰年, 甲辰年 : 辰年은 辰戌冲이 되므로 일반적으로 변화가 심하고 運路가 좋지 않다

3. 물상

괴강살인데 무술은 높은 산이니 천문이 들어 생각의 차원이 높고 속세를 떠나려는 성향이 있다. 성격이 완고하며 책임의식도 강하고 행동과 시비가 분명하다. 글자의 모습으로 보면 창을 의미하는 글자가 두개나 겹치니 달리 과살이라 하는데 몸에 큰 상처가 생긴다는 의미가 있고 중상이나 중병으로 수술을 받을 가능성이 크다. 개에게 물리는 물상이며 몸에 칼이

들어오는 모습이므로 활인으로 액을 면해야 하고, 가정보다 종교에 관심을 기울이는 사람들이 많다.

4. 특성

무술일주(戊戌日柱)는 가을의 저무는 기운이라 고통이 따르는 모양으로 배우자의 인연이 고르지 못하고 재물에도 애로가 따르고 인간사에 관심은 크지만 성취가 순조롭지 못하고 사주원국(四柱原局)에 술(戌)자가 거듭하면 적멸의 기운이 강해져 자신과 형제와 부모, 친인척의 돌락을 보며 사주원국(四柱原局)에 수(水)의 오행과 화(火)의 오행이 고르게 조화되면 때로 대귀대부를 이루는 사람이 있다. 학예의 재능이 있고 종교, 철학에도 인연이 깊으나 처세는 서툴고 좋은 일을 하고도 좋은 소리를 듣지 못하니 고독한 명이다.

5. 육친관계

■ 건명(乾命)

부친 인연이 짧거나 덕이 부족한데 모친 인연 또한 병에 시달리고 인연 짧은 경우가 아주 많다. 지지(地支)의 비견은 처를 다투는 모양이니 배우자에게 매정하고 배우자와 이별, 사별 또는 작첩, 가출의 운이다. 戌은 적멸이라는 의미가 있으므로 형제를 잃기도 하는데 부모의 덕이 없듯 형제의 덕도 없고 자립의 운이고 자식이 드문 경우가 많다.

■ 곤명(坤命)

고부갈등이 있고 부잣집에 시집가도 남편의 재산이 물거품이라. 배우자 덕은 없으며 이별 운이 있고 배우자 작첩이라. 사주원국(四柱原局)에 신(申)과 유(酉)의 글자가 있으면 성공하는 자식이 있다. 절대로 낙태할 일이 아니다.

6. 학업
■ 건명(乾命), 곤명(坤命)

두뇌 적절에 인내, 노력 겸비되어 학문에 두각을 보이니 평소 좋은 성적을 유지하나 사주원국(四柱原局)에 화(火)의 오행과다로 수기(水氣)가 부족하거나 수(水)의 오행과다로 화기(火氣)가 부족하면 학문길이 순조롭지 못하고 사주원국(四柱原局)에 목(木)의 오행이 있으면 좋은 학교 인연이다. 세속의 일에 관심이 있으나 능숙하고는 거리가 멀어 나이 들어 학위 취득하고 교수직에 인연하면 실력을 떨치고 이름을 날리겠다.

7. 결혼운
■ 건명(乾命)

지지(地支) 비견은 배우자의 재물을 빼앗는 격이라 일찍 연애와도 좋은 배우자 운은 아니고 지지(地支) 비견은 경쟁의 논리이고 배우자 선택이 현명치 못해 부모와 갈등 오지만 자기 고집이라. 어떤 일주와 혼인해도 배우자와 다투는 모양이니 고통이다. 쥐띠, 소띠, 범띠, 토끼띠, 뱀띠, 말띠, 원숭이띠, 돼지띠 여자가 좋은 배필 인연이다.

■ 곤명(坤命)

소띠, 범띠, 토끼띠, 뱀띠, 말띠, 개띠, 돼지띠 남자가 좋은 배필의 인연이다.

8. 직업

학문과 예술의 별이라 재물 인연보다는 명예에 관한 인연이 많으므로 조직이나 직장의 인연이 강하다. 지지(地支) 비견은 재물 인연을 흐트러뜨려 사업 인연, 재물 인연 약하며 사주원국(四柱原局)에 수화(水火)의 오행이 고르면 상속과 증여의 운과 큰 부자의 운도 있다. 직장길은 교육, 의학, 약학, 종교업, 전문기술, 연구직, 공직 등이고 사업길은 교육사업, 종교사업, 전문기술사업이 좋다. 무술일주(戊戌日柱)는 군인, 경찰, 검찰, 의사, 약사, 정치인, 교육자에서 많이 볼 수 있고 신앙과 관련된 목사나 승려도 많다. 토산품, 부동산, 고서화, 종교 서적과 인연이 있으며 동업은 어울리지 않는다. 동업하면 친구 잃고 돈도 잃는다.

9. 성적 욕구

■ 건명(乾命)

일간이 강하고 음욕살이니 정력이 강하고 색을 밝히는 편이지만 상대방을 위해 헌신하고 상대방의 기쁨을 위해 노력하지는 않는다. 상대방은 당연히 단조로움으로 싫증을 느낀다. 토(土)가 많은데 이는 열기(熱氣)를 서서히 발산할 수 있다는 것으로 지속력을 의미하는데 조토(燥土)는 다르다. 비견이 많으면 색정으로 번뇌가 파도를 친다.

■ 곤명(坤命)

곤명(坤命)은 적극적인 성교를 즐기며 남성을 기쁘게 하는터 기교도 좋고 명기 스타일이다. 토(土)가 너무 많으면 수(水)의 기운을 고갈시키고 분비물이 적으니 성교 시 고통이 있고 생리통과 생리불순을 나타내며 흙이 두터운 것처럼 오르가즘에 어르기 어려우므로 전희가 길어야 하나 금(金)이 투간되면 오르가즘이 빠르다. 토(土)와 수(水)가 혼입되면 질의 조임이 좋고 충(冲)이 많으면 질의 조임이 거의 없고 분비물도 적다.

10. 질병

무술일주(戊戌日柱)는 모두 토(土)의 성분으로 이루어져 있다. 토(土)와 연관 있는 병은 비장과 위장이다. 이 중 무(戊)는 위장과 갈비를 표현하고 술(戌)은 명문, 복숭아뼈, 자궁과 폐에 영향을 미친다. 무술일주(戊戌日柱)는 과살로 인해 골절을 입기 쉽고 위장병, 심장마비, 대장염, 천식, 고혈압, 간염에 걸릴 우려가 있다.

36장. 기해(己亥, 辰巳空亡)

1. 사주의 특징 (戊7, 甲7, 壬16)

관기학관 官貴學官	지혜가 밝고 학문이 뛰어나 교육자로 성공하거나 공무원이 되면 승진이 매우 빨라 입신출세(立身出世)한다는 길성으로 고위직에 오른다는 암시가 있다.
의처의부 疑妻疑夫	갑오(甲午), 병술(丙戌), 무진(戊辰), 경진(庚辰), 임술(壬戌) 일주의 남자와 을사(乙巳), 정해(丁亥), 기해(己亥), 신사(辛巳), 계해(癸亥)의 여자 일주가 해당한다. 의처의부증(疑妻疑夫症)이다.
취명관 取命關	어린이들이 사당이나 절 등에 가면 떠도는 혼령에 의해 질병을 얻을 수 있다 하여 小兒關殺符로 많이 쓰이는데, 10세가 지나면 액이 소멸되는 것으로 의학이 발전하지 않았던 과거 시절에 주로 쓰였다.
천라지망 天羅地網	戌亥는 天羅, 辰巳는 地網인데 감금, 구속, 시비, 송사 등의 구설이 따른다. 곤명(坤命)은 공방수나 파혼의 운이고 자녀궁에 흉사가 있다. 활인성이라 검경계나 법조계, 의약계, 역학계, 종교인 등과 연관이 깊다. 辰과 戌은 첨단산업이나 공업 계통으로 진출하며, 戌과 亥는 天文星으로 지혜총명하고, 天主教의 신앙을 믿는 사례가 많다.
천문성 天門星	하늘의 글을 뜻하는 천문을 읽는 지혜를 타고났다는 뜻이므로 재주나 문장이 뛰어나다. 지지(地支)에 卯戌亥未가 지지(地支)에 있는 것을 말하는

	데 戊亥가 가장 강하게 나타난다. 종교, 신앙, 철학, 예지하는 능력이 있다 하여 역술이나 무속계통에 관련이 있다.
곡각살 曲脚殺	곡각은 글자가 구부러진 것이다. 사주에 곡각을 나타내는 글자가 있으면 신체 어느 부위에 병이 있어서 불구가 되는 뜻이다. 곡각은 사주 중에 2~3개 있어야 작용한다. 곡각살이 작용하면 등뼈가 고르지 않거나 각부에 병이 있거나 불구의 형태를 가진다. 곡각은 또한 자기가 양자가 되거나 양자를 맞이하게 되는 뜻이 있다.
태 胎	태는 시작이니 자신을 돌보며 세를 축적하려고 하는 상태이다. 발전, 근면, 노력을 뜻한다.

■ 건명(乾命)

신용과 신의를 중시하니 자기주장을 내세우지 않고 내성적이지만 중심을 지키려 노력한다. 포용력을 발휘하며 보수적이고 안정적으로 생각하고 지혜와 인정이 있으므로 대인관계는 원만하고 계산적으로 행동한다. 주변 의식이 심하고 변화를 싫어하니 추진력이나 대중성은 부족하고 행동은 조심스럽고 계산적이며 독선적이나 처세가 좋고 영리하고 선견지명이 있어 허튼 행동을 하지 않으니 속마음을 알 수 없다. 기토일주(己土日柱)는 항시 안정과 명예를 중시하지만 외음내양(外陰內陽)이라 배짱이 있는 듯하지만 의심 많고 계산적이며 실속이 없다.

흙이 초겨울을 만나 창고와 같고 기토일간(戊戌日干)이 정재에 좌하였으며 록지에 해당하니 평생 재복이 있고 편재는 왕지에 이르니 부친운도 있지만 소극적이고 조용하며 실리추구형이다.

사주원국(四柱原局)에 수(水)가 많고 화(火)가 없으면 재복이 있어도 육친의 만족이 어렵고 건강이 부실하다. 재물을 유지하는 힘이 있고 재성과 관성이 록지에서 장생으로 힘을 얻으니 현량한 배우자 운으로 배우자에 충실하며 은근과 끈기, 인정이 있어 만인에게 인정받는다.

언변이 좋고 운동신경도 발달하여 활동적 성격으로 나타난다. 배짱을 드러내나 소심하고 겉과 속이 달라 진정한 속을 알 수 없으며 자신의 본심을 드러내는 경우가 거의 없는데 정직하고 성실로 재물을 취하기 위해 승부한다. 재물에 대한 욕구도 많지만 남의 재물을 탐내지는 않으며 보수적인 체면을 중시한다.

해수(亥水)는 갑목(甲木)에서 장생이라 정관 장생지이니 사상이 건전하고 의관이 단정하며 두토(戊土) 겁재는 절지에 이르니 형제는 무력하기만 하다. 일지 정재이니 현량한 배우자 운이고 자식운도 좋은데 적극적 애정의 표현은 부족하며 재물이 되는 공부에만 관심이 있다.

부모덕은 없지만 재물복은 있는데 의심 많고 계산적이며 사치와 낭비는 거리가 멀다. 성격이 치밀하지만 간혹 덤벙대고 인수 병화(丙火)가 절지에 놓이니 학업의 중단수이며 직장운이 좋지만 기해(己亥)는 흙이 물에 잠겨 진흙탕이 되니 명랑해도 수심이 있으며 위장을 나타내는 토(土)가 물에 쓸리니 비위 약하고 간혹 우울증이 나타나기도 한다.

사상 건전, 의관 단정, 두뇌 총명이나 비밀이 많고 겉과 속이 다르며 타인에게 속기 쉽다. 타향에서 살거나 해외에 살기 쉬우며 신앙에 독실하고 꿈이 잘 맞는다. 재가 역마에 임하니 외식을 즐기고 총명에 건전하니 귀인지상이라 하는데 기해일주(己亥日柱)는 목화(木火)의 배합이 좋아야 상격사주로 법관, 의사, 공직에서 대성 가능성이 있으며 일지가 라망이고 해수(亥水) 위에 기(己)의 구조는 불안하니 활인하지 않으면 중년 이전에 횡액을 당할 수 있는 운이다. 양처의 연분이나 배우자가 활동적이어서 안주가 어렵고 처의 권력이 강하여 쥐여살 것이다.

지장간(地藏干) 갑목(甲木)이 일간 기토(己土)와 암합하여 처가 자식과 암합하니 타인 이해에 배려심이 있다. 활동하기를 원하여 다정하고 인정이 있으며 차중연애에 총각으로 자식을 낳을 수 있고 색정으로 패가망신할 수도 있으며 감금되거나 은둔 생활의 운이다. 해외 주유에 자녀인 갑목(甲木)의 입장에서 인성이 해수(亥水) 역마이니 외국 유학에 국제연애의 운도 있다. 고향을 떠나 살 팔자이고 주거 이동, 직장 이동, 출장도 잦으며 해외 출입도 많다.

■ 곤명(坤命)

남편을 의심하며 명암부집이 이루어지면 자식을 두고도 개가하고 부부의 파란이 불을 보듯 뻔하다. 지지(地支) 해(亥) 중의 갑목(甲木)이 남편이니 곤명(坤命)이라 해도 간혹 배를 타거나 국제적인 연애결혼도 가능하고 형(刑)의 암시가 있어 배우자가 형(刑)을 당할 것이고 시주(時柱)에도 기해(己亥)가 있다면 자식이 형을 당할 것이다.

의부증이 있는데 배우자의 의처증도 있을 것이며 외정을 즐기고 배우자궁은 부실하다. 재혼의 운도 있으며 배우자가 감금생활을 당하거나 은둔하고 생활력은 강하나 싫증이 빠르고 요식업이나 숙박업으로 치부할 수 있다.

항시 밖에 나가며 합덕귀인이 있어 위기를 잘 극복한다. 남편을 섬기는 양처이나 탐관의 성향이니 남자 문제로 근심이 상존하고 타간(他干)에 기토(己土)가 투간하면 지장간(地藏干) 갑목(甲木)이 또 합을 이루므로 남편을 두고 다른 여자와 다투는 양상이라 근심이 깊다.

사주원국(四柱原局)에 갑을인묘(甲乙寅卯)의 목(木)의 오행에 해당하는 글자가 있으면 초혼에서 그치지 않고 재혼하거나 혼외로 남자를 두며 갑(甲)의 글자가 월(月)이나 시(時)에 있으면 애를 낳고 살다가도 다른 남자를 따라가며 우환을 ㅍ하기는 어렵다.

2. 세운의 변화

亥卯未年 : 이사, 이동, 직업 변동
辰年   : 신경쇠약 정신 질환, 병원 출입
巳年   : 관재수, 구설수, 사고수, 부부 풍파, 이별수, 수술
申年   : 관재수, 구설수, 사고수, 형옥(刑獄)
寅年   : 이성 만남, 좋은 일이 생김
乙巳年, 癸巳年 : 巳年은 巳亥冲이 되므로 일반적으로 변화가 심하고 運路가 좋지 않다

3. 물상

기(己)는 만물을 기르는 토양, 해(亥)는 바닷물이라 물에 흙을 풀어 비습한 토양이라. 진흙탕과 같으니 명랑하지만 속으로는 소심하고 때로 사람을 기피하고 우울증이 온다. 여자가 기해일주(己亥日柱)라면 우울증과 조울증을 배제할 수 없다. 원하는 대로 되는 일이 없고 허무하게 무너지거나 어려워지면 헐물어 버리거나 포기해 버리는 충동적인 기질이다.

지지(地支)의 해(亥)는 천라지망이라 평생에 형액수가 있고 배우자의 부정을 본다. 여성이라면 배우자가 옥에 갇히는 모습을 볼 것이다. 남녀

를 막론하고 재복이 있고 돈도 잘 쓰는데 사상은 건전하고 낯빛이 밝아도 비밀이 있어 배우자를 속이고 여행을 좋아하는 속성이 있다.

4. 특성

해(亥)는 차가움이고 초겨울의 날씨다. 기해(己亥)는 전원의 흙이 초겨울을 만난 것으로 얼음이 껴 겨울 창고라. 거둔 곡식이 겨울 창고에 가두어져 평생 재복이 있고 참견하고 관여를 하며 소극적인 성격인데 실리를 추구하고 차분하게 다진다.

사주원국(四柱原局)에 수(水)가 많고 화(火)가 없으면 재복이 충족되어도 육친의 부족과 불편함이 따르며 건강이 부실해 고통받고 비애를 느끼는 삶이다. 재물을 관리하는 능력이 있으며 배우자에게 충실하니 평탄한 인생이며 은근과 끈기, 정직하여 좋은 인상을 주고 사람에게 인정받는다.

5. 육친관계

■ 건명(乾命)

부친 인연이 강하고 모친 인연은 약하니 부친의 영향이 크거나 오래 사신다는 의미이며 사주원국(四柱原局)에 화(火)의 오행이 자리하고 있으면 부모의 복이 고를 가능성이 있다. 지지(地支)는 천간(天干)인 기토(己土)의 정재에 해당되니 양처의 운이고 배필 인연이 좋을 것이다. 따라서 해로에도 그다지 어려움이 따르지 않지만 의처증이 있고 배우자궁이 부실하여 이별, 사별하거나 독수공방이 있지만 자식 운이 고르니 아들과 딸이 고르게 오고 자식복은 있다.

■ 곤명(坤命)

여자 기해일주(己亥日柱)의 경우 사주 원국에 갑을인묘(甲乙寅卯)의 글자가 있으면 초혼의 실패 확률이 많은데 두 번 결혼하는 수가 있으며 혼외의 남자를 두는 경우가 많다. 기해일주(己亥日柱)의 여자 사주 원국에 갑(甲)이 월간(月干)이나 시간(時干)에 자리하고 있으면 결혼하여 아기를 낳고 잘 살다가도 불현듯 모든 것을 버리고 다른 남자를 따라 야간도주를 하는 경우가 있다. 자식 운은 배필이 누군가에 다라 차이가 있고 의부증에 외정을 즐기는데 배우자궁은 부실하여 이별, 별거할 수 있으며 자식을 두고도 재혼이 가능하다.

6. 학업

■ 건명(乾命)

지지(地支) 해(亥)는 기토(己土)의 정재로 재물, 봉급이니 재물을 얻는 사회적 행위, 현량한 아내이고 재물은 아내가 관리하니 재물과 관련 있는 학문이나 학습에는 인내와 노력이 있어 성취한다. 근본적으로 인내 노력이 있음에도 불구하고 게으름으로 학문 발휘는 두드러지지 않아 겨우 보통에 불과하다. 사주 원국(四柱原局)에 목화(木火)가 있으면 세월이 흘러 성공 운이며 대운과 세운에 목화가 오면 운이 상승하고 사주원국(四柱原局)에 유(酉)의 글자가 있다면 두뇌가 좋아 일찍부터 학문 발휘가 따른다. 행정학과, 경영학과, 경제학과, 사회과학, 교육학과, 자연과학이 성공을 위한 전공으로 좋다.

■ 곤명(坤命)

행정학, 교육학, 경영학과, 경제학과, 사회과학, 인문과학, 어학, 약학이 좋다. 재물과 직장을 구하기 쉬운 학문과 연관된 운이 있어 직장이 구해지거나 재물의 통로를 확인하면 공부에서 손을 놓는 특징이 있다.

7. 결혼운

■ 건명(乾命)

가장 좋은 배우자 운은 일지 정재가 오는 것이며 정재는 정당한 재물, 현량한 배우자를 의미하니 적당한 시기에 결혼을 할 가능성이 높으며 연애는 빠르지 않다. 가장 이상적인 배치로 매우 현숙한 아름다운 배우자 운이고 배우자의 결정 과정에서 부친과 갈등을 겪을 수 있으며 가장 이상적인 배우자는 쥐띠, 범띠, 토끼띠, 말띠, 원숭이띠, 돼지띠의 여자가 되고, 배필 인연이 최상으로 현량한 여자가 배우자가 된다.

■ 곤명(坤命)

일주에 정재가 지지(地支)를 차지하면 기본적으로 재산이 있는 집으로 결혼이 이루어지니 살아가며 재물의 풍족과 안정감을 느낄 수 있다. 이상적인 배우자는 쥐띠, 범띠, 토끼띠, 말띠, 돼지띠 남자로 사주원국(四柱原局)에 갑을(甲乙)이 거듭으로 자리하면 남편의 복이 고르지 못하여 여러 가지 우환을 당하니 고통이 있고 사주원국(四柱原局)에 화(火)를 의미하는 오행이 없다면 강제적인 결혼을 하는 경우도 배제할 수 없다.

8. 직업

재물이 일주에 있다는 것은 재물 운이 있다는 것이다. 지지(地支) 정재는 정당한 재물, 올바른 일의 대가, 월급처럼 일률적으로 들어오는 재산이나 소득이니 직장 인연이 많고 사업 운은 적음이고 사업 인연은 드무니 조직에서 성공을 잡아야 할 것이다. 조직이나 직장에서 성추를 하자면 행정직, 일반공직, 일반회사, 무역관련업이 인연이 깊다. 애써 사업길이라면 납품사업, 해양수산업, 운수업, 무역업, 교육사업이 가장 좋다. 투기적 성향과는 거리가 멀고 투기하거나 꾀임에 빠지면 있던 재물도 잃어버린다.

기회가 닿으면 관직이 가장 좋고, 의사계열인 소아과나 산부인과도 좋은 직업이 된다. 무역, 재정, 법관 외교도 해당하는 직업이며 외국상사도 해당된다. 사주에 관구 학관이 있으므로 승진이 빠른 특징이 있다. 무역, 수산, 원양어업, 또는 운수업이나 식품업도 사업으로는 해당된다.

9. 성적 욕구

■ 건명(乾命)

몸이 약하다는 약점이 있다. 그럼에도 성적으로는 대단히 욕구적이며 강한 특징도 지니고 있다. 로맨틱한 분위기 연출에도 능하고 한 여자에게 만족하지 못하므로 여자에 대한 비밀을 지니고 있으며 바람둥이 기질이다. 금수(金水)가 강하든 물이 넘치듯 정자가 넘쳐 무분별한 방출이 되듯 조루증세가 있고 목화(木火)가 강하면 발기가 잘 되고 쾌감이 최상이다. 지나치게 여자를 밝혀 결혼한 남자는 고민이고 여자를 멀리해야 하니 이를 과색금물(過色禁物)이라 했다.

■ 곤명(坤命)

기해일주(己亥日柱)의 여자는 성에 관심이 높아 부부생활에 요구가 많다. 강하고 이성에 대한 관심도 많아 의부증이 있으며 부부관계가 만족스럽지 못하면 외정을 찾는다. 기토(己土)가 임수(壬水)를 보면 홍수처럼 넘치듯 성교를 즐기지만 남자를 즐겁게 하지는 못하며 지나친 욕구와 해소를 위한 행동으로 자궁에 냉증이 오거나 불감증이 오므로 괴로움을 당할 수 있다. 목화(木火)가 안정되면 오르가즘이 충분하고 수토(水土)가 혼탁하면 음란하지만 질의 조임은 좋다.

10. 질병

기해일주(己亥日柱)의 글자에서 병을 찾는다. 기(己)는 배와 비장을 의미하니 복부 통증과 비장의 병이 의심된다. 해(亥)는 신장과 방광, 생식기의 병을 의미하며 항문과 머리의 병도 의미한다. 따라서 기해일주(己亥日柱)의 병은 주로 비장과 위장, 생식기와 신장, 방광에 해당한다.

기해일주(己亥日柱)는 겉으로 보기에 강하지는 않아도 건강해 보이지만 비위가 약하고 시력과 심장도 약하다는 특징을 가진다. 원인은 모두 위장에 있다. 따라서 기해일주(己亥日柱)는 위장을 튼튼하게 해야 한다. 모든 원인의 시작인 위장을 단련하고 튼튼하게 유지하기 위해 강황, 주황색 음식, 노란색 음식들을 섭취하면 좋다. 머리가 아프기도 하고 신경장애를 겪기도 한다.

37장. 경자(庚子, 辰巳空亡)

1. 사주의 특성 (壬10, 癸20)

낙정관 落井關	甲己일에 巳, 乙庚일에 子, 丁壬일에 戌, 戊癸일 생이 卯를 보는 것으로 수재(水災)나 물에 빠져 죽는다. 직업에도 영향이 있다.
상관사궁 傷官死宮	갑오(甲午)와 경자(庚子) 일주의 여자는 심하면 상부(喪夫)하고 독수공방(獨守空房)하게 되며 외견은 고고(孤高)하고 도도하다.
사 死	인간으로서 정신기능의 상실과 생체활동이 완전 정지한 상태이며 허약, 의지박약, 염려, 졸속을 뜻한다.

■ 건명(乾命)

 순수하고 태평스러우며 표면적으로는 천진난만하고 의리와 소신 있게 행동한다. 강자에는 강하고 약자에 약한 의리지상인데 인색할 때는 한없이 인색하고 후할 때도 한없이 후하다. 자신에게 필요한 사람에게 잘하고 이익이 없으면 내치는 등의 이기적인 행동도 하는데 재물에 대한 욕심이 강해서이고 지나치게 욕심을 부리면 패가망신의 운이다.

 지혜 총명에 강한 의리지상은 자존심의 표출이고 명예에 대한 결단력을 보여준다. 지장간(地藏干)에 식상만 있고 재는 없으니 유시무종이라. 때로 융통성과 순발력 미달이라 주위 무시에 자기주장만 내세우며 비계산적이고 무모한 행동을 하는데, 일지 자(子)는 상관이니 하극상의 기질이라 다재다능에 예리한 비판력을 지녔다.

상관사궁이기에 외견이 고고하며 도도한데 식상이 록왕에 좌하니 기세 왕하고 문장과 언어가 수려해 의약계나 언론계, 방송계 진출이 많다. 천간(天干)은 금(金)이고 지지(地支)는 수(水)이니 금한수냉(金寒水冷)이라 외화내빈의 상으로 타인 이해와 배려도 있지만 타인에게 싫은 소리 듣기 싫어하고 지나치게 깔끔하여 까탈스러우니 외견은 견고하고 화려하지만 내면은 늘 고독하고 가난의 기운이다.

손재주가 있으며 봉사정신과 희생정신도 있는데 표면적으로는 느긋하고 낙천적으로 행동하고, 이유 없는 도움과 언변으로 도와주고 뺨 맞으며, 많은 재주 있으나 색난으로 가정풍파 예견이라. 눈앞의 이익에 생각이 많아 긴 안목이 부족하고 비판적인 자세로 완벽추구에 상대방을 꺾으려는 기가 강해 구설을 피하기 어렵다.

이박이라 해서 귀가 얇아 제대로 된 마음이 있는지 의심스러운데 주변 변화에 따라 그 성정이 달라지기 때문이고, 배신과 일관성이 결여되어 있으니 활동력과 대중적이고도 일관성 있는 행동은 나타나지 않고 외골수적으로 행동하며 지나치게 깔끔해 보이는데 인정이 많아 두뇌회전이 빠르지만 보증을 서서 손해를 보거나 이용을 당하고 나름 옳고 그름을 잘 따지지만 금수쌍청(金水雙淸)이라 고고하고 자신의 주장에 주위를 의식하지 않으니 타인에게 상처 주며 청백하지만 고립자초에 경원의 대상이다.

쥐가 절벽에 매달린 물상이라 곡창이 없고 재물과도 거리가 있고 재성이 없어 시작은 잘하나 마무리가 보이지 않으니 용두사미라. 물(水)로 인한 재난이 있고 덕을 쌓아야 액을 면하는데 의사 판검사, 군인 사법계통이나 교육계통으로 나서면 액이 면해지고 그와 같이 진출하지 못하면 관재에 구설이며 사기를 당하고 이룸이 적다.

인색하지만 한없이 후하기도 한데 이익이 생기면 후하고 이익이 없으면 박하고 냉정하니 지지(地支) 상관의 균형이 깨지면 이기심과 질투심이 드러난다. 지지(地支) 자수(子水)는 정인 축토(丑土)와 합을 하는 성정이라 인성으로 변하니 인정과 체면 중시에 자기본위적인 사고가 강하게 표출되고 결단성과 승부욕은 약화되어 보수적인 성향이 돌출된다.

사주원국(四柱原局)에 화토(火土)의 오행이 잘 배치되어야 상격으로 공명을 이루는데 보통 인수태종으로 학업은 불리하고 오운(午運)에는 욕사의 충이 되는 물상이 조립되므로 배우자 갈등에 상관견관의 흉의가 피어오르니 어찌할거나. 지지(地支) 상관도화이니 재성육종으로 처의 미모를 의미하고 처궁은 부실해 색난의 조짐이나 배우자에게는 잘한다.

■ 곤명(坤命)

대부분 피부가 희고 미인형인데 볼수록 미워지는 형이고 오견은 고고하고 도도한 행동을 하고 남편의 덕이 없고 상관사궁이라 남편을 내쫓으니 죽이는 것과 같은 의미이고 내 주장으로 살아가는데 이성을 고르는 눈이 높지만 실제 남편은 기대 이하이기 때문에 고통과 번민이 더욱 심하다. 일지 상관이라 남편의 자리에 자식이 자리한 형국이니 남편의 부족함이나 기대에 미치지 못함을 자식에게서 채우려 한다.

상관사궁은 자식 하나를 잃는다는 의미이니 득자부별(得子夫別)이라, 자식을 얻으면 남편을 잃을 것이니 두렵지 아니한가!

총명하고 예민한 가운데 남편을 능멸하는 속성이 드러나고 이기적이다. 까탈스럽고 퉁명스러우며 싫증이 빠르고 권태기도 빨리 온다. 자칫하면 남편과 쉽게 만나고 쉽게 이별하게 되는데 싫증이나 권태가 빠르기 때문이다. 자손궁도 부실한데 이는 남편을 의미하는 화관(火官)이 금수(金水)에 빠지기 때문이다. 곤명(坤命)은 자궁이 약해 생리가 불순하고 출산 후에는 병을 얻을 가능성이 농후하다.

2. 세운의 변화

申子辰年 : 이사, 이동, 직업 변동
酉年　　 : 신경쇠약, 정신 질환, 병원 출입
卯年　　 : 관재수, 구설수, 사고수, 부부 풍파, 이별수, 수술
午年　　 : 관재수, 구설수, 사고수, 형옥(刑獄)
丑年　　 : 이성 만남, 좋은 일이 생김
甲午年, 丙午年 : 午年은 子午冲이 되므로 일반적으로 변화가 심하고 運路가 좋지 않다

3. 물상

물에 가라앉는 금(金)이니 쓸모가 없어져 외화내빈이며 견고하고 화려해도 내면은 고독하다. 쥐가 절벽에 매달린 상이니 유시무종이라. 시시각각 싫증이나 권태를 느끼니 순식간에 만나고 헤어지는 격이다. 후할 때는 한없이 후하지만 인색하면 또 인색이다. 시비를 가리는 예리한 비판력이 있으며 의리와 청백은 귀감이나 하극상의 기질과 귀가 얇으며 정이 많아 보증으로 손해를 보고 재물을 날린다.

4. 특성

 수렴과 결실을 나타내는 경(庚), 만물의 소생을 돕는 자(子), 타고 날 때부터 기술적인 재능이 있으며 지지(地支) 상관은 창조와 발명의 의미라 기술과 관련된 분야나 학문, 직업과 관계가 있다. 세속적인 일에 관심이 많아도 재능을 파는 능력은 약하니 연구직이 좋고 사주원국(四柱原局)에 인(寅)의 글자가 있으면 제조와 생산에 인연, 재물 번창이라 밀어붙이는 기가 강하고 두뇌 총명에 민첩함을 겸비한다.

 총명한 재주로 재물 인연이나 다른 사람을 무시하는 경향으로 인간관계는 매그럽지 못하고 의리와 명랑함으로 성품은 윌만하여 자기 고집만 내세우지 않으면 살아가며 어려움은 없다. 곤명(坤命)은 자기주장이 강하여 남편과 불화하는 경우가 많다.

5. 육친관계

■ 건명(乾命)

 기본적으로 부친 인연 깊고 모친 인연 약한데 지지(地支) 상관은 부모와 조상을 깨는 성질이고 배우자가 오면 부모 인연 약해지고, 미모와 학식을 지닌 배우자 운이지만 배우자 궁이 부실해서 이별, 별거하고 색난에 휩쓸릴 수 있다. 딸을 많이 낳을 것이다.

■ 곤명(坤命)

 배우자를 무시하는 행동을 하고 부덕이 없어 이상은 높아도 기대 이하의 남편이고 이별, 사별, 별거의 운이 있고 독수공방의 운이 흐른다. 아들과 딸이 고른데 곤명(坤命)은 자식을 낳으면 자식에 대한 근심이 있고 배필과 멀어지며 자식이 많으면 많을수록 남편의 인연은 나빠진다.

6. 학업
■ 건명(乾命)

총명한 두뇌의 바탕이라 어려서부터 두각을 보이나 노력과 인내가 부족하니 세월이 흐르며 성적이 저조하여 학마가 오고 좋은 학교의 인연은 약한데 사주원국(四柱原局)에 화(火)와 토(土)의 오행이 있으면 천재적인 성향이 발휘되어 좋은 학교의 인연도 가능하다. 의학, 공학, 자연과학, 인문과학, 신문방송, 스포츠가 어울리는 학문이다.

■ 곤명(坤命)

의학, 약학, 공학, 자연과학, 신문방송, 어학, 교육, 예능이 좋다.

7. 결혼운
■ 건명(乾命)

이성에 대한 관심이 높으니 연애는 일찍 시작하며 여자에 대해 적극적이다. 지지(地支) 상관은 어른의 의견과 불화를 의미하니 배우자 결정에는 부모와 갈등이 있으며 좋은 배필 인연은 쥐띠, 소띠, 토끼띠, 용띠, 양띠, 원숭이띠, 돼지띠 여자이고 처와 유정하여 배필 인연은 무난하다.

■ 곤명(坤命)

쥐띠, 소띠, 용띠, 뱀띠, 원숭이띠, 개띠 남자가 좋은 인연인데 자식을 낳고 나면 배필 인연이 멀어지며 자식이 오면 배필과의 고통을 피하지 못하는 경우가 많다. 특히 오(午)의 해에 배필의 갈등이 심하다.

8. 직업

지지(地支) 상관은 재능과 기술로 지도자를 이르니 기술과 관련된 곳에서 직업을 이루고 팔자에 화(火)의 오행이 있으면 전문기술로 조직 직장길 우선이고 연구, 교육, 전문기술, 의약관련에 해당하는 직장이 좋다. 사주원국(四柱原局)에 목(木)의 오행이 있으면 전문기술 사업이 좋은데 생물, 식품, 토목, 건축관련 사업, 의약관련 자격사업, 오락사업, 식품사업, 장식, 인테리어가 어울리는 사업군이다.

사주원국(四柱原局)에 화(火)와 토(土)의 오행이 매끄럽지 못하면 전문기술로 평생의 업을 삼고 사주원국(四柱原局)에 목(木)의 오행이 없으면 장사기술과 재주가 부족하여 재능에 비해 큰 재물 운이 트이지 않는다. 사주원국(四柱原局)에 화(火)와 토(土)의 오행이 잘 소통되면 검찰이나 경찰, 혹은 무관의 운이고, 일지는 식상의 성분이라 예술계, 방송언론계, 교육계 등으로 진출하는 경우가 많다. 절벽 아래 흐르는 물의 물상이니 종교와 철학에 몰두하기도 한다.

9. 성적 욕구

■ 건명(乾命)

경금(庚金)이 자수(子水)를 보고 있으니 색정도 강한데 지속력이 강하며 사주원국(四柱原局)에 금수(金水)가 강하면 색욕도 더욱 왕성하고 목화(木火)가 있어야 발기 왕성에 쾌감 증폭이고 겨울 생에 화(火)가 없으면 발기도 여의치 않고 성욕도 생기지 않으니 허망하다. 여성에게 사랑과 인정을 받아 미인이 많이 따르지만 오래가지는 않는다. 하초가 습해 고생이 있다.

■ 곤명(坤命)

성교를 좋아하지만 싫증과 권태가 빠르고 까탈스러운데 자수(子水)는 아직 추우니 오래도록 녹여야 하듯 전희가 길어야 하고 금수(金水)가 강하면 성욕 왕성에 분비물 충분하여 옥문이 촉촉하고 목화(木火)가 강하면 오르가즘에 오른다. 때때로 자신만의 만족을 취해 상대를 배려하지 못하는 습성도 있는데 금수(金水)가 너무 많은 사주원국(四柱原局)에서 출산 후에는 냉과 대하가 심해 불감증이 들고 남자에게 환영받지 못하는 경우가 종종 생긴다. 상관이 강하면 성욕이 왕성하고 남편은 장수하기 어려운데 인성이 있으면 통제되고 양인마저 많으면 음란이 극치에 이른다.

10. 질병

경자일주(庚子日柱)의 경(庚)은 금(金)의 성분으로 폐와 대장에 기인하고 배꼽까지 영향을 미친다. 자(子)는 수(水)의 성분으로 신장 방광에 기인하는데 음부, 요도, 귀, 전립선에 영향을 미친다. 경자일주(庚子日柱)는 금(金)의 성분이 가라앉는 격이니 물로 인한 액을 조심해야 하고 동상, 풍질, 호흡기, 폐 계통의 병을 조심해야 한다. 화(火)기가 지나치게 약하면 뇌출혈이 올 수 있으며 여성은 자궁이 약해 걱정이다.

38장. 신축(辛丑, 辰巳空亡)

1. 사주의 특성 (癸9, 辛3, 己18)

곡각살 曲角殺	곡각은 글자가 구부러진 것이다. 사주에 곡각을 나타내는 글자가 있으면 신체 어느 부위에 병이 있어서 불구가 되는 뜻이다. 곡각은 사주 중에 2~3개 있어야 작용한다. 곡각살이 작용하면 등뼈가 고르지 않거나 각부에 병이 있거나 불구의 형태를 가진다. 곡각은 또한 자기가 양자가 되거나 양자를 맞이하게 되는 뜻이 있다.
효신살 梟神殺	어려서 부모와 생이별하거나 인연이 박하고 없거나, 모친과 아내가 불화한다. 효란 올빼미를 말하니 올빼미나 부엉이의 그림, 혹은 박제를 걸지 않는다. 인정이 많아서 남에게 주기를 좋아하나 속으로는 냉정하고 이해타산이 있으며 자신의 마음을 속인다.
탕화살 湯火殺	寅午丑일 생에 해당한다. 화상, 화재, 음독, 가스 중독, 부상과 염세비관이 따른다. 탕화살이고 일시가 午丑이면 본처와 해로가 어렵고 무자식의 운이다. 일시가 오축이고 재성이 태과하면 아내가 문제 있고 관성이 태과하면 남편에게 문제가 생긴다.
양 養	모(母)에서 생육을 받고 탄생에 이르기까지의 과정이며 온순, 사교, 원만을 뜻한다.

■ 건명(乾命)

깔끔하고 강한 정신력의 소유자로 칼 같은 사람이다. 의리, 근면을 바탕으로 결실을 보이는 근기라, 자기감정을 숨기니 외골수라. 첫인상은 다소 냉정함이 보이고 아집이 있어 보이지만 의리에 의협심도 있는데 지혜 있고 총명하며 문장력도 있다.

지지(地支) 효신을 깔아 조실자모(早失慈母)라 하여 부모가 생존하여도 편모슬하에 인수양궁이니 부선망에 이복형제의 운이며 재성대종에 양지이니 부친은 환자의 물상이고 인수묘지이니 육친도 유력하지 않다. 꼼꼼한 성격이며 내성적이고 자기중심적인 현실적인 성격이라 미래에 대한 고민이 많다. 타인을 이해하고 배려하므로 남의 일에도 신경을 써 걱정을 사서 하며, 정의감으로 시비를 가리며 강직이 드러나는데 목적이 있는 정의감이며, 조용하나 끈기 있고 예술에도 소질이 있다.

신금(辛金)은 이용가치가 없으면 냉정하게 잘라버리니 흑백이 분명하고 고집과 자존심 강하니 타인의 간섭을 허락하지 않으며 배신과 복수, 이익이 없으면 버리는 무정함이며 자기 마음에 드는 상대는 최선을 다해 보호하고 적에게는 후일 두고 보자는 냉정과 독심을 보인다.

지지(地支)는 편인이라 어머니가 배우자의 자리를 차지하니 어머니의 간섭으로 배우자와 문제가 생기고 자존심이 강하지만 직감적으로 감지하고 이성적으로 대처한다. 자존심에 상처를 입으면 후일 두고 보자의 심정이고 탕화의 기운이 내재되어 비관하고 상처가 생기며 침착하지만 자기중심적이며 재능을 과신하니 인간관계에서 고통이라. 매사 밀어붙이는 힘이 약하니 큰 성공의 기약도 약하다.

축토(丑土)는 편재인 자수(子水)와 합을 하는 성정으로 비견으로의 변화가 일어나니 고집이 세어지며 자존심이 팽배하고 타인의 간섭을 허락하지 않으며 분주해지고 재물에 대한 욕심과 집착이 강해진다.

비견이 되는 신금(辛金)이 양지에 놓이니 형제는 의약업에 종사하거나 육영계통에 종사할 가능성이 있고 일지 비화에 식신대지이니 근면하고 어려운 일도 결실을 보는 근기에 아집도 있는데 본인의 마음에 들면 자비로워지고 자존심에 상처 입으면 참지 못한다. 자성대종으로 재물은 착실하게 모은다.

재주와 재치가 있고 예술적 성향이 강하나 도량은 좁고 성격은 꼼꼼하고 성실하니 신용은 있다. 처덕이 있어도 처궁은 불리하고 고부갈등이 오며 신경이 예민하고 인수 화개로 종교에 인연이 있는데 영감이 발달해 직관력 있으며 신앙심 있고 독립심에 자아의식도 강하다. 현실적이나 절제되지 않은 행동을 보이며 타인에게 의지해 살기도 하고 포용력 부족이니 자기사업보다 직장생활이 좋고 큰일 하기에는 역부족이다.

지장간(地藏干)의 신(辛)은 천간(天干)에도 있어 두 개의 신(辛)이니 이는 뿌리가 두 개 솟은 격이라. 누군가 자존심을 건드리면 몹시 분개하지만 신금(辛金)은 권모술수에 능하고 성격이 급하며 냉정하고 욕심 많으며 변덕 심하고 융통성 부족으로 대인관계가 약하고 자신의 것에 집착한다. 신(辛)의 특징이 살아나 타인과 잘 융화하다가도 틀어지면 다시 보지 않으며 급하고 날카로워 충돌이 있다. 권모술수에 능하고 신경이 예민하며, 독하고 냉정하여 마음이 넓지 못하다. 처자의 덕이 있으나 모친과 배우자의 불화를 피하기 어렵고 처의 비관이 두렵다.

■ 곤명(坤命)

미모가 있고 총명하여 남편의 사랑을 받을 수 있으리라 보여지나, 현실은 달라 총명하지만 박복하여 인생 흐름에 막힘이 많고 남편복과 자식복이 없으니 세상살이가 낙이 없다. 특히 성욕이 강해 만족이 어려우며 배우자궁은 부실하기 그지없다.

정관양종으로 천살의 물상이라 남편을 부양한다. 배우자 자리에 어머니가 있으니 친모를 봉양하고 타자양육의 운도 있는데 식신과 인수가 화개에 임하기 때문이다. 식신이 천살과 월살이 겹쳐 혼전에 낙태할 일이 있다. 곤명(坤命)은 미모가 있어 남편의 사랑을 받으나 쌍신(雙辛)이 허관을 합래하여 종종 연애는 하나 만족이 어려우니 일부종사 또한 꿈이다. 직업에서는 천직(賤職)이라도 마다하지 않는다.

2. 세운의 변화

巳酉丑年 : 이사, 이동, 직업 변동

午年　　 : 신경쇠약, 정신 질환, 병원 출입

未年　　 : 관재수, 구설수, 사고수, 부부 풍파, 이별수, 수술

戌年　　 : 관재수, 구설수, 사고수, 형옥(刑獄)

子年　　 : 이성 만남, 좋은 일이 생김

丁未年, 乙未年 : 未年은 丑未冲이 되므로 일반적으로 변화가 심하고 運路가 좋지 않다

3. 물상

신축일주(辛丑日柱)의 지장간(地藏干)에는 신금(辛金)이 내장되어 쌍신

(雙辛)이 되어 소의 뿔 모양이라. 화가 나거나 자존심이 무너지던 분개하고 복수심이 나온다.

신축(辛丑)은 글자의 모양에서 쇠 그물이니 신충 있고 근면하며 어려운 일도 극복해 나가니 천라지망이요 불교의 인드라 망처럼 촘촘함을 보여주는 듯하다. 어떤 어려운 일도 극복하는 남다른 근기를 보여준다. 천간(天干)이 현침이고 지지(地支)는 곡각이라 배우자궁의 근심이고 여성은 낙태를 피하기 어렵고 성격적으로 흑백논리가 분명하고 지나친 아집으로 때때로 타인을 비판하니 형제들이 건전치 못한 환경에서 자라는 동안 자연스럽게 만들어진 기질이다.

4. 특성

신(辛)은 가을의 특성이고 축(丑)은 얼어붙은 땅이니 씨앗이 껍질 안으로 생명을 유지하고 있는 모양이라 수동적으로 재물 활동을 하며 만인을 가르치는 직업에 어울려 교육, 육영, 요식, 축산, 원예 등에 인연이라. 사주원국(四柱原局)에 목화(木火)의 오행이 잘 갖추어지면 일평생 평탄하게 재물활동하며 살아간다. 지지(地支)는 편인인데 기술적인 교육, 육영이라 기술을 직업으로 삼거나 사람을 기르는 교육과 육영에 어울리며 세속적인 일에는 깊은 관심이 있어도 적극성이 부족하며 큰 성공을 기대하기에는 부족하다.

5. 육친관계

▣ 건명(乾命)

부친보다 모친의 인연이 기나 매사에 간섭이라 고통이 있고 처의 인연이 약하고 고르지 못한데 자식은 고르다. 모친으로 인한 근심이 많고 본인이나 배우자의 신상에 문제가 있으므로 덕을 쌓아야 액을 면하고, 처덕은 있으나 본인이 신경질적이며 완벽을 추구하고 주색을 탐하여 배우자와 이별, 사별, 별거 운이고 모친과 처의 갈등은 막을 수 없으나 자식 덕은 있다.

■ 곤명(坤命)

남편의 행동을 눈여겨보아야 하는데 신축일주(辛丑日柱) 여성의 남편은 바람을 피울 가능성이 높다. 미모가 있고 총명해 사랑을 받을 수 있으나 성욕이 강해 만족이 어렵고 배우자궁 부실이니 이별, 사별, 별거의 운도 있는데 배우자의 작첩도 보인다. 남편의 인연이 고른 편은 아니니 부부의 운이 없는 것이고 자식이 드물거나 자식을 낳아도 아들이 적으며 복도 없을 것이다.

6. 학업
■ 건명(乾命)

재능과 기술적 요소를 가진 사주라 어려서부터 좋은 성적을 유지하며 인내와 노력도 겸비되고 사주원국(四柱原局)에 목화(木火)의 오행이 부족하고 금수(金水)의 오행이 많으면 매사 차가운 기운이라 얼어붙는 격이니 학문 발휘가 저조할 수 있다. 늦은 나이까지 공부하는 만학의 기운이며 공학, 경영학, 경제학, 전문기술, 의학, 약학이 어울리는 학문의 길이다.

■ 곤명(坤命)

어학, 교육, 전문기술이 성공을 위한 학문의 길이 된다.

7. 결혼운

■ 건명(乾命)

어려서부터 연애 운이 있으나 과정은 순조롭지 못하고 결과도 좋지 않으며 모친의 간섭으로 배우자와의 갈등과 고통도 피하기 어렵다. 적극적으로 밀어붙이는 힘이 약하므로 재물이 늦어지거나 혼자 사는 경우도 많다. 쥐띠, 소띠, 범띠, 토끼띠, 뱀띠, 말띠, 돼지띠 여자가 배필 운이다.

■ 곤명(坤命)

쥐띠, 소띠, 범띠, 뱀띠, 말띠, 양띠, 개띠 남자가 인연이 좋다.

8. 직업

지지(地支)는 편인으로 재능과 기술, 인내를 의미하니 자기사업의 성향이라지만 재능이나 기술은 뛰어나지만 재물 인연은 깊지 못한 경우가 많으므로 안정적인 직장이 좋다. 조직이나 직장에 인연하면 전문직종과 관련 있는 공직으로 기술직, 의약관련 분야, 일반 회사조직 등이 어울리고, 사업길은 전문기술사업, 의약관련사업, 교육사업, 임대사업이 잘 어울리는 사업군이다. 무관, 교육, 공무원, 학자, 의사 등이 좋으며, 자의(字意)를 살피면 지하에서 쇠를 이용한 공사를 하는 격이니 아마도 철근을 깔아 기초공사를 하는 모양과 유사한데 설계, 비철금속, 문화, 종교 등의 사업에 적합함을 보여준다.

9. 성적 욕구

■ 건명(乾命)

건명(乾命)은 근본적으로 호색인데 일간이 강하고 축토(丑土)는 금(金)의 고(庫)인지라 색을 밝히고 애정이 깊고 정력도 강하며 지속력이 있으니 지극히 자연스러운 화합으로 서로 즐겁게 만족하는 타입이다. 변태성 욕구가 생길 수 있으며 목화(木火)가 있어야 발기가 잘되고 쾌감이 상승한다.

■ 곤명(坤命)

근본적으로 색정이 지나치게 강해 한 사람에게 만족이 어렵고 신장이 강해 성교에 강하지만 축토(丑土)는 얼어있는 땅이니 녹이듯 서서히 전희로 풀어야 하고 겨울 생은 금수(金水)가 얼어 있어 불감증이 생길 수 있으니 화(火)의 기운이 필요하다. 욕구가 대단히 강하게 밀려올 때가 있는가 하면 지극히 담백할 때도 있다. 간혹 처치가 곤란할 정도로 강한 욕구가 몰려와 고통을 당할 수 있다. 목화(木火)가 없으면 오르가즘이 약하고 인성이 많고 재성이 약하면 조루증 남편의 운이다.

10. 질병

신축일주(辛丑日柱)는 일주에서 보여지는 병이 있는데 신(辛)은 금(金)의 성분이라 근본적으로 폐와 대장에 영향을 미치는데 다리까지도 그 영향이 있다. 축(丑)은 토(土)의 성분으로 비위가 영향을 받는데 좌측다리에도 영향이 있다. 신축일주(辛丑日柱)는 복합적으로 비위와 폐 계통의 질환이 오고 화상 흉터가 생길 수 있으며 냉증이 있을 것이다. 그 외에도 담석증이나 우울증, 간질환, 뇌일혈을 경험할 수 있고 수술수가 있다. 간혹 지나침이 있어 약물중독과 같은 증상이 드러나고 가스나 화재 사고도 있다.

39장. 임인(壬寅, 辰巳空亡)

1. 사주의 특성 (戊7, 丙7, 甲16)

천주귀인 天廚貴人	천주귀인(天廚貴人) 설은 淵海子平과 命理正宗이 다르나, 평생 의식이 풍부한 복록이 따른다는 점에서 식신(食神)의 록궁(祿宮)을 일컫는 연해자평설을 따름이 무난하다. 일주로는 무신(戊申), 기유(己酉), 임인(壬寅), 계묘(癸卯)가 이에 해당된다.
관귀학관 官貴學官	지혜가 밝고 학문이 뛰어나 교육자로 성공하거나 공무원이 되면 승진이 매우 빨라 입신출세(立身出世)한다는 길성으로 고위직에 오른다는 암시가 있다.
계비관 鷄飛關	甲己는 巳酉丑, 乙丙丁戊는 子, 庚辛壬癸는 寅午戌을 보면 계비살이니 가축을 살생하는 것을 보면 질병에 노출될 위험이 있다고 하여 小兒關殺符로 많이 쓰였지만 10세가 지나면 액이 소멸된다.
취명관 取命關	어린이들이 사당이나 절 등에 가면 떠도는 혼령에 의해 질병을 얻을 수 있다 하여 小兒關殺符로 많이 쓰이는데, 10세가 지나면 액이 소멸되는 것으로 의학이 발전하지 않았던 과거 시절에 주로 쓰였다.
암록 暗祿	暗祿은 正祿을 합하는 글자를 말함인데, 암록은 재물에 궁함이 없고 보이지 않는 귀인의 조력으

	로 평생 안락하다는 것이다. 일주로는 병신(丙申), 정미(丁未), 무신(戊申), 기미(己未), 임인(壬寅), 계축(癸丑) 등이 있다.
문창귀인 文昌貴人	총명하여 공부를 잘하고 학문을 통해 직위를 가질 수 있으며 모든 흉살(凶煞)을 만나도 길신(吉神)으로 변하고, 추리력, 발표력, 예지력이 뛰어나고 곤명(坤命)이면 소녀시절에 문학에 심취한다.
남연살 男戀殺	갑인(甲寅), 갑신(甲申), 정축(丁丑), 기축(己丑), 무신(戊申), 신미(辛未), 임인(壬寅), 계미(癸未) 일주의 남자는 배우자 몰래 여인을 숨겨 망신을 당할 우려가 있다.
탕화살 湯火殺	寅午丑일 생에 해당한다. 화상, 화재, 음독, 가스중독, 부상과 염세비관이 따른다. 탕화살이고 일시가 午丑이면 본처와 해로가 어렵고 무자식의 운이다. 일시가 오축이고 재성이 태과하면 아내가 문제 있고 관성이 태과하면 남편에게 문제가 생긴다.
여연살 女戀殺	을축(乙丑), 정축(丁丑), 병신(丙申), 기미(己未), 경인(庚寅), 신미(辛未), 임인(壬寅), 임신(壬申) 일주의 여자는 배우자 몰래 야인을 숨겨 망신을 당할 우려가 있다.
병 病	12운성을 따져 병은 인생에서 활력이 떨어지며 병든 것을 뜻한다.

■ 건명(乾命)

얼굴이 둥글고 통통한 상이고 유연성, 융통성, 포용력이 있으며, 생각이 많고 계산적이며 유머와 재치도 있는데 문창에 천주귀인이니 두뇌 비상하고, 천주귀인에 식신 병궁이니 식신록지라 식복이 넘치고 요리 솜씨가 좋으며 수기(水氣)가 움직이니 지혜와 영감이 뛰어나고 창의력도 지녔는데 학식도 풍부하고 배움도 즐긴다.

지장간(地藏干)의 구조에서 칠살 무토(戊土)가 나를 제어하니 학업 중단될 가능성이 농후하고 타인 이해에 배려 있으니 주위에 항상 사람이 넘치고 인정이 있으며, 한 가지를 추구하는 외골수적인 면이 있으면서도 타인이 부탁을 하면 냉정히 거절하지 못하는 성품인지라 종종 손해를 본다. 주위에 사람이 많이 따르는데 늘 사람으로 인한 피해가 있고 사람에게 아부하지 않는다.

욕심이 많아서 항상 활동을 통해 재물을 추구하는 마음이 강한데 암록이니 재물에 궁함이 없고 조력자를 얻는 격으로 평생 안락하고, 지장간(地藏干)에 수(水)의 기운이 목화토(木火土)의 상생을 이루니 지혜와 영감도 뛰어나지만 인수절종으로 학업이 길지는 못하고, 재성생지이니 재복이 강하고, 칠살은 장생을 얻어 유력하여 구체적이고 강한 추진력을 바탕으로 일찍 성공하는 기운이나 타인의 생각을 이해하지 못하고 받아들이지 못하며 마음이 급하고 경솔한 행동으로 구설과 시비가 있다.

항상 명예를 생각하니 원칙과 소신이 있으며 재물과 명예 사이에서 방황한다. 수화상조로 인기가 있어 어려서 연애경험도 많고 임수 일원은 칠살을 생하여 지나치게 탈기하여 불리하고 병궁에 형이 드니 상처(喪妻)를 피하기 어렵고 질병의 기운도 강하다.

지혜가 있고 총명하며 타향살이에 인연이 있지만 선견지명이 있고 위기적응력과 환경 적응력이 뛰어나고 희생봉사 정신이 투철하다. 그러나 사고가 음흉하고 풍류를 즐기며 알뜰하지만 주는 것을 좋아하니 헤픈 경우도 있다. 가정중시에 태평한 근본 성격으로 도량이 있고 용기도 있지만 태만하고 게으른 성격인데 일지 인목은 비견 해수와 합을 하여 식상으로 변화하니 자존심과 고집이 강해지고 자기중심적으로 변해 활동을 통해 재물추구의 욕구가 강하다.

총명한 두뇌를 바탕으로 학식을 지닐 경우가 많은데 상격 사주라면 교수이고, 무역업이나 기타 재물을 얻는 직종으로 나아가 평생 풍족하고, 처의 기가 강하며 덕이 있다. 일찍 독립하여 성공하고 일이 많아 분주하며 탕화살을 깔았으니 몸에 화상의 흉터가 길하다. 늘 행운의 기운이 함께하여 재앙의 침습이 어렵지만 호랑이가 물에 빠진 격이 되어 액을 당할 수 있다.

사주원국(四柱原局)에 신(申)이 있으면 평생 분주하고 역마와 관련된 직업에서 종사하며 큰 재물은 이루기 힘들다. 운에서 신(申)을 만나면 재물, 배필 인연, 사고 등으로 고통을 당하고 식생재 재생살(관)은 장모가 와서 딸을 돕는 것이 부담이라는 의미도 있으니 장모 동거에 사주원국(四柱原局)에 사의 글자가 있으면 불륜으로 인한 망신이 사고로 흉터를 몸에 지니게 된다.

■ 곤명(坤命)

재능이 있고 생활력도 있으므로 본인이 가장 노릇을 하는 경우가 많고 동분서주하며 바쁘게 지내야 길하며 관(官)이 공망이니 남편덕은 없어 생살로 인해 남편으로 인한 고통이 따른다. 다행히도 귀자(貴子)를 두니 자식복은 기대를 할 수 있다. 음식 솜씨가 뛰어나고 애교도 있으며 배우자 부양에 동분서주하는데 직업전선에 남자가 있다.

토관(土官)의 공망으로 남자로 인해 우는 일이 있으며, 간혹 지나치게 똑똑한 자신을 내세워 남편을 꺾는 경우가 있다. 외국 생활을 할 경험도 많은 일주인데 칠살이 병궁에 놓이니 노랑(老郞)이거나 유랑(幼郞)과 인연 있고 탕화는 때로 비관하거나 감정변화가 심해 주변의 근심을 모은다. 여연(女戀)이 있어 배우자 두고 애인을 숨기는 경우가 아주 많다. 곤명(坤命)에 재살(財殺)이 동궁하면 재물을 버는 장소에 애인이 온다고 한다.

2. 세운의 변화

寅午戌年 : 이사, 이동, 직업 변동
未年　　 : 신경쇠약, 정신 질환, 병원 출입
巳年　　 : 관재수, 구설수, 사고수, 부부 풍파, 이별수, 수술
申年　　 : 관재수, 구설수, 사고수, 형옥(刑獄)
亥年　　 : 이성 만남, 좋은 일이 생김

壬申年, 甲申年 : 흉한 해이고 申年은 寅申冲이 되므로 일반적으로 변화가 심하고 運路가 좋지 않다

3. 물상

물과 나무, 물과 호랑이, 검은 것과 푸른 것의 물상인데, 물과 호랑이는 물가에 나타난 호랑이라 수기가 움직이니 지혜와 영감이 뛰어나니 평생 의식 걱정은 없다. 사람이 많이 따르고 인정이 있으며 처덕이 두터우나 곤명(坤命)은 남편의 궁에 근심이다. 임은 물이고 북쪽이며 어두움이니 임인은 어둠 속의 호랑이라. 간혹 얕은 꾀로 이익을 챙기려고 하고 큰일에 태연자약하고 곤명(坤命)도 가장 역할이라. 나이 차이가 많은 배우자 인연이고 감정의 기복은 우울증 증세로 나타나며 음식 솜씨는 60개의 일주 중 최고다.

4. 특성

물이 나무를 기르는 형극이라 만인에게 베풀고 거느리고 살고 평생 식록 있고 재물운도 순탄하고 세속적인 관심과 행동력도 왕성하다. 동정심과 베풂도 있고 재물에 대한 재능도 돋보이는데 사주원국(四柱原局)에 신(申)의 글자가 있으면 먹을 것을 구해 돌아다니는 모양이니 인생이 고단하겠다. 큰 재물을 꿈꾸는데 성취의 기운이 있고 도량, 지혜가 있으니 남을 도울 줄도 아는데 사주원국(四柱原局)에 화(火)의 오행이 있으면 항상 인기 있고 사주원국(四柱原局)에 금(金)의 오행이 있으면 인격적이다. 항상 새로운 일을 창조하고 명분이 있으면 뚝심을 발휘하며 융통성에 사교성을 겸하고 평생 곤궁하지 않다.

5. 육친관계

■ 건명(乾命)

모친 인연 짧은데 부친 인연은 그보다 조금 길겠다. 성적으로 자기표현이 뛰어나 부모와 불화해도 처세가 있어 극복에 무리 없고 처의 기가 강하고 배우자궁은 부실하여 이별, 사별, 별거에 좌절의 기운이라. 사주원국(四柱原局)에 수(水)와 화(火)의 오행이 고르면 아들·딸이 고를 것이고 운(運)의 흐름에서 신(申)의 글자를 만나면 재물과 배필, 사고에 고통을 당하는데 건명(乾命)은 장모동거를 할 수 있고 자식 근심 있다.

■ 곤명(坤命)

배우자를 부양하여야 하고 바쁜 일강인데 재물을 버는 장소에 애인을 숨기니 이 또한 여연이라 고통이 피어오르고 남편으로 인한 고통이 따를 것이나 일반적으로 아들 운이 많고 성공하는 아들을 볼 것이다. 배우자를 무시하는 경향에 배우자 궁이 부실하니 이별, 사별, 별거 있고 배우자 병약에 작첩의 기운이다. 남편보다 자식 사랑이 더 크다.

6. 학업
■ 건명(乾命)

 융통성에 두뇌도 좋아 인내와 노력을 하지 않고 두뇌에 의지하는데 일찍이 학문 성취가 보이나 긴 공부와 큰 시험에 좋은 결과가 나타나지 않고, 세월이 흐르면 재물에 눈을 떠 돈이 되는 학문과 인연을 쌓고 재물을 얻는 수단 공부를 한다. 경영학과, 경제학과, 어학, 교육, 스포츠와 공학 계열이 어울리는 학문이다.

■ 곤명(坤命)

 경영학, 경제학, 가정관리학, 어학, 교육, 식품영양학 등이 성공 학문의 지름길이다.

7. 결혼운
■ 건명(乾命)

 지지(地支)는 식신으로 이성의 관심이라 어려서부터 연애하며 밀어붙이는 성격이라 부모와 충돌이 있고 자식이 들어서고 결혼한다. 처의 기가 강하여 수시로 갈등이며 범띠, 토끼띠, 뱀띠, 말띠, 개띠, 돼지띠 여자가 좋은 배필의 가능성이 있다.

■ 곤명(坤命)

지지(地支)는 식신으로 표현력이라 일찍 연애하고 소띠, 범띠, 토끼띠, 용띠, 뱀띠, 말띠, 양띠, 개띠, 돼지띠 남자가 좋은 인연이지간 자식을 낳으면 남편의 기운이 약화되므로 자식이 10세, 20세가 되는 시기를 전후하여 남편과 생사이별의 가능성이 있다.

8. 직업

지지(地支) 식신으로 재물의 융통성과 재능을 의미해 자기 사업성이 강하다. 조직 직장길에 투신해도 자신이 사업을 하든지 처가 사업을 한다. 직장길이라면 운수, 금융, 요식업, 유흥업, 토목, 건설, 교육, 전문기술에 인연이 있고 자기 사업길을 간다면 운수, 용역, 오식, 교육, 전문기술, 토목, 건축에 인연이 있는데 투기성 사업도 마다하지 않는다. 일반적으로 교육사업이 가장 좋고 법정, 외교, 교육, 무역, 전자, IT, 상사 등에서 근무하는 경우를 흔히 볼 수 있다. 이 외에 유흥업, 운수업, 관광업, 금융기관도 어울리는 직종이다.

9. 성적 욕구

■ 건명(乾命)

일간이 약하면 정력이 약해 생각이 있어도 뜻대로 되지 않으니 성교를 기분적으로 처리하는 경우가 많으며 간혹 생각은 강한데 몸이 따라주지 않는 경우가 있지만 금수(金水)가 강하면 지속력에 발기도 되는데 토월(土月)에 태어나고 관이 형(刑)을 받으면 생식기 이상이라.

■ 곤명(坤命)

인목(寅木)은 아직 추워 꽁꽁 얼어 있으니 녹여주어야 하듯 전희가 길어야 하고 담백하나 상대와 동조하니 상대에 따라 변화가 심한데 이는 상대를 위한 것이다. 행위보다는 성교 자체를 통해 정신적인 사랑을 원하는 속성이 있지만 식신이 강하면 색정에 몸부림치고 식신이 태왕하거나 형(刑)이 되면 유방에 병이 오고 성교도 재미를 느끼지 못한다. 목(木)이 혼잡 되면 질의 조임이 강하고 금수(金水)가 강하면 성욕이 불타고 변화무쌍에 요염이 겹치는데 근본적으로 해자축월생(亥子丑月生)은 성욕이 지나치다.

10. 질병

임인일주(壬寅日柱)의 병은 일주에서 파악하니 임(壬)은 수(水)의 성분으로 신장과 방광이 병인이고 경락과 삼초에 영향을 미친다. 인(寅)은 목(木)의 성분으로 간담이 그 병인이나 손이나 머리카락 등에도 영향을 미친다. 임인일주(壬寅日柱)는 폐가 약하고 신장, 방광, 간장, 중풍, 고혈압, 당뇨, 갑상선 질환이 의심된다. 여성은 자궁질환이 있는데 교통사고, 신경통, 중풍, 약물중독의 병증이 있으며 희귀한 혈증의 경우도 있다.

40장. 계묘(癸卯, 辰巳空亡)

1. 사주의 특성 (甲10, 乙20)

천주귀인 天廚貴人	천주귀인(天廚貴人) 설은 淵海子平과 命理正宗이 다르나, 평생 의식이 풍부한 복록이 따른다는 점에서 식신(食神)의 록궁(祿宮)을 일컫는 연해자평 설을 따름이 무난하다. 일주로는 무신(戊申), 기유(己酉), 임인(壬寅), 계묘(癸卯)가 이에 해당된다.
천을귀인 天乙歸仁	일귀(日貴)에 정유(丁酉)일, 정해(丁亥)일, 계사(癸巳)일, 계묘(癸卯)일이 있다. 사람됨이 순수하고 자태가 아름다우며 착하고 덕이 있으며 오만하지 않는다. 복록이 두텁고 배우자의 덕이 있다.
복성귀인 福星貴人	사주에서 귀인(貴人)의 하나로 선천복이 후하고 인덕(人德)이 있다. 장상의 후원도 받으며 무슨 일에든 점차 발전하여 행복을 얻는 덕(德)이 있는 신이다.
학당귀인 學堂貴人	甲은 亥, 乙은 午, 丙戊은 寅, 丁己는 酉, 庚은 巳, 辛은 子, 壬은 申, 癸는 卯를 보면 학당귀인이다. 포태법상 장생궁에 해당하며 지성이 돋보이니 교육자로 진로를 정하면 좋다.
문창귀인 文昌貴人	총명하여 공부를 잘하고 학문을 통해 직위를 가질 수 있으며 모든 흉살(凶煞)을 만나도 길신(吉神)으로 변하고, 추리력, 발표력, 예지력이 뛰어나고 곤명(坤命)이면 소녀 시절에 문학에 심취한다.

낙정관 落井關	甲己일에 巳, 乙庚일에 子, 丁壬일에 戌, 戊癸일 생이 卯를 보는 것으로 수재(水災)나 물에 빠져 죽는다. 직업에도 영향이 있다.
음귀	천을귀인 중 음귀는 하지 후에서 동지 전에 태어난 것이다. 양귀는 현생 실체인의 도움이며 음귀는 선천음덕이다.
생 生	장생(長生)이라고도 한다. 월시에 있으면 학당귀인(學堂貴人)이고 화합을 잘하며 후견인을 만나 보살핌을 받는다. 인상이 깨끗하고 예능에 소질이 있다.

■ 건명(乾命)

 마음이 온순하여 귀엽고 통통한 체형이고 항시 사교적이며 주변 의식에 모질지 못한데 식신 생궁으로 식상이 학당귀인이니 총명한 일주이고 묘기도 백출이라 인기가 있고 다정다감하며 오기가 없는 선한 성정이며 귀인이 많아 안정적이며 학문에 열심이고 인상은 호감을 사고 인기 또한 높다.

 겉으로 강한 척해도 보수적이며 소심하여 내심 여리고 지구력도 약하며 결벽증이 있고 자존심과 고집으로 근심·걱정이 많으니 자신의 속마음을 털어놓지 못해 사회활동에 장애가 된다.

 표현력 만발이라 문학, 소설에 취미가 있고 창작력이 있어 문장력도 좋으며 공부를 열심히 하고 잘하나 학문적인 성취는 어렵다. 인수 태종이라 강한 학습의욕과 달리 학업기간이 짧은 것은 지구력 탓이며 지지(地支) 식상은 생왕록의 복합적인 구조라 사주원국(四柱原局)에서 갑목(甲木)이나 을목(乙木)이 배치되면 천재성이며 의약계통이나 예술 방면으로 진출을 권한다. 강의, 예능에 소질이 보이고 음식솜씨도 있는데 조용하고 감성적이며 낭만적인 사고를 하고 정직하고 불법적인 사고를 피하며 결단력 부족이니 겉으로 강하지만 속은 약해 자유로운 직업이 적당하고 조바심내지 않고 여유를 즐기는 것이 좋다.

관이 공망이나 귀인과 장생궁이 들어 작용력이 소멸되고 천성이 착하나 예리한 현침(懸針)의 기운이 작용하니 간혹 사나움을 보이고 한 번 틀어지면 변덕을 부려 상종을 하지 않고 타인에게 베풀어도 시원하지 않고 재물에도 궁함은 없다. 낙정관이 있어 물로 인한 액이 있는데 타인에게 덕을 배풀어야 액(厄)을 면한다.

내성적이나 환경변화에 민감하고 타인을 이해하고 배려하며 차분하고 침착한데 영감과 지혜로 창의력이 풍부하고 아이디어가 뛰어나 기획력이 돋보인다. 사치와 낭비의 벽도 있지만 결혼하면 안정되고 지모가 출중하며 귀한 일주로 치는데 상격이 아니라 해도 재물에 구애 없이 안락한 일생이라. 미모의 양처 태우자운이나 수(水)를 의미하는 일간에 지지(地支)를 도화로 놓았으니 춘파성으로 해로가 의심스럽고 재관육종이니 주색이라. 계수일간(癸水日干)에 도화를 깔아 가정을 지키기 어렵고 작첩의 기운이다. 자식은 연년생의 여식을 두기 쉬운데 간혹 한 명의 자식을 놓아 로 둘 수 있으니 안타깝다.

지지(地支) 묘목(卯木)은 정관 술토(戌土)와 합을 하는 성정으로 재성으로 변하니 묘목(卯木) 식신의 활동으로 재물을 여는 의미이니 활동을 통해 재물을 추구하고, 명예와 안정 중시에 성실과 정직을 본위로 하니 정직하다.

■ 곤명(坤命)

 길한 일주로 일귀(一貴)라 불리며 미모가 있고 인상이 좋으니 호감을 받으며 서예, 교육, 언론, 의약계로 진출하면 좋은 남편의 운이 있다. 선하고 귀한 배우자의 인연이지만 자식을 두면서 부부 갈등이 일어난다. 음식 솜씨가 좋고 나이 차이가 있는 남편 운이다.

 오화(午火)의 절궁과 파가 드는 시기에 공방이 피니 안타깝고 파격이면 정조관념이 무너지고 유흥업소에 빠질 가능성이 높으며 산후풍이 심하고 자손 문제에 근심이니 일신에 풍파가 그치지 않는다.

2. 세운의 변화

亥卯未年 : 이사, 이동, 직업 변동
申年　　 : 신경쇠약, 정신 질환, 병원 출입
子年　　 : 관재수, 구설수, 사고수, 부부 풍파, 이별수, 수술
酉年　　 : 가정풍파
戌年　　 : 이성 만남, 좋은 일이 생김
丁酉年, 己酉年 : 酉年은 卯酉冲이 되므로 일반적으로 변화가 심하고 運路가 좋지 않다

3. 물상

 천간(天干)이 시냇물이고 지지(地支)가 풀이며 나무이니 초목이 물을 만난 격이고 물가에 나무가 자라는 격으로 강가에 버드나무가 자라는 모습이다. 토끼가 먹을 것이 많듯 계묘일주(癸卯日柱)는 의식이 풍족하며 영리하고 재주도 있고, 오기는 드러내지 않고 인심도 두텁지만 음기가 발

동하면 사납다. 사물의 이치를 깨닫는 능력이 있고 창의력이 있는데 건명(乾命)은 처의 덕이 있어도 해로는 쉽지 않고 곤명(坤命)은 일귀로 누구나 호감을 사지만 산후풍이 있고 자식궁에 근심이 있다.

4. 특성

봄철 강가의 늘어진 버드나무 격으로 만물을 길러내는 모양이니 많은 사람에게 봉사하는 운이고 평생 의식 걱정은 없고 두뇌 총명에 현명한 지혜까지 겸비하고 장수의 운이다. 재물복보다는 재능이 앞서고 지지(地支)의 문창은 두뇌 총명을 의미하고 식신은 의식주라 악의없는 처세가 돋보이지만 고지식하고 성품으로 보아 처세에 부정이 없으며 교육, 육영, 의학, 의약업, 예술, 기술에 어울리는 일주이고 사주원국(四柱原局)에 오(午)의 글자가 있으면 기술을 배우는 것이 좋고 사주원국(四柱原局)에 사(巳)의 글자가 있으면 교육이나 전문기술을 배워 평생 직장생활이 좋다.

5. 육친관계

■ 건명(乾命)

부모의 운은 고른 편으로 고집이 있기는 하지만 부모와 불화를 피해 가는 처세를 지니고 있으며 건명(乾命)은 배우자와의 관계도 원만하고 인연이 길다. 건명(乾命)은 사주원국(四柱原局)에 화(火)와 토(土)의 오행이 있으면 아들·딸이 고르고 수(水)와 목(木)의 오행이 많으면 딸이 많다.

■ 곤명(坤命)

곤명(坤命)은 자식이 들어서면 남편을 극하니 자식 오면 갈등관계가 형성된다. 곤명(坤命)은 아들을 많이 낳고 딸은 적다. 아들을 낳으면 출세하는 자식이 오는 경우가 많은데 사주원국(四柱原局)에 유(酉)의 글자가 있으면 반대로 실패하는 자식이 나는 경우도 있다.

6. 학업
■ 건명(乾命)

지지(地支) 식신이니 두뇌총명에 학문적 융통성이라 어려서부터 학문 발휘 기대되지만 인내, 노력이 부족해 긴 공부와 큰 시험에는 낭패다. 사주원국(四柱原局)에 갑(甲)과 을(乙)의 글자가 있으면 과학, 기술, 문학 천재성을 드러내고 좋은 학교 운과는 거리가 있지만 학문에는 소질이 있어 세월 흐르면 학위 취득이 가능하며 직장 생활을 하다가도 다시 공부와 인연을 맺는 경우가 있다. 교육, 육영, 문학, 어학, 신문방송학, 자연과학, 이학, 약학, 예술 등이 인연 있는 학문이다.

■ 곤명(坤命)

교육, 유아학습, 초등학습, 문학, 어학, 예술, 자연과학, 의학, 약학이 성공을 위한 전공이 된다.

7. 결혼운
■ 건명(乾命)

어려서부터 여러 여자와 연애하고 자기주장대로 하려고 하나 배우자 결정에 부모와 다툼은 없다. 처덕이 있고 미모의 처를 얻으니 배필 인연은 무난하지만 의지력이 약해 주색을 즐기며 간혹 두 여자를 거느리거나 부부갈등이 많아 가정을 지키기 어렵고 작첩하며 자식의 덕도 없다.

■ 곤명(坤命)

미모에 총명이며 귀한 배우자 운이고 헌신적이지만 불만이 생기면 엉뚱한 생각을 하는데 정조관념은 약하다. 자기표현이 강해 끝을 기약하기 어렵고 자식에 대한 애정이 깊어 남편은 뒷전이고 사주원국(四柱原局)에 미(未)의 글자가 있으면 자식이 들어서고 성혼이 이루어지는 경우가 아주 많다. 자식이 장성하면 배우자와 생리사별의 경우가 아주 많다.

8. 직업

두뇌 총명에 재주와 재능이 겸비되니 전문기술 운이므로 조직 직장 생활이 어울리는 일주이다. 지지(地支)의 식신은 재물을 벌어들이는 수단이나 저돌성 부족으로 안정된 사업운이며 조직 직장길은 교육, 육영, 방송, 언론, 토목, 건축, 연구직, 의학, 약학, 전문기술 분야가 어울리고 사업은 전문 자격사업으로 교육, 육영, 언론, 출판, 토목, 건축, 원예, 요식업, 의학, 의약업이 많다. 계묘일주(癸卯日柱)는 문학, 예술, 미술, 의사, 약사 등으로 진출한 견실한 부자가 많고 사업으로는 의약계가 가장 많고 조립이나 식품이 있지만 탐재(貪財)는 말라 했고 철쇄개금으로 활인하면 액을 면한다고 하는데 본인이나 배우자가 의사, 종교인, 법조계, 역학자인 경우가 많다.

9. 성적 욕구
■ 건명(乾命)

도화를 깔아 호색하지만 일간이 약하면 정력에 문제가 있는데 수목(水木)이 강하면 지속력이 살아나고 발기력도 있고, 마음이 초조하여 서두르고 잘 안되어 고민이 있지만 노력하면 상대의 환영을 받을 수 있다. 금수(金水)가 강하면 성욕이 왕성하고 토월생(土月生)이 관(官)이 형(刑)되면 생식기 이상이다.

■ 곤명(坤命)

도화를 까니 음(陰)의 성질이 강해 성감은 뛰어나나 온순하니 근본은 수동적이지만 음목(陰木)을 깔아 질의 조임이 좋으니 성감은 좋아 종종 대담한 행동이 요구된다. 해자축월(亥子丑月)에 태어나면 색욕이 지나치고 식신이 강하면 색정에 침몰이라.

10. 질병

계묘일주의(癸卯日柱) 천간(天干) 계(癸)는 수(水)의 성분으로 신장, 방광의 병을 의미하는데 발에도 영향을 미친다. 묘(卯)는 목(木)의 성분으로 간담의 병을 의미하고 좌측갈비와 손가락에도 영향을 미친다. 계묘일주(癸卯日柱)는 물로 인한 여파로 위장병이 올 수 있다. 신장, 방광, 당뇨, 편두통이 오고 간도 건강한 것은 아니다. 여성은 신경을 쓰면 생리통을 앓게 되는데 몸을 보온하면 어떤 약보다 나을 것이다.

41장. 갑진(甲辰, 寅卯空亡)

1. 사주의 특성 (乙9, 癸3, 戊18)

평두살 平頭殺	독신의 운이다. 甲,丙,丁,壬,子,辰의 글자 중 3개나 4개가 있고 대운에서 발동한다. 느낌이 빠르고 종교적 성향이다. 무속인이 될 팔자라 하여 혼담이 잘 깨진다.
취명관 取命關	어린이들이 사당이나 절 등에 가면 떠도는 혼령에 의해 질병을 얻을 수 있다 하여 小兒關殺符로 많이 쓰이는데, 10세가 지나면 액이 소멸되는 것으로 의학이 발전하지 않았던 과거 시절에 주로 쓰였다.
재고귀인 財庫貴人	갑진(甲辰), 병술(丙戌), 정축(丁丑), 무술(戊戌), 기축(己丑), 신미(辛未), 임술(壬戌)일주는 지지(地支)가 재성(財星)의 창고이니 부자가 된다.
백호대살 白虎大殺	갑진(甲辰), 을미(乙未), 병술(丙戌), 정축(丁丑), 무진(戊辰), 임술(壬戌), 계축(癸丑)일주가 해당하며 해당 육친의 혈광지사(血光之死)와 한을 품은 죽음을 겪는 흉포한 살성이라 한다. 일주에 있으면 성질이 강하고 과격성이 있지만 기이한 발복이 있다.
십악대패 十惡大敗	十惡大敗日이란 유시무종(有始無終)하고 낭비가 심하고 불운을 만나면 가산을 탕진하여 대패한다는 암시가 있다. 庚戌年의 甲辰日, 辛亥年의 乙巳日, 丙申年의 壬寅日, 癸巳年의 丁亥日, 戊寅年의

	甲申日, 甲辰年의 戊戌日, 乙未年의 己丑日, 丙寅年의 壬申日, 甲戌年의 庚辰日, 乙亥年의 辛巳日 등이 해당된다
금여 金輿	갑진(甲辰), 을사(乙巳), 경술(庚戌), 신해(辛亥)일로 건명(乾命)은 처가의 덕(德)이 두터우며 일생 안락하고 자손이 번창한다. 절도가 있고, 용모가 준수하여 주변 사람의 도움을 받는 일이 많다.
철사관 鐵蛇關	갑진(甲辰), 병신(丙申), 정미(丁未), 무인(戊寅), 경술(庚戌), 계축(癸丑) 일로 이는 돌림병이나 희귀병에 걸려 단명의 암시가 있다고 전해지므로 방역이나 예방에 철저해야 한다.
천라지망 天羅地網	戌亥는 天羅, 辰巳는 地網인데, 감금, 구속, 시비, 송사 등의 구설이 따른다. 곤명(坤命)은 공방수나 파혼의 운이고 자녀궁에 흉사가 있다. 활인성이라 검경계나 법조계, 의약계, 역학계, 종교인 등과 연관이 깊다. 辰과 戌은 첨단산업이나 공업 계통으로 진출하며, 戌과 亥는 天文星으로 지혜총명하고, 天主敎의 신앙을 믿는 사례가 많다.
쇠 衰	왕성했던 전성기(全盛期)가 지나며 서서히 기울어 쇠퇴기(衰退期)로 접어드는 초로(初老)의 시기를 쇠(衰)라고 한다.

■ 건명(乾命)

온순하고 착하나 당당하고 굽히기 싫어하며 타인의 구속도 배제하고 솔직담백한 성정이나 고집이 있고 재물에 대한 집착력은 상상 이상으로 지지(地支) 진토(辰土)는 편재의 성분으로 쇠궁이며 지장간(地藏干)에 겁재 을목(乙木)을 품고 겁재와 인수가 반안에 드니 투기성 사업의 운이고 동업운인데 사람을 쓴다는 측면이지 이익을 나눈다는 측면은 아니며, 겁인의 방신(幇身)과 식상의 관대, 반안은 자신의 급한 주장을 표현하고 지장간(地藏干) 계수 또한 인수의 성분이니 진취적인 성향을 품어 은근한 자기주장이며 밀고 나가는 속성이다.

풍류에 일가견이라 위 좋고 뻔뻔하고 갑진(甲辰)의 진(辰)이 용을 의미하듯 성질 급하고 변덕 심하며 조화무궁이다. 갑진일주(甲辰日柱)라면 대립하거나 다툼을 하지 않는 것이 좋고 이익을 나누려 하거나 자기주장을 하면 피곤하다.

두뇌 총명에 손재주도 있고 지시받기보다 지시하기를 원하며 직관력과 예지력을 지녔으나 인내심은 없다. 과묵하고 강직하여 굴복은 원치 않으며 우두머리 욕구가 강하며 맹목적으로 돌진하기도 하는데 추진력이 강하기 때문이다. 신체는 건강한 편이고 환경적응도 뛰어나고 시작은 잘하나 상사와 부딪치고 마무리 약하고 끈기 있으나 적성에 맞는 일만 잘한다.

인수입고로 모친과 인연이 박하고 지장간(地藏干) 계수(癸水)는 편재에 묶이는데 이는 합을 했다는 것이고 학업의 도중하차 운을 보여주고 느긋한 성정에 명예, 체면, 안정 중시에 이성 교제에 관심 많으며 수집에 일가견이 있다.

역경을 이겨내는 강력한 기질이며 독립심이 있고 재물에 대한 집착력이 강해 편재 무토(戊土)가 물인 계수(癸水)와 합하니 기토(己土)가 되어 정재의 성향으로 재물을 축적하는 재주가 있으나 안정을 중시하며 실리적인데 변화에 따른 속성속패가 두렵다. 편재의 합화는 이익의 지속적 투자이며 방자한 행동, 허황된 생각으로 일생 동안 방황한다.

부모와 처덕도 없는데 유산을 받지 못하거나 유업 계승이 어렵고 타인으로부터 손재가 많고 이용당하며 좋은 일이라도 돈 쓰는 것을 아까워하여 인색하게 보이고 변덕이 심해 뻔뻔하게 보이는데 인덕이 없는 일주이다. 몽상에 빠지지 말고 분수를 지키는 것이 필요하다.

반안에 든 재는 형충파해의 작용에 노출되면 재물을 잃고 미토(未土)의 입묘운에 재신이 화개로 동하니 부친의 횡액수가 보이고 인수 계수(癸水)가 화개에 놓이니 광범위한 용신입묘의 불행국면이라. 지지(地支) 진토(辰土)는 유금상관과 합을 원하여 식상으로 변하니 타인배려에 호기심 충만이라.

편재는 관대로 좌하여 처궁에 고독을 피할 길 없고 풍류와 주색을 쫓으니 색난이고, 사주원국(四柱原局)에 기토(己土)가 있으면 반안으로 인종되어 유복함과 순탄함이나 외정으로 인한 갈등이 있고 백호대살은 처궁에 작용하니 수심이 많고 금전문제로 처를 고생시키는데 처는 잔병이 많아 부부의 인연이 변하기도 하며 비명횡사하는 부모운도 있다. 타인에게 의지하지 않고 자신이 맡아 마무리해야 직성이 풀리고 금여가 있어 미인들과 연애하며 헤어지자는 말에 음독을 할 수 있다.

■ 곤명(坤命)

경금(庚金) 칠살은 양지로, 신금(辛金)이 화개로 인종되니 남편을 돈으로 보거나 활동성이 뛰어나 무능한 남편 운이고 집에서 살림만 하면 남편이 일찍 죽으니 타고난 과부의 운명이라. 운이 풀리고 사주원국(四柱原局)에 신금(申金)이 없으면 남편 먹여 살리고 시부모에게 잘한다. 어떤 경우이든 스스로 가정을 꾸려가는 팔자이지만 식신이 관대로, 상관이 반안에 인종되니 자식의 덕은 기대해볼 만하다.

2. 세운의 변화

申子辰年 : 이사, 이동, 직업 변동
亥年　　 : 신경쇠약, 정신 질환, 병원 출입
戌年　　 : 관재수, 구설수, 사고수, 부부 풍파, 이별수, 수술
卯年　　 : 관재수, 구설수, 사고수, 형옥(刑獄)
酉年　　 : 이성 만남, 좋은 일이 생김
戊戌年, 庚戌年 : 戌年은 辰戌冲이 되므로 일반적으로 변화가 심하고 運路가 좋지 않다.

3. 물상

갑(甲)은 나무요 진(辰)은 땅이라 나무가 땅에 뿌리를 내린 형상이니 은근히 자기주장이 강하고 지지 않으려는 속성이며 갑진(甲辰)은 청룡이니 급하고 변덕이 심하며 조화로우니 맞서면 피해를 본다. 강직하여 독립심이 강하고 축재능력이 있으나 급격한 변화에 속성속패하고 백호이니 처궁에 화액이 있고 금전적 문제로 처를 고생시킨다. 곤명(坤命)은 간혹 남편이 일찍 죽어 과부운인데 배우자가 무력하면 부양해야 한다.

4. 특성

갑진일주(甲辰日柱)는 봄을 나타내니 매사 마음먹은 일이 차질 없이 진행되는 것이며 세상살이가 다양하고 순탄하니 재복, 건강, 운세 좋고 사회활동에 적극적이고 능동적이다. 백호가 작용하니 부친의 갑작스러운 사망이 염려되나 명랑하고 적극적인 성격으로 여자도 남자다운 왕성한 활동력을 지니며 배필과의 갈등을 일으키는 발단이 된다.

5. 육친관계
■ 건명(乾命)

부모의 인연과 덕이 있다고 볼 수 없는데 부모의 유업이나 유산 계승이 어렵고 처궁은 좋으나 처덕도 약하여 배우자 고민이 있고 처는 비만이어서 불만이고 처나 첩이 흉사의 기운이 있으며 다른 육친 사이에서도 원활하지 못하고 다소 어려움이 있다. 부친이 횡액을 당하거나 악한 상황의 죽음이 많은데 처첩에도 영향을 미칠 수 있다. 원국에 해수가 있으면 의처증도 생긴다.

■ 곤명(坤命)

고집이 강하고 자기주장 팽배하여 부부 해로가 힘들어지거나 사이가 나쁠 수 있다. 배우자궁 부실이니 이별, 사별, 별거의 운이 있고 배우자가 병약할 운이다. 본인이 벌어서 가정을 꾸리니 배우자가 무능해진다.

6. 학업
■ 건명(乾命), 곤명(坤命) 공통

나무가 흙에 뿌리를 내린 물상이니 큰 뜻과 자존심이 드러나고 인내, 노력보다는 큰 뜻으로 공부하며 사업적 기질이라 주장이 강하고 욕심 있어도 노력 부족에 게으름이니 2류 학교 성취운인데 자존심은 강하니 재수를 할 수 있다.

성공을 위한 전공 선택의 길은 경영학과, 경제학과, 무역학과, 회계학과, 공학, 교육, 육영, 사회과학이 좋은데, 학교에 진학하면 공부를 하기보다는 동아리 활동, 문화 관련 활동이 두드러진다.

7. 결혼운

▣ 건명(乾命)

건명(乾命)은 이성에 일찍 눈을 뜨니 연상의 여자와 연애운이 있고 들어오는 운에 재성이 있으면 용띠 여자와 혼인의 운이다. 사주원국(四柱原局)에 토의 글자가 또 있으면 연예관계에 갈등이 있고 풍파가 많으니 중매 성혼이 답이다. 처가 재물을 쫓으니 사업을 하는 부인이거나 사회활동이 많은 처를 만나게 될 것이다. 소띠, 범띠, 용띠, 뱀띠, 말띠, 양띠, 원숭이띠, 쥐띠 여자가 좋은 배필의 운이다.

▣ 곤명(坤命)

성혼이 빠르든지 적든하지만 대체적으로 부실한 배우자 운이고 남편을 쥐고 살려는 운이 강하니 부부 사이는 원만하지 못하다. 좋은 배필 인연은 쥐띠, 소띠, 범띠, 용띠, 양띠, 원숭이띠, 닭띠 남자가 된다.

8. 직업

큰 재물을 이루고자 하는 성향이 강하니 사업 인연이라, 큰 재물을 얻을 인연으로 금융권으로 직업을 삼기도 한다. 사주원국(四柱原局)에 금(金)의 오행이 강하면 금융권, 재무, 회계, 공직의 인연이고 목수(木水)의 오행이 많으면 사업 인연에 토목, 통상, 부동산, 농산물 인연하여 부자로 성공을 이루어 보기도 한다. 갑진일주(甲辰日柱)는 정인, 편재, 백호의 영향으로 의료계, 법정계, 재정계, 교육계 등으로 진출하는 경우가 다반사고 사업으로 진출하면 식품업, 목재업, 부동산, 농업, 유흥업에 종사하는 경우가 많다.

9. 성적 욕구

■ 건명(乾命)

진토(辰土)는 수(水)의 고(庫)이고 목(木)의 계절이라 정력이 강하여 성교를 좋아하지만 자신이 주도하기보다 수동적인 경향이 강하고 은근히 색을 탐한다. 여성 상위를 좋아하니 상대의 의도에 맡기는 편이며 화기가 강하면 만족스러운 성교가 이루어지고 재성과 인성이 너무 많으면 음탕하고 천박하다.

■ 곤명(坤命)

이성의 유혹에 약하고 사치스러우며 성적 욕구가 상당히 강렬한데 대범하고 자발적이나 성감이 개발되기 전에는 무감각하다. 사주원국(四柱原局)에 토(土)가 많으면 전희가 길어야 하고 화(火)가 적당하면 오르가즘이 최상이다. 겨울 태생이며 일간이 강하면 색욕을 밝히고 목화(木火)가 강하면 교성도 크다.

10. 질병

갑진일주(甲辰日柱)의 천간(天干)은 갑(甲)으로 목(木)의 성분으로 간담의 병을 의미하지만 머리, 수염, 머리카락에 영향을 미치고, 진(辰)은 토(土)의 성분으로 비·위장의 병을 의미하는데 가슴, 피부, 좌측 어깨에 영향을 미친다. 갑진일주(甲辰日柱)는 피부, 관절의 병을 조심해야 하고 나이가 들면 중풍도 의심스럽다. 등과 가슴이 뻐근하거나 결리고 피부병도 잘 생긴다.

42장. 을사(乙巳, 寅卯空亡)

1. 사주의 특성 (戊7, 庚7, 丙16)

금여 金與	갑진(甲辰), 을사(乙巳), 경술(庚戌), 신해(辛亥)일로 건명(乾命)은 처가의 덕(德)이 두터우며 일생 안락하고 자손이 번창한다. 절도가 있고, 용모가 준수하여 주변 사람의 도움을 받는 일이 많다.
고란과숙 孤鸞寡宿	갑인(甲寅), 을사(乙巳), 무신(戊申), 신해(辛亥) 일주의 여자는 남편과 생리사별(生離死別), 독수공방이라, 남편의 작첩으로 인해 신음(呻吟)한다. 조혼(早婚)은 실패할 가능성이 높다.
곡각살 曲角殺	곡각은 글자가 구부러진 것이다. 사주에 곡각을 나타내는 글자가 있으면 신체 어느 부위에 병이 있어서 불구가 되는 뜻이다. 곡각은 사주 중에 2~3개 있어야 작용한다. 곡각살이 작용하면 등뼈가 고르지 않거나 각부에 병이 있거나 불구의 형태를 가진다. 곡각은 또한 자기가 양자가 되거나 양자를 맞이하게 되는 뜻이 있다.
관귀학관 官貴學官	지혜가 밝고 학문이 뛰어나 교육자로 성공하거나 공무원이 되면 승직이 매우 빨라 입신출세(立身出世)한다는 길성으로 고위직에 오른다는 암시가 있다.
십악대패 十惡大敗	十惡大敗日이란 유시무종(有始無終)하고 낭비가 심하고 불운을 만나면 가산을 탕진하여 대패한다는 암시가 있다. 이는 엄밀히 년간과 일간이 편관

	의 작용을 하고, 년지와 일지가 상충하는 조합으로 구성된다. 庚戌年의 甲辰日, 辛亥年의 乙巳日, 丙申年의 壬寅日, 癸巳年의 丁亥日, 戊寅年의 甲申日, 甲辰年의 戊戌日, 乙未年의 己丑日, 丙寅年의 壬申日, 甲戌年의 庚辰日, 乙亥年의 辛巳日 등이 해당된다.
의처의부 疑妻疑夫	갑오(甲午), 병술(丙戌), 무진(戊辰), 경진(庚辰), 임술(壬戌) 일주의 남자와 을사(乙巳), 정해(丁亥), 기해(己亥), 신사(辛巳), 계해(癸亥)의 여자 일주가 해당한다. 의처의부증(疑妻疑夫症)이다.
상관욕궁 傷官浴宮	을사(乙巳)와 신해(辛亥) 일주의 여자는 남편을 추방하고 자기주장을 하고 산다는 의미가 있으므로 그 남편이 부단히 집을 떠나 객지생활(客地生活)을 하게 되고, 또는 첩(妾)을 두기도 하며, 재혼(再婚)을 해도 부덕(夫德)을 기대하기 어렵다.
신병살 身病殺	을사(乙巳), 을미(乙未), 기사(己巳)가 일시(日時)에 있으면 병이 끊이지 않고, 늘 몸이 아프다는 암시가 강하다.
천라지망 天羅地網	戌亥는 天羅, 辰巳는 地網인데, 감금, 구속, 시비, 송사 등의 구설이 따른다. 곤명(坤命)은 공방수나 파혼의 운이고 자녀궁에 흉사가 있다. 활인성이라 검경계나 법조계, 의약계, 역학계, 종교인 등과 연관이 깊다. 辰과 戌은 첨단산업이나 공업 계통으로 진출하며, 戌과 亥는 天文星으로 지혜총명하고, 天主敎의 신앙을 믿는 사례가 많다.
욕(浴)	12운성의 한가지로 마치 도화살과 성질이 비슷한 기운이다.

■ 건명(乾命)

을(乙)은 음목(陰木)이고 사(巳)는 음화(陰火)로 을목(乙木)이 뱀을 타고 앉은 물상으로 활달하고 적극적이며 환경적응력이 뛰어나 총기 발랄

하고 언변이 능숙하지만 재물추구의 욕구가 강하고 변동 변화가 많으며 평생 분주하고 주거불안이라. 타인 이해에 배려도 있으며 육체적 활동에 대중성 있는 행위를 하고 호기심 만발이라.

어질고 착하며 희생, 봉사정신이 있고 처세술이 뛰어나 대인관계는 부드러운데 부부 이별수가 들어 공방이나 헤어진 후에 편안하고 감정표현은 분명하다. 용모가 아름다워 윤기 있는 피부에 머리카락도 빛이 나며 언행은 가볍고 한 가지 직업을 초지일관하지 않는다.

활동적이고 호기심 과다에 표현력도 있으니 활동적인 멋을 추구하고, 유행을 따르니 허영심이 있고 타인의 말을 듣지만 참고하지 않으며, 언변과 재주가 뛰어나고 체격은 작으며 처세술이 뛰어나 활동을 통한 재물추구의 욕심이 있다. 주변 의식이 강하고 변화는 싫어하며 명예 중심적 사고를 지향하고 안정을 희구하며 추진력이나 대중성은 극히 약하여 타인의 말을 듣지만 자기주장과 생각을 굽히지 않으며 겉으로는 온순하고 착하나 고집에 외골수적 기질이라.

재물운, 활동운, 사회적 성취 있어도 배필 근심이라 건명(乾命)은 연애운이 빠르고 재관동림(財官同臨)으로 혼전임신의 운이며 혼전득자할 가능성에 건록에 좌한 재성과의 인연이니 처복도 있는데 가정은 처에게 맡기고 밖으로 돌아다니는 무정함이 있고 처와 장모에게 의지하는 삶이다.

신해년(辛亥年)이나 신미년(辛未年) 출생은 땅꾼에게 잡힌 뱀의 상으로 횡액이 있고 사주원국(四柱原局)에서 신해(辛亥)를 보면 율원과 칠살이 욕사 중이 되어 횡액을 예고하고 사화(巳火)에 신금(申金)은 사지에 인종되는데 신금(申金)은 땅꾼 격이고 사화(巳火)는 뱀이라.

평생 분주하고 궂은일은 피하며 주거 불안인데 고독을 찾고 지구력과 인내심 부족에 신경질적이며 예민하고 다혈질을 드러내며 승부욕도 강한 모습이 드러나는데 사화(巳火)는 신금(申金) 정관과 합을 원하며 인성으로 변화하는 성정으로 주변의식의 변화에 적응하지 못하지만 안정과 명예추구에 느긋하고 여유가 생기니 좌절과 고통 속에서 자수성가하고 신체에 이상이 생길 수 있으니 덕을 쌓아야 한다.

돈과 명예 추구에 과대망상증이 있을 수 있고 표현이 적극적인데 때로 정신적인 고통으로 정신 질환이 될 수 있어 신경성 질환, 히스테리성 장애가 발생할 수 있다.

여름에 태어날수록 증상은 더욱 심하고 간지와 지지(地支)는 모두 곡각이라 늘 몸이 아프니 신병(身病)이라 하며 식재관이 생록지에 좌하니 복록은 두텁고 인수 임수가 사화에서 절지에 인종되니 부모 인연이 약한데 모친보다는 부친 인연이 깊다.

■ 곤명(坤命)

지지(地支) 상관이 힘을 얻으니 결혼이 늦어지는 경우가 많다. 장생에 좌한 경금(庚金)의 암합구조로 사주원국(四柱原局)에 비견인 을목(乙木)을 보면 공방수를 면하기 어렵다. 예의 바르고 애교도 있는데 배우자 기대가 커서 실망이고 욕구불만이라. 사주원국(四柱原局)에 칠살이 투(透)하면 일지가 욕궁이니 아기를 낳고 살다가도 눈이 맞고 정을 통하니 명암부집으로 도주할 상이라.

감정이 풍부하고 다정함이 지나치니 백 번 문제가 된다. 고란살이니 독신 주장하지만 결혼 후에는 욕정의 문이 열려 동서로 정부요, 식관동림(食官同臨)으로 남북으로 부정포태(不貞胞胎)라. 다만 정관이 건전하면 부부금실이 좋다.

본인이 직업을 가지고 가정을 이끌어야 하며 상격은 예술, 예능 방면에 종사하는 것이나 교육자, 아나운서, 스튜어디스와 같은 계통의 직업군에서 많이 발견되는 특징이 있다.

2. 세운의 변화

巳酉丑年 : 이사, 이동, 직업 변동
戌年　　 : 신경쇠약, 정신 질환, 병원 출입
寅年　　 : 관재수, 구설수, 사고수, 부부 풍파, 이별수, 수술
亥年　　 : 관재수, 구설수, 사고수, 형옥(刑獄)
申年　　 : 이성 만남, 좋은 일이 생김
己亥年, 辛亥年 : 亥年은 巳亥冲이 되므로 일반적으로 변화가 심하고 運路가 좋지 않다

3. 물상

을(乙)은 새이고 사(巳)는 뱀이다. 뱀이 새를 물고 있는 격이니 새가 미친 듯 고함을 지르는 것처럼 말주변이 청산유수라. 새가 뱀을 타고 앉았으니 바람 잘 날 없고 평생 분주하고 주거가 불안정하다.

언행이 가볍고 변화도 많아 평생 한 우물은 글렀고 몸에는 병이 많다. 금여라 몸가짐에 절도가 있고 용모가 있어 귀한 대접이나 표면적이고 사주원국(四柱原局)의 태세가 신해(辛亥)나 신미(辛未)에 해당하면 땅꾼에게 잡힌 뱀의 물상이니 횡액을 피하기는 어렵다.

4. 특성

언변이 좋아 자기표현을 잘 하며 명랑하고 다재다능에 어려서부터 남의 눈에 돋보이며 세속적인 융통성이 뛰어나다. 재물복과 자식복은 좋은데 미남미녀형이라 행위에는 문제가 있어 남녀관계에서 망신살이고 적극적인 자기 표현력이 두드러지고 연기에도 뛰어나 오해를 받거나 스스로 고통을 당하고 자신의 말에 책임을 지지 않으니 오해나 고통이 따른다.

5. 육친관계

■ 건명(乾命)

모친보다 부친 인연 깊은데 지지(地支) 상관은 어른들과의 불화를 의미하고 연애 운이 빠르니 나이 많은 여자와 연애하고 여러 여자와도 풍류를 겪으면서도 배우자 복은 있어 미모의 배우자를 만나고 작첩의 운이며 자식 운은 딸이 많고 인연이 박하지만 사주원국(四柱原局)에 유(酉)의 글자가 있으면 성공하는 아들이 나온다.

■ 곤명(坤命)

배우자에 대한 기대치가 높아 실망에 욕구불만이고 배우자궁이 부실하니 이별, 별거의 운에 소실이거나 독수공방이 있다. 결혼이 늦어지고 사주원국(四柱原局)에 을유, 을축, 경의 글자가 있으면 두 번 결혼 운이거나 처녀 임신의 경험이다. 사주원국(四柱原局)에서 경(庚)이 천간(天干)에 투간되어 있으면 자식 놓고 살다가도 다른 남자와 도주하고 자식은 아들·딸이 고른데 기가 강한 자식을 낳거나 자식으로 인한 고민이 깊다.

6. 학업

■ 건명(乾命)

총명한 두뇌가 있어 재능을 발휘하며 어려서는 자존심을 살릴 성적은 유지되나 세월이 흐르며 학과 공부는 저조하고 예능이나 전문기술의 학문이 발달한다. 성공의 지름길이 되어주는 건명(乾命)의 전공학문으로는 경영학, 경제학, 회계학, 공학, 전문기술, 스포츠학이다.

■ 곤명(坤命)

예능, 어학, 디자인, 장식학, 교육, 육영이 좋은 학문의 길이다.

7. 결혼운

■ 건명(乾命)

어린 나이에 이성에 눈뜨고 언변이 좋으며 자기표현에 익숙하여 연애운이 빠르고 다재다능하다. 미모가 뛰어나니 자신감을 앞세우나 순탄하지 못하고 여러 여자와 풍류를 즐기고 난 후에야 결혼을 생각하는데 좋은 배필은 소띠, 용띠, 뱀띠, 말띠, 양띠, 원숭이띠, 개띠 여자인데 자신의 풍류가 지나치거나 처의 풍류가 지나침이 있어 고통이 따른다.

■ 곤명(坤命)

자기주장과 표현이 지나쳐 결혼이 늦어지는데 어떤 경우에도 결혼운이 순탄하지 못하고 사주원국(四柱原局)에 경(庚)의 글자가 있으면 의처증이 있는 남편을 만날 운이며 쥐띠, 토끼띠, 소띠, 원숭이띠 남자가 좋은 인연이 될 가능성이 높다.

8. 직업

지지(地支) 상관이라, 재주를 의미하는 성분이니 기술을 배우면 좋고 자기사업의 운이다. 사주원국(四柱原局)에 신유축(申酉丑)의 글자가 있으면 조직과 직장길 인연으로 공직, 금융권, 재무직, 공사, 화학회사 인연이고 사주 원국에 화(火)의 오행이 투출되면 자기사업 운으로 교육, 언론, 방송, 전문기술, 운수업에 인연이다. 곤명(坤命)도 왕성한 활동력에 언변이 좋으므로 교육, 육영, 재무, 회계, 경리, 전문기술 분야에 투신하면 재물운이 있다.

사회적으로 살펴보면 교육, 의약계에서 성공하는 사람이 많으며 지지(地支)의 사(巳)중 경금(庚金)은 곡식과 과일을 의미하기 때문에 이와 연관된 직업인, 농사, 과수원 등에서 많이 발견되며 조종사, 스튜어디스, 간호사, 화가, 서예, 출판, 문화, 인쇄, 기술, 예술과 예능 방면에 진출해 종사하거나 성공한 사람이 많다.

9. 성적 욕구

■ 건명(乾命)

성적으로 강한 인상을 주는 것처럼 성욕은 강하나 서두르는 것이 문제이고 목생화의 구조라 화기가 강하니 조루증세 있어 근본적으로 배우자에게 만족감을 주기 어려우나 겨울에 태어나고 수가 적당하면 지속력 있고 쾌감이 있으니 여자를 즐겁게 한다. 일시에 식상이 과다하면 조루증세로 처에게 만족감을 주지 못하고 상대를 찾아 헤매는 경향이 있으며 지적이지 못하면 변태성이다.

■ 곤명(坤命)

색정이 강해 색난의 조짐인데 곤명(坤命)은 본능적이고 야성적인 성행위를 즐기고 질의 조짐이 좋아 남자를 만족시키며 화가 강하면 한 번 성교에서 여러 번의 오르가즘을 느끼고 수가 적당해도 충분히 오르가즘에 오른다. 색정이 지나쳐 색난으로 화를 입을 가능성이 매우 높은데 의부증도 있고 지적인 면이 약하면 변태성에 권태가 빠르고 식상이 많아 형이 되면 유방에 이상 생기고 성교에서 관심 멀어지며 목화(木火)가 많고 토(土)가 없으면 교성 만발이라.

10. 질병

을사일생(乙巳日生)은 을(乙)이 목(木)의 성분으로 간담의 병을 의미하고 두발, 음모, 손가락, 목덜미에 영향을 미치고 사(巳)는 화(火)의 성분으로 심장과 소장의 병을 의미하는데 인후, 얼굴, 치아, 항문에 영향을 미친다. 을사일주(乙巳日柱)는 간과 비장이 약하고 투통이 있는데 심하면 신경쇠약에 이른다. 치아가 약하고 기관지 질환이 올 가능성이 높으며 인후병으로 고생할 수 있다.

43장. 병오(丙午, 寅卯空亡)

1. 사주의 특성 (丙10, 己11, 丁10))

양인살 羊刃殺	양인살은 흉살 중의 흉살이다. 한자의 의미를 새겨보면 겉은 순한 양이지만 속은 칼날을 물고 있는 형국이다. 양인살이 있는 사람은 성격이 강직하고 무자비한 경향이 있다. 甲일간은 卯, 丙일간과 戊일간은 午, 庚일간은 酉, 壬일간은 子가 양인이다.
음양차착 陰陽差錯	음란하고 색을 좋아해 배우자와 불화하고 사별하며 상부극처(傷夫剋妻)하고 재취를 하여도 해로가 어렵다. 상(喪)중에 취첩(娶妾)하며 혼인하여도 실패수(被折)가 따른다. 병오(丙午), 병자(丙子), 임진(壬辰), 임술(壬戌), 무신(戊申), 무인(戊寅)은 양착살에 해당되고, 신묘(辛卯), 신유(辛酉), 정미(丁未), 정축(丁丑), 계사(癸巳), 계해(癸亥)는 음차살이다. 일주에 해당되면 외가가 몰락할 수 있고 시(時)에 있으면 처가가 망한다.
양착	출생일이 壬辰, 丙午, 壬戌, 丙子, 戊寅, 甲寅, 戊申日生이며 결혼 파탄, 배우자 상중 재혼 등의 흉사가 있다. 년주를 주동하여 일주가 공망이 되면 작용력이 상실한다.
장군전 將軍箭	병오(丙午), 정미(丁未), 무오(戊午), 기미(己未), 임자(壬子), 계축(癸丑) 일이 이에 해당되며 죄를

	지으면 그 대가를 필히 치르게 된다는 성분으로 자암살(紫暗殺)로 불리기도 한다. 지지(地支)가 형충되면 무기나 흉기에 의해 죽음을 당하기도 한다는 암시가 있다.
교신성 交神星	병자(丙子), 병오(丙午), 신묘(辛卯), 신유(辛酉)일 생은 생각이 깊으나 자아심이 강해 다른 사람과 함께할 수 없다.
일인 日刃	병오(丙午), 무오(戊午), 임자(壬子) 일주처럼 일지양인은 권력과 형(刑)을 주재하는 성분이니 자만심이 강하고, 비사교적이며, 안하무인에 구설수가 따르기 쉽다. 적(敵)이 많고 시비수가 발생하니 속성속패(速成速敗)의 기운이다. 생살대권(生殺大權)을 장악하기도 하며, 극처극부(剋妻剋夫)하는 이면의 흉의를 지니기도 한다.
육수 六秀	戊子, 己丑, 戊午, 己未, 丙午, 丁未 의 일주(日柱) 생이라면 재치가 빠르고 총명하다. 독단적인 기질, 동업 등은 피하는 게 좋다.
탕화살 湯火殺	寅午丑일 생에 해당한다. 화상, 화재, 음독, 가스 중독, 부상과 염세비관이 따른다. 탕화살이고 일시가 午丑이면 본처와 해로가 어렵고 무자식의 운이다. 일시가 오축이고 재성이 태과하면 아내가 문제 있고 관성이 태과하면 남편에게 문제가 생긴다.
간여지동 干與支同	간지(干支)가 같은 오행(五行)의 글자로 부부간 생사이별수가 있으며 흉살(凶殺)과 겹치면 사별(死別)도 있다.
왕 旺	세가 왕성한 것을 뜻한다. 사주원국에서 일주를 지탱하는 조건이나 용신이 왕성한 것이다.

■ 건명(乾命)

양간 중 가장 뜨거운 양 중의 양이 병화인데 예의 바르고 명랑하며 불같은 성격이라 적극적이고 자기주장에 독선적인데 개성이 뚜렷하고 지지(地支)로 오를 맞아 양인을 놓았고 염인지상(炎人之像)이라. 대단히 권위적이고 호방하며 개방적이니 사교적이고 활달하며 사람 사귀기를 좋아하고 저돌성과 이상도 높고 봉사정신도 갖추고 있으며 겁재왕궁으로 비견과 상관이 장성에 들고 상관장성이니 말조심을 해야 한다.

한낮의 태양이라 유아독존이니 장남, 장녀, 맏며느리 역할이고 융통성 없이 승부욕을 내세워 난폭하고 두려움 없이 자기를 주장하고 낙천적이며 임자를 도충해야 하는 것이니 때때로 냉정한데 합살이 되어야 제어되니 직업이 있으면 문제없지만 직업이 없다면 가정도 모르는 무정한 폭군이다.

병오일주(乙巳日生)는 힘차게 달리는 말이라 나아갈 줄 알지만 물러설 줄 모르니 자신 주장에 타협이 약하고 독불장군이고 타인을 의지하려 하지 않으며 강자에 강하고 약자에 약한 면도 있어 자비가 있으며 급히 뜨거워지고 급히 차가워지는 성정이라 조급하고 뒤끝이 없다.

자신의 이익이 먼저이니 동업은 금물이고 타인과도 오래 사귀지 못하고 싫증이 빠르며 낭비가 심해 큰 재물은 없고 직언하지만 말이 씨가 된다. 상관이 제왕을 얻으니 상사에게 직언도 서슴지 않지만 솔직 담백하여 타인의 비밀을 지키지 못하는 단점도 있다.

매사에 자신감이 하늘을 찌르나 결실은 생각과 다르고 독선이 지나쳐 적을 만드니 수양이 필요하다. 일인(日刃)은 그 처가 사회활동을 해야 액을 면하고 지장간(地藏干) 기토(己土)의 성분이 임자(壬子)로 무오일주(戊午日柱)와 같은 일인과는 조금 달리 작용하니 처를 극하는 성분은 조금 덜하다. 그나마 상관이 기토(己土)이기에 자기주장을 죽이고 중심을 지키려고 하는데 상관이 힘을 얻으니 처에게 마음을 쏟는 경향이 있고 재성은 도화나 역마로 인종되니 처가 활동적이거나 활발한 기운이 있고 보통 자식의 덕은 관살이 태지와 절지에 인종되니 기대하지 않는 것이 좋다.

마음속은 승부사 기질이고 육체적 호기심과 대중성을 지니고 있으며 자존심도 강한데 유연성이나 융통성은 부족하고 지지(地支) 오화(午火)는 상관 미토(未土)와 합을 원해 비겁의 마음이 되니 활동력과 호기심 만발에 자기중심이 강하고 고집이 더욱 강해진다.

탕화로 화상이나 화재가 있고 위풍당당이라 타인을 호령하기를 즐기고 참을성은 없어 속전속결을 원하며 급한 성격이라 재물을 탕진하며 인생 기복은 파도를 친다. 겉으로는 칭찬하며 속으로 비판하고 겉으로 수긍하고 속으로 거부하는 이중성이 강하고 천상천하 유아독존을 꿈꾼다.

■ 곤명(坤命)

지나치게 강한 기질이니 차라리 독신이 좋은데 남편이 무능해지고 몰락도 눈앞이다. 형제를 돕고 남편이 있어도 만족하지 못해 도화의 기질도 있는데 겉은 환하니 요령이 있어 엉큼하다는 평판을 듣는다. 교신성이라 자기가 하고 싶은 것만 하며 자신의 삶에 만족한다. 기토(己土)의 작용으로 고집이 대단한데 극한 상황에서는 타협을 할 줄 알며 말조심이 우선이다. 기토(己土)는 상관으로 건록에 좌하는데 상대의 마음을 헤아리기도 한다.

지나치게 강한 독선과 자존심으로 부부 불화를 유도하니 혼자 사는 것이 좋고 본인 이기심으로 부부궁을 흩트리고 허영과 허세, 식술이 불 보

듯 하니 솔직과 신용이 필요하고 영리하나 자만심이 문제이고 인덕도 없다

사주 원국에 신금(辛金)이 투간하면 오화(午火)에서 역마로 인종되어 성공의 운이 피지만 경금(庚金)이 오화(午火)에 인종하면 욕지에 놓이니 재운이 약하다. 사주원국(四柱原局)에 인수인 을목(乙木)이 투간되면 장생으로 인종되어 학업이 드러나고 인수가 드러나지 않으면 갑목(甲木)이 사지로 인종되어 학업부진에 모친의 인연도 길지 못하다.

2. 세운의 변화

寅午戌年 : 이사, 이동, 직업 변동

丑年   : 신경쇠약, 정신 질환, 병원 출입

子年   : 관재수, 구설수, 사고수, 부부 풍파, 이별수, 수술

卯年   : 관재수, 구설수, 사고수, 형옥(刑獄)

未年   : 이성 만남, 좋은 일이 생김

庚子年, 壬子年 : 子年은 子午冲이 되므로 일반적으로 변화가 심하고 運路가 좋지 않다

3. 물상

가장 높은 정오의 태양이니 높은 자리에 있는 지도자의 상이라 자아가 강하고 독존의 성향이며 호탕하고 내달리는 말이라 물러서지 않으며 지지(地支)의 오화(午火)는 음양이 교차하는 문이라 상대를 헤아리는 품성이나 사주원국(四柱原局)에 화(火)의 오행이 지나치게 강하면 균형을 잃어 폭군의 기질이라. 곤명(坤命)은 독신이 제격이라 부덕을 기대치 말라

했고 여장부다.

4. 특성

밝음과 뜨거움이 더해지니 지도자의 상으로 관인에게 봉사할 상이다. 기가 지나치게 강하니 자기중심적인 사고와 행동으로 고통이 있으며 모든 일을 경쟁적으로 덜어붙이니 성공이나 실패와는 별도로 노력을 멈추지 않아 운을 만나 크게 성취한다. 경쟁을 즐기고 지기 싫어하며 독단적으로 주도해 무리 있으며 도덕성이 없는 일도 할 수 있고 운을 만나면 크게 쓰이나 운이 나쁘면 누구보다 고통과 어려움을 당한다.

5. 육친관계

▣ 건명(乾命)

부모운이 좋지 않다. 부모와 불화 있고 인연이 짧아 어려서부터 사랑과 거리가 멀다. 대성 강하고 독선적이니 배우자 무시하여 배우자궁이 부실하고 일지의 겁재는 결혼이 늦어지는 의미이고 일찍 결혼하면 배우자에게 우환과 풍파가 있다. 친구 형제 사이에도 투기하고 질투하며 자기본위적이고 처가 사회생활을 해야 액을 면하며 자식을 낳으면 남자는 딸이 많다, 재혼, 삼혼의 운에 처첩을 거느리고 색난의 운이다.

▣ 곤명(坤命)

강한 독선으로 문제를 일으키니 혼자 사는 것이 좋으며 본인의 이기심과 고집으로 배우자와 이별, 사별, 별거의 운이며 배우자 만족도 어렵다. 인덕도 없지만 아들과 딸이 고르게 온다.

6. 학업

■ 건명(乾命)

두뇌는 총명하여 노력과 인내가 없어도 어린 시절에 두각을 나타내지만 사주원국(四柱原局)에 화(火)가 거듭 있으면 두뇌 발달이 더디고 사주원국(四柱原局)에 오(午)가 여럿이면 바보라. 대체로 머리가 좋아 소질이 있고 능력 발휘가 이루어지고 두뇌가 지나치게 빨리 발달하여 공부 인연은 성공을 이루나 사주가 지나치게 뜨겁거나 토의 오행이 많으면 머리는 있지만 부모의 인연이 순조롭지 못한 이유 등으로 공부 길에는 장애를 겪는다. 법학, 의학, 공학, 전문기술, 수의학, 선박 관련기술이 어울리는 학문의 길이다.

■ 곤명(坤命)

의학, 교육, 육영, 전문기술 등이 좋은 학문의 길이다.

7. 결혼운

■ 건명(乾命)

경쟁이 강하니 결혼이 늦어지나 마음에 들면 주위의 반대와 불편을 무시하고 끝까지 밀어붙여 주위의 여건과 상관없이 혼인에 이르니 갈등과 우환이라. 매사 자기주장으로 상대를 누르려 하며 처가 아프고 사이가 좋지 못해 갈등이 오며 범띠, 용띠, 뱀띠, 말띠, 원숭이띠, 닭띠, 개띠, 돼지띠 여자가 좋은 배필운이다.

■ 곤명(坤命)

남편이 바람을 피우거나 활동 문제로 갈등이 심하고 범띠, 용띠, 뱀띠, 말띠, 닭띠, 개띠, 돼지띠 남자가 좋은 인연이다.

8. 직업

매사 자기중심적이라 조직보다 자기 사업이 좋지만 일지(日支) 겁재(劫財)의 작용은 급속한 성취와 급속한 쇠퇴를 가져오는데 월지(月支)에 오(午)의 글자가 있다면 중년에 재물의 고통에 시달린다. 조직 직장길을 간다면 윗사람의 간섭을 받지 않는 교수직, 교육, 육영, 의약학, 전문기술을 바탕으로 한 공학과 경영, 경제에 관련된 직종이 사업길은 금속기계, 의류, 포목, 제조, 가공, 통상이 좋다. 상관, 양인의 작용으로 군경, 의료계, 법조계, 교육, 학교에서 인연을 맺고 성공한 사람들이 적지 않으며 해외출입에 관련된 직종이나 재정과 관련된 직종, 외국상사, 외국환은행 등에 근무하는 사람들이 많다.

9. 성적 욕구

■ 건명(乾命)

일지가 양착살이고 일간이 지나치게 강하니 성욕이 강하고 적극적이고 정열적인 성생활을 한다. 겁재가 많으면 여자를 탐하고 적극적으로 리드하는 형으로 상대의 의무를 요구하며 같이 즐거워한다. 목화(木火)가 지나치게 강하며 토(土)가 없으면 서두르니 조루증세이고 금수(金水)가 있어야 지속력 생긴다.

■ 곤명(坤命)

성욕이 지나치게 강렬하여 적극적이고 정열적으로 지나치게 밝히는 경향이 있어 상대가 곤혹스러워하며 이겨내지 못하기도 하는데 화(火)가 강해 일찍 달아올라 전희가 필요 없고 한 번의 성교에 여러 번의 오르가즘에 도달한다. 간혹 돈으로 남자를 사서 욕구를 충족하기도 하고 욕구 충족을 위해 애인을 두기도 한다. 단 금수(金水)가 없으면 분비물 부족으로 통증이 있고 생리불순에 임신이 잘 되지 않으며 오화(午火)는 근본적으로 바람기이고 양인이라 음란하다. 목화(木火)가 많고 토(土)가 없으면 교성이 만발이라.

10. 질병

병오일주(丙午日柱)는 일주의 병을 먼저 파악한다. 병(丙)은 화(火)의 기운으로 소장과 어깨에 병이 있고 근본적으로 심장이 병이다. 오(午)는 역시 화(火)의 기운으로 정신, 심장, 눈이 병이다. 따라서 병오일주(丙午日柱)는 대부분 건강체질이지만 폐의 질환과 비뇨기의 질환이 있다. 소장, 당뇨, 고혈압, 신경통, 심장마비, 뇌일혈과 같은 병들이 주의사항이고, 화기가 지나치게 강하니 탕화로 인한 화재가 염려되고 그 과정에서 화상의 가능성을 배제하지 못한다.

44장. 정미(丁未, 寅卯空亡)

1. 사주의 특징 (丁9, 乙3, 己18)

음차살 陰差殺	배우자와 불화하고 사별하며 상부극처하게 되는 것이니 재취하여도 해로가 어렵다. 음란하며 색란이 따르고 심한 자는 상중에 취첩하며 혼인하여도 곧 실패수가 따른다.
음욕살 陰慾殺	무술(戊戌), 신묘(辛卯), 정미(丁未), 을묘(乙卯), 기미(己未), 계축(癸丑), 경신(庚申) 일주는 음흉하고 색정적인 기질이 있다. 여성은 유흥가 진출이고 남성은 재혼하는 사례가 많다.
음양차착	음란하고 색을 좋아해 배우자와 불화하고 사별하며 상부극처(傷夫剋妻)하고 재취를 하여도 해로가 어렵다. 상(喪)중에 취첩(娶妾)하며 혼인하여도 실패수(敗折)가 따른다. 병오(丙午), 병자(丙子), 임진(壬辰), 임술(壬戌), 무신(戊申), 무인(戊寅)은 양착살에 해당되고, 신묘(辛卯), 신유(辛酉), 정미(丁未), 정축(丁丑), 계사(癸巳), 계해(癸亥)는 음차살이다. 일주에 해당되면 외가가 몰락할 수 있고 시(時)에 있으면 처가가 망한다.
홍염살 紅艶殺	갑오(甲午), 병인(丙寅), 정미(丁未), 무진(戊辰), 경술(庚戌), 임신(壬申), 임자(壬子) 일주가 홍염으로 미모와 센스가 있으며 도화와 유사하여 인기가 있으며 외도에 빠지기 쉬우니 곤명(坤命)은

	기생(妓生), 건명(乾命)은 작첩(作妾)한다.
철사관 鐵蛇關	갑진(甲辰), 병신(丙申), 정미(丁未), 무인(戊寅), 경술(庚戌), 계축(癸丑) 일로 이는 돌림병이나 희귀병에 걸려 단명의 암시가 있다고 전해지므로 방역이나 예방에 철저해야 한다.
암록 暗祿	暗祿은 正祿을 합하는 글자를 말함인데, 암록은 재물에 궁합이 없고 보이지 않는 귀인의 조력으로 평생 안락한다는 것이다. 일주로는 병신(丙申), 정미(丁未), 무신(戊申), 기미(己未), 임인(壬寅), 계축(癸丑) 등이 있다.
육수 六秀	병오(丙午), 정미(丁未), 무자(戊子), 기축(己丑), 무오(戊午), 기미(己未) 일주는 육수성에 해당한다. 육수의 성격은 급하고 재치가 있는 반면, 자기의 이익을 먼저 생각하는 습성이 있으므로 독단적인 기질이 있으며 동업 등은 피하는 게 좋다고 알려진다.
퇴신 退神	정축(丁丑), 정미(丁未), 임진(壬辰), 임술(壬戌)일이 퇴신으로 가치관이 일반인과는 다소 다르며, 타인들에게 두드러져 보이려는 성격을 지닌다. 속단하여 실행한 일로 뒤늦게 후회하기도 한다.
장군전 將軍箭	병오(丙午), 정미(丁未), 무오(戊午), 기미(己未), 임자(壬子), 계축(癸丑)일이 이에 해당되며 죄를 지으면 그 대가를 필히 치르게 된다는 성분으로 자암살(紫暗殺)로 불리기도 한다. 지지(地支)가 형충되면 무기나 흉기에 의해 죽임을 당하기도 한다는 암시가 있다.
대 帶	관대(冠帶), 정신적으로는 아직 부족하나 육체적으로는 성숙하여 자기 의사대로 할 수 있는 독립의 준비 상태이다.

■ 건명(乾命)

식신대궁으로 비견과 인수가 월살에 드니 예의 바르고 명랑한 성격에 사교적이고 활달하며 화술이 뛰어나고 현실적, 긍정적 사고에 진취적이며 성급하지만 고집도 천하제일이라. 인비식(印比食)의 정을기(丁乙己) 삼자를 갖추니 도량 넓고 베푸는 성정이라 타인을 이해하고 배려하는 마음을 가지고 있으며 신앙심과 봉사정신도 있으니 어떤 어려움에도 잘 견딘다.

식신 관대니 소유욕에 독립심 겸비했는데 까탈스럽고 고집에 끈기 보이나 사교적이고 두뇌회전도 빨라 추진력이 있고 일주가 조열하니 쉽게 흥분하고 쉽게 식으며 조용하게 말하지 못해 화나듯 들리는 말투이고 인정도 많은데 즉흥적인 성격이라 폭발하듯 즉흥적인 일처리가 이루어진다. 기토 식신이 편인 을목에 목극토의 상황이라 똑똑해도 학업이 일시 중지되고 일도 장애를 받으니 성급한 성격을 고쳐야 한다.

지지(地支) 미(未)는 음토(陰土)이나 근본적으로 양의 기운이다. 너무 뜨겁게 타오르는 일주인지라 사주원국(四柱原局)에 수기(水氣)의 역할이 중요하고 수기가 없으면 절제심과 체면이 없다. 진정으로 추구하는 속마음을 알 수 없으며 일관성은 결여되어 변화가 심하고 속마음이 다양하다. 표면적으로 활달하고 대범하니 주머니가 비어도 없다 표시하지 않고 타인에게 지기 싫어한다. 지지(地支)가 현침이니 기예와 종교성을 암시하지만 부부의 액을 나타내기도 한다.

재성 경금(庚金)과 신금(辛金)은 각각 대지와 반안에 좋하니 부친의 기운을 나타내고 재운도 보인다. 인수 을목(乙木)이 양지에 좌해 관대와 함께 환자의 물상이고 인수고지라 모친의 병을 보여주고 있다. 무오일생(戊

午日生)과 정미일생(丁未日生)은 60개의 일주 중에 가장 절륜한 정력이라 이성 관계 복잡이며 부부궁은 건전하지 못하고 불화가 불을 보듯 뻔하다. 그러나 식신이 유기하니 처가를 살피고 돌본다.

인자하고 착하나 복잡한 것을 싫어하고 비밀이 없고 솔직하며 소유욕 겸비에 독립심이 있다. 지지(地支) 미토(未土)는 오화(午火)와 합을 원하니 사실 그다지 변화가 일어난다고 볼 수 없으며 비겁으로의 변화는 일어나기에 고집과 자존심이 강해지고 자기중심적으로 변하며 독선적인 성향이 더욱 강해져 급한 성격으로 나타나 손재가 일어나고 속기도 하며 앞장서면 실패의 운이 있고 물러서면 도리어 성공의 운이다.

부모 형제 우애 있고 사회에 서둘러 나서야 하는 운을 타고났으며 좋은 배우자 운이나 살이 쪄 비만이 되며 현실적인 사고를 지닌다. 반항적 성격이 드러나고 이기적으로 행동하며 심술궂으며 성격이 호탕하여 대인관계의 층이 넓으나 술을 마시면 폭력을 휘두르거나 주사를 드러내고 돈 쓰기를 잘해 재복을 깨고 정력이 강하니 풍류를 밝히고 호색을 드러내어 이성 문제가 발생한다.

■ 곤명(坤命)

성격 급하고 고집이 세며 똑똑한데 배우자를 극하여 이기려고 하니 문제가 생기고 깔끔하여 현모양처 감이나 사회활동의 운이고 한이 넘치니 눈물로 지새우는 운명이라 기구하기만 하다.

알뜰한 현모양처이고 자식궁은 좋은데 임수(壬水)와 계수(溪水)가 일지(日支) 미토(未土)에 양지와 화개로 인종되니 자신이 남편을 부양해야 하고 남편의 무력함이 드러나는데 결국 자녀를 출산하면 배필을 극하여 곡절이 따르는데 암장된 정화는 나를 의미하는 천간(天干) 정(丁)과 다가오는 남편 임수(壬水) 정관을 다투니 시비곡절이라.

2. 세운의 변화

亥卯未年 : 이사, 이동, 직업 변동
寅年　　 : 신경쇠약, 정신 질환, 병원 출입
丑年　　 : 관재수, 구설수, 사고수, 부부 풍파, 이별수, 수술
戌年　　 : 관재수, 구설수, 사고수, 형옥(刑獄)
午年　　 : 이성 만남, 좋은 일이 생김
辛丑年, 癸丑年 : 丑年은 丑未冲이 되므로 일반적으로 변화가 심하고 運路가 좋지 않다

3. 물상

벌판에 떠오른 달, 사막 위에 떠오른 달, 해변에 떠오른 달의 형상으로 밤길을 밝히는 모습이니 근본적으로 희생정신이 있고 남에게 베푸는 성격이라 유쾌하며 활발한 성격이고 타인이 인정해 주기를 바라는 욕구를 가지며 성공과 실패가 반반이다. 자신을 아껴주기를 바라는 마음과 남을 도우려는 성격이 혼합되어 있고 아집, 타인의 배려도 작용하는데 소유욕과 독립심의 모습이고 손으로 그러쥐는 모습이라.

정미일주는 강한 집착으로 돈을 자신이 관리하여야 하고 이 과정에서 자신의 몫을 챙긴다. 현침으로 기예에 소질이 있고 화가 나면 포악함을 드러낸다.

4. 특성

 적극적인 사고, 적극적인 행동을 하는 성품이며 명예와 재물을 모두 쟁취하여 세속적인 성공을 거두는 사람이 많다. 강한 성품을 지녀 적극적으로 움직이고 파고들지만 표현방식에는 문제가 있어 성격적 모순이 강렬하게 보이지 않게 하는데 마음이 강하고 남에게 드러나지 않는 노력으로 겉으로 드러나는 강렬한 성격의 소유자들보다 더 많은 것을 성취한다.

 매우 강한 성격이나 강하지 않게 드러나고 표현 방식이 서툴고 일관성의 부족으로 드러나니 타인에게는 의사결정이나 행동이 일관성 없이 비추어지는데 천간(天干)과 지지(地支)가 모두 뜨겁고 조열하여 다혈질적으로 보이므로 변덕으로 비춰지고 손해를 보기도 한다. 일관된 행동으로 보이게 하는 노력이 필요하고 변덕이 아니게 보일 수 있도록 일정한 행동의 형태를 견지해야 한다.

5. 육친관계

▣ 건명(乾命)

 여러 형태의 육친관계가 형성되는데 양자의 운명이거나 양부를 맞는 경우도 있지만 부모의 운은 있는 것이고 모친 인연이 비교적 짧고 병이 중하여 고통을 당하는 경우가 다반사이다. 부친의 운은 그럭저럭 인데 원국의 사주팔자에 화(火)를 의미하는 글자가 거듭 자리하고 있으면 부친과의 인연이 그리 길지 못한 경우가 많다.

▣ 곤명(坤命)

 깔끔하여 현모양처 감이나 남편복, 자식복은 없으며 배우자 덕이 부실하여 이별, 별거할 수 있고 배우자 병약에 작첩을 볼 수 있다. 배우자를 이기려 해 문제가 일어나고 한이 많아 눈물이 많다.

6. 학업
■ 건명(乾命)

기본적으로 두뇌가 총명하여 눈치가 매우 빠르다. 어려서부터 공부를 잘하여 가족의 기대가 크고 다재다능한 면모를 보여 가족의 기대에 기고만장이라. 세월이 흐르며 총명함이 퇴색하는데 노력을 기울이지 않기 때문이다. 타인과의 자존심 싸움이 있다면 경쟁심으로 겨우 실력을 유지할 수 있으며 의학, 약학, 공학, 상과, 전문기술, 스포츠, 예능계가 좋은 학문의 길이다.

■ 곤명(坤命)

두뇌가 총명하고 으스대거나 자랑하고 싶어 공부를 하나 시간이 지날수록 실력발휘가 되지 않으며 학업도 신통치 않아지는데 예능이 가장 좋고 어학, 의학, 약학, 전문기술 등이 좋다. 사주팔자 원국에 수(水)를 나타내는 오행이 없거나 부족하면 사주가 조열하니 해외로 진출하여 학위를 이루고 나면 학문의 발달을 기대할 수 있다.

7. 결혼운
■ 건명(乾命)

지지(地支) 미(未)는 식신으로 융통성의 별이라 교제, 소통, 대화, 언어, 생각을 나타내고 결혼이나 이성에 대한 관심이라. 일주에서 식신을 지지

(地支)에 깔았으니 이성에 관심 많지만 이룸은 매우 적다. 마음에 드는 이성에 대해서는 지나치게 집착하여 쫓아다니며 사랑을 고백하고 사랑을 쟁취하고자 젊음을 낭비한다.

지나치게 조열하니 도덕성에 문제가 있으며 절제력도 약해 비난을 받고 주변이나 부모와 대립한다. 도덕성과 절제력이 문제이니 배우자 결정에 부모와 대립하고 연애결혼이 쉽지 않거나 방해를 받아 포기하는 경우가 있으며 불만을 안고 부모에 따라 결혼도 하는데 토끼띠, 말띠, 양띠, 원숭이띠, 닭띠, 돼지띠의 여자가 좋은 배필운이다.

■ 곤명(坤命)

쥐띠, 범띠, 토끼띠, 용띠, 말띠, 양띠, 닭띠, 돼지띠 남자가 좋은 배필이고, 배필을 극하니 인연이 좋지 못하고 일시적으로 인연과 운이 좋아도 자식을 낳은 후부터 배우자와 대립, 감정의 골이 깊어지고 갈등이 고통을 몰고 온다. 자식운은 순조로우나 사오미월(巳午未月)에 태어나고 사주 원국에 수기(水氣)가 부족하면 자식이 드물다.

8. 직업

조직과 사업운이 모두 있고 사업적인 성공을 원하는데 정미(丁未)는 수동성이 작용하여 조직에 몸을 담아도 실력을 발휘하고 원하는 승진의 기회가 있다. 사주 원국에 수목(水木)의 오행이 있으면 조직에서도 충분히 역량을 발휘하는데 해양, 수산, 해운, 전문기술직업이 좋다.

사주원국(四柱原局)에 수목(水木)의 오행이 없거나 약하면 전문 자격증 사업이며 변호사, 의사, 기술사, 회계사이고 자격사업을 한다면 금속이나 기계 관련 사업, 중장비 사업이다. 정직한 방법으로 재물을 얻고자 하니 정당한 사업에 인연이 있고 정미일주(丁未日柱)에서 자주 나타나는 직업군으로는 교육직, 군인이 있다. 사업을 하는 사람들 중에는 육영, 식품, 기능, 예능, 전자, IT, 가공업 요식업이 있는데 큰 재복은 없다.

9. 성적 욕구

■ 건명(乾命)

정력이 지나치게 강하여 어려서부터 성적 욕구가 있고 연애운도 있다. 정력이 절륜하여 일찍부터 성생활을 즐기고 정욕을 해소하며 여러 상대를 바꾸는데, 화(火)의 기운이 강하고 음욕살, 음차살, 홍염살의 기운이며 정열과 욕구를 해소하기 위해서이다. 어떤 경우라도 정미일주(丁未日柱) 남성은 한 여성으로 만족하지 못하니 결혼을 한 후에도 외도를 즐긴다. 사오미월(巳午未月) 출생은 조루증세가 있을 수 있고 금수(金水)가 많으면 지속력에 발산의 기쁨에 쾌감을 느끼고 양인이 많으면 음란하다.

■ 곤명(坤命)

성욕이 지나치게 강하여 외정을 통해 성생활을 즐기고 일찍부터 호기심을 보여 남성에게 다가가지만 남자를 자주 바꾸지는 않는다. 정조관념은 매우 뛰어난 일주로서 혼인을 하면 목숨을 걸고서라도 지키려 하나 한 번 무너지거나 다른 상대를 사랑하면 또다시 목숨을 걸고 지키는 성향이 있어 부부의 문제로 발전할 수 있다. 지지(地支)가 미(未)이므로 상대가 맛있다고 보며 화(火)가 강해 한 번의 성교에 여러 번의 오르가즘을 느끼며 양인이 많으면 음란하고 금수(金水)가 많으면 질식할 듯한 오르가즘에 몸을 떨며 사오미월(巳午未月)에 출생하고 금수(金水)가 적으면 분비물이 적어 성교 시 고통이 있고 생리통, 생리불순이라.

10. 질병

정미일주(丁未日柱)에서 병을 찾아본다. 정(丁)은 음화(陰火)로서 심장을 의미하고 미(未)는 음토(陰土)로서 조열한 위장과 명치, 척추를 나타낸다. 따라서 정미일주(丁未日柱)는 혈압에 주의해야 한다. 심장은 혈압을 조절하는 펌프이기 때문이다. 근본적으로 심장과 혈압은 정미일주(丁未日柱)에는 가장 치명적이다. 심장을 필두로 하여 소화기 질환과 위장병에 주의를 요하는데 이는 미토(未土) 때문이다. 뇌일혈과 비만증은 정미일주가 지니는 근본적인 속성 때문이며 권태증과 건망증을 앓을 가능성도 매우 높다. 여성은 빈혈이 있어 고생을 하고 명치가 자주 아프다. 이는 화병과도 관계가 있다. 허리에 질병이 오기도 하므로 지나친 운동이 때로 화(禍)가 된다. 드물게 철사관(鐵蛇關)으로 인해 희귀병을 앓을 수 있으므로 유전성에 주의를 기울인다.

45장. 무신(戊申, 寅卯空亡)

1. 사주의 특성 (戊7, 壬7, 庚14)

천주귀인 天廚貴人	천주귀인(天廚貴人)설은 淵海子平과 命理正宗이 다르나, 평생 의식이 풍부한 복록이 따른다는 점에서 식신(食神)의 록궁(祿宮)을 일컫는 연해자평설을 따름이 무난하다. 일주로는 무신(戊申), 기유(己酉), 임인(壬寅), 계묘(癸卯)가 여에 해당된다.
문창귀인 文昌貴人	총명하여 공부를 잘하고 학문을 통해 직위를 가질 수 있으며 모든 흉살(凶煞)을 만나도 길신(吉神)으로 변하고, 추리력, 발표력, 예지력이 뛰어나고 곤명(坤命)이면 소녀 시절에 문학에 심취한다.
암록 暗祿	暗祿은 正祿을 합하는 글자를 말함인데, 재물에 궁함이 없고 귀인의 조력으로 평생 안락하다. 일주로는 병신(丙申), 정미(丁未), 무신(戊申), 기미(己未), 임인(壬寅), 계축(癸丑) 등이 있다.
고란과숙 孤鸞寡宿	갑인(甲寅), 을사(乙巳), 무신(戊申), 신해(辛亥) 일주의 여자는 남편과 생리사별(生離死別), 독수공방이라, 남편의 작첩으로 인해 신음(呻吟)한다. 조혼(早婚)은 실패할 가능성이 높다.
복성귀인 福星貴人	갑인(甲寅), 을축(乙丑), 병자(丙子), 정유(丁酉), 무신(戊申), 기미(己未), 경오(庚午), 신사(辛巳), 임진(壬辰), 계묘(癸卯)가 해당되며 선천적으로 복이 있고 인덕(人德)이 있어 발전하여 행복을 얻는다.

음양차착 陰陽差錯	음란하고 색을 좋아해 배우자와 불화하고 사별하며 상부극처(傷夫剋妻)하고 재취를 하여도 해로가 어렵다. 상(喪)중에 취첩(娶妾)하며 혼인하여도 실패수(被折)가 따른다. 병오(丙午), 병자(丙子), 임진(壬辰), 임술(壬戌), 무신(戊申), 무인(戊寅)은 양착살에 해당되고, 신묘(辛卯), 신유(辛酉), 정미(丁未), 정축(丁丑), 계사(癸巳), 계해(癸亥)는 음차살이다. 일주에 해당되면 외가가 몰락할 수 있고 시(時)에 있으면 처가가 망한다.
남연살 男戀殺	갑인(甲寅), 갑신(甲申), 정축(丁丑), 기축(己丑), 무신(戊申), 신미(辛未), 임인(壬寅), 계미(癸未) 일주의 남자는 배우자 몰래 애인을 숨겨 망신을 당할 우려가 있다.
복신 伏神	무인(戊寅), 계사(癸巳), 무신(戊申), 계해(癸亥) 일이 복신으로 이는 매사가 지연, 정체된다는 암시가 있다.
병 病	12운성을 따져 병은 인생에서 활력이 떨어지며 병든 것을 뜻한다.

■ 건명(乾命)

중후함이 돋보이고 귀인이라 표면적으로 신용과 신의를 중시하여 인품이 드러나고 무뚝뚝하게 보일 정도로 과묵하며 복록이 두텁고 행운이 따르고 남에게 주는 것을 좋아하지만, 감정이 잘 드러나지 않아도 주장이 강하고 활동력도 강해 부지런하고 표현력도 있다. 자신도 모르게 남에게 해를 끼치는데 공치사 남발에 참견하고 앞질러 생각하지만 타인 배려에 이해심이 있다. 자신의 속마음을 드러내지 않지만 재물 추구의 욕구가 강하고 재물에 대한 집착이 심하다.

일지는 역마와 편재로 이루어지니 분주하고 늘 바쁘고 식신은 병궁이고 비견과 재성이 역마에 드니 해외출입의 운이 있고 정화 인수가 욕지 인종하니 모친 인연은 짧아 모선망이다. 부친의 덕은 보는데 식신생재로 재복이 있고 식복이 따르는데 식신과 재성이 생록에 좌하여 재운을 타고나니 거부(巨富)의 운도 있다. 지지(地支) 신금(申金)은 편인 사화(巳火)와 합하는 성정으로 재성이 되는데 자기본위적이고 융통성 부족으로 나타나며 재물 추구에 타인의 간섭을 무시하고 일을 만드는 능력으로 나타난다.

상상력, 추리력, 응용력을 가지고 있으며 결실 추구형이니 노력하면 큰 재물운이 있는데 변덕이 심하고 집중력 부족으로 시작과 마무리가 같지 않은 것이 문제다. 두뇌가 명석하여 공부를 잘하는데 학업의 운은 길지 못하고 예술방면의 소질이 더 뛰어나다.

순수한 마음에 인정이 있고 머리가 좋으며 재주도 있어 많은 일에 관심이 있고, 편안하고 안정된 생활을 추구하니 친절을 내세우고 대화를 즐기며 식도락의 멋을 알지만 타인으로 손해 보고 인덕도 없다.

큰 시험에 약하고 명예보다는 재물 우선에 분주하고 일도 많은데 식신생재의 재복이니 사주가 좋으면 거부라. 관살은 포태지에 인종하니 충고는 받아들이지 않는 고집이고 괜한 걱정도 많은데 신금(申金)의 현침이 병궁에 들어오는 중년에 요통이나 담석, 요석과 같은 결석으로 편치 않다.

강직하고 포부가 드러나고 욕심 많아 충고를 받아들이지 않는 공고한 고집이어서 정치나 사업가에 어울리지만 타인의 의견 무시에 계획을 스스로 세우며 의협심에 입바른 소리를 잘하기도 하며 현명한 처와 깊은 인연이지만 현침이니 배우자를 극하고 자신도 수술수이며 비식재(比食財)의 역마에 암록으로 복록이 두텁고 행운이 따른다. 외식을 즐기고 중매도 일가견이 있고 큰돈과 인연이 있는데 암록이 있어 천우신조라 처덕이 두텁고 애정도 좋으나 외도의 기운이고 부모의 유업도 양호하다. 식재동림이라 처와 장모 모두 유정하니 장모 봉양이다.

만인에게 베풀기 좋아하고 동정심도 많은데 인(寅)의 글자가 들어오는 해에는 처자와 재물의 고통이 오는데 부부관계 원만해도 외도는 피하기 어렵고 자식운은 따르지 않으니 기대에 미치지 못한다. 자의상 가을의 서산은 쓸쓸함이니 신앙에 깊이 빠지는 경우도 있다.

■ 곤명(坤命)

신(申)은 과일이라 하니 천연의 과일을 가지고 있는 것처럼 식록이 넘치고 부자로 잘살 운이며 재물 활동도 왕성한데 남편궁에 애로 발생하면 자신이 나서서 사업가로 변신하고 요식업이나 많은 사람을 상대하는 숙박업에서 치부한다.

자녀는 건실한데 딸이 많고 아들은 적고 남편보다 자식을 위해 희생하고 고란살이 있으며 관이 무력하니 자식 나면 배필의 우환곡절이라 부부간 금이 가는 것을 막을 수 없고 남편의 외유나 외도로 독수공방이고 남편에게 잘한다고 하지만 거리가 있을 수 있는데 이는 부인의 불감증 때문이며 천고성이 있는데 고독의 별이며 성공과는 별개로 가정의 적막을 암시하는데 사주원국(四柱原局)에 진토(辰土)의 월살과 합작하면 신앙심이 깊어진다.

2. 세운의 변화

申子辰年 : 이사, 이동, 직업 변동

卯年   : 신경쇠약, 정신 질환, 병원 출입

寅年　　 : 관재수, 구설수, 사고수, 부부 풍파, 이별수, 수술
亥年　　 : 관재수, 구설수, 사고수, 형옥(刑獄)
巳年　　 : 이성 만남, 좋은 일이 생김
壬寅年, 甲寅年 : 寅年은 寅申冲이 되므로 일반적으로 변화가 심하고 運路가 좋지 않다.

3. 물상

무는 산이고 신은 금속이니 무신은 광산이라. 복록이 있고 행운이 따르고 암록을 가지니 재물에 궁함이 없고 숨은 은덕이 있다. 현명한 처덕이 있고 애정도 두터우며 부모의 유덕이 있으니 행운이 있다. 곤명(坤命)은 식록이 있고 사회생활에 치부의 운이나 무신은 쓸쓸한 기운이라 남편의 외도로 독수공방이 오고 요석이나 결석으로 몸이 편치 않다.

4. 특성

무신(戊申)은 산에서 과일이 익어가는 자상(字象)이니 평생 식록이 넘치고 의식주 원만한데 재물을 만드는 재주와 재능이 타고났으니 명예보다는 재물 인연이고 사주원국(四柱原局)에 화토(火土)의 오행이 부족하면 건강에 신경 써야 하고 사주원국(四柱原局)에 해자(亥子)처럼 수(水)를 나타내는 오행이 있으면 평생 재물활동에 재물을 쌓는다. 재물을 만드는 활동력에 해외출입하며 객지에서 성공할 가능성이 농후하며 두뇌 비상에 학문의 능력이 있고 사주원국(四柱原局)에 수(水)의 오행이 있으면 평생 사회 활동과 재물활동에서 성공을 이룬다.

5. 육친관계
■ 건명(乾命)

 재물과 연관되는 부친의 덕이 있으니 인연이 좋지만 모친은 건강이 나쁘거나 모친 인연이 짧을 것이다. 처의 운도 좋아 좋은 배필을 만나고 처덕도 있지만 작첩의 운이고 장모인연도 좋고 유정한 운이나 대체로 딸이 많은데 자식운은 박하고 자식이 병약하다.

■ 곤명(坤命)

 재물 혜택도 있고 좋은 자식도 얻지만 자식을 얻으면 배필과는 무정해진다. 남편으로 인해 재물 혜택은 있지만 결국 좋은 인연은 아니다. 배우자궁은 부실하여 풍류에 빠지며 이별, 사별, 별거에 공방도 있다. 곤명(坤命)은 아들이 많고 크게 이루는 자식운이며 자식에게 애착이 깊다.

6. 학업
■ 건명(乾命)

 두뇌 총명으로 학문 성취가 빠르나 사주원국(四柱原局)에 화(火)의 오행이 부족하면 인내와 노력이 부족한데 두뇌 공부에 의존하여 세월이 흐르며 성적이 저조하여지고 큰 시험에는 좋은 성적을 거두기 힘들고 좋은 학교의 인연도 드물다. 성공하기 위한 전공길에서 건명(乾命)은 경영학, 경제학, 회계학, 공학, 의학, 약학, 교육, 스포츠 등이다.

■ 곤명(坤命)

 어학, 예능, 스포츠, 문화, 교육, 신문, 방송 등이 성공을 위한 학문이 된다.

7. 결혼운

■ 건명(乾命)

건명(乾命)은 인연에 의해 어려서부터 이성의 인연이 오더라도 대체로 현량한 인연이고 모친 말을 무시하니 부모와 갈등이 있고 처나 장모와 유정하니 동거운이다. 행복을 위한 좋은 배필 인연은 건명(乾命)은 쥐띠, 소띠, 용띠, 뱀띠, 양띠, 원숭이띠, 돼지띠 여자이다.

■ 곤명(坤命)

자신의 표현력이 있어 어려서부터 인연이 오는데 남자의 관심을 부르므로 다양한 인연이 오지만 남자를 무시하는 경향이 있어 남자 선택에 애로가 있다. 곤명(坤命)은 쥐띠, 소띠, 토끼띠, 용띠, 뱀띠, 양띠 원숭이띠, 돼지띠 남자가 좋은 인연이며 결혼 이후 자식을 낳으면 배필에게 고통을 준다.

8. 직업

재물을 만드는 왕성한 행동력으로 자기사업 인연이나 사주원국(四柱原局)에 목(木)의 오행이 있으면 전문직이나 특수직으로 직장길 인연이니 전문기술 분야, 교육, 육영, 운수, 역마와 관련된 직장이 좋고 사주원국(四柱原局)에 해자(亥子)의 글자가 있으면 기술, 제조, 생산업에 인연인데 자기사업은 식품, 금속, 기계, 제조, 통상, 운수, 해운, 교육, 전문기술사업이 어울린다. 왕성한 활동력에 의한 재물 활동으로 투기적인 사업, 생산적인 사업을 불문하고 실력을 발휘하게 된다.

식품가공, 운수, 수산업 등에서 성공한 사람들이 많고 군경, 검찰, 공무원, 교육, 재정, 외국기관도 좋다. 글자의 모양으로 보아 산에 철금속이 묻힌 상이니 철재, 철물 등과 인연이다.

9. 성적 욕구
■ 건명(乾命)

건명(乾命)은 호색하고 색정이 강하며 양착살을 가지고 있어 정력도 강하다. 목화가 없으면 성욕도 생기지 않고 발기도 어려우며 성행위는 자기 기분대로 처리하는 성격으로 식신은 발산의 쾌감을 의미하는 것으로 식신이 강하면 색정에 빠지나 일시에 식신 태고이면 조루다. 간혹 생각만 있고 본인의 뜻대로 되지 않을 때가 있지만 신금(申金)은 씨앗을 의미하니 종족보전의 힘이라.

■ 곤명(坤命)

색정은 강하나 상대와 동조하는 형이니 담백하게 대응하는 형이다. 식신은 발산하는 기운이라 식신이 강하면 쾌감을 따라 색정에 빠지고 토(土)가 강하고 목화(木火)가 없으면 강한 오르가즘은 물 건너갔다. 간혹 본인도 모르는 불감증이 있는데 식신 태왕이나 형이 되면 유방에 이상이 생기기도 하고 성적인 행위에도 관심이 없어진다.

10. 질병

무신일주(戊申日柱)는 무(戊)는 토(土)의 성분으로 비·위장에 작용하고 갈비에 영향을 미치며 신(申)은 금(金)의 성분으로 폐와 대장에 작용하고 경락에도 영향을 미친다. 무신일주(戊申日柱)는 신경과민, 위장질환,

고혈압 등의 질환이 따르며 요통, 풍질, 결석 등으로 편치 않다. 심신의 활력을 불러일으키면 병이 약화된다.

46장. 기유(己酉, 寅卯空亡)

1. 사주의 특성 (庚10, 辛20)

구추방해 九醜妨害	임자(壬子), 임오(壬午), 무자(戊子), 무오(戊午), 기묘(己卯), 기유(己酉), 을묘(乙卯), 을유(乙酉), 신묘(辛卯), 신유(辛酉)일 생으로 잦은 연애로 가정풍파가 암시되고 시주에 있으면 자녀가 같은 성향이다.
곡각살 曲角殺	곡각은 신체 어느 부위에 병이 있어서 불구가 되는 뜻이다. 곡각은 사주 중에 2~3개 있어야 작용하는데 등뼈가 고르지 않거나 불구의 형태를 가지며 신경계통이나 수족에 이상이 있다. 또한 자기가 양자가 되거나 양자를 맞이하게 되는 뜻이 있다.
계비관 鷄飛關	甲己는 巳酉丑, 乙丙丁戊는 子, 庚辛壬癸는 寅午戌을 보면 계비살이니 가축을 살생하는 것을 보면 질병에 노출될 위험이 있다고 하여 小兒關殺 符로 많이 쓰였지만 10세가 지나면 액이 소멸된다.
방해살 妨害殺	팔전(八專)은 갑인, 을묘, 기미, 정미, 경신, 신묘, 무술, 계축으로 음욕살이라 하고 건명(乾命)의 일지에 있으면 부인이 부정하고, 시지에 있으면 자녀가 부정하다. 곤명(坤命)의 일지에 있으면 혈육도 가리지 않고 음욕을 채운다. 구추(九醜)는 을

	유, 을묘, 기유, 기묘, 무자, 신묘, 임오, 임자, 무오일섬인데 방해살이라 한다. 건명(乾命)에 있으면 스명이 단명이며 곤명(坤命)에 있으면 산액으로 고생하고 자궁병에 시달린다.
학당귀인 學堂貴人	甲은 亥, 乙은 午, 丙戊은 寅, 丁己는 酉, 庚은 巳, 辛은 子, 壬은 申, 癸는 卯를 보면 학당귀인이다. 포태법상 장생궁에 해당하며 지성이 돋보이니 교육자로 진로를 정하면 좋다.
문창귀인 文昌貴人	총명하여 공부를 잘하고 학문을 통해 직위를 가질 수 있으며 모든 흉살(凶煞)을 만나도 길신(吉神)으로 변하고, 추리력, 발표력, 예지력이 뛰어나고 곤명(坤命)이면 소녀 시절에 문학에 심취한다.
천주귀인 天廚貴人	천주귀인(天廚貴人)설은 淵海子平과 命理正宗이 다르니, 평생 의식이 풍부한 복록이 따른다는 점에서 식신(食神)의 록궁(祿宮)을 일컫는 연해자평설을 따름이 무난하다. 일주로는 무신(戊申), 기유(己酉), 임인(壬寅), 계묘(癸卯)가 이에 해당된다.
진신 進神	갑자(甲子), 기묘(己卯), 갑오(甲午), 기유(己酉)일로 고집과 포기를 모르는 집념과 열정이 있어 어떠한 시련과 역경이 있어도 거뜬히 이겨내고 성공을 이룬다. 자신이 하고 싶은 것만 한다. 냉철하며 문장력이 있으며 관재수가 동기기도 한다.
생 生	장생(長生)이라고도 한다. 월시에 있으면 학당귀인(學堂貴人)이고 화합을 잘하며 후견인을 만나 보살핌을 받는다. 인상이 깨끗하고 예능에 소질이 있다.

■ 건명(乾命)

천간(天干) 기(己)는 흙, 유(酉)는 쇠라, 철근과 흙으로 지은 건물이니, 천주귀인이니 일을 정확하고 깨끗하게 처리하는 성향이라. 기(己)는 들판, 유(酉)는 닭이니 기유(己酉)는 들판을 뛰어다니는 닭이라 사방에 먹을 것이 널리니 분주하고 식상생궁이라 식상은 록왕지에 좌한다. 식상의 기세가 왕하고 천주귀인이니 평생 식록 있고 의식이 풍부하다. 사주원국(四柱原局)에 자수(子水)가 있으면 절지에 놓이기는 하지만 재신이 록왕에 좌해 부자 될 가능성 높다.

유금(酉金)은 학당으로 기억력이 우수하고 두뇌가 비상하니 문장의 암기력은 타의 추종을 불허하고 자신의 주장을 하기보다 신용과 신의를 중시하니 포용력과 자존심이 강하다.

타인을 이해하고 배려하는 마음이 강하고 겉과 속이 같으니 외골수적인 성품이며 누구에게나 호감과 믿음을 주고 성격이 온순하게 드러나나 타인을 제압하는 능력도 드러난다. 지지(地支)의 식상구조는 연구하는 성향이고 일지 장간의 장성은 아집을 의미하고 천간(天干)의 전답보다는 지지(地支)의 금광으로 승부하니 다양한 경로로 출세를 해야 하지만 관성은 포태로 인종하여 벼슬 인연이 약하고 곤명(坤命)은 관성이 남편인데 남편 인연이 약하니 고통이 있다.

온순한 성격이지만 타인을 제압하는 강함이 숨어있고 후천적인 요인으로 성격이 선과 악으로 바뀔 수 있으나 지혜가 있고 인정이 있어 상사의 신임이 있고 주위의 인정이 있다. 머리 회전은 천재적이고 인정을 베풀어 부드럽게 보이나 철쇄개금으로 냉철한 내면을 지니고 있다. 기토()己土)는 모성에 비유되지만 유인(酉印)의 천인성은 내면의 냉철함이니 일도양단의 기질이 있지만 수술로 몸에 상처를 남기기도 한다.

베풀기를 좋아하는 성품으로 연구를 하고 활발하게 공개하는 성품이며 정화 인수가 장생을 얻으니 학업이 우수하고 학당 유금(酉金)은 기억력과 암기력이 뛰어나니 두뇌 비상한 편이다. 지혜가 있어 상사의 신임을 받으니 주위의 인정이 있다. 형제나 주위 사람들과 관계가 좋고 솔선수범하며 인정이 있고 솔직하여 사심이 없으니 정직하고 한 가지 일에만 몰두하는 경향이라.

지지(地支) 유금(酉金)은 겁재인 진토(辰土)와 합을 원하니 식상의 성정으로 변해 항상 활동적인 성향으로 변하고 선량하며 인정이 많은데 지장간(地藏干)에 재성이 들어 있으니 결과보다 본인이 원하는 것을 즐기는 성향이다. 내성적이나 언변이 있고 섬세하여 예술적 기질이 강하고 안정 추구의 보수적 성향이며 상술이 뛰어나나 직업에 변동이 많다.

지지(地支)에 금(金)의 기운을 깔거나 금(金)의 기운이 많으면 깔끔하고 예민한 성격이고 검경계나 의사업이 좋은데 공직이나 검경, 의사업에 종사하지 못하면 생에 한 번 정도는 억압당하는 잉여의 몸이 되거나 관재구설에 오르는데 금(金)을 다루는 직업에 종사하면 위기를 막을 수 있고 일생에 큰 수술의 운이니 몸에 흉터가 생길 수 있다.

정재 임수(壬水)는 유금(酉金)에서 도화 인종되니 처는 미모를 지니고 총명한 처의 운이 있으나 일지 도화의 흐름은 일성에 흐르는 여난을 암시하고 정재 임수(壬水)가 도화에 인종되면 처가 총명하고 편재 계수(癸水)는 역마로 인종되는데 이는 곧 외유라. 부모와 형제의 덕은 부족하고 관이 무력하니 본인이 출세하면 자식은 평범하다.

■ 곤명(坤命)

학창 시절 문학소녀로서 예술적 감각을 지니고 희생과 봉사정신을 가지고 있으며 애교가 넘치고 재주가 뛰어나고 내조를 잘하지만 상관의 기세가 왕하니 남편을 무시하는 경향이 강해 공방수가 있다. 배우자는 나이 차이가 많이 날수록 가정사가 평탄한데 인연이 좋지 않으면 과부운이다. 남편의 덕이 박한 편으로 갈등이 있으며 자식의 집착이 강하고 자식을 바라보며 사는 경우가 많다. 일생의 한 번 정도는 큰 수술을 한다.

2. 세운의 변화

巳酉丑年 : 이사, 이동, 직업 변동
子年   : 신경쇠약, 정신 질환, 병원 출입
卯年   : 관재수, 구설수, 사고수, 부부 풍파, 이별수, 수술
丑年   : 관재수, 구설수, 사고수, 형옥(刑獄)
辰年   : 이성 만남, 좋은 일이 생김

乙卯年, 癸卯年 : 卯年은 卯酉冲이 되므로 일반적으로 변화가 심하고 運路가 좋지 않다.

3. 물상

철근과 흙으로 지은 집의 물상이고 가을걷이의 들판이니 먹을 것이 많으며 벌판의 닭이니 분주하고 식록이 두텁다. 기억력과 두뇌가 비상하니 학업이 우수한데 기토(己土)는 모성이라 성품은 후덕하고 내면은 유금(酉金)의 성질대로 냉철하다. 미색을 지닌 여자와 인연이고 색탐의 기운이 있다. 곤명(坤命)은 내조를 잘하지만 남편의 덕은 두텁지 않으니 침울하고 자식에게 애정을 쏟는다.

4. 특성

 의식주가 넉넉한 가을의 속성이라 평생 식록이 있으며 재물에 인연이 깊고 수명, 건강이 무난하고 명예를 추구하지만 벼슬의 인연이 없고 곤명(坤命)은 남편 인연이 약하다. 사주원국(四柱原局)에 자(子)의 글자가 있으면 평생 부자운이며 묘(卯)의 글자가 있으면 배고프고 애로가 있다. 평소 마음이 명랑하고 온후하여 베풀기 좋아하고 불로소득에 욕심내지 아니하며 많은 사람에게 사랑받는다. 곤명(坤命)은 자식에 대한 집착이 강하여 배필 간에 갈등이 있다.

5. 육친관계

■ 건명(乾命)

 모친 인연보다 부친 인연 강하고 결혼 전후에는 모친 건강이 악화되어 근심이다. 배필의 인연이 원만하여 처덕은 있으나 색난의 운이고 미모에 총명한 배우자 운인데 딸이 많고 아들이 적다. 여자에게 사기 치는 뛰어난 능력이 있는데 어느 경우에 사용하는지 본인이 안다.

■ 곤명(坤命)

 희생과 봉사정신에 여교 있고 배우자 무시하는 경향이라 독수공방의 운이 흐르고 자식을 낳은 후에 배필을 멀리하니 고통이 있을 수밖에 없다. 아들이 많고 딸이 적은데 배우자보다 자식에 애착 보이고 자식을 낳으면 큰 자식이 올 운이라.

6. 학업

◼ 건명(乾命)

문창이니 어려서부터 두각을 나타내는데 두뇌가 총명하기 때문이다. 일찍 학문 발휘하지만 인내와 노력은 부실하여 긴 공부와 큰 시험에는 실력이 나타나지 않을 수 있다. 성공을 위한 학문의 길에서 건명(乾命)은 의학, 약학, 어학, 공학, 스포츠, 경영학, 회계학, 경제학 등이 어울린다.

◼ 곤명(坤命)

학창시절에 문학에 심취하고 전공학문은 교육, 육영, 의학, 약학, 어학, 예능, 스포츠 등이 좋다.

7. 결혼운

◼ 건명(乾命)

지지(地支) 식신으로 여자에 대한 관심과 융통성이라 어려서 이성의 관심이 있고 미남미녀형이니 배우자의 결정에는 애로가 있다. 쥐띠, 소띠, 용띠, 말띠, 닭띠, 돼지띠 여자가 좋은 배필이 될 가능성이 매우 크고 결혼 이후 무난하게 살아간다.

◼ 곤명(坤命)

곤명(坤命)은 표현력이 뛰어나 어려서 연애를 하는데 미남미녀형으로 배우자의 결정에는 애로가 있고 자기가 원하는 배우자로 결정하니 부모와 갈등이 오고 쥐띠, 소띠, 범띠, 용띠, 뱀띠, 말띠, 닭띠, 돼지띠 남자가 좋은 배필을 이루는데 자식이 오기 전에는 무난하지만 자식을 낳으면 갈등이 오는 경우가 많다.

8. 직업
 지지(地支)는 식신이라 왕성한 재물 생산력을 의미하니 사업운이 강하다. 조직 직장길은 교육, 전문자격, 의학, 약학, 식품, 전문직, 공직 등이 좋고, 사업은 의사, 변호사, 세무사, 식품통상, 식품제조, 금속기계, 제조생산이 좋다. 사람들이 인정하는 재능으로 재물을 벌어들이므로 비록 속도가 더디나 세월이 흐르면 큰 재물을 이룬다. 월급생활이 무난하지만 사업운도 있는데 법조계, 교육계, 문학, 출판, 예술, 의약계에 많이 분포하는 일주이다. 문창이니 공부를 하면 교수직이 많고 칼을 쓰는 직업과도 인연이 있다.

9. 성적 욕구
 ▣ 건명(乾命)
 지지(地支) 유금(酉金)은 특히 색정이 강한데 성적 욕구만큼이나 강한 체력을 지니고 있으며 성감도 좋은데 마음이 급해 서두르는 성정이 단점으로 나타나므로 강약 조절이 요구된다. 식상이 강하면 색정에 빠지지만 목화(木火)가 없으면 성욕은 물론 발기도 쉽지 않고 일시(日時) 주변에 식신이 많으면 조루라.

 ▣ 곤명(坤命)
 지지(地支) 유금(酉金)이라 성욕이 강하나 부드러워 담백한 스타일이지만 식신이 강하면 색정이 표출되고 토(土)가 강한데 목화(木火)가 없으면 오르가즘은 물 건너간 것이며, 식신이 태왕하거나 형이 되면 유방에 병이라. 성에 관심이 없고 축월생(丑月生)은 목화(木火)가 없으면 자궁이 차가워 성에 대한 흥미도 사라지는데 간혹 성욕이 올라 불만이 생길 수 있는데 몹시 격정적일 때는 해소가 쉽지 않아 변덕이 죽 끓듯 한다.

10. 질병

기유일주(己酉日柱)의 기(己)는 토(土)의 성분으로 비장과 위장의 병을 의미하고 배에도 영향을 미친다. 유(酉)는 금(金)의 성분으로 폐와 대장의 병을 의미하는데 정랑, 난소, 코, 인후에도 영향을 미친다. 기유일주(己酉日柱)는 소장, 간, 폐 계통의 질환이 많이 발병하며 치아가 약하고 골절이 심하다. 곤명(坤命)은 산후풍과 같은 액이 있으며 제왕절개의 운이 있는데 때로 놀라기도 한다.

47장. 경술(庚戌, 寅卯空亡)

1. 사주의 특성 (辛9, 丁3, 戊18)

홍염살 紅艶殺	갑오(甲午), 병인(丙寅), 정미(丁未), 무진(戊辰), 경술(庚戌), 임신(壬申), 임자(壬子) 일주가 홍염으로 미모와 센스가 있으며 도화와 유사하여 인기가 있으며 외도에 빠지기 쉬우니 곤명(坤命)은 기생(妓生), 건명(乾命)은 작첩(作妾)한다.
괴강살 魁罡殺	괴강(魁罡)은 파괴력이 으뜸이 되는 별로 경술(庚戌), 경진(庚辰), 임술(壬戌), 임진(壬辰), 무술(戊戌) 등을 가리키는데 총명하고 극빈, 부귀, 총명, 괴걸(怪傑) 같은 암시가 강하고 자기만의 독특한 고집이 있다. 여자는 과부가 되거나 남편 덕을 기대하기 어렵고 항상 불만스럽게 산다.
금여 金輿	갑진(甲辰), 을사(乙巳), 경술(庚戌), 신해(辛亥)일로 건명(乾命)은 처의 덕(德)이 두터우며 일생 안락하고 자손이 번창한다. 절도가 있고, 용모가 준수하여 주변 사람의 도움을 받는 일이 많다.
철사관 鐵蛇關	갑진(甲辰), 병신(丙申), 정미(丁未), 무인(戊寅), 경술(庚戌), 계축(癸丑) 일로 이는 돌림병이나 희귀병에 걸려 단명의 암시가 있다고 전해지므로 방역이나 예방에 철저해야 한다.
천문성 天門星	하늘의 글을 뜻하는 천문을 읽는 지혜를 타고났다는 뜻이므로 재주나 문장이 뛰어나다. 지지(地支)에 卯戌亥未가 지지(地支)에 있는 것을 말하는

	데 戌亥가 가장 강하게 나타난다. 종교, 신앙, 철학, 예지하는 능력이 있다하여 역술이나 무속계통에 관련이 있다.
천라지망 天羅地網	戌亥는 天羅, 辰巳는 地網인데, 감금, 구속, 시비, 송사 등의 구설이 따른다. 곤명(坤命)은 공방수나 파혼의 운이고 자녀궁에 흉사가 있다. 활인성이라 검경계나 법조계, 의약계, 역학계, 종교인 등과 연관이 깊다. 辰과 戌은 첨단산업이나 공업 계통으로 진출하며, 戌과 亥는 天文星으로 지혜총명하고, 天主敎의 신앙을 믿는 사례가 많다.
효신살 梟神殺	어려서 부모와 생이별하거나 인연이 박하고 없거나, 모친과 아내가 불화한다. 효란 올빼미를 말하니 올빼미나 부엉이의 그림, 혹은 박제를 걸지 않는다. 인정이 많아서 남에게 주기를 좋아하나 속으로는 냉정하고 이해타산이 있으며 자신의 마음을 속인다.
쇠 衰	왕성했던 전성기(全盛期)가 지나며 서서히 기울어 쇠퇴기(衰退期)로 접어드는 초로(初老)의 시기를 쇠(衰)라고 한다.

■ 건명(乾命)

지장간(地藏干)의 정화(丁火)가 신금(申金)을 단련하는 상이라 활동력이며 바삐 움직여야 정신이 맑고 천문의 영향으로 영감이 발휘되고 총명한데 문장력이 있고 지지(地支) 편인이라 직감력이 가세하면 역량이 증폭된다.

의리와 의협심이 있고 자존심이 강해 무뚝뚝하고 융통성과 순발력은 드러나지 않는데 통솔력을 보이고 우두머리 기질인데 무모한 행동을 하고 상처를 입으면 분개하며 즉각 대응하고 겁재가 관대로 좌해 성격이 강맹하고 외골수라 자기중심적 성향이 있는데 옳고 그른 것을 분명히 하지만 자만과 자기중심적인 기고만장이 나타난다.

경술일주(庚戌日柱)와 병진일주(丙辰日柱)는 대표적인 공업성으로 참고하는데 매장된 쇠이니, 금광이다. 결국 녹여 쓸 수 있느냐의 문제이니 화기(火氣)가 중요하다.

괴강살이니 물러섬 없이 강맹하고 제대로 된 속마음이 있는지 알 수 없으나 명예와 안정을 중시하며 심사숙고의 결과로 진행하고 끈기와 고집으로 결정을 하면 끝장을 보려하고 명예와 체면을 중시하여 명분 없는 일을 하지 않으려 하니 합리적이다. 영감이 발달하여 직관력이 있는데 신앙심도 있고 진취적이며 의욕이 넘친다.

부선망의 가능성이며 겉으로는 냉정하고 속은 따스한데 뼈대 굵어 운동에 소질이 있고 진취적이다. 의욕이 넘치고 까다로워 타인과 불화가 생길 수 있으나 재물과 명예에 대한 욕구가 강해 반드시 해내는 기질이 있다. 철쇄개금(鐵鎖開金)으로 본인뿐 아니라 배우자나 후손이 의약계로 진출하거나 활인하여 적덕을 쌓아야 배우자나 자신의 신체에 이상이 없다.

까다로운 성격이라 타인과 불화가 많고 의리를 찾지만 배반당하는 경우도 많은데 운의 흐름이 극과 극이어서 권력을 가지지 못하면 관재구설이라. 관고(官庫)의 라망(羅網)이니 자칫 철창에 갇힌 개의 물상이라 형액과 송사에 걸리고 곤명(坤命)은 그 남편이 액을 당하거나 자손궁에 근심이 오니 종교에 귀의함은 천문과 화개의 작용이다.

인수가 비겁을 생하니 적극적이고 금여로 미모의 처덕이 있으나 홍염이니 처를 하나만 사랑해야 한다는 것이 불만이다. 인수가 쇠궁이며 겁재와 정관이 반안에 다다른다.

경술(庚戌)은 품격으로 결실을 의미하나 숙살지기도 있어 검경이나 군인처럼 강하고 칼을 사용하는 직업이 좋고 의약과 활인 계통도 무난한데 지장간(地藏干)을 살펴보면 술토(戌土)에서 병화(丙火)가 화개를 놓기 때문이다. 경술(庚戌)은 기술이 타고났으니 기술전문직이며 술토(戌土)의 천문에 암장된 정화(丁火)와 신금(辛金)은 천살과 월살로 종교성이다. 관인(官印)이 부딪치니 정신이 맑아지고 편인 화개가 가세하니 영성을 갖추며 학업 과정에 두각을 나타내는 사람도 많다.

항상 자신을 내세우니 통제나 간섭을 싫어하고 매사 자기 의지를 내세워 일처리를 하는데 때로 기고만장하여 이견이나 방법을 무시하고 용납하지 않으니 갈등이 심하고 고통이 있다. 괴강의 작용으로 살아가며 납치, 감금, 유괴와 같은 일을 당할 수도 있다.

의타심이 강해 타인에게 의지하기도 하고 허영심이 드러나기도 하며 질투심과 진실성이 부족하여 얻는 것도 있고 잃는 것도 있다. 지지(地支) 술토(戌土)는 정관 묘(卯)와 합하고자 하는 성정이라 인성으로 변화하는데 원칙과 소신, 안정, 명예, 체면으로 나타나고 반듯하다. 배우자와 본인의 몸에 문제가 생길 수 있으므로 덕을 쌓아야 액(厄)을 면한다.

■ 곤명(坤命)

두뇌가 좋고 재치도 있으며 총명하고 영리하다. 미모도 있으며 여걸이지만 고집과 자존심 강하고 독선적이며 과부도 많다. 사회활동에 자만심 넘치고 결백하지만 음기도 있다. 교육, 의약계, 유흥업, 화류계도 인연이 있으며 남성사회의 심리와 구조를 알아 남자를 조종하기도 하는데 사주원국(四柱原局)에 관(官)이 왕(旺)하면 귀부인이지만 남편은 무능하니 착하고 순한 남편이 좋다.

관(官)이 고(庫)를 놓아 남편이 불우해지고 연하의 상대와 연애할 가능성이 높다. 여걸로 직장을 가져야 하고 배우자 근심에 과부운이 있다. 대부분의 배우자는 무능하지만 자식은 현명하고 똑똑하다.

2. 세운의 변화

寅午戌年 : 이사, 이동, 직업 변동
巳年　　 : 신경쇠약, 정신 질환, 병원 출입
辰年　　 : 관재수, 구설수, 사고수, 부부 풍파, 이별수, 수술
未年　　 : 관재수, 구설수, 사고수, 형옥(刑獄)
卯年　　 : 이성 만남, 좋은 일이 생김
甲辰年, 丙辰年 : 辰年은 辰戌冲이 되므로 일반적으로 변화가 심하고 運路가 좋지 않다

3. 물상

괴강의 특성이라 독존성을 드러내고 강맹하니 적극적인 성향으로 일의 결과를 만들고 술토는 천문에 신금과 정화가 비합되어 종교성과 공업성이라 기술 분야에 종사하거나 활인에 힘써야 한다. 자의로 보아 바위에 깔린 개의 물상으로 구설, 송사, 형액이 보이며 남자는 자식의 횡액을 볼 것이고 여자는 여걸로 남자의 심리를 잘 이해하지만 남편의 횡액을 보니 과부운이다.

4. 특성

경술일주(庚戌日柱)는 만물을 거두어들이는 역할이니 검찰, 경찰, 군인,

의약, 의사 등에 어울리고 기술과 공업성이니 기술이나 재능을 필요로 하는 직업이 좋고 겉으로만 강하고 사주원국(四柱原局)에 갑(甲)과 인(寅)의 글자가 있으면 기술사업의 인연이며 화(火)의 오행이 있으면 검찰, 경찰, 특수직이나 공직에 인연하면 좋다. 매사 동작이 빠르고 능숙하며 이익이 보이지 않으면 움직이지 않고 지도자 역할을 매우 좋아하는데 실제적으로 성취도는 크게 모자란다.

5. 육친관계
■ 건명(乾命)

편재 갑목(甲木)은 양지, 정재 을목(乙木)은 화개로 인종되니 부친의 덕이 없고 모친의 인연이 길어 봉양의 운이고 지지(地支)편인이니 모친의 간섭으로 고통, 갈등, 불화가 오며 부부관계는 모친의 간섭으로 결혼이 늦거나 원치 않는 결혼이며 고부갈등과 부부갈등으로 변화된다. 처덕은 있으나 본인이 완벽을 추구하니 배우자에 불만 생기고 이별, 사별, 별거할 수 있고 식상이 관대와 반안으로 인종되어 처덕을 보지만 재성의 형세로 보아 한 명의 처로 만족하지 못한다. 관살이 천살로 자식을 두지만 화고(火庫)인 술토(戌土)는 자식 근심이 있으며 자식 하나를 잃는다는 암시가 있다.

■ 곤명(坤命)

자존심 강하고 독선적이니 배우자 무시에 관고는 횡액 노출을 말해준다. 아들이 적거나 드물다. 배우자가 권력계통에 종사하지 않으면 이별, 사별이 있고 배우자가 감금, 구속이 있고 외정을 즐길 수 있다.

6. 학업

■ 건명(乾命)

 지지(地支) 편인은 부모의 간섭, 눈치와 기술, 인내와 노력이니 비교적 조화를 이루어 좋은 학교의 운이 있고 사주원국(四柱原局)에 수(水)의 오행이 부족하고 화(火)의 오행이 많으면 지나치게 조열하여 실력발휘가 이루어지지 않는다. 성공하고자 한다면 남자는 법학, 공학, 의학, 전문기술 등이 좋은 학문의 길이다.

■ 곤명(坤命)

 여자는 법학, 의학, 약학, 전문기술, 어학 등이 성공을 위한 학문이 된다. 여성은 사주원국(四柱原局)에 화(火)의 오행이 약하고 토(土)의 오행이 강하면 다양한 학위 취득이 가능하고 교수직이나 연구직에 인연이 있을 가능성이 많다.

7. 결혼운

■ 건명(乾命)

 지지(地支) 편인은 눈치, 기술이니 일찍 연애를 하고 싶어 하나 순조롭지 못하고 모친이 매사 간섭을 하는데 모친을 모시고 살면 결혼이 늦어지고 결혼 이후에도 모친 동거가 많아 고부갈등이라. 좋은 배필 인연을 찾는다면 남자는 범띠, 토끼띠, 말띠, 양띠, 원숭이띠, 개띠, 돼지띠 여자이다.

■ 곤명(坤命)

남편의 병고가 안타깝고 사별이 있어 모친과 동거하는데 범띠, 토끼띠, 용띠, 뱀띠, 말띠, 양띠, 개띠 남자가 좋은 인연이 된다.

8. 직업

타고난 재능에 기술의 별이니 자기 사업과 조직에도 좋다. 조직 직장길은 검찰, 경찰, 기술조직, 연구직, 교수직, 군인 등이고 사업은 기술사업, 의학, 약학, 종교, 임대사업 등이며 인내와 노력이 있지만 그 성취가 매우 미약하다. 직업으로는 군경, 수사계통, 정치, 언론, 교육, 법조계가 적합하고 의사, 약사, 예술, 기술, 화공, IT, 전자계통에서 승부를 거는 사람들이 많다.

9. 성적 욕구

■ 건명(乾命)

정력이 약하지 않은데 적극성 부족에 무드 제로다. 남자는 자신이 리드하기보다는 수동적인 성향이 강하고 여성 상위에 만족하고 상대의 뜻에 맡겨 즐기는 성향이다.

■ 곤명(坤命)

근본은 수동적이고 담백한데 때로 성적 욕구가 지나치게 강하고 격렬하여 자발적으로 응하는 유형이지만 사오미월생(巳午未月生)은 분비물이 적어 고통이고 여름에 태어나면 수분 증가로 생리불순에 생리통이고 폐경도 일찍 온다. 성감이 개발되기 전에는 무감각하고 재미를 모르고 인성이 많고 재성이 약하견 조루증 남편의 운이다.

10. 질병

경술일주(庚戌日柱)는 일주에 병이 있으니 경(庚)은 금(金)의 성분으로 대장과 배꼽을 나타내지만 폐에도 영향이 있고 술(戌)은 토(土)에 인종하는데 명문, 복숭아뼈, 자궁과 폐를 나타내지만 근본적으로 토(土)의 성분인 비장과 위장을 무시할 수 없다. 경술일주(庚戌日柱)는 대장, 폐, 천식, 순환기 계통의 질환이 가까이 있고 중년 이후에는 혈압과 당뇨도 조심해야 한다.

48장. 신해(辛亥, 寅卯空亡)

1. 사주의 특성 (戊7, 甲7, 壬16)

금여 金與	갑진(甲辰), 을사(乙巳), 경술(庚戌), 신해(辛亥)일로 건명(乾命)은 처가의 덕(德)이 두터우며 일생 안락하고 자손이 번창한다. 절도가 있고, 용모가 준수하여 주변 사람의 도움을 받는 일이 많다.
고란과숙 孤鸞寡宿	갑인(甲寅), 을사(乙巳), 무신(戊申), 신해(辛亥) 일주의 여자는 남편과 생리사별(生離死別), 독수공방이라, 남편의 작첩으로 인해 신음(呻吟)한다. 조혼(早婚)은 실패할 가능성이 높다.
제비관 鷄飛關	甲己는 巳酉丑, 乙丙丁戊는 子, 庚辛壬癸는 寅午戌을 보면 제비살이니 가축을 살생하는 것을 보면 질병에 노출될 위험이 있다고 하여 小兒關殺符로 많이 쓰였지만 10세가 지나면 액이 소멸된다.
태극귀인 太極貴人	갑자(甲子), 갑오(甲午), 정묘(丁卯), 정유(丁酉), 무진(戊辰), 무술(戊戌), 기축(己丑), 기미(己未), 경인(庚寅), 신해(辛亥), 임신(壬申), 계사(癸巳)일이 태극귀인에 해당되며, 기쁨을 암시하고 생년(生年)과 일지(日支)에서 보아 격국(格局)이 청순하고 우수하면 입신양명한다.
상관욕궁 傷官浴宮	을사(乙巳)와 신해(辛亥) 일주의 여자는 남편을 추방하고 자기주장을 하고 산다는 의미가 있으므로 그 남편이 부단히 집을 떠나 객지생활(客地生

	活)을 하게 되고, 또는 첩(妾)을 두기도 하며, 재혼(再婚)을 해도 부덕(夫德)을 기대하기 어렵다.
천라지망 天羅地網	戌亥는 天羅, 辰巳는 地網인데, 감금, 구속, 시비, 송사 등의 구설이 따른다. 곤명(坤命)은 공방수나 파혼의 운이고 자녀궁에 흉사가 있다. 활인성이라 검경계나 법조계, 의약계, 역학계, 종교인 등과 연관이 깊다. 辰과 戌은 첨단산업이나 공업 계통으로 진출하며, 戌과 亥는 天文星으로 지혜총명하고, 天主敎의 신앙을 믿는 사례가 많다.
천문성 天門星	하늘의 글을 뜻하는 천문을 읽는 지혜를 타고났다는 뜻이므로 재주나 문장이 뛰어나다. 지지(地支)에 卯戌亥未가 지지(地支)에 있는 것을 말하는데 戌亥가 가장 강하게 나타난다. 종교, 신앙, 철학, 예지하는 능력이 있다 하여 역술이나 무속계통에 관련이 있다.
욕浴	12운성의 한 가지로 마치 도화살과 성질이 비슷한 기운이다.

■ 건명(乾命)

　섬세하고 깔끔한 외관, 정신력이 칼 같고 질그릇을 만드는 흙으로 옥을 닦은 모양이라 달리 도세주옥(陶洗珠玉)이라, 비상한 지혜, 예술과 문학에 비상하고 타인 무시에 자기 마음대로 하려는 일종의 교만이 있지만 아울러서 의리와 의협심도 있어 타인 이해에 배려심이 있고 활동적이며 호기심 과다에 행동이 예측불가이니 속마음을 알기 어렵다.

　인수 토(土)가 절지에 좌하니 초반과 달리 학업의 결과는 부진하며 언행에 문제 있으나 나름 머리 좋으며 기능적인 것과 예능에 소질 보이고 희생과 봉사정신 돋보이고 준수한 용모, 깨끗한 피부를 가진 미인이 많고 부지런하고 활동적인 면이 드러나며 옷매무새는 센스 있고 차분하다.

지지(地支)가 상관이라 재치 있고 언변이 뛰어나며 선견지명에 기억력 지니고 타인을 이해하니 수단이 으뜸이고 남에게 베푸는 인정도 있어 주변의 인기가 실감 나고 인정이 많지만 돌아서면 냉혹하고 승부욕이 강해 논쟁을 마다하지 않으며 반론을 제기하는 상대는 적으로 간주하며 나름 정의감과 천재적이라는 말을 듣기도 하지만 변화가 일관성이 없어 진정한 속을 알기 어렵다.

상관욕궁으로 인수와 정재가 도화라 색정 문제가 있고 지지(地支) 상관은 수(水)에 해당되니 지장간(地藏干)의 임수(壬水)가 상관으로 건록이라. 언변, 재치, 수단이 있고 남에게 베푸는 모양이 주변의 인기를 얻는다.

재물을 잘 벌어들여도 타인을 무시하니 베풀고도 좋은 소리 듣지 못한다. 재능이나 능력에서 재운이 강하지 않지만 재신이 장생이니 재정적으로 풍족하더라도 큰 사업의 그릇은 아니다.

사리분별을 바탕으로 말이 좋고 매사 적응도 좋지만 인정이 있다가도 돌아설 때는 냉혹하다. 시작은 있지만 끝이 없고 사주원국(四柱原局)에 목화(木火)의 오행이 균형을 갖추면 의식주가 풍족하지만 수기(水氣)가 왕하면 혼자 모의하다 스스로 패배하니 신(辛)의 속성 때문이다.

반항의식도 있어 매를 두려워하지 않으며 표면적으로 차분해도 내적으로 욕심에 계산적이며 재복이 있어도 타인의 조언 무시하며 복을 차버리고 손해 볼 일을 하지 않으며 끈질기고 집요하다.

이성관계 지속적이고 금여의 작용으로 처덕이 두터워 처가가 부자인 경우가 많고 현모양처의 운이고 행복한 상이나 첩을 들이며 자손궁은 좋지 않으니 노년은 고독하다. 해수(亥水)는 역마인데 활동성을 보여주지만 부정의 의미로 보면 밖으로 돌아치니 부부궁은 공방이다.

지지(地支) 해수(亥水)는 정재인 인목(寅木)과 합을 원하는 성정이라 재성이 되니 재물추구가 강해지나 사업이나 직장에 변동 많고 가정에도 안주하지 못해 방랑하며 해외무역, 해외 결혼, 이민의 운이 있다.

 강자에게 약하고 약자에게 강한 야비함도 있으며 계략과 모사를 부리다가 자기 꾀에 자기가 빠지며 타인 무시에 자기 다음대로 하려는 교만함과 해수를 깔았으니 알 수 없는 속이다.

■ 곤명(坤命)

 곤명(坤命)은 금백수청(金白水靑)이라 하니 피부가 희고 고우며, 아름다운 사람으로 화려함을 추구하고 사치가 있으며 혼전에는 독신을 주장한다. 지성을 갖추지만 지지(地支)가 상관이니 혼자 똑똑한 체하여 연애도 수시로 깨지며 남편 무시에 자식을 낳으면 각 방을 쓴다. 자식을 얻으면 열에 아홉은 생사이별수이니 헤어지고 이혼하는 경우가 많다.

 사주원국(四柱原局)에 화(火)의 오행이 있으면 남편은 있지만 다른 남자의 자식을 잉태하는 경우도 있다. 관성이 포태지에 무력하니 자식운은 기대 말라. 신해일생(辛亥日生)은 몸이 차가우니 생리불순에 복통을 겪으며 자연유산도 불안하다. 재혼이 좋으며 이민수가 있고 탐음의 성분이라 바람기 짙으며 부부 사이는 찬바람이다.

2. 세운의 변화

亥卯未年 : 이사, 이동, 직업 변동
辰年　　 : 신경쇠약, 정신 질환, 병원 출입
巳年　　 : 관재수, 구설수, 사고수, 부부 풍파, 이별수, 수술

申年 : 관재수, 구설수, 사고수, 형옥(刑獄)

寅年 : 이성 만남, 좋은 일이 생김

乙巳年, 丁巳年 : 巳年은 巳亥沖이 되므로 일반적으로 변화가 심하고 運路가 좋지 않다

3. 물상

도세주옥이라, 고운 흙으로 구슬을 닦은 격인데 금여를 더하니 피부가 희고 고우며 용모가 아름다운데 지혜를 더하니 문학과 예술에 조예가 깊다. 말을 잘하고 사리분별력이 있으며, 매사에 적응이 빠르고 다정다감하지만 냉정함이 드러날 때가 두렵다.

승부욕이 강하지 못하고 지장간(地藏干) 갑목(甲木)의 현침의 기운이 더해져 반론을 제기하는 상대는 적으로 규정하여 제압, 제거하고자 하나 해수(亥水)는 날카로운 금(金)의 기운이 없어 물이 잠기니 유시무종이고 자모자패이고 부부궁인 지지(地支)가 상관이며 차가워 냉랭함을 피할 길 없다.

4. 특성

신(辛)은 가을이고 해(亥)는 겨울이니 금백수청이라 천성은 맑고 선량하고 재능이 있고 지지(地支) 상관은 융통성과 재능의 운이라 두뇌총명에 재능도 있으나 재물의 운은 익숙하지 못해 재복은 약하고 색정의 고통이 있다. 사주원국(四柱原局)에 목화토(木火土)의 오행이 고르면 평생 의식주 고통이 없고 수(水)의 오행이 과다하면 용두사미라.

두뇌 비상에 재치, 대인관계에 사교성과 처세가 받쳐주니 언변이 있고

사리분별 정확하니 일처리가 매끄럽지만 재주고신에 타인을 무시하면 갈등이 오니 조심하고 사려 깊게 행동하면 성공의 운도 무난하다.

5. 육친관계
■ 건명(乾命)

근본적으로 부모 인연 약하고 모친 인연보다는 부친 인연이 강하고 신(辛)의 특성이 그러하듯 의도대로 처세하니 부모 갈등 있으며 배우자 운이 원만하여 처덕이 있으며 현모양처의 운이 있으나 작첩의 기운 떨치지 못하고 자식을 낳아도 딸이 많고 아들이 적은데 자식 덕이 없어 말년이 고독하다.

■ 곤명(坤命)

지성을 갖추나 남편을 밀어내고 무시하는 경향이 있고 남편 덕은 없는데 배우자궁 부실이라 이별, 별거, 사별의 운이 있고 가정의 안주보다 사회생활로 나돌며 자식 사랑은 깊어 딸이 많은 상황에서 사주 원국에 토(土)의 오행이 약하면 아들·딸이 고르게 출생한다.

6. 학업
■ 건명(乾命)

두뇌 총명하니 두뇌어 의존하여 성적이 좋다가도 점차 성적이 떨어지며 학문이 저조하니 인내와 노력 부족이라. 긴 공부 어렵고 큰 시험에도 결과는 좋지 않다. 성공을 위한 전공 선택은 의학, 약학, 무역, 교육, 육영, 공학, 예술성 스포츠인 볼링, 골프, 승마 등이다.

■ 곤명(坤命)

어학, 경영, 경제, 무역, 회계, 교육, 육영, 예술, 전문기술이 좋다.

7. 결혼운

■ 건명(乾命)

지지(地支)는 해수(亥水)인데 상관이라 남자는 이성의 관심이니 일찍부터 연애 시작하면 길게 이어지고 유지되지만 모든 것을 자기 의도대로 결정하려는 의도가 강해 배우자 결정에 부모 갈등 있다. 건명(乾命)은 결혼 이후 배필에 어려움은 그다지 크지 않다. 쥐띠, 범띠, 토끼띠, 용띠, 말띠, 양띠, 돼지띠 여자가 배필 운이다.

■ 곤명(坤命)

지지(地支)는 해수(亥水)인데 상관이라 자기표현이니 일찍부터 연애가 온다. 자기표현이 강하지만 수시로 깨어지니 긴 인연이 약하다. 자식 생기고 나면 남편 동거가 힘들어져 고통이 있는데 범띠, 토끼띠, 용띠, 말띠, 양띠, 닭띠, 돼지띠 남자가 배필 운이다.

8. 직업

지지(地支) 상관 작용으로 재주, 재능 관련 분야가 인연이다. 사주원국(四柱原局)에 목화토(木火土)가 적절하게 배합되면 조직 직장운으로 전문기술 분야, 연구직, 교육, 육영, 운수, 해운, 예술관련 분야에 적합하다. 재능과 재주가 많은 일주로 사주원국(四柱原局)에 수(水)와 목(木)의 오행이 거듭하면 사업운으로 전문기술사업, 교육사업, 운수, 해운사업, 예술관련사업, 요식사업의 인연이다. 사주원국(四柱原局)에 토(土)와 금(金)의 오행이 부족하면 처와 동업하는 장사인연이고 곤명(坤命)은 동업의 운이다.

재물이 따르는 사주이지만 큰 사업의 그릇은 아니다. 신해일주(辛亥日柱)의 직업운을 살펴보면 재정, 교육, 해운, 수산, 의학, 사법, 행정관리, 예능, 미술. 음악, 문학 등에서 입신을 이루어 낸 사람들의 분포가 이루어지고 있으며 종교인의 길에 서면 설교를 잘 하는 사람으로 이름을 날릴 가능성이 아주 많다.

9. 성적 욕구

■ 건명(乾命)

정력이 강하고 상대를 즐겁게 하는 타입으로 물불 안 가리는 호색이니 상대를 막론하고 상대를 즐겁게 하는 수완과 기술이 있으며 욕지에 임하니 색난을 피하기 어렵다. 금수(金水)가 강하면 색욕이 왕성하고 목수(木水)가 있어야 발기가 잘 되고 쾌감도 있는데 겨울출생으로 화(火)가 없으면 성욕과 발기도 시원치 않다.

■ 곤명(坤命)

곤명(坤命)은 겉으로는 엄숙하고 정갈하여 요조숙녀처럼 보이지만 욕구에 불타는 사람이니 본능적이고 야성적인 성행위를 좋아한다. 질의 조임이 좋아 남자를 만족시키고 금수(金水)가 강하견 성욕 왕성에 옥문(玉門)의 분비물 충분하여 촉촉하고 목화(木火)가 강해야 오르가즘에 오르며 상관이 강하면 색욕이 강해 남편을 잡는다.

10. 질병

신해일주(辛亥日柱)의 신(辛)은 금(金)의 성분으로 폐와 대장에 병인하고 다리까지 영향을 미친다. 해(亥)는 수(水)의 성분으로 신장과 방광에 병인하고 머리, 고환, 항문, 생식기에 영향을 미친다. 신해일주(辛亥日柱)는 폐, 관절, 두통, 신장, 방광 등의 질병을 조심해야 하며 기관지가 약하니 환절기 감기에 약하고 호흡기 질환을 피하기 어렵다. 뇌일혈에 주의하고 몸이 차가우면 병에 걸리니 몸을 보온하는 것이 병을 막는 지름길이다.

49장. 임자(壬子, 寅卯空亡)

1. 사주의 특성 (壬10, 癸20)

양인살 羊刃殺	양인살은 흉살 중의 흉살이다. 한자의 의미를 새겨보면 겉은 순한 양이지만 속은 칼날을 물고 있는 형국이다. 양인살이 있는 사람은 성격이 강직하고 무자비한 경향이 있다. 甲일간은 卯, 丙일간과 戊일간은 午, 庚일간은 酉, 壬일간은 子가 양인이다.
장군전 將軍箭	병오(丙午), 정미(丁未), 무오(戊午), 기미(己未), 임자(壬子), 계축(癸丑) 일이 이에 해당되며 죄를 지으면 그 대가를 필히 치르게 된다는 성분으로 자암살(紫暗殺)로 불리기도 한다. 지지(地支)가 형충되면 무기나 흉기에 의해 죽음을 당하기도 한다는 암시가 있다.
홍염살 紅艶殺	갑오(甲午), 병인(丙寅), 정미(丁未), 무진(戊辰), 경술(庚戌), 임신(壬申), 임자(壬子) 일주가 홍염으로 미모와 센스가 있으며 도화와 유사하여 인기가 있으며 외도에 빠지기 쉬우니 곤명(坤命)은 기생(妓生), 건명(乾命)은 작첩(作妾)한다.
구추방해 九醜防害	임자(壬子), 임오(壬午), 무자(戊子), 무오(戊午), 기묘(己卯), 기유(己酉), 을묘(乙卯), 을유(乙酉), 신묘(辛卯), 신유(辛酉)일생으로 잦은 연애로 가정풍파가 암시되고 시주에 있으면 자녀가 같은

간여지동 干與支同	성향이다. 간지(干支)가 같은 오행(五行)의 글자로 부부간 생사이별수가 있으며 흉살(凶殺)과 겹치면 사별(死別)도 있다.
일인 日刃	병오(丙午), 무오(戊午), 임자(壬子) 일주처럼 일지양인은 권력과 형(刑)을 주재하는 성분이니 자만심이 강하고, 비사교적이며, 안하무인에 구설수가 따르기 쉽다. 적(敵)이 많고 시비수가 발생하니 속성속패(速成速敗)의 기운이다. 생살대권(生殺大權)을 장악하기도 하며, 극처극부(剋妻剋夫)하는 내면의 흉의를 지니기도 한다.
왕旺	사람의 장성(壯盛)이 극에 달한 것과 같다.

◾ 건명(乾命)

임(壬)은 큰 바다, 자(子) 또한 큰 바다이니 바다에 둘러싸인 격으로 유연성, 융통성, 포용력 있으며 한곳에 머무르기보다 늘 움직이고 분주하며 생각이 많고 부드럽고 온화하다. 행동이 굼뜬 겉모습과 달리 지혜와 총명함으로 머리 회전이 빠르고 치밀하며 차분하다. 유머와 재치를 뽐내고 깊은 속을 드러내지 않으며, 이해심과 통솔력이 있고, 행동은 조심스럽고 계산적이며 자존심이 강하다. 지지(地支)에 자수(子水)를 깔아 깔끔하며 예민하고 깨끗함을 추구하지만 차가운 성정이고 주변 환경에 민감하게 반응하며 까탈스럽게 군다.

비겁왕궁으로 수왕(水旺)인데 천귀성의 순도가 있어 사람을 가리지 않으니 호감을 사고 영웅적인 기질로 사람들이 따르는데 도량이 넓고 인정이 많지만 비밀도 많고 끈질겨 모든 일에 서두르거나 급하지 않아 인내심을 보이며 참고 자신을 안정시키니 인인자중(刃刃自重)이라 했다. 고집과 자존심이 강하고 자기중심적이며 타인의 간섭을 허용하지 않는 견고성을 지니고 유연성과 융통성이 부족하니 고리타분하다.

지지(地支) 일인(日刃) 중에도 비겁으로만 지장간(地藏干)이 구성되어 세상에 겁낼 것이 없고, 영웅적인 기질과 수완이 있어 일주가 융성하는 운을 만나면 자신의 능력을 과신하며 지고는 못사는 성격의 발휘가 이루어지므로 큰 인물이 되어 문전성시나, 운을 타지 못하거나 원국이 나빠 패망하거나 한직으로 몰리면 사면초가에 비빌 곳이 없으니 비애라. 주거의 변동이 잦고 금전적 풍파가 넘치니 영감이 뛰어나 운을 타거나 예술성이 발동하면 예술이나 기예에서 불세출이라.

장성으로 영웅적 기질이라 수완도 가지고 있다. 지지(地支)에 암장된 비견이 허신 재성을 비합하고 재를 다투니 경쟁과 투쟁으로 대업을 성취하는데 타인에게 고통을 주면서 성공을 거머쥐는 결과이고 비겁이 경쟁하니 어렸을 때 형제를 잃고 자신이 장남의 역할이라.

인수 경금(庚金)이 사지에 놓이고 신금(辛金)은 생지로 인종되니 두뇌총명에 시험에 강한 생존력을 발휘한다. 재성이 포태지에 인종되니 재운은 없지만 암재(暗財)를 초래하는 힘이 있어 운이 크게 일어날 때는 큰돈을 쥐나 지도자의 상이지 재물을 추구하면 성패가 다단이다.

창조의 능력이 있어 재물을 취득함에 능수능란하나 쓸 곳도 많아 남지 않고 음흉함이 있어 속마음을 드러내지 않으며 겉으로 편안하나 속은 어지럽고 직업과 주거 풍파가 심하고 도처에 적이라 안하무인에 구설수라.

조직이나 직장에서 운신해야 좋은데 관성도 재신과 마찬가지로 무력하니 고위직에 오르기 위해서는 순탄하지 않고 매사 경쟁적으로 처리하는 속성이므로 운이 좋으면 크게 성공하고 나쁘면 도둑놈이라.

겉보기는 부유하나 가난에 시달리고 하나를 얻고 셋을 잃으며 만인 앞에 평등하지만 크게 노하면 사람을 살생하고 지모로 우두머리 노릇을 하려하지만 파란만장의 인생이라.

지나치게 의욕적이라 진취적이고 탐욕을 부리며 현실적인 성향이라 겉은 화려해도 실속이 적으며 정이 헤퍼 동가식서가숙에 지칠 줄 모르는 체력의 소유자이다. 홍염으로 이성을 끄는 매력이 있어 처덕이 있으나 처궁은 약하니 이별의 상이고 평생 여자 문제로 골치가 아픈데 배우자와 원만치 못하여 두세 번 결혼하거나 도처에 미인이니 작첩(作妾)하고 화류계의 여성과 동거의 운이 있다.

존경을 받거나 건달 중 하나로 지지(地支) 자수(子水)는 정관 축토(丑土)와 합을 원하여 비겁이나 관성으로 변화하는 성정이라 그 변화가 심한데 상대가 강하면 상대에게 약하게 나타나고 상대가 약하면 무시하고 자신의 본위로 행동하는 모습으로 나타나니 자기주장이 강하고 남을 무시하며 자신만을 위하므로 형제, 친구와 반목하고 시기 질투도 심한데 배려심이 사라지고 주색에 불행해지기도 한다.

■ 곤명(坤命)

반드시 사회활동을 해야 가정을 유지한다. 고집 세고 머리가 좋은데 배우자는 능력 발휘가 어렵다. 여장부 성격으로 자기본위적 사고를 하니 남자들이 피하고 자기의 주장이 지나치게 강하고 양보하지 않으며 욕심도 많아 정상적인 부부생활이 어렵다.

관성이 무력하니 부덕을 기대하기 어렵고 여장부이니 총명과 재치로 많은 이를 거느리지만 남을 위해 봉사하는 운명의 굴레를 벗어나지 못할 수 있으며, 천귀(天貴)라 중년 이후에는 가족에 얽매이지 않는 삶이다. 간혹 남자의 굴레를 벗어나지 못해 얽매이거나 두세 번 결혼하기도 하고 남자와의 관계에 속을 끓이고 한 곳에 정착하기 어려우며 해외출입의 운이다.

2. 세운의 변화

申子辰年 : 이사, 이동, 직업 변동
酉年　　 : 신경쇠약, 정신 질환, 병원 출입
卯年　　 : 관재수, 구설수, 사고수, 부부 풍파, 이별수 수술
午年　　 : 관재수, 구설수, 사고수, 형옥(刑獄)
丑年　　 : 이성 만남, 좋은 일이 생김
丙午年, 戊午年 : 午年은 子午沖이 되므로 일반적으로 변화가 심하고 運路가 좋지 않다

3. 물상

일인(日刃)으로 강한 기운, 왕기(旺氣)를 띠어 안하무인으로 사람을 대하니 적을 만들기도 하고 영웅적인 기질이며 수완이 좋다 속성속패의 운이고 생사의 대권을 쥐기도 한다. 자의상 사방이 바다로 만물을 감싸고 있는 형상이니 세상이 온통 물의 형상으로 도량이 넓음을 의미하지만 천지가 물이니 의혹이 많고 사람을 믿지 않는다 성업하면 문전성시이고 패망하면 사면초가라. 외화내빈에 일득삼실이니 세상살이가 참으로 고단하고 홍염으로 이성에 인기가 좋으며 여자는 여장부의 삶이니 세상에 봉사를 하는 운이다.

4. 특성

임(壬)도 물이요 자(子)도 물이니 계절적으로는 한겨울이라 마무리이며 새롭게 태어나는 기운이다. 내적 기운이 강해 만사를 경쟁과 투쟁으로 처리하니 큰일을 이루지만 지혜와 감성도 탁월하고 지지(地支)가 양인(羊刃)이라 고집과 경쟁을 앞세우니 주위에 고통과 갈등을 일으킨다. 자존심이 강하여 남을 무시하고 호색이 극에 달하니 색정으로 인한 고통도 피하기 어렵다. 지도자로 행세하여 성공으로 나아가지만 사업 인연하면 성패가 다단하다.

5. 육친관계

■ 건명(乾命)

부친 인연 짧고 부모 인연이 고르지 않다. 간여지동(干與支同)이니 자기주장과 고집이라 부모와도 대립하고 배우자를 빼앗는 운이라 부부 인연도 순조로움을 기대하기 어렵다. 처덕이 없고 배우자궁 부실하여 이별, 사별, 별거의 운이 있으며 배우자 병약이라 주색 풍파가 바람 잘 날 없고 의처증도 있다. 사주원국(四柱原局)에 토목의 오행이 고르면 아들·딸이 고르고 토의 오행이 부족하면 딸을 많이 낳는다.

■ 곤명(坤命)

배우자궁이 부실하여 덕이 없고 건달을 만나거나 과부의 상인데 배우자가 군경, 검찰이라면 해로가 가능하고 무속인이나 유흥업, 요식업에 종사할 수도 있다. 자궁이 약한 탓으로 유산이나 사산의 운에 낙태도 있는데 아들은 드물고 사주원국(四柱原局)에 갑의 글자가 있으면 아들이 성공한다. 그렇다 하더라도 말년까지 자식 근심이나 편할 날이 없다.

6. 학업
◼ 건명(乾命)

두뇌 총명에 경쟁심이 강하여 성적과 시험운이 좋을 것이니 어린 시절부터 학문성취가 남다르고 경쟁심이 결과를 거두는 격이니 자존심 유지에 문제가 없을 정도로 시험 성적도 좋다. 사주원국(四柱原局)에 토금(土金)의 오행이 적절하면 좋은 학교의 인연이라. 세월이 흐르며 성적이 저조해지고 시험 때만 성적이 좋아지는 특징은 두뇌가 총명하기 때문이다. 나이를 먹으면서 점차 인내와 노력을 포기함으로써 직업을 구하거나 재물을 얻으면 태만해진다. 성공을 위한 학문으로는 법학, 행정학, 공학, 의학, 약학, 스포츠, 경찰대학, 사관학교, 등이 있다.

◼ 곤명(坤命)

법학, 행정학, 교육, 육영, 공학, 의학, 약학, 스포츠, 사관학교, 경찰학교, 간호학과 등이 성공으로 이르는 학문이다.

7. 결혼운
◼ 건명(乾命)

간여지동으로 고집이 세고 연애가 자존심의 도구로 되어 순탄하지 못하며 배우자 결정에도 자기주장이라 부모와 갈등이 있고 호색이라 총각득자요, 결혼을 해도 자기 주관과 고집으로 인해 부부간의 다툼이 있고 갈등이 깊어 배우자의 부정이 따른다. 좋은 배필의 인연은 소띠, 범띠, 토끼띠, 용띠, 원숭이띠, 개띠, 돼지띠 여자이다.

■ 곤명(坤命)

어울리는 남자의 띠는 소띠, 토끼띠, 용띠, 양띠, 개띠 남자가 좋은 배필감이다.

8. 직업

매사 경쟁적인 사고를 지니고 타인을 지배하고자 하는 욕심이 강하니 실리추구형이라. 조직 직장길 인연이 순조롭고 검찰, 경찰, 무관, 공학관련 직업, 전문기술, 스포츠 분야에서 승승장구할 수 있으며 사업은 의학, 약학업, 통상업, 탄광, 어업, 수렵, 취미적인 수석, 식품가공, 교육, 육영, 소개업 등이다. 늘 경쟁심리가 작용하니 투기적인 사업을 좋아하여 사업의 성패가 수시로 변하지만 간혹 큰 재벌이 있다.

임자일주(壬子日柱)는 군경, 검찰, 법관, 정치인, 종교인, 의사 등에 많이 분포되어 있으며 사업을 한다면 무역, 관광, 여관, 해운수산업에 많이 분포한다. 비교적 큰 복은 없는 편이고 탈재가 빈전하게 일어나는 특징을 피하기 어렵다.

9. 성적 욕구

■ 건명(乾命)

일간이 강하고 홍염살이 있으니 호색하며 색정도 강하지만 미색을 지나치게 따진다. 적극적으로 리드하고 즐기려 하면서도 상대에게 애무를 요구하고 같이 즐겨야 만족하는 성적 취향이 있다. 수(水)가 지나치고 토

(土)가 없으면 조루에 갈기가 어렵고 토월생(土月生)에 관이 태왕에 형이 겹치면 생식기 이상이고, 겁재가 많으면 여자를 탐하는 성격이며, 일지와 시지에 도화가 있으면 무분별한 성관계 끝에 성욕감퇴다.

■ 곤명(坤命)

요염하고 스태미나가 강한 편에 속하고 색정이 강하며 까탈스럽고 적극적이니 같이 즐기는 성격이지만 다만 한 번 거부하면 용납하지 않는 특징이 있다. 자수(子水)는 춥다는 의미이니 덥히듯 전희가 길어야 하고 금수(金水)가 많고 토(土)가 없으면 분비물 과다이고 냉하여 오르가즘이 느껴지지 않으니 적당히 토(土)가 필요하고, 금수(金水)가 많으면 갱년기가 느리고 양인이 많으면 음란하다. 겨울 태생은 자궁이 냉한데 생리통, 생리불순에 이성으로부터 사랑받기 힘들다.

10. 질병

임자일주(壬子日柱)는 간여지동으로 천간(天干)과 지지(地支)가 같은 성분이다. 모두 수(水)의 성분으로 신장 방광의 병이 의심되는데 임(壬)은 경락과 삼초까지 영향을 미치고 자(子)는 음부, 요도, 귀에도 영향을 미친다. 임자일주(壬子日柱)는 대체적으로 건강체이기는 하지만 동상, 혈압, 중풍, 수액이 있을 수 있고 병이 걸리면 약이 많이 들고 회복에 시간이 걸린다. 사망 시에는 긴 병 없으니 깨끗하다. 그 밖에 신장, 방광, 당뇨, 자궁질환, 간담, 위장에도 병이 있을 가능성이 많다.

50장. 계축(癸丑, 寅卯空亡)

1. 사주의 특성 (癸9, 辛3, 己18)

백호대살 白虎大殺	갑진(甲辰), 을미(乙未), 병술(丙戌), 정축(丁丑), 무진(戊辰), 임술(壬戌), 계축(癸丑)일주가 해당하며 해당 육친의 혈광지사(血光之死)와 한을 품은 죽음을 겪는 흉포한 살성이라 한다. 일주에 있으면 성정이 강하고 과격성이 있지만 기이한 발복이 있다.
곡각살 曲角殺	곡각은 신체 어느 부위에 병이 있어서 불구가 되는 뜻이다. 곡각은 사주 중에 2~3개 있어야 작용하는데 등뼈가 고르지 않거나 불구의 형태를 가지며 신경계통이나 수족에 이상이 있다. 또한 자기가 양자가 되거나 양자를 맞이하게 되는 뜻이 있다.
단장관 斷腸關	갑오(甲午), 을미(乙未), 병진(丙辰), 정사(丁巳), 기묘(己卯), 경인(庚寅), 계축(癸丑) 일로 대장(大腸)이나 소장(小腸) 계의 질환으로 고생할 암시가 있다는 조합이다.
음욕살 陰慾殺	무술(戊戌), 신묘(辛卯), 정미(丁未), 을묘(乙卯), 기미(己未), 계축(癸丑), 경신(庚申) 일주는 음흉하고 색정적인 기질이 있다. 여성은 유흥가 진출이고, 남성은 재혼하는 사례가 많다.
암록 暗綠	암록(暗綠)은 정록(正祿)을 합하는 글자를 말함인데, 재물에 궁함이 없고 귀인의 조력으로 평생 안

철사관 鐵蛇關	락하다. 일주로는 병신(丙申), 정미(丁未), 무신(戊申), 기미(己未), 임인(壬寅), 계축(癸丑) 등이 있다. 갑진(甲辰), 병신(丙申), 정미(丁未), 무인(戊寅), 경술(庚戌), 계축(癸丑) 일로 이는 돌림병이나 희귀병에 걸려 단명의 암시가 있다고 전해지므로 방역이나 예방에 철저해야 한다.
양인살 羊刃殺	양인살은 흉살 중의 흉살이다. 한자의 의미를 새겨보면 겉은 순한 양이지만 속은 칼날을 물고 있는 형국이다. 양인살이 있는 사람은 성격이 강직하고 무자비한 경향이 있다. 甲일간은 卯, 丙일간과 戊일간은 午, 庚일간은 酉, 壬일간은 子가 양인이다.
장군전 將軍箭	병오(丙午), 정미(丁未), 무오(戊午), 기미(己未), 임자(壬子), 계축(癸丑) 일이 이에 해당되며 죄를 지으면 그 대가를 필히 치르게 된다는 성분으로 자암살(紫暗殺)로 불리기도 한다. 지지(地支)가 형충되면 무기나 흉기에 의해 죽임을 당하기도 한다는 암시가 있다.
탕화살 湯火殺	寅午丑일 생에 해당한다. 화상, 화재, 음독, 가스중독, 드상과 염세비관이 따른다. 탕화살이고 일시가 午丑이면 본처와 해로가 어렵고 무자식의 운이다. 일시가 오축이고 재성이 태과하면 아내가 문제 있고 관성이 태과하면 남편에게 문제가 생긴다.
칠살 七殺	갑신(甲申), 무인(戊寅), 임진(壬辰), 임술(壬戌), 계축(癸丑), 계미(癸未)일은 충돌, 언쟁, 관재, 구설, 수술, 고립 등의 상황이 많고 교통사고나 부부간 다툼이나 냉전, 이별의 기운이 강하다.
대 帶	관대(冠帶), 정신적으로는 아직 부족하나 육체적으로는 성숙하여 자기 의사대로 할 수 있는 독립의 준비 상태이다.

■ 건명(乾命)

칠살대궁으로 비견과 인수가 월살에 든다. 계(癸)는 흐르는 물, 빗줄기이고 축(丑)은 마르지 않은 축축한 땅으로 만물을 길러내는 땅이기는 하지만 지혜와 총명을 바탕으로 오기가 보이고 고독하며 강한 집념이 있다. 착하고 조용하며 내성적으로 침착성이 있는데 사교적으로 보이고 환경변화에 민감하게 대응하거나 변화하고 주변을 의식하는 성정이라.

지장간(地藏干)의 비견은 관을 다투는 양상으로 경쟁 국면을 암시하고 장애가 되는 모든 것을 제거하고자 하는 냉정한 면모이고 지지(地支)를 차지하고 있는 축토는 천액성이니 몸이 아파 고통을 겪는다는 암시다. 명예 중시에 원칙과 소신을 드러내니 시비를 가리는 결단성이 있고 인내심이 있으나 내성적이며 치밀한 성격이라 드러나지 않는다.

기억력이 좋고 차분하며 침착하나 외골수적 성격을 지니고 있다. 근면 성실하고 준법정신도 있으며 내성적이고 소극적이나 난폭하고 성급하다. 명예와 자존심을 중시하는 성향이라 힘과 끈기 있으며 자존심 강하고 자기중심적이며 타인의 간섭을 싫어한다.

비밀이 많고 음흉한 면도 있고 자신을 숨기고 냉정함을 드러내어 차분하며 신앙심을 보이고, 직관력, 우연성, 융통성, 원칙적인 소신을 드러내며 인내심이 강하다. 지장간(地藏干) 인수와 비견이 상당한 힘을 지니고 있어 한길로 매진하는 기상이고 암록에 재성인 정화의 화개는 재고와 같아 재물의 궁함은 찾아보기 어렵다. 사주원국(四柱原局)에 목화(木火)의 오행이 잘 구성되어 있으면 재운이 강하고 안녕을 유지하는데 지나치게 돈을 고집하면 도리어 고통이 온다.

백호, 화개, 양인, 탕화의 신살이 겹치니 살벌하고, 조용해 보여도 겁이 없고 저돌적이며 잔인한 성정을 드러낼 수 있으며, 매사 심사숙고하며 이상을 드러내고 우두머리가 되려 하니 권모술수가 뛰어나고 사람을 잘 이용한다. 그의 결과로 최고가 되려 하지만 지나친 과욕이며 의심 많고 생각도 좁은데 자기주장을 앞세우고 타인의 충고를 무시한다.

계수(癸水)는 맑은 물이라 청(淸)하고 지나친 결벽증을 의미하여 고집으로 주위 사람들에게 본의 아니게 고통을 주고, 부친보다 모친의 인연이 길며 지장간(地藏干)의 신(辛)은 금(金)의 성분으로 천살에 해당하고 기(己)는 토(土)의 성분으로 화개 인종되어 종교성이고 교육이나 정신계의 지도자상이며 칠살의 화개와 관대는 부부궁(夫婦宮)이 불미할 가능성을 보여 준다.

사회적으로는 인정을 받지만, 가정생활은 즐겁지 않은데 집안에서는 재미가 없고 밖에서는 즐거운 사람이며 자존심을 세우니 결혼생활에 배우자의 만족은 없고 축토는 정화재신과 기토(己土) 칠살이 묘지로 처가 병으로 비관할 때가 많아 고통스러우며 주변의 원조가 따라도 풍족하지 않으니 자녀의 양육이 수월치 않다.

지지(地支) 축토(丑土)는 비견 자수와 합을 원해 관성으로 변하는 성정이니 고집과 자존심이 극대화를 이루고 타인의 간섭을 싫어하고 원칙과 소신을 앞세우며 명예를 중시한다. 자기 자신이 최고인 듯 착각하며 살고 대인관계 무시에 고독이 흐르고 자신의 생각과 다르면 반발심을 숨기고 있다가 결국 거부하고 자수성가를 향해 달린다.

부모덕은 없어 공부를 하더라도 도중하차의 운이 강하고 학문과 수양이 필요하니 책을 가까이하면 좋으며 종교적 의지도 나쁘지 않은데 본인이나 배우자 신체에 문제가 생길 수 있으니 타인을 배려해야 액을 면하고 화상이나 흉터가 생길 수 있다. 권력을 가지지 못하면 천직에 종사하고 풍파가 많은데 재복은 없으니 욕심은 금물이고 자식의 근심이 있다.

▣ 곤명(坤命)

관고(官庫)로 인하니 심하면 배우자 사별이거나 칠살 관대라 배우자 존경은 어려운데 애초부터 남편 때문에 고통을 받는 상이라 신음이 떠날 날이 없는데, 옛글에 이르기를 계축 일생은 늙은 신랑을 만나거나 소실의 운(小室運)으로 재혼하는 경우가 아니면 과부의 상이라 했다.

애교가 있으나 성격이 까다롭고 급하며 고집이 세니 화합의 기운이 물 건너가고 사회생활은 잘하지만 가정은 풍파가 많다. 이성보다 재물을 중하게 생각하는데 신앙생활을 하고 음덕을 쌓으며 봉사활동을 해야 재앙을 피하고 마음이 편해진다. 식상이 관대와 반안에 종하니 자식덕은 없어도 귀한 자식을 두는데 일지에 형충(刑沖)이 들면 유산이나 조산 등으로 잃는 자식이 있다.

2. 세운의 변화

巳酉丑年 : 이사, 이동, 직업 변동
午年　　 : 신경쇠약, 정신 질환, 병원 출입
未年　　 : 관재수, 구설수, 사고수, 부부 풍파, 이별수, 수술
戌年　　 : 관재수, 구설수, 사고수, 형옥(刑獄)
子年　　 : 이성 만남, 좋은 일이 생김
丁未年, 乙未年 : 未年은 丑未沖이 되므로 일반적으로 변화가 심하고 運路가 좋지 않다

3. 물상

 천간(天干)과 지지(地支)가 모두 습하니 언 땅에 비가 오는 격으로 마르지 않는 습토(濕土)의 극한이라. 음기를 품고 있는 땅으로 나아가는 일도 정진의 기상이며 끈기와 집념이 있지만 고독을 피하기 어렵고 오기도 숨기기 어렵다. 경쟁자가 나타나면 목적을 이루기 위해 경쟁자를 제거하는 잔인한 일면이다.

 어둠의 현상이어서 캄캄한 진흙탕에 빠진 형국의 자상(字象)이니 끝내 굴레를 벗어나는 호걸의 기상이라. 지지(地支) 백호는 처궁의 불미함이고 아내가 아프거나 비관하는 일이 생겨나고 곤명(坤命)은 남편과 사별의 운이라 재혼하거나 소실이 되는 경우도 적지 않다. 암록이 작용하니 어려울 때마다 주변의 도움이 있어 활기를 찾고 끝내 음덕을 쌓아 마음이 편해진다.

4. 특성

 만물을 길러내는 좋은 땅이라고 하나 지나치게 차갑고 날카롭다. 만인을 지도하는 성격이지만 차갑고 강력한 수단을 앞세우는 권력적 지도자 상이어서 검찰, 경찰, 교육, 종교 등에서 성공하고 매사 강함을 위주로 하여 밀어붙이는 성격으로 사주원국(四柱原局)에 목화(木火)의 오행이 잘 갖추어져 있으면 재물 복이 순조롭고 금수의 오행이 많으면 재복이 약하다. 영웅심이 강하고 명예와 자존심을 중시하며 배짱도 커서 운이 좋으면 큰 부자가 되기도 하지만 반대의 운이 오면 남다른 고통이라. 어느 분야에 활동하든 두령이 되고 싶어 몸부림을 치며 자존심을 내세우니 도리어 고통을 당할 수 있다.

5. 육친관계

◼ 건명(乾命)

부친과 친하나 인연은 짧고 모친 인연이 긴 편이다. 자존심이 강하고 명예지향적이라 결정을 자기 혼자 하니 부모와 갈등이 있고 끝내 자신의 의도대로 결정하고 배우자로 인한 고통을 피하기 어렵다. 배우자궁이 부실하여 이별, 사별, 별거에 작첩의 운이다. 처의 기가 강하거나 몸이 허약하여 늘 마음에 고통이며 사주원국(四柱原局)에 화(火)의 오행이 많으면 아들이 많고 부족하면 딸이고 자식으로 근심이 있다.

◼ 곤명(坤命)

관이 일지에 자리하니 남편 존경이 어렵고 배우자궁은 부실하니 이별, 사별, 별거의 운이다. 배우자는 나이 차이가 있어야 좋은데 배우자 덕이 보이지 않고 자식 덕은 더욱 보이지 않는다. 남편과 서로 무정하거나 간섭으로 바람 잘 날 없으니 갈등인데 근본적으로 자식이 드물거나 아들이 적은데 더불어 유산이나 조산과 같은 연유로 하여 자식을 잃는 고통이 있다.

6. 학업

◼ 건명(乾命)

자존심이 강하니 인내와 노력에 따라 어린 시절부터 학문적 발달이 드러날 수 있지만 노력이나 열성에 비해 능력 발휘는 그다지 드러나지 않을 수 있다. 사주원국(四柱原局)에 화(火)의 오행이 부족하면 차가운 땅이 얼어붙는 현상이 일어나니 인내와 노력이 있어도 발휘가 저조하여 학문적으로 침체가 오는 경우도 있다. 법학, 행정학, 공학, 의학, 약학, 경찰대학, 사관학교, 체육대학 등이 어울리는 학문이다.

■ 곤명(坤命)

법학, 행정학, 교육학, 육영, 의학, 약학, 경찰대학, 사관학교, 간호대학 등이 성공을 이룰 수 있는 학문의 길이 될 수 있다. 직업을 얻기 위한 공부는 능하지만 직업을 얻고 나면 소홀해진다.

7. 결혼운

■ 건명(乾命)

이성을 구하고 사랑을 하고자 해도 명예와 자존심을 앞세우므로 과정이 순조로울 수 없으며 잘 사귀다 일시에 깨지는 경우도 많으며 연애에 매진해도 길지 못한 경우가 많다. 배우자의 결정도 지나치게 자신의 고집과 주장으로 결정하게 되므로 부모와 갈등이 온다. 처가 병들어 고통이 온다.

■ 곤명(坤命)

자존심 때문에 결혼 생활을 유지하나 배우자로 인한 만족감은 적고 자식이 적거나 드물어 고통이 온다.

8. 직업

조직 직장길이 순조로울 운이며 교육, 전문자격이 있으면 자기 사업도 가능성이 높다. 조직 직장길을 택하면 검찰, 경찰, 행정, 일반 사회조직, 교육기관, 연구기관, 의학관련조직 등이고 사업은 자격사업, 납품제조업,

식품통상, 약용식물교육, 육영사업, 전문기술사업이다. 재물을 약화시키는 기운이 있어 큰 사업은 불리하고 가능한 전문 자격사업, 교육사업은 가능성이 높고 운이 오면 큰 재물을 장악하지만 운이 나쁘면 남다른 고통이 육신과 정신을 지배한다.

계축일주(癸丑日柱)는 기질적으로 결백과 청렴이 요구되는 직업이 좋은데 교육, 권력기관, 종교 지도자 등이면 무난하고 장사나 사업에는 성패가 수시로 오니 주의를 요하는 것이 필요하다.

9. 성적 욕구

■ 건명(乾命)

일간이 강하고 음욕살이니 호색하며 정력도 강한데 지속력도 있다. 적극적인 리드가 있어 상대를 만족시키지만 상대도 자신에게 봉사하고 애무를 해주는 것을 즐거워한다. 겨울 태생에 목화(木火)가 없으면 쾌감은 물론 성욕도 줄고 변태성 욕구도 있다. 평소 색정이 강하므로 때로는 몸을 상하게 하기도 한다.

■ 곤명(坤命)

색정도 강하고 호기심도 있는데 스태미나가 강하니 즐기는 편이나 축토(丑土)는 얼어있는 땅으로 천천히 녹이듯 전희가 길어야 하고 색정에 빠져 상대의 강한 욕구를 기대한다. 다만 섹스 욕구가 지나치게 강할 때는 처치가 곤란할 지경이다. 목화(木火)가 적당하면 오르가즘을 느끼고 수토(水土)가 혼탁하면 질의 조임이 좋으며 관성이 냉하면 조루증 남편이고 가을이나 겨울에 태어나면 분비물이 너무 많아 둔감하여 불감증이 생길 수 있다.

10. 질병

계축일주(癸丑日柱)는 다른 일주와 마찬가지로 천간(天干)과 지지(地支)에서 그 영향을 받으니 천간(天干)의 계(癸)는 수(水)의 성분으로 신장 방광에 영향을 미치지만 발에도 영향을 미친다. 지지(地支) 축(丑)은 토(土)의 성분으로 비장과 위장에 병인이 있고 좌측다리에 영향을 미친다. 계축일주(癸丑日柱)는 비위와 신장 방광의 질환을 조심해야 하며 차가운 성분이라 여성은 냉증도 걱정된다. 풍습에 장질, 요통으로 고생하니 몸을 따스하게 유지하는 것이 좋다.

51장. 갑인(甲寅, 子丑空亡)

1. 사주의 특성 (戊7, 丙7, 甲16)

고란과숙 孤鸞寡宿	갑인(甲寅), 을사(乙巳), 무신(戊申), 신해(辛亥) 일주의 여자는 남편과 생리사별(生離死別), 독수공방이라. 남편의 작첩으로 인해 신음(呻吟)한다. 조혼(早婚)은 실패할 가능성이 높다.
음욕살 陰慾殺	무술(戊戌), 신묘(辛卯), 정미(丁未), 을묘(乙卯), 기미(己未), 계축(癸丑), 경신(庚申) 일주는 음흉하고 색정적인 기질이 있다. 여성은 유흥가 진출이고 남성은 재혼하는 사례가 많다.
복성귀인 福星貴人	갑인(甲寅), 을축(乙丑), 병자(丙子), 정유(丁酉), 무신(戊申), 기미(己未), 경오(庚午), 신사(辛巳), 임진(壬辰). 계묘(癸卯)가 해당되며 선천적으로 복이 있고 인덕(人德)이 있어 발전하여 행복을 얻는다.
간여지동 (干與支同)	간지(干支)가 같은 오행(五行)의 글자로 부부간 생사이별수가 있으며 흉살(凶殺)과 겹치면 사별(死別)도 있다.
평두살 平頭殺	독신의 운이다. 甲,丙,丁,壬,子,辰의 글자 중 3개나 4개가 있고 대운에서 발동한다. 느낌이 빠르고 종교적 성향이다. 무속인이 될 팔자라 하여 혼담이 잘 깨진다.
건록 建祿	최상으로 평가한다. 성인이 되어 혈기왕성하고 사회활동의 중추에 위치하여 크게 권위를 떨치며

일덕 日德	성공한다는 뜻이다. 성격이 착하고 자비롭고 대운이 신왕(身旺)에 복록이 풍후(豊厚)하다. 갑인(甲寅), 병진(丙辰), 무진(戊辰), 경진(庚辰), 임술(壬戌)이 해당된다.
정록 正祿	정록(正祿)은 십간(十干)의 록(祿)으로 포태법상 건록궁에 해당된다. 일지에 록이 있으면 위인이 건전하고 자립심이 강하여 자수성가하며, 부모의 유산을 받지 않는 경우가 대부분이다.
남연살 男戀殺	갑인(甲寅), 갑신(甲申), 정축(丁丑), 기축(己丑), 무신(戊申), 신미(辛未), 임인(壬寅), 계미(癸未) 일주의 남자는 배우자 몰래 애인을 숨겨 망신을 당할 우려가 있다.
탕화살 湯火	寅午丑일 생에 해당한다. 화상, 화재, 음독, 가스중독, 부상과 염세비관이 따른다. 탕화살이고 일시가 午丑이면 본처와 해로가 어렵고 무자식의 운이다. 일시가 오축이고 재성이 태과하면 아내가 문제 있고 관성이 태과하면 남편에게 문제가 생긴다.
양착	출생일이 壬辰, 丙午, 壬戌, 丙子, 戊寅, 甲寅, 戊申日生이며 결혼 파탄, 배우자 상중에 재혼 등의 흉사가 있다. 년주를 주동하여 일주가 공망이 되면 작용력이 상실한다.

■ 건명(乾命)

갑인(甲寅)은 봄을 의미하는 물상이니 춘록(春綠)의 정록이라 밝고 명랑한 기운이며 당당하고 굽히기를 싫어하며 타인의 구속도 싫어한다. 능동적이고 긍정적이니 건전하고 자립심도 강하며 고집과 자존심이 강해 자기중심적이고 유연성과 융통성도 부족한데 자수성가 유형으로 주관이 확고하여 사사로이 행하지 않으며 청백하여 부정과 타협하지 않으니 고립을 자초한다.

생각과 판단이 분명하고 똑똑하나 현학적이지 않고 지장간(地藏干) 병화(丙火) 식신은 무토(戊土)의 편재라 재물에 대한 욕심도 남다르고 지장간(地藏干)의 갑목(甲木)은 활동을 통해 재물을 얻으려는 성분이나 음양의 부조화가 있으니 만족스럽지 않다. 식재의 장생은 내면 집착이 강하고 주체적으로 궁리하니 연구 성과가 있고 재정적 성취가 있다.

어질고 착하며 인정도 많은데 두뇌가 명석해도 굽힐 줄 모르는 것이라. 간여지동으로 고집과 자존심이 있어 부부간에 대립이 있으며 대림목(大林木)으로 구성된 사주이니 남에게 예속되기를 기피하고 군림하려는 기질이 강하다.

일지 지살은 내심 가족에 대한 애착이나 밖으로 나돌고 비견이 재를 다투는 양상으로 경쟁력이 형제 관계에서 자기주장으로 나타나 불화가 있고 식신이 생록이니 적극성이 지나쳐 타인과도 불화한다.

부모와 대립하고 장남의 역할이며 어디서나 우두머리 역할을 원하므로 자기주장이 강해 억압받기 싫어하고 통솔력과 배짱을 드러내는 자수성가 형이고 주관이 확실하여 굽힐 줄 모르고 큰 재물에 관심이 있으며 자존심으로 과장과 과신이 심해 실수하고 겉은 화려해도 실속은 보이지 않고 부부간의 문제를 드러내는 파란만장한 인생이라. 자손의 인연이 박하니 자식을 잃거나 불화가 있다.

안팎이 다르니 밖에서는 호인이나 집에서는 냉랭하고 흉포하기까지 한데 처가 잔병치레로 걱정이며 관성이 겁살이라 조직이나 직장에서 독립하여 창업의 형태로 나아간다. 부지런하고 활동적인 성품에 주거이동이나 해외 인연이 있어 들락거리고 타향살이에 지치니 평생을 두고 인덕이 없다. 인수가 병지로 모친이 활동력이 있으나 만년에 병을 얻어 쇠약해지며 마음고생이고 자식의 복도 없는 상이다.

일지 인목(寅木)은 해수(亥水) 편인과 합을 원하는 성정으로 비겁의 성분이 되니 외골수적인 성품으로 드러나지만 행동의 변화는 크게 일어나지 않으니 겉마음이 그대로이고 속마음의 변화도 기대하기 어렵다.

■ 곤명(坤命)

총명하고 똑똑한데다 간여지동이니 주장이 강하고 굽히지 않으며 남편무시에 배우자궁까지 부실하다. 스스로 사회활동을 해야 하고 일찍부터 직업전선에 나서서 가장의 역할이라. 배우자가 작첩하고 시가가 몰락하면 부부의 연이 이어지는데 금실지락은 기대하지 말라 했다.

고란이니 관이 절궁이라 자식복조차도 의심스러운데 남편복은 없어 사별하거나 재취의 운이라. 부봉옹고(不奉翁姑)이고 부존불명(不尊不命)이니 바깥으로 활동하며 고독이 그득하다. 조혼은 실패가 따르고 가정을 이끄니 직업 선택이 중요한데 똑똑하면 차라리 독신이 편하다.

2. 세운의 변화

寅午戌年 : 이사, 이동, 직업 변동
未年　　 : 신경쇠약, 정신 질환, 병원 출입
巳年　　 : 관재수, 구설수, 사고수, 부부 풍파, 이별수, 수술
申年　　 : 관재수, 구설수, 사고수, 형옥(刑獄)
亥年　　 : 이성 만남, 좋은 일이 생김
戊申年, 庚申年 : 申年은 寅申沖이 되므로 일반적으로 변화가 심하고 運

路가 좋지 않다

3. 물상

갑인(甲寅)을 대림목(大林木)이라 하지만 잘리면 대들보 외에는 쓸모가 없고 그릇이 커 사상이 건전, 자립심에 사사로이 행하지 않고 일덕이라 착하고 자비로우며 복록이 있다. 갑인(甲寅)은 봄의 나무라 성장의 기운이 무럭무럭 이고 주관이 확실하며 고집이 지나치고 가을이 되어야 열매를 맺는 법이니 아직 봄이라 실패를 거듭한 후에야 결실을 이룬다. 간여지동으로 지장간(地藏干)에 갑(甲)이 들어 천간(天干)과 더불어 현침이 둘이라 성적 욕구 강하나 부부는 자존심으로 대립하니 실패수가 오고 곤명(坤命)은 조혼의 실패가 보이는데 가주로서 역할을 피하기 어렵다.

4. 특성

글자의 상을 살피면 갑인(甲寅)은 봄의 계절로 밝고 명랑하고 성장의 기운이라 적극적이고 능동적이나 지나친 적극성은 타인과의 불화를 부르고 배우자에게 자기 고집으로 불화 부르지만 사주원국(四柱原局)에 화의 오행이 있으면 융통성이 있다.

끝까지 밀어붙이고 아집도 있으나 사주원국(四柱原局)에 수의 오행이 있으면 절제력이 생기고 화(火)의 오행이 있으면 융통성이라 원만하다. 곤명(坤命)은 자기 마음대로 활동하는 욕구라 결혼이 늦어지고 원만한 배우자를 만나기 힘든데 남녀 공히 도덕성을 무시할 때가 많다.

5. 육친관계

■ 건명(乾命)

 자기주장이 강해 브모·형제를 떠나 자수성가하고 상처의 운이다. 부친의 기운이 약해 덕을 기대하기 어렵고 모친도 활동력이 있지만 쇠약한데 배우자궁이 부실하여 이별, 별거, 의처증이 있고 여자로부터 수난을 받으니 자존심에 상처라 처가 질병이 있거나 해로가 어렵고 자손의 인연도 박하다.

■ 곤명(坤命)

 결혼하여도 시부모나 남편에 대한 불만이 산더미 같고 배우자궁은 극도로 불리하니 이별, 사별, 별거의 운이고 조혼이라면 실패하여 첩이나 재취로 들어가고 만혼이어도 배우자가 작첩의 운이다. 남편을 무시하니 독수공방이고 간여지등으로 자기주장이 강해 더립하고 자식복도 없다.

6. 학업

■ 건명(乾命)

 두뇌를 바탕으로 하는 공부에 경쟁심이 발휘되나 인내와 노력은 약하니 공부와 시험운은 약하고 두뇌 총명해도 2류 성취에 불과하고 나이가 들면 더욱 태만해지므로 석사와 박사 취득이 매우 어렵다. 건명(乾命)은 공학, 경영학, 무역학, 회계학, 경제학, 전문분야 등이 어울리는 학문이다.

■ 곤명(坤命)

 어학, 문학, 경영학, 무역학, 회계학, 교육학, 사범대 등이 어울리는 좋은 학문이다.

7. 결혼운

■ 건명(乾命)

간여지동이 발동되어 자기주장이 강해 배우자 결정에 어른들과 갈등이 있고 사주원국(四柱原局) 년월주(年月柱)에 목(木)의 오행이 있으면 만혼이고 간혹 일찍 성혼하면 곡절시비가 있다. 소띠, 용띠, 뱀띠, 말띠, 양띠, 개띠 여자가 좋은 배필이 될 수 있다.

■ 곤명(坤命)

혼인이 늦거나 정상적인 결혼이 어려운데 비정상적인 남녀관계로 허송세월의 운도 있으며 소띠, 말띠, 닭띠, 돼지띠, 남자가 좋은 배필의 운이다.

8. 직업

남다른 경쟁논리로 무장하여 줄기차게 밀어붙이는 성향이며 직장길을 가다가도 자기사업으로 전환할 가능성이며 사주원국(四柱原局)에 화(火)의 오행이 있으면 전문분야의 사업성이고 화(火)의 오행이 없으면 재주도 없으며 돈을 버는 장사꾼의 운이다. 사주원국(四柱原局)에 금(金)의 오행이 강하면 관직, 직장에서 성공의 가능성이 높고 사업으로는 화학, 전기, 전자, 토목, 건설, 부동산이 좋다.

곤명(坤命)은 남자의 일을 감당할 수 있는 활동가인데 사주원국(四柱原局)에 화(火)의 오행이 있다면 교육, 육영, 학원사업, 음식업, 식품업이 좋고 사주원국(四柱原局)에 화(火)의 오행이 없으면 일반 장사, 집장사, 부동산이 어울린다. 갑인일주(甲寅日柱)는 외교관, 공무원, 고육자, 연구기관 등에서 출세하는 사람이 많고 무역업, 의사, 약사, 기술자, 문화사업, 목재, 전자, IT계통이 좋다.

9. 성적 욕구
■ 건명(乾命)

일간이 강하고 음욕살이라 성욕은 왕성하나 한 상대만을 상대하는 특징을 지니며 지나치게 단조로워 자기만 즐거우면 만족하는 이기적인 경향으로 배려를 모르므로 상대의 불만을 산다. 화(火)가 강하면 발산의 쾌감이 강하고 수(水)가 강하면 지속력이 있는데 비견이 많으면 색정으로 인한 번뇌가 따른다.

■ 곤명(坤命)

아직 동절기에서 확연하게 깨어난 것이 아니니 동목(冬木)이라 하는데 이는 갑인(甲寅)의 특징이라 덥히는 데 시간이 오래 걸리므로 상대가 전희를 길게 하고 전륜한 정력가가 아니면 만족이 어렵다. 화(火)가 강하면 오르가즘을 느끼고 금수(金水)가 약하면 분비물이 적어 통증이 있다. 목(木)이 혼잡되면 질의 조임이 좋고 합이 많아도 질의 조임이 좋은데 교성은 높고, 목화(木火)가 강한데 토(土)가 없어도 교성은 높다. 겨울 생은 색욕이 지나친데 비견이 많으면 색정으로 번뇌한다.

10. 질병
갑인일주(甲寅日柱)는 간여지동이고 천간(天干)과 지지(地支) 모두 목

(木)의 성분으로 간담을 의미하지만 갑은 머리, 수염, 머리카락에 영향을 미치고 인은 손과 머리카락에 영향을 미친다. 갑인일주(甲寅日柱)는 비교적 건강한 체질이지만 위산과다에 신경성 위장병이 있고 기관지가 약하며 화상으로 인한 흉터에 교통사고의 액이 있으므로 항시 조심하여야 한다. 신경통, 시력, 간담, 위장병, 피부병, 고혈압에 노출된다.

52장. 을묘(乙卯, 子丑空亡)

1. 사주의 특성 (甲10, 乙20)

곡각살 曲角殺	곡각은 신체 어느 부위에 병이 있어서 불구가 되는 뜻이다. 곡각은 사주 중에 2~3개 있어야 작용하는데 등뼈가 고르지 않거나 불구의 형태를 가지며 신경계통이나 수족에 이상이 있다. 또한 자기가 양자가 되거나 양자를 맞이하게 되는 뜻이 있다.
건록 建祿	최상으로 평가한다. 성인이 되어 혈기왕성하고 사회활동의 중추에 위치하여 크게 권위를 떨치며 성공한다는 뜻이다.
구추방해 九醜妨害	임자(壬子), 임오(壬午), 무자(戊子), 무오(戊午), 기묘(己卯), 기유(己酉), 을묘(乙卯), 을유(乙酉), 신묘(辛卯), 신유(辛酉)일 생으로 잦은 연애로 가정 풍파가 암시되고 시주에 있으면 자녀가 같은 성향이다.
음욕살 陰慾殺	무술(戊戌), 신묘(辛卯), 정미(丁未), 을묘(乙卯), 기미(己未), 계축(癸丑), 경신(庚申) 일주는 음흉하고 색정적인 기질이 있다. 여성은 유흥가 진출이고 남성은 재혼하는 사례가 많다.
방해살 妨害殺	팔전(八專)은 갑인, 을묘, 기미, 정미, 경신, 신묘, 무술, 계축으로 음욕살이라 하고 건명(乾命)의 일주에 있으면 부인이 부정하고, 시주에 있으면 자녀가 부정하다. 곤명(坤命)의 일주에 있으면 혈육

	도 가리지 않고 음욕을 채운다. 구추(九醜)는 을유, 을묘, 기유, 기묘, 무자, 신묘, 임오, 임자, 무오일생인데 방해살이라 한다. 건명(乾命)에 있으면 수명이 단명이며 곤명(坤命)에 있으면 산액으로 고생하고 자궁병에 시달린다.
간여지동 干與支同	간지(干支)가 같은 오행(五行)의 글자로 부부간 생사이별수가 있으며 흉살(凶殺)과 겹치면 사별(死別)도 있다.

■ 건명(乾命)

을(乙)도 목(木)이고 묘(卯)도 목(木)이니 활달하고 적극적이며 환경적 응능력이 탁월한데 근본은 어질고 착하며 내성적이다. 을묘(乙卯)는 땅 위로 솟아오른 싹의 물상이라 미래에 대한 욕망과 아름다운 세상을 동경하는 마음, 상상의 나래를 펴는 순진함도 있고 부드러운 성격으로 대인관계도 좋다. 성실하고 치밀하며 분명한 성격에 부드럽고 원만해 보이는 특징을 지니며, 태풍에도 견디는 외유내강(外柔內剛)의 전형으로 겉으로는 약해 보이지만 속으로 강하고 끈질기며 좌절을 이기는 힘이 있고 꿈과 야망이 있어 미래지향적인데 생활은 쫓기는 경우가 많고 행동이 조심스럽고 자기중심적인 사고를 바탕으로 하니 타인의 간섭 무시에 상당한 고집이 있다.

다재다능에 달변이고 외유내강형이며 고집은 강하나 잘 드러나지 않고 자만심이 강하니 총명하나 배타적인 성정이라 행동이 조심스럽고 겉으로 표시 나지 않는데 타인에게 인정받기 어렵고 인정 있어도 인색하며 재물을 추구하는 성질이라 일지 도충(到沖)의 작용이 유금(酉金)을 끌어오니 활인의 운명이고 신유(申酉)를 보면 입산수도하다가 다시 환속한다.

재인이 욕사로 인종되니 부모와의 인연은 순조롭지 못하고 재신 욕패는 여색으로 재난을 겪을 것이고 처덕은 있어도 처궁이 약하니 두 번 결혼할 운이고 외도가 오히려 길하다.

연애는 쉽지만 결혼은 힘들고 해로도 어려운데 배우자궁은 부실하고 해로는 아주 먼 길이라. 밖에서는 호인이고 집에서는 무정하며 방해살의 작용으로 항상 쫓기는 듯 불안하고 실패가 많은데 고집 때문이다.

비견이 관을 다투니 경쟁심이 강하고 지도자적 위치에 오르려 하지만 관살이 재성으로 종하니 주위로부터 배척이라. 사주원국(四柱原局)에 금신(金神)이 왕기(旺氣)를 지니지 않는 이상 관운을 기대하기는 어렵다.

근본적으로 재물운이 많지 않은데 재물추구를 하는 성향이라, 돈을 벌어도 쓸 곳이 지나치고 을목(乙木)은 어떤 땅에서도 뿌리를 내리는 것처럼 재물추구가 강한데 환경적응력도 뛰어나다. 사주원국(四柱原局)에서 오화(午火)를 보면 식상이 생록왕을 얻어 재운이 강하나 비겁의 혼재라 돈을 벌어도 나가니 모으기가 힘이 들어 일득삼실이라.

음기는 강하니 여색에 고통이 있고 식상도 도화에 좌하니 음식으로 고통이 있다. 투기적 성향이 있는데 게임이나 복권 등에 투자해서 재물을 구할 때가 있다.

지지(地支) 묘목(卯木)은 정재 술토(戌土)와 합을 원하는 성정이라 식상으로의 변화가 오고 활동을 추구하고 재물을 추구하고 똑똑해도 인정받기는 어려운 상황으로 자신을 끌고 가며 인정 많은 듯 행동해도 인색하고 지독한 성정을 지니고 공부를 해도 빛을 보기 어려운데 늘 의심이 많아 만족이 없으며 부도덕, 자식복이 없다. 장남, 장녀, 맏며느리 운이거나 그런 역할을 하고 체격은 작지만 통통하다.

■ 곤명(坤命)

겉으로 부드러우나 간여지동으로 고집이 세어 은근하지만 주장이 강해 탈이고 남자를 이겨 먹으려고 하니 부궁(夫宮)이 좋지 않고 너무 똑똑하니 역효과라. 지나치게 나서니 정이 떨어진다고 하고 첩실이 정실이 되는 격이니 무섭고 독한 성정이라.

남편덕은 없지만 인정이 많고 인물은 좋으며 남편 무능에 사회활동의 운이다. 형제근심이 떠날 날이 없고 자식복도 박하며 딸 하나 낳으면 속썩을 일이 부잣집 떡 먹듯 한다. 음욕이 강해지기에 중년이 넘어서면 정부를 둘 운이다. 인정이 있으면서도 인색하고 배우자 무능으로 사회생활은 필수이고 소실의 운이다.

2. 세운의 변화

亥卯未年 : 이사, 이동, 직업 변동
申年　　 : 신경쇠약, 정신 질환, 병원 출입
子年　　 : 관재수, 구설수, 사고수, 부부 풍파, 이별수, 수술
酉年　　 : 관재수, 구설수, 사고수, 형옥(刑獄)
戌年　　 : 이성 만남, 좋은 일이 생김
己酉年, 辛酉年 : 酉年은 卯酉冲이 되므로 일반적으로 변화가 심하고 運路가 좋지 않다

3. 물상

을묘(乙卯)는 싹이니 맹아(萌芽)로 싹이 터오름이니 부드러움과 근기를 동시에 포괄하는 전형적인 외유내강이라. 초목은 부드러우며 약해 보이

나 태풍에도 뽑히거나 부러지지 않으니 은연중 강하고 끈기와 상당한 고집이 있다. 밖에서는 다정하나 집안에서는 무정하고 처덕이 있어도 처궁이 약해 해로가 어렵고 색정으로 음욕이 동할 때가 있다. 곤명(坤命)은 대체로 인물과 몸매가 좋으며 인정이 있지만 독한 기질을 속이기 어렵고 너무 똑똑해서 탈이니 을묘는 들토끼의 상이라 활동적이다.

4. 특성

만춘(晩春)의 계절이라 명랑함이 있고 자라는 풀이니 발전과 도전을 통한 번창이 기약된다. 원만한 성격으로 적극적인 도전의 성격이나 고집이 지나쳐 뜻이 있어도 배타적이어서 따돌림을 당하고 고독을 느끼는데 경쟁심이 강하고 타인을 이기려고 하며 지도자가 되려는 욕망으로 주위의 배척을 당하거나 배우자 인연이 순조롭지 못하다.

5. 육친관계

■ 건명(乾命)

부모의 인연이 순조롭지 못한데 성장기에도 모친이 병이 있거나 부친과의 갈등이 많고 사주원국(四柱原局)에 오화(午火)의 글자가 있으면 기운이 약화되며 사주원국(四柱原局)에 수(水)의 오행이 있어도 나쁜 기운이 많이 약해지는데 배우자 인연도 늦거나 순탄하지 못하고 배우자궁이 부실하여 이별, 사별, 별거의 운이 있고 작첩의 운도 있다.

■ 곤명(坤命)

배우자 이별수에 무능이니 스스로 사회 활동해서 가장 역할을 해야 하고 고부간의 갈등도 심하다. 고집이 강하고 혼자 똑똑한 척하니 종부, 소실, 재취, 첩의 팔자이고 고독을 품고 산다. 그나마 사주원국(四柱原局)에 화(火)의 오행이 있으면 총명한 자식 운이다.

6. 학업
■ 건명(乾命)

공부 태만에 경쟁심을 내세운 노력이니 공부운이 약하고 시험운도 약해 좋은 학교와는 인연이 적고 만학에도 큰 발전은 기대하기 어렵다. 사주원국(四柱原局)에 수(水)와 화(火)의 오행이 적절하면 두뇌는 총명하니 2류 이상의 학교운을 기대해 볼 만하고 경영학, 경제학, 무역, 회계학, 공학, 농과, 행정학이 어울리는 학문이다.

■ 곤명(坤命)

예능, 경영, 경제, 무역, 회계학, 인문과학, 농과, 인테리어 등이 좋은 인연이다.

7. 결혼운
■ 건명(乾命)

배우자를 빼앗기는 모양이라 결혼운이 순탄하지 못하고 늦어지며 소년 시절 연애는 결혼으로 이어질 가능성은 매우 적은데 성장기에 연애로 부모 속을 썩이며 여러 여자와 인연을 하여보고 난 후에 결혼한다. 소띠, 토끼띠, 용띠, 말띠, 양띠, 원숭이띠, 개띠 여자가 좋은 인연이다.

■ 곤명(坤命)

년월주(年月柱)에 병(丙)자나 정축(丁丑)의 글자가 있으면 처녀임신의 운이며 쥐띠, 토끼띠, 원숭이띠, 양띠, 개띠, 돼지띠 남자가 좋은 배필의 인연이다.

8. 직업

기가 강한 일주이므로 사업의 인연이 강하고 사주원국(四柱原局)에 금(金)의 오행이 있으면 공직 인연이나 성취는 어렵다. 사주원국(四柱原局)에 화(火)의 오행이 있으면 제조, 생산, 교육, 요식, 농업 등의 사업에 인연이고 부동산과 투기사업도 좋은데 사주원국(四柱原局)에 축(丑)이나 미(未)의 글자가 있으면 투기성 재물을 꿈꾸니 노름, 주식, 투기 등으로 재물과 인연한다. 직장길에 나서면 전문 분야, 금속 관련분야, 경찰이 인연이다. 을묘일주는 교육, 행정계통에 길하고 행정관, 사법관, 소아과와 정신과 의사, 문학, 농수산업, 식품가공업 등이 좋다. 죽어가는 나무를 살리는 특징이 있으며 꼼꼼한 성정에 손재주도 있으니 침술, 예술, 악기, 기능에도 소질이 있다.

9. 성적 욕구

■ 건명(乾命)

일간이 강하며 음욕살이라 색욕이 강해 성에 강하지만 변화가 없고 단조로우며 이기적이어서 자신만 즐기려는 속성이 있어 상대가 불만이 많다. 화(火)가 강하면 발산의 쾌감이 있고 비견이 지나치면 색정으로 인한 번뇌가 있다.

■ 곤명(坤命)

곤명(坤命)은 젊어서 담백한 성교를 즐기지만 중년 이후에는 농염해지며 나이가 들며 음기가 발동하면 지나치게 즐기기를 원한다. 특히 화(火)가 강하면 오르가즘이 강하고 화(火)가 없으면 불감증이다. 음목(陰木)이기에 질의 조임이 좋으며 비견이 많으면 색정으로 고민이고 겨울 생은 색욕이 지나치다. 목화(木火)가 강하고 토(土)가 없으면 교성이 큰데 합이 많아도 교성이 크고 색적으로 아름답다.

10. 질병

을묘일주(乙卯日柱)는 비교적 건강체질이지만 천간(天干)과 지지(地支)가 모두 목(木)의 성분이라 간담이 가장 걱정이 되지만 간은 두발, 음모, 손가락, 목덜미에 영향을 미치고 묘는 좌측 갈비와 손가락에 영향을 미친다. 을묘일주(乙卯日柱)는 습진, 풍질, 위산과다, 신경통의 예후가 있으며 금기가 절궁이니 간담, 편도선, 식도와 호흡기도 병에 약하다. 손이 저리고 가려움증이 생길 확률도 높은데 간담 때문으로 몸을 보온하면 좋아진다.

53장. 병진(丙辰, 子丑空亡)

1. 사주의 특성 (乙9, 癸3, 戊18)

단장관 斷腸關	갑오(甲午), 을미(乙未), 병진(丙辰), 정사(丁巳), 기묘(己卯), 경인(庚寅), 계축(癸丑) 일로 대장(大腸)이나 소장(小腸) 계의 질환으로 고생할 암시가 있다는 조합이다.
취명관 取命關	어린아이가 사당, 절 등에 가면 떠도는 혼령에 질병을 얻을 수 있다고 小兒關殺符로 쓰이는데, 10세가 지나면 액이 소멸되니 의학이 발전하지 않았던 과거에 쓰이던 신살이다.
평두살 平頭殺	독신의 운이다. 甲,丙,丁,壬,子,辰의 글자 중 3개나 4개가 있고 대운에서 발동한다. 느낌이 빠르고 종교적 성향이다. 무속인이 될 팔자라 하여 혼담이 잘 깨진다.
괴강살 魁罡殺	괴강(魁罡)은 파괴력이 으뜸이 되는 별로 경술(庚戌), 경진(庚辰), 임술(壬戌), 임진(壬辰), 무술(戊戌) 등을 가리키는데 총명하고 극빈, 부귀, 총명, 괴걸(怪傑) 같은 암시가 강하고 자기만의 독특한 고집이 있다. 여자는 과부가 되거나 남편 덕을 기대하기 어렵고 항상 불만스럽게 산다.
천라지망 天羅地網	戌亥는 天羅, 辰巳는 地網인데, 감금, 구속, 시비, 송사 등의 구설이 따른다. 곤명(坤命)은 공방수나 파혼의 운이고 자녀궁에 흉사가 있다. 활인성이라 검경계나 법조계, 의약계, 역학계, 종교인 등과

	연관이 깊다. 辰과 戌은 첨단산업이나 공업 계통으로 진출하며, 戌과 亥는 天文星으로 지혜총명하고, 天主敎의 신앙을 믿는 사례가 많다.
일덕 日德	성격이 착하고 자비롭고 대운이 신왕(身旺)에 복록이 풍후(豊厚)하다. 갑인(甲寅), 병진(丙辰), 무진(戊辰) 경진(庚辰), 임술(壬戌)이 해당된다.
관식동림 官食同臨	첫 아이를 난산(難産)하거나 양육하는데 어려움을 겪고 타자양육(他子養育)에 혼전임신(婚前姙娠)이다.
대 帶	관대(冠帶), 정신적으로는 아직 부족하나 육체적으로는 성숙하여 자기의사대로 할 수 있는 독립의 준비상태이다.

■ 건명(乾命)

　병진일주(丙辰日柱)는 근본적으로 호탕한 성격이고 영웅심이 있는데 표면적으로 밝고 명랑하며 얼굴이 둥글고 적황색 피부에 체격이 좋고 튼튼하며 강경한 말투가 드러나지만 사교적이고 예의 바르나 불같은 성격이다. 약자에 약하고, 자기주장이 강하며 매사 적극적이고 긍정적으로 타인을 이해하고 배려하나 지나치게 현학적이고 드러냄을 좋아하며 허풍선이의 기질도 있는데 한편으로는 끈기와 고집을 앞세우고 차분하고 침착하기도 하다.

　태양이 비추는 봄의 대지로 만물이 자라나고 일지가 식신 관대로 수완이 좋고 사주원국(四柱原局)에 금신이 투출하면 사업운이다. 식록이 넉넉하고 재성 양지로 사람을 기르는 공덕을 쌓을 수 있다.

　병(丙)은 태양, 진(辰)은 토(土)라 태양이 구름에 가려진 물상인데 천간성(天干星)이니 수완 좋고 겉으로 드러나지 않는 무궁한 모사의 기질이 지혜 속에 숨겨져 있어 단점을 숨기고 교묘하게 처세하여 언변이 뛰어나고 리더십이 있으며 우두머리에 사회자 역할이고 지혜가 있고 두뇌 총명이니 영웅심을 드러내고 명예욕도 있는데 직관력까지 갖추어져 확고한 신념에 따른다.

어질 때는 순한 양이나 솔직하면서도 성질은 급한데 화가 나면 물불을 가리지 못하고 난폭하지만 꿈과 이상이 커서 순수함도 가지고 있고 사심이 없다. 표면적으로 느긋하고 여유가 있으며 명예, 체면, 학문의 안정을 중시한다. 활동적이고 인정 많으나 법과 질서를 무시하는 경향이 있어 자신의 능력을 과신하여 타인 무시에 독선적으로 행동하기도 하고 자신을 돋보이게 하려 애쓴다. 양과 같은 성격이지만 화가 나면 물불을 가리지 않는데 재물이 없으면 허황되고 표면으로 드러나지 않지간 지지(地支)의 진토(辰土)가 정재 유금(酉金)과 합을 하니 재물을 추구하는 성향이 강하다.

선견지명이 있어 환난 중에도 피해가나 라망이라 지나치면 실패와 시비구설이라. 권력계통에 종사하지 않으면 관재수를 피해가기 어렵고 정통신앙을 추종하고 희생정신 갖추었으며 승부욕이 강해 한 가지 일에 매진하면 해내는 성격이며 추진력과 배짱이 불세출이지만 결실은 어려운데 사주원국(四柱原局)과 행운(行運)에 금(金)의 성분을 보면 물건을 만드니 결실이 있다.

관대양지의 관은 고이고 천라지망이니 군인, 경찰, 의학, 교수 등으로 진출하면 성공 가능성이 높으며 권력계통에 종사하지 않으면 관재구설에 형옥살이를 하며 은둔생활의 운도 있는데 다사다난한 생활의 운도 있다. 가정은 번거로우며 수입보다 지출이 많으며 성급함이 지나쳐 금전거래는 늘 손해를 보고 그나마 자신의 장단점을 알아 처세는 잘하는 편이고 글자

모양으로 지하실의 조명, 전열기, 난방 기구를 의미하니 공업이나 기술적 소양으로 전기, 전자계통에 많이 종사하는 일주이다.

적극적인 자기표현으로 연애하여 성혼하니 병진일주(丙辰日柱)는 지지(地支)에 자리한 무계(戊癸)의 합(合)으로 관고(官庫)이니 근본적으로 자식이 귀하고 자식을 하나 앞세우는 운이라 한다. 생활에 안정을 갖추면 목표달성이 쉽게 이루어지고 이성을 알면 공부 중단에 일찍 직업을 가지게 된다.

언제나 앞장서서 일하고 철두철미하지만 수입보다 지출이 많다. 인수반안은 자비와 베푸는 기질인데 비겁의 부재로 방탕하지 않고 소모적이지도 않다. 자존심과 실리를 잘 조화시키니 평생 식록이 있고 부자의 운으로 사주원국(四柱原局)에 신유(申酉)의 글자가 있으면 요식사업으로 대성할 운이다. 술(戌)대운이나 술년(戌年)에 고통이 온다.

■ 곤명(坤命)

매우 피곤한 일주로 관식동림(官食同臨)이며 식상고(食傷庫)라 하니 첫 아이를 난산으로 낳거나 양육에 고생하고 타자양육의 운이라. 때로 혼전 임신이나 부정한 방법으로 아이를 임신하는 경우에 해당한다.

관고를 놓으니 자신이 권력계나 의약업에 종사하거나 그러한 직업을 가진 부군을 얻지 못하면 관재가 발동하여 수옥(囚獄), 사별의 형이 따르며 자식도 생리사별이 있으며 관성의 월살과 천살은 정통신앙이라 신앙에 의지하고 식관이 암합하기 때문에 몸도 건강치 못하여 자연유산이나 낙태, 자궁 외 임신으로 고통받고 살림도 잘하지만 육친의 덕마저 없으니 눈물이 비(雨)가 된다.

내 것 주고 배신당할 수 있는 일주이고 언제나 앞장서 일하면 철두철미라. 초혼은 실패하기 쉽고 재혼은 행복의 지름길인데 배우자와 헤어져도 곧 배우자 만난다. 자식을 출산하면 산액을 겪고 잃을 수도 있고 배우자가 무력해지기 쉽고 육친의 덕도 무력한데 재물의 실패도 있다. 공직자나 직장인과 인연을 맺고 남편이 조직 생활을 이어나가도록 격려하라.

2. 세운의 변화

申子辰年 : 이사, 이동, 직업 변동
亥年　　 : 신경쇠약, 정신 질환, 병원 출입
丑年　　 : 관재수, 구설수, 사고수, 부부 풍파, 이별수, 수술
戌年　　 : 관재수, 구설수, 사고수, 형옥(刑獄)
酉年　　 : 이성 만남, 좋은 일이 생김
庚戌年, 壬戌年 : 戌年은 辰戌冲이 되므로 일반적으로 변화가 심하고 運路가 좋지 않다

3. 물상

병진(丙辰)은 구름 속에 숨은 태양의 상이니 무궁한 지혜가 숨어 있고 단점을 숨기고 교묘하게 처세하며 선견지명이 있어 위기를 피해간다. 일덕이니 복록이 두텁지만 평두이니 일종의 다툼이 있어 혼담파기와 같은 일이 일어나며 권력계통에 종사하지 않으면 관재가 있다. 곤명(坤命)은 남편이 권력기관이나 으약, 의사, 활인업에 종사하지 않으면 옥에 투옥되는 형벌을 받거나 생리사별의 암시가 있다.

4. 특성

만물이 피어나고 만물을 기르고 지도하며 거느리는 운명이니 평생 식록이 넉넉하고 사주원국(四柱原局)에 수목(水木)의 오행이 있으면 지도자의 길이고 금(金)의 오행이 있으면 사업의 운이다. 성품은 명랑하고 자비가 있어 베풀기 좋아하지만 절제력이 있어 방탕하거나 소모적인 지출은 하지 않는다. 자존감과 포용력의 조화가 이루어지고 비교적 배필과 자신의 인연이 순조롭다.

5. 육친관계

■ 건명(乾命)

부모 인연 적당한 편이며 사주원국(四柱原局)에 유(酉)와 신(申)의 글자가 있으면 장모봉양의 운이다. 사주원국(四柱原局)에 수목(水木)이 적당하면 처의 인연도 적절하나 처의 잔병으로 고생하고 아들·딸도 고른 편이라 하나 지지(地支) 진토(辰土)는 관인 수(水)의 고이고 지장간(地藏干) 계수(癸水)가 무계합(戊癸合)을 하니 자식을 잃을 운이다.

■ 곤명(坤命)

배신당할 수 있으며 배우자의 잔병이나 이별, 사별의 운이 있는데 초혼은 실패이고 재혼은 성공이라. 자식을 낳고 배필의 인연이 약해질 가능성이 있으며 배필이 재물로 고통을 받고 실패수를 겪는다. 대체로 조직에 있는 남편이면 무난하고 자식은 많이 낳는 운이나 자식을 잃을 수 있고 육친의 덕이 없다.

6. 학업

■ 건명(乾命)

두뇌 총명이니 어려서부터 두각을 나타내며 사주원국(四柱原局)의 년월주(年月柱)에 목(木)의 오행이 있으면 인내와 노력이 있어 대단히 좋은 학업성적을 드러낸다. 성공을 위한 전공으로는 행정학, 경영학, 경제학, 무역학, 회계학, 공학, 인문과학 등이다.

■ 곤명(坤命)

행정학, 가정관리, 예능, 어학 등이 좋고 다양한 전공이 가능하다. 사주원국(四柱原局)에 목(木)이 없고 토(土)의 오행이 많으면 산만해지고 공부의 길이 순탄하지 못하니 학마라 한다.

7. 결혼운

■ 건명(乾命)

자기 표현력이 충만하고 이성에 대한 관심도 많으니 연애가 일찍 오지만, 건명(乾命)은 왕성한 관심과 끼 때문에 부고와 갈등이 있고 사주원국(四柱原局)에 계유(癸酉), 임신(壬申)의 글자가 있으면 총각에 이미 자식을 보고 쥐띠, 용띠, 뱀띠, 원숭이띠, 닭띠 여자가 좋은 배필의 인연이 된다.

■ 곤명(坤命)

남모르는 연애를 하며 항시 남자 인연이 끊기지 않는다. 자기표현이 적극적이니 연애성혼의 운이다. 사주원국(四柱原局)에 자(子)와 신(申)의 글자가 있으면 처녀에 자식을 얻는다. 곤명(坤命)은 쥐띠, 범띠, 토끼띠, 용띠, 뱀띠, 원숭이띠, 닭띠 남자가 좋은 배필의 인연이 된다.

8. 직업

직장과 사업운이 모두 있고 사주원국(四柱原局)에 화(火)의 오행이 많으면 조직 직장길 운으로 전문직, 금속, 기계분야, 화학 제조분야, 교육, 행정 등이 많고 화의 오행이 없으면 교육, 해운, 수산관련 조직운이 강하다. 사업길은 교육, 육영, 학원, 요식업, 식품, 창고업, 토건, 인테리어업 인연이고 재산도 번창한다. 사주원국(四柱原局)에 신(申)과 유(酉)가 있으면 평생 사업운이다. 지지(地支) 식신은 노력하면 충분히 대가가 주어지니 노력만 하면 세월이 흐르면서 성공이 오는 운이다. 병진일주(丙辰日柱)에 어울리는 직업은 군인, 사법관, 경찰, 행정이 적합하고 사업운은 식품, 육림, 종교, 토산품, 토건업, 모래채취, 자갈채취, 수산업, 농업이 길하다. 건명(乾命)은 교육, 의약, 기술계통에 종사하는 이성과 좋은 인연이다.

9. 성적 욕구

▣ 건명(乾命)

아내를 사랑하는 사람이지만 지지(地支) 진토(辰土)가 수(水)의 고(庫)인지라 정력이 강해 상대를 자주 바꾸는 속성이 있는데 색을 밝히는 만큼 지속력도 있어 한 여성에게 만족하지 못하니 난봉의 기질이라. 발산에 대한 쾌감을 강하게 느끼는데 목화(木火)가 강하면 발기는 잘 되지만 식상태과면 조루 증세라.

■ 곤명(坤命)

 호기심이 강하고 성욕이 강하여 자신이 주도하며 관계를 좋아하는 편이고 이성의 유혹에 약하다. 호색의 기운이 약간 있는데 목화(木火)가 강하면 한 번의 성교에 오르가즘 만끽하고 합이 많으면 질의 조임이 좋다. 식신 태왕에 형이면 유방에 이상이 있고 성에 관심이 없지만 대체로 자신의 의지대로 만족하는 편이다.

10. 질병

 병진일주(丙辰日柱)는 다른 일주와 다름없이 일주에서 병(病)을 찾으니 병(丙)은 화(火)의 속성이라 심장 소장에 병인이 있고 어깨에도 영향을 미친다. 진(辰)은 토(土)의 속성인데 비·위장에 병인이 있는데 가슴, 피부, 좌측어깨에 영향을 미친다. 병진일주(丙辰日柱)는 심장, 혈압, 척추, 소장, 피부, 당뇨, 시력, 순환기계통, 혈액, 습진 등으로 병인이 나오는데 곤명(坤命)은 산후풍과 같은 액이 있다.

54장. 정사(丁巳, 子丑空亡)

1. 사주의 특성 (戊7, 庚7, 丙16)

곡각살 曲角殺	곡각은 신체 어느 부위에 병이 있어서 불구가 되는 뜻이다. 곡각은 사주 중에 2~3개 있어야 작용하는데 등뼈가 고르지 않거나 불구의 형태를 가지며 신경계통이나 수족에 이상이 있다. 또한 자기가 양자가 되거나 양자를 맞이하게 되는 뜻이 있다.
단장관 斷腸關	갑오(甲午), 을미(乙未), 병진(丙辰), 정사(丁巳), 기묘(己卯), 경인(庚寅), 계축(癸丑) 일로 대장(大腸)이나 소장(小腸)계의 질환으로 고생할 암시가 있다는 조합이다.
고란과숙 孤鸞寡宿	갑인(甲寅), 을사(乙巳), 무신(戊申), 신해(辛亥) 일주의 여자는 남편과 생리사별(生離死別), 독수공방이라. 남편의 작첩으로 인해 신음(呻吟)한다. 조혼(早婚)은 실패할 가능성이 높다.
간여지동 干與支同	간지(干支)가 같은 오행(五行)의 글자로 부부간 생사이별수가 있으며 흉살(凶殺)과 겹치면 사별(死別)도 있다.
음인 陰刃	정사(丁巳), 기사(己巳), 계해(癸亥) 일주로 독선적이며 찰을 맞는다는 암시가 있어 남의 비방(誹謗)을 받고 재물에 실패수가 따른다.
천라지망 天羅地網	戌亥는 天羅, 辰巳는 地網인데, 감금, 구속, 시비, 송사 등의 구설이 따른다. 곤명(坤命)은 공방수나

	파혼의 운이고 자녀궁에 흉사가 있다. 활인성이라 검경제나 법조계, 의약계, 역학계, 종교인 등과 연관이 깊다. 辰과 戌은 첨단산업이나 공업 계통으로 진출하며, 戌과 亥는 天文星으로 지혜총명하고, 天主敎의 신앙을 믿는 사례가 많다.
구추방해 九醜防害	임자(壬子), 임오(壬午), 무자(戊子), 무오(戊午), 기묘(己卯), 기유(己酉), 을묘(乙卯), 을유(乙酉), 신묘(辛卯), 신유(辛酉)일 생으로 잦은 연애로 가정풍파가 암시되고 시주에 있으면 자녀가 같은 성향이다.
왕 旺	세가 왕성한 것을 뜻한다. 사주원국에서 일주를 지탱하는 조건이나 용신이 왕성한 것이다.

■ 건명(乾命)

사교적이라 활달하고 명랑하고 화창하여 음성은 높고 예의 바르나 겉으로 보이는 차분함과는 달리 솔직담백하면서도 욕망을 숨기니 성격이 불같고 고집도 대단한데 급하고 뒤끝은 없다. 상관의 록왕은 모든 것을 제압하고 제도하는 능력과 기운이니 음성이 높고 언변이 청산유수라지만 남의 비밀을 떠벌리고 역마의 기운이 있어서 국제적으로 움직인다. 마음속에는 정의와 욕망이 넘치고 솔직담백하지만, 자신의 이상은 본능적으로 숨긴다.

마음씨가 곱고 인정이 많아 악한 일을 하지 못하고 파란곡절을 겪지만 사물의 처리가 밝고 능숙하여 인정을 받는다. 타인의 과오를 까발리고 지적하는데 투기심이 있고 횡재의 욕구 있으나 정신력이 강해 자신을 통제하니 금전문제에 있어서는 용서가 없다. 행동은 조심스럽고 계산적이며 자기주장이 강하고 타인을 이해하고 배려하는 마음이 내재되어 있다고는 하지만 독선적이며 병(丙)과 정(丁)의 화(火)일주는 금(金)을 보면 부자가 될 명인데 실제적으로 행동에 계산을 따져 이해득실을 추구하지만 정재 경금(庚金)이 병화(丙火)에 화극금(火克金) 당하니 겉으로 드러나지 않는다. 계해(癸亥)를 도충(到冲)하면 극단적으로 반골의 기질이니 강한 기운과 타고난 두뇌로 고통과 어려움을 느낀다.

합리적인 성격이고 경쟁심과 승부욕을 앞세우며 시기심도 있는데 항상 이기려 하고 주관이 강하니 타인의 말을 무시하고 자신의 생각을 강요하지만 논리성을 앞세워도 타인 설득에는 부족한데 상하를 막론하고 직언하니 구설수라. 자신감에 끈기 있어 성공할 수 있고 부지런하며 영업, 해외에 인연이 있다.

곡각(曲角)으로 하체의 힘이 사라지는데 적덕을 쌓으면 하체 불구를 면한다 하고 시력에도 이상이 있고 성격이 급하여 거친 언행을 하고 후회도 빠르다. 배우자궁은 부실하고 지나치게 친구와 어울려 가정불화가 있고, 이롭고 해로운 사람을 구별하여 사귀는데 칼을 맞는 사주인지라 비방을 받고 손재도 따르며, 적덕을 해야 액을 면하고 여난을 면한다. 질질 끄는 것을 싫어하고 남 밑에 있기 어려운데 복종도 어려운 성정에 우두머리를 지향하니 월급생활은 힘들다.

일주가 화(火)와 금(金)인 경우는 부를 얻는 일주의 전형인데 정사일주(丁巳日柱)는 식재가 생왕록을 얻으니 재물을 모으는 능력이 뛰어나 큰 돈 벌 기회도 있고 겁재로 인한 손재도 있다. 사주원국(四柱原局)에 금(金)의 오행이 많으면 큰 부자의 운이고 토(土)의 오행이 많으면 예술, 스포츠, 기술에 재능이 있다. 목(木)의 오행이 많으면 학문이나 전문분야 실력자이고 수(水)의 오행이 많으면 전문직으로 직장을 이루지만 애로가 많고 화(火)의 오행이 많으면 사업에 인연이 있는데 고향이나 직업이 모두 물과 인연이 있어야 한다.

인수욕패이니 학문적 성취와 큰 시험에는 학가가 따른다. 건명(乾命)은 일찍이 이성에 눈을 뜨지만 성사는 어려운데 지장간(地藏干)의 겁재가 재를 다투는 현상이다. 지장간(地藏干)의 재궁이 동림하니 본처를 두고 유부녀를 좋아하고 재궁이 힘을 얻으면 이남이녀 정도의 자손복이고 처덕은 있으나 몸에 통이 있다. 친구가 애인을 소개하여 연애를 하기 시작한다. 건명(乾命)은 처덕이 있는 편인데 재성이 장생이기 때문이다.

지지(地支) 사화(巳火)는 정재 신금(申金)과 합하는 성정이라 관성으로 변하니 명예와 안정 중시에 성실 정직의 기질이라 주변을 의식하지만 실제 욕심이 많고 재물 욕심으로 늘 바쁘고 재물을 취한 후에야 명예를 추구하니 때로 재물로 명예를 사기도 하는데 일지에 비겁을 깐 일주에서 정사일주(丁巳日柱)가 가장 재복이 강하다.

■ 곤명(坤命)

알뜰하고 현명한데 재물욕이 강하고 재복도 있으며 사회활동을 하는 경우가 많다. 고란과숙이라 십중팔구 남편의 덕이 없는 고단한 운이며 남자로 인한 난을 만나니 다정도 병이다. 수다스럽고 배우자 있어도 사회활동을 하여야 만족하는데 비밀은 지켜지지 못하고 부부갈등은 심하다.

관성재살이라 남편의 덕은 기대하기 어려운데 배우자궁 부실로 이별, 별거, 이혼, 사별의 운도 있다. 부부다툼은 심하고 헤어질 가능성이 농후한데 결혼에 실패하면 혼자 사는 기질이다. 이를 일러 친정아버지가 여성편력이 많은 탓이라 한다.

2. 세운의 변화

巳酉丑年 : 이사, 이동, 직업 변동

戌年 　　: 신경쇠약, 정신 질환, 병원 출입

寅年 　　: 관재수, 구설수, 사고수, 부부 풍파, 이별수, 수술

亥年 　　: 관재수, 구설수, 사고수, 형옥(刑獄)

申年 　　: 이성 만남, 좋은 일이 생김

辛亥年, 癸亥年 : 亥年은 巳亥冲이 되므로 일반적으로 변화가 심하고 運路가 좋지 않다

3. 물상

  음인의 성정이 두드러지며 불화와 손재가 빈번하여 내심 고통이며 성격이 불과 같아 고집이 대단하고 급하기는 번개라 화를 잘 내지만 뒤끝은 약하다. 우두머리 격이니 남 밑에 종사하기 힘들고 솔직담백하고 명랑하며 화사하기까지 한데 남의 비밀을 떠벌린다. 곤명(坤命)은 재물에 대한 욕구가 강하고 재복이 있으며 사회활동을 하고 간여지동이니 고집이 있어 부부 사이에 성격차이로 의견대립이 심하여 불화가 있으므로 만혼을 하면 조금은 가벼워질 것이다.

4. 특성

  천간(天干)과 지지(地支)가 모두 화(火)의 기운으로 간여지동이니 서로 뜨거워 자극을 주는데 매사 활동성이 두드러지고 강한 의지를 지닌다. 자기 주관이 확실하여 지나치게 자기중심적이니 주변과 융화가 이루어지기 힘들고 타인의 간섭을 싫어하며 세속적 융통성은 부족하다. 모든 상황에

서 제도하고 제압하는 능력과 기운을 지니고 남을 지도하는 위치에 서지만 성격 탓으로 스스로 고통을 당한다.

매사 적극성으로 남다른 노력을 하니 재물길에 걱정은 없으나 큰 재물은 강한 성품 때문에 놓치는 경우가 있고 조직 직장길에 인연하면 실력자로 발돋움하지만 자기사업은 성패가 오간다. 간여지동의 고집과 기질은 장점으로 작용하다가도 단점으로 작용한다.

5. 육친관계

■ 건명(乾命)

부친 인연은 짧고 모친 인연은 길다. 사주원국(四柱原局)에 수(水)나 금(金)의 오행이 있으면 부모 인연이 원만하고 결혼이 늦을 운인데 사주원국(四柱原局)에 수(水)의 오행이 있거나 고향이 섬이나 바닷가이면 결혼도 적령기 운이다. 배우자 운이 약해 궁합이 순탄하지 않은 배우자를 만날 가능성이 높다. 처덕이 있으나 처가 병약하고 배우자궁이 부실하니 이별, 사별, 별거의 운에 배우자 두고 작첩이니 겨난이라. 자식이 드물고 딸을 많이 낳는다.

■ 곤명(坤命)

자존심과 고집이 강하니 배우자를 이기려 하고 이기지 못하면 병이 오고 부부갈등이 심하니 고란살이라. 배우자 덕이 없고 무능하여 생사이별, 별거 운에 배우자의 작첩이 이루어지니 독수공방이지단 자식이 고르다.

6. 학업

▣ 건명(乾命)

어린 시절부터 성적이 좋은데 일주를 제외한 타 지지(地支)의 배치에 따라 학문성취가 달라지니 천간(天干)에 무기(戊己), 월지에 신유(申酉)의 글자가 있으면 두뇌 총명하여 탁월한 성적을 거두더라도 입학시험이나 큰 시험운은 좋지 않다. 일반 학문에서는 늦게까지 학위를 하는 경우는 드문데 전공이 전문분야라면 늦게까지 공부하여 학위를 이루는 경우에 해당한다. 성공을 위한 전공학문으로는 건명(乾命)의 경우 금속공학, 전기, 전자, 토목, 스포츠, 치과, 의예, 농과, 법학, 외교학, 교육학 등이 좋다.

▣ 곤명(坤命)

예능, 어학, 교육, 육영 등이 좋은데 곤명(坤命)도 기가 강하므로 남성적인 전공을 선택하는 것도 나쁘지 않다.

7. 결혼운

▣ 건명(乾命)

일찍부터 이성에 관심이 있어도 성사는 희박하고 일지 겁재는 적극성을 지니고 있어도 성사가 잘 이루어지지 않음을 의미하니 자신과 부모에게 고통을 준다. 특히 정사일주는 일지 겁재의 작용으로 부부 인연의 방해가 있고 주말부부나 떨어져 살고 배우자 바람에 의처증이나 의부증으로 고통받는다. 좋은 배필 인연으로는 소띠, 용띠, 뱀띠, 말띠, 원숭이띠, 닭띠, 돼지띠 여자이다.

■ 곤명(坤命)

일찍부터 이성에 대한 갈증을 느끼더라도 성사가 어려워 결혼은 중매로 이루어진다. 소띠, 범띠, 토끼띠, 뱀띠, 말띠, 닭띠, 돼지띠 남자가 좋은 인연이 된다.

8. 직업

사업보다는 조직운이나 강한 주관이 있으니 사업길 인연도 있다. 사주원국(四柱原局)에 수(水)나 목(木)의 오행이 갖추어지면 전문직으로 조직직장길 많고 사주원국(四柱原局)에 화(火)나 토(土)의 오행이 많으면 전문분야로 자기사업운이 강하다. 조직운은 전문기술직, 교육, 의학, 약학 관련분야, 해양, 수산, 물과 관련된 무역, 운수 등이고 사업운은 금속, 기계관련 제조 가공, 교육, 학원사업, 의학, 약학 관련분야 경영학, 경제학, 무역학, 회계학, 농업, 토목, 인테리어 등이며 사주원국(四柱原局)에 다른 오행이 신통치 못하면 망하기도 한다.

돈을 버는 방법이나 수단이 다양하고 대체로 투기성 재물을 좋아하지만 성패가 오락가락이다. 정사일주(丁巳日柱)의 직업으로는 정계, 군인, 검찰과 경찰, 관직과 교육이 좋다. 예능이나 특수직도 좋은데 비겁이 재를 생하는 일주는 정사(丁巳)가 유일하다는 말이 있다. 사람을 사귀면서 재물이 생겨난다.

9. 성적 욕구

■ 건명(乾命)

성적으로 강한 인상을 주는데 지적인 면이 없으면 음란하고 강한 성적 요구를 지니고 있으며 적극적인 리드로 상대를 즐겁게 하는 반면 상대의 애무를 요구하는 편이며 같이 즐거워해야 만족한다. 목화(木火)가 많고 토(土)가 없으면 서둘러 조루증이 있고 금수(金水)가 있어야 지속력이 있고 겁재가 많으면 탐심이라.

■ 곤명(坤命)

성욕이 강하고 적극적인데 화가 강하니 한 번의 성교에 여러 번의 오르가즘이고 일찍 달아오르니 전희가 필요 없을 지경이다. 한 번 거부하면 어떤 경우도 용납하지 않는데 마음이 통하면 섹스를 즐긴다. 금수(金水)가 없으면 분비물이 적어 성교 시 통증이 있고 생리통에 생리불순이고 임신도 어려운데 수기(水氣)가 강하면 먼저 유혹을 한다. 목화(木火)가 많고 토(土)가 없으면 교성이 크다.

10. 질병

정사일주(丁巳日柱)는 화(火)의 기운이 강한데 천간(天干)의 정(丁)도 화의 기운으로 심장과 소장에 병인하는데 사(巳) 또한 화(火)의 기운으로 심장과 소장에 병인하고 얼굴, 인후, 치아, 항문에도 영향을 미친다. 정사일주(丁巳日柱)는 뜨거운 화(火)의 기운이니 수분(水分)이 부족하여 변비와 치질이 있다. 심장병, 감기 등도 잘 걸리고 호흡기, 두통, 신경통, 뇌일혈 등이 나타난다.

55장. 무오(戊午, 子丑空亡)

1. 사주의 특성 (丙10, 己11, 丁10)

효신살 梟神殺	어려서 부모와 생이별하거나 인연이 박하고 없거나, 모친과 아내가 불화한다. 효란 올빼미를 말하니 올빼미나 부엉이의 그림, 혹은 박제를 걸지 않는다. 인정이 많아서 남에게 주기를 좋아하나 속으로는 냉정하고 이해타산이 있으며 자신의 마음을 속인다.
구추방해 九醜妨害	임자(壬子), 임오(壬午), 무자(戊子), 무오(戊午), 기묘(己卯), 기유(己酉), 을묘(乙卯), 을유(乙酉), 신묘(辛卯), 신유(辛酉)일 생으로 잦은 연애로 가정풍파가 암시되고 시주에 있으면 자녀가 같은 성향이다.
양인살 羊刃殺	양인살은 흉살 중의 흉살이다. 한자의 의미를 새겨보면 겉은 순한 양이지만 속은 칼날을 물고 있는 형국이다. 양인살이 있는 사람은 성격이 강직하고 무자비한 경향이 있다. 甲일간은 卯, 丙일간과 戊일간은 午, 庚일간은 酉, 壬일간은 子가 양인이다.
장군전 將軍箭	병오(丙午), 정미(丁未), 무오(戊午), 기미(己未), 임자(壬子), 계축(癸丑) 일이 이에 해당되며 죄를 지으면 그 대가를 필히 치르게 된다는 성분으로 자암살(紫暗殺)로 불리기도 한다. 지지(地支)가 형충되면 무기나 흉기에 의해 죽임을 당하기도

		한다는 암시가 있다.
방해살 妨害殺		팔전(八專)은 갑인, 을묘, 기미, 정미, 경신, 신묘, 무술, 계축으로 음욕살이라 하고 건명(乾命)의 일지에 있으면 부인이 부정하고, 시지에 있으면 자녀가 부정하다. 곤명(坤命)의 일지에 있으면 혈육도 가리지 않고 음욕을 채운다. 구추(九醜)는 을유, 을묘, 기유, 기묘, 무자, 신묘, 임오, 임자, 무오일생인데 방해살이라 한다. 건명(乾命)에 있으면 수명이 단명이며 곤명(坤命)에 있으면 산액으로 고생하고 자궁병에 시달린다.
음양 陰陽		용모가 아름다워 이성으로부터 유혹이 많고 본인 스스로 음란하고 색정(色情)이 강하다. 고서에 남자가 병자(丙子) 일주면 평생 동안 많은 미녀와 상대하고 여자는 많은 남자를 품에 안고 도망간다 하였다. 또 남자가 무오(戊午) 일주면 많은 여자를 거느리고 함께 사랑하며 같은 집에 산다 하였고, 여자가 무오(戊午) 일주면 미남을 남편으로 얻고 뭇 남자들과 음사(淫事)를 즐긴다고 하였다.
일인 日刃		병오(丙午), 무오(戊午), 임자(壬子) 일주처럼 일지 양인은 권력과 형(刑)을 주재하는 성분이니 자만심이 강하고, 비사교적이며, 안하무인에 구설수가 따르기 쉽다. 적(敵)이 많고 시비수가 발생하니 속성속패(速成速敗)의 기운이다. 생살대권(生殺大權)을 장악하기도 하며, 극처극부(剋妻剋夫)하는 내면의 흉의를 지니기도 한다.
육수 六秀		戊子, 己丑, 戊午, 己未, 丙午, 丁未의 일주(日柱) 생이라면 재치가 빠르고 총명하다. 독단적인 기질, 동업 등은 피하는 게 좋다.
탕화살 湯火殺		寅午丑일 생에 해당한다. 화상, 화재, 음독, 가스중독, 부상과 염세비관이 따른다. 탕화살이고 일시가 午丑이면 본처와 해로가 어렵고 무자식의

	운이다. 일시가 오축이고 재성이 태과하면 아내가 문제 있고 관성이 태과하면 남편에게 문제가 생긴다.
왕 旺	세가 왕성한 것을 뜻한다. 사주원국에서 일주를 지탱하는 조건이나 용신이 왕성한 것이다.

◼ 건명(乾命)

인비(印比)로 구성된 일인(日刃)이며 유아독존이니 완고하기가 바위 같고 저돌성을 지니는데 융통성이 없어 매사 잘 진행하다가도 끝에 가서 성을 내며 깨버리는 성질이다.

인수가 왕하여 모친과의 인연이 강하고 여타의 육친과는 떨어져 사는 경우가 많은데 효신살에 양인이니 어려서 모친을 잃을 가능성이 높고 다른 어머니의 품에서 자란다. 따라서 이복형제의 운이 있고 불사(佛事)에 매달리며 부모 형제 떠나니 고독하여 신앙과 연애를 하는 격이다.

배짱이 있으며 지혜가 있고 총명하여 중후한 인품이 돋보이고 쉽게 감정을 드러내지 않지만 호불호가 분명하며 과묵하고 포용력과 리더십을 지니고 있는데 표면적으로 안정과 명예 중시에 합리적이지만 급한 면이 있어 매사 고집으로 밀어붙이니 타인에게 지기 싫어하고 타인과 불화하기 쉬우므로 고통이 따른다.

겉과 속이 같아 거의 드러나지 않지만 외골수적인 경향이 있고 행동 조심에 계산적이어서 매사 꼼꼼하다. 그림이나 글씨에 소질이 있고 학문을 좋아하며 영감이 발달하여 직관력을 갖추었는데 육체적인 활동보다 정신적인 활동을 하고 정신위주로 살아가니 성실감과 책임감이 있어 외견은 군자로서 예의가 바르나 메마른 성품이 내재되어 내면은 불안정하고 수

기가 없으니 금전적으로 인색한데 여자에게는 잘 쓴다.

사주원국(四柱原局)에 금(金)과 수(水)의 오행이 부족하면 편고 하니 인생의 변화가 예측 불허라 할 만하다. 부자로 살다가도 재물에 고통을 당하고 투기적인 성향이 없어도 인생의 변화가 무궁하다. 사주원국(四柱原局)에 금(金)과 수(水)의 오행이 원만하면 큰 부자로 사는 사람이 많다.

얼굴은 적황색에 날씬한 몸이라 외견상 중심 잡히고 정중한 군자의 상이지만 앉은 자리가 뜨거워 화산에서 분출되는 불기둥처럼 불안정한 기운이 있어 타인과의 불화를 피하기 어렵고 타인을 무시하는 경향이라 대인관계가 부드럽지 못하다.

성격이 급하고 다혈질이라 경거망동도 있으며 현실감각은 부족하고 순발력을 가지고 재주를 살려 분주히 움직이니 독불장군 격으로 이기심이 드러나고 독선적인 사고를 하면서도 은근히 부모나 타인에게 의지하려는 성향도 보이는데 종교, 철학, 교육계통에서 두각을 나타낼 수 있으며 자기사업에 지도자의 길이 어울린다.

학업에 충실하고 매사 꼼꼼하여 화려함을 추구하고 글씨와 그림에 소질 있고 일점의 수기(水氣)조차 없지만 재성이 수기(水氣)를 암합하여 끌어오는 힘이 있어 축재를 하기도 하고 손재도 일어난다. 천복성은 종내 이루는 것이 많은 편으로 세월이 흐르면 발전한다. 사주원국(四柱原局)에 금수(金水)의 오행이 적절하게 배합을 이루면 평생 안락하다.

무오일생(戊午日生)과 병자일생(丙子日生)은 이성의 유혹이 많고 미모의 배우자 인연이라지만 처를 극하는 기질이고 재성재살로 부부간 뜻이 맞지 않아 다툼이 있다. 배필 관계를 악화시키는 요인은 무오일주(戊午日柱)를 지닌 자신이다. 부모·형제의 덕도 없는데 주색으로 풍파를 겪으며 아내와 불화하고 금전적으로도 인색하지만 욕심이 많아 속성속패의 경향에 몸에 화상이나 흉터가 남는 사고가 있다.

물형은 화산(火山)은 모습이니 정미(丁未)일주와 함께 반드시 외도하는데 음양(陰陽)이니 만혼하는 것이 좋으며 나이 차가 많은 미녀와 인연하고 한 여자와 오래가지 못한다.

부부 인연이야 한때 좋지만 결국 애로가 있다 이별이 그림자처럼 따르니 처궁은 박복하고 색정을 지나치게 밝히면 느년에는 하초가 불능이고 하체가 망가진다. 어려서부터 잔병치레에 육친의 덕도 없는데 천복이 있어 중년 이후에 권력을 쥔다.

지지(地支) 오화(午火)는 식신인 미토(未土)와 합을 하는 성정이라 비겁으로 변하니 타인 이해와 배려 있고 외골수적인 성품이 더욱 드러나며 고집과 자존심 표출에 자기중심적 사고가 보이며 타인 간섭 무시에 유연성과 융통성 부족이 드러난다.

■ 곤명(坤命)

호탕한 여걸로 자존심과 고집이 강하고 욕심도 많은데 언변 능숙에 수단이 능란하여 활동력이 왕성하지만 관성사지로 남편궁은 무력하고 화합하기도 어려운데 혼자 독보하는 것이 최선이라. 모친이 남편 자리에 앉았으니 데릴사위 격이라 결혼 후에도 모친과 같이 산다.

용모가 아름다운 편이고 이성으로부터 인기가 많은데 애정풍파가 많고 배우자와는 부실하다. 똑똑한 남자 만나지만 성욕이 강허 독신은 어렵고 한 명의 상대로는 충족되지 못하니 차라리 자유를 찾아라.

조토(燥土)는 십 리 밖의 수기도 끌어온다 하였으니 군경이나 공직자로 나서면 관을 안은 셈이니 음기가 정화되고 지위를 얻기도 한다. 종교에 심취하는 편이고 미남을 만난다.

2. 세운의 변화

寅午戌年 : 이사, 이동, 직업 변동
丑年　　 : 신경쇠약, 정신 질환, 병원 출입
子年　　 : 관재수, 구설수, 사고수, 부부 풍파, 이별수, 수술
卯年　　 : 관재수, 구설수, 사고수, 형옥(刑獄)
未年　　 : 이성 만남, 좋은 일이 생김
壬子年, 甲子年 : 子年은 子午冲이 되므로 일반적으로 변화가 심하고 運路가 좋지 않다

3. 물상

화산이 솟구쳐 오르는 물상이라 일인이니 유아독존의 거만한 마음을 품고 완고에 융통성도 부족하다. 불사(佛事)에 깊게 관여하고 육친이 희소하여 고독하니 신앙심이 깊고 매사 꼼꼼하니 글씨와 그림에 소질이 있고 외견은 군자이지만 앉은 자리가 뜨거워 불안정하다. 성욕이 강하니 독신은 어렵고 대부분 미남미녀와 연이 이어지는 운이다.

4. 특성

오화(午火)는 양인(兩刃)이니 강한 기운이라 밀어붙이는 형으로 갈등과 고통이 있고 사주원국(四柱原局)에 금(金)과 수(水)의 오행이 부족하면 뜨거운 기운이 지나치니 고통이라. 매사 자기중심적 사고를 지니니 배필

고통은 반드시 오고 사주원국(四柱原局)에 수(水)와 목(木)의 오행이 충분하면 만인의 지도자로 상징한다. 오화(午火)는 인수로서 학문, 인내, 노력을 의미하니 매사 인내와 노력으로 성공을 이끈다. 황소 같은 고집이 있고 인내와 노력이 돋보이기는 하지만 매사 갈증이 다가오니 상대에게 고통을 준다.

5. 육친관계

■ 건명(乾命)

지지(地支) 인수는 모친 인연이 강하니 부친 인연은 짧거나 덕이 없고 결혼과정이나 결혼 후에도 모친의 간섭으로 고통이 따른다. 배우자의 자리에 모친이 있는 격이라 처와 모친 사이에 고부갈등이 있다. 부모나 타인에게 의지하려 하고 효심이 있으나 모친으로 인한 근심이 있고 미모의 여자를 추구하니 한 여자와 길게 가지 못하며 주색과 풍류를 즐기고 배우자궁이 부실하니 이별, 사별, 별거의 운에 작첩의 기운도 있으며 아내와 모친간의 불화가 심하다.

■ 곤명(坤命)

모친이 남편 자리에 있으니 어머니가 남편의 인연을 이어주기도 하지만 데릴사위 격으로 모친도 동거하는 경우가 많다. 똑똑하고 잘생긴 남자의 운이기는 하나 배우자와 화합이 힘들고 이성으로부터 인기가 있어 애정풍파에 배우자궁 부실이니 대체로 배우자 인연이 고르지 못해 고통을 당한다. 이별, 사별, 별거의 운에 배우자가 작첩하고 시댁보다 친정을 챙기니 고부갈등, 부부갈등이 있는데 사주원국(四柱原局)에 수(水)의 오행이 부족하면 남자는 아들이 드물고 곤명(坤命)은 자식수가 적거나 아들의 인연이 적고 자식으로 인한 근심이 있다.

6. 학업
■ 건명(乾命)

인내와 노력으로 공부에 발전이 오는데 사주원국(四柱原局)에 금(金)의 오행이 없고 수(水)의 오행이 부족하면 공부가 신통치 않고 세월이 흐르며 발전이 오는 형으로 늦게라도 많은 학위를 이룩하고 학문의 성공을 보지만 사주원국(四柱原局)에 수(水)의 오행이 부족하면 노력을 해도 실력 발휘가 저조하다. 성공으로 이르는 학문으로 건명(乾命)은 법학, 행정학, 철학, 종교학, 어학, 공학, 의학, 약학 등이 좋은 전공이다.

■ 곤명(坤命)

어학, 법학, 검찰, 경찰, 무관, 간호학, 임학, 해양, 수산학과 등이 성공으로 이르는 전공학문이 된다.

7. 결혼운
■ 건명(乾命)

지지(地支) 인수는 매사 더디고 배우자의 기를 약화시켜 연애가 매끄럽지 못해 늦은 나이에 결혼이 순조로워도 좋은 배필 인연은 힘든데 자기중심적이고 모친의 지나친 간섭으로 갈등이 있고 좋은 배필의 인연으로 소띠, 범띠, 토끼띠, 용띠, 말띠, 양띠, 원숭이띠, 돼지띠 여자가 좋은 인연이다.

■ 곤명(坤命)

혼인 전에 연애 있으면 낙태, 중절 등의 고통을 피하기 어렵고 소띠, 범띠, 토끼띠, 용띠, 말띠, 양띠, 돼지띠 남자가 좋은 인연이고, 띠가 좋아도 배필 인연은 비교적 순조롭지 못해 남녀 모두 성욕이 강하고 이성을 바꾸어도 길게 가지 못하니 배필에 근심과 고통이 있다. 배우자를 탓할 것이 아니라 자신이 상황을 어렵게 만드는 요인이다.

8. 직업

지지(地支) 인수로 지도자 길이나 사업운이며 사주원국(四柱原局)에 계자묘(癸子卯)의 글자가 있으면 조직직장길이 좋고 임해신(壬亥申)의 글자가 있으면 자기사업운이다.

자기중심적 사고가 강해 투기 재물을 이루어도 오래도록 지니지 못하는데 부동산이나 문서 인연은 순조로울 것이다. 조직운은 검찰, 경찰, 무관, 공학, 경영, 경제, 회계, 재무와 연관이 있고 사업운은 금속, 기계제조, 해운, 수산, 무역, 토건관련, 의사, 변호사 등이 최상의 직업이 된다.

무오일주(戊午日柱)는 법관, 군인, 경찰, 교통부, 교육계통이 좋다. 수사기관이나 권력계통에 종사하는 경우가 많은데 승려에게서도 많이 나타난다. 의약계, 문화, 종교계, 운수, 섬유, 문구, 기계, 관광분야의 진출자도 두드러진다.

9. 성적 욕구

■ 건명(乾命)

일간이 강해 흙이 메마르고 물이 필요한 격이니 정력이 강해 건명(乾

命)은 여자 없이는 하루도 못 살겠다고 아우성을 칠 정도로 성행위를 좋아하고, 수(水)가 있으면 지속력도 있고, 양인이 있으면 음란한데 같이 즐기고 즐거워야 만족한다. 금(金)이 있으면 폭발적으로 분출하는데 강한 나무줄기는 꺾이는 법이라 간혹 성불구자가 있다.

■ 곤명(坤命)

색정이 지나치게 강하니 적극적이다. 분위기도 원하고 음기가 강해 미남들과 인연이 많고 성교를 매우 즐기는 사람이나 수(水)가 없으면 분비물 부족으로 통증이 있고 금수(金水)가 적당하면 질식에 가까운 오르가즘을 느끼고 한 명의 남자로는 어떠한 경우에도 만족하기 어렵다. 인성과 다에 재성이 약하면 조루증 남편의 운이고 금(金)이 있으면 폭발적으로 분출하고 이성의 유혹에 약하다.

10. 질병

무오일주(戊午日柱)는 각기 천간(天干)의 무(戊)와 지지(地支)의 오(午)에서 병인(病因)한다. 천간(天干)의 무(戊)는 토(土)의 성분으로 비위에 병인하는데 갈비에도 영향을 미친다. 지지(地支) 오(午)는 화(火)의 성분으로 심장과 소장에 병인하는데 눈에도 영향을 미친다. 무오일주(戊午日柱)는 편식이 병의 원인으로 비뇨기, 피부, 변비, 위장, 늑막, 고혈압, 당뇨, 중풍이 발병할 가능성이 있으며 겉은 따스하지만 속은 냉하여 고생한다. 지지(地支) 인오술(寅午戌)은 담배와 상극인데 이는 금기(金氣)가 상해 폐암의 확률이 높아지기 때문이다.

56장. 기미(己未, 子丑空亡)

1. 사주의 특징 (丁9, 乙3, 己18)

육수 六秀	戊子, 己丑, 戊午, 己未, 丙午, 丁未 의 일주(日柱)생이라면 재치가 빠르고 총명하다. 독단적인 기질, 동업 등은 피하는 게 좋다.
암록 暗祿	暗祿은 正祿을 합하는 글자를 말함인데, 재물에 궁함이 없고 귀인의 조력으로 평생 안락하다. 일주로는 병신(丙申), 정미(丁未), 무신(戊申), 기미(己未), 임인(壬寅), 계축(癸丑) 등이 있다.
태극귀인 太極貴人	갑자(甲子), 갑오(甲午), 정묘(丁卯), 정유(丁酉), 무진(戊辰), 무술(戊戌), 기축(己丑), 기미(己未), 경인(庚寅), 신해(辛亥), 임신(壬申), 계사(癸巳) 일이 태극귀인에 해당되며, 기쁨을 암시하고 생년(生년)과 일지(日支)에서 보며 격국(格局)이 청순하고 우수하면 입신양명한다.
복성귀인 福星貴人	갑인(甲寅), 을축(乙丑), 병자(丙子), 정유(丁酉), 무신(戊申), 기미(己未), 경오(庚午), 신사(辛巳), 임진(壬辰), 계묘(癸卯)가 해당되며 선천적으로 복이 있고 인덕(人德)이 있어 발전하여 행복을 얻는다.
취명관 取命關	어린아이가 사당, 절 등에 가면 떠도는 혼령에 질병을 얻을 수 있다고 小兒關殺符로 쓰이는데, 10세가 지나면 액이 소멸되니 의학이 발전하지 않았던 과거에 쓰이던 신살이다.

음욕살 陰慾殺	무술(戊戌), 신묘(辛卯), 정미(丁未), 을묘(乙卯), 기미(己未), 계축(癸丑), 경신(庚申) 일주는 음흉하고 색정적인 기질이 있다. 여성은 유흥가 진출이고 남성은 재혼하는 사례가 많다.
곡각살 曲角殺	곡각은 신체 어느 부위에 병이 있어서 불구가 되는 뜻이다. 곡각은 사주 중에 2~3개 있어야 작용하는데 등뼈가 고르지 않거나 불구의 형태를 가지며 신경계통이나 수족에 이상이 있다. 또한 자기가 양자가 되거나 양자를 맞이하게 되는 뜻이 있다.
철사관 鐵蛇關	갑진(甲辰), 병신(丙申), 정미(丁未), 무인(戊寅), 경술(庚戌), 계축(癸丑) 일로 이는 돌림병이나 희귀병에 걸려 단명의 암시가 있다고 전해지므로 방역이나 예방에 철저해야 한다.
여연살 女戀殺	을축(乙丑), 정축(丁丑), 병신(丙申), 기미(己未), 경인(庚寅), 신미(辛未), 임인(壬寅), 임신(壬申) 일주의 여자는 배우자 몰래 애인을 숨겨 망신을 당할 우려가 있다.
간여지동 干與支同	간지(干支)가 같은 오행(五行)의 글자로 부부간 생사이별수가 있으며 흉살(凶殺)과 겹치면 사별(死別)도 있다.
장군전 將軍箭	병오(丙午), 정미(丁未), 무오(戊午), 기미(己未), 임자(壬子), 계축(癸丑) 일이 이에 해당되며 죄를 지으면 그 대가를 필히 치르게 된다는 성분으로 자암살(紫暗殺)로 불리기도 한다. 지지(地支)가 형충되면 무기나 흉기에 의해 죽임을 당하기도 한다는 암시가 있다.
대帶	의복을 갖추고 띠를 두르다

■ 건명(乾命)

표면적으로 자기주장을 강하게 드러내지 않으며 중심을 지키려고 노력하는 모습을 보인다. 일간 기토(己土)가 일원이니 관대에 놓이고 다른 기토(己土)는 비견인데 대지에 좌하니 고집과 자존심이 지나치게 강하고 타인의 간섭을 극도로 거부하고 유연성과 융통성도 부족하다. 신금(辛金) 식상은 대궁이며 쇠지에 해당하고 인수인 정화(丁火)는 대지에 좌한다.

인비(印比)가 모두 관대이니 적덕의 기운이라 신용과 신뢰를 중시하는 모습을 보이며 고집과 끈기, 고지식하고 보수적인 성향을 드러내고 겉으로는 차분하게 행동하나 속으로는 야무지고 빈틈없는 성격이지만 사소한 일에도 반응하고 이기적인 관계가 드러나며 사소한 일에도 양보하지 않으려는 행동이 미움을 사고 남의 말을 듣지 않고 믿으려고 하지도 않는다.

지나친 경쟁심이나 굳은 의지가 드러나 자기고집과 주장을 관철시키려 하며 인내력 발휘어 끈질기게 나아가 이기고 어려움을 극복하려고 인내심을 발휘하여 버티고 참으려고 하니 사람의 눈에 들고 활달하고 즉흥적인 면도 있지만 결국 자존심이 타인과의 불화를 만든다.

활달하고 즉흥적이고 자존심 강하니 성패는 반복되지만 적극적인 사고를 지니고 있으며 외골수 기질에 결단성을 지니고 폭발력이 강하므로 결국 목표를 성취할 가능성이 높은데 까탈스러워 인간관계는 원만하지 않다.

지혜가 있고 총명하고 지나치게 나서는 모습도 보이지 않으며 비밀도 있고 성급한 면이 있어 일에 장애가 따르고 지나치면 하는 일마다 그르칠 수 있으니 스스로 나아가고 결정하는 사업보다는 공직이나 교육자가 좋다. 아울러 공직을 비롯해 교육자, 종교에도 관심이 많은 사람이다. 그러한 경우가 있다고는 해도 결과적으로 남 좋은 일을 많이 하는 인생이다.

근본적으로 인정이 약한데 혹 인정을 보이더라도 얕은 인정으로 일정 깊이 이상은 메마르다. 종교와 신앙에 관심이 많으며 지지(地支) 암록이니 먹고 사는 의식의 문제는 그다지 없을 것이다. 재신이 화개에 좋으니 부친보다 모친 인연이 좋고 경쟁을 통하여 두각을 나타내니 경쟁이 없으면 무력하거나 학업이 두드러지지 않고 식재가 없으므로 결혼은 늦어질 가능성도 배제할 수 없다.

남자는 밖에서 무골호인 소리를 듣지만 가정에서는 무뚝뚝하고 현침(懸針)이 관대이니 심하면 폭군의 기질이 나타나고 재신이 입고에 드니 처궁에는 액이 낀다. 또한 천역(賤役)이니 늘 몸보다 마음이 분주하고 다사다난 하다.

지지(地支) 현침이라 부부의 궁에 문제가 있고 배우자의 병이나 수술수가 있다는 의미가 있기도 하지만 손재주가 남다른데 의약이나, 의사, 약사, 한의사와 같은 전문직이 어울리며, 전문기술 분야도 어울리는 직업군으로 길을 택하면 심신도 안정되고 가정도 덜 흔들릴 것이다.

어릴 때는 부모와 관계가 좋지 않고 결혼해서는 배우자와 좋을 수 없는 관계 유지하는데 말년에는 자식과도 불화의 조짐이 보인다. 부부관계에서 배우자 부정을 보게 될 가능성이 높으니 해로가 쉽지 않다. 원국에 반드시 수기(水氣)가 있어야 할 사주이며 수기(水氣)가 없으면 색난에 빠지고 부부불화의 조짐으로 발전하는데 근본적으로 배우자를 무시하고 독단적으로 결정하고 행동하며 가정에서도 독선을 부리니 밖으로 드러나는 부드럽고 남에게 잘하는 기상과 달리 가정불화가 따를 수밖에 없다.

믿음이 약해서 본인 이외에는 누구도 믿지 않으려는 심리가 강하니 의심이 생기고 고독을 즐기게 되고 현실감도 떨어지니 신비한 영약이라는 말에 정신이 팔리고 정신적인 세계에 빠지기도 하지만 금전적으로는 비교적 안정적이며 궁핍하지는 않다.

■ 곤명(坤命)

간여지동으로 고집이 지나치게 강하고 남자 알기를 우숩게 알아 깔아뭉개니 부부궁이 좋을 리 없는데 이는 관고(官庫)를 깔았기 때문이다. 지지(地支)에 관이 자리하면 여자의 사주에서는 남편을 깔보는 경향으로 나타나고 사회생활을 하며 외정의 우려가 있다.

남편복은 박하여 스스로 사회생활을 통해 가족을 부양해야 하며 가정 내에서 처의 권력이 커지므로 남편과 불화가 상존하고 해로에도 의심이 간다. 비견과 부성을 다투는 일주이니 친구를 조심할 필요가 있겠다.

미토(未土)는 조토(燥土)라, 생금(生金)이 쉽지 않으며 극한에서는 전혀 생금(生金)과는 관련이 없어 연관이 사라지기도 하는데 팔자에 수기(水氣)가 부족하면 자녀 출산이 어려울 수 있으며 부부관계에서 기미일생(己未日生)은 배우자의 부정을 보고 병환이 있어 평생 갈등관계를 유지하니 해로가 쉽지 않다.

지지(地支) 미토(未土)는 편인인 오화(午火)가 합을 원하는 성정으로 인성의 마음으로 변화하니 안정과 명예를 중시하는 마음이 드러나며 외골수적인 면이 지나치게 작용하기는 하지만 합리성을 발휘하고 봉사정신을 발휘하는 모습으로 움직이기도 한다.

때로 화류계 인성으로 풀리고 어떤 경우라도 본인이 직업을 가져야 만족하는데 배우자 복도 별로 없고 교육계나 의료계통의 진출이면 안정감 느끼고 군경에 종사하면 배우자도 안정이 될 가능성이 높아진다.

2. 세운의 변화

亥卯未年 : 이사, 이동, 직업 변동
寅年　　 : 신경쇠약, 정신 질환, 병원 출입
丑年　　 : 관재수, 구설수, 사고수, 부부 풍파, 이별수, 수술
戌年　　 : 관재수, 구설수, 사고수, 형옥(刑獄)
午年　　 : 이성 만남, 좋은 일이 생김
乙丑年, 癸丑年 : 丑年은 丑未冲이 되므로 일반적으로 변화가 심하고 運路가 좋지 않다

3. 물상

기(己)는 전답이요, 미(未)는 사막토이다. 기미(己未)는 전답이 말라 습기 하나 없는 널리 펼쳐진 사막의 형상이니 평소 드러나지 않으나 한 번 감정이 격해지면 앞뒤를 가리지 않고, 주변의 지위고하를 가리지 않고 폭발하는 성향이며 뒤에 후회하기 마련이고 곡각(曲角)과 현침(懸針)으로 이루어지니 타인을 돕고 타인에게 봉사하는 활인이 필요하다. 암록이라 재물이 평생 따라 궁함은 없고 밖에서는 무골호인이나 가정에서는 무뚝뚝하고 폭군의 기질이며 처궁에는 액이 끼어 이별수에 간여지동은 대부분 공방수가 있거나 별거수라. 곤명(坤命)은 부덕을 기대치 말고 사회활동, 경제활동을 하고 신앙생활을 충실히 하여 외로움을 극복해야 하리라.

4. 특성

기미(己未)는 생산이 가능한 전답이라 만인에게 베푸는 모습이나 열기가 피어오르니 매사 경쟁력을 발휘하여 스스로 매진하는 형국이라. 밀어

붙이는 힘이 강하나 지나쳐 일이 번창하고 재물을 손에 넣었다가도 때때로 놓친다. 사주원국(四柱原局)에 수(水)의 성분이 고르면 재물의 발전이 끊임없이 오고 화(火)의 성분이 많으면 수분(水分)을 말리니 재물의 습득이 끊어져 고통을 당한다.

타고난 노력형이니 경쟁력과 굳은 의지로 일을 성취하고자 노력하나 지나친 경쟁심은 타인과의 화해나 협력을 저해하고 인간적인 교류나 사업적으로도 인간적인 부분에서는 매끄럽지 못하고 불화하거나 배척을 당하는 경우가 많다.

5. 육친관계

■ 건명(乾命)

부친의 도움이 적고 덕이 부족하며 부친과 인연이 짧아 떨어져 살 수 있다. 때로 부모의 이혼으로 부친의 덕을 보지 못하는 경우도 해당된다. 모친은 간섭이 심한데 사리분별이 있어도 참견하고 부친의 부족함을 채우려 하니 점차 귀찮다고 느끼게 된다. 배우자 궁은 부실하여 이별, 사별, 별거하거나 배우자 병약이라. 부부 사이 원만하다가 별거하고 자식으로 어려움이 피어난다.

사주원국(四柱原局)에 수(水)의 기운과 화(火)의 기운이 고르면 자식도 고르고 수(水)나 화(火)의 오행 중 없는 것이 있거나 고르지 않으면 자식도 고르지 못하다.

■ 곤명(坤命)

배우자 복이 없으니 배우자 작첩하고 독수공방의 운이 있고 이별, 사별,

별거하거나 재취로 들어가거나 소실의 운이 많다. 사주원국(四柱原局)에 금(金)의 오행이 있기만 하면 자식이 고를 가능성이 높다. 사주원국(四柱原局)에 화(火)가 지나치게 많아 수(水)의 오행이 부족해지면 자식이 드물거나 아들·딸의 균형이 깨어지는데 극단적으로 치우쳐서 아들만 낳거나 딸만 낳는 경우가 있다.

6. 학업

▣ 건명(乾命)

기미(己未)는 두뇌가 명석하지 않은 경우가 많으나 사주 원국에 유(酉)의 글자가 있으면 두뇌가 총명하다. 총명하거나 경쟁과 노력이 수반되면 어린 시절부터 학습의 효과가 드러나지만 사주원국(四柱原局)에 수(水)의 성분이 부족하면 실력발휘가 되지 않으며 처음에는 저조해도 세월이 흐르며 성공을 하게 된다. 성공을 위한 학문의 선택과 전공에서 법학, 의학, 약학, 공학, 스포츠학이 성공에 다다르는 가장 좋은 학문의 길이 된다.

▣ 곤명(坤命)

성공을 이루기 위한 학문의 선택에서 법학, 행정학, 의학, 간호학, 공학, 전문기술이 가장 근접한다. 숨은 인내와 노력이 있어 처음에는 성적이 저조하나 세월이 흐르며 큰 시험에도 합격의 기쁨을 맛보며 다양한 학문을 바탕으로 다양한 학위의 취득이 가능한 일주이다.

7. 결혼운

▣ 건명(乾命)

타인과의 경쟁심으로 인해 이성 친구를 가지기는 하나 결혼이 늦어지는 경우가 다반사이고 좋은 배우자를 만나는 경우도 매우 적다. 결혼해도 우환, 가정풍파가 끊이지 않는데 일지에 비견이 자리하면 비교적 결혼이 늦다. 결혼을 재촉하는 부모와는 갈등이 생길 가능성도 매우 크다. 쥐띠, 용띠, 말띠, 양띠, 원숭이띠, 닭띠, 돼지띠의 여자가 좋은 배필 운이다.

■ 곤명(坤命)

일지에 비견이 자리하니 결혼이 늦어질 가능성이 매우 높고 결혼 문제로 부모와 갈등의 소지도 다분하다. 쥐띠, 범띠, 토끼띠, 용띠, 말띠, 양띠, 돼지띠가 좋으며 결혼 이후에 배우자의 부정을 무시할 수 없고 때로 다른 이유로 갈등을 불러오니 조열한 일주로 인한 것이다. 부부의 해로가 어렵고 갈등이 많은데 지나치게 조열하여 자손의 잉태나 생산이 어려우니 이를 일러 자손불발(子孫不發)이라 한다.

8. 직업

남녀를 가리지 않고 모두 성공이 있어도 배필과는 갈등이 생기는데 재산 때문에도 영향이 있다. 다양한 직업을 가질 가능성이 높은데 사주원국(四柱原局)을 살펴 금(金)과 수(水)의 기운이 강하면 사업적 욕구가 강하고 목(木)의 기운이 강하면 안정적인 직장운이다.

조직운이 강하다면 전문기술과 관련 있는 분야나 의학, 약학이 좋고 부수적으로 토목회사나 특수직(검찰, 수사직)이나 공직에 어울리는 사주이다. 관고(官庫)는 재정계통이 좋고 교육계통에도 뛰어난 능력을 지니고 있는데 일반적으로 일간에 己가 배치되면 교육자의 운경이다. 종교, 부동산, 토산품에 인연을 맺으면 즐거운 마음으로 일을 할 수 있으며 성공의 운도 가깝다. 사업운은 의학이나 의약 관련 사업이 좋고 금속기계업, 해운업, 수산업과 같은 사업이 가능성을 배가시킨다. 자고(自庫)로 사업에 실패수가 따르니 주의해야 하고 성격을 조율하는 능력을 기르면 좋을 것이다.

9. 성적 욕구
■ 건명(乾命)

성욕이 강해 한 사람에게 만족할 수 없으며 변화를 추구하지 않고 단조로운데 미토는 메마른 땅이라 물이 필요한데, 남자에게 물은 돈이고 여자인데 음욕살이 겹쳐 음욕(淫慾)이 강한 편으로 가정에 안주하지 못하고 외정이 심하다. 그러나 외정을 통해서도 만족을 구하기 어려우니 바람이 잘 날이 없다. 상대를 계속 바꿈으로써 만족을 찾으려 하나 만족은 없고 부부의 섹스만으로 만족하기 어려우니 의처증(疑妻症)이 있으면서도 바람을 피우는 데는 일가견을 가지고 있다. 토(土)로 이루어진 일주인데, 토(土)가 많다는 것은 열기를 보관해 천천히 방출하니 지속력이 있으나 조토(燥土)는 반드시 그런 것은 아니며 비견이 많으면 색정으로 고생한다.

■ 곤명(坤命)

성적 호기심이 강하고 쉽게 달아오르는데, 음욕일주(淫慾日柱)이고 조토(燥土)인지라 화기(火氣)가 강해 조열(燥熱)하여 수기(水氣)를 날려버리니 성교 시 분비물이 적어 통증이 있을 수 있고 생리통, 생리불순이 있으며 미일주(未日柱)인지라 상대는 맛있다고 생각해 계속 접근하는 성향이 있다. 감정의 기복이 있고 집중하여 사랑하기에는 성격적으로 지나치게 조열하다. 성적 호기심은 매우 강하여 수시르 파트너를 바꾸지만 어쩔 수 없는 공방살에 시달린다. 그러나 상대가 특별하면 정조(貞操)를 지킨다.

10. 질병

겉으로 보아서는 매우 건강하지만 간담(肝膽)은 허약하게 타고나 늘 말썽을 부린다. 아울러 비뇨기 계통도 앓을 가능성이 매우 높다. 기미일주(己未日柱)에서 천간(天干)의 기(己)는 비장(脾腸)과 폐(肺)의 질병을 의미하고 미(未)는 위장과 명치의 병, 척추의 병을 의미한다. 위장병과 편두통, 관절염과 간경화, 당뇨와 혈액에 관련한 질병이 몸을 괴롭힐 것이다. 더구나 여성은 이에 더해 여러 가지 병이 추가로 오는데 타고나기를 자궁이 약하니 생리불순을 달고 살 가능성이 매우 크고 평상시에도 생리의 양은 매우 적은 편에 속한다. 평소 입이 말라 이야기할 때마다 목이 아프거나 침이 마르니 이를 조갈증이라 하는데 평소에도 수분 보충이 중요하다.

57장. 경신(庚申, 子丑空亡)

1. 사주의 특성 (戊7, 壬7, 庚14)

음욕살 陰慾殺	무술(戊戌), 신묘(辛卯), 정미(丁未), 을묘(乙卯), 기미(己未), 계축(癸丑), 경신(庚申) 일주는 음흉하고 색정적인 기질이 있다. 여성은 유흥가 진출이고 남성은 재혼하는 사례가 많다.
홍염살 紅艶殺	갑오(甲午), 병인(丙寅), 정미(丁未), 무진(戊辰), 경술(庚戌), 임신(壬申), 임자(壬子) 일주가 홍염으로 미모와 센스가 있으며 도화와 유사하여 인기가 있으며 외도에 빠지기 쉬우니 곤명(坤命)은 기생(妓生), 건명(乾命)은 작첩(作妾)한다.
간여지동 干與支同	간지(干支)가 같은 오행(五行)의 글자로 부부간 생사이별수가 있으며 흉살(凶殺)과 겹치면 사별(死別)도 있다.
정록 正祿	정록(正祿)은 십간(十干)의 록(祿)으로 포태법상 건록 궁에 해당된다. 일지에 록이 있으면 위인이 건전하고 자립심이 강하여 자수성가하며, 부모의 유산을 받지 않는 경우가 대부분이다.
록 祿	최상으로 평가한다. 성인이 되어 혈기왕성하고 사회활동의 중추에 위치하여 크게 권위를 떨치며 성공한다는 뜻이다.

■ 건명(乾命)

　천간(天干)과 지지(地支)가 모두 금(金)의 성분이고 간여지동이라 지나치게 강한 것이 흠이고 고집스러운데 일견 무뚝뚝하고 순수하며 의협심이 있고 고집과 자존심이 강한데 유연성과 융통성 부족이라. 과격함이 드러나는 일주로서 대권력가가 아니면 천해지기 쉽다.

　속마음을 알 수 없는데 이는 완벽하게 성숙되어 정착된 성격이 없다는 것을 나타내기도 하는데 주변 상황에 따라 달리 나타나기도 하는 성품으로 배신할 수도 있고 일관성은 결여되어 있으며 자존심에 상처를 입는 것을 두려워하고 영웅의 길이 아니면 건달이다.

　물상으로 보이듯 서쪽 하늘의 별이니 외롭고 고독하다. 일을 접하면 즉시 해결하려 하고 방향이 정해지면 틀려도 밀고 나가는 뚝심으로 경쟁력이 강하고 추진력이 있으며 식신 장생이니 능수능란하다. 활달하고 적극적이며 능수능란한 임기응변에 완벽주의인데 결백성을 지니고 있다. 사람을 잘 다루고 사람을 이용하는 수단이 있어 타인을 이해하고 배려하는 마음도 있으나 겉으로는 표시 나지 않는다.

　지지(地支)의 신(申)을 형충하면 거칠고 강한 기질이 드러나고 숙살지기의 속성이 드러나면 주위에 피해를 입히거나 상하게 하므로 재산의 손실과 몸을 다칠 수 있다. 화(火)의 오행을 봄으로써 성기(成器)해야 하고 수(水)의 오행을 봄으로써 설기함이 두 번째다.

　고향을 떠나 살 팔자이니 자수성가의 기운이라 하고 우두머리 기질에 추진력도 상당하다. 학업의 성취도 높은 편으로 큰 시험에 강한 면모를 보이나 타고난 문성은 아니니 세속적 목적을 달성하면 학문에 관심을 두지 않는다. 예체능 계통에도 재주가 많은 사람이니 직업으로는 권력계통이 가장 적합한데 정치, 군경, 검찰계통이 대성을 할 수 있는 직업이며 운동선수, 기계, 의약, 예술계통도 좋다.

영리하여도 의리를 중시하니 시비를 분명히 하고 고집을 내세우며 자존심도 상처를 입지 않으려 하고 끈기가 있고 활동적인데 빈틈이 없는 성격으로 독선적인 성격이 강하므로 대인 관계없을 듯 보이나 비굴하지 않고 사리사욕을 채우지 않으므로 손해를 보고 혁명가적 기질을 지니고 있으며 음성도 좋다. 의협심이 강해 약자의 편을 들고 변화무쌍한 성격에 만인의 존경이 따르지만 언행은 상대의 가슴에 상처를 남긴다.

부모덕도 기대할 것이 없어 초년이 힘들다. 대체로 부친과의 인연은 깊지 못한데 모친과는 무난하다. 장남, 맏이, 장녀, 맏며느리에 많이 나타나는 일주이기도 하고 그렇지 않다 하여도 가정이나 큰 역할을 하는 사람에게서 많이 나타나는 일주이다.

부모덕은 없어 초년에 고생하거나 말년에 고생하는 경향이 있는데 직업이나 신분, 환경에 갑작스러운 변화가 있어 평상심을 잘 가다듬어야 하고 자신의 강한 주장으로 금실이 좋지 않다. 처덕이 있지만 처의 질병으로 근심하고 남녀를 불문하고 부부궁은 편치 않으며 건명(乾命)은 비견의 분록(分錄) 구조는 두세 번 장가들 운이거나 처를 고생시킨다.

남녀 공히 색정이 강하여 배우자 외에 애인을 두지만 항상 성적인 불만을 가진다. 권력계통이나 의사로 입신하면 좋은 운명이나 같은 일을 하더라도 타인에 비하여 노고가 심하고 결과가 늦게 나타나며 형제나 친구로 인해 손실이 따르고 고독하며 외롭다.

사주원국(四柱原局)에 인목(寅木)을 보아 절록의 충이 나타나면 거칠고 강한 면모 드러나며 친구나 형제로 인한 탈재(奪財)를 피할 길 없으며 몸이 고단하니 고독한 팔자라. 매사 경쟁적으로 일을 처리하고 타인을 지배하려는 속성을 지니니 타인과의 갈등이 있어 배신과 시비가 빈번한데 사업 인연에도 자존심과 명예심을 내세우니 규모에 집착하여 고통이 있다. 정화(丁火)의 정관으로 제복되어야 격국이 높아진다.

지지(地支)의 변화는 신금(申金)이 편관인 사화(巳火)와 합을 원하는 성정이라 식상의 마음으로 변화하는데 항상 법과 마음을 지키려는 마음이 강하며 때와 장소, 상황에 적응하여 타인 이해에 배려심이 나타나기도 한다.

■ 곤명(坤命)

권력 지향적이니 큰 인물이 많으며 권세를 휘두를 운이다. 평범한 삶은 부부이별에 눈물을 흘리고 직장 생활 중에도 유흥업 계통에 빠지는 경우도 많은데 본인이 가정을 이끄는 고단한 삶이고 친구로 인한 손해로 가슴을 친다.

천고는 공방수니 고독한 팔자이고 강한 고집과 개성이 부부의 이별을 앞당기거나 재촉하고 식신의 생록은 자식이 귀자일 가능성을 예고한다. 즉, 배우자를 무시하고 독선적인 기질이 드러나니 배우자의 건강이 약해지며 이별, 사별의 운이 흐를 수 있으며 가정불화를 피하기 어렵다.

명예를 가지거나 권력계통에 진출할 수 있으며 배우자와의 불화를 줄이고 평생 사회생활을 하고자 하면 때로 요식업으로 진출해 돈을 만지기도 한다. 남편이 판·검사거나 검경, 혹은 군인, 의사와 같은 칼을 사용하거나 권력을 가진 직업이라면 부부궁이 그다지 나쁘기만 하지는 않다.

2. 세운의 변화

申子辰年 : 이사, 이동, 직업 변동
卯年　　 : 신경쇠약, 정신 질환, 병원 출입
寅年　　 : 관재수, 구설수, 사고수, 부부 풍파, 이별수, 수술
亥年　　 : 관재수, 구설수, 사고수, 형옥(刑獄)
巳年　　 : 이성 만남, 좋은 일이 생김
甲寅年, 丙寅年 : 寅年은 寅申冲이 되므로 일반적으로 변화가 심하고 運路가 좋지 않다.

3. 물상

천간(天干)과 지지(地支)가 모두 금(金)의 성분으로 은(銀)이나 백금(白金)으로 해석이 가능하다. 금(金)의 성분이 간여지동으로 무력을 의미하니 영웅 아니면 건달이다. 자존심의 상처를 용납하지 못하고 한번 정해지면 틀려도 밀고 나간다. 적극, 능수능란, 임기응변, 완벽주의의 특징을 지니는데 약자의 편을 드는 의협심이 발동되면 손해를 보고 혁신적인 기질이 드러난다. 부부궁은 대체적으로 불미하여 처를 고생시키고 이별수가 있고 곤명(坤命)도 권세를 누려야 하는 숙명이라 사회적으로 큰 인물이 많다. 평생 손재와 몸을 다치지 않도록 조심해야 한다.

4. 특성

경(庚)과 신(申)은 금의 성분이고 서쪽, 가을을 의미하는데 만물 결실에 거두어들이는 속성이라 기가 강하고 의리가 있어 매사 경쟁심으로 일을 추진하고 항시 지도자적 위치에 머물러 군림하고자 하며 융통성보다는

밀어붙이는 힘으로 일처리를 하고자 한다. 사주원국(四柱原局)에 금(金)의 오행이 거듭하면 기가 강하고 고집이 막강하여 고통이 멈추지 않는다. 경쟁의 논리가 강하여 항시 타인을 지배하려 하고 승부욕을 내세우니 도리어 장애가 된다. 저돌적인 힘은 혁명성이라 필요한 분야에서는 탁월한 능력으로 발휘된다. 자기주장이 강하니 개성은 드러나지만 융화는 어렵다.

5. 육친관계
◼ 건명(乾命)

부친 인연은 짧고 덕도 부족한데 모친 인연은 무난하다. 주장이 강해 부모와는 의견 갈등이 일어난다. 부부궁은 불미하여 처를 고생시키고 이별수가 있고 이별, 사별, 별거의 운에 배우자가 병약하고 본인이 작첩의 길을 간다. 자식운은 근본적으로 딸이 많고 아들이 적으며 사주원국(四柱原局)에 화(火)의 오행이 충분하면 아들·딸이 고르다.

◼ 곤명(坤命)

근본적으로 아들이 많은데 딸은 병약할 수 있다. 사주원국(四柱原局)에 수(水)의 오행이 충분하면 반드시 귀한 자식이 있다.

6. 학업
◼ 건명(乾命)

지지(地支) 비견은 경쟁의 논리체계이니 공부도 경쟁심으로 하는데 인내와 노력은 접어두고 시험 때가 되어서야 탁월한 경쟁력을 발휘하고 학교의 선택이나 성적에도 자존심은 유지한다. 타고난 공부형은 아니니 학문 성취는 기대하기 어렵다. 대체적으로 세속적인 직업을 얻기 위해 공부를 하므로 직업을 얻으면 더 이상 학문의 운은 길게 이어지지 않는다. 성공을 위한 전공으로는 건명(乾命)은 법학, 사관학교, 세무대학, 체육대학, 공학, 경영학과, 경제학과, 세무학과, 무역학과 등이다.

■ 곤명(坤命)

전공으로는 법학, 교육학, 어학, 사관학교, 간호학과, 체육대학, 세무대학, 경영학과, 무역학과, 경영학과, 경제학과 등이 된다.

7. 결혼운

■ 건명(乾命)

일찍부터 연애를 꿈꾸나 기회를 빼앗겨 자유롭게 연애하기 어려우며 연애가 없어도 결혼운은 크게 지장이 없지만 배우자 결정에 시기가 늦고 고집이 있어 갈등이 있다. 일찍 오는 인연은 깨지기 쉬운 인연이고 강한 개성과 고집이 드러나 궁합이 좋지 않을 가능성이 많으며 부부이별 등의 고통이 올 수 있다. 좋은 배필의 인연을 살펴보면 건명(乾命)은 쥐띠, 소띠, 토끼띠, 용띠, 양띠, 돼지띠 여자가 된다.

■ 곤명(坤命)

쥐띠, 소띠, 용띠, 뱀띠, 말띠, 양띠, 원숭이띠 남자가 좋은 궁합이 된다.

8. 직업

사주원국(四柱原局)에 갑(甲)과 인(寅)의 글자가 있으면 사업 인연이고 화(火)의 오행이 있으면 조직 직장길의 운이 강하다. 직장길에 투신하면 검찰, 무관, 교육, 육영, 스포츠, 공직, 전문기술 분야가 좋고 직업운은 교육사업, 육영사업, 오락, 레저사업, 납품, 토목, 건축분야, 해양수산관련사업이 좋다. 지지(地支)는 비견이라 강력한 경쟁력을 의미하는데 타인을 죽이고서라도 사업을 성취하고자 하므로 투기적 사업 인연이 많고 타인에게 고통을 주는 경우가 많다.

경신일주(庚申日柱)의 직업으로는 권력계통이 좋으며 군인, 정치, 경찰에 투신하면 대성의 가능성이 매우 높아진다. 권력의 길에 서지 못했다면 운동선수, 기계, 기관, 운전 계통과 인연을 맺기 쉽다. 의사나 예술종사자로 진출하는 경우도 많다.

9. 성적 욕구

■ 건명(乾命)

신금(申金)은 풍류와 낭만을 즐기고 색정이 강하다. 지장간(地藏干) 임수(壬水)의 기운이 강해 성교적 능력이 대단히 강하고 일간이 강하며 음욕살까지 있으니 색을 밝히는데 행위는 즐기지만 배려는 부족하니 불만이 없을 수 없다. 다정다감하면 환영받는다. 비견이 강하면 지나친 색정으로 고민하고 금수가 많으면 성욕이 왕성하고 호색음탕 하지만 토(土)가 없으면 수기(水氣)가 새어나가니 조루증세가 나타난다.

■ 곤명(坤命)

대단히 강한 편으로 겉으로는 냉랭한 척 하지만 남자가 리드하면 매력적이고 농염하게 변하여 상대를 만족으로 몰아간다. 여름에 태어나면 수분(水分)이 증발해 생리불순이 오고 폐경이 빠르지만 금수(金水)가 강하면 분비물이 충분하고 갱년기도 늦게 오고, 금수(金水)가 있지만 목화(木火)가 없으면 성욕 감퇴에 강한 오르가즘에 도달하지 못한다.

10. 질병

경신일주(庚申日柱)는 천간(天干)과 지지(地支)가 모두 금(金)의 성분인데 폐와 대장에 병인하고 천간(天干)의 경(庚)은 배꼽에까지 영향을 미치고 신(申)은 경락에 영향을 미치니 경신일주(庚申日柱)는 간과 비장이 약하고 냉습에도 약하니 항시 몸을 따뜻하게 유지해야 한다. 기관지염, 대장염, 위염, 시력감퇴, 편도선, 중풍도 발병 가능성이 농후하다.

58장. 신유(辛酉, 子丑空亡)

1. 사주의 특성 (庚10, 辛20)

방해살 妨害殺	팔전(八專)은 갑인, 을묘, 기미, 정미, 경신, 신묘, 무술, 계축으로 음욕살이라 하고 건명(乾命)의 일지에 있으면 부인이 부정하고, 시지에 있으면 자녀가 부정하다. 곤명(坤命)의 일지에 있으면 혈육도 가리지 않고 음욕을 채운다. 구추(九醜)는 을유, 을묘, 기유, 기묘, 무자, 신묘, 임오, 임자, 무오일생인데 방해살이라 한다. 건명(乾命)에 있으면 수명이 단명이며 곤명(坤命)에 있으면 산액으로 고생하고 자궁병에 시달린다.
구추방해 九醜妨害	임자(壬子), 임오(壬午), 무자(戊子), 무오(戊午), 기묘(己卯), 기유(己酉), 을묘(乙卯), 을유(乙酉), 신묘(辛卯), 신유(辛酉)일 생으로 잦은 연애로 가정풍파가 암시되고 시주에 있으면 자녀가 같은 성향이다.
음욕살 陰慾殺	무술(戊戌), 신묘(辛卯), 정미(丁未), 을묘(乙卯), 기미(己未), 계축(癸丑), 경신(庚申) 일주는 음흉하고 색정적인 기질이 있다. 여성은 유흥가 진출이고, 남성은 재혼하는 사례가 많다.
홍염살 紅艶殺	갑오(甲午), 병인(丙寅), 정미(丁未), 무진(戊辰), 경술(庚戌), 임신(壬申), 임자(壬子)일주가 홍염으로 미모와 센스가 있고 도화와 유사하여 인기가

	있으며 외도에 빠지기 쉬우니 곤명(坤命)은 기생(妓生), 건명(乾命)은 작첩(作妾)한다.
음양차착 陰陽差錯	음란하고 색을 좋아해 배우자와 불화하고 사별하며 상부극처(傷夫剋妻)하고 재취를 하여도 해로가 어렵다. 상(喪)중에 취첩(娶妾)하며 혼인하여도 실패수(被折)가 따른다. 병오(丙午), 병자(丙子), 임진(壬辰), 임술(壬戌), 무신(戊申), 무인(戊寅)은 양착살에 해당되고, 신묘(辛卯), 신유(辛酉), 정미(丁未), 정축(丁丑), 계사(癸巳), 계해(癸亥)는 음차살이다. 일주에 해당되면 외가가 몰락할 수 있고 시(時)에 있으면 처가가 망한다.
음차살 陰差殺	배우자와 불화하고 사별하며 상부극처하게 되는 것이니 재취하여도 해로가 어렵다. 음란하며 색란이 따르고 심한 자는 상중에 취첩하며 혼인하여도 곧 실패수가 따른다.
간여지동 干與支同	간지(干支)가 같은 오행(五行)의 글자로 부부간 생사이별수가 있으며 흉살(凶殺)과 겹치면 사별(死別)도 있다.
교신성 交神星	병자(丙子), 병오(丙午), 신묘(辛卯), 신유(辛酉)일생은 생각이 깊으나 자아심이 강해 다른 사람과 함께할 수 없다.
록 祿	최상으로 평가한다. 성인이 되어 혈기왕성하고 사회활동의 중추에 위치하여 크게 권위를 떨치며 성공한다는 뜻이다.

■ 건명(乾命)

미인형이며 피부가 고운 것이 드러난다. 내적으로 강한 성격의 전형이며 자존심이 강해 남에게 지기 싫어한다. 일록으로 깔끔하고 강한 정신력을 소유한 칼날 같은 성정을 지닌 사람이라 자기감정을 지배하여 잘 드러내지 않고 표출되지 않으니 속을 알기 어렵다. 대외적으로는 사교적이어서 밖에서는 좋은 사람이지만 고집과 자존심이 강하고 타인의 간섭을 싫어하며 유연성과 융통성 부족에 부부의 사이에서도 감정교류와 개입을 무시하니 가정은 무정하다.

겉으로는 원만하지만 자기중심이 강하니 마음은 차갑고 고지식하며 겉으로는 단순하게 보이지만 속마음을 드러내지 않는다. 행동이 조심스럽고 소란과 번잡을 싫어하며 고요와 평온을 추구하니 계산적이고 독선적이다. 신경이 매우 날카롭고 사물에 대한 번민이 많으며 한 번 믿으면 모든 것을 바치지만, 증오를 가지면 풀리지 않는다.

타협이란 없으며 주관이 확고하고 청고하다. 일지(日支)가 지장간(地藏干)을 포함하여 비겁으로만 이루어지면 아집이 대단하다. 한편으로는 묘(卯)를 두충해 오는 속성이라 병화 허관이 비합하여 인정을 배풀 때는 봄눈 녹듯 한다.

신유일주(辛酉日柱)는 재주와 재능, 경쟁력을 갖추어 똑똑하고 재치를 지니고 실속을 차리고 있지만 재운은 크게 따르지 않는 속성이다. 사주원국(四柱原局)에 재신 절지 묘목(卯木)을 보면 사업의 가능성이 높은데 의리와 의심을 내세우고 자립정신이 지나쳐서인지 성패의 부침이 심하다. 곡절이 있다 하여도 내성적이라 그다지 드러나 보이지 않고 옳고 그른 점을 분명히 하니 까다롭기도 하지만 대체적으로 공정하고 정직한 근기는 있으므로 다시 일어선다.

지지(地支)에 금(金)의 성분을 깔면 대부분 날카로운 성정을 지니고 지나치게 깨끗하니 결벽증인데 이는 신(辛)과 유(酉)가 같고 차가운 성정이 있으며 어떤 경우에도 차분하게 대응하는데 재물보다는 명예를 우선해야 발복이 일어나고, 소란스럽고 번잡한 것을 싫어하니 고독하다. 한 번 믿으면 맹신의 성격이지만 증오가 생기면 타협이 어렵고 자신의 생각대로 추진하여 승부욕을 드러내며 쓸데없는 집착과 낭비가 많은 속에 본인과 배우자가 몸에 흉터가 있어야 액을 면하고 항시 베풀어야 한다.

을묘(乙卯), 임자(壬子)와 더불어 신유(辛酉)를 삼대 고집이라 했는데 지지(地支)가 비겁으로만 구성된 탓이며 이 중에서도 신유(辛酉)를 제일로 친다. 장남, 장자, 장손, 맏며느리이거나 그 역할을 하고, 본성은 강한 듯 부드러운 면이 있어 형제보다 친구에게 인기 있고, 처덕을 보지만 처궁은 약하니 이별의 운이라.

신금일주(辛金日柱)는 그러한 기질로 연애모드는 중매결혼의 운이며 재신 절종으로 심한 갈등 속에 이별이나 별리의 쓴 잔이 기다리는 경우가 많은데 연애결혼이라 해도 많은 노력을 해야 부부해로가 가능하다. 부부간 갈등이 심하고 아내의 행실에 대한 공연한 의심이 있다.

지지(地支)의 변화는 유금(酉金)이 정인 진토(辰土)와 합을 원하는 성정이기에 체면과 안정을 중시하고 타인을 배려하는 식상의 마음이 없고, 합해서 변한다 해도 비견이니 때와 장소에 따라 변화하고 운기가 바뀌며 방향이 설정되거나 주위가 변해도 표정과 언행은 크게 달라지지 않고 속마음도 내비치지 않으니 표면적으로 감정변화를 알 수 없다.

■ 곤명(坤命)

혼전에 열병을 앓을 정도의 깊은 사랑을 경험하면 실패수가 줄어들지만 첫사랑과 결혼하거나 경험 없이 혼인하면 마음고생 후에 이별수가 있는데 배우자를 무시하는 경향이 있고 부부궁이 불리하니 이별이 무상하고 본인이 재취이거나 소실일 수 있는데 스스로 사회생활을 하여 가계를 꾸린다. 고부간의 갈등도 무시하기 어려운데 관성은 역마르 떨어져 지내거나 병환으로 고통이 있다. 규모가 있는 사업을 원하고 금전에 대한 강한 집착도 있어 낭비는 없다.

음차의 영향으로 부모의 덕도 없는데 외가는 물론이고 시가마저 몰락의 기운이 내비치는 은이고 미모를 지니고 있지만 남편의 사랑도 멀어 한이 쌓이고 신앙에 몰두하는 것은 도움이 되지만 지나치면 문제를 일으키고 양 신금(辛金)의 천인이니 타인을 위해 적덕을 많이 쌓아야 자신과 배우자의 신체 이상을 면한다. 혹 소실이거나 재취라면 배필 고통이 작아지지만 배우자보다 자식에게 봉사하며 살아도 자식은 귀하게 되기 어렵다.

2. 세운의 변화

巳酉丑年 : 이사, 이동, 직업 변동
未年　　 : 신경쇠약, 정신 질환, 병원 출입
卯年　　 : 관재수, 구설수, 사고수, 부부 풍파, 이별수, 수술
子年　　 : 관재수, 구설수, 사고수, 형옥(刑獄)
辰年　　 : 이성 만남, 좋은 일이 생김
乙卯年, 丁卯年 : 卯年은 卯酉冲이 되므로 일반적으로 변화가 심하고 運路가 좋지 않다

3. 물상

보석을 간직한 주머니라 하면서도 가을의 상이고 강력한 살기를 지닌 상이다. 매우 날카롭고 번민과 상념이 번갈아 고통을 주고 내성적이어서 차갑고 고지식하며 싸늘한 성정이라 소란을 기피하고 평온을 찾는다. 을

묘(乙卯)와 신유(辛酉)는 고집불통이라 꺾기 어려운데 처덕은 있으나 처궁은 약해 해로가 어렵고 자상(字象)은 색정(色情)이 있어 음욕이 발동하면 통제가 어려운 경우도 있다. 곤명(坤命)은 미모를 지니고 있지만 남편의 사랑이 없으니 한이 맺히고 쌍신(雙辛)으로 타인에게 적덕해야 신액(身厄)을 면한다.

4. 특성

천간(天干)과 지지(地支)가 모두 금(金)의 성분이고 가을이며 서쪽이라 만물을 결실하게 하며 숙살지기가 있는데 이를 추상(秋霜)이라 하는 것으로 살벌한 기운이며 생산적인 일이나 파괴적이고 전문적인 일에서 재능을 보이는데 힘과 권력을 쓰고 제압하고 파괴적인 기운을 사용하는 군인, 무관, 스포츠, 검찰, 경찰, 의약업과 전문기술에서 실력발휘가 이루어진다. 경쟁이 요구되는 일에 능숙하고 경쟁을 좋아하는 속성으로 인간관계는 원만하지 못해 갈등이 많다. 사주원국(四柱原局)에 화(火)의 오행이 있으면 지도자로 성공운이고 수(水)의 오행이 많으면 기술로 성공 가능성 높다. 부부관계도 좋으리라 기대하기 어려운데 의리가 있고 고집이 세며 지도자적 위치에 오르며 원만한 처세가 빛나지만 집에서는 독불장군이라 환영받기 힘들고 홍염살의 색정으로 인한 고통이 따른다.

5. 육친관계

■ 건명(乾命)

부모의 덕이 없고 때로 인연이 좋아도 자신의 고집과 아집으로 원만하지 못해 갈등이 따르고 배우자의 문제도 남녀 공히 자기 고집으로 순탄치 못하다. 자존심이 강해 배우자와 충돌이 많고 처덕은 있지만 배우자궁은 부실하여 이별, 사별의 운이 있고 본인이 작첩하는데, 배우자와 갈등에 의처증이 있고, 밖에서는 무골호인이나 가정에서는 무정하고 냉혹하며 잔인하다. 사주원국(四柱原局)에 수(水)와 화(火)의 오행이 고르면 아들·딸이 고르다.

■ 곤명(坤命)

배우자를 무시하니 갈등이 오고 고부간의 갈등도 있다. 부부갈등에 이별수가 있는데 재취나 소실의 운이고 배우자는 병약하다. 자식을 위해 봉사하나 귀한 자식의 운은 아니다. 곤명(坤命)은 수(水)의 오행이 많으면 아들이 많고 수(水)의 오행이 적으면 딸이 많다.

6. 학업

■ 건명(乾命)

타고난 경쟁심으로 시험 때마다 학문의 발전이 있다. 사주원국(四柱原局)에 토(土)의 오행이 부족하면 인내와 노력이 약하여 실력이 드러나지 않고 경쟁이 필요한 학과나 학문이 좋은데 스포츠, 사관학교, 체육대학 등에 진학하면 능력 발휘에 유리하다. 성공을 위한 학문으로는 건명(乾命)의 경우 법학, 행정학, 공학, 의학, 약학, 스포츠, 사관학교, 체육대학, 전문기술 분야의 대학이 좋다.

■ 곤명(坤命)

법학, 행정학, 어학, 교육, 육영, 의약, 간호학, 사관학교, 체육대학, 간호대학 등이 좋은 학문의 길이다. 사주원국(四柱原局)에 화(火)와 토(土)의 오행이 적절하면 시험이 있을 때마다 경쟁심이 꽃을 피워 좋은 학교와 인연이 된다.

7. 결혼운
■ 건명(乾命)

강한 경쟁심과 자존심으로 일찍 연애가 오지만 고집으로 길게 인연하지 못할 가능성이 많은데 배우자 결정도 고집으로 부모와 갈등이 있다. 배필 인연으로는 쥐띠, 소띠, 범띠, 용띠, 뱀띠, 말띠, 닭띠, 돼지띠 여자이다.

■ 곤명(坤命)

소띠, 범띠, 용띠, 뱀띠, 말띠, 닭띠 남자가 좋은 배우자 인연이다. 건명(乾命)은 처로 인해 여러 고통이 따르고 곤명(坤命)은 남편이 병약하여 고통이 온다.

8. 직업

경쟁이 강하니 검찰, 경찰, 행정, 스포츠, 교육, 의학 관련 직업이 많은데 사업은 전문기술사업이 좋고, 교육 육영사업, 요식사업도 좋다. 사주원국(四柱原局)에 을(乙)과 묘(卯)를 보면 경쟁적으로 사업에 인연하는데 성패가 파도를 친다. 사주원국(四柱原局)에 화(火)의 오행이 적절하면 조직 직장운으로 평탄한 삶을 이룬다. 신유일주(辛酉日柱)는 군경, 검찰, 행정, 경리회계, 설계, 의사, 약사, 철도, 보건복지에 투신하면 입신의 양명이 가능하고 금은방이나 기술계통도 좋다.

9. 성적 욕구

▣ 건명(乾命)

일간이 강하고 음기 있고 음착살이니 성욕 강하고 색을 밝힌다. 성생활을 많이 즐기는 일주이나 단조롭고 이기적이며 금수가 강하면 성욕이 왕성하고 호색음탕하고 토가 많으면 조루 증세다. 비견이 많으면 색정으로 번뇌가 있고 일지와 시지(時支)에 도화(桃花) 있으면 무분별한 성욕에 감퇴도 있으며 겨울 태생에 화(火)가 없으면 발기부전도 있는데 근본적으로 사춘기를 지나며 갱년기에 이를 때까지도 성적 욕구가 심해지는 경향이 있다.

▣ 곤명(坤命)

표면적으로 냉랭하지만 실제 접하면 색정이 강하고 유금일주(酉金日柱)는 색정이 절륜하다. 여름에 태어나면 수분 증발이라 생리불순에 폐경이 성욕에 불만이 생기면 과감하게 외정을 즐기고 금수(金水)가 강하면 분비물이 많아 오르가즘이 오르고 갱년기도 늦는데, 금수(金水)가 강해도 목화(木火)가 많으면 성욕 감퇴에 강한 오르가즘을 느끼기 어렵다. 근본적으로 반응이 빠른데 남성의 행동이나 성적 능력에 따라 반응이 천양지차로 달라진다.

10. 질병

신유일주(辛酉日柱)는 천간(天干)과 지지(地支)가 모두 금(金)의 성분이라 폐와 대장에서 병인하고 신(辛)은 다리에 영향을 미치고 유(酉)는 정랑, 난소, 코, 인후에도 영향을 미친다. 신유일주(辛酉日柱)는 비염, 호흡기질환, 폐질환, 혈압, 순환계, 대장, 비장 등에 병이 오고 치아가 부실하며 폐에 병이 오면 심각하여 치료가 어렵다.

59장. 임술(壬戌, 子丑空亡)

1. 사주의 특성 (辛9, 丁3, 戊18)

양착 陽着	출생일이 壬辰, 丙午, 壬戌, 丙子, 戊寅, 甲寅, 戊申日生이며 결혼 파탄, 배우자 상중 재혼 등의 흉사가 있다. 년주를 주동하여 일주가 공망이 되면 작용력이 상실한다.
천라지망 天羅地網	戌亥는 天羅, 辰巳는 地網인데, 감금, 구속, 시비, 송사 등의 구설이 따른다. 곤명(坤命)은 공방수나 파혼의 운이고 자녀궁에 흉사가 있다. 활인성이라 검경계나 법조계, 의약계, 역학계, 종교인 등과 연관이 깊다. 辰과 戌은 첨단산업이나 공업 계통으로 진출하며, 戌과 亥는 天文星으로 지혜총명하고, 天主敎의 신앙을 믿는 사례가 많다.
천문성 天門星	하늘의 글을 뜻하는 천문을 읽는 지혜를 타고 났다는 뜻이므로 재주나 문장이 뛰어나다. 지지(地支)에 卯戌亥未가 지지(地支)에 있는 것을 말하는데 戌亥가 가장 강하게 나타난다. 종교, 신앙, 철학, 예지하는 능력이 있다하여 역술이나 무속계통에 관련이 있다.
취명관 取命關	어린아이가 사당, 절 등에 가면 떠도는 혼령에 질병을 얻을 수 있다고 小兒關殺符로 쓰이는데, 10세가 지나면 액이 소멸되니 의학이 발전하지 않았던 과거에 쓰이던 신살이다.
계비관	甲己는 巳酉丑, 乙丙丁戊는 子, 庚辛壬癸는 寅午

鷄飛關	戌을 보면 제비살이니 가축을 살생하는 것을 보면 질병에 노출될 위험이 있다고 하여 小兒關殺符로 많이 쓰였지만 10세가 지나면 액이 소멸된다.
백호대살 白虎大殺	갑진(甲辰), 을미(乙未), 병술(丙戌), 정축(丁丑), 무진(戊辰), 임술(壬戌), 계축(癸丑)일주가 해당하며 해당 육친의 혈광지사(血光之死)와 한을 품은 죽음을 겪는 흉포한 살성이라 한다. 일주에 있으면 성정이 강하고 과격성이 있지만 기이한 발복이 있다.
재고귀인 財庫貴人	갑진(甲辰), 병술(丙戌), 정축(丁丑), 무술(戊戌), 기축(己丑), 신미(辛未), 임술(壬戌)일주는 지지(地支)가 재성(財星)의 창고이니 부자가 된다.
낙정관 落井關	甲己일에 巳, 乙庚일에 子, 丁壬일에 戌, 戊癸일생이 卯를 보는 것으로 수재(水災)나 물에 빠져 죽는다. 직업에도 영향이 있다.
괴강살 魁罡殺	괴강(魁罡)은 파괴력이 으뜸이 되는 별로 경술(庚戌), 경진(庚辰), 임술(壬戌), 임진(壬辰), 무술(戊戌) 등을 가리키는데 총명하고 극빈, 부귀, 총명, 괴걸(怪傑) 같은 암시가 강하고 자기만의 독특한 고집이 있다. 여자는 과부가 되거나 남편 덕을 기대하기 어렵고 항상 불만스럽게 산다.
일덕 日德	성격이 착하고 자비롭고 대운이 신왕(身旺)에 복록이 풍후(豊厚)하다. 갑인(甲寅), 병진(丙辰), 무진(戊辰) 경진(庚辰), 임술(壬戌)이 해당된다.
퇴신 退神	정축(丁丑), 정미(丁未), 임진(壬辰), 임술(壬戌)일이 퇴신으로 가치관이 일반인과는 다소 다르며, 타인들에게 두드러져 보이려는 성격을 지닌다. 속단하여 실행한 일로 뒤늦게 후회하기도 한다.
의처의부 疑妻疑夫	갑오(甲午), 병술(丙戌), 무진(戊辰), 경진(庚辰), 임술(壬戌) 일주의 남자와 을사(乙巳), 정해(丁

칠살 七殺	亥), 기해(己亥), 신사(辛巳), 계해(癸亥)의 여자 일주가 해당한다. 의처의부증(疑妻疑夫症)이다.	
	갑신(甲申), 무인(戊寅), 임진(壬辰), 임술(壬戌), 계축(癸丑), 계미(癸未)일은 충돌, 언쟁, 관재, 구설, 수술, 고립 등의 상황이 많고 교통사고나 부부간 다툼이나 냉전, 이별의 기운이 강하다.	
대 帶	관대(冠帶), 정신적으로는 아직 부족하나 육체적으로는 성숙하여 자기의사대로 할 수 있는 독립의 준비상태이다.	

■ 건명(乾命)

외모는 둥글고 통통한 편이며 두뇌가 총명하여 직감이 빠르고 재치와 유연성, 융통성, 포용력이 있어 타인의 마음을 잘 파악하는 천군의 인수관대이니 기억력을 바탕으로 꿈이 잘 맞아 예감이 빠르니 선견지명이 있다.

상대를 잘 파악하며 인정이 있어 잘 베풀지만 재고를 두어 까다롭고 급하기도 하여 독선이 넘치고 욕심이 넘쳐 재물을 모으는 데는 따를 자가 없다. 타인을 위해 일을 하면서도 자신의 이익을 생각하는 성향이며 한 곳에 머물기보다는 항상 생각이 많고 강직하고 똑똑해 원칙과 소신이 뚜렷하여 드러남이 있고 인내심이 있어 일을 추진하며 마무리까지 달려가니 완벽을 추구한다.

지도력이 있으니 지위와 권력을 사용하는 군경검(軍警檢)이나 금융계에 종사하는 것이 좋고 처복과 자식복도 그럭저럭 있으나 색을 밝혀 근심이다.

지지(地支) 백호로서 지혜가 있으며 지도자 격으로 정직성과 과격성을 지녔기에 안정을 중시하는 성정이 있고 성실과 정직이 표면적으로 드러나지만 속으로는 음흉한 면이 있으며 자신의 속마음을 드러내지 않지만 타인에게 지기 싫어한다. 선견지명이 있으며 까다롭고 급하나 완벽을 추구하고 배짱을 지니고 있으며 강직하면서도 과격하여 용감에 추진력을 겸비한 성격이고 은근한 끈기와 고집으로 일을 추진한다.

재물에 대한 욕구와 욕심은 있으나 모험을 추구하기보다는 안정을 지향하기에 변화를 싫어하고 투기성향은 근접하지 않으니 느긋하고 여유롭고 원칙과 소신의 뚜렷함이 드러나고 인내심 발로인데 인정이 있으면서도 타인의 간섭이나 구속을 싫어하며 이기심과 독선적 경향이라 상대가 마음에 들면 잘하지만 한 번 틀어지면 증오가 심하다.

술토(戌土)는 고통을 당하면 당할수록 두뇌가 맑아지고 감이 빨라지며 활기가 도는 특징이 있다. 재복에 일복까지 타고났는데 타인의 간섭이나 구속을 싫어하고 명분이 있어도 손해 보는 일은 하지 않는다. 그러면서도 맡겨진 일은 험한 일이나 궂은일도 마다하지 않고 최선을 다하는데 재물에 대한 집착과 욕심 때문이며 상대가 마음에 들면 최선을 다하나 싫어지면 증오심을 뿜어낸다.

호탕한 성격에 솔직 담백한 모습을 보이고 사람들에게 잘 베풀지만 재고에 욕심을 두었고 재를 암합하여 인정은 있지만 제 것을 챙기는 일종의 이기적 경향이 강하다. 정화와 신금이 충돌하니 탐재괴인의 경향이다. 재관이 고(庫)에 들고 백호, 일덕이니 많은 사람을 계도하고 이끌며 지도자 역을 해야 하니 격이 좋으면 군경이나 금융계에서 명성을 떨치기도 하며 종교와도 인연이 있다. 임수 재고는 어떤 여자도 휘어잡아야 하는 성격이고 양처득자라. 여러 여자의 몸에서 자식을 낳을 수 있을 정도로 색난이 있고 가정이나 사회생활에 풍파가 많다.

재관의 관대와 화개는 중생을 계도하는 성분이니 인내심이 강하며 종교성을 알겠고 부모의 인연이 고르고 매사 자신이 알아서 처리하니 육친 사이의 갈등은 없거나 아주 약하다. 부선망(父先亡)이니 모친의 인연이 깊고 연애를 일찍 해도 무난한데 타고난 자존심의 발로가 있으며 배우자운도 좋다. 건명(乾命)은 처를 부양하는 형국으로 잔소리가 많거나 병환이 있어 고통이 따르지만 인연은 길다. 재관동림이니 아이가 들어서고 결혼할 수 있다.

처덕은 있으나 백호라 해로가 어려우며 첩을 여럿 두는 경향이 있음에도 자손궁은 불안하고 근심이 떠나지 않으며 재복은 풍후하니 도처에 부동산이 있고 거금을 만져보기도 하며 감추어 놓은 재물이 있다. 재고를 두어 재복은 두터운데 타간(他干)에 임수(壬水)가 병렬하면 고지의 재를 털어내는 격이라 거금 희롱의 운이 있다.

운의 흐름은 지지(地支)와 천간(天干)의 변화에서 민감한데 일간은 지지(地支)로부터 토극수(土克水)의 상황이라 마음이 늘 불안함을 보여주고 임간(壬干)의 정인에 해당하는 신금(辛金)은 술토(戌土) 속에 있고 정화(丁火)에 화극금(火克金) 당하는 상황이라 정의의 마음이 그다지 드러나지 않는다. 그러나 운의 흐름에서 술토(戌土)는 상관 묘목(卯木)과 합을 원하는 성정이고 합하면 재성의 마음으로 변화하니 활동적인 성향에 호기심을 보이며 타인에 대한 배려도 생기고 재물을 추구하는 마음도 생기나 술토(戌土)는 원칙과 법도를 지키고 안정과 체면 중시에 머물러 추진력이나 대중성 부족으로 나타날 수 있다. 타인을 배려하고 이해하며 덕을 쌓으면 자신과 배우자에 미치는 액을 피할 수 있다.

■ 곤명(坤命)

고집이 세어 자기주장이 강하니 배우자와 불화를 할 수밖에 없다. 퇴신이니 사방으로 뽐내려고 하고 밝은 기질을 드러낸다. 근본적으로 관이 일지에 자리하니 남편을 공경하거나 위하기는 어렵고 본인이 가정의 주도권을 잡으려고 하니 불화가 미칠 것이며 남편이 권력계통에 종사하면 좋은데 그것이 이루어지지 않으면 남편의 무능을 보게 될 것이며 과부의 운이다. 여자이나 사내 같은 기질이 강하니 활동하기 좋아하고 사업의 운이 강하며 배우자가 납치 감금당할 수 있는데 나이 차이가 많으면 그나마 운이 조금은 풀린다. 임술(壬戌)의 물상에서 지지(地支)를 살피면 정화(丁火)와 신금(辛金)의 배치가 보이는데 이는 다른 일주에서 보이듯 백호대살이라 칼을 들고 설치는 여자 무당의 상이니 두서없는 법석을 떨거나 분별이 없이 막 나아가는 성질을 지니기도 한다.

2. 세운의 변화

寅午戌年 : 이사, 이동, 직업 변동
巳年　　 : 신경쇠약, 정신 질환, 병원 출입
辰年　　 : 관재수, 구설수, 사고수, 부부 풍파, 이별수, 수술
未年　　 : 관재수, 구설수, 사고수, 형옥(刑獄)
卯年　　 : 이성 만남, 좋은 일이 생김
丙辰年, 戊辰年 : 辰年은 辰戌沖이 되므로 일반적으로 변화가 심하고 運路가 좋지 않다

3. 물상

땅속의 물이니 석유나 지하수와 같고 일덕을 더하니 중생을 계도하는 성분이라 인정이 두텁고 종교성이 강하다. 술토(戌土)는 천문으로 고통을

당할수록 영감이 깨어나니 임술일주(壬戌日柱)는 직감이나 예감이 빠르고 상대의 마음을 파악하는 능력에 꿈도 잘 맞는다. 임술(壬戌)은 가치관이 독특하고 자신을 뽐내며 백호인데 정화(丁火)와 신금(辛金)이 있으니 분별없이 막 나아가고 곤명(坤命)은 권력계통에 종사하지 않으면 무능해진다.

4. 특성

계절적으로 만물을 거두는 기운이고 생명을 잉태하는 기운이라 만인을 계도하는 지도자의 기운이며 평생 학문과 인연이 있고 명예와 자존심이 강하며 법과 힘을 앞세운다. 사주원국(四柱原局)에 금(金)의 오행이 있으면 학문과 명예가 갖추어 검경과 같은 고위공직으로 실력자의 길을 가고 금(金)의 오행이 없고 목(木)의 오행이 발달하면 조직에서 실력자로 나서는데 이학과 약학에서 드러난다.

지도자의 입장이니 지혜가 총명하고 명예와 자존심도 강하며 타인의 고통을 풀어주는 능력을 가지고 있는데도 자신은 운명적인 애로를 겪을 수 있고 곤명(坤命)은 자존심이 강하여 고통이 온다.

5. 육친관계

■ 건명(乾命)

부모 인연 고르고 일을 잘 처리하니 부모와 동거해도 문제없고 잔소리가 있는 처의 경우라도 잘 융화하며 살고 자식운에 아들이 많다. 처복이 있는 편이나 그렇지 못한 경우는 이별, 사별, 별거하거나 작첩하고 자식복도 없고 자식운도 나빠 고민이 생긴다.

■ 곤명(坤命)

근본적으로 고집이 세고 자존심이 강해 불화의 기운이 보이며, 배우자를 존경하지 않고 가정의 주도권을 잡으려 하니 불화한다. 배우자가 납치나 감금을 당하는 운이 있고, 배우자는 권력 계통에 있어야 길한데 평범한 배우자와 결혼하면 이별, 사별, 별거하거나 병약한 남편의 운이다. 사주원국(四柱原局)에 수목(水木)이 있으면 아들·딸 고르게 출생하고 목(木)이 부족하면 딸이 많다. 자식에게 근심이 오지만 자식에 대한 기대가 크지 않아 큰 걱정은 없다. 다소 잔소리가 있는 남편을 배우자로 인연해도 길게 인연한다.

6. 학업
■ 건명(乾命)

자존심과 명예를 추구하여 어린 시절부터 공부를 잘하고 학교운도 비교적 좋다. 사주원국(四柱原局)에 화(火)의 오행이 많으면 성적이 나지 않는데 세월이 흐르며 학문의 발전이 있어 자존심을 유지할 정도의 학교는 인연이 있다. 전공 선택에서 법학, 경영학, 경제학, 무역학, 공학, 의학, 약학, 스포츠, 경찰학, 사관학교, 체육대가 좋은 학문의 길이다.

■ 곤명(坤命)

법학, 경영학, 경제학, 무역학, 교육, 육영, 어학, 의학, 약학이 성공을 위한 학문이 된다. 지지(地支) 편관이라 직업의 인연을 의미하니 직업과 인연이 되는 전공의 운이며 공부가 필요한 경우에는 오래도록 많은 공부를 하기도 한다.

7. 결혼운

▣ 건명(乾命)

연애운이 빠르고 무난하여 남들의 눈에 뜨이지 않는 연애를 하다가 결혼으로 발전하고 자존심으로 선택을 하나 부모와 큰 갈등 없으며 자식이 들어서고 결혼을 하는 경우도 흔하다. 좋은 배필 인연은 소띠, 범띠, 토끼띠, 용띠, 말띠, 양띠, 개띠, 돼지띠 여자이다.

▣ 곤명(坤命)

연애운이 빠르고 기가 강한 남자가 온다. 소띠, 범띠, 토끼띠, 뱀띠, 말띠, 양띠, 개띠, 돼지띠 남자가 좋은 인연이다. 자존심 강하고 배우자도 잘난 사람을 만나 해로한다.

8. 직업

지도력을 바탕으로 하는 조직이나 직장이 좋고 자기사업은 전문직 인연이 많다. 사주원국(四柱原局)에 화(火)와 금(金)의 오행이 있으면 조직 직장길 인연이고 목(木)과 수(水)의 오행이 많으면 자기사업 인연이 많다. 조직은 검찰, 경찰, 공직, 금융권, 교육, 육영, 공학, 토건, 화학, 금속업에 관련이 깊으며 사업운은 변호사, 세무사와 같은 전문자격, 의학, 약학, 교육사업, 납품제조업 등이다. 외형과 규모에 집착하니 내실이 약할 수 있고 알부자의 운도 있다.

임술일주(壬戌日柱)는 재정, 법정, 은행, 교육, 의사, 특수기술직, 군경, 인기직종 등에 입신하면 대성의 운이다. 재복은 두터운 편이며 철쇄개금으로 활인을 해야 육친의 액을 면한다.

9. 성적 욕구

■ 건명(乾命)

　욕구가 강하고 즐기지만 정력은 강하지 않고 양착살이라 색은 밝히니 한 상대로는 만족감을 느끼지 못한다. 여자를 다루는 수완도 뛰어나고 도처에 애인을 두기도 하지만 의처증이 있고 변태성 욕구도 있다. 토(土)가 지나치게 강하면 방광을 비롯한 생식기에 문제가 생기며 발기부전도 조심해야 한다.

■ 곤명(坤命)

　성감은 그다지 강하지 않지만 호기심이 강해 관계를 좋아하고 적극적이며 거칠게 성생활을 즐긴다. 그러나 자신이 주도권을 쥐어야 만족하는 사람이다. 관성(官星)이 조열하면 조루증 남편 운이고 화토(火土)가 많으면 분비물이 적어 성교 시 통증을 느끼고 생리통에 생리불순이 오고 조기 폐경이 있고 자궁의 병도 무시 못한다. 지지(地支) 충(沖)이 많으면 옥문에 힘이 없고 질내가 건조하다.

10. 질병

　임술일주(壬戌日柱)는 차가운 기운이다. 임(壬)은 수(水)의 성분으로 방광과 신장에 병인하지만 경락과 삼초에도 영향을 미치고 술(戌)은 토(土)의 성분이지만 차가운 토(土)라 비·위장에 병인하지만 명문, 복숭아뼈, 자궁, 폐에도 영향을 미친다. 임술일주(壬戌日柱)는 신장. 방광, 당뇨, 요도염, 골절, 디스크, 좌골신경통, 뇌일혈, 결석, 혈압계통의 질환을 조심해야 한다.

60장. 계해(癸亥, 子丑空亡)

1. 사주의 특성 (戊7, 甲7, 壬16)

천일관 千日關	생후 천일째 되는 날에는 밖에 나가지 말라하여 출생 3년 이내에 경풍(驚風), 토(吐)의 액이 있다 하여 小兒關殺符로 많이 쓰이는데, 의학이 발전하지 않았던 과거 시절에 주로 쓰였다.
간여지동 干與支同	간지(干支)가 같은 오행(五行)의 글자로 부부간 생사이별수가 있으며 흉살(凶殺)과 겹치면 사별(死別)도 있다.
복신 伏神	무인(戊寅), 계사(癸巳), 무신(戊申), 계해(癸亥) 일이 복신으로 이는 매사가 지연, 정체된다는 암시가 있다.
음인 陰刃	정사(丁巳), 기사(己巳), 계해(癸亥) 일주로 독선적이며 칼을 맞는다는 암시가 있어 남의 비방(誹謗)을 받고 재물에 실패수가 따른다.
음양차착 陰陽差錯	음란하고 색을 좋아해 배우자와 불화하고 사별하며 상부극처(傷夫剋妻)하고 재취를 하여도 해로가 어렵다. 상(喪)중에 취첩(娶妾)하며 혼인하여도 실패수(敗折)가 따른다. 병오(丙午), 병자(丙子), 임진(壬辰), 임술(壬戌), 무신(戊申), 무인(戊寅)은 양착살에 해당되고, 신묘(辛卯), 신유(辛酉), 정미(丁未), 정축(丁丑), 계사(癸巳), 계해(癸亥)는 음차살이다. 일주에 해당되면 외가가 몰락할 수 있고 시(時)에 있으면 처가가 망한다.

의처의부 疑妻疑夫	갑오(甲午), 병술(丙戌), 무진(戊辰), 경진(庚辰), 임술(壬戌) 일주의 남자와 을사(乙巳), 정해(丁亥), 기해(己亥), 신사(辛巳), 계해(癸亥)의 여자 일주가 해당한다. 의처의부증(疑妻疑夫症)이다.
천문성 天門星	하늘의 글을 뜻하는 천문을 읽는 지혜를 타고 났다는 뜻이므로 재주나 문장이 뛰어나다. 지지(地支)에 卯戌亥未가 지지(地支)에 있는 것을 말하는데 戌亥가 가장 강하게 나타난다. 종교, 신앙, 철학, 예지하는 능력이 있다하여 역술이나 무속계통에 관련이 있다.
천라지망 天羅地網	戌亥는 天羅, 辰巳는 地網인데, 감금, 구속, 시비, 송사 등의 구설이 따른다. 곤명(坤命)은 공방수나 파혼의 운이고 자녀궁에 흉사가 있다. 활인성이라 검경계나 법조계, 의약계, 역학계, 종교인 등과 연관이 깊다. 辰과 戌은 첨단산업이나 공업 계통으로 진출하며, 戌과 亥는 天文星으로 지혜총명하고, 天主敎의 신앙을 믿은 사례가 많다.
왕 旺	세가 왕성한 것을 뜻한다. 사주원국에서 일주를 지탱하는 조건이나 용신이 왕성한 것이다.

■ 건명(乾命)

외모는 통통하고 건강하며 수(水)의 천간(天干)은 총명함을 드러내는데 천문의 선견지명을 지니고 있고 수(水)가 왕(旺)하니 지혜가 있어 머리 좋기로는 빠지지 않는다. 상관이 생록을 얻으니 두뇌가 총명하지만 조용하게 처신하니 마음의 깊이를 짐작할 수 없고 무한한 잠재력도 파악하기 힘들다.

수기(水氣)가 강하니 마음이 착하고 환경 변화에 민감하다는 특징이 드러나고 주변을 항상 의식하여 때로는 지나친 거짓말도 하는데 실제로는 주변을 의식하지 않고 내지르는 성격이며 자기주장이 강하고 말을 해도 계산적이다. 신해일주(辛亥日柱)와 계해일주(癸亥日柱)는 천재성을 다툰다. 내성적이고 부드러운 성격에 드러나기는 매우 활달하고 개방적이고 자존심이 강하며 외유내강에 수양마저 있으니 어디 가나 환대를 받고 지장간(地藏干)의 해중역마는 망망대해를 떠다니니 목표를 정하고 묵묵히 매진하면 국제적인 인물이 될 것이며 무한한 잠재력은 높이 평가된다.

타인보다 한발 앞서는 좋은 사주인데 만사태평해도 지장간(地藏干) 갑목(甲木)은 생각을 멈추지 않고 주변에 민감하며 겉보기에 둔하지만 천재적인 두뇌는 쉬지 않고 움직인다.

계수일주(癸水日柱)는 직감력이 강하고 감각적이다. 선견지명이 있고 두뇌는 천재적이며 겉으로 온화하고 조용한 듯 외유내강형에 표면적으로 드러나는 것은 법도를 지키는 마음으로 보이고 안정과 명예를 중시하지만 이는 내면적인 것이며 실제 행동에서는 계산적이며 이중적이고 조심스럽고 때를 만나면 저돌적으로 돌진한다. 그러나 지장간(地藏干)의 정관 무토(戊土)가 반응하면 평소와 달리 정관의 행동이 두드러진다.

문장력이 드러나고 사교적이며 마음도 넓은데 장남, 장녀, 맏며느리이거나 그러한 역할을 하려 하고 평생 바쁜데 형제나 친구 일까지 신경 쓰고 해결하려 하기 때문이다.

건명(乾命)은 한길로 매진하면 성공의 운이다. 이상이 높으니 시련과 장애가 있을지라도 이를 이기고 일어서는 근기가 있는데 유동수(流動水)라 하여 계수(癸水) 성분이 나타나 정관겁살로 관운의 중단을 의미하니 고위직에서 급전직하로 떨어지기도 하는데 때를 잃어도 천직(賤職)을 부끄럼 없이 수행하는 무서운 인물이다. 다만 정관을 암합하니 백수로 지내는 일은 드물고 주관이 강하고 고집도 피우는데 표현하지 않고 일처리를 하니 자수성가의 운이다.

지지(地支)는 겁재인데 경쟁심을 의미하고 지장간(地藏干) 속의 상관은 재주와 기술을 의미하는데 겁재의 작용으로 재물이 오면 고통도 온다. 재능이나 재주가 있어 최소한의 재물은 벌어들이는 운이다.

겁재와 재를 다투는 형국이니 경쟁 국면에서 성취하고 성패의 부침이 있지만 한 길로 나아가면 성공의 확률이 높아진다. 평소 느긋하게 기회를 기다리다가 적당한 시기가 이루어지면 속전속결(速戰速決)로 일을 처리한다.

머리가 좋은 점은 축복이나 지나치면 남을 이용하려는 마음이 생기고 재물에 집착력은 강하지만 실패수이고 극과 극을 오락가락하니 권력에 관한 일을 하면 큰 사람이나 그와 반대라면 천하기 그지없다. 남에게 칼을 맞는다는 암시가 있으니 손재를 조심해야 하고 남의 비방을 삼가며 뒷담화는 피하는 것이 좋다.

인수와 재성은 도화와 재살로 인종되어 부모의 덕을 기대하기는 어렵다. 아울러 자신보다 단체와 사회를 먼저 생각하니 자연 가정에는 소홀하며 정이 많아 타인으로 피해를 입고 평온해 보이지만 때로 성급과 과격이 나타나며 화가 나면 무섭고 부모덕 없음은 천고의 한이며 장애를 이기는 점은 성공의 밑거름이다.

자신보다 국가를 먼저 생각하니 자연적으로 가정에 소홀해지기 쉬운데 처가 조력하니 부창부수라. 배우자와 갈등이 있는데 떨어져 산다면 인연은 계속 이어질 것이다. 건명(乾命)은 자식이 있지만 일찍부터 떨어져 살 운명을 지니고 있다.

지지(地支)의 변화에서 해수(亥水)는 상관 인목(寅木)과 합을 원하는 성정이라 식상으로 변화하니 정관의 다정하고 안정되며 올바른 행동이나 마음보다 식상의 마음으로 표출되니 활달하고 적극적이며 타인을 이해하고 배려하며 호기심이 많아지지만 타인을 이용하려고 하며 말이 많아지기도 한다.

■ 곤명(坤命)

총명하고 생활력이 강하지만 외정에 문제가 있어 어느 순간부터 명암부집(明暗夫集)의 기운이 있는데 심하면 정을 통하여 남자와 도주하기도 한다. 정부를 두는 것은 흔한 일이며 고부간 갈등도 피하지 못한다. 간여지동이라 매우 강한 기질을 드러내고 배우자를 무시해 덕누르려 하니 남편이 밖으로 나돌고 이별, 사별, 별거의 운에 배우자의 작첩이 보인다.

총명하고 생활력도 강하지만 외정이 병이다. 상관견관은 혼전임신을 의미하고 결혼도 그런 이유로 이루어진다. 자녀를 두면 남편과 이별의 운이 온다. 간여지동이니 부덕은 박하다 하지만 자녀를 얻어 그 덕은 있다.

직업에 투신하여야 그나마 안정된 생활을 하는데 어떤 일이든 나서서 하는 타입으로 지도력과 리더십이 보이고 남을 도와주려는 마음도 강한데 가정을 등한시하는 것은 커다란 흠으로 작용하여 고부갈등의 씨가 되거나 골이 깊어진다. 관을 의미하는 무(戊)나 기(己)가 투간되면 소실의 운이 있고 국제결혼의 운도 있으나 배우자는 의처증이다.

근본적으로 고독하고 기구한 것은 지장간(地藏干)의 상관이 정관을 극하기 때문이다. 교육계 투신에 남의 자식을 내 자식처럼 아끼고 사랑하는 일생이 가장 보람 있는 생이다. 늘 초조하고 불안하지만 뒤끝은 깨끗하다. 곤명(坤命)은 큰 자식이 오는 경우가 간혹 있다.

2. 세운의 변화

亥卯未年 : 이사, 이동, 직업 변동

辰年　　 : 신경쇠약, 정신 질환, 병원 출입

巳年　　 : 관재수, 구설수, 사고수, 부부 풍파, 이별수, 수술

申年　　 : 관재수, 구설수, 사고수, 형옥(刑獄)

寅年　　 : 이성 만남, 좋은 일이 생김

丁巳年, 己巳年 : 巳年은 巳亥冲이 되므로 일반적으로 변화가 심하고 運路가 좋지 않다.

3. 물상

계(癸)는 계곡물이고 우로수(雨露水)인데 해(亥)는 바닷물이니, 바다에 물이 가득한데 하늘에서 비가 오는 모습이고 앞날을 예지하는 혜안(慧眼)이며 천문이니 머리가 좋기로는 으뜸으로 신해만이 비교가 되는데 내강의 성분이고 음인이지만 수양이 이루어져 환대를 받는다.

망망대해의 물상이니 무한한 잠재력이 있으며 세계적인 인물로 부상하기도 한다. 겉으로 보아 만사태평이나 속으로는 천재적인 두뇌가 작용하고 있다. 건명(乾命)은 외부에서의 공을 중시하므로 지극히 정치적인 성향을 가지고 있으며 가정에 소홀하지만 부창부수하는 형국이며 곤명(坤命)은 부덕이 적고 외정의 우려가 있다.

4. 특성

적멸의 기운이다. 만물이 결실을 이루고 난 뒤의 적멸이니 일평생 외롭고 고독한데 경쟁을 통한 성취 욕구가 강하고 고집이 세어 고통이 오며

성패도 다양하다. 사주원국(四柱原局)에 화(火)와 토(土)의 오행이 적당하면 큰 일을 이루고 화토(火土)의 오행이 부족하고 금수(金水)의 오행이 왕성하면 백가지 일이 다 고통스럽다. 매사 재능을 바탕으로 경쟁적으로 임하니 자기 꾀에 넘어가 고통을 당하고 사주원국(四柱原局)에 화토(火土)가 왕성하면 적당한 경쟁심, 명예심 등으로 성공을 이룰 수도 있지만 화토(火土)의 오행이 약하고 금수(金水)의 오행이 강하면 평생 도둑놈 심보다.

5. 육친관계

■ 건명(乾命)

근본적으로 부모덕이 없으니 부모 인연을 기대하기 어렵고 처덕은 있는 편이나 처궁은 약하니 이별, 사별, 별거의 운에 배우자 약하며 본인은 작첩하여 배우자에게 고통을 주니 배우자와 서로 사는 동안 갈등을 겪을 수밖에 없고 떨어져 살면 겨우 인연이 이어질 것이다.

사주원국(四柱原局)에 화토(火土)의 오행이 왕성하면 아들·딸이 고르지만 일반적으로 딸이 많은 경우가 많고 골치 썩히는 아들이 있다.

■ 곤명(坤命)

늘 외정이 문제로 정부를 두거나 고부간 갈등도 피어난다. 배우자를 무시해 억누르려 하고 이별, 사별, 별거의 운에 배우자 작첩이 보이며, 자식을 낳으면 배우자와 생리사별이 올 수 있고 가정을 등한시하며, 자식을 낳아도 자식이 많은데 아들·딸이 고르다.

6. 학업

■ 건명(乾命)

재주와 재능으로 어려서부터 학업 성적이 좋으나 인내와 노력이 부족하니 나이를 먹으며 실력이 저조하고 시험운도 좋지 않다. 사주원국(四柱原局)에 토(土)와 금(金)의 오행이 적절하면 좋은 학교 인연이다. 성공을 위한 학문의 전공에서 공학, 예술, 교육, 육영, 문학, 어학, 스포츠, 법학, 전문기술 분야가 좋다.

■ 곤명(坤命)

문학, 어학, 교육, 육영, 예술, 스포츠, 공학, 전문기술이 성공을 위한 전공학문이 된다.

7. 결혼운

■ 건명(乾命)

어려서부터 경쟁 심리와 이성에 대한 관심이 있어 연애를 추구하나 지지(地支) 겁재는 빼앗기는 것이니 결국 고통이 오고 배우자 결정에도 부모와 갈등이 있다. 겁재가 많으면 여자를 탐한다. 결혼 이후 처를 고생시키고 결국 생리사별의 운이 많다.

■ 곤명(坤命)

자식이 들어선 후에야 성혼하는 경우가 많고 자식을 낳으면 생리사별의 고통이 따른다.

8. 직업

조직 직장길이 수월한데 자기사업은 기술, 교육 등으로 겨우 생활하는 정도의 재물복이다. 경쟁심은 강하나 결국 이용만 당하고 고통이 오는 수가 있는데 사주원국(四柱原局)에 수(水)의 오행이 많으면 도둑, 밀수, 사기 등에도 인연하기 쉽다.

계해일주(癸亥日柱)는 법정, 외교, 교육계통에서 출세하고 가장 좋은 직업운은 교육이라 할 수 있다. 소득은 항시 사회 환원하리라는 마음이 있고 라망의 작용으로 그 격이 달라지는데 최고의 상격(上格)은 법관이고, 중격(中格)은 선원이고, 하격(下格)은 도적이다.

9. 성적 욕구

■ 건명(乾命)

일간이 강하며 음차살이니 성욕이 강하고 적극적인데 겨울생은 색난을 피하기 어렵다. 성감이 좋고 보통 상대를 적극적으로 리드하는데 겁재가 많으면 여자를 탐하는 성질까지 있으며 애무를 강력하게 요구하는 성향으로 같이 즐거워야 만족한다. 수(水)가 많고 토(土)가 없으면 조루증세에 발기가 어렵고 토월생(土月生)에 관이 지나치게 강하고 형(刑)이 되면 생식기에 이상이 생긴다.

■ 곤명(坤命)

성욕이 강하고 변화무쌍하여 적극적인 기질이 있지만 한 번 거부하면 용납하지 않는 성향이 있어 쉽게 상대할 수 없다. 의부증이 생길 수 있고 성욕에 불만이 생기면 외정이 생기고 마음만 맞으면 최상의 파트너이다.

금수(金水)가 많고 토(土)가 없으면 분비물이 너무 많고 너무 냉해서 오르가즘에 오르기 어렵고 금수(金水)가 많으면 갱년기가 늦다. 겨울 생은 생리통과 생리불순이 있으며 이성으로부터 사랑받기 힘들다.

10. 질병

계해일주(癸亥日柱)는 간여지동으로 모두 수(水)의 성분이며 신장 방광이 병인이지만 계(癸)는 발까지 영향을 미치고 해(亥)는 고환, 머리, 항문, 생식기에 영향을 미친다. 계해일주(癸亥日柱)는 건강체질이지만 시력이 약하고 위장, 신장, 방광, 혈압, 당뇨, 인후염 등으로 고생하는 경우가 많다. 곤명(坤命)은 하혈 등의 자궁병이나 산후병이 있으며 동상에 유의해야 한다.